# Thematischer
# Grund- und A
# Deutsch-Englisn

von Gabriele Forst
und Martin Crellin

Klett Edition Deutsch

# Thematischer Grund- und Aufbauwortschatz
# Deutsch-English

von
Gabriele Forst
Martin Crellin

Grammatik
Adelheid Schnorr-Dümmler

Illustrationen
Raymond Sudmeÿer

Sprachdatenverarbeitung
Raimund Drewek

Gedruckt auf umweltfreundlichem Recyclingpapier,
gefertigt aus 100% Altpapier.

1. Auflage                    1    4   3   2   1   |    1998   97   96   95

Alle Drucke dieser Auflage können im Unterricht nebeneinander benutzt werden,
sie sind untereinander unverändert. Die letzte Zahl bezeichnet das Jahr dieses Druckes.
© Veronika Schnorr, Büro für Lexikographie, Stuttgart 1995.
© für diese Ausgabe: Verlag Klett Edition Deutsch GmbH, München 1995.
Alle Rechte vorbehalten.
Umschlaggestaltung: Gebhard, Asperg
Printed in Germany
Satz: Fotosatz Kaufmann, Stuttgart
Druck: Clausen & Bosse, Leek. Printed in Germany
ISBN 3-12-675260-8

# Inhaltsverzeichnis

**Vorwort**  8

**Lautschrift**  10

**1 Angaben zur Person**  11
Name, Geschlecht, Konfession, Familienstand  11
Alter, Wohnort, Herkunft  13
Papiere  15

**2 Der menschliche Körper**  17
Körperteile und Organe  17
Sinne und Wahrnehmungen  19
Stellungen und Bewegungen des Körpers  22
Tägliche körperliche Tätigkeiten  26
Objektbezogene Tätigkeiten  28
Aussehen  31
Kosmetik und Körperpflege  34
Sexualität und Fortpflanzung  36
Geburt, Lebensentwicklung, Tod  38

**3 Gesundheit und Medizin**  41
Allgemeines Befinden  41
Medizinische Versorgung  42
Krankheiten  45
Behandlungsmethoden und Medikamente  49

**4 Ernährung**  53
Lebensmittel  53
Obst und Gemüse  56
Getränke und Spirituosen  59
Tabak und Drogen  61
Einkaufen  62
Essen und Tischdecken  67
Kochen  69
Gerichte  71
Im Lokal  73

**5 Kleidung**  77
Kleidungsstücke  77
Einkauf  80
Schmuck und Zubehör  83
Pflegen und Reinigen  84

**6 Wohnen**  87
Hausbau  87
Haus  89
Wohnung und Wohnungsteile  91
Kauf, Miete und Bewohner  93
Wohnungseinrichtung  96
Haushalt und Hausarbeiten  98

# Inhalt

**7 Eigenschaften des Menschen** 102
Neutrale und positive Eigenschaften 102
Negative Eigenschaften 105

**8 Gefühle und Instinkte** 107
Positive und neutrale Gefühle 107
Negative Gefühle 110

**9 Denken, Verstehen, Wissen** 114
Denken und Verstehen 114
Wissen 117

**10 Handeln und Verhalten** 120
Allgemeines Handeln und Verhalten 120
Positives Handeln und Verhalten 123
Negatives Handeln und Verhalten 127
Kriminelles Handeln und Verhalten 130

**11 Fähigkeiten des Menschen** 132

**12 Redetätigkeiten des Menschen** 134
Reden 134
Informieren 138
Fragen und Antworten 140
Loben, Tadeln, Bedauern und Trösten 141
Zustimmen, Ablehnen und Verneinen 142
Wünschen, Bitten, Danken und Entschuldigen 145
Auffordern, Befehle erteilen und Warnen 146
Verbieten und Erlauben 148
Bestätigen und Einschränken 149

**13 Bewertungen** 152
Allgemeine Stellungnahmen 152
Positive Bewertungen 157
Negative Bewertungen 160

**14 Familie und Verwandtschaft** 163
Familienangehörige 163
Partnerschaft und Ehe 165

**15 Der Mensch in der Gesellschaft** 167
Soziale Kontakte 167
Verabredungen 169
Begrüßen, Vorstellen, Verabschieden 171
Handeln im gesellschaftlichen Kontext 173
Besitz 176

**16 Schule und Ausbildung** 179
Schul- und Ausbildungssystem 179
Unterricht 182
Universität 185
Unterrichts- und Studienfächer 188
Berufsausbildung 189

## 17 Berufsleben 191
Berufe 191
Arbeitswelt 192
Arbeitsbedingungen und Entlohnung 195
Berufliche Tätigkeit 196

## 18 Volkswirtschaft 199
Betrieb 199
Handel und Dienstleistung 201
Industrie und Handwerk 203
Landwirtschaft, Fischerei, Bergbau 205

## 19 Arbeitsgeräte und Büroartikel 207
Arbeitsgeräte 207
Büroartikel 208

## 20 Finanzwesen 211
Bank 211
Geldwechsel 213
Geldangelegenheiten 213

## 21 Freizeitgestaltung 216
Freizeitbeschäftigung 216
Kino und Theater 219
Fotografieren und Filmen 221
Hobby und Spiel 222

## 22 Sport 224
Sportarten 224
Wettkämpfe und Spiele 226

## 23 Tourismus 229
Reisen 229
Unterwegs 230
Unterkunft 232
Im Urlaubsgebiet 234

## 24 Post und Telekommunikation 236
Post 236
Briefanfang, Briefende 238
Telekommunikation 238
Am Telefon 240

## 25 Medien 242
Printmedien 242
Audiovisuelle Medien 243

## 26 Kultur und Religion 247
Literatur 247
Kunst 248
Musik 249
Geschichte 251
Weltreligionen 253
Christentum 254
Kultur und Feste 256

## Inhalt

**27 Kontinente, Länder, Völker und Sprachen** 258
Europa 258
Amerika, Afrika, Asien, Australien 262

**28 Die staatliche Ordnung** 265
Politische Systeme 265
Staatliche Institutionen 266
Politisches Leben 269
Einteilung Deutschlands 273
Internationale Beziehungen 274
Polizei 275
Justiz 277
Krieg und Frieden 280

**29 Geographie** 283
Himmelsrichtungen 283
Landschaften 284
Meer 286

**30 Natürliche Umwelt** 288
Das Universum 288
Wetter 289
Umweltprobleme 293

**31 Tierwelt** 295
Haustiere 295
Wilde Tiere 296

**32 Pflanzenwelt** 300

**33 Vom Menschen geschaffene Umwelt** 302
Stadt und Land 302
Energieversorgung 305

**34 Transport und Verkehr** 307
Straßenverkehr 307
Wegbeschreibung 309
Kraftfahrzeuge 311
Nahverkehrsmittel 313
Zug 315
Flugzeug 318
Schiff 319

**35 Farben und Formen** 321
Farben 321
Formen 322

**36 Stoffe und Materialien** 324
Eigenschaften der Stoffe und Materialien 324
Stoffe und Materialien 326

**37 Mengenangaben** 329
Kardinalzahlen 329
Ordinalzahlen 331

Bruchzahlen 332
Rechnen 333
Maße und Gewichte 333
Mengenangaben 335

**38 Raum** 340
Länge und Umfang 340
Ort und Bewegung 341
Nähe und Distanz 344
Richtung 346

**39 Zeit** 349
Tag 349
Uhrzeit 350
Datum 352
Wochentage 353
Monate 354
Jahr 355
Zeitraum, Zeitdauer 356
Zeitpunkt 359
Subjektive zeitliche Wertungen 361
Häufigkeiten 362
Abfolge, Reihenfolge 363

**40 Art und Weise, Vergleich, Veränderung** 366
Art und Weise 366
Grad und Vergleich 368
Zustand und Veränderung 370
Ursache, Wirkung, Ziel und Zweck 373

**41 Strukturwörter** 375
Artikel 375
Demonstrativa 375
Indefinita 376
Personalpronomen 377
Personalpronomen im Akkusativ 377
Personalpronomen im Dativ 378
Reflexivpronomen 379
Relativpronomen 379
Interrogativpronomen 380
Satzzeichen 380
Konjunktionen 380
Pronominaladverbien 382
Präpositionen 383

**Kurzgrammatik** 385

**Register** 417

# Preface

## For whom was this book written and what purpose does it serve?

This book of vocabulary is designed for teenage and adult learners who have already acquired a basic knowledge of German.
It is suitable for the following purposes:
- systematic learning of basic and advanced vocabulary;
- extending, reinforcing and checking existing knowledge of German;
- preparing for examinations leading to the award of certificates by the German Association of Adult Education Centres (Volkshochschulverband) and the Goethe Institute.

This book is suitable for use at all types of schools, colleges and universities, for adult education, vocational training and for home study. It is compatible with all conventional German language textbooks, courses and teaching methods.

## What does this book contain?

This book contains a total of 5,675 entries (3,223 items of basic and 2,452 items of advanced vocabulary), structured according to themes, each theme representing a chapter. There is a total of 41 chapters, each chapter subdivided into sections dealing with aspects of the overall theme. The entries of each chapter are grouped into basic and advanced vocabulary and are listed in an associative sequence.

The book also has an appendix, giving a summary of German grammar, and an alphabetic index of all headwords (basic vocabulary given in bold print, advanced vocabulary in Roman print).

The vast majority of entries include an illustrative phrase designed to assist the learning process. This clarifies the meaning and usage of the headword.

Phonetic transliteration of the headword helps the learner achieve better pronunciation.

The thematic structure of the book allows vocabulary to be learnt in easily digestible and cohesive units based around a particular subject area.

The thematic structure also allows greater autonomy and choice: it is possible to begin with subject areas which are of particular relevance to the course of study and to select vocabulary to supplement course material. Other themes can be left out or be covered at a later date.

## How was the vocabulary chosen?

The vocabulary was chosen on the basis of alphabetic lists of words drawn from a number of sources, including:
- existing books of vocabulary
- frequency dictionaries
- word lists published by the Council of Europe and the German Association of Adult Education Centres
- glossaries included in popular textbooks of German.

The alphabetic lists were analysed to establish the frequency with which the words occurred in the source material, their usage in modern standard German and their usefulness to a learner of German. The words were then grouped according to subject areas and, where appropriate, supplemented.

## How is the vocabulary presented?

The vocabulary is divided into 41 thematic chapters and further divided into sections. The German headwords are printed in bold print in the left-hand column, the corresponding English word or words given in Roman print in the right-hand column. For the sake of simplicity, grammatical and lexicographical abbreviations have not be employed. The gender of nouns is indicated by the article. 4,900 illustrative phrases are used to give typical contexts, idiomatic usage, grammatical information and information on life and customs in Germany. Care has been taken to ensure that the phrases use only the 5,675 items of vocabulary (or compounds thereof) given in the book. Each section of a chapter is grouped into subsections of basic and advanced vocabulary. The basic vocabulary is given first, followed by the advanced vocabulary, indicated by a grey background.

## What is the best way of learning vocabulary using this book?

The vocabulary is best learned in the context of each subject area. There is no particular order in which the chapters should be tackled. However, the learner should first learn the basic vocabulary before going on to the advanced vocabulary. It is best to learn units of no more than 15 items of vocabulary at any one time. The units already covered should be revised at regular intervals. Learning vocabulary on a daily basis is particularly effective, but the speed and amount of vocabulary should corresp ond to the individual objectives of the learner and the requirements of the course of study.
We wish you the best of success and hope you enjoy learning German in this way.

The authors

# Lautschrift

[ ' ] Betonungszeichen vor der betonten Silbe
[ | ] Knacklaut bei Vokalen
[ : ] Längezeichen nach Vokalen

| | | | | | | |
|---|---|---|---|---|---|
| [a] | satt | [h] | Hut | [p] | Paß |
| [a:] | Zahn | [i] | Idiot | [r] | rund |
| [ɐ] | Mutter | [i:] | Papier | [s] | aus |
| [ã] | Pension | [ɪ] | Tisch | [ʃ] | Stirn |
| [ã:] | Orange | [j] | Jacke | [t] | Hut |
| [ai] | sein | [k] | kalt | [ts] | Zahn |
| [au] | Frau | [l] | leise | [tʃ] | tschüs |
| [b] | Bett | [m] | Mund | [u] | Formular |
| [ç] | ich | [n] | Nase | [u:] | Beruf |
| [d] | du | [ŋ] | Zunge | [ʊ] | jung |
| [dʒ] | Jeans | [o] | Moment | [v] | Visum, Wolle |
| [e] | tolerant | [o:] | holen | [w] | Walkman |
| [e:] | Regen | [õ] | Fondue | [x] | Dach |
| [ɛ] | Adresse | [õ:] | Bronze | [y] | Büro |
| [ɛ:] | Käse | [ɔ] | Gott | [y:] | süß |
| [ɛ̃:] | Cousin | [ø] | möbliert | [ʏ] | zurück |
| [ə] | Name | [ø:] | schön | [z] | Reise |
| [f] | Vater, fett | [œ] | öffnen | [ʒ] | Garage |
| [g] | gut | [ɔy] | heute | | |

# Abkürzungen

GB   British English
US   American English

# Angaben zur Person    1

## Name, Geschlecht, Konfession, Familienstand

die **Person** [pɛr'zoːn]
Könnten Sie bitte einige Angaben zu Ihrer Person machen?

person
Could you give us your particulars, please?

der **Mensch** [mɛnʃ]
Unser Onkel ist ein netter Mensch.

human being; person
Our uncle is a nice man.

**heißen** ⟨hieß, geheißen⟩ ['haisn]
Wie heißt du? — Ich heiße Maxim.

be called
What's your name? — My name is Maxim.

der **Name** ['naːmə]
Maxim ist ein seltener Name.
Mein Name ist Schulz.

name; surname, last name
Maxim is an unusual name.
My surname is Schulz.

der **Vorname** ['foːɐnaːmə]
Wie heißen Sie mit Vornamen?

first name
What's your first name?

der **Nachname** ['naːxnaːmə]

surname, last name

der **Familienname** [fa'miːliənnaːmə]
Viele Frauen nehmen bei der Heirat den Familiennamen ihres Mannes an.

surname
Many women take their husband's surname when they marry.

der **Mann** [man]
Ist Ihr Mann schon zu Hause?
Klaus ist ein freundlicher junger Mann.

husband; man
Is your husband home yet?
Klaus is a friendly young man.

der **Herr** [hɛr]
Guten Tag, Herr Müller!
Sag dem Herrn dort guten Tag.

Mister; gentleman
Hello, Mr Müller.
Say hello to the gentleman.

die **Frau** [frau]
Meine Frau ist mit den Kindern verreist.

Anne ist eine sehr attraktive Frau.
Frau Müller ist leider nicht zu sprechen.

woman; wife; Mrs; Ms
My wife has gone on holiday with the children.
Anne is a very attractive woman.
Unfortunately, Mrs Müller is unavailable right now.

das **Fräulein** ['frɔylain]




Sie besteht darauf, Fräulein genannt zu werden.

Miss; young girl *(Frau has largely established itself as the standard form of address for both married and unmarried women. The use of Fräulein is regarded as old-fashioned)*
She insists on being addressed as Miss.

das **Kind** [kɪnt]
Ich habe zwei Kinder im Alter von zwei und drei Jahren.

child
I have two children, aged two and three.

11

## 1 Angaben zur Person — Name, Geschlecht, Konfession, Familienstand

**der Junge** ['jʊŋə]
Meine Tante hat einen Jungen bekommen.

boy
My aunt has had a boy.

**das Mädchen** ['mɛ:tçən]
Martha ist ein temperamentvolles kleines Mädchen.

girl
Martha is a very lively little girl.

**sein** ⟨ist, war, gewesen⟩ [zaɪn]
Sind Sie schon einmal in Rom gewesen?

be
Have you ever been to Rome?

**katholisch** [ka'to:lɪʃ]

Catholic

**evangelisch** [evaŋ'ge:lɪʃ]

Protestant

**ledig** ['le:dɪç]
Sind Sie ledig oder verheiratet?

single, unmarried
Are you single or married?

**verheiratet** [fɛɐ'haɪra:tət]

married

**die Scheidung** ['ʃaɪdʊŋ]
Frau Walter lebt in Scheidung.

divorce
Mrs Walter is separated from her husband. *(awaiting her divorce)*

**geschieden** [gə'ʃi:dn]
Wir sind seit zwei Jahren geschieden.

divorced
We divorced two years ago.

**der Witwer, die Witwe** ['vɪtvə]
Herr Maier ist Witwer.

widower, widow
Mr Maier is a widower.

**nennen** ⟨nannte, genannt⟩ ['nɛnən]
Mein richtiger Name ist Gabriele aber alle nennen mich Gaby.

call
My real name is Gabriele but everyone just calls me Gaby.

**der Zuname** ['tsu:na:mə]
Bitte unterschreiben Sie mit Vor- und Zunamen.

surname, last name
Please sign with your full name.

**der Doppelname** ['dɔplna:mə]


Bernhard führt seit seiner Heirat einen Doppelnamen.

double-barrelled surname *GB*, hyphenated last name *US*; double name
Since getting married Bernhard has had a double-barrelled surname.

**geborene** [gə'bo:rənə]
Meine Mutter war eine geborene Lubinsky.

née, maiden
My mother's maiden name was Lubinsky.

**der Titel** ['ti:tl]

title

**das Geschlecht** [gə'ʃlɛçt]
Können Sie das Geschlecht schon erkennen? — Ja, Sie werden ein Mädchen bekommen.

sex, gender
Can you tell what sex it is yet? — Yes, you're going to have a girl.

**männlich** ['mɛnlɪç]
Dein Schwager wünscht sich einen männlichen Nachfolger für seine Firma.

male
Your brother-in-law would like to have a male successor for his business.

**weiblich** ['vaɪplɪç]

female

**die Konfession** [kɔnfɛ'sio:n]
Mein Freund gehört keiner Konfession an.

religious denomination
My boyfriend does not belong to any religious denomination.

| | |
|---|---|
| **angehören** ['aŋgəhø:rən] | belong to |
| der **Familienstand** [fa'mi:liənʃtant] | marital status |
| Wie ist Ihr Familienstand? | What is your marital status? |
| **alleinstehend** [a'lainʃte:ənt] | single |
| der **Single** ['sɪŋgl] | single person |
| Wir bieten Reisen für Singles an. | We offer holidays for single people. |
| der **Ehemann** ['e:əman] | husband |
| Sie können gerne Ihre Ehemänner mitbringen. | You're welcome to bring your husbands along. |
| die **Ehefrau** ['e:əfrau] | wife |
| **getrennt** [gə'trɛnt] | separated |
| Um sich scheiden lassen zu können, muß man mindestens ein Jahr voneinander getrennt leben. | Married couples must have lived apart for at least a year before they can get a divorce. |
| **verwitwet** [fɛɐ'vɪtvət] | widowed |

## Alter, Wohnort, Herkunft

| | |
|---|---|
| **alt** [alt] | old |
| Wie alt bist du? — Ich bin 30 Jahre alt. | How old are you? — I'm 30 years old. |
| der **Geburtstag** [gə'bu:ɐtsta:k] | birthday |
| Marlis hat im Februar Geburtstag. | Marlis' birthday is in February. |
| **geboren** [gə'bo:rən] | born |
| Der Schriftsteller Heinrich Mann wurde am 27. März 1871 in Lübeck geboren. | The writer Heinrich Mann was born in Lübeck on 27th March, 1871. |
| **wohnen** ['vo:nən] | live |
| Wo wohnst du? — Ich wohne in der Bachgasse 2. | Where do you live? — I live at No. 2 Bachgasse. |
| die **Adresse** [a'drɛsə] | address |
| Könnten Sie mir bitte Ihre Adresse und Telefonnummer geben? | Could you give me your address and telephone number, please? |
| die **Telefonnummer** [te:le'fo:nnʊmɐ] | telephone number |
| **telefonisch** [tele'fo:nɪʃ] | by telephone |
| Sind Sie auch tagsüber telefonisch zu erreichen? | Is it possible to get hold of you on the phone during the day? |
| **woher** [vo'he:ɐ] | where from |
| Woher kommt Annalisa? | Where does Annalisa come from? |
| **aus** [aus] | from |
| Annalisa kommt aus Italien, lebt aber seit vier Jahren in Deutschland. | Annalisa is Italian but has lived in Germany for four years. |
| Meine Familie ist aus Berlin. | My family is from Berlin. |
| **leben** ['le:bən] | live |
| die **Heimat** ['haimat] | home country |
| Viele Asylanten, die ich kenne, würden gerne in ihre Heimat zurückkehren. | Many of the asylum-seekers whom I know would like to return to their home countries. |

**Angaben zur Person** — Alter, Wohnort, Herkunft

**zurückkehren** [tsu'rʏkkeːrən]
Er ist vor zwei Jahren nach Sizilien zurückgekehrt.

return
He went back to Sicily two years ago.

**fremd** [frɛmt]
Wir sind fremd hier.

strange; foreign
We're strangers here.

**die Staatsangehörigkeit** ['ʃtaːtsǀaŋəhøːrɪçkait]
Mario würde gerne die deutsche Staatsangehörigkeit annehmen.

nationality
Mario would like to adopt German nationality.

**der Ausländer, die Ausländerin** ['auslɛndɐ]
Ich werde oft für eine Ausländerin gehalten.

foreigner
People often think I'm a foreigner.

**das Ausland** ['auslant]
Veronika lebte lange im Ausland.

abroad
Veronika lived abroad for a long time.

**der Gastarbeiter, die Gastarbeiterin** ['gastǀarbaitɐ]

guest worker, gastarbeiter *(the term "Gastarbeiter" is generally applied to the immigrant workers who came to Germany from Southern Europe during the 70s)*

**der Asylant, die Asylantin** [azy'lant]

asylum-seeker

**der Aussiedler, die Aussiedlerin** ['auszːdlɐ]

emigrant *(the term "Aussiedler" normally refers to people of German descent from Eastern Europe)*

**der Beruf** [bə'ruːf]
Was bist du von Beruf? — Ich bin Maurer.

profession
What do you do? — I'm a bricklayer. *(the term "Beruf" refers to the line of work in which you have gained formal training and qualifications)*

**das Alter** ['altɐ]
Giselas Vater starb im Alter von 85 Jahren.

age; old age
Gisela's father died at the age of 85.

**das Geburtsdatum** [gə'buːɐtsdaːtʊm]
Wozu brauchen Sie unser Geburtsdatum?

date of birth
Why do you need our dates of birth?

**minderjährig** ['mɪndɐjɛːrɪç]

minor, under-age

**volljährig** ['fɔljɛːrɪç]
Mit 18 wird man volljährig.

of age
One comes of age at 18.

**der Wohnort** ['voːnǀɔrt]

place or town of residence

**der Wohnsitz** ['voːnzɪts]
Werner hat keinen festen Wohnsitz.

domicile
Werner is of no fixed abode.

**wohnhaft in** ['voːnhaft ɪn]

resident at

**die Anschrift** ['anʃrɪft]

(postal) address *GB*, mailing address *US*

Meine Anschrift lautet: Karlstr. 5, 72072 Tübingen.

My address is: Karlstr. 5, 72072 Tübingen.

| | |
|---|---|
| **lauten** ['lautn] | be *(of addresses, numbers, etc.)* |
| die **Hausnummer** ['hausnʊmɐ]<br>Bei der Angabe der Adresse steht in Deutschland die Hausnummer nach der Straße. | house number<br>When giving a German address, the house number always comes after the street name. |
| der **Geburtsort** [gə'buːɐtsɔrt] | place of birth |
| **stammen** ['ʃtamən]<br>Unsere Freunde stammen aus einfachen Verhältnissen. | originate<br>Our friends have quite ordinary backgrounds. |
| die **Nationalität** [natsionali'tɛːt]<br>Peters Kollege ist spanischer Nationalität. | nationality<br>Peter's colleague is a Spanish national. |
| das **Asyl** [a'zyːl]<br>Familie X stellte einen Antrag auf politisches Asyl, der abgelehnt wurde. | asylum<br>Family X applied for political asylum but they were turned down. |

# Papiere

die **Papiere** [pa'piːrə]
Ich habe keine Papiere bei mir.

papers
I have no papers on me.

**bei sich haben** ⟨hat, hatte, gehabt⟩ [bai zɪç 'haːbn]

have on one's person

der **Personalausweis** [pɛrzoˈnaːlˌausvais]
Ihr Personalausweis ist leider abgelaufen.

personal identity card *(all Germans are issued a personal identity card)*
Unfortunately your ID card is out of date.

der **Ausweis** ['ausvais]
Ihren Ausweis, bitte!

ID card; pass; membership card
Can I see your ID, please?

der **(Reise)paß** [('raizə)pas]
Mein Reisepaß ist nur noch bis Ende Mai gültig.

passport
My passport is only valid until the end of May.

**gültig** ['gʏltɪç]

valid

**beantragen** [bə'|antraːgn]
Du mußt dringend einen neuen Paß beantragen.

apply for
You urgently need to apply for a new passport.

das **Formular** [fɔrmu'laːɐ]
Füllen Sie bitte dieses Formular aus.

form
Please fill in this form.

**ausfüllen** ['ausfʏlən]

fill in

**angeben** ⟨gibt an, gab an, angegeben⟩ ['angeːbn]
Bitte geben Sie auch Ihr Geburtsdatum an.

state

Please state your date of birth.

die **Unterschrift** ['ʊntɐʃrɪft]
Ihre Unterschrift fehlt noch.

signature
You still have to sign it.

**unterschreiben** ⟨unterschrieb, unterschrieben⟩ [ʊntɐˈʃraibn]
Wo muß ich unterschreiben?

sign
Where do I have to sign?

**das Visum** [ˈviːzʊm]
Marias Visum läuft Ende des Monats ab.

visa
Maria's visa expires at the end of the month.

**der Führerschein** [ˈfyːrɐʃain]
Ich habe schon mit 18 meinen Führerschein gemacht.

driving licence *GB*, driver's license *US*
I passed my driving test at the age of 18.

**die Geburtsurkunde** [ɡəˈbuːɐ̯tsʔuːɐ̯kʊndə]
Um einen Reisepaß zu beantragen, müssen Sie Ihre Geburtsurkunde mitbringen.

birth certificate
When applying for a passport you have to bring your birth certificate with you.

**persönlich** [pɛrˈzøːnlɪç]
Den Antrag auf einen neuen Reisepaß müssen Sie persönlich stellen.

personally
You have to apply for a new passport in person.

**der Antrag** [ˈantraːk]

application

**anmelden (sich)** [ˈanmɛldn]

register one's address with the local authorities *(in Germany, all residents must register their address with the local authorities)*

Franz hat sich an seinem neuen Wohnort noch nicht angemeldet.

Franz has not yet registered his new address with the local authorities.

**abmelden (sich)** [ˈapmɛldn]

notify the local authorities that one is moving away from the district

Habt ihr euch schon abgemeldet?

Have you already notified the local authorities that you're moving away?

**das Paßbild** [ˈpasbɪlt]

passport photo

**ausstellen** [ˈausʃtɛlən]
Petras Paß wurde am 3. April 1991 in Stuttgart ausgestellt.

issue
Petra's passport was issued in Stuttgart on 3rd April, 1991.

**ablaufen** ⟨läuft ab, lief ab, abgelaufen⟩ [ˈaplaufn]

expire

**verlängern** [fɛɐ̯ˈlɛŋɐn]
Wurde dein Paß schon verlängert?

renew
Has your passport been renewed yet?

**benötigen** [bəˈnøːtɪɡn]
Wenn Sie in Deutschland arbeiten wollen, benötigen Sie eine Arbeitserlaubnis.

require
You require a work permit if you wish to work in Germany.

**die Aufenthaltserlaubnis** [ˈaufɛnthaltsʔɛɐ̯laupnɪs]

residence permit

**der Bescheid** [bəˈʃait]
Er hat noch keinen Bescheid über die Höhe seines Arbeitslosengelds erhalten.

notification
He has not yet received notification of the amount of unemployment benefit he will receive.

**die Arbeitserlaubnis** [ˈarbaitsʔɛɐ̯laupnɪs]

work permit

# Der menschliche Körper

## Körperteile und Organe

der **Körper** [ˈkœrpɐ]
Vor Aufregung zitterte Helga am ganzen Körper.

body
Helga was so upset that she was shaking all over.

die **Haut** [haut]
Diese Creme ist besonders für die Pflege und den Schutz trockener Haut geeignet.

skin
This cream is particularly suitable for the care and protection of dry skin.

der **Knochen** [ˈknɔxn]
Wenn du nicht langsamer fährst, brichst du dir alle Knochen.

bone
If you don't drive more slowly you're going to do yourself a serious injury.

der **Kopf** [kɔpf]
Franz schüttelte den Kopf.

head
Franz shook his head.

das **Haar** [haːɐ]
Der Einbrecher trug lange Haare.

hair
The burglar had long hair.

das **Gesicht** [gəˈzɪçt]
Sie hat ein sehr hübsches Gesicht.

face
She has a very pretty face.

das **Auge** [ˈaugə]
Mein Sohn hat dunkle Augen.

eye
My son has dark eyes.

das **Ohr** [oːɐ]
Er ist auf dem rechten Ohr taub.

ear
He's deaf in his right ear.

die **Nase** [ˈnaːzə]
Kleine Kinder lassen sich nicht gerne die Nase putzen.

nose
Little children don't like it when you help them blow their noses.

der **Mund** [mʊnt]
Tante Emma hat einen breiten Mund.

mouth
Aunty Emma has a wide mouth.

der **Zahn** [tsaːn]
Sie haben ein Loch im Zahn.
Die dritten Zähne meines Onkels waren sehr teuer.

tooth
Your tooth has a cavity.
My uncle's false teeth were very expensive.

der **Hals** [hals]
Mir tut der Hals weh.

throat
My throat hurts.

die **Brust** [brʊst]
Ich gab meiner Tochter bis zum neunten Monat die Brust.
An Männern gefällt mir eine breite Brust.

breast; chest
I breast-fed my daughter for the first nine months.
I like men with broad chests.

der **Rücken** [ˈrʏkn]
Helmut schläft immer auf dem Rücken.

back
Helmut always sleeps on his back.

das **Herz** [hɛrts]
Mein Herz schlug schneller.

das **Blut** [blu:t]
Hast du schon einmal Blut gespendet?
Wir müssen Ihnen heute Blut abnehmen.

**atmen** ['a:tmən]
Da ich Schnupfen habe, kann ich nicht durch die Nase atmen.

der **Kreislauf** ['kraislauf]
Während meiner Schwangerschaft hatte ich einen schwachen Kreislauf.

der **Bauch** [baux]
Legen Sie sich bitte auf den Bauch.
Michael hat einen Bauch.

der **Hintern** ['hɪntɐn]
Cremen Sie den Hintern Ihres Babys gut ein.

**müssen** ⟨muß, mußte, gemußt⟩ ['mʏsn]
Er muß auf die Toilette.
Nikolas, mußt du mal?

der **Arm** [arm]
Jutta hat sich den rechten Arm gebrochen.

das **Bein** [bain]
Ich bin seit 6 Uhr auf den Beinen.

der **Fuß** [fu:s]
Er hat sehr große Füße.

der **Muskel** ['mʊskl]
Du solltest deine Bauchmuskeln trainieren.

die **Hand** [hant]
Zur Begrüßung gibt man sich in Deutschland, Österreich und der Schweiz die Hand.

der **Finger** ['fɪŋɐ]
Ich trage am kleinen Finger einen Ring.

die **Zehe** ['tse:ə]
Mir ist neulich jemand auf die große Zehe getreten.

das **Gehirn** [gə'hɪrn]

der **Nerv** [nɛrf]
Der Zahnarzt bohrte letztes Mal bis auf den Nerv.

---

heart
My pulse quickened.

blood
Have you ever given blood?
We need to take a blood sample from you today.

breathe
I have a cold and I can't breathe through my nose.

circulation
While I was pregnant I suffered from poor circulation.

stomach
Please lie down on your stomach.
Michael has a pot-belly.

backside, bottom
Make sure to use plenty of cream on your baby's bottom.

have to go to the toilet

He needs to go to the toilet.
Nikolas, do you need to go?

arm
Jutta has broken her right arm.

leg
I have been on my feet since 6 this morning.

foot
He has very large feet.

muscle
You should work on your stomach muscles.

hand
In Germany, Austria and Switzerland it is customary to shake hands when you meet someone.

finger
I wear a ring on my little finger.

toe
Somebody stepped on my big toe the other day.

brain

nerve
The last time I went to the dentist, he drilled down to the nerve.

Sinne und Wahrnehmungen  Der menschliche Körper **2**

die **Stirn** [ʃtɪrn]
Ihr Vater hatte eine hohe Stirn.

forehead
Her father had a very high forehead.

die **Wange** ['vaŋə]
Meine Tante gab mir zum Abschied immer einen Kuß auf die Wange.

cheek
My aunt always used to give me a goodbye kiss on the cheek.

die **Lippe** ['lɪpə]
Bevor ich ausgehe, schminke ich mir meistens die Lippen.

lip
I usually put lipstick on before I go out.

die **Zunge** ['tsʊŋə]
Zeigen Sie mir bitte Ihre Zunge!

tongue
Please show me your tongue.

das **Kinn** [kɪn]
In unserer Familie hatte niemand ein spitzes Kinn.

chin
No one in our family has a pointed chin.

die **Schulter** ['ʃʊltɐ]
Mein Opa klopfte meinem Bruder auf die Schulter.

shoulder
My grandad gave my brother a pat on the back.

der **Busen** ['buːzn]
Sie drückte das Kind fest an ihren Busen.

bosom
She held the child firmly to her chest.

der **Magen** ['maːgn]
Ärger schlägt ihr immer auf den Magen.

stomach
She always gets an upset stomach when she's got problems.

die **Lunge** ['lʊŋə]
Unsere Nachbarin hat es auf der Lunge.

lung
The woman next door has something wrong with her lungs.

die **Leber** ['leːbɐ]
Herr Maier hat Probleme mit der Leber.

liver
Mr Maier has a liver problem.

die **Verdauung** [fɛɐ'dauʊŋ]
Haben Sie eine normale Verdauung?

digestion
Are you digesting your food normally?

der **Po** [poː]
Ich finde, daß mein Po zu dick ist.

backside, bum *GB*, tush *US*, fanny *US*
I think my bum is too big.

das **Knie** [kniː]
Als Kind fiel er immer auf die Knie.

knee
As a child he was always falling and hurting his knee.

der **Nagel** ['naːgl]
Deine Nägel müssen geschnitten werden.
Ich lackiere mir weder die Fußnägel noch die Fingernägel.

nail
You need to have your nails cut.
I don't use polish on my toenails or my fingernails.

# Sinne und Wahrnehmungen

**sehen** ⟨sieht, sah, gesehen⟩ ['zeːən]
Früher sah ich sehr gut.

Wir sehen schon, daß du heute keine Zeit für uns hast.

see
I had excellent eyesight when I was younger.
We can see that you've got no time for us today.

## 2 Der menschliche Körper — Sinne und Wahrnehmungen

**hell** [hɛl]
Im Sommer ist es länger hell als im Winter.

light
The days are longer in summer than in winter.

**dunkel** ['dʊŋkl]
In dunklen Räumen habe ich Angst.

dark
I'm scared of dark rooms.

**riechen** ⟨roch, gerochen⟩ ['ri:çn]
Es riecht nach Essen.

smell
I can smell food.

**hören** ['hø:rən]
Meine Oma hört schlecht.
Ich habe gehört, daß du deine Prüfungen bestanden hast.

hear
My grandma is hard of hearing.
I heard that you passed your exams.

**zuhören** ['tsu:hø:rən]
Hören Sie bitte genau zu!

listen
Please listen carefully.

**verstehen** ⟨verstand, verstanden⟩ [fɛɐ'ʃte:ən]
Können Sie den Satz noch einmal wiederholen, ich habe ihn nicht verstanden.

understand

Could you repeat that sentence again, I didn't understand it.

**leise** ['laizə]
Er spricht immer sehr leise.

quiet
He's got a very quiet voice.

die **Ruhe** ['ru:ə]
Ruhe, bitte!
Heute lassen mich meine Kinder überhaupt nicht in Ruhe.

quiet
Quiet, please.
My children just won't leave me in peace today.

**ruhig** ['ru:ɪç]
Haben Sie noch ein ruhiges Zimmer mit Dusche und WC frei?

quiet; peaceful
Do you have a quiet room with a shower and toilet?

**laut** [laut]
Ich kann Sie leider nicht verstehen, da es hier zu laut ist.

loud
I'm sorry but it's so loud in here that I can't understand what you're saying.

der **Lärm** [lɛrm]
Unsere Waschmaschine macht viel Lärm.

noise
Our washing machine is very noisy.

**schmecken** ['ʃmɛkn]
Wie schmeckt Ihnen das Gulasch? — Es schmeckt mir gut.
Die Suppe schmeckt nach gar nichts.

taste
How do you like the goulash? — It's very good.
This soup doesn't taste of anything.

**süß** [zy:s]
Der Pudding ist sehr süß.

sweet
This instant whip is very sweet.

**sauer** ['zauɐ]
Zitronen sind mir zu sauer.

sour
Lemons are too sour for my liking.

**bitter** ['bɪtɐ]
Mein Mann trinkt gerne bittere Getränke.

bitter
My husband likes drinks with a bitter taste.

**scharf** [ʃarf]
Ich koche gerne sehr scharf.

spicy, hot
I like cooking spicy food.

Sinne und Wahrnehmungen | Der menschliche Körper **2**

**anfassen** ['anfasn]
Meine Tochter läßt sich nicht gerne von fremden Menschen anfassen.

touch
My daughter doesn't like to be touched by people she doesn't know.

**berühren** [bə'ry:rən]
Die Ware bitte nicht berühren.

touch
Please do not touch the goods.

**spüren** ['ʃpy:rən]
Ich spüre den Alkohol schon nach einem Glas Wein.

feel
I feel the effect of alcohol after just one glass of wine.

**warm** [varm]
Ihm ist warm.

warm
He feels warm.

**heiß** [hais]
Sie wird gleich ein heißes Bad nehmen, da es ihr kalt ist.

hot
She is going to take a hot bath because she feels cold.

**kalt** [kalt]

cold

**bemerken** [bə'mɛrkn]
Die Verkäuferin bemerkte den Diebstahl sofort.

notice
The salesgirl noticed the theft immediately.

**aufpassen** ['aufpasn]
Paßt bitte in Zukunft besser auf!
Wer paßt heute abend auf die Kinder auf?

be careful; look after
Please be more careful in future.
Who's going to look after the children tonight?

**schauen** ['ʃauən]
Frank schaute aus dem Fenster, um den Verkehr zu beobachten.

look
Frank took a look at the traffic from the window.

**ansehen** ⟨sieht an, sah an, angesehen⟩ ['anze:ən]
Sie sah ihn voller Überraschung an.

look at

She looked at him with an expression of complete surprise.

der **Sinn** [zɪn]
Hören, Schmecken, Riechen, Sehen und Tasten sind die fünf Sinne des Menschen.

sense
The five human senses are hearing, taste, smell, sight and touch.

der **Blick** [blɪk]
Peter richtete seinen Blick auf mich.

look, glance
Peter looked at me.

**gucken** ['gʊkn]
Guck mal, was ich gefunden habe!

look
Hey, look what I've found!

**zusehen** ⟨sieht zu, sah zu, zugesehen⟩ ['tsu:ze:ən]
Markus sah mir aufmerksam bei der Arbeit zu.

watch

Markus watched me attentively while I worked.

**zuschauen** ['tsu:ʃauən]
Ich schaue den Kindern gerne beim Spielen zu.

watch
I like watching the children play.

**stinken** ⟨stank, gestunken⟩ ['ʃtɪŋkn]
Hier stinkt es fürchterlich nach Abgasen.

stink
There's an awful stink of exhaust fumes here.

der **Geruch** [gəˈrʊx]
Meine Tante mag den Geruch von Zigarettenrauch nicht.

**still** [ʃtɪl]
Bei uns im Dorf ist es nachts ganz still.

das **Geräusch** [gəˈrɔyʃ]
Ihn machten die Geräusche der Autos nervös.

der **Krach** [krax]
In dieser Fabrik herrscht ein furchtbarer Krach.

der **Geschmack** [gəˈʃmak]
Ist das Essen nach Ihrem Geschmack?

**salzig** [ˈzaltsɪç]
Ich liebe salzige Gerichte.

**mild** [mɪlt]
Die Soße ist viel zu mild.
Mein Hautarzt hat mir ein mildes Shampoo empfohlen.

die **Berührung** [bəˈryːrʊŋ]
Er vermied jede Berührung mit Tieren.

**tasten** [ˈtastn̩]
Sie tastete im Dunkeln nach dem Lichtschalter.

**anfühlen** (sich) [ˈanfyːlən]
Seine Haut fühlt sich weich an.

das **Gefühl** [gəˈfyːl]
Ich habe kein Gefühl mehr in den Händen.

die **Wärme** [ˈvɛrmə]
Er spürte die Wärme ihres Körpers.

**lauwarm** [ˈlauvarm]
Dein Essen ist nur noch lauwarm. Soll ich es wieder heiß machen?

**merken** [ˈmɛrkn̩]
Habt ihr etwas von dem Erdbeben gemerkt?

der **Anblick** [ˈanblɪk]
Jemand, der in der Nase bohrt, ist kein schöner Anblick.

smell
My aunt dislikes the smell of cigarette smoke.

quiet
It's very quiet in our village at night.

noise
The noise of the traffic made him very nervous.

loud noise, racket
There's a terrible racket in this factory.

taste
Is the food to your taste?

salty, savoury
I love savoury dishes.

mild
This sauce is far too mild.
My dermatologist recommended that I use a mild shampoo.

contact
He avoided all contact with animals.

feel around, grope
She groped around in the dark for the light switch.

feel
His skin feels soft.

feeling
I no longer have any feeling in my hands.

warmth
He felt the warmth of her body.

lukewarm
Your dinner is only lukewarm. Should I heat it up again?

notice
Did you notice the earthquake?

sight
It's not a pleasant sight to see someone picking his nose.

# Stellungen und Bewegungen des Körpers

**stehen** ⟨stand, gestanden⟩ [ˈʃteːən]
Während der Theateraufführung ist er die ganze Zeit still gestanden.

stand
He stood still throughout the entire play.

Stellungen und Bewegungen des Körpers | Der menschliche Körper **2**

**stehenbleiben** ⟨blieb stehen, stehengeblieben⟩ ['ʃteːənblaibn̩]
Bleiben Sie bitte stehen!

come to a halt; stop
Please stay where you are.

**setzen** ['zɛtsn̩]
Am liebsten setze ich mich in den Sessel.
Könnten Sie die Kleine auf den Stuhl setzen?
Nach den Betriebsferien wurden die Maschinen wieder in Betrieb gesetzt.

sit down
I like sitting in the armchair best of all.
Could you sit your little girl down on that chair?
Once the holiday shutdown was over the machines were started up again.

**hinsetzen** ['hɪnzɛtsn̩]
Setz dich hin!

sit down
Sit down!

**sitzen** ⟨saß, gesessen⟩ ['zɪtsn̩]
Auf Ihrer neuen Couch sitzt man äußerst bequem.

sit
Your new couch is extremely comfortable.

**liegen** ⟨lag, gelegen⟩ ['liːgn̩]
Ich habe den ganzen Nachmittag am Strand in der Sonne gelegen.

lie
I spent the whole afternoon sun-bathing on the beach.

**bewegen** [bəˈveːgn̩]
Können Sie Ihr rechtes Bein noch bewegen?

move
Are you still able to move your right leg?

**festhalten** ⟨hält fest, hielt fest, festgehalten⟩ ['fɛsthaltn̩]
Um nicht hinzufallen, hielt er sich mit beiden Händen an seinem Freund fest.
Halte ihn bitte fest!

hold on (to)

To prevent himself from falling, he held onto his friend with both hands.
Please hold onto him!

**drehen** ['dreːən]
Kannst du dich bitte auf den Rücken drehen?
Drehen Sie bitte den Kopf zur Seite.

turn
Could you please turn over onto your back?
Please turn your head to one side.

**umdrehen** ['ʊmdreːən]
Er drehte sich um und verließ den Raum.
Die Kassette ist zu Ende. Wer dreht sie um?

turn round
He turned round and left the room.

The tape's finished. Who is going to turn it over?

**fallen** ⟨fällt, fiel, gefallen⟩ ['falən]
Gestern bin ich auf den rechten Arm gefallen.
Ihr fielen aus Versehen alle Teller aus der Hand.
Paß auf, daß du die Vase nicht fallen läßt!

fall
I fell on my right arm yesterday.

She accidently dropped all the plates.

Be careful not to drop the vase.

**gehen** ⟨ging, gegangen⟩ ['geːən]
Ich bin heute zu Fuß zum Arzt gegangen.
Wann geht Martin nach Spanien?

go (by foot); walk; move
I walked to the doctor's today.

When is Martin moving to Spain? *(the use of "gehen" rather than "fahren" in this context implies a long-term move rather than just travel)*

## 2 Der menschliche Körper — Stellungen und Bewegungen des Körpers

**laufen** ⟨läuft, lief, gelaufen⟩ ['laufn]
Wir sind in den Bergen viel gelaufen.

walk; run
We did a lot of walking in the mountains.

der **Schritt** [ʃrɪt]
Im Vergleich zu anderen Leuten mache ich kleine Schritte.

step, stride
In comparison to other people I take only small strides.

**rennen** ⟨rannte, gerannt⟩ ['rɛnən]
Peter rennt viel schneller als seine Schwester.

run
Peter can run much faster than his sister.

**springen** ⟨sprang, gesprungen⟩ ['ʃprɪŋən]
Wer von euch kann über den Zaun springen?
Mir macht es Spaß, aus drei Meter Höhe ins Wasser zu springen.

jump

Which one of you can jump over that fence?
I like diving from the three-metre board.

**kommen** ⟨kam, gekommen⟩ ['kɔmən]
Um wieviel Uhr kommen unsere Gäste?

come

What time will our guests be arriving?

**herkommen** ⟨kam her, hergekommen⟩ ['heːɐkɔmən]
Kommt her! Ich möchte euch etwas zeigen.

come here

Come here. I want to show you something.

**hereinkommen** ⟨kam herein, hereingekommen⟩ [hɛˈrainkɔmən]
Kommen Sie bitte herein! Sie werden schon erwartet.

come in

Please come in. You are expected.

**betreten** ⟨betritt, betrat, betreten⟩ [bəˈtreːtn]
Betreten verboten!

enter

No entry.

**hinausgehen** ⟨ging hinaus, hinausgegangen⟩ [hɪˈnausgeːən]
Wir sind hinaus auf die Straße gegangen.

go out

We went out into the street.

**herauskommen** ⟨kam heraus, herausgekommen⟩ [hɛˈrauskɔmən]
Ich habe den Einbrecher aus dem Haus herauskommen sehen.
Bisher war sie aus ihrem Dorf kaum herausgekommen.

come out


I saw the burglar coming out of the house.
She has hardly ever been outside her village.

**zurückgehen** ⟨ging zurück, zurückgegangen⟩ [tsuˈrʏkgeːən]
Könnten wir einen anderen Weg zurückgehen?
Nach seinem Studium in Heidelberg ging er wieder nach Köln zurück.

go back

Could we go back by a different route?

After completing his studies in Heidelberg he moved back to Cologne.

**anlehnen** ['anleːnən]
Er lehnte sich mit dem Rücken an die Wand.
Wer hat die Leiter an die Wand angelehnt?

lean
He leaned back against the wall.

Who leaned the ladder up against the wall?

Stellungen und Bewegungen des Körpers | **Der menschliche Körper 2**

**bücken (sich)** ['bʏkn̩]
Er bückte sich, um auf der Erde ein Stück Papier aufzuheben.

bend
He bent down to pick up a piece of paper from the ground.

**ausrutschen** ['ausrʊtʃn̩]
Er ist auf dem Glatteis ausgerutscht.

slip (and fall)
He slipped and fell on the ice.

**hinfallen** ⟨fällt hin, fiel hin, hingefallen⟩ ['hɪnfalən]
Ich bin hingefallen.

fall (over)

I fell over.

**treten** ⟨tritt, trat, getreten⟩ ['tre:tn̩]
Au! Sie sind mir auf den Fuß getreten.

step; kick
Ow! You stepped on my foot.

**stoßen** ⟨stößt, stieß, gestoßen⟩ ['ʃto:sn̩]
Die frechen Jungen haben das kleine Mädchen ins Wasser gestoßen.
Paß auf, daß du dich nicht an dem niedrigen Türrahmen stößt!

push; bang

The cheeky boys pushed the little girl into the water.
Be careful not to bang your head against the low door frame.

**folgen** ['fɔlgn̩]
Bitte folgen Sie mir bis zur nächsten Ecke.

follow
Please follow me to the next corner.

**reinkommen** ⟨kam rein, reingekommen⟩ ['rainkɔmən]
Wie sind Sie ins Haus reingekommen?

come in

How did you manage to get into the house?

**die Bewegung** [bə've:gʊŋ]
Der Arzt sagt, ich brauche mehr Bewegung.

movement; exercise
The doctor said I need more exercise.

**die Energie** [enɛr'gi:]
Zur Zeit hat er keine Energie.

energy
He has no energy at the moment.

**legen** ['le:gn̩]
Nach diesem anstrengenden Arbeitstag lege ich mich gleich ins Bett.
Wo hast du den Schraubenzieher hingelegt? — Ich habe ihn auf den Küchentisch gelegt.

lay down; put (down flat)
After such a tiring day I'm going straight to bed.
Where did you put the screwdriver? — I put it on the kitchen table.

**die Kraft** [kraft]
Die Patientin von Zimmer 12 wird bald wieder bei Kräften sein.

strength
The patient in room 12 will soon have his strength back.

**kratzen** ['kratsn̩]
Sie kratzte sich am linken Arm.

scratch
She scratched her left arm.

**rollen** ['rɔlən]
Beim Schlafen rollt er sich immer auf die rechte Seite.

roll
He always rolls over onto his right side in his sleep.

**senken** ['zɛŋkn̩]
Er senkte den Kopf.

lower
He lowered his head.

**sinken** ⟨sank, gesunken⟩ ['zɪŋkn̩]
Sie sinkt jeden Abend um 10 Uhr todmüde ins Bett.

sink
She falls into bed dog-tired at 10 o'clock every evening.

**reiben** ⟨rieb, gerieben⟩ ['raibn]
Wenn Markus müde ist, reibt er sich die Augen.

rub
Markus rubs his eyes when he's tired.

**blasen** ⟨bläst, blies, geblasen⟩ ['bla:zn]
Wenn das Essen zu heiß ist, mußt du ein wenig blasen.

blow
If your food is too hot, blow on it a bit.

**pfeifen** ⟨pfiff, gepfiffen⟩ ['pfaifn]
Mein Onkel pfiff beim Arbeiten vor sich hin.

whistle
My uncle whistled while he worked.

**saugen** ['zaugn]
Das Baby meiner Freundin saugt nicht richtig an der Brust.

suck, suckle
My friend's baby has not taken properly to breast-feeding.

## Tägliche körperliche Tätigkeiten

**wecken** ['vɛkn]
Könnten Sie mich bitte um 7 Uhr telefonisch wecken?

wake
Could you give me a wake-up call at 7 o'clock, please?

der **Wecker** ['vɛkɐ]
Ich stelle den Wecker auf 6 Uhr.

alarm clock
I set the alarm for 6 o'clock.

**aufwachen** ['aufvaxn]
Heute nacht bin ich vor lauter Schmerzen aufgewacht.

wake up
I was in so much pain that I woke up during the night.

**aufstehen** ⟨stand auf, aufgestanden⟩ ['aufʃte:ən]
Sie ist heute morgen schon um 5 Uhr aufgestanden.

get up

She got up at 5 this morning.

**immer** ['ɪmɐ]
Ich wache immer gegen 9 Uhr auf.

always
I always wake up at around 9 o'clock.

**wach** [vax]
Du scheinst noch nicht richtig wach zu sein.

awake
You don't seem to be quite awake yet.

**etwas zu tun haben** ⟨hat, hatte, gehabt⟩ ['ɛtvas tsu 'tu:n ha:bn]
Wir hatten letzte Woche viel zu tun.

have something to do

We were very busy last week.

**beeilen (sich)** [bə'ailən]
Sie mußte sich beeilen, um pünktlich zur Arbeit zu kommen.

hurry
She had to hurry to get to work on time.

**es eilig haben** ⟨hat, hatte, gehabt⟩ [ɛs 'ailɪç 'ha:bn]
Ich habe es eilig, da ich in einer halben Stunde einen Termin beim Zahnarzt habe.

be in a hurry

I'm in a hurry because I have a dental appointment in half an hour.

Tägliche körperliche Tätigkeiten  Der menschliche Körper **2**

**weggehen** ⟨ging weg, weggegangen⟩ ['vɛkgeːən]
Martin ist vor 20 Minuten weggegangen.

leave, go away
Martin left 20 minutes ago.

**zu Hause** [tsu 'hauzə]
Ist jemand zu Hause?
Ich mußte zu Hause bleiben, um auf die Kinder aufzupassen.

at home
Is anybody at home?
I had to stay at home to look after the children.

**nach Hause** [naːx 'hauzə]
Wann kommt Ihre Frau nach Hause?

home
When will your wife be coming home?

**daheim** [da'haim]
Sind Sie heute nachmittag gegen 15 Uhr daheim?

at home
Will you be at home at around 3 o'clock this afternoon?

**ausruhen** ['ausruːən]
Konnten Sie sich ein wenig ausruhen?

relax, rest
Were you able to relax a bit?

**ins Bett gehen** ⟨ging, gegangen⟩ [ɪns 'bɛt geːən]
Am Sonntag bin ich erst nach Mitternacht ins Bett gegangen.

go to bed

I didn't get to bed until after midnight on Sunday.

**einschlafen** ⟨schläft ein, schlief ein, eingeschlafen⟩ ['ainʃlaːfn]
Er schläft beim Fernsehen immer ein.

fall asleep

He always falls asleep in front of the TV.

**schlafen** ⟨schläft, schlief, geschlafen⟩ ['ʃlaːfn]
Haben Sie gut geschlafen?
Wenn Ihr keinen Platz habt, können zwei Personen bei uns schlafen.

sleep

Did you sleep well?
If you don't have enough room, two people could sleep at our place.

**träumen** ['trɔymən]
Ich habe von unserer letzten Reise nach Indien geträumt.

dream
I dreamt of our last trip to India.

---

**der Alltag** ['altak]
Wie sieht Ihr Alltag aus?

everyday life
Describe a typical day in your life.

**aufwecken** ['aufvɛkn]
Das laute Klopfen weckte ihn auf.

wake (someone up)
The loud knocking woke him up.

**aufsein** ⟨ist auf, war auf, aufgewesen⟩ ['aufzain]
Sind Sie schon auf?

be up

Are you already up?

**die Eile** ['ailə]
Wir sind in Eile, wir haben nämlich gleich einen wichtigen Termin.

hurry
We're in a hurry, we've got an important appointment.

**entspannen** [ɛnt'ʃpanən]
Entspannen Sie sich erst einmal!

relax
Just slow down and relax for a moment.

**hinlegen** ['hɪnleːgn]
Am liebsten legt er sich jeden Mittag nach dem Essen hin.
Wo hast du die Zeitung hingelegt?

lay down; put down flat
He likes to take a nap after lunch.

Where did you put the newspaper?

27

## 2 Der menschliche Körper — Objektbezogene Tätigkeiten

**gewöhnlich** [gə'vø:nlıç]
Andreas geht gewöhnlich spät ins Bett.

usually
Andreas usually goes to bed late.

**der Schlaf** [ʃla:f]
Sie hat einen tiefen Schlaf.

sleep
She sleeps very soundly.

**der Traum** [traum]
Letzte Nacht hatte ich einen seltsamen Traum.

dream
I had a strange dream last night.

# Objektbezogene Tätigkeiten

**finden** ⟨fand, gefunden⟩ ['fındn]
Wo sind meine Handschuhe? Ich kann sie nicht finden!

find
Where are my gloves? I can't find them.

**suchen** ['zu:xn]
Sie sucht ihre Schlüssel.

look for
She's looking for her keys.

**verlieren** ⟨verlor, verloren⟩ [fɛɐ'li:rən]
Wenn Sie Ihre Schecks und Ihre Scheckkarte verloren haben, müssen Sie Ihr Konto unbedingt sperren lassen.

lose
If you have lost your cheques and your cheque card you must make sure that the bank freezes your account.

**aufheben** ⟨hob auf, aufgehoben⟩ ['aufhe:bn]
Kannst du bitte das Blatt Papier da aufheben?
Gewöhnlich hebe ich alle Rechnungen in einem Ordner auf.

pick up; keep

Could you please pick up that piece of paper?
I generally keep all my bills in a file.

**nehmen** ⟨nimmt, nahm, genommen⟩ ['ne:mən]
Sie hat ihre Tasche genommen und ist gegangen.
Ich nehme lieber das Auto als den Bus.

take

She took her bag and left.
I'd rather take the car than the bus.

**mitnehmen** ⟨nimmt mit, nahm mit, mitgenommen⟩ ['mɪtne:mən]
Vergiß nicht, deinen Reisepaß mitzunehmen!
Peter nimmt seinen Freund zu der Party am Samstag abend mit.

take along with oneself

Don't forget to take your passport with you.
Peter is taking his friend along to the party on Saturday evening.

**aufbewahren** ['aufbəva:rən]
Sie bewahrt ihren Schmuck im Tresor auf.

store, keep
She keeps her jewellery in a safe.

**übergeben** ⟨übergibt, übergab, übergeben⟩ [y:bɐ'ge:bn]

hand over

**benutzen, benützen** [bə'nʊtsn, bə'nʏtsn]
Benützen Sie umweltfreundliche Produkte?

use

Do you use environment-friendly products?

28

Objektbezogene Tätigkeiten          Der menschliche Körper **2**

**gebrauchen** [gə'brauxn]
Die Tischdecke kann ich gut gebrauchen.

make use of
I could make good use of that tablecloth.

die **Gebrauchsanweisung**
[gə'brauxs|anvaizʊŋ]
Bitte beachten Sie die Gebrauchsanweisung.

(operating) instructions

Please follow the instructions.

**anmachen** ['anmaxn]
Macht bitte das Licht an!

switch on, turn on
Turn the light on, please.

**ausmachen** ['ausmaxn]
Soll ich den Backofen ausmachen?

switch off, turn off
Should I turn off the oven?

**aufmachen** ['aufmaxn]
Es hat geklingelt, kannst du bitte die Haustür aufmachen?

open
Somebody has rung the doorbell, can you go to the door?

**zumachen** ['tsu:maxn]
Wer macht die Fenster zu?

close
Who is going to close the windows?

**öffnen** ['œfnən]
Als der Postbote das Paket brachte, öffnete sie es sofort.

open
She opened the package the moment the postman delivered it.

**schließen** ⟨schloß, geschlossen⟩
['ʃli:sn]
Nach dem Unterricht müssen alle Fenster geschlossen werden.

close

All windows must be closed at the end of the lesson.

**stellen** ['ʃtɛlən]
Stellen Sie bitte die Blumenvase auf den großen Tisch.

place, put (upright)
Please put the vase on the large table.

**halten** ⟨hält, hielt, gehalten⟩ ['haltn]
Er hält den Schirm in der einen Hand und die Tasche in der anderen.

hold
He's holding the umbrella in one hand and the bag in the other.

**loslassen** ⟨läßt los, ließ los, losgelassen⟩ ['lo:slasn]
Er ließ ihre Hand nicht mehr los.

let go

He wouldn't let go of her hand.

**tragen** ⟨trägt, trug, getragen⟩ ['tra:gn]
Ich soll nichts Schweres tragen.

carry
I'm not supposed to carry anything heavy.

**bringen** ⟨brachte, gebracht⟩ ['brɪŋən]
Bring mir bitte die nasse Wäsche, damit ich sie aufhängen kann.
Morgen muß ich meinen Vater zum Flughafen bringen.
Er brachte das Gespräch auf ein anderes Thema.

fetch, take, bring
Please fetch in the wet things so that I can hang them up.
I have to take my father to the airport tomorrow.
He changed the subject.

**holen** ['ho:lən]
Wir müssen sofort einen Krankenwagen und einen Arzt holen.
Er holte eine Flasche Wein aus dem Keller.

fetch, get
We must call for an ambulance and a doctor right away.
He fetched a bottle of wine from the cellar.

## 2 Der menschliche Körper — Objektbezogene Tätigkeiten

**drücken** ['drʏkn̩]
Um die Waschmaschine anzustellen, muß man auf die oberste Taste drücken.

press
You turn the washing machine on by pressing the top button.

**füllen** ['fʏlən]
Die Bauarbeiter füllten das Loch mit Sand.

fill
The construction workers filled the hole with sand.

**schütteln** ['ʃʏtln̩]
Er schüttelte den Kopf.

shake
He shook his head.

**anzünden** ['antsʏndn̩]
Er zündet sich eine Zigarette an.
Ich brauche ein Streichholz, um die Kerze anzuzünden.

light
He lit a cigarette.
I need a match to light the candle.

**kaputtmachen** [ka'pʊtmaxn̩]
Wer hat den teuren Porzellanteller kaputtgemacht?

break; damage
Who broke that expensive china plate?

**ziehen** ⟨zog, gezogen⟩ ['tsiːən]
Er zog den Stuhl an den Tisch.

pull
He pulled the chair up to the table.

**heben** ⟨hob, gehoben⟩ ['heːbn̩]
Selbst zwei Männer konnten den schweren Stein nicht heben.

lift
The stone was too heavy even for two men to lift.

**der Gebrauch** [gə'braux]
Vor Gebrauch schütteln.

use
Shake before use.

**einschalten** ['ainʃaltn̩]
Ist die Spülmaschine schon eingeschaltet?

switch on
Is the dishwasher already on?

**abschalten** ['apʃaltn̩]
Meiner Meinung nach sollten alle Atomkraftwerke abgeschaltet werden.

switch off
I think all nuclear power plants should be shut down.

**ausschalten** ['ausʃaltn̩]
Wir müssen noch das Licht im Wohnzimmer ausschalten.

switch off
We still have to switch off the light in the living room.

**anstellen** ['anʃtɛlən]
Ich werde die Heizung im Oktober wieder anstellen.

switch on
I will switch the heating back on in October.

**abstellen** ['apʃtɛlən]
Morgen wird der Strom von 10 bis 12 Uhr abgestellt.

cut off
They're going to cut off the electricity between 10 and 12 tomorrow morning.

**aufstellen** ['aufʃtɛlən]
Er stellte das Regal auf.

put up
He put up the shelves.

**schieben** ⟨schob, geschoben⟩ ['ʃiːbn̩]
Wer hilft mir, den Schrank an die Wand zu schieben?

push
Who's going to help me push this cupboard up against the wall?

**stützen** ['ʃtʏtsn̩]
Der Verletzte wurde von einer Krankenschwester gestützt.
Er stützte sich mit beiden Händen auf den Tisch.

support
The injured man was supported by a nurse.
He supported himself by placing both hands on the table.

**versstecken** [fɛɐ'ʃtɛkn]
Wo hast du dich schon wieder versteckt?
Der Dieb versteckte den Schmuck in einer Höhle.

hide
Where have you been hiding?
The thief hid the jewellery in a cave.

**bedecken** [bə'dɛkn]
Sie bedeckte ihren Körper mit einem Handtuch.

cover
She covered up her body with a towel.

**abreißen** ⟨riß ab, abgerissen⟩ ['apraisn]
Bei diesem Kalender muß man jeden Tag ein Blatt abreißen.

tear off
This calendar is one of those where you tear off a page for each day.

**falten** ['faltn]
Die Servietten müssen noch gefaltet werden.
Sie faltete die Hände und hörte aufmerksam zu.

fold
The napkins still need to be folded.
She folded her hands and listened attentively.

**biegen** ⟨bog, gebogen⟩ ['biːgn]
Der Stock läßt sich nicht biegen.

bend
This stick won't bend.

**stecken** ['ʃtɛkn]
Er hat das Geld in die Tasche gesteckt.

put (inside something)
He put the money in his pocket.

**zerreißen** ⟨zerriß, zerrissen⟩ [tsɛɐ'raisn]
Wütend zerriß sie den Brief.

rip up
She ripped up the letter in anger.

# Aussehen

**aussehen** ⟨sieht aus, sah aus, ausgesehen⟩ ['auszeːən]
Sie sehen gut aus.

look
You're looking good.

**ähnlich sehen** ⟨sieht, sah, gesehen⟩ ['ɛːnlɪç 'zeːən]
Ihr Sohn sieht seinem Vater zum Verwechseln ähnlich.

resemble
Your son is the spitting image of his father.

**verändern (sich)** [fɛɐ'lɛndɐn]
Du hast dich in den letzten acht Jahren überhaupt nicht verändert.

change
The last eight years haven't changed you a bit.

**groß** [groːs]
Mein Freund ist 1,90 Meter groß.

tall
My boyfriend is 1.90 metres tall.

**klein** [klain]
Karin ist klein für ihr Alter.

small, short
Karin is small for her age.

**hübsch** [hʏpʃ]
Das kleine Mädchen hat ein sehr hübsches Gesicht.

pretty
The little girl has a very pretty face.

## 2 Der menschliche Körper — Aussehen

**schön** [ʃøːn]
Ich finde, daß Martha sehr schöne Augen hat.

nice, beautiful
I think Martha has lovely eyes.

**häßlich** ['hɛslıç]
Er sieht häßlich aus.

ugly
He's ugly.

**blond** [blɔnt]
Mir gefallen Leute mit blonden Haaren.

fair, blond
I like people with fair hair.

**braun** [braun]
Unser Sohn hat braunes Haar und braune Augen.

brown
Our son has brown hair and brown eyes.

**schwarz** [ʃvarts]
Menschen aus südlichen Ländern haben meist schwarzes Haar.

black
People from southern countries usually have black hair.

**grau** [grau]
Bernd bekam mit 30 die ersten grauen Haare.

grey *GB*, gray *US*
Bernd started to go grey at 30.

**kurz** [kʊrts]
Trägt Frau Werner das Haar kurz oder lang?

short
Does Mrs Werner have short or long hair?

**lang** [laŋ]
Lange Haare stehen dir sehr gut.

long
Long hair really suits you.

**grün** [gryːn]
Haben Sie grüne oder blaue Augen?

green
Do you have green or blue eyes?

**blau** [blau]

blue

**dunkel** ['dʊŋkl]
Maximilian ist ein dunkler Typ.

dark
Maximilian has a dark complexion and dark hair.

der **Bart** [baːɐt]
Hat sich Ihr Mann einen Bart wachsen lassen?

beard
Has your husband grown a beard?

**blaß** [blas]
Gabriele sieht immer blaß aus.

pale
Gabriele always looks pale.

**braungebrannt** ['braungəbrant]
Er kam braungebrannt aus dem Urlaub zurück.

suntanned
He came back from holiday very tanned.

**wiegen** ⟨wog, gewogen⟩ ['viːgn]
Ich schätze, daß Sie ungefähr 70 Kilo wiegen.

weigh
I'd guess that you weigh around 70 kilos.

**dick** [dɪk]
Ich habe Angst, daß ich zu dick werde.

fat
I'm worried about getting fat.

**dünn** [dʏn]
Du bist aber dünn geworden!

thin
You've grown really thin.

**schlank** [ʃlaŋk]
Camilla ist groß und schlank.

slim
Camilla is tall and slim.

**abnehmen** ⟨nimmt ab, nahm ab, abgenommen⟩ ['apneːmən]
Ich würde gerne drei Kilo abnehmen.

lose weight

I would like to lose three kilos.

Aussehen                                                  Der menschliche Körper **2**

**zunehmen** ⟨nimmt zu, nahm zu, zugenommen⟩ ['tsu:ne:mən]
Während meiner letzten Schwangerschaft nahm ich 16 Kilo zu.

put on weight

During my last pregnancy I put on 16 kilos.

**stark** [ʃtark]
Iß ordentlich, damit du groß und stark wirst.

strong
You need to eat well if you want to grow big and strong.

**die Ähnlichkeit** ['ɛ:nlıçkait]
Peter hat große Ähnlichkeit mit meinem früheren Freund.

similarity
Peter and my ex-boyfriend are very similar.

**unterscheiden (sich)** ⟨unterschied, unterschieden⟩ [ʊntɐ'ʃaidn]
Er unterscheidet sich von seinem Zwillingsbruder durch seine dunklen Augen.

be different

His dark eyes are what distinguish him from his twin brother.

**das Äußere** ['ɔysərə]
Mein Schwiegervater achtet sehr auf sein Äußeres.

appearance
My father-in-law is very particular about his appearance.

**jugendlich** ['ju:gntlıç]
Findest du nicht, daß Gerds Frau sehr jugendlich aussieht?

youthful
Gerd's wife looks very young, doesn't she?

**attraktiv** [atrak'ti:f]
Unsere Chefin ist eine sehr attraktive Frau.

attractive
Our boss is a very attractive woman.

**zart** [tsa:et]
Julius ist ein sehr zartes Baby.

sensitive, tender, delicate
Julius is a very delicate baby.

**kräftig** ['krɛftıç]
Du bist aber kräftig!

strong
Wow, you're strong!

**glatt** [glat]
Susanne hat langes, glattes Haar.

smooth; straight *(of hair)*
Susanne has long, straight hair.

**die Locke** ['lɔkə]
Ich habe mir beim Friseur Locken machen lassen.

curl
I had my hair curled at the hairdresser's.

**voll** [fɔl]
Diese Frisur ist für Sie leider nicht geeignet, da Ihr Haar dafür nicht voll genug ist.

full, thick
I'm sorry, but that particular hairstyle is not really suitable for you because your hair isn't thick enough.

**das Gewicht** [gə'vıçt]
Ich muß darauf achten, mein Gewicht zu halten.

weight
I have to watch my weight.

**die Figur** [fi'gu:ɐ]
Sie hat eine gute Figur.

figure
She's got a good figure.

## Kosmetik und Körperpflege

**waschen** ⟨wäscht, wusch, gewaschen⟩ ['vaʃn]
Er wäscht sich jeden Morgen gründlich.
Ich wasche mir gleich die Haare.

wash
He has a thorough wash every morning.
I'm about to wash my hair.

die **Seife** ['zaifə]
Meine Kinder müssen sich ihre Hände immer mit Seife waschen.

soap
My children always have to wash their hands with soap.

**duschen** ['dʊʃn, 'duːʃn]
Mein Mann duscht gerne sehr heiß.

Duschen Sie sich täglich?

take a shower
My husband likes to take a very hot shower.
Do you take a shower every day?

**baden** ['baːdn]
Sie badet sich regelmäßig.
Wir haben im Meer gebadet.

take a bath; go swimming
She takes regular baths.
We went swimming in the sea.

das **Handtuch** ['hantuːx]
Gib mir bitte das weiße Handtuch!

(hand)towel
Could you give me the white towel, please.

**abtrocknen** ['aptrɔknən]
Kannst du mir bitte den Rücken abtrocknen?

dry (off)
Could you dry my back for me, please?

**kämmen** ['kɛmən]
Sie muß sich noch kämmen.
Hast Du den Kindern schon die Haare gekämmt?

comb
She still has to comb her hair.
Have you already combed the children's hair?

der **Kamm** [kam]

die **(Haar)bürste** ['(haːɐ)bʏrstə]
Er steckte den Kamm in die Bürste.

comb

hairbrush
He stuck the comb in the brush.

**Zähne putzen** ['tsɛːnə 'pʊtsn]
Es wäre gut, sich morgens und abends die Zähne zu putzen.

brush one's teeth
It would be a good idea to brush your teeth in the morning and in the evening.

die **Zahnbürste** ['tsaːnbʏrstə]
Benützen Sie eine elektrische Zahnbürste?

toothbrush
Do you use an electric toothbrush?

die **Zahnpasta** ['tsaːnpasta]
Diese Zahnpasta wurde mir von meinem Zahnarzt empfohlen.

toothpaste
This toothpaste was recommended to me by my dentist.

**fönen** ['føːnən]
Soll ich Ihnen die Haare fönen oder lassen Sie sie an der Luft trocknen?

blow-dry
Should I blow-dry your hair for you or do you want to just let it dry?

**schminken** ['ʃmɪŋkn]
Ihre Schwester schminkt sich nicht.

put on make-up
Her sister doesn't use make-up.

der **Lippenstift** ['lɪpnʃtɪft]
Sie benutzt Lippenstift, Wimperntusche, Lidschatten und Nagellack.

lipstick
She uses lipstick, mascara, eye-shadow and nail polish.

Kosmetik und Körperpflege   Der menschliche Körper **2**

die **Wimperntusche** ['vɪmpɐntʊʃə]   mascara

der **Lidschatten** ['li:dʃatn]   eye-shadow

der **Nagellack** ['na:gllak]   nail polish

**eincremen, einkremen**   apply cream
['aɪnkre:mən]
Vergiß nicht, dich einzucremen!   Don't forget to use your suntan cream.

die **Creme** [kre:m, krɛ:m]   cream
Ich hätte gerne eine Creme mit Lichtschutzfaktor 9.   I would like factor 9 suntan cream, please.

das **Parfüm** [par'fy:m]   perfume
Ich trage nie schwere Parfüme.   I never wear heavy perfume.

**rasieren** [ra'zi:rən]   shave
Mein Vater rasiert sich immer naß.   My father always wet-shaves.

die **Drogerie** [drogə'ri:]   chemist's *GB*, drugstore *US*
Könntest du mir ein mildes Shampoo aus der Drogerie mitbringen?   Could you get me a mild shampoo from the chemist's?

der **Friseur**, die **Friseuse** [fri'zø:ɐ, fri'zø:zə]   hairdresser
Wann waren Sie das letzte Mal beim Friseur?   When did you last go to the hairdresser?

**schneiden** ⟨schnitt, geschnitten⟩   cut
['ʃnaɪdn]
Ich möchte mir die Haare kurz schneiden lassen.   I would like to have my hair cut short.
Kannst du noch den Kindern die Nägel schneiden?   Could you cut the children's nails?

die **Schere** ['ʃe:rə]   scissors
Ich brauche eine scharfe Schere.   I need a sharp pair of scissors.

das **Toilettenpapier** [toa'lɛtənpapi:ɐ]   toilet paper
Wir haben kein Toilettenpapier mehr.   We're out of toilet paper.

das **Taschentuch** ['taʃntu:x]   handkerchief
Er braucht ein Taschentuch, um sich die Nase zu putzen.   He needs a handkerchief to blow his nose.

**frisch machen (sich)** ['frɪʃ maxn]   freshen up
Möchten Sie sich nach dieser anstrengenden Reise ein wenig frisch machen?   Would you like to freshen up after your tiring journey?

der **Waschlappen** ['vaʃlapn]   (face) flannel, face cloth
Die Waschlappen sind in der untersten Schublade.   The face flannels are in the bottom drawer.

das **Bad** [ba:t]   bath
Im Winter tut ein warmes Bad gut.   In winter, a warm bath is just the right thing.
Ich würde gerne ein Bad nehmen.   I'd like to take a bath.

der **Schwamm** [ʃvam]   sponge
Brauchst du einen Schwamm zum Waschen?   Do you need a sponge?

35

## 2 Der menschliche Körper

das **Shampoo** [ʃamˈpuː, ʃɛmˈpuː]  
shampoo

der **Fön**® [føːn]  
hair-dryer  
Trocknen Sie sich die Haare mit dem Fön?  
Do you use a hair-dryer?

das **Haarspray** [ˈhaːɐʃpreː, ˈhaːɐspreː]  
hair spray  
Ohne Haarspray hält meine neue Frisur überhaupt nicht.  
My new hairstyle just won't stay in place without hair spray.

die **Frisur** [friˈzuːɐ]  
hair-cut, hair-style

**färben** [ˈfɛrbn]  
dye, colour  
Beate hat ihr Haar rot gefärbt.  
Beate has dyed her hair red.

die **Dauerwelle** [ˈdaʊɐvɛlə]  
perm  
Möchten Sie sich eine Dauerwelle machen lassen?  
Would you like to have a perm?

**lackieren** [laˈkiːrən]  
apply nail polish to  
Sie hatte ihre Nägel grün lackiert.  
She had painted her nails green.

der **Kosmetiker**, die **Kosmetikerin** [kɔsˈmeːtikɐ]  
beautician  
Meine Freundin geht einmal im Monat zur Kosmetikerin.  
My girlfriend goes to a beautician once a month.

die **Watte** [ˈvatə]  
cotton wool *GB*, absorbent cotton *US*  
Die Wimperntusche entfernt man am besten mit Watte.  
Cotton wool is the best thing for removing mascara.

der **Puder** [ˈpuːdɐ]  
powder

der **Rasierapparat** [raˈziːɐʔaparat]  
shaver

der **Lichtschutzfaktor** [ˈlɪçtʃʊtsfaktɔr]  
sun-protection factor

die **Binde** [ˈbɪndə]  
sanitary towel *GB*, sanitary napkin *US*  
Tragen Sie Binden oder benützen Sie Tampons?  
Do you use sanitary towels or tampons?

der **Tampon** [ˈtampɔn]  
tampon

die **Windel** [ˈvɪndl]  
nappy *GB*, diaper *US*  
Windeln für Babys gibt es in verschiedenen Größen je nach Körpergewicht.  
There are various sizes of nappies available, depending upon the baby's weight.

## Sexualität und Fortpflanzung

**schlafen mit** ⟨schläft, schlief, geschlafen⟩ [ˈʃlaːfn mɪt]  
sleep with; make love to  
Ich möchte gerne mit dir schlafen.  
Schlaft ihr oft miteinander?  
I would like to make love to you.  
Do you sleep with each other often?

das **Glied** [gliːt]  
penis, member  
Das Glied ist das männliche Geschlechtsorgan.  
The penis is the male sexual organ.

die **Scheide** [ˈʃaidə]  
vagina

Sexualität und Fortpflanzung — Der menschliche Körper **2**

die **Pille** ['pɪlə]
Soll ich Ihnen die Pille verschreiben?

pill
Would you like me to put you on the pill?

das **Kondom** [kɔn'do:m]
Kondome schützen vor Aids.

condom
Condoms offer protection against Aids.

**schwanger** ['ʃvaŋɐ]
Ich bin schwanger.

pregnant
I'm pregnant.

**bekommen** ⟨bekam, bekommen⟩ [bə'kɔmən]
Bekommen Sie ein Kind?

get; receive

Are you going to have a baby?

die **Schwangerschaft** ['ʃvaŋɐʃaft]
Annalisas Schwangerschaft verläuft völlig normal.

pregnancy
Annalisa's pregnancy is progressing normally.

**homosexuell** [homozɛ'ksuɛl]
Berthold ist homosexuell.

homosexual
Berthold is homosexual.

**lesbisch** ['lɛsbɪʃ]
Sie ist lesbisch.

lesbian
She's lesbian.

**schwul** [ʃvu:l]
Er ist schwul.

gay
He's gay.

---

**aufklären** ['aufklɛ:rən]
Wir wurden im Biologieunterricht aufgeklärt.

explain the facts of life to
We had sex education in biology.

das **Verhütungsmittel** [fɛɐ'hy:tʊŋsmɪtl]
Die Pille ist ein sehr sicheres Verhütungsmittel.

contraceptive

The pill is a very safe form of contraception.

**seine Tage haben** ⟨hat, hatte, gehabt⟩ [zainə 'ta:gə ha:bn]
Ich habe meine Tage noch nicht bekommen.

have one's period

I haven't had my period yet.

**abtreiben** ⟨trieb ab, abgetrieben⟩ ['aptraibn]
Ich weiß nicht, ob ich abtreiben soll oder nicht.

have an abortion

I don't know whether I should have an abortion or not.

der **Schwangerschaftsabbruch** ['ʃvaŋɐʃaftsapbrʊx]
Meine Freundin läßt einen Schwangerschaftsabbruch vornehmen.

termination of pregnancy, abortion

My girlfriend is going to have an abortion.

die **Sexualität** [zɛksuali'tɛ:t]
Die weibliche Sexualität unterscheidet sich von der männlichen.

sexuality
Female sexuality and male sexuality differ.

das **Geschlechtsorgan** [gə'ʃlɛçtslɔrga:n]

sexual organ

der **Penis** ['pe:nɪs]

penis

die **Vagina** [va'gi:na]

vagina

37

# Geburt, Lebensentwicklung, Tod

**geboren werden** ⟨wird, wurde, worden⟩ [gə'bo:rən]
Mein Sohn wurde am 8. Juli 1989 in Tübingen geboren.

be born
My son was born in Tübingen on 8th July, 1989.

**die Geburt** [gə'bu:ɐt]
Es war eine schwierige Geburt.
Ihr Mann war bei der Geburt dabei.

birth
It was a difficult birth.
Her husband was present at the birth.

**das Baby** ['be:bi]
Als Baby war sie ziemlich dick.

baby
She was quite a chubby baby.

**wachsen** ⟨wächst, wuchs, gewachsen⟩ ['vaksn]
Sebastian ist wieder ein ganzes Stück gewachsen.

grow
Sebastian has grown a lot.

**das Kind** [kɪnt]
In Deutschland kommen Kinder mit sechs Jahren in die Schule.

child
In Germany, children start school at six.

**die Kindheit** ['kɪnthait]
Sein Schwiegervater verbrachte seine Kindheit auf dem Land.

childhood
His father-in-law grew up in the country.

**die Jugend** ['ju:gnt]
Roger trieb in seiner Jugend viel Sport.

youth
In his youth, Roger went in for a lot of sport.

**der/die Jugendliche(r)** ['ju:gntlıçɐ (-çɐ)]
Die Diskothek in der Stadtmitte wird hauptsächlich von Jugendlichen besucht.

teenager
It's mostly teenagers who go to the disco in the city centre.

**erwachsen** [ɛɐ'vaksn]
Sind Ihre Kinder schon erwachsen?

adult
Are your children grown-up?

**der/die Erwachsene(r)** [ɛɐ'vaksnə (-nɐ)]
Die Veranstaltung ist nur für Erwachsene.

adult
This event is for adults only.

**jung** [jʊŋ]
Ich fühle mich noch sehr jung.

young
I still feel very young.

**alt** [alt]
Sein Onkel ist schon sehr alt.
Ich finde, daß deine Eltern alt geworden sind.

old
His uncle is already very old.
I think your parents have grown very old.

**das Leben** ['le:bn]
Er genießt sein Leben.
Als der Notarzt kam, war der Verletzte noch am Leben.

life
He enjoys life.
When the emergency doctor arrived the injured man was still alive.

**leben** ['le:bn]
Leben Ihre Eltern noch?

live
Are your parents still alive?

Geburt, Lebensentwicklung, Tod | Der menschliche Körper **2**

**sterben** ⟨stirbt, starb, gestorben⟩ ['ʃtɛrbn]
Meine Mutter ist vor 12 Jahren an Krebs gestorben.

die
My mother died of cancer 12 years ago.

der **Tod** [toːt]
Der Tod unseres Onkels trat um 20 Uhr ein.

death
Our uncle died at 8 p.m.

**tot** [toːt]
Seine Großeltern sind schon lange tot.

dead
His grandparents have been dead for many years.

die **Beerdigung** [bəˈleːedɪɡʊŋ]
Die Beerdigung findet am Dienstag um 9 Uhr auf dem Friedhof statt.

funeral
The funeral will take place at the cemetery at 9 a.m. on Tuesday.

das **Beileid** ['bailait]
Herzliches Beileid!

condolence
Please accept my condolences.

der **Sarg** [zark]

coffin

das **Grab** [graːp]
Das Grab von Karl Marx ist in London.

grave
Karl Marx's grave is in London.

die **Hebamme** [ˈheːplamə, ˈheːbamə]

midwife

der **Kinderwagen** [ˈkɪndɐvaːɡn]
Hilfst du mir bitte, den Kinderwagen zu schieben?

pram *GB*, baby carriage *US*
Could you help me push the pram, please?

**aufwachsen** ⟨wächst auf, wuchs auf, aufgewachsen⟩ [ˈaufvaksn]
Ich will nicht, daß meine Kinder in einer Großstadt aufwachsen.

grow up

I don't want my children to grow up in a big city.

die **Pubertät** [pubɐrˈtɛːt]

Ist Ihre Tochter schon in der Pubertät?

puberty *(in a loose sense, "Pubertät" is also used for adolescence)*
Has your daughter already entered puberty?

**reif** [raif]
Margaretes Tochter ist im letzten Jahr viel reifer geworden.

mature
Margarete's daughter has matured a great deal over the last year.

der **Senior**, die **Seniorin** [ˈzeːniɔɐ, zeˈnioːrɪn]
Die Gemeinde veranstaltet jeden Monat einen Nachmittag für die Senioren.

senior citizen, older person

The local community organises a senior citizens' afternoon every month.

das **Alter** [ˈaltɐ]
Auf der Hochzeit war jedes Alter vertreten.

age; old age
The wedding was attended by people of all ages.

das **Altersheim** [ˈaltɐshaim]
Seine Eltern wollen auf gar keinen Fall ins Altersheim.

retirement home
His parents are totally opposed to going into a retirement home.

das **Schicksal** [ˈʃɪkzaːl]
Mein Vater hatte kein leichtes Schicksal.

fate
My father did not have an easy life.

die **Lebensgefahr** ['le:bnsgəfaɐ]
Vorsicht, Lebensgefahr!

**tödlich** ['tø:tlıç]
Seine Krankheit verlief tödlich.

der **Selbstmord** ['zɛlbstmɔrt]
Goethes Werther beging Selbstmord.

**begehen** ⟨beging, begangen⟩ [bə'ge:ən]

**ersticken** [ɛɐ'ʃtɪkn]

**ertrinken** ⟨ertrank, ertrunken⟩ [ɛɐ'trıŋkn]
Er ist beim Baden ertrunken.

die **Leiche** ['laiçə]
Die Leiche wurde noch nicht gefunden.

der/die **Tote(r)** ['to:tə (-tɐ)]
Bei dem Unfall gab es vier Tote.

**beerdigen** [bə'ʔe:ɐdɪgn]
Wo sollen sie beerdigt werden?

die **Trauer** ['trauɐ]
in tiefer Trauer; in stiller Trauer
Nach dem plötzlichen Tod ihres Mannes trug sie ein Jahr lang Trauer.

mortal danger
Warning! Danger to life!

fatal
His illness was fatal.

suicide
Werther, a character created by Goethe, committed suicide.

commit

suffocate

drown

He drowned while swimming.

corpse, dead body
The body has not yet been found.

dead man, dead woman
Four people were killed in the accident.

bury
Where should they be buried?

mourning; sorrow
much loved and sadly missed by …
Following the sudden death of her husband she wore mourning for a year.

# Gesundheit und Medizin 3

## Allgemeines Befinden

**gehen** ⟨ging, gegangen⟩ ['ge:ən]
Wie geht es Ihnen? — Es geht so.

be feeling
How are you? — So-so.

**gutgehen** ⟨ging gut, gutgegangen⟩ ['gu:tge:ən]
Mir geht es gut.

be well

I'm fine.

**schlechtgehen** ⟨ging schlecht, schlechtgegangen⟩ ['ʃlɛçtge:ən]
Wie geht es Irene heute? — Ihr geht es schlecht.

be unwell

How's Irene today? — She's not feeling well.

**müde** ['my:də]
Er ist müde.

tired
He's tired.

**schwitzen** ['ʃvɪtsn]

sweat, perspire *(the term "schwitzen" is not considered coarse in German)*

Bei dieser Hitze kommt man leicht ins Schwitzen.

This heat really makes you sweat.

**frieren** ⟨fror, gefroren⟩ ['fri:rən]
Sie friert leicht an den Füßen.

feel cold
She tends to feel the cold in her feet.

**gesund** [gə'zʊnt]
Mein Arzt hat gesagt, daß ich völlig gesund bin.

healthy
My doctor gave me a clean bill of health.

**krank** [kraŋk]
Ich glaube, daß ich krank werde.

sick
I think I'm coming down with something.

**Gute Besserung!** ['gu:tə 'bɛsərʊŋ]

Get well soon.

der **Zustand** ['tsu:ʃtant]
Sein Zustand ist kritisch.

state, condition
His condition is critical.

**fühlen (sich)** ['fy:lən]
Wie fühlen Sie sich? — Ich fühle mich schon besser, danke.

feel
How do you feel? — I'm feeling better, thank you.

**wohl** [vo:l]
Ich fühle mich zur Zeit nicht wohl.

well
I'm not feeling well at the moment.

**fit** [fɪt]
Er ist fit.

fit, in good shape
He is in good shape.

**fertig** ['fɛetɪç]
Nach dieser Autofahrt waren wir völlig fertig.

washed-out
After the drive we all felt really washed-out.

**kaputt** [ka'pʊt]
Die vielen Überstunden machten ihn kaputt.

wrecked
All the overtime really took it out of him.

41

# 3 Gesundheit und Medizin

**schwach** [ʃvax]
Ich fühle mich ziemlich schwach.

weak
I'm feeling pretty weak.

**die Nerven** [ˈnɛrfn]
Sie hat schwache Nerven.

nerves
She has fragile nerves.

**der Stuhlgang** [ˈʃtuːlɡaŋ]

bowel movement

**zittern** [ˈtsɪtən]
Er zitterte vor Angst.

shake, shiver
He was shaking with fear.

**bessergehen** ⟨ging besser, bessergegangen⟩ [ˈbɛsəɡeːən]
Geht es Ihnen wieder besser?

be better

Are you feeling better now?

**der Umstand** [ˈʊmʃtant]
Dem Patienten geht es den Umständen entsprechend gut.

circumstance
The patient is as well as can be expected under the circumstances.

**kritisch** [ˈkriːtɪʃ]

critical

**bekommen** ⟨bekam, bekommen⟩ [bəˈkɔmən]
Das Medikament bekommt mir nicht.

agree with

This medicine doesn't agree with me.

**die Gesundheit** [ɡəˈzʊnthait]
Unser Großvater ist bei guter Gesundheit.

health
Our grandfather is in good health.

## Medizinische Versorgung

**der Arzt, die Ärztin** [aːɐtst, artst, ˈɛːɐtsɪn]
Ich habe heute einen Termin beim Arzt.

doctor

I have a doctor's appointment today.

**der Doktor, die Doktorin** [ˈdɔktɔr, dɔkˈtoːrɪn]
Wir müssen den Doktor holen.

doctor

We must fetch the doctor.

**bestellt sein** [bəˈʃtɛlt zain]
Ich bin um 10 Uhr 30 beim Frauenarzt bestellt.

have an appointment
I have an appointment to see my gynaecologist at 10.30 a.m.

**der Krankenschein** [ˈkraŋkənʃain]

health-insurance certificate *(a new health insurance certificate has to be provided to the doctor by the patient each quarter)*

Wir brauchen von Ihnen einen neuen Krankenschein.

We need your new health insurance certificate.

**die Versichertenkarte** [fɛɐˈzɪçətənkartə]
Die Versichertenkarte ersetzt ab 1.1.1994 in Baden-Württemberg, Hessen und Thüringen den Krankenschein. Bis zum 1.1.1995 soll sie in allen Bundesländern eingeführt sein.

health-insurance card

As of January 1st, 1994 the health-insurance certificate is to be replaced by the health-insurance card in Baden-Württemberg, Hesse and Thuringia. It is planned to introduce this card in all federal states by January 1st, 1995.

Medizinische Versorgung | **Gesundheit und Medizin 3**

die **Krankenkasse** [ˈkraŋknkasə]
Bei welcher Krankenkasse sind Sie versichert?

health insurance organisation or company
Which health insurance scheme are you with?

**versichert sein** [fɛɐ̯ˈzɪçɐt zain]
Ich bin in der gesetzlichen Krankenkasse versichert.

have health insurance
I'm with the state health insurance scheme.

**behandeln** [bəˈhandln]
Sie können sich von einem Arzt Ihrer Wahl behandeln lassen.

treat
You can be treated by any doctor of your choosing.

die **Sprechstunde** [ˈʃprɛçʃtundə]
Wir haben von Montag bis Freitag von 8 bis 12 Uhr und von 15 bis 18 Uhr Sprechstunde.

surgery (hours)
Doctors are in surgery Mondays to Fridays from 8 a.m. to 12 noon and from 3 p.m. to 6 p.m.

die **(Arzt)praxis** [ˈ(aːɐ̯tst)praksɪs]
Die Praxis meines Zahnarztes geht sehr gut.

practice
My dentist's practice is doing very well.

**überweisen** ⟨überwies, überwiesen⟩ [yːbɐˈvaizn]
Er wurde zu einem Internisten überwiesen.

refer
He was referred to an internist.

der **Internist,** die **Internistin** [ɪntɐˈnɪst]

internist

der **Zahnarzt,** die **Zahnärztin** [ˈtsaːnlaːɐ̯tst]
Kennen Sie einen guten Zahnarzt?

dentist
Do you know a good dentist?

der **Notfall** [ˈnoːtfal]
In Deutschland ist jeder verpflichtet, bei Notfällen Erste Hilfe zu leisten.

emergency
In Germany everyone is legally obliged to provide first aid in an emergency.

der **Krankenwagen** [ˈkraŋknvaːgn]
Der Krankenwagen kam sofort.

ambulance
The ambulance came right away.

das **Krankenhaus** [ˈkraŋknhaus]
Sie wurde mit einer Lungenentzündung ins Krankenhaus eingewiesen.

hospital
She was taken to hospital with pneumonia.

der **Patient,** die **Patientin** [paˈtsiɛnt]
Wann wird der Patient von Zimmer 10 entlassen?

patient
When is the patient in room 10 going to be discharged?

**entlassen** ⟨entläßt, entließ, entlassen⟩ [ɛntˈlasn]
Hoffentlich werde ich am Freitag entlassen!

discharge

I hope they are going to discharge me on Friday.

die **Krankenschwester** [ˈkraŋknʃvɛstə]
Rufen Sie die Krankenschwester, wenn Sie etwas brauchen.

female nurse

Just call the nurse if you need anything.

der **Krankenpfleger** [ˈkraŋknpfleːgɐ]
In den Krankenhäusern fehlen Krankenpfleger und Krankenschwestern.

male nurse
There is a shortage of nursing staff in hospitals.

43

## 3 Gesundheit und Medizin — Medizinische Versorgung

die **Pflege** ['pfleːgə]
Wer übernimmt Herr Walters Pflege nach seinem Krankenhausaufenthalt?

care
Who is going to look after Mr Walter once he has left hospital?

der **Frauenarzt**, die **Frauenärztin** ['frauənlaːɛtst]

gynaecologist *GB*, gynacologist *US*

der **Augenarzt**, die **Augenärztin** ['augnlaːɛtst]
Ich gehe einmal im Jahr zum Augenarzt.

ophthalmologist, eye specalist

I see my eye specialist once a year.

der **Kinderarzt**, die **Kinderärztin** ['kɪndəlaːɛtst]
Wir haben viel Vertrauen zu unserem Kinderarzt.

paediatrician *GB*, pediatrician *US*

We have great faith in our paediatrician.

der **Arzthelfer**, die **Arzthelferin** ['aːɛtsthɛlfə]

doctor's assistant

**krankenversichert sein** ['kraŋknfɛezɪçɛt zain]
Sind Sie krankenversichert?

have health insurance

Do you have health insurance?

die **Krankenversicherung** ['kraŋknfɛezɪçərʊŋ]
Er zahlt sehr hohe monatliche Beiträge zur Krankenversicherung.

health insurance

He pays very high monthly health insurance premiums.

der **Auslandskrankenschein** ['auslantskraŋknʃain]

Bitte denken Sie daran, einen Auslandskrankenschein mitzunehmen, wenn Sie im Ausland Urlaub machen wollen.

health-insurance certificate for foreign countries *(corresponds approximately to the E 111 form)*
Remember to take your special health-insurance ceritficate when you go on holiday abroad.

das **Wartezimmer** ['vartətsɪmɐ]
Nehmen Sie bitte einen Moment im Wartezimmer Platz.

waiting room
Please take a seat in the waiting room for a moment.

das **Attest** [aˈtɛst]
Ich benötige ein ärztliches Attest für meinen Arbeitgeber.

doctor's certificate
I need a doctor's certificate for my employer.

**ärztlich** ['ɛːɛtstlɪç, 'ɛrtstlɪç]

medical; doctor's

die **Überweisung** [yːbəˈvaizʊŋ]
Ich brauche eine Überweisung zum Frauenarzt.

referral
I need to be referred to a gynaecologist.

**vorstellen (sich)** ['foːɐʃtɛlən]
Stellen Sie sich bitte sechs Wochen nach der Geburt bei Ihrem Frauenarzt vor.

present oneself
Please see your gynaecologist six weeks after you have given birth.

der **Notarzt** ['noːtlaːɛtst]
Der Notarzt rettete ihm das Leben.

emergency doctor
The emergency doctor saved his life.

der/die **Verletzte(r)** [fɛɐˈlɛtstə (-tɐ)]

injured person

**einweisen** ⟨wies ein, eingewiesen⟩ ['ainvaizn]
Welcher Arzt hat Sie in die Klinik eingewiesen?

send someone (to hospital), hospitalise
Which doctor sent you to this clinic?

Krankheiten　　　　　　　　　　　　　　　　　　　　　　　Gesundheit und Medizin **3**

die **Klinik** ['kliːnɪk]
Sie liegt in der Hals-Nasen-Ohren-Klinik.

clinic
She's in the ear, nose and throat clinic.

der **Chirurg**, die **Chirurgin** [çi'rʊrk]
Der Chirurg, der meine Frau operierte, war Spezialist für Magengeschwüre.

surgeon
The surgeon who operated on my wife was a stomach ulcer specialist.

die **Station** [ʃta'tsioːn]
Könnten Sie mir bitte sagen, auf welcher Station Frau Klein liegt?

ward
Could you tell me which ward Mrs Klein is in?

**pflegen** ['pfleːgn]
Der Kranke wird daheim von seiner Familie gepflegt.

care for, look after
The patient is being looked after at home by his family.

der/die **Kranke(r)** ['kraŋkə (-kɐ)]

sick person, patient

# Krankheiten

**erkältet sein** [ɛɐ'kɛltət zain]
Er ist seit drei Tagen stark erkältet.

have a cold
He's had a bad cold for three days.

die **Erkältung** [ɛɐ'kɛltʊŋ]
Ich habe das Gefühl, daß ich eine Erkältung bekomme.

cold
I feel a cold coming on.

der **Husten** ['huːstn]
Zur Zeit hat fast jeder Husten oder Schnupfen.

cough
Just about everyone seems to have a cough or a cold right now.

der **Schnupfen** ['ʃnʊpfn]

cold

das **Fieber** ['fiːbɐ]
Haben Sie Fieber? — Ich weiß es nicht, ich habe noch nicht Fieber gemessen.

fever, high temperature
Do you have a temperature? — I don't know, I've not taken my temperature yet.

die **Grippe** ['grɪpə]
Er liegt mit Grippe im Bett.

influenza
He's in bed with the flu.

**weh tun** ⟨tat weh, weh getan⟩ ['veː tuːn]
Tut Ihnen etwas weh? — Ja, mein Bauch tut mir weh.
Ich habe mir an dem Nagel weh getan.

be painful; hurt someone

Are you in any pain? — Yes, I've got stomach ache.
I hurt myself on that nail.

die **Halsschmerzen** ['halsʃmɛrtsn]
Sie hat Halsschmerzen und starke Kopfschmerzen.

sore throat
She's got a sore throat and a severe headache.

die **Kopfschmerzen** ['kɔpfʃmɛrtsn]

headache

die **Bauchschmerzen** ['bauxʃmɛrtsn]

stomach ache (*strictly speaking, "Bauch" is the abdomen and "Magen" the stomach*)

der **Durchfall** ['dʊrçfal]
Können Sie mir etwas gegen Durchfall verschreiben?

diarrhoea *GB*, diarrhea *US*
Can you give me something for diarrhoea?

45

## 3 Gesundheit und Medizin — Krankheiten

**schlecht** [ʃlɛçt]
Ist Ihnen schlecht?

unwell
Are you feeling sick?

**brechen** ⟨bricht, brach, gebrochen⟩ ['brɛçn]
Sie mußte heute dreimal brechen.
Ich habe mir ein Bein gebrochen.

vomit; break
She threw up three times today.
I broke my leg.

**ansteckend** ['anʃtɛknt]
Die Krankheit, an der Ihr Mann leidet, ist sehr ansteckend.

infectious, contagious
Your husband has a very contagious disease.

die **Krankheit** ['kraŋkhait]

illness; disease

der **Schmerz** [ʃmɛrts]
Lassen Ihre Schmerzen langsam nach?

pain
Is the pain beginning to subside?

**leiden** ⟨litt, gelitten⟩ ['laidn]
Er leidet an Krebs.

suffer
He's got cancer.

der **Krebs** [kre:ps]

cancer

das **Aids** [e:ds]
Heutzutage kann man sich gegen Aids noch nicht impfen lassen.

Aids
It is not yet possible to be immunised against Aids.

die **Ohnmacht** ['o:nmaxt]
Sie fiel vor Schreck in Ohnmacht.

faint
She fainted with shock.

**au!** [au]

ow!

**schneiden (sich)** ⟨schnitt, geschnitten⟩ ['ʃnaidn]
Ich habe mich beim Brotschneiden in den Finger geschnitten.

cut

I cut my finger while slicing the bread.

**bluten** ['blu:tn]
Er blutete stark aus dem Mund.

bleed
He was bleeding profusely from the mouth.

**stechen** ⟨sticht, stach, gestochen⟩ ['ʃtɛçn]
Hast du dir mit der Nadel in den Finger gestochen?
Gestern hat mich eine Wespe gestochen.

prick; sting

Did you prick your finger on the needle?

I was stung by a wasp yesterday.

die **Verletzung** [fɛɐ'lɛtsʊŋ]
Beim Transport ins Krankenhaus starb ein Unfallopfer an seinen schweren Verletzungen.

injury
One of the people in the accident died on the way to the hospital as a result of his severe injuries.

**verletzt sein** [fɛɐ'lɛtst zain]
Sie ist schwer verletzt.

be hurt
She is badly injured.

die **Wunde** ['vʊndə]
Die Wunde muß unbedingt von einem Arzt verbunden werden.

cut, wound
You must get that cut seen to by a doctor.

die **Zahnschmerzen** ['tsa:nʃmɛrtsn]

tooth ache

der/die **Behinderte(r)** [bə'hɪndətə (-tɐ)]
Fast alle Parkhäuser haben Parkplätze für Behinderte.

disabled person

Nearly all car parks have spaces reserved for the disabled.

Krankheiten | Gesundheit und Medizin **3**

**blind** [blɪnt]
Sie ist seit ihrem Unfall auf dem linken Auge blind.

blind
Since her accident she has been blind in her left eye.

**stumm** [ʃtum]

dumb

**taub** [taup]
Wenn er sich nicht bald operieren läßt, wird er taub werden.

deaf
He will go deaf if he does not have the operation soon.

**erkälten (sich)** [ɛɐˈkɛltn]
Ich habe mich beim Schwimmen erkältet.

catch a cold
I went swimming and caught a cold.

**husten** [ˈhuːstn]
Carolin hat den ganzen Tag gehustet.

cough
Carolin has been coughing all day.

**heiser** [ˈhaizɐ]
Sie war so heiser, daß sie überhaupt nicht mehr sprechen konnte.

hoarse
She was so hoarse she couldn't speak.

**übel** [ˈyːbl]
Wenn ich Blut sehe, wird mir übel.

nauseous
The sight of blood makes me feel sick.

**spucken** [ˈʃpʊkn]
Als Kind mußte ich immer spucken, wenn wir Auto fuhren.

be sick, throw up
As a child I was always sick in the car.

**übergeben (sich)** ⟨übergibt, übergab, übergeben⟩ [yːbɐˈgeːbn]
Er muß sich oft beim Fliegen übergeben.

vomit, throw up

He often has to throw up when he travels by plane.

**das Halsweh** [ˈhalsveː]
Können Sie mir Tabletten empfehlen, die bei Halsweh helfen?

sore throat
Could you recommend some tablets for a sore throat?

**das Kopfweh** [ˈkɔpfveː]

headache

**das Bauchweh** [ˈbauxveː]

stomach ache

**das Fieberthermometer** [ˈfiːbɐtɛrmomeːtɐ]
Ich muß mir ein neues Fieberthermometer in der Apotheke kaufen.

clinical thermometer

I need to get a new thermometer from the chemist's.

**entzünden (sich)** [ɛntˈtsʏndn]
Die Wunde entzündete sich nach kurzer Zeit.

become inflamed, become infected
The wound quickly became infected.

**verletzen (sich)** [fɛɐˈlɛtsn]
Ich habe mich beim Fußballspielen am Knie verletzt.

hurt oneself
I injured my knee while playing football.

**verbrennen (sich)** ⟨verbrannte, verbrannt⟩ [fɛɐˈbrɛnən]
Hast du dich an einer Zigarette verbrannt?

burn oneself

Did you burn yourself on a cigarette?

**schmerzhaft** [ˈʃmɛrtshaft]
Die Verletzung am linken Bein war sehr schmerzhaft.

painful
The injury to my left leg was very painful.

der **Stich** [ʃtɪç]
Ich habe am ganzen Körper Insektenstiche.
Die Wunde wurde mit drei Stichen genäht.

**zusammenbrechen** ⟨bricht zusammen, brach zusammen, zusammengebrochen⟩ [tsu'zamənbrɛçn̩]
Er brach bewußtlos zusammen.

**bewußtlos** [bə'vʊstlos]

der **Herzinfarkt** ['hɛrts|ɪnfarkt]
Christophs Vater starb an einem Herzinfarkt.

die **Lungenentzündung**
['lʊŋən|ɛnttsyndʊŋ]

das **Geschwür** [gə'ʃvyːɐ]
Das Geschwür, das bei Ihnen entfernt wurde, war gutartig.

**gutartig** ['guːt|aːɐtɪç]

**bösartig** ['bøːs|aːɐtɪç]
Es stellte sich heraus, daß er einen bösartigen Gehirntumor hatte.

der **Tumor** ['tuːmɔr]

**innere(r, s)** ['ɪnərə (-rɐ, -rəs)]
Er kam mit inneren Verletzungen ins Krankenhaus.

der **Alkoholiker,** die **Alkoholikerin**
[alko'hoːlikɐ]
Ich habe gehört, daß die Zahl der Alkoholiker gestiegen ist.

der **Schock** [ʃɔk]
Da der Fahrer des Wagens noch unter Schock steht, konnte er noch keine Angaben über den Unfall machen.

**kurzsichtig** ['kʊrtszɪçtɪç]
Er ist stark kurzsichtig.

**weitsichtig** ['vaitzɪçtɪç]
Im Alter wird man manchmal weitsichtig.

**behindert** [bə'hɪndɐt]
Julian ist körperlich/geistig behindert.

Unsere Freunde haben ein behindertes Kind.

der/die **Schwerbeschädigte(r)**
['ʃveːɐbəʃɛːdɪçtɐ (-tə)]
Dieser Platz ist für Schwerbeschädigte reserviert.

sting; insect bite; stitch
I have insect bites all over.

The cut needed three stitches.

collapse

He collapsed unconscious.

unconscious

heart attack
Christoph's father died of a heart attack.

pneumonia

ulcer; growth
The growth removed from your body was benign.

benign

malignant
They discovered that he had a malignant brain tumour.

tumour *GB*, tumor *US*

internal
He was hospitalized with internal injuries.

alcoholic

I heard that the number of alcoholics has increased.

shock
The driver was unable to explain how the accident had occurred since he was still in a state of shock.

short-sighted
He is very short-sighted.

far-sighted
As people get older, they often become far-sighted.

disabled
Julian is physically/mentally handicapped.
Our friends have a disabled child.

severely disabled person

This seat is reserved for the severely disabled.

# Behandlungsmethoden und Medikamente

**untersuchen** [ʊntɐˈzuːxn̩]
An Ihrer Stelle würde ich mich einmal gründlich untersuchen lassen.

examine
If I were you I'd have a complete medical check-up.

die **Untersuchung** [ʊntɐˈzuːxʊŋ]
Die ärztliche Untersuchung ergab, daß er ein Magengeschwür hatte.

examination
The medical examination revealed that he had a stomach ulcer.

**röntgen** [ˈrœntgn̩]
Nach dem Skiunfall mußte ihr Bein geröntgt werden.

x-ray
After her skiing accident she had to have her leg x-rayed.

der **Aidstest** [ˈeːdstɛst]
Ich möchte gerne einen Aidstest machen lassen.

Aids test
I would like to be tested for Aids.

die **Behandlung** [bəˈhandlʊŋ]
Sie ist zur Zeit wegen ihrer Krankheit in ärztlicher Behandlung.

treatment
She is currently undergoing treatment for her illness.

**heilen** [ˈhailən]
Krebs läßt sich inzwischen in einigen Fällen heilen.

cure
In some cases, cancer can now be cured.

**impfen** [ˈɪmpfn̩]
Ich möchte mich gegen Grippe impfen lassen.

immunise, vaccinate
I would like to be vaccinated against the flu.

die **Spritze** [ˈʃprɪtsə]
Die Krankenschwester konnte sehr gut Spritzen geben.

injection; syringe
The nurse was very good at giving injections.

**verbinden** ⟨verband, verbunden⟩ [fɛɐ̯ˈbɪndn̩]
Lassen Sie sich lieber den Fuß verbinden, damit sich die Verletzung nicht entzündet.

dress; bandage

You should have a dressing put on that foot to prevent the cut from becoming infected.

das **Mittel** [ˈmɪtl̩]
Können Sie mir ein Mittel gegen Husten verschreiben?

medicine
Can you prescribe something for my cough?

**verschreiben** ⟨verschrieb, verschrieben⟩ [fɛɐ̯ˈʃraibn̩]

prescribe

das **Medikament** [medikaˈmɛnt]
Wenn das Medikament bei Ihnen nicht mehr wirkt, werde ich Ihnen ein stärkeres verschreiben.

medicine
If this medicine is no longer effective, I'll prescribe something stronger for you.

**wirken** [ˈvɪrkn̩]

take effect

die **Medizin** [mediˈtsiːn]
Die Medizin, die mir mein Arzt verschrieben hat, wirkt schnell.

medicine
The medicine my doctor prescribed works fast.

die **Apotheke** [apoˈteːkə]
In der Zeitung steht, welche Apotheke Notdienst hat.

dispensing chemist *GB*, pharmacy *US*
The dispensing chemist with after-hours duty is given in the newspaper.

## 3 Gesundheit und Medizin — Behandlungsmethoden und Medikamente

**das Rezept** [reˈtsɛpt]
Das Medikament, das Sie wünschen, gibt es nur auf Rezept.

prescription
The medicine you want is only available on prescription.

**einnehmen** ⟨nimmt ein, nahm ein, eingenommen⟩ [ˈainneːmən]
Ich darf auf keinen Fall vergessen, meine Medizin einzunehmen.

take (medicine)
Whatever happens, I mustn't forget to take my medicine.

**die Tablette** [taˈblɛtə]
Nehmen Sie dreimal täglich eine Tablette!

tablet, pill
Take one pill three times a day.

**die Tropfen** [ˈtrɔpfn]
Diese Tropfen helfen bei Kreislaufproblemen.

drops
These drops are good for circulatory disorders.

**die Salbe** [ˈzalbə]
Ich schreibe Ihnen eine Salbe für Ihr Bein auf.

ointment
I'll prescribe an ointment for your leg.

**das Pflaster** [ˈpflastə]
Komm, wir machen ein Pflaster auf die Wunde.

plaster *GB*, Band-Aid® *US*
There now, let's put a plaster on that cut.

**die Operation** [opəraˈtsioːn]
Da die Operation gut verlief, können Sie bald entlassen werden.

operation
The operation went well and you'll soon be able to go home.

**operieren** [opəˈriːrən]
Er muß sofort am Herz operiert werden.

operate on
He needs immediate heart surgery.

**die Brille** [ˈbrɪlə]
Seit zwei Jahren brauche ich eine Brille mit starken Gläsern.

spectacles *GB*, eye-glasses *US*
I've had to wear strong glasses for two years now.

**plombieren** [plɔmˈbiːrən]
Ihr Zahn muß plombiert werden!

fill (a tooth)
You need a tooth filling.

**ziehen** ⟨zog, gezogen⟩ [ˈtsiːən]
Wenn Ihr Zahn nicht bald behandelt wird, muß er gezogen werden.

extract, pull
If your tooth is not seen to soon it will have to be pulled.

---

der **Verband** [fɛɐˈbant]
Der Arzt legte ihm einen Verband an.

dressing; bandage
The doctor applied a dressing.

die **Binde** [ˈbɪndə]
Ich brauche eine elastische Binde für mein Knie.

bandage
I need an elastic bandage for my knee.

die **Impfung** [ˈɪmpfʊŋ]
Welche Impfungen benötige ich für meine Reise nach Peru?

vaccination
What vaccinations do I need for my trip to Peru?

der **Impfpaß** [ˈɪmpfpas]
Bitte bringen Sie Ihren Impfpaß mit, damit wir die Gelbfieberimpfung eintragen können.

vaccination card
Please bring your vaccination card with you so that we can enter the yellow fever vaccination.

die **Akupunktur** [akupʊŋkˈtuːɐ]
Ich halte sehr viel von Akupunktur.

acupuncture
I'm a great believer in acupuncture.

Behandlungsmethoden und Medikamente | Gesundheit und Medizin

**homöopathisch** [homøo'paːtɪʃ] | homeopathic *(in Germany, homeopathic medicine enjoys a long tradition and broad acceptance amongst the general public and medical profession)*

Mein Arzt verschreibt meistens homöopathische Mittel. | My doctor usually prescribes homeopathic medicine.

**aufschreiben** 〈schrieb auf, aufgeschrieben〉 ['aufʃraibn] | write down, prescribe

Ich schreibe Ihnen etwas gegen Halsschmerzen auf. | I'll prescribe something for your sore throat.

**verschreibungspflichtig** [fɛɐ'ʃraibʊŋspflɪçtɪç] | available only on prescription

**das Zäpfchen** ['tsɛpfçən] | suppository

Sind diese Zäpfchen verschreibungspflichtig? | Are these suppositories available on prescription only?

**wirksam** ['vɪrkzaːm] | effective

Sie sucht nach einem wirksamen Mittel gegen Kopfschmerzen. | She's looking for something effective for a headache.

**die Diät** [diˈɛːt] | diet

Im Krankenhaus wurde Utes Mann auf Diät gesetzt. | While in hospital, Ute's husband was put on a diet.

**fasten** ['fastn] | fast

Der Bundeskanzler fastet jedes Jahr eine Woche lang. | Once a year, the Federal Chancellor goes on a one-week fast.

**die Krankengymnastik** ['kraŋkngymnastɪk] | physiotherapy

Der Arzt hat mir Krankengymnastik für meinen Rücken verschrieben. | The doctor prescribed a course of physiotherapy for my back.

**die Massage** [ma'saːʒə] | massage

Die Massage tut mir gut. | The massage is helping.

**der Masseur, die Masseurin** [ma'søːɐ] | masseur, masseuse

Bei uns hat eine neue Masseurin ihre Praxis aufgemacht. | A new masseuse has just set up a practice in our neighbourhood.

**der Notdienst** ['noːtdiːnst] | emergency service, after-hours service

**die Kur** [kuːɐ] | rest-cure *(rest-cures of four to six weeks are an established part of German culture and frequently available on health insurance plans)*

Er wurde zur Kur geschickt. | He was sent on a rest-cure.

**das Hörgerät** ['høːɐgərɛːt] | hearing aid

Da er nicht gut hört, benötigt er ein Hörgerät. | He is hard of hearing and needs a hearing aid.

**der Optiker, die Optikerin** ['ɔptikɐ] | optician

Mein Optiker paßt Brillen sehr gut an. | My optician is very good at fitting spectacles.

**3** Gesundheit und Medizin  Behandlungsmethoden und Medikamente

die **Plombe** ['plɔmbə]
Ich möchte gerne eine Plombe aus Kunststoff.

filling
I would like a plastic filling.

die **Krone** ['kro:nə]
Die Krankenkasse übernimmt bei Kronen normalerweise nur 60 bis 70 Prozent der Kosten.

crown
Generally, health insurance covers only around 60 to 70 per cent of the cost of having your teeth crowned.

die **Psychotherapie** [psyçotera'pi:]
Sie macht eine Psychotherapie.

psychotherapy
She's seeing a psychotherapist.

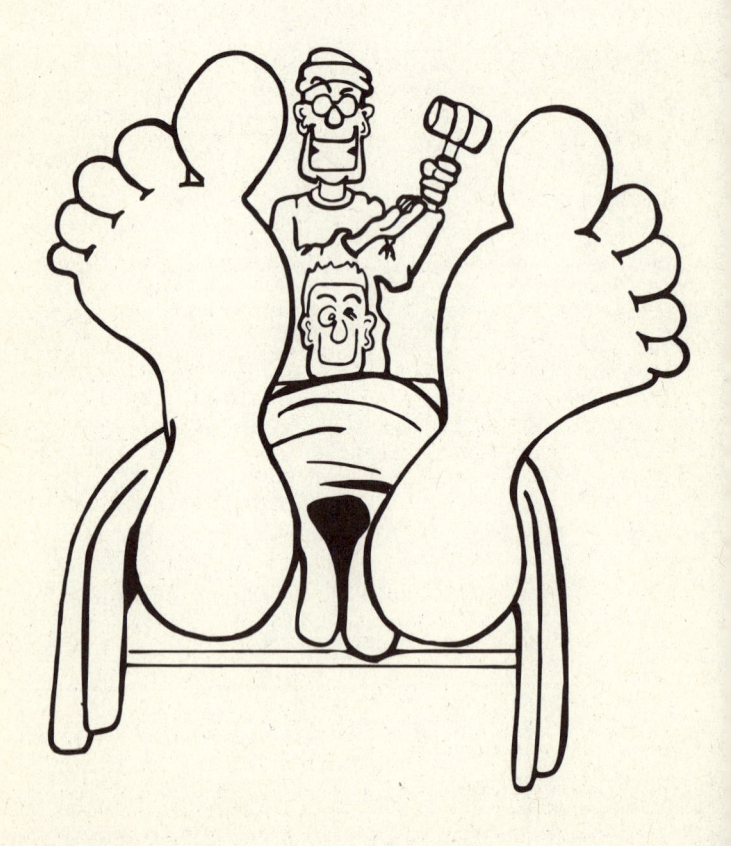

# Ernährung 4

## Lebensmittel

das **Lebensmittel** [ˈleːbnsmɪtl]
Wir kaufen unsere Lebensmittel immer im Supermarkt, weil sie dort billiger sind.

food
We always do our food-shopping in the supermarket because it's cheaper there.

das **Brot** [broːt]

bread; loaf of bread *(there is a huge variety of of bread types available in Germany, broadly divided into the categories light and dark)*

Ich hätte gern ein dunkles Brot.
I would like a loaf of dark bread, please.

das **Brötchen** [ˈbrøːtçən]
Zehn Brötchen kosten heute nur 2,30 DM.

bread roll
Today, bread rolls are on special offer of only 2.30 marks for ten.

die **Butter** [ˈbutɐ]
Wir brauchen noch ein halbes Pfund Butter, Margarine und zwei Liter Milch.

butter
We still need half a pound of butter, some margarine and two litres of milk.

die **Margarine** [margaˈriːnə]

margarine

der **Joghurt** [ˈjoːgʊrt]
Was für einen Joghurt soll ich dir mitbringen? — Bring mir bitte einen Erdbeerjoghurt mit.

yoghurt
What kind of yoghurt should I get you? — Bring me a strawberry yoghurt, please.

die **Sahne** [ˈzaːnə]
Er mag gerne Apfelkuchen oder Zwetschgenkuchen mit Sahne.
Für die Bratensoße brauche ich noch saure Sahne.

cream
He likes apple pie and plum pie with cream.
I still need sour cream for the gravy.

das **Ei** [ai]
Darf ich Ihnen ein weiches Ei oder ein Spiegelei bringen?

egg
How would you like your egg, soft-boiled or fried?

der **Käse** [ˈkɛːzə]
Ich hätte gern 300 Gramm von dem Käse im Angebot. — Am Stück oder geschnitten? — Am Stück, bitte.

cheese
I would like 300 grammes of the cheese on special offer. — Sliced or unsliced? — Unsliced, please.

**geschnitten** [gəˈʃnɪtn]

sliced

die **Wurst** [vʊrst]

sausage, cold meats *("Wurst" generally refers to cold meats based on processed pork, salami, etc.)*

Bei uns gibt es zum Abendessen immer Brot mit Wurst und Käse.
Ich hätte gerne einen Ring Fleischwurst.

Our evening meal always consists of bread with cold meats and cheese.
I would like a length of pork sausage.

## 4 Ernährung — Lebensmittel

der **Schinken** [ˈʃɪŋkn]
Möchten Sie rohen oder gekochten Schinken?

ham
Would you like raw or boiled ham?

die **Marmelade** [marməˈlaːdə]
Diese Marmelade schmeckt nicht gut.

jam
This jam doesn't taste very nice.

der **Honig** [ˈhoːnɪç]
Er ißt zum Frühstück immer Brot mit Honig.

honey
He always has bread and honey for breakfast.

das **Fleisch** [flaiʃ]
Magst du Fleisch?

meat
Do you like meat?

das **Kotelett** [kotəˈlɛt, kɔˈtlɛt]
Ich hätte gern drei Schweinekoteletts.

chop
I would like three pork chops.

das **Schnitzel** [ˈʃnɪtsl]
Möchten Sie Kartoffeln oder Nudeln zum Schnitzel?

veal or pork cutlet, schnitzel
What would you like to go with your schnitzel, potatoes or pasta?

das **Mehl** [meːl]
Zum Kuchenbacken brauche ich noch Mehl und Eier.

flour
I need flour and eggs for the cake I want to bake.

die **Nudel** [ˈnuːdl]
Ich dachte, daß ihr gerne Nudeln eßt.

noodle, pasta
I thought you liked pasta.

der **Reis** [rais]
Der Reis braucht noch etwa 15 Minuten, bis er fertig ist.

rice
The rice needs another 15 minutes or so before it's ready.

der **Essig** [ˈɛsɪç]
Ich muß noch Essig und Öl an den Salat tun.

vinegar
I still need to add oil and vinegar to the salad.

das **Öl** [øːl]

oil

das **Salz** [zalts]
Ist die Soße gut? — Nein, es fehlt noch Salz und Pfeffer.

salt
Is the dressing o.k.? — No, it needs salt and pepper.

der **Pfeffer** [ˈpfɛfɐ]

pepper

der **Zucker** [ˈtsʊkɐ]
Nehmen Sie den Kaffee mit Milch und Zucker? — Nein danke, ich trinke ihn schwarz.

sugar
Do you take milk and sugar with your coffee? — No, thank you, I take my coffee black.

die **Süßigkeiten** [ˈzyːsɪçkaitn]
In der obersten Schublade bewahrt er Süßigkeiten auf.

sweets *GB*, candy *US*
He keeps sweets in the top drawer.

die **Schokolade** [ʃokoˈlaːdə]
Da die Schokolade im Sonderangebot war, haben wir gleich 12 Tafeln gekauft.

chocolate
Because the chocolate was on special offer we took 12 bars.

der **Keks** [keːks]
Die Kekse schmecken alt.

biscuit *GB*, cookie *US*
These biscuits taste stale.

das **Eis** [ais]
Laßt uns ein Eis zum Nachtisch essen!
Möchten Sie Ihr Mineralwasser mit Eis?

ice cream; ice
Let's have ice cream for dessert.
Would you like ice in your mineral water?

Lebensmittel | Ernährung **4**

das **Nahrungsmittel** ['naːrʊŋsmɪtl]
Ich hoffe, daß Nahrungsmittel überall streng kontrolliert werden.

food
I hope that food is carefully inspected everywhere.

das **Vollkornbrot** ['fɔlkɔrnbroːt]
Im Flugzeug gab es zum Frühstück zwei Scheiben Vollkornbrot.

wholemeal bread, wholewheat bread
On the plane, we had two slices of wholemeal bread for breakfast.

das **Weißbrot** ['vaisbroːt]
Essen Sie lieber Weißbrot oder Vollkornbrot?

white bread
Do you prefer white bread or wholemeal bread?

die **Brezel** ['breːtsl]

pretzel

der **Quark** [kvark]

curd cheese, quark

die **Konfitüre** [kɔnfi'tyːrə]
Wo stehen die Konfitüren?

jam
Where is the jam section?

das **Würstchen** ['vʏrstçən]

sausage *(i.e. a small, round sausage or Frankfurter)*

Wir essen heute heiße Würstchen mit Kartoffelsalat.

Today, we're going to have sausages and potato salad.

der **Speck** [ʃpɛk]

fatty bacon *(bacon in Germany is not to be compared to bacon in Britain. "Speck" is generally salty and fatty and small pieces are cut off a lump; the beans are usually green beans)*

Bohnen mit Speck sind sein Lieblingsessen.

His favourite meal is bacon and green beans.

das **Schweinefleisch** ['ʃvainəflaiʃ]
Schweinefleisch ist in der Regel billiger als Kalbfleisch.

pork
Pork is generally cheaper than veal.

das **Kalbfleisch** ['kalpflaiʃ]
Für dieses Gericht benötigen Sie etwa ein Kilo Kalbfleisch.

veal
For this recipe, you need about a kilo of veal.

das **Rindfleisch** ['rɪntflaiʃ]
Beim Kochen wird Rindfleisch leicht zäh.

beef
When beef is cooked it tends to get a bit tough.

das **Geflügel** [gə'flyːgl]
Sie kann Geflügel sehr gut zubereiten.

poultry
She is a very good poultry cook.

der **Fisch** [fɪʃ]
Frischen Fisch können Sie in dem Supermarkt in der Nähe des Bahnhofs kaufen.

fish
You can get fresh fish at the supermaket near the train station.

die **Spätzle** ['ʃpɛtslə]

spätzle *("Spätzle" is a South German speciality comprising pasta dough scraped into a pot of boiling water)*

Selbstgemachte Spätzle schmecken besser als gekaufte.

Home-made spätzle tastes better than spätzle bought from a shop.

die **Mandel** ['mandl]
Mandeln, Nüsse und Rosinen finden Sie im letzten Regal auf der rechten Seite.

almond
You will find almonds, nuts and raisins in the last section of shelves on the right-hand side.

die **Nuß** [nʊs]
nut

die **Rosine** [roˈziːnə]
raisin

der **Senf** [zɛnf]
Wieviel kostet dieser scharfe Senf hier?
mustard
How much is this hot mustard?

der **Süßstoff** [ˈzyːsʃtɔf]
Nehmen Sie Zucker oder Süßstoff?
artificial sweetener
Do you take sugar or sweetener?

das **Bonbon** [bɔŋˈbɔŋ]
Iß nicht so viele Bonbons, du machst dir damit die Zähne kaputt.
sweet *GB*, candy *US*
Don't eat so many sweets, you'll ruin your teeth.

die **Praline** [praˈliːnə]
Gib mir bitte eine Praline.
chocolate (with filling)
Pass me a chocolate, please.

## Obst und Gemüse

das **Obst** [oːpst]
Am liebsten kaufe ich Obst auf dem Markt, da dort die Auswahl sehr groß ist.
fruit
I prefer to buy fruit at the market because there is such a good choice.

der **Apfel** [ˈapfl]
Dieses Jahr gibt es sehr viele Äpfel und Kirschen.
apple
There are a lot of apples and cherries this year.

die **Birne** [ˈbɪrnə]
Ich hätte gern zwei Kilo Birnen, ein Kilo Pfirsiche und ein Pfund Karotten.
pear
I would like two kilos of pears, a kilo of peaches and a pound of carrots.

die **Kirsche** [ˈkɪrʃə]
cherry

der **Pfirsich** [ˈpfɪrzɪç]
peach

die **Pflaume** [ˈpflaumə]
Diese Pflaumen sind noch nicht ganz reif und deshalb zu sauer.
plum
These plums are not ripe yet and are still sour.

die **(Wein)traube** [ˈ(vain)traubə]
Woher kommen die Weintrauben? — Sie kommen aus Italien.
grape
Where do those grapes come from? — They're Italian.

die **Erdbeere** [ˈeːɐtbeːrə]
Was darf es sein? — Zwei Schalen Erdbeeren, bitte.
strawberry
What would you like? — Two punnets of strawberries, please.

die **Himbeere** [ˈhɪmbeːrə]
Himbeeren sind ziemlich teuer.
raspberry
Raspberries are quite expensive.

die **Banane** [baˈnaːnə]
In Deutschland gibt es das ganze Jahr über Bananen zu kaufen.
banana
In Germany, you can buy bananas all year round.

die **Orange** [oˈrãːʒə, oˈraŋʒə]
Bevor du die Orange ißt, mußt du sie schälen.
orange
You have to peel the orange before you can eat it.

Obst und Gemüse · Ernährung **4**

die **Zitrone** [tsi'tro:nə]
Ich trinke jeden Tag den Saft einer Zitrone.

lemon
I drink the juice of a lemon every day.

das **Gemüse** [gə'my:zə]
Wir essen viel Gemüse.

vegetable(s)
We eat a lot of vegetables.

der **Blumenkohl** ['blu:mənko:l]
Weißt du, wie man Blumenkohl zubereitet?

cauliflower
Do you know how to cook cauliflower?

die **Bohne** ['bo:nə]
Grüne Bohnen in Butter sind sehr lecker.

bean
Grean beans in butter are very tasty.

die **Erbse** ['ɛrpsə]
Ihm schmecken Erbsen sehr gut.

pea
He really likes peas.

der **Lauch** [laux]
Was kostet der Lauch?

leek
How much are the leeks?

die **Karotte** [ka'rɔtə]
Esther mag die Karotten am liebsten roh.

carrot
Esther likes her carrots raw.

der **Spinat** [ʃpi'na:t]
Wir essen oft Spinat mit Kartoffeln und Ei.

spinach
We often have spinach with eggs and potatoes.

die **Kartoffel** [kar'tɔfl]
Ich kaufe die Kartoffeln immer direkt beim Bauern.

potato
I always buy my potatoes straight from the farmer.

die **Tomate** [to'ma:tə]
Mögen Sie Tomaten? — Nein, nicht besonders.

tomato
Do you like tomatoes? — No, not particularly.

die **Gurke** ['gʊrkə]
Viele Gurken, die bei uns verkauft werden, kommen aus Holland.

cucumber; gherkin
A lot of the cucumbers sold here come from Holland.

die **Zwiebel** ['tsvi:bl]
Ich hasse es, Zwiebeln zu schälen.

onion
I hate peeling onions.

das **Vitamin** [vita'mi:n]
Gemüse hat viele Vitamine.

vitamin
Vegetables contain a lot of vitamins.

die **Frucht** [frʊxt]
In den meisten Supermärkten gibt es die verschiedensten Früchte aus fremden Ländern zu kaufen.

fruit
In most supermarkets there is a wide variety of foreign fruit available.

die **Johannisbeere** [jo'hanısbe:rə]
Johannisbeeren sind ihr ohne Zucker zu sauer.

blackcurrant; redcurrant
She finds redcurrants too sour without sugar.

die **Brombeere** ['brɔmbe:rə]
Wann gibt es Brombeeren?

blackberry
When are blackberries in season?

die **Heidelbeere** ['haidlbe:rə]
Ich esse gerne Heidelbeeren, weil sie viel Eisen enthalten.

billberry *GB*, blueberry *US*
I like to eat blueberries because they contain a lot of iron.

## 4 Ernährung — Obst und Gemüse

die **Stachelbeere** [ˈʃtaxlbeːrə]
gooseberry

die **Zwetschge** [ˈtsvɛtʃɡə]
Wenn es wieder Zwetschgen gibt, werde ich einen Zwetschgenkuchen backen.
plum
When plums are in season again I'll make a plum cake.

die **Melone** [meˈloːnə]
Als Vorspeise gab es Melone mit Schinken oder Spargelcremesuppe.
melon
For starters, there was a choice of melon with ham or cream of asparagus soup.

die **Apfelsine** [apfˈziːnə]
In Deutschland werden aufgrund des Klimas keine Apfelsinen angebaut.
orange
Because of the climate, oranges aren't grown in Germany.

die **Mandarine** [mandaˈriːnə]
Sie muß noch zwei Dosen Mandarinen kaufen.
mandarine orange
She still has to get two tins of mandarine oranges.

der **Kohl** [koːl]
Kohl ist in Deutschland ein beliebtes Winteressen.
cabbage
In Germany, cabbage is a very popular winter dish.

der **Kohlrabi** [koːlˈraːbi]
Können Sie mir das Rezept für Kohlrabi geben?
kohlrabi
Could you give me your recipe for kohlrabi?

der **Spargel** [ˈʃparɡl]
Hilfst du mir, den Spargel zu schälen?
asparagus
Could you help me peel the asparagus?

der **Mais** [mais]
Weißt du, wie man Mais kocht?
sweet corn
Do you know how to cook sweet corn?

der **Paprika** [ˈpaprika]
Um Paprikagemüse zuzubereiten, braucht man roten, grünen und gelben Paprika.
Ich würze nur mit Pfeffer und Paprika.
paprika; pepper
To make paprika stew, you need red, green and yellow peppers.

The only seasoning I use is pepper and paprika.

der **Pilz** [pɪlts]
Um Pilze selbst zu sammeln, muß man sich gut auskennen.
mushroom
You need to know what you're doing if you want to go mushroom-picking.

die **Mohrrübe** [ˈmoːɐryːbə]
Die Mohrrüben müssen zunächst in Stücke geschnitten werden.
carrot
First, the carrots must be cut into pieces.

der **Kopfsalat** [ˈkɔpfzalaːt]
Wie machen Sie den Kopfsalat an?
lettuce
What kind of dressing are you going to make for the lettuce?

das **Radieschen** [raˈdiːsçən]
Sie hat die Radieschen bereits gewaschen.
radish
She has already washed the radishes.

der **Rettich** [ˈrɛtɪç]
radish *(a "Rettich" comes in various colours, shapes and sizes but is bigger than a "Radieschen")*

die **Petersilie** [petɐˈziːliə]
Gibst du noch etwas Petersilie an die Kartoffeln?
parsley
Could you put some parsley on the potatoes?

Getränke und Spirituosen · Ernährung **4**

---

der **Schnittlauch** ['ʃnɪtlaux]
Ich esse gerne Quark mit Schnittlauch und Zwiebeln.

chives
I like quark with chives and onions.

---

## Getränke und Spirituosen

das **Getränk** [gə'trɛŋk]
Darf ich Ihnen ein heißes oder ein kaltes Getränk anbieten?

drink
What may I offer you, a hot or a cold drink?

**trinken** ⟨trank, getrunken⟩ ['trɪŋkn]
Ich möchte gerne einen Saft trinken.
Er trinkt zuviel.

drink
I would like to have a fruit juice.
He drinks too much.

der **Kaffee** ['kafe, ka'fe:]
Zum Frühstück trinkt sie immer Kaffee.

coffee
She always has coffee with her breakfast.

der **Tee** [te:]

tea *(Germans often refer to "black" tea to distinguish it from fruit teas and generally serve it without milk)*

Möchten Sie den schwarzen Tee mit Zitrone oder mit Milch?

Do you take milk or lemon with your tea?

die **Milch** [mɪlç]
Die Milch ist sauer geworden.

milk
The milk has gone sour.

der **Kakao** [ka'kau]
Meine Kinder trinken jeden Morgen Kakao.

cocoa, chocolate drink
My children have a chocolate milk shake every morning.

der **Saft** [zaft]
Möchten Sie ein Glas Saft trinken? — Ja, ich würde gern ein Glas Orangensaft trinken.

fruit juice
Would you like a glass of fruit juice? — Yes, I'd like a glass of orange juice.

der **Orangensaft** [o'rã:ʒənzaft]

orange juice

der **Apfelsaft** ['apflzaft]

apple juice

die **Limonade** [limo'na:də]

lemonade *GB*, soda pop *US* *("Limonade" refers to any carbonated soft drink)*

Was für Limonaden haben Sie? — Wir haben Zitronen- und Orangenlimonade.

What fizzy drinks do you have? — We've got lemonade and fizzy orange.

das **Mineralwasser** [mine'ra:lvasɐ]

mineral water *(if you simply ask for water in a restaurant you will almost certainly be served carbonated mineral water)*

Zum Mittagessen trinke ich immer Mineralwasser.

I always have mineral water with my lunch.

das **Bier** [bi:ɐ]
Ein Bier, bitte! — Ein kleines oder ein großes? — Ein kleines Bier.

beer
I'd like a beer please. — A small or a large one? — A small beer.

## Ernährung — Getränke und Spirituosen

**der Schluck** [ʃlʊk]
Möchtest du einen Schluck von meinem Bier trinken?

sip
Would you like a taste of my beer?

**der Wein** [vain]
Was für Weine servieren Sie? — Einen Moment, bitte. Ich bringe Ihnen sofort unsere Weinkarte.

wine
What kind of wine do you serve? — Just a moment, please, I will bring you our wine list.

**Prost!** [proːst]

Cheers!

**der Rotwein** ['roːtvain]
Zum Rindfleisch empfehle ich Ihnen einen guten Rotwein.

red wine
I would recommend that you take a good red wine to go with the beef.

**der Weißwein** ['vaisvain]
Der Weißwein ist zu warm. Wir müssen ihn in den Kühlschrank stellen.

white wine
The white wine is too warm. We should put it in the fridge.

**der Sekt** [sɛkt]
Ich würde gerne ein Glas trockenen Sekt trinken.

sparkling wine
I'd like a glass of a dry sparkling wine.

**der Schnaps** [ʃnaps]
Nach diesem fetten Essen wäre ein Schnaps genau das Richtige.

schnapps
A schnapps would be just the right thing after such a fatty meal.

**der Alkohol** ['alkohoːl]
Seit sie schwanger ist, trinkt sie keinen Alkohol mehr.

alcohol
Since becoming pregnant, she has stopped drinking alcohol.

**betrunken** [bə'trʊŋkn]
Er war gestern ziemlich betrunken.

drunk
He was pretty drunk yesterday.

---

**koffeinfrei** [kɔfe'iːnfrai]
Für meine Mutter habe ich immer koffeinfreien Kaffee im Haus.

coffein-free
I always keep some decaffinated coffee in for my mother.

**die Kondensmilch** [kɔn'dɛnsmɪlç]
In Deutschland serviert man zum Kaffee in der Regel keine frische Milch sondern Kondensmilch.

condensed milk
In Germany, it is customary to serve coffee with condensed milk rather than fresh milk.

**die Schokolade** [ʃoko'laːdə]
An kalten Wintertagen trinke ich gerne heiße Schokolade mit Sahne.

chocolate
On cold winter days I like to drink hot chocolate with cream.

**der Sprudel** ['ʃpruːdl]
In Süddeutschland sagt man zu Limonade und Mineralwasser Sprudel.

mineral water; fizzy drink
In southern Germany, people use the word "Sprudel" to describe fizzy drinks and mineral water.

**alkoholfrei** ['alkohoːlfrai]
Wenn er mit dem Auto unterwegs ist, trinkt er nur alkoholfreies Bier.

alcohol-free
When he's driving, he sticks to alcohol-free beer.

**das Pils** [pɪls]

pils

**das Export** [ɛks'pɔrt]

export-style beer, lager

**das Weizen** ['vaitsn]

*light, very fizzy beer made from wheat*

das **Alt** [alt]
**Zum Wohl!** [tsʊm 'vo:l]
die **Schorle** ['ʃɔrlə]

Machen Sie mir bitte eine Apfelsaftschorle.
Eine Schorle ist ein Getränk, das aus Wein oder Saft und Mineralwasser besteht.

der **Most** [mɔst]
Obwohl Most wenig Alkohol enthält, habe ich einen Schwips von zwei Gläsern.

**trocken** ['trɔkn]
Bevorzugen Sie trockene oder liebliche Weine?

**lieblich** ['li:plɪç]

die **Spätlese** ['ʃpɛ:tle:zə]

der **Rosé** [ro'ze:]
Ein Achtel Rosé, bitte!

der **Kognak** ['kɔnjak]

der **Likör** [li'kø:ɐ]
Liköre sind mir zu süß.

der **Rum** [rʊm]
Er trinkt immer Tee mit Rum, wenn er erkältet ist.

der **Schwips** [ʃvɪps]
Sie hat einen kleinen Schwips.

top-fermented dark beer
cheers!
*fruit juice or wine combined with mineral water,* spritzer *US*

Please make me an apple juice with mineral water.
A "Schorle" is a drink consisting of wine or fruit juice combined with mineral water.

natural fruit juice; cider
Although cider does not contain much alcohol I feel tipsy after just two glasses.

dry
Do you prefer dry or sweet wines?

sweet *(of wine)*

late vintage *(i.e. from grapes picked late in the season)*

rosé
A glass of rosé, please.

brandy, cognac

liqueur
Liqueurs are too sweet for my liking.

rum
Whenever he's got a cold, he drinks tea with rum.

slight drunkenness
She's a bit tipsy.

## Tabak und Drogen

die **Zigarette** [tsiga'rɛtə]
Wie viele Zigaretten rauchen Sie täglich?

**rauchen** ['rauxn]
Ich rauche nicht viel.

der **Tabak** ['tabak]
Er raucht sehr milden Tabak.

die **Pfeife** ['pfaifə]
Wenn jemand Pfeife raucht, wird es mir schlecht.

das **Feuer** ['fɔyɐ]
Haben Sie Feuer? — Ja.

cigarette
How many cigarettes do you smoke a day?

smoke
I don't smoke much.

tobacco
He smokes a very mild tobacco.

pipe
Pipe smoke makes me feel sick.

fire; light
Have you got a light? — Yes.

das **Streichholz** ['ʃtraiçhɔlts]
Ich werde eine Schachtel Streichhölzer am Kiosk kaufen.

match
I'll buy a box of matches at the kiosk.

das **Feuerzeug** ['fɔyɐtsɔyk]
Er sucht sein Feuerzeug, um sich eine Zigarette anzuzünden.

lighter
He's looking for his lighter so he can light a cigarette.

der **Aschenbecher** ['aʃnbɛçɐ]

ashtray

die **Droge** ['dro:gə]
Sie nimmt seit einem Jahr harte Drogen.

drug
She's been taking hard drugs for a year.

**süchtig** ['zʏçtɪç]
Er ist süchtig.
Es gibt viele Leute, die entweder drogensüchtig, alkoholsüchtig oder tablettensüchtig sind.

addicted
He's addicted.
There are a lot of people who are addicted to drugs, alcohol or pills.

der **Raucher**, die **Raucherin** ['rauxɐ]
In den Zügen der Bahn gibt es Abteile für Raucher.

smoker
There are separate train compartments for smokers.

die **Zigarre** [tsi'garə]

cigar

der **Filter** ['fɪltɐ]
Rauchen Sie Zigaretten mit oder ohne Filter?

filter
Do you smoke filter-tipped or non-filter-tipped cigarettes?

der **(Zigaretten)automat**
[tsiga'rɛtn|auto'ma:t, auto'ma:t]
Wo ist der nächste Zigarettenautomat?
— Gleich hier um die Ecke.

cigarette machine

Where is the nearest cigarette machine?
— Just around the corner.

das **Rauschgift** ['rauʃgɪft]
Heroin ist ein starkes Rauschgift, das süchtig macht.

(illegal) intoxicating drug
Heroin is a strong, addictive drug.

das **Haschisch** ['haʃɪʃ]
Der Verkauf und Besitz von Haschisch ist in der Bundesrepublik Deutschland verboten.

hashish
The sale and possession of hashish is prohibited in the Federal Republic of Germany.

das **Marihuana** [mari'ua:na]
Kennen Sie jemanden, der Marihuana raucht?

marijuana
Do you know anybody who smokes marijuana?

das **Heroin** [hero'i:n]

heroin

**abhängig** ['aphɛŋɪç]
Ich finde es schlimm, wenn jemand von Drogen, Alkohol oder Tabletten abhängig ist.

dependent, addicted
I think it's terrible when someone is addicted to drugs, alcohol or pills.

# Einkaufen

**einkaufen** ['ainkaufn]
Ich gehe zweimal in der Woche einkaufen.

go shopping
I go shopping twice a week.

# Einkaufen — Ernährung

**das Lebensmittelgeschäft**
['le:bnsmɪtlgəʃɛft]
Im Lebensmittelgeschäft um die Ecke finden Sie alles für den täglichen Bedarf.

grocer's *GB*, grocery store *US*

You'll find everything you need for your daily shopping at the grocer's around the corner.

**der Metzger, die Metzgerin**
['mɛtsgɐ]
Geh bitte schnell zum Metzger und kaufe 200 Gramm Wurst und drei Schnitzel.

Er macht eine Lehre als Metzger.

butcher

Could you nip round to the butcher's and get 200 grammes of cold meat and three schnitzels.
He's apprenticed to a butcher.

**der Fleischer, die Fleischerin** ['flaiʃɐ]
Er arbeitet als Fleischer in einer Fleischerei auf Sylt.

butcher
He works as a butcher in a butcher's shop on the Isle of Sylt.

**der Bäcker, die Bäckerin** ['bɛkɐ]
Er holt jeden Tag beim Bäcker frisches Brot.
Als ich um 5 Uhr von dem Fest nach Hause ging, sah ich, daß die Bäcker schon mit der Arbeit begonnen hatten.

baker
He buys fresh bread from the baker's every day.
As I was coming home from the party at 5 in the morning I saw that the bakers were already hard at work.

**der Supermarkt** ['zu:pɐmarkt]
Wir kaufen meistens im Supermarkt ein, weil es dort alles gibt, was wir brauchen.

supermarket
We usually shop at the supermarket because they have everything we need.

**preiswert** ['praisve:ɐt]
Der Supermarkt in der Nähe des Theaters hat sehr preiswertes Fleisch und viele günstige Sonderangebote.

value-for-money
The supermarket near the theatre has very reasonably-priced meat and a lot of special offers.

**das Sonderangebot** ['zɔndɐ|angəbo:t]
Diese Woche sind Windeln im Sonderangebot.

special offer *GB*, on sale, sale *US*
Nappies are on special offer this week.

**kosten** ['kɔstn]
Was kostet ein 5-Kilo-Sack Kartoffeln?

cost
How much does a 5 kilo bag of potatoes cost?

**Bio-** [bio]
Ich kaufe nur noch Biogemüse.

organic
I only buy organically-farmed vegetables.

**haltbar** ['haltba:ɐ]
Bei + 10° C ist die Milch mindestens bis zum 14.8. haltbar.

durable
When kept at a temperature of + 10° C this milk will be good until at least 14.8.

**die Dose** ['do:zə]
Sie kauft selten Konserven in Dosen, meistens nimmt sie Konserven in Gläsern.

tin *GB*, can *US*
She rarely buys tinned food, she normally buys food preserved in jars.

**die Packung** ['pakʊŋ]
Bringst du bitte eine Packung Tee mit?

packet
Could you get me a packet of tea?

**die Flasche** ['flaʃə]
Kaufen Sie Milch in der Flasche oder in der Tüte?

bottle
Do you buy bottled milk or cartons?

## 4 Ernährung — Einkaufen

der **Kasten** ['kastn]
Ein Kasten Bier enthält 20 Bierflaschen.

crate
A crate of beer contains 20 beer bottles.

das **Pfand** [pfant]
Auf dem Sprudelkasten sind 6,60 DM Pfand.

deposit
There is a 6.60 mark deposit on a crate of mineral water.

**anstellen (sich)** ['anʃtɛlən]
Wir müssen uns noch beim Fleisch anstellen.

queue *GB*, stand in line, line up *US*
We still need to queue up at the meat counter.

**mager** ['ma:gɐ]
Sind die Schnitzel magerer als die Koteletts?

lean
Are the schnitzels leaner than the chops?

das **Fett** [fɛt]
Ich hätte gerne einen Schweinebraten mit Knochen und mit wenig Fett.

fat; grease
I would like a lean pork roast on the bone.

die **Scheibe** ['ʃaibə]
Fünf Scheiben Schinken, bitte!

slice
Five slices of ham, please.

die **Sorte** ['zɔrtə]
Bei dieser Sorte Kaffee bleibe ich!

sort, kind; brand
I am going to stick to this brand of coffee.

Unser Bäcker hat eine große Auswahl an Brotsorten.

Our baker has a large selection of different types of bread.

die **Kasse** ['kasə]
Sie geht an die Kasse, um zu bezahlen.

cash desk
She is going up to the cash desk to pay.

**machen** ['maxn]
Alles zusammen macht 134,85 DM.

come to
All together, that comes to 134.85 marks.

der **Preis** [prais]
Ich habe den Eindruck, daß die Preise gestiegen sind.

price
I have the feeling that the prices have gone up.

der **Markt** [markt]
Bei uns ist montags, mittwochs und freitags Markt.

market
Our local market is on Mondays, Wednesdays and Fridays.

**geben** ⟨gibt, gab, gegeben⟩ ['ge:bn]
Zur Zeit gibt es auf dem Markt billige Kirschen.

be (available)
At the moment there are cheap cherries at the market.

der **Stand** [ʃtant]
An welchem Stand haben Sie letzte Woche die ausgezeichneten Pfirsiche gekauft?

(sales) stand
At which stand did you get those excellent peaches last week?

**frisch** [friʃ]
Sind die Tomaten frisch?

fresh
Are these tomatoes fresh?

**reif** [raif]
Die Bananen sind noch nicht reif. Sie sind noch ganz grün.

ripe
These bananas are not ripe yet. They are still very green.

der **Einkauf** ['ainkauf]
Sie muß noch Einkäufe machen.

purchase
She still has some shopping to do.

**besorgen** [bə'zɔrgn]
Hoffentlich hat der Metzger noch auf.
Ich muß unbedingt noch Fleisch besorgen.

get
I hope the butcher's is still open. I really need to get some meat.

**aufhaben** ⟨hat auf, hatte auf, aufgehabt⟩ ['aufha:bn]

be open

**zuhaben** ⟨hat zu, hatte zu, zugehabt⟩ ['tsu:ha:bn]
Haben die Läden am Samstag nachmittag zu? — Ja, außer am ersten Samstag im Monat. Am „langen Samstag" haben die Läden bis 16 oder 18 Uhr auf.

be closed

Are the shops closed on Saturday afternoon? — Yes, except on the first Saturday of the month. On "long Saturday" the shops are open until 4 p.m. or 6 p.m.

die **Metzgerei** [mɛtsgə'rai]

In der Metzgerei kann man Fleisch, Wurst und oft auch Käse kaufen.

butcher's shop; meat department in a supermarket

At the butcher's, you can get meat, salami and cold meats and often cheese as well.

die **Fleischerei** [flaiʃə'rai]
Der Begriff „Fleischerei" wird in Süddeutschland nicht benutzt.

butcher's shop
The term "Fleischerei" is not used in the south of Germany.

der **Aufschnitt** ['aufʃnɪt]
Ich hätte gerne 200 Gramm Aufschnitt aus dem Angebot.

assorted sliced cold meats or cheese
I'd like 200 grammes of the assorted cold meats on special offer.

das **Rind** [rɪnt]
Ist dieses Fleisch vom Rind oder vom Schwein?

beef
Is this beef or pork?

das **Schwein** [ʃvain]

pork

die **Bäckerei** [bɛkə'rai]
Unsere Bäckerei ist bekannt für ihre große Auswahl an Brötchen.

baker's, bakery
Our bakery is well known for its large selection of bread rolls.

die **Konditorei** [kɔndito'rai]
Wenn ich Besuch erwarte, hole ich meistens Kuchen aus der Konditorei.

cake shop, pastry shop
When I am expecting visitors I usually buy some cake from the cake shop.

das **Einkaufszentrum** ['ainkaufstsɛntrʊm]
In unserem Einkaufszentrum gibt es fast alles: Lebensmittel, Kleidung, Schuhe, Haushaltswaren, Spielzeug, Schreibwaren, einen Friseur und eine Reinigung.

shopping centre *GB*, shopping center *US*
Our shopping centre has almost everything: food, clothes, shoes, household goods, toys, stationary, a hairdresser's and a dry cleaner's.

der **Einkaufswagen** ['ainkaufsva:gn]
Wenn ich mit meinen drei Kindern einkaufen gehe, brauche ich immer zwei Einkaufswagen.

shopping trolley *GB*, shopping cart *US*
Whenever I go shopping with my three children I need two shopping trolleys.

die **Flaschenrückgabe** ['flaʃənrʏkga:bə]
Wo befindet sich die Flaschenrückgabe?

*a place where you can return deposit bottles*
Where do I take my returnable bottles?

## 4 Ernährung — Einkaufen

**die Mehrwegflasche** ['meːəvekflaʃə]
Wenn man Mehrwegflaschen in Geschäften, die diese Produkte führen, abgibt, erhält man das Pfand zurück.

returnable bottle, deposit bottle
When you take back returnable bottles to shops which stock them you get back the deposit.

**die Konserve** [kɔn'zɛrvə]

Sie kauft oft Konserven.

preserved food; tinned food *GB*, canned food *US*
She often buys tinned food.

**die Büchse** ['bʏksə]
Wir haben noch einige Büchsen Wurst im Keller.

tin
We still have quite a few tins of cold meat in the cellar.

**die Tafel** ['taːfl]
Da ihr Mann gerne Schokolade ißt, nimmt sie fünf Tafeln Schokolade mit.

bar
She's taking five bars of chocolate because her husband likes chocolate.

**die Schachtel** ['ʃaxtl]
Eine Schachtel Pralinen ist ein beliebtes Geschenk für die Gastgeberin.

box
A box of chocolates is a popular gift for the hostess.

**die Tüte** ['tyːtə]
Für meine Kinder kaufe ich eine große Tüte Bonbons.
Sie braucht noch eine Plastiktüte für ihre Einkäufe.

bag
I'm going to buy a large bag of sweets for my children.
She needs a plastic carrier bag for her shopping.

**die Kiste** ['kɪstə]
Da die Pflaumen so billig sind, kaufe ich gleich eine ganze Kiste.

box
The plums are so cheap I'm going to buy a whole box.

**der Sack** [sak]
Ich möchte bitte einen Sack Kartoffeln.

bag, sack
I would like a sack of potatoes, please.

**tiefgekühlt** ['tiːfɡəkyːlt]
Ich kaufe am liebsten tiefgekühltes Gemüse, da ich damit weniger Arbeit beim Kochen habe.

frozen
I prefer to buy frozen vegetables because they are less trouble to cook.

**das Angebot** ['anɡəboːt]
Dieser Laden hat ein großes Angebot an Weinen.

range; offer
This shop stocks a large variety of wines.

**die (Käse)theke, die (Wurst)theke**
['(kɛːzə)teːkə, '(vʊrst)teːkə]
Stell du dich an der Wursttheke an, ich gehe solange zur Käsetheke.

cheese/cold meat counter

Why don't you join the queue at the cold meat counter while I go to the cheese counter.

**der Kassenzettel** ['kasəntsɛtl]
Bewahren Sie Ihren Kassenzettel gut auf!

till receipt
Be sure to keep your till receipt.

**der Korb** [kɔrp]
Sie können meinen Einkaufswagen gleich haben; ich muß nur noch alles in meinen Korb tun.

basket
You can have my trolley in just a moment; I just need to put everything into my shopping basket.

# Essen und Tischdecken

**der Hunger** ['hʊŋɐ]
Ich habe Hunger auf ein Stück Schweinebraten mit Knödel.

hunger
I fancy eating roast pork with dumplings.

**der Durst** [dʊrst]
Er hat Durst auf ein kühles Bier.
Am besten löscht Mineralwasser den Durst.

thirst
He's thirsty for a cold beer.
Mineral water is the best thing to quench your thirst.

**essen** ⟨ißt, aß, gegessen⟩ ['ɛsn]
Was gibt es heute zu essen?
Wir essen meistens um 12 Uhr zu Mittag.

eat
What's for lunch today?
We usually have lunch at 12.

**satt** [zat]
Sind Sie satt, oder möchten Sie noch etwas essen?

sated, full
Have you had enough, or would you like something more to eat?

**das Frühstück** ['fryːstʏk]
Zum Frühstück gibt es Vollkornbrot, Brötchen, Butter, Honig, Marmelade, Wurst, Käse, Müsli, Kaffee oder Tee.

breakfast
For breakfast, there is wholemeal bread, bread rolls, butter, honey, jam, cold meat, cheese, muesli, coffee or tea.

**frühstücken** ['fryːstʏkn]
Um wieviel Uhr frühstücken Sie sonntags? — Sonntags frühstücken wir erst um 11 Uhr.

have breakfast
What time do you have breakfast on Sundays? — On Sundays, we don't have breakfast until 11.

**das Mittagessen** ['mɪtakǀɛsn]
Das Mittagessen ist gleich fertig! Ihr könnt schon den Tisch decken.

lunch
Lunch is nearly ready. You can set the table.

**der Kaffee** ['kafe, ka'feː]
Ich würde mich freuen, wenn Sie mich heute nachmittag zum Kaffee besuchen würden.

coffee
It would be nice if you came over this afternoon for a cup of coffee.

**das Abendessen** ['aːbntǀɛsn]
Wen hast du zum Abendessen eingeladen?

dinner
Who have you invited for dinner?

**ernähren (sich)** [ɛɐ'nɛːrən]
Zur Zeit ernähre ich mich nur von Kaffee und Früchten.

live on, eat
At the moment, I'm living on nothing but coffee and fruit.

**das Essen** ['ɛsn]
Als das Telefon klingelte, saßen wir gerade beim Essen.
Stell das Essen bitte auf den Tisch!

meal
The phone rang while we were having our meal.
Please put the food on the table.

**decken** ['dɛkn]
Der Tisch ist schon gedeckt.

lay, set
The table is already set.

**das Tischtuch** ['tɪʃtuːx]
Welches Tischtuch soll ich für den großen Tisch im Wohnzimmer nehmen?

tablecloth
Which tablecloth should I use for the large table in the living room?

# 4 Ernährung — Essen und Tischdecken

das **Messer** ['mɛsɐ]
In Deutschland ißt man mit Messer und Gabel.

die **Gabel** ['gaːbl]

der **Löffel** ['lœfl]
Könnten Sie mir einen Löffel für die Suppe bringen?

der **Teller** ['tɛlɐ]
In diesem Schrank stehen die flachen und die tiefen Teller.

das **Glas** [glaːs]
Die Gläser sind noch in der Spülmaschine.

die **Tasse** ['tasə]
Ich hätte gerne eine Tasse Kaffee.

**hungrig** ['hʊŋrɪç]
Wir sind hungrig und durstig.

**durstig** ['dʊrstɪç]

**hungern** ['hʊŋən]
Sie hungert schon seit Wochen, um ein paar Kilo abzunehmen.

**vegetarisch** [vegeˈtaːrɪʃ]
Sollen wir heute vegetarisch essen gehen?

die **Mahlzeit** ['maːltsait]

der **Imbiß** ['ɪmbɪs]
Ich nehme heute nur einen Imbiß, da ich keinen großen Hunger habe.

**füttern** ['fʏtɐn]
Bevor wir weggehen können, muß noch das Baby gefüttert werden.

die **Ernährung** [ɛɐˈnɛːrʊŋ]
Sie legt großen Wert auf eine gesunde Ernährung.

die **Tischdecke** ['tɪʃdɛkə]

das **Besteck** [bəˈʃtɛk]
Bringen Sie mir bitte ein zusätzliches Besteck für meine Tochter.

der **Teelöffel** ['teːlœfl]

der **Eßlöffel** ['ɛslœfl]

die **Kuchengabel** ['kuːxngaːbl]

das **Geschirr** [gəˈʃɪr]
Ich suche ein Geschirr für 12 Personen aus Porzellan.
Bitte spülen Sie jeden Tag das schmutzige Geschirr.

knife
In Germany people eat with a knife and fork.

fork

spoon
Could you bring me a spoon for the soup?

plate; dish
The plates and dishes are in this cupboard.

glass; jar
The glasses are still in the dishwasher.

cup
I would like a cup of coffee.

hungry
We are hungry and thirsty.

thirsty

go hungry, starve
She's been starving herself for weeks now to lose a couple of kilos.

vegetarian
Should we go out for a vegetarian meal tonight?

meal

snack
I'm just going to have a snack today because I'm not very hungry.

feed
The baby still has to be fed before we can go out.

eating, nutrition
She is a great believer in eating a healthy diet.

tablecloth

cutlery
Could you please bring a knife, fork and spoon for my daughter.

teaspoon

soup spoon; dessert spoon

cake fork

service; dishes, crockery
I'm looking for a china service for 12.

Please wash the dirty dishes every day.

Kochen  Ernährung **4**

die **Untertasse** ['ʊntɛtasə]
saucer

das **Weinglas** ['vainglɑːs]
wine glass

die **Kanne** ['kanə]
pot
Die Kanne mit dem Kaffee steht noch in der Küche. Holst du sie bitte?
The coffee pot is still in the kitchen. Could you fetch it, please?

die **Schale** ['ʃɑːlə]
bowl
Wir brauchen noch Schalen für den Bananenquark.
We still need bowls for the quark and banana.

die **Schüssel** ['ʃʏsl]
bowl *(a "Schale" is generally smaller than a "Schüssel" or if large, then shallow)*
Den Salat serviere ich immer in einer Glasschüssel.
I always serve salad in a glass bowl.

die **Serviette** [zɛr'viɛtə]
serviette, napkin
Diese Servietten passen sehr gut zu Ihrem Geschirr.
These serviettes go very well with your china.

die **Kerze** ['kɛrtsə]
candle
Die Kerzen müssen noch angezündet werden, bevor wir mit dem Essen beginnen.
We still have to light the candles before we can start the meal.

der **Korkenzieher** ['kɔrkntsiːɐ]
corkscrew
Mit meinem neuen Korkenzieher lassen sich Weinflaschen leicht öffnen.
It is easy to open wine bottles with my new corkscrew.

## Kochen

**kochen** ['kɔxn]
cook; boil
Heute koche ich etwas Besonderes.
Today, I'm going to cook something special.
Lassen Sie die Karotten 15 Minuten in Salzwasser kochen.
Boil the carrots in salted water for 15 minutes.

das **Rezept** [re'tsɛpt]
recipe
Das war lecker, kannst du mir das Rezept dafür geben?
That was really tasty, can you give me the recipe?

die **Zutat** ['tsuːtaːt]
ingredient
Für Gulasch benötigen Sie folgende Zutaten: 500 Gramm Rindfleisch, drei Zwiebeln, 70 Gramm Fett, Salz, Pfeffer, Paprika, einen halben Liter Wasser, 20 Gramm Mehl und ein achtel Liter Sahne.
To make goulash, you need the following ingredients: 500 grammes of beef, 3 onions, 70 grammes of fat, salt, pepper, paprika, half a litre of water, 20 grammes of flour and an eighth of a litre of cream.

das **Gewürz** [gə'vʏrts]
seasoning; herbs and spices
Ich muß noch Gewürze kaufen.
I still need to get some herbs and spices.

**vorbereiten** ['foːɐbəraitn]
prepare
Ich bin gerade dabei, das Abendessen vorzubereiten.
I'm in the middle of getting dinner ready.

## 4 Ernährung — Kochen

**zubereiten** ['tsu:bəraitn]
Ich bereite die Holländische Soße immer mit Butter, einem Eßlöffel Mehl, einem Ei und Wasser zu.

make, prepare
I always make sauce hollandaise with butter, a dessert spoon of flour, an egg and water.

**schneiden** ⟨schnitt, geschnitten⟩ ['ʃnaidn]
Schneiden Sie den Lauch in feine Ringe.

cut
Cut the leek into fine rings.

**der Topf** [tɔpf]
Nachdem ich den Lauch geschnitten habe, gebe ich ihn in einen großen Topf mit Wasser.

pot, saucepan
Once I have cut the leek I put it into a large saucepan with water.

**umrühren** ['ʊmry:rən]
Lassen Sie die Suppe fünf Minuten kochen, und rühren Sie sie gelegentlich um.

stir
Boil the soup for 5 minutes, stirring occasionally.

**braten** ⟨brät, briet, gebraten⟩ ['bra:tn]
Sie brät die Steaks in Öl.

fry
She is frying the steaks in oil.

**die Pfanne** ['pfanə]
In unserer neuen Pfanne brennt nichts mehr an!

(frying) pan
Nothing sticks to our new frying pan.

**gar** [ga:ɐ]
Der Blumenkohl ist noch nicht gar.

done
The cauliflower is not ready yet.

**backen** ⟨bäckt, backte, gebacken⟩ ['bakn]
Heute werde ich eine Kirschtorte backen.

bake
Today I'm going to make a cherry gateau.

**rühren** ['ry:rən]
Rühren Sie das Puddingpulver unter die kalte Milch.

stir
Stir the instant whip powder into the cold milk.

**schälen** ['ʃɛ:lən]
Zuerst müssen die Kartoffeln geschält werden, danach werden sie in heißem Wasser 20 Minuten gekocht.

peel
First the potatoes need to be peeled and then boiled in water for 20 minutes.

**ausdrücken** ['ausdrʏkn]
Sie drückt gerade die Zitrone aus.

squeeze the juice out of
She's squeezing the juice out of the lemon.

**würzen** ['vʏrtsn]
Hast du die Bratensoße schon gewürzt?

season
Have you already seasoned the gravy?

**die Flamme** ['flamə]
Kochen Sie die Suppe noch fünf Minuten auf kleiner Flamme.

flame
Let the soup simmer on a low flame for another five minutes.

**anbrennen** ⟨brannte an, angebrannt⟩ ['anbrɛnən]
Oje, der Braten ist angebrannt!

burn
Oh, no, the meat's burnt.

Gerichte             Ernährung **4**

**grillen** ['grɪlən]
Wenn das Wetter schön bleibt, können wir am Wochenende im Garten grillen.

grill; barbecue
If the weather stays fine we could have a barbecue in the garden at the weekend.

der **Grill** [grɪl]
Die Würstchen liegen auf dem Grill.
Dieses Restaurant ist bekannt für seine Fischgerichte vom Grill.

grill; barbecue
The sausages are on the barbecue.
This restaurant is well known for its grilled fish.

der **Dosenöffner** ['do:zn|œfnɐ]

tin opener *GB*, can opener *US*

der **Flaschenöffner** ['flaʃn|œfnɐ]

bottle opener

# Gerichte

die **Suppe** ['zʊpə]
Nehmen Sie eine Suppe vor dem Hauptgericht? — Ja, ich nehme eine Tomatencremesuppe.

soup
Will you be having soup before your main meal? — Yes, I'll have cream of tomato soup.

der **Braten** ['bra:tn]

joint, roast *(a "Braten" is any meat which is fried or roasted, either an entire roast or just a steak)*

Heute gibt es als Tagesessen Schweinebraten mit Sauerkraut und Knödel.

Today's special is roast pork with sauerkraut and dumplings.

der, das **Gulasch** ['gu:laʃ, 'gʊlaʃ]

goulash

**fett** [fɛt]
Der Gulasch ist leider ein wenig fett.

fatty, greasy
Unfortunately, the goulash is rather fatty.

das **Steak** [ste:k]
Möchten Sie das Steak blutig, medium oder durch? — Medium.

steak
Would you like your steak rare, medium or well-done? — Medium.

das **Hähnchen** ['hɛ:nçən]
Ich esse gerne Hähnchen mit Pommes frites und Salat.

chicken
I like chicken and chips with salad.

der **Hering** ['he:rɪŋ]
Wo kann man hier frische Heringe kaufen? — Auf dem Fischmarkt.

herring
Where can I get fresh herring? — At the fish market.

der **Knödel** ['knø:dl]

dumpling

die **Pommes frites** [pɔm'frɪt]

chips *GB*, French fries *US*

die **Soße**, die **Sauce** ['so:sə]
Die Soße ist mir viel zu scharf.

sauce; gravy; salad dressing
The sauce is much too hot for my liking.

das **Rührei** ['ry:r|ai]
Möchten Sie lieber Rühr- oder Spiegelei?

scrambled egg
Would you prefer your eggs scrambled or fried?

das **Spiegelei** ['ʃpi:gl|ai]

fried egg

das **Omelett** [ɔm(ə)'lɛt]
Kennen Sie ein Lokal, wo es gute Omeletts gibt?

omelette
Do you know somewhere where they make a good omelet?

der **Salat** [za'la:t]
Ich muß noch den Salat anmachen.

**anmachen** ['anmaxn]

das **Müsli** ['my:sli]
der **Pudding** ['pʊdɪŋ]
der **Kuchen** ['ku:xn]
Wir trinken jeden Nachmittag Kaffee und essen dazu ein Stück Kuchen.

der **Eintopf** ['aintɔpf]
Gibt es heute Eintopf? — Ja, Gemüseeintopf.

die **(Fleisch)brühe** ['(flaiʃ)bry:ə]

die **Schweinshachse**, die **Schweinshaxe** ['ʃvainshaksə]
Ich kenne ein gutbürgerliches Lokal, das für seine Schweinshaxen bekannt ist.

**roh** [ro:]
Das Kotelett ist am Knochen noch ganz roh. Bitte bringen Sie mir ein neues.

**medium** ['mi:djəm]
**durch** [dʊrç]
**zart** [tsa:ɐt]
Die Schweinshachse ist ganz zart.

**zäh** [tsɛ:]
Die Schnitzel sind leider zäh.

das **Matjesfilet** ['matjəsfile:]
Er ißt Matjesfilet mit Kartoffeln sehr gerne.

die **Forelle** [fo'rɛlə]
Mir schmeckt Forelle blau besser als gebackene Forelle.

das **Wild** [vɪlt]
Haben Sie auch Wild auf der Speisekarte? — Ja, wir haben Reh- und Hasenbraten.

das **Fondue** [fõ'dy:]
Essen Sie lieber Käse- oder Fleischfondue?

der **Hamburger** ['hambʊrgɐ]
Hamburger sind bei Jugendlichen sehr beliebt.

die **Bratkartoffeln** ['bra:tkartɔfln]
Morgen mittag gibt es Spinat mit Bratkartoffeln und Ei.

salad
I still have to make a dressing and toss the salad.

make a dressing for a salad and toss

muesli

instant whip *GB*, pudding *US*

cake
Every afternoon we have some coffee and a slice of cake.

hot-pot, stew
Are we having stew today? — Yes, we're having vegetable stew.

(meat) stock; consommé

knuckle of pork

I know a traditional German restaurant which is famous for its knuckle of pork.

raw; rare
This chop is still completely raw at the bone. Please bring me another.

medium

well-done

tender
This knuckle of pork is very tender.

tough
Unfortunately, the cutlets are very tough.

young herring
He is very fond of young herring and potatoes.

trout
I prefer trout au bleu to baked trout.

game
Do you have game on the menu? — Yes, we have roast venison and roast hare.

fondue
Which do you prefer, cheese fondue or fondue Bourguignonne?

hamburger
Hamburgers are very popular with teenagers.

sauté potatoes
We're going to have spinach with egg and sauté potatoes for tomorrow's lunch.

das **Sauerkraut** ['zauɐkraut]

sauerkraut

der **Pfannkuchen** ['pfanku:xn]
Er bäckt gerade Pfannkuchen.

pancake
He's making pancakes.

der **Kartoffelsalat** [kar'tɔfl̩zala:t]
Was darf es sein? — Bringen Sie mir bitte Würstchen mit Kartoffelsalat und Senf.

potato salad
What would you like? — I'd like sausages with potato salad and mustard.

das **Apfelmus** ['apfl̩mu:s]
Machen Sie Apfelmus selbst oder kaufen Sie es fertig?

apple purée
Do you make the apple purée yourself or do you buy it ready-made?

das **Kompott** [kɔm'pɔt]
Zum Nachtisch gibt es Kompott.

compote
For desert we're having compote.

der **Apfelstrudel** ['apfl̩ʃtru:dl̩]
Apfelstrudel ist eine österreichische Spezialität.

apfelstrudel
Apfelstrudel is an Austrian speciality.

die **Torte** ['tɔrtə]
Was für Torten haben Sie? — Schokoladen- und Nußtorte. — Dann nehme ich ein Stück Nußtorte.

gateau, cake
What kind of gateau do you have? — Chocolate or hazelnut gateau. — Then I'll take a slice of hazelnut gateau.

# Im Lokal

das **Restaurant** [rɛsto'rã:]
In Deutschland gibt es viele italienische, griechische und chinesische Restaurants.

restaurant
There are a lot of Italian, Greek and Chinese restaurants in Germany.

**essen gehen** ⟨ging, gegangen⟩ ['ɛsn ge:ən]
Wohin sollen wir heute abend essen gehen? — Laß uns chinesisch essen gehen.

go out for a meal

Where should we go to eat this evening? — Let's go out for a Chinese.

die **Wirtschaft** ['vɪrtʃaft]
Er geht oft nach Feierabend in die Wirtschaft, um etwas zu essen und zu trinken.

public house, restaurant
After work, he often goes to the pub to have something to eat and drink.

das **Lokal** [lo'ka:l]
Dieses Lokal hat eine gute Küche.

pub, restaurant
This pub has good food.

**frei** [frai]
Sind diese zwei Plätze an Ihrem Tisch noch frei?

free
Are these two seats at your table still free?

**reservieren** [rezɛr'vi:rən]
Ich habe einen Tisch auf den Namen Gill für 8 Uhr reserviert.

book
I have booked a table in the name of Gill for 8 o'clock.

der **Kellner**, die **Kellnerin** ['kɛlnɐ]
Welche Kellnerin bedient an unserem Tisch?

waiter, waitress
Which waitress is serving our table?

**4** Ernährung — Im Lokal

**bedienen** [bə'di:nən]

serve

**die (Speise)karte** ['(ʃpaizə)kartə]
Könnten Sie uns bitte die Speisekarte bringen?

menu
Could you bring us the menu, please?

**bestellen** [bə'ʃtɛlən]
Wenn ihr euch alle etwas ausgesucht habt, können wir beim Kellner bestellen.

order
If you have all chosen, we could place our order with the waiter.

**aussuchen** ['auszu:xn]
Habt ihr euch schon etwas ausgesucht? — Ja, ich nehme ein Kalbsschnitzel und Markus nimmt ein Nudelgericht.

choose
Have you already chosen? — Yes, I'll have veal cutlet and Markus will have pasta.

**empfehlen** ⟨empfiehlt, empfahl, empfohlen⟩ [ɛm'pfe:lən]
Welche Gerichte können Sie uns empfehlen?

recommend

What could you recommend?

**das Gericht** [gə'rɪçt]

dish

**das Menü** [me'ny:]
Ich nehme das Menü.

set meal
I'll take the set meal.

**die Vorspeise** ['fo:ɐʃpaizə]
Als Vorspeise gibt es frischen Spargel mit Schinken.

starter, hors d'oeuvre
The starter is fresh asparagus with ham.

**das Hauptgericht** ['hauptgərɪçt]
Wo stehen die Hauptgerichte auf Ihrer Karte?

main course
Where can I find the main meals on your menu?

**der Nachtisch** ['na:xtɪʃ]

dessert

**der Koch, die Köchin** [kɔx, 'kœçɪn]
Er möchte Koch werden.

cook, chef
He wishes to be a professional chef.

**servieren** [zɛr'vi:rən]
Die Wirtin serviert die Speisen selbst.

serve
The owner of the restaurant serves the meals herself.

**der Appetit** [ape'ti:t]
Ich habe Appetit auf etwas Süßes.
Guten Appetit!

appetite
I fancy something sweet.
Enjoy your meal.

**lecker** ['lɛkɐ]
Das Essen schmeckt lecker.

tasty
The food tastes great.

**die Portion** [pɔr'tsio:n]
In dieser Wirtschaft sind die Portionen sehr groß.

portion; pot of coffee, etc.
This pub serves very large portions.

**probieren** [pro'bi:rən]
Willst du von meinem Gemüse probieren?

try, have a taste of
Would you like to try my vegetables?

**zahlen** ['tsa:lən]
Zahlen, bitte!

pay
Could I have the bill, please?

**die Rechnung** ['rɛçnʊŋ]
Bitte machen Sie die Rechnung fertig!

bill
Could you prepare the bill, please.

Im Lokal — Ernährung **4**

**das Trinkgeld** ['trɪŋkgɛlt]

tip *(in Germany, it is by no means as common to tip as in other countries and ten per cent is regarded as fairly generous)*

Wir geben immer zehn Prozent Trinkgeld.
We always give a ten per cent tip.

**das Café** [ka'fe:]
Sollen wir uns um 4 Uhr im Café treffen?

tea room, café
Why don't we meet in the café at 4 o'clock?

**das Stück** [ʃtʊk]
Ein Stück Erdbeerkuchen mit Sahne, bitte!

piece
A slice of strawberry cake with cream, please.

**die Kneipe** ['knaipə]
Ich habe Lust, heute abend in die Kneipe zu gehen.

pub
I'd like to go to the pub this evening.

**die Gaststätte** ['gastʃtɛtə]
In den Gelben Seiten stehen die meisten Gaststätten, die es in dieser Stadt gibt.

restaurant
Most of the restaurants in this city are listed in the yellow pages.

**das Gasthaus** ['gasthaus]

inn *(a "Gasthaus" or "Gasthof" is a house offering both accommodation and food, often in the country)*

**der Gasthof** ['gastho:f]
In diesem Gasthaus kann man gut essen. Außerdem hat es schöne Zimmer zum Übernachten.

inn
This inn offers good food. It also has nice rooms for those wishing to stay overnight.

**gutbürgerlich** ['gu:t'bʏrgəlɪç]
Für das Familienfest suchen wir ein schönes Lokal mit gutbürgerlicher Küche.

solid, respectable
For our family get-together, we are looking for a nice restaurant which offers traditional German cuisine.

**die Bedienung** [bə'di:nʊŋ]
Wenn Sie gewählt haben, werde ich die Bedienung rufen, um das Essen zu bestellen.

service; waiter, waitress
If you have chosen, I will call the waiter so that we can order.

**wählen** ['vɛ:lən]
Haben Sie schon gewählt? — Ja, Sie können die Bestellung gleich aufnehmen.

choose
Have you already chosen? — Yes, you can take our order.

**die Speise** ['ʃpaizə]
Auf unserer Karte finden Sie links die warmen und rechts die kalten Speisen.

food; dish
Our menu lists the hot dishes on the left and the cold dishes on the right.

**die Spezialität** [ʃpetsiali'tɛ:t]
Die Spezialität Honauer Gaststätten ist Forelle.

speciality *GB*, specialty *US*
The speciality of restaurants in Honau is trout.

**die Beilage** ['bailaːgə]
Die Beilagen sind reichlich.

side dish
The side dishes are generous.

**reichlich** [ˈraiçlıç]
ample

**vorbestellen** [ˈfoːɐbəʃtɛlən]
order in advance
Wenn Sie mit einer großen Gruppe kommen, wäre es besser, das Menü vorzubestellen.
If you are a large group, it would be advisable to order the meal in advance.

**die Scheibe** [ˈʃaibə]
slice
Könnte ich noch eine Scheibe Brot bekommen?
Could I have another slice of bread?

**die Theke** [ˈteːkə]
bar
In der Kneipe steht er am liebsten an der Theke.
When he is in a pub he likes to stand at the bar.

**das Faß** [fas]
barrel
Ich hätte gern ein Bier vom Faß.
I would like a draught beer.

**die Halbe** [ˈhalbə]
half a litre (of lager)
Eine Halbe, bitte!
Half a litre of lager, please.

**das Viertele** [ˈfɪrtələ]
a quarter of a litre (of wine)
Der Vater meiner Freundin trinkt jeden Abend ein Viertele.
My girl-friend's father drinks a quarter litre of wine every evening.

**das Achtel** [ˈaxtl]
an eighth of a litre (of wine)
Ich hätte gerne ein Achtel Weißwein.
I would like glass of white wine.

**das Kännchen** [ˈkɛnçən]
pot
Möchten Sie eine Tasse oder ein Kännchen Kaffee? — Ein Kännchen, bitte.
Would you like a cup or a pot of coffee? — A pot, please.

**der Wirt, die Wirtin** [vɪrt]
landlord, landlady (of a pub)

**die Mensa** [ˈmɛnza]
(university) cantine
Die meisten Studenten essen in der Mensa, weil das Essen dort billig ist.
Most of the students eat in the cantine because the food is cheap.

**die Selbstbedienung** [ˈzɛlbstbədiːnʊŋ]
self-service
Die Cafeterias auf Autobahnraststätten sind mit Selbstbedienung.
The motorway service stations have self-service restaurants.

**die Cafeteria** [kafetəˈriːa]
self-service restaurant, cafeteria

**die Imbißstube** [ˈɪmbɪsʃtuːbə]
snack bar
Am Bahnhof gibt es eine Imbißstube, die sehr gute Hamburger macht.
There's a snack bar at the station which does very good hamburgers.

# Kleidung

## Kleidungsstücke

**anziehen** ⟨zog an, angezogen⟩
['antsi:ən]
Ich muß mich wärmer anziehen, sonst erkälte ich mich.
Heute ziehe ich mir das blaue Kleid an.

put on
I need to wrap up warmer otherwise I'll catch a cold.
I'm going to wear my blue dress today.

der **Strumpf** [ʃtrʊmpf]
Es ist ziemlich aus der Mode gekommen, Strümpfe zu tragen, seit es Strumpfhosen gibt.

stocking; sock
Now that tights are available, it has become fairly unfashionable to wear stockings.

die **Strumpfhose** ['ʃtrʊmpfho:zə]

tights

das **Hemd** [hɛmt]
Er zieht im Sommer gerne bunte Hemden aus Seide an.

shirt
In summer he likes to wear colourful silk shirts.

die **Krawatte** [kra'vatə]
Diese Krawatte paßt überhaupt nicht zu deinem Hemd.

tie
This tie just does not go with your shirt.

die **Bluse** ['blu:zə]
Sie hat eine sehr schöne Bluse an.

blouse
She's wearing a very pretty blouse.

**anhaben** ⟨hat an, hatte an, angehabt⟩
['anha:bn]

have on, wear

der **Pullover** [pʊ'lo:vɐ]
Kann man diesen Pullover aus reiner Wolle in der Waschmaschine waschen, oder muß ich ihn mit der Hand waschen?

pullover
Can I wash this pure wool pullover in the washing machine or do I have to hand-wash it?

das **T-Shirt** ['ti:ʃœ:et]
Im Sommerschlußverkauf gibt es billige T-Shirts.

T-shirt
There are cheap T-shirts in the summer sale.

die **Hose** ['ho:zə]
Die Hose steht Ihnen ausgezeichnet.

trousers
Those trousers really suit you.

die **Jeans** [dʒi:nz]
Er trägt am liebsten Jeans in seiner Freizeit.

jeans
In his free time he likes to wear jeans.

**tragen** ⟨trägt, trug, getragen⟩ ['tra:gn]

wear

der **Anzug** ['antsu:k]
Der weiße Anzug ist sehr chic.

suit
That white suit is very smart.

das **Kleid** [klait]
Das Kleid ist zu lang; es muß kürzer gemacht werden.

dress
That dress is too long; it needs to be taken up.

## 5 Kleidung — Kleidungsstücke

der **Rock** [rɔk]
Röcke stehen Ihnen besser als Hosen.

skirt
Skirts suit you better than trousers.

die **Jacke** ['jakə]
Sie hat sich eine neue Jacke gekauft.

jacket
She has bought herself a new jacket.

der **Mantel** ['mantl]
Ich brauche unbedingt einen warmen Mantel für den Winter.

coat
I really need a warm coat for the winter.

die **Mütze** ['mʏtsə]
Wenn es schneit, setze ich mir immer eine Mütze auf.

cap
I always wear a cap when it snows.

der **Hut** [hu:t]
Er nahm den Hut ab und legte ihn auf die Garderobe.

hat
He took off his hat and put it on the coat-stand.

der **Schal** [ʃa:l]
Zieh dir einen Schal an, sonst bekommst du wieder Halsweh.

scarf
Wear your scarf otherwise you'll get a sore throat again.

der **Handschuh** ['hantʃu:]
Sie will sich ein Paar schwarze Handschuhe aus Leder kaufen.

glove
She wants to buy a pair of black leather gloves.

die **Kleider** ['klaidɐ]
Gottfried Keller schrieb: „Kleider machen Leute".

clothes
Gottfried Keller wrote: "Clothes maketh the man".

der **Schuh** [ʃu:]
Ich brauche ein Paar neue Schuhe für den Sommer.

shoe
I need a new pair of shoes for the summer.

**ausziehen** ⟨zog aus, ausgezogen⟩ ['austsi:ən]
Felix, zieh dich bitte aus und geh ins Bett.
Hast du dir das Hemd schon ausgezogen?

undress, take off

Felix, get undressed and go to bed.

Have you taken your shirt off yet?

**umziehen (sich)** ⟨zog um, umgezogen⟩ ['ʊmtsi:ən]
Ich bin im Regen völlig naß geworden, deshalb muß ich mich sofort umziehen.

get changed

I got completely soaked in the rain and I need to get changed straight away.

die **Sachen** ['zaxn]
Sie haben sehr schöne Sachen im Schrank hängen.

things
You've got some very nice things hanging up in your wardrobe.

**nackt** [nakt]

naked

die **(Unter)wäsche** ['(ʊntɐ)vɛʃə]
Am liebsten trage ich Unterwäsche aus reiner Seide.

underwear
I prefer to wear pure silk underwear.

die **Unterhose** ['ʊntɐho:zə]

unterpants

der **Schlüpfer** ['ʃlʏpfɐ]

panties

das **Unterhemd** ['ʊntɐhɛmt]
Im Winter trägt sie immer Unterhemden.

vest
She always wears a vest in the winter.

# Kleidungsstücke — Kleidung

der **Büstenhalter**, der **BH** ['bystnhaltɐ, beː'haː]
bra

die **Socke** ['zɔkə]
Ich brauche neue Socken.
sock
I need new socks.

der **Schlafanzug** ['ʃlaːfantsuːk]
Wünschen Sie einen gestreiften oder einen karierten Schlafanzug?
pyjamas
Would you like striped or checked pyjamas?

**gestreift** [gə'ʃtraift]
striped

**kariert** [ka'riːət]
checked

das **Nachthemd** ['naxthɛmt]
Ich hätte gerne ein langes Nachthemd mit Muster.
nightie
I would like a long, patterned nightie.

das **Muster** ['mʊstɐ]
pattern

die **Leggins** ['lɛginz]
a pair of leggings

das **Kostüm** [kɔs'tyːm]
Mit diesem Kostüm sind Sie gut bedient für alle Gelegenheiten.
formal outfit, suit (for a woman)
This suit will do nicely for all occasions.

der **Ärmel** ['ɛrml]
Zu dem Kostüm brauche ich eine Bluse ohne Ärmel.
sleeve
I need a sleeveless blouse to go with this suit.

der **Kragen** ['kraːgn]
Der Kragen von diesem Hemd ist noch nicht glatt; er muß noch einmal gebügelt werden.
collar
The collar on this shirt is not quite smooth; it needs to be ironed again.

das **Jackett** [ʒa'kɛt]
Zur grauen Hose hatte er ein kariertes Jackett gewählt.
(formal) jacket
He had chosen a checked jacket to go with the grey trousers.

die **Strickjacke** ['ʃtrɪkjakə]
Diese Strickjacke sieht fürchterlich aus.
cardigan
This cardigan looks dreadful.

der **Regenmantel** ['reːgnmantl]
raincoat

der **Pelz(mantel)** ['pɛlts(mantl)]
fur coat

der **Anorak** ['anorak]
Ich finde Anoraks praktischer als Mäntel.
anorak
I think that anoraks are more practical than coats.

das **Tuch** [tuːx]
shawl; scarf

der **Bademantel** ['baːdəmantl]
Ihr neuer Bademantel ist sehr modern.
bathrobe
Your new bathrobe is very stylish.

die **Badehose** ['baːdəhoːzə]
swimming trunks

der **Badeanzug** ['baːdəantsuːk]
Der Badeanzug macht Sie sehr schlank.
swimming costume
You look very slim in that swimming costume.

der **Bikini** [bi'kiːni]
Paßt der Bikini, oder brauchen Sie ihn eine Nummer größer?
bikini
Does that bikini fit or do you need it a size up?

## 5 Kleidung

die **Bademütze** [ˈbaːdəmʏtsə]
Ohne Bademütze ist das Schwimmen verboten!

bathing cap
No swimming permitted without a bathing cap.

die **Kleidung** [ˈklaidʊŋ]
Da ich dachte, daß das Wetter schlecht wird, habe ich wenig leichte Kleidung mitgenommen.

clothes
Because I thought the weather would be bad I have not brought much light clothing with me.

der **Stiefel** [ˈʃtiːfl]
Der Schuhladen im Zentrum hat eine große Auswahl an warmen Stiefeln.

boot
The shoe shop in the city centre has a large selection of warm boots.

**zubinden** ⟨band zu, zugebunden⟩ [ˈtsuːbɪndn]
Mein Sohn kann sich noch nicht alleine die Schuhe zubinden.

do up
My son cannot yet do up his own shoelaces.

der **Knoten** [ˈknoːtn]
Mach die einen Knoten ins Taschentuch, damit du's nicht vergißt.

knot
Tie a knot in your handkerchief to remind you.

die **Sandale** [zanˈdaːlə]
Im Ausverkauf suchte sie nach reduzierten Sandalen, fand aber keine schönen.

sandal
She looked for sandals that had been reduced in the sale but couldn't find any nice ones.

der **Absatz** [ˈapzats]
Suchen Sie Schuhe mit flachen oder mit hohen Absätzen?

heel
Are you looking for shoes with a flat or a high heel?

## Einkauf

das **Geschäft** [gəˈʃɛft]
Die Geschäfte öffnen von montags bis freitags um 9 Uhr und schließen um 18 Uhr 30. Samstags sind sie von 9 Uhr bis 14 Uhr geöffnet.

shop
From Monday to Friday, the shops open at 9 a.m. and close at 6.30 p.m. On Saturdays, they are open from 9 a.m. until 2 p.m.

**öffnen** [ˈœfnən]
Donnerstags dürfen die Läden bis 20 Uhr 30 geöffnet bleiben.

open
On Thursdays, the shops are allowed to stay open until 8.30 p.m.

**schließen** ⟨schloß, geschlossen⟩ [ˈʃliːsn]
Die Boutique schließt über Mittag.
Da das Geschäft geschlossen wird, werden alle Waren zum halben Preis angeboten.

close

The boutique closes for lunch.
Because the shop is closing down, everything is at half price.

der **Laden** [ˈlaːdn]

shop

**offen** [ˈɔfn]
Ist der Laden offen oder zu?

open
Is the shop open or closed?

**zu** [tsuː]

closed

| | |
|---|---|
| das **Kaufhaus** ['kaufhaus]<br>Ich kaufe gerne im Kaufhaus ein, weil dort die Auswahl sehr groß ist. | department store<br>I like to go shopping in department stores because they have a very large selection. |
| die **Rolltreppe** ['rɔltrɛpə]<br>Die Rolltreppe ist außer Betrieb. | escalator<br>The escalator is out of order. |
| die **Auswahl** ['ausvaːl] | selection, range |
| **anprobieren** ['anprobiːrən]<br>Wenn Sie etwas Passendes gefunden haben, können Sie es gerne anprobieren. | try on<br>When you've found something suitable, you're welcome to try it on. |
| die **Größe** ['grøːsə]<br>Der Rock ist mir zu eng. Können Sie mir den gleichen bitte in der nächsten Größe bringen?<br>Welche Schuhgröße haben Sie? — Ich habe Größe 37. | size<br>This skirt is too tight for me. Could you get me the same skirt one size up?<br><br>What is your shoe size? — I take size 37. |
| der **Verkäufer**, die **Verkäuferin** [fɛɐ'kɔyfɐ]<br>Die Verkäufer in der Boutique am Marktplatz beraten einen sehr gut. | sales assistant<br><br>The sales assistants in the boutique at the market square offer excellent advice. |
| **beraten** ⟨berät, beriet, beraten⟩ [bə'raːtn] | advise |
| die **Mode** ['moːdə]<br>Sie trägt immer die neueste Mode.<br>Lila ist dieses Jahr große Mode. | fashion<br>She always wears the latest fashion.<br>Purple is very fashionable this year. |
| **modern** [mo'dɛrn]<br>Ich muß mir einen neuen Mantel kaufen, mein alter ist nicht mehr modern. | modern, fashionable<br>I need to buy a new coat, my old one is no longer fashionable. |
| **passen** ['pasn]<br>Der Rock paßt Ihnen sehr gut. | fit<br>The skirt fits you very well. |
| **stehen** ⟨stand, gestanden⟩ ['ʃteːən]<br>Wie steht mir dieses Kleid? — Das Kleid steht Ihnen gut/schlecht. | suit<br>How does this dress suit me? — It suits you/doesn't suit you. |
| **weit** [vait]<br>Die Hose ist mir viel zu weit. | broad, baggy<br>These trousers are far too baggy for me. |
| **eng** [ɛŋ]<br>Die Jacke sitzt nicht gut. Die Ärmel sind zu eng. | tight<br>This jacket does not fit very well. The sleeves are too tight. |
| **billig** ['bılıç]<br>Sie kaufte das T-Shirt, weil es billig war. | cheap<br>She bought the T-shirt because it was cheap. |
| **teuer** ['tɔyɐ]<br>Ich finde den Büstenhalter viel zu teuer. | expensive<br>I think that bra is much too expensive. |
| die **Qualität** [kvali'tɛːt]<br>Sie legt auf Qualität großen Wert. | quality<br>Quality is very important to her. |

## 5 Kleidung — Einkauf

**der Schlußverkauf** ['ʃlʊsfɛɐkauf]
Er kauft seine Anzüge immer im Schlußverkauf.
Der Winterschlußverkauf beginnt in der letzten Januarwoche und endet in der ersten Februarwoche, und der Sommerschlußverkauf beginnt in der letzten Juliwoche und endet in der ersten Augustwoche.

sale
He always buys his suits in the sales.
The winter sales begin in the first week of January and end in the first week of February, the summer sales begin in the last week of July and end in the first week of August.

**das Teil** [tail]
Jedes Teil kostet nur 50 Mark.

item
All items are only 50 marks.

**kaufen** ['kaufn]
Sie kaufte die graue Krawatte für ihren Vater.

buy
She bought the grey tie for her father.

**bezahlen** [bə'tsaːlən]
Sie können die Krawatte an der Kasse bezahlen.

pay (for)
You can pay for the tie at the cash desk.

**umtauschen** ['ʊmtauʃn]
Ich möchte gerne dieses Hemd umtauschen, es ist mir nämlich zu klein.

exchange
This shirt is too small for me and I would like to exchange it for a different one.

**die Boutique** [bʊ'tiːk]
Die Boutique in der Nähe der Post ist ziemlich teuer.

boutique
The boutique near the post office is fairly expensive.

**das Schaufenster** ['ʃaufɛnstɐ]
Manchmal bummeln wir abends durch die Stadt, um uns Schaufenster anzusehen.

shop window
We sometimes go window-shopping in the city in the evening.

**das Schuhgeschäft** ['ʃuːgəʃɛft]
Kennen Sie ein Schuhgeschäft, das italienische Schuhe führt?

shoe shop
Do you know a shoe shop that stocks Italian shoes?

**der Secondhandshop** ['sɛkəndhɛndʃɔp]
Sie kauft viel Kinderkleidung im Secondhandshop.

second-hand shop
She buys a lot of children's clothes from the second-hand shop.

**die Bedienung** [bə'diːnʊŋ]
Die Bedienung in der Boutique am Marktplatz ist sehr gut.

service; shop assistant(s)
The service in the boutique at the market place is very good.

**der Geschmack** [gə'ʃmak]
Der Mantel ist ganz nach meinem Geschmack.

taste
This coat is just to my taste.

**das Modell** [mo'dɛl]
Gefällt Ihnen dieses Modell?

model
Do you like this model?

**chic** [ʃɪk]
Dein neuer Anorak ist sehr chic.

smart
Your new anorak is very smart.

**elegant** [ele'gant]
Sie trägt nur elegante Sachen.

elegant
She only wears elegant things.

**altmodisch** ['altmodɪʃ]
Diese Hose kannst du nicht mehr tragen; sie ist total altmodisch.

old-fashioned
You can't wear these trousers any longer, they're really old-fashioned.

**passend** ['pasnt]
Haben Sie eine passende Bluse zu diesem Rock?

matching
Do you have a matching blouse for this skirt?

die **Kombination** [kɔmbina'tsio:n]

Die Kombination, die Sie tragen, macht Sie sehr jung.

outfit *(a combination, i.e. comprising matching top and bottom)*
You look really young in that outfit.

**sitzen** ⟨saß, gesessen⟩ ['zɪtsn]
Die Hose sitzt nicht gut.

fit
These trousers don't fit very well.

die **(Umkleide)kabine** ['ʊmklaidəkabi:nə, ka'bi:nə]
Wo sind die Umkleidekabinen?

changing room

Where are the changing rooms?

der **Ausverkauf** ['ausfɛɐkauf]
Im Ausverkauf kann man Qualitätsware zu günstigen Preisen kaufen.

sale
In the sales, you can get high-quality goods at low prices.

**günstig** ['gʏnstɪç]

favourable

**reduzieren** [redu'tsi:rən]
Manche Läden reduzieren ihre Waren schon vor dem Schlußverkauf.

reduce
Some shops cut the prices of their goods before the sales officially start.

die **Quittung** ['kvɪtʊŋ]
Wenn Sie das Nachthemd eventuell umtauschen wollen, müssen Sie die Quittung aufheben.

receipt
You should keep the receipt in case you wish to change the nightie.

das **Versandhaus** [fɛɐ'zanthaus]
Leute, die wenig Zeit haben, können ihre Sachen im Versandhaus bestellen.

mail order company
People who don't have much time can order things by mail order.

## Schmuck und Zubehör

der **Geldbeutel** ['gɛltbɔytl]
Ich möchte mir einen Geldbeutel aus echtem Leder kaufen.

purse
I want to buy a purse made of genuine leather.

**echt** [ɛçt]

real

die **Tasche** ['taʃə]
Wir führen Koffer und Taschen.

bag
We stock suitcases and bags.

die **Handtasche** ['hantaʃə]
Die rote Handtasche paßt weder zu ihrem Kleid noch zu ihren Schuhen.

handbag
The red handbag doesn't go with her dress or her shoes.

der **Gürtel** ['gʏrtl]
Ich suche einen schwarzen Gürtel.

belt
I'm looking for a black belt.

der **Schmuck** [ʃmʊk]
Sie hat sehr wertvollen Schmuck.

jewellery
She has very valuable jewellery.

**wertvoll** [ˈveːɐtfɔl]

**die (Hals)kette** [ˈ(hals)kɛtə]
Ich trage selten Ketten.

**der Ring** [rɪŋ]
Der Ring, den du dir im Urlaub gekauft hast, gefällt mir gut.

**der (Regen)schirm** [ˈ(reːgn)ʃɪrm]
Nimm lieber einen Schirm mit, es sieht nach Regen aus.

**die Brieftasche** [ˈbriːftaʃə]
Er bewahrt seine Schecks und seinen Personalausweis in seiner Brieftasche auf.

**das Armband** [ˈarmbant]
Zu meinem Geburtstag wünsche ich mir ein Armband aus echtem Silber.

**der Ohrring** [ˈoːɐrɪŋ]
Die Ohrringe stehen Ihnen sehr gut.

**kostbar** [ˈkɔstbaːɐ]
Sie hat sehr kostbaren Schmuck von ihrer Tante geerbt.

**die Sonnenbrille** [ˈzɔnənbrɪlə]
Ich brauche unbedingt eine neue Sonnenbrille.

valuable

necklace
I don't often wear a necklace.

ring
I like the ring you bought on holiday.

umbrella
I'd take an umbrella with you, it looks like it's going to rain.

wallet
He keeps his cheques and his ID card in his wallet.

bracelet
For my birthday, I would like a bracelet made of real silver.

earring
Those earrings suit you very well.

precious
She inherited very valuable jewellery from her aunt.

sunglasses *GB*, sunshades *US*
I really need a new pair of sunglasses.

# Pflegen und Reinigen

**waschen** ⟨wäscht, wusch, gewaschen⟩ [ˈvaʃn]
Ich muß heute noch Wäsche waschen.

**die Wäsche** [ˈvɛʃə]
Dieser Berg Wäsche muß gekocht werden, das heißt mit 90 oder 95 Grad gewaschen werden.

**die Waschmaschine** [ˈvaʃmaʃiːnə]
Wir haben uns eine neue Waschmaschine gekauft, die sehr wenig Wasser und Energie verbraucht.

**trocknen** [ˈtrɔknən]
In diesem feuchten Raum trocknet die Wäsche schlecht.

**bügeln** [ˈbyːgln]
Die Hemden müssen noch gebügelt werden.

wash

I still have to do some washing today.

washing
This mountain of washing needs to be boil-washed, in other words at a temperature of 90 or 95 degrees.

washing machine
We have bought ourselves a new washing machine with very low water and energy consumption.

dry
The washing doesn't dry very well in this damp room.

iron
Those shirts still need to be ironed.

## Pflegen und Reinigen — Kleidung

**der Bügel** ['byːgl]
Sie können Ihre Jacke auf diesen Bügel hängen.

clothes hanger
You can hang your jacket up on this hanger.

**der Fleck** [flɛk]
Ich hoffe, daß dieser Fleck in der Reinigung entfernt werden kann.

(dirty) mark
I hope that this mark will come out when I have it dry-cleaned.

**reinigen** ['rainɪgn]
Muß dieses Kostüm gereinigt werden, oder kann man es auch in der Waschmaschine waschen?

clean; dry-clean
Do I need to have this suit dry-cleaned or can I wash it in the washing machine?

**die Reinigung** ['rainɪgʊŋ]
Sie bringt den Mantel in die Reinigung.

cleaning; (dry) cleaner's
She is going to take the coat to the dry cleaner's.

**das Loch** [lɔx]
Er hat ein Loch im Strumpf.

hole
He has a hole in his sock.

**die Nadel** ['naːdl]
Wenn ich Nadel und Faden hätte, könnte ich das Loch stopfen.

needle
If I had a needle and thread I could darn that hole.

**der Faden** ['faːdn]

thread

**die Schere** ['ʃeːrə]
Die Schere schneidet nicht gut.

scissors
These scissors don't cut very well.

**nähen** ['nɛːən]
Sie läßt sich bei ihrem Schneider schöne Kleider nähen.

sew
She has lovely dresses made for her by her dressmaker.

**der Schneider, die Schneiderin** ['ʃnaidə]

tailor, dressmaker

**der Knopf** [knɔpf]
An der Bluse fehlen zwei Knöpfe.

button
There are two buttons missing on that blouse.

---

**das Waschpulver** ['vaʃpʊlvɐ]
Ich nehme so wenig Waschpulver wie möglich, um die Umwelt nicht zu sehr zu belasten.

washing powder
I use as little washing powder as possible in order to avoid polluting the environment.

**umweltfreundlich** ['ʊmvɛltfrɔyntlɪç]
Beim Kauf einer umweltfreundlichen Waschmaschine erhielt man im Jahre 1992 von der Stadt Tübingen 40,– DM und von den Tübinger Händlern 20,– DM.

environment-friendly
During 1992, purchasers of environment-friendly washing machines received DM 40 from the City of Tübingen and DM 20 from Tübingen-based dealers.

**tropfen** ['trɔpfn]
Der Pullover tropft.

drip
The pullover is dripping.

**aufhängen** ['aufhɛŋən]
Die Wäsche ist schon fertig. Sie muß nur noch aufgehängt werden.

hang up
The washing is already finished. It just needs to be hung up on the line.

**der Trockner** ['trɔknɐ]
Bei so viel Kinderwäsche ist ein Trockner schon praktisch.

dryer
A dryer is very useful when you have so much children's washing to do.

## 5 Kleidung — Pflegen und Reinigen

das **Bügelbrett** ['byːglbrɛt]
ironing board

das **Bügeleisen** ['byːglˌaizn]
iron
Stell bitte das Bügeleisen auf Baumwolle!
Please put the iron onto the setting for cotton.

**stopfen** ['ʃtɔpfn]
darn
Alle Socken, die in dem Korb sind, müssen gestopft werden.
All the socks in the basket need to be darned.

die **Nähmaschine** [ˈnɛːmaʃiːnə]
sewing machine

**kürzen** ['kʏrtsn]
shorten
Könnten Sie mir bitte das Kleid um fünf Zentimeter kürzen?
Could you please take up this dress by five centimetres?

das **Zentimetermaß** [tsɛntiˈmeːtəmaːs]
tape measure

die **Sicherheitsnadel** ['zɪçəhaitsnaːdl]
safety pin

der **Reißverschluß** ['raisfɛɐʃlʊs]
zip *GB*, zipper *US*
Haben Sie einen blauen 15 Zentimeter langen Reißverschluß für Hosen?
Do you have a 15 centimeter blue zip for a pair of trousers?

die **Schuhcreme** ['ʃuːkreːm]
shoe polish
Hast du schwarze Schuhcreme, ich möchte meine schwarzen Schuhe putzen?
Do you have black shoe polish, I need to clean my black shoes?

der **Schuhmacher**, die **Schuhmacherin** ['ʃuːmaxɐ]
shoemaker
Wann kannst du deine Schuhe beim Schuhmacher abholen? — Am Dienstag.
When can you collect your shoes from the shoemaker? — On Tuesday.

# Wohnen

## Hausbau

**bauen** ['bauən]

Wir wollen ein Haus bauen.

build *(many Germans prefer to have a house custom-built to their own specifications)*
We want to build a house.

das **Grundstück** ['grʊntʃtʏk]
In der näheren Umgebung von Köln wurde unseren Freunden ein 100 m² großes Grundstück zu einem günstigen Preis angeboten.

plot of land
Our friends were offered a 100 m² plot of land close to Cologne at a good price.

die **Mauer** ['mauɐ]
Mit dem Bau des Hauses wurde erst vor zwei Monaten begonnen, aber inzwischen stehen schon die Mauern.

(outside) wall
They only started working on the house two months ago but the outside walls are already in place.

die **Leiter** ['laitɐ]
Er ist auf die Leiter gestiegen.

ladder
He climbed the ladder.

der **Elektriker**, die **Elektrikerin** [e'lɛktrikɐ]
Wir warten auf den Elektriker, damit er die Kabel verlegt.

electrician

We are waiting for the electrician to come and put in the wiring.

das **Kabel** ['ka:bl]

cable

die **Steckdose** ['ʃtɛkdo:zə]
In der Küche brauchen wir insgesamt sieben Steckdosen.

power socket
We need a total of seven power sockets in the kitchen.

der **Schalter** ['ʃaltɐ]
Die Lichtschalter sollten sich in der Nähe der Türen befinden.

switch
The light switches should be located close to the doors.

das **Licht** [lɪçt]
Machen Sie das Licht an!

light
Turn the light on.

**renovieren** [reno'vi:rən]
Barbara ist gerade dabei, ihre Wohnung zu renovieren.

renovate, redecorate
Barbara is redecorating her flat.

die **Decke** ['dɛkə]
Die Decke und die Wände im Wohnzimmer sind frisch gestrichen.

ceiling
The ceiling and the walls of the living room have just been painted.

die **Wand** [vant]

(interior) wall

der **(Fuß)boden** ['(fu:s)bo:dn]
Wissen Sie schon, was für einen Fußboden Sie wollen?
Der Fußboden muß jede Woche mindestens einmal naß gewischt werden.

floor(-covering)
Do you already know what kind of floor-covering you want?
The floor needs to be wiped at least once a week.

**streichen** ⟨strich, gestrichen⟩ ['ʃtraiçn]
Sie ließen die Wohnung von einem Maler streichen.

paint
They had their flat painted by a professional painter.

die **Farbe** ['farbə]
Nachdem das Haus frisch gestrichen worden war, roch es noch tagelang nach Farbe.

paint
After it had been redecorated, the house smelt of paint for days on end.

die **Tapete** [ta'pe:tə]
Sie hat sich eine moderne Tapete für das Wohnzimmer ausgesucht.

wallpaper
She has chosen a modern-style wallpaper for the living room.

**abreißen** ⟨riß ab, abgerissen⟩ ['apraisn]
Das alte Haus am Fluß wurde abgerissen.

pull down

The old house by the river has been demolished.

**restaurieren** [rɛstau'ri:rən]
In der Tübinger Altstadt werden viele alte Häuser restauriert.

restore
Many of the old houses in the old part of Tübingen are being restored.

**anbauen** ['anbauən]
Da unser Haus für uns zu klein geworden ist, müssen wir anbauen.

build an extension
We have outgrown our house and we need to build an extension.

der **Bauplatz** ['bauplats]
Heutzutage ist es sehr schwierig, preiswerte Bauplätze zu finden.

building plot
Nowadays it is very difficult to find reasonably priced building plots.

die **Lage** ['la:gə]
Wir suchen ein Grundstück in ruhiger Lage.

location
We are looking for a plot of land in a quiet area.

der **Bau** [bau]
Das Haus befindet sich im Bau.

construction
The house is under construction.

die **Baustelle** ['bauʃtɛlə]
Betreten der Baustelle verboten! Vorsicht Baustelle!

building site
Keep out. No unauthorised entry. Danger. Building work in progress.

der **Bauarbeiter**, die **Bauarbeiterin** ['bau|arbaitɐ]

construction worker

**graben** ⟨gräbt, grub, gegraben⟩ ['gra:bn]
Die Bauarbeiter haben ein tiefes Loch gegraben.

dig

The construction workers have dug a deep hole.

die **Schaufel** ['ʃaufl]

shovel

der **Bagger** ['bagɐ]

excavator

der **Kran** [kra:n]

crane

der **Maurer**, die **Maurerin** ['maurɐ]
Simon ist Maurer.

bricklayer
Simon is a bricklayer.

das **Rohr** [ro:ɐ]
Die Rohre wurden bereits letzte Woche verlegt.

pipe
The pipes were laid last week.

der **Rahmen** ['raːmən]
Kann man im Baumarkt fertige Tür- und Fensterrahmen kaufen?

frame
Does the do-it-yourself centre sell ready-made door and window frames?

der **Stecker** ['ʃtɛkɐ]
Nicht alle ausländischen Stecker passen in deutsche Steckdosen.

plug
Not all foreign plugs fit German power sockets.

die **Leitung** ['laitʊŋ]
Morgen kommen die Elektriker, um die elektrischen Leitungen zu legen.

line; pipe
The electricians are coming tomorrow to put in the wiring.

die **Sicherung** ['zɪçərʊŋ]
Die Sicherung ist durchgebrannt.

fuse
The fuse has blown.

**durchbrennen** ⟨brannte durch, durchgebrannt⟩ ['dʊrçbrɛnən]

burn out, blow

**verlegen** [fɛɐ'leːgn]
Verlegen Sie den Teppichboden selbst, oder lassen Sie ihn vom Fachmann verlegen?

lay
Are you going to lay the carpet yourselves or are you going to have it done by a professional?

die **Rolle** ['rɔlə]
Kannst du mir eine Rolle zum Streichen ausleihen?

roller
Can you lend me a paint roller?

der **Baumarkt** ['baumarkt]
Im Baumarkt findet man alles, was man zum Renovieren einer Wohnung braucht.

do-it-yourself centre
You'll find everything you need for redecorating a flat at the do-it-yourself centre.

# Haus

das **Haus** [haus]
Er besitzt ein großes Haus im Stadtzentrum.

house; building
He owns a large house in the city centre.

das **Hochhaus** ['hoːxhaus]
Ich bin froh, daß ich nicht in einem Hochhaus leben muß.

block of flats
I am glad I don't have to live in a high-rise block of flats.

das **Gebäude** [gə'bɔydə]
Das Gebäude ist gut erhalten.

building
The building is in good condition.

der **Eingang** ['aingaŋ]
Wo befindet sich der Eingang zu diesem Bürogebäude?

entrance
Where's the entrance to this office building?

der **Ausgang** ['ausgaŋ]

exit

die **Tür** [tyːɐ]
Bitte schließen Sie die Tür abends ab.

door
Please lock the door in the evening. *(the main door to a typical German house with several self-contained flats is usually locked from 8 p.m. onwards)*

Die Haustür ist immer offen.

The front door to our tenement building is always open.

**aufschließen** ⟨schloß auf, aufgeschlossen⟩ ['aufʃliːsn]
Sie hat die Tür aufgeschlossen.

unlock

She unlocked the door.

**abschließen** ⟨schloß ab, abgeschlossen⟩ ['apʃliːsn]
Wenn ich weggehe, schließe ich immer die Wohnungstür ab.

lock (up)

Whenever I go out of the flat I always lock the front door.

**der Schlüssel** ['ʃlʏsl]
Ich kann meine Schlüssel nicht finden. Hast du sie irgendwo gesehen?

key

I can't find my keys. Have you seen them anywhere?

**die Treppe** ['trɛpə]
Die Treppe führt in den Keller.

stairs

These stairs lead down to the cellar.

**der Keller** ['kɛlɐ]

cellar *(most German houses have a cellar)*

Unser Keller ist so klein, daß man nicht einmal ein Fahrrad darin abstellen kann.

Our cellar is so small you can't even keep a bicycle in it.

**das Erdgeschoß** ['eːɐtgəʃɔs]
In der Wohnung im Erdgeschoß wohnen Studenten.

ground floor

The flat on the ground floor is occupied by students.

**der Stock, das Stockwerk** [ʃtɔk, 'ʃtɔkvɛrk]
Wir wohnen im fünften Stock.

storey, floor

We live on the fifth floor *GB*/sixth floor *US*.

**das Dach** [dax]
Sie hat eine kleine Zweizimmerwohnung direkt unter dem Dach gekauft.

roof

She has bought a small two-roomed attic flat.

**der Aufzug** ['auftsuːk]
Um in das Chinarestaurant im dritten Stock zu kommen, können Sie den Aufzug nehmen oder die Treppe benützen.

lift *GB*, elevator *US*

To get to the Chinese restaurant on the third floor you can use the lift or go up the stairs.

**die Halle** ['halə]
Sie haben sich um 12 Uhr in der Eingangshalle verabredet.

hall

They have arranged to meet at noon in the entrance hall.

**der Garten** ['gartn]
Der Gärtner hat den Garten schön angelegt.

garden

The gardener has created a very pretty garden.

**der Hof** [hoːf]
Die Parkplätze, die zu unserer Praxis gehören, befinden sich im Hof.

(back) yard, courtyard

The parking spaces allocated to our practice are in the courtyard.

**die Garage** [ga'raːʒə]
Dein Auto steht in der Garage.

garage

Your car is parked in the garage.

**das Tor** [toːɐ]
Das Tor ist abgeschlossen.

gate

The gate is locked.

**das Studentenwohnheim** [ʃtu'dɛntnvoːnhaim]
Sie zahlt für ihr Zimmer im Studentenwohnheim 280,00 DM.

students' hall of residence

She pays 280 marks a month for her room in the students' hall of residence.

Wohnung und Wohnungsteile    Wohnen **6**

die **Baracke** [ba'rakə]
Aufgrund der Wohnungsnot müssen einige Asylanten in Baracken leben.

hut
Due to the lack of housing, some asylum-seekers have to live in huts.

das **Heim** [haim]
Sie sind in ihr neues Heim eingezogen.
Sie ist in einem Heim für Tumorpatienten.

home
They have moved to their new home.
She is in a home for cancer patients.

der **(Dach)boden** ['(dax)bo:dn]
Wir können die alten Möbel auf den Dachboden stellen.

loft
We can put the old furniture up in the loft.

der **Fahrstuhl** ['fa:ɐʃtu:l]
Oje, der Fahrstuhl ist kaputt!

lift *GB*, elevator *US*
Oh no, the lift is out of order.

die **Stufe** ['ʃtu:fə]
Vorsicht, Stufe!

step
Mind the step!

der **Feuerlöscher** ['fɔyɐlœʃɐ]

fire extinguisher

der **Notausgang** ['no:tlausgaŋ]

emergency exit

der **Zaun** [tsaun]
Wir haben uns für einen Holzzaun entschieden.

fence
We have decided on a wooden fence.

die **Antenne** [an'tɛnə]
Da wir inzwischen verkabelt wurden, brauchen wir die Antenne auf dem Dach nicht mehr.

aerial
Now that we're hooked up to cable television we no longer need the aerial on the roof.

**verkabeln** [fɛɐ'ka:bln]

link up to cable television

## Wohnung und Wohnungsteile

die **Wohnung** ['vo:nʊŋ]

Die Wohnung, die ihnen zum Kauf angeboten wurde, hat drei Zimmer, eine große Küche, Bad, WC und einen Balkon.

flat *GB*, apartment *US* *(a lot of Germans live in flats in tenement-style buildings)*
The flat they were offered had three rooms, a large kitchen, a bathroom, a toilet and a balcony.

das **Zimmer** ['tsɪmɐ]
Unser Haus ist groß genug, so daß jedes unserer drei Kinder sein eigenes Zimmer hat.

room
Our house is large enough for all three children to have their own rooms.

das **Fenster** ['fɛnstɐ]
Sie putzt einmal im Monat die Fenster.

window
She cleans the windows once a month.

das **Wohnzimmer** ['vo:ntsɪmɐ]
Wie viele Quadratmeter hat das Wohnzimmer?

living room
How big is your living room? *(Germans tend to discuss the size of houses and flats in terms of square metres)*

das **Schlafzimmer** ['ʃla:ftsɪmɐ]
Susannes Schlafzimmer ist sehr klein und ziemlich dunkel.

bedroom
Susanne's bedroom is very small and fairly dark.

91

## Wohnung und Wohnungsteile

**heizen** ['haɪtsn̩]
Ich heize im Schlafzimmer nur, wenn es draußen sehr kalt ist.

heat
I only put the bedroom heating on if it's very cold outside.

**die Küche** ['kʏçə]
Weil unsere Küche sehr groß ist, können wir in ihr essen.
Wir bieten eine große Auswahl moderner Küchen.

kitchen
Our kitchen is big enough for us to have our meals in it.
We offer a large range of modern kitchens.

**das Bad(ezimmer)** [baːt, 'baːdətsɪmɐ]
Haben eine Waschmaschine und ein Trockner im Badezimmer Platz?

bathroom
Is there enough room in the bathroom for a washing machine and a clothes dryer?

**die Dusche** ['dʊʃə, 'duːʃə]
Er geht gleich unter die Dusche.

shower
He's about to take a shower.

**die Badewanne** ['baːdəvanə]
Das Badezimmer ist mit zwei Waschbecken, einer Dusche, einer Badewanne und einer Toilette ausgestattet.

bath (tub)
The bathroom is equipped with two sinks, a shower, a bath and a toilet.

**die Toilette** [toaˈlɛtə]
Wo ist bitte die Toilette?

toilet
Could you tell me where the toilet is, please?

**das WC** [veːˈtseː]
Das WC befindet sich neben der Eingangstür.

toilet
The toilet is next to the front door.

**der Flur** [fluːɐ]
Hängen Sie bitte Ihre Mäntel an der Garderobe im Flur auf.

corridor, hall
Please hang up your coats on the coat-stand in the hall.

**der Balkon** [balˈkɔŋ]
Vom Balkon aus können Sie den Kölner Dom sehen.

balcony
You can see Cologne cathedral from the balcony.

**die Terrasse** [tɛˈrasə]
Wir sind gerade dabei, Steine für unsere Terrasse auszusuchen.

patio
We're looking for paving stones for our patio.

**das Appartement, das Apartment** [apartəˈmãː, aˈpartmɛnt]
Die Ausstattung des Appartements wird Ihren Ansprüchen sicherlich gerecht werden.

apartment
I'm sure that the fixtures and fittings in the apartment will be up to your expectations.

**die Ausstattung** ['aʊsʃtatʊŋ]

equipment; fixtures and fittings

**die Klingel** ['klɪŋl̩]
Ich habe die Klingel über Mittag abgestellt, damit die Kinder nicht aufwachen.

(door)bell
I have turned off the doorbell so that the children don't wake up during their midday nap.

**der Raum** [raʊm]
Den größten Raum der Wohnung benützen wir als Wohnzimmer.

room
We use the largest room in the flat as the living room.

der **Saal** [zaːl]
Sie haben einen Saal gemietet, um ihre Hochzeit zu feiern.

(large) function room, hall
They have hired a function room for their wedding celebrations.

das **Kinderzimmer** ['kɪndɐtsɪmɐ]
Kinderzimmer sind oft zu klein.

children's bedroom; nursery
Children's bedrooms are often too small.

das **Klo** [kloː]
Er muß aufs Klo.

loo *GB*, john *US*
He needs to go to the loo.

das **Waschbecken** ['vaʃbɛkn]

washbasin

der **Wasserhahn** ['vasɐhaːn]
Der Wasserhahn tropft. Kannst du ihn bitte reparieren?

tap *GB*, faucet *US*
The tap's dripping. Could you fix it, please?

der **Gang** [gaŋ]
Der Gang ist sehr hell, da die Haustür aus Glas ist.

hallway
The hallway is very light because the front door is made of glass.

die **Heizung** ['haitsʊŋ]
Die Heizung ist in der Regel von Anfang Oktober bis Ende April angestellt.

heating
The heating is normally on from early October to late April.

der **Komfort** [kɔmˈfoːɐ]
Die Wohnung ist mit allem Komfort ausgestattet.

(luxurious) comfort
The flat is equipped with all mod cons.

**ausstatten** ['ausʃtatn]

equip, furnish

der **Rolladen** ['rɔladn]


Alle Fenster haben Rolläden.

roll-down shutters *(nearly all windows are equipped with roll-down shutters)*
All the windows have roll-down shutters.

das **Zuhause** [tsuˈhauzə]
Ihr habt ein gemütliches Zuhause.

home
Your place is really cosy.

## Kauf, Miete und Bewohner

**suchen** ['zuːxn]
Studentin sucht Zimmer mit Dusche!

look for
Female student seeks room with shower.

die **Zweizimmerwohnung** [tsvaiˈtsɪmɐvoːnʊŋ]
Der Besitzer des Hauses hat eine Zwei- und eine Dreizimmerwohnung zu vermieten.

two-room flat

The owner of the building has one two-room flat and one three-room flat to rent.

**möbliert** [møˈbliːɐt]
Am liebsten würde ich ein möbliertes Zimmer mieten.

furnished
I would prefer to rent a furnished room.

**vermieten** [fɛɐˈmiːtn]
Die Wohnung ist bereits vermietet.

rent (out)
The flat has already been taken.

**mieten** ['miːtn]
Beabsichtigen Sie ein Haus zu mieten oder zu kaufen?

rent
Do you intend renting a house or buying?

**die Miete** ['miːtə]
Wie hoch ist die Miete für dieses Appartement?

**die Nebenkosten** ['neːbnkɔstn]
Die Miete beträgt 900,00 DM einschließlich Nebenkosten.

**einschließlich** ['ainʃliːslɪç]

**die Kaution** [kau'tsioːn]
Die Kaution für die Wohnung beträgt zwei Monatsmieten.

**der Mieter, die Mieterin** ['miːtɐ]
Unsere Mieter sind mit der Wohnung sehr zufrieden.

**der Mietvertrag** ['miːtfɛɐtraːk]
In meinem Mietvertrag steht, daß ich die ganze Wohnung von einem Fachmann renovieren lassen muß, wenn ich ausziehe.

**verkaufen** [fɛɐ'kaufn]
Makler sucht Eigentümer, die ihre Grundstücke und Häuser verkaufen.

**der Käufer, die Käuferin** ['kɔyfɐ]
Bisher wurde noch kein Käufer für das Haus gefunden.

**finden** ⟨fand, gefunden⟩ ['fɪndn]
Hoffentlich finde ich eine kleine Wohnung oder ein Zimmer!

**umziehen** ⟨zog um, umgezogen⟩ ['ʊmtsiːən]
Er ist letzte Woche umgezogen.

**ziehen** ⟨zog, gezogen⟩ ['tsiːən]
Wohin ziehen Sie? — Ich ziehe nach Frankfurt.

**einziehen** ⟨zog ein, eingezogen⟩ ['aintsiːən]
Die neuen Mieter ziehen nächstes Wochenende ein.

**ausziehen** ⟨zog aus, ausgezogen⟩ ['austsiːən]
Unsere Untermieter sind vor vier Wochen ausgezogen.

**der Nachbar, die Nachbarin** ['naxbaːɐ]
Unsere Nachbarn sind sehr nett.

**wohnen** ['voːnən]
Entschuldigung, wo wohnt Frau Müller? — Frau Müller wohnt eine Tür weiter.

rent
How much is the rent for this apartment?

additional costs apart from rent
The rent is 900 marks per month, including costs for water and heating, etc.

including

deposit
The deposit for the flat is equivalent to two months' rent.

tenant
Our tenants are very happy with the flat.

rental agreement
My rental agreement stipulates that I must have the entire flat redecorated by a professional decorator when I move out.

sell
Estate agent seeks property owners wishing to sell plots of land or houses.

buyer
They've not found a buyer for their house yet.

find
I hope I can find a small flat or a room.

move (house/flat)

He moved flat last week.

move
Where are you moving to? — I am moving to Frankfurt.

move in

The new tenants are moving in next weekend.

move out

Our lodgers moved out four weeks ago.

neighbour *GB*, neighbor *US*

Our neighbours are very nice.

live, stay
Excuse me, where does Mrs Müller live? — Mrs Müller lives next door.

## Kauf, Miete und Bewohner — Wohnen 6

**der Makler, die Maklerin** ['maːklɐ]
Dafür, daß der Makler uns eine Wohnung vermittelt hat, müssen wir 1 ½ Monatsmieten an ihn bezahlen.

estate agent *GB*, real estate agent *US*
We have to pay the equivalent of 1 ½ month's rent to the agent who found us the flat.

**vermitteln** [fɛɐ'mɪtln]

act as agent for

**die Zimmervermittlung** ['tsɪmɐfɛɐmɪtlʊŋ]
In der Zimmervermittlung der Universität gibt es im Moment keine neuen Zimmerangebote.

accommodation agency
The accommodation agency at the university currently has no rooms on offer.

**die Wohngemeinschaft** ['voːngəmainʃaft]
Er sucht ein Zimmer in einer Wohngemeinschaft.

group of people sharing accommodation
He's looking for a room in a shared flat.

**kalt** [kalt]
Wieviel kostet die Wohnung kalt?

not including heating charges
How much is the rent for the flat, not including heating costs?

**der Vermieter, die Vermieterin** [fɛɐ'miːtɐ]
Der Vermieter wohnt leider im gleichen Haus.

landlord, landlady
Unfortunately, our landlord lives in the same building as us.

**der Untermieter, die Untermieterin** ['ʊntɐmiːtɐ]
Untermieter haben weniger Rechte als Mieter.

subtenant, lodger
Lodgers have fewer legal rights than normal tenants.

**die Sozialwohnung** [zo'tsiaːlvoːnʊŋ]
Wer ein geringes Einkommen bezieht, hat Anspruch auf eine Sozialwohnung.

council flat
People on low incomes are entitled to a council flat.

**obdachlos** ['ɔpdaxloːs]
Er ist obdachlos geworden.

homeless
He became homeless.

**die Eigentumswohnung** ['aigntuːmsvoːnʊŋ]
Viele überlegen, ob sie eine Eigentumswohnung kaufen sollen, da die Mieten so hoch sind.

privately owned flat *GB*, condominion *US*
Because rents are so high many people are now considering buying a flat.

**der Kauf** [kauf]
Die Wohnung wurde mir zum Kauf angeboten.

purchase
I was offered the opportunity to buy the flat.

**die Immobilie** [imo'biːliə]
Viele Leute legen ihr Geld in Immobilien an.

property; real estate
A lot of people invest their money in property.

**der Verkauf** [fɛɐ'kauf]
Das Haus steht zum Verkauf.

sale
The house is for sale.

**der Notar, die Notarin** [no'taːɐ]
Sie müssen einen Termin beim Notar für den Kaufvertrag vereinbaren.

public notary
You need to see a public notary for the signing of the purchase agreement.

## 6 Wohnen

der **Kaufvertrag** ['kauffɛɐtraːk]

die **Zahlung** ['tsaːlʊŋ]
Zeitpunkt und Art der Zahlungen werden im Kaufvertrag festgehalten.

**verpachten** [fɛɐ'paxtn̩]
Die Gaststätte hat der Eigentümer verpachtet.

der **Bewohner**, die **Bewohnerin** [bə'voːnɐ]
Die meisten Bewohner dieses Hauses sind berufstätig.

purchase agreement

payment
The dates and method of payment are stipulated in the purchase agreement.

lease out
The owner leased out the restaurant.

resident

Most of the people living in this house go out to work.

## Wohnungseinrichtung

**einrichten** ['ainrɪçtn̩]
Ich muß Ihnen ein großes Kompliment machen! Sie haben Ihre Wohnung mit viel Geschmack eingerichtet.

**gemütlich** [gəmyːtlɪç]
Euer Wohnzimmer ist sehr gemütlich.

die **Möbel** ['møːbl]
Ich bin kein Freund von großen, schweren Möbeln.

der **Schrank** [ʃraŋk]
Er sucht einen schwarzen drei Meter langen Schrank für sein Schlafzimmer.

das **Regal** [reˈgaːl]
Alle unsere Bücher stehen in Regalen im Wohnzimmer.

der **Sessel** [ˈzɛsl]
Die Sessel sind sehr bequem.

**bequem** [bəˈkveːm]

das **Sofa** [ˈzoːfa]
Am liebsten sitze ich abends auf dem Sofa und lese ein gutes Buch.

der **Stuhl** [ʃtuːl]
Die alten Stühle passen nicht zu dem modernen Tisch.

der **Tisch** [tɪʃ]
Sie essen an dem großen Tisch aus Glas, der im Wohnzimmer steht.

die **Lampe** ['lampə]
Die moderne Lampe, die im Flur hängt, gibt viel Licht.

furnish and decorate
I really must offer you my congratulations. You've furnished your flat very tastefully.

cosy
Your living room is very cosy.

furniture
I am not keen on large, heavy furniture.

cupboard, wardrobe
He's looking for a three-metre-wide black wardrobe for his bedroom.

shelves, shelving unit
We keep all our books on book-shelves in the living room.

armchair
These armchairs are very comfortable.

comfortable

sofa
I like to spend my evenings sitting on the sofa reading a good book.

chair
These old chairs do not go with the modern table.

table
They eat at the large glass table in the living room.

light
The stylish lamp in the hallway gives off a lot of light.

Wohnungseinrichtung | Wohnen **6**

das **Bild** [bɪlt]
Das Bild hängt schief!

**hängen** ⟨hing, gehangen⟩ ['hɛŋən]

der **Vorhang** ['foːɐhaŋ]
Mach bitte die Vorhänge auf, damit mehr Licht ins Zimmer kommt.

der **Teppich** ['tɛpɪç]
Im Wohnzimmer lagen kostbare Teppiche auf dem Boden.

der **Spiegel** ['ʃpiːgl]
Du kannst dich im Spiegel im Flur anschauen.

das **Bett** [bɛt]
Er hat sich vor zwei Monaten ein neues Bett gekauft.
Wie oft pro Monat beziehst du die Betten?

der **Herd** [heːɐt]
Wir haben einen elektrischen Herd.

der **(Back)ofen** ['(bak)oːfn]
Der Backofen läßt sich schwer reinigen.
Vorsicht, die Brötchen sind noch ganz heiß! Sie sind gerade frisch aus dem Ofen gekommen.

der **Kühlschrank** ['kyːlʃraŋk]
Sie möchte sich einen Kühlschrank kaufen, der möglichst wenig Strom verbraucht.

**verbrauchen** [fɛɐ'brauxn]

der **Geschirrspüler**, die **Spülmaschine** [gə'ʃɪrʃpyːlɐ, 'ʃpyːlmaʃiːnə]
Du kannst den schmutzigen Teller nicht mehr in den Geschirrspüler stellen, er läuft bereits seit fünf Minuten.

**schmutzig** ['ʃmʊtsɪç]

die **Einrichtung** ['ainrɪçtʊŋ]
Sie haben eine moderne Einrichtung.

die **Kommode** [ko'moːdə]
Meine kleine Kommode hat vier Schubladen.

die **Schublade** ['ʃuːplaːdə]
Die Unterhosen sind in der untersten Schublade.

die **Couch** [kautʃ]
Ich suche eine Couch aus braunem Leder.

picture
The picture is hanging crooked.

hang

curtain
Could you please open the curtains to let more light into the room.

carpet
Valuable carpets lay on the living room floor.

mirror
You can take a look at yourself in the mirror in the hallway.

bed
He bought himself a new bed two months ago.
How often do you change the bedclothes per month?

cooker *GB*, stove *US*
We have an electric cooker.

oven
The oven is difficult to clean.
Careful, the rolls are still very hot. They've just come out of the oven.

refrigerator
She would like to buy a fridge with low energy consumption.

consume

dishwasher

It's too late to put the dirty plates into the dishwasher, it's already been on for five minutes.

dirty

furnishings
They have very modern furnishings.

chest of drawers
My little chest of drawers has four drawers.

drawer
Underpants are in the bottom drawer.

couch
I'm looking for a brown leather couch.

die **Garderobe** [gardəˈroːbə]
Diese Garderobe kann innerhalb von drei Monaten geliefert werden.

hat-stand, coat-stand
We can deliver this coat-stand within three months.

die **(Blumen)vase** [ˈ(bluːmən)vaːzə]
Bitte stell die Blumenvase auf den Tisch.

vase
Please put the vase on the table.

die **Gardine** [garˈdiːnə]
Hängen Sie bitte heute die Gardinen ab, und waschen Sie sie!

(net) curtain
Please take down the net curtains and wash them.

der **Teppichboden** [ˈtɛpɪçboːdn]
Ein Quadratmeter von diesem Teppichboden aus reiner Wolle kostet 60,00 DM.

carpeting
This pure wool carpet costs 60 marks per square metre.

das **Parkett** [parˈkɛt]
Wir lassen Parkett legen.

parquet flooring
We are going to have parquet flooring laid.

die **Glühbirne** [ˈglyːbɪrnə]
Die Glühbirne ist durchgebrannt.

light bulb
The bulb has gone.

die **Matratze** [maˈtratsə]
Von dieser weichen Matratze bekomme ich Rückenschmerzen.

mattress
This soft mattress gives me backache.

die **(Bett)decke** [ˈ(bɛt)dɛkə]
Deck dich mit der Bettdecke gut zu!

blanket; duvet
Make sure you're really covered up by the duvet.

**zudecken** [ˈtsuːdɛkn]

cover up

das **Kissen** [ˈkɪsn]

pillow

die **Bettwäsche** [ˈbɛtvɛʃə]
Wie oft wechselst du die Bettwäsche?

bedclothes
How often do you change the bedclothes?

die **Liege** [ˈliːgə]
Ich lege mich auf die Liege in den Garten.

lounger
I'm going to lie down on the sun lounger in the garden.

die **Tiefkühltruhe** [ˈtiːfkyːltruːə]
Unsere Tiefkühltruhe faßt 262 Liter.

freezer
Our freezer has a capacity of 262 litres.

## Haushalt und Hausarbeiten

der **Hausmann**, die **Hausfrau**
[ˈhausman, ˈhausfrau]
Karl ist Hausmann.

househusband, housewife

Karl is a househusband.

der **Haushalt** [ˈhaushalt]
Ich brauche jemanden, der mir im Haushalt hilft.

household
I need somebody to help me with the housework.

**aufräumen** [ˈaufrɔymən]
Räum bitte dein Spielzeug auf!

clear up
Please tidy away your toys.

## Haushalt und Hausarbeiten — Wohnen 6

**die Ordnung** ['ɔrdnʊŋ]
Ich muß noch schnell die Wohnung in Ordnung bringen, bevor wir einkaufen gehen können.

order, tidiness
I just need to tidy up the flat quickly before we go out shopping.

**putzen** ['pʊtsn]
Die Treppe muß unbedingt geputzt werden.

clean
The stairs really need to be cleaned.

**der Besen** ['be:zn]
Sie hat den Boden mit dem Besen gefegt.

broom
She swept the floor with a broom.

**fegen** ['fe:gn]

brush, sweep

**wischen** ['vɪʃn]

wipe

**der Staub** [ʃtaup]
Wischen Sie bitte den Staub von den Schränken und Kommoden!

dust
Please dust the cupboards and the chests of drawers.

**das Tuch** [tu:x]
Tücher finden Sie in der obersten Schublade des Küchenschranks.

cloth; duster
You'll find dusters in the top drawer of the kitchen cupboard.

**der Staubsauger** ['ʃtaupzauge]
Ihr neuer Staubsauger saugt sehr gut.

vacuum cleaner
Your new vacuum cleaner is very powerful.

**abwaschen** ⟨wäscht ab, wusch ab, abgewaschen⟩ ['apvaʃn]
Kann ich Ihnen beim Abwaschen helfen?

wash up
Can I help you with the washing up?

**sauber** ['zaube]
Die Gläser sind im Geschirrspüler nicht ganz sauber geworden.

clean
The dishwasher hasn't got the glasses really clean.

**abtrocknen** ['aptrɔknən]
Spülst du lieber oder trocknest du lieber ab?

dry up
Would you prefer to wash or dry?

**ansein** ⟨ist an, war an, angewesen⟩ ['anzain]
Der Herd ist gerade noch angewesen.

be on
The cooker hasn't been off very long.

**aussein** ⟨ist aus, war aus, ausgewesen⟩ ['auszain]
Bevor sie aus dem Haus geht, kontrolliert sie, ob alle elektrischen Geräte aus sind.

be off
Before she leaves the house she checks whether all the electrical appliances have been switched off.

**wegwerfen** ⟨wirft weg, warf weg, weggeworfen⟩ ['vɛkvɛrfn]
Das Fleisch muß weggeworfen werden, weil es nicht mehr gut ist.

throw away
The meat has gone off and needs to be thrown away.

**der Abfall** ['apfal]
Wirf den Abfall bitte in den Abfalleimer.

waste, refuse
Please throw the rubbish in the bin.

**der Müll** [mʏl]
Wir müssen versuchen, den Müll zu reduzieren.

rubbish, refuse
We must try to reduce the amount of rubbish.

### Wohnen — Haushalt und Hausarbeiten

**die Hausarbeit** ['haus|arbait]
Alles, was mit Hausarbeit zu tun hat, macht mir keinen Spaß!

housework
I don't like any kind of housework.

**die Unordnung** ['ʊn|ɔrdnʊŋ]
Die ganze Wohnung befindet sich in Unordnung.

disorder, mess
The whole flat is untidy.

**saubermachen** ['zaubəmaxn]
Die Putzfrau macht gerade gründlich die Wohnung sauber.

clean
The cleaning lady is just giving the flat a thorough clean.

**gründlich** ['grʏntlɪç]

thorough

**der Putzmann, die Putzfrau** ['pʊtsman, 'pʊtsfrau]

(male) domestic cleaner, cleaning lady

**dreckig** ['drɛkɪç]
Der Küchenboden ist ganz dreckig, ich werde ihn feucht wischen.

dirty
The kitchen floor is filthy, I'm going to wipe it.

**der Schmutz** [ʃmʊts]
Seitdem sich die Baustelle vor unserem Haus befindet, kommt man gegen den Schmutz nicht mehr an.

dirt
Ever since there has been building work going on outside our house we are fighting a losing battle against the dirt.

**das Putzmittel** ['pʊtsmɪtl]
Um die Umwelt nicht noch mehr zu belasten, sollten Putzmittel und Waschpulver sparsam verwendet werden.

cleaning agent, cleaner
To avoid polluting the environment even more than it already is we need to be more economical with cleaning fluids and washing powder.

**der Eimer** ['aimɐ]

bucket

**der Lappen** ['lapn]

(cleaning) cloth

**kehren** ['ke:rən]
Bevor ich die Treppe wische, kehre ich sie.

brush, sweep
I always sweep the steps before wiping them.

**(staub)saugen** ['(ʃtaup)zaugn]
Bitte saugen Sie die Böden im ganzen Haus täglich.

vacuum-clean
Please vacuum the floor of the whole house every day.

**staubig** ['ʃtaubɪç]
Auf dem Dachboden ist es sehr staubig.

dusty
The loft is very dusty.

**spülen** ['ʃpy:lən]
In unser Wohngemeinschaft muß jeder einmal in der Woche spülen.

do the washing up
In our shared flat, everybody has to do the washing up once a week.

**der Abfalleimer** ['apfal|aimɐ]
Der Abfalleimer steht im Bad neben der Toilette.

bin
The bin is in the bathroom, next to the toilet.

**die Biotonne** ['bi:otɔnə]

*a large bin for biodegradable waste*

**der Komposthaufen** [kɔm'pɔsthaufn]
Immer mehr Leute richten einen Komposthaufen ein, um ihre Abfallmenge zu verringern.

compost heap
More and more people are making compost heaps in order to reduce the amount of rubbish they throw in the bin.

| | |
|---|---|
| die **Mülltonne** ['mʏltɔnə] | dustbin *(the bin you put out to be collected)* |
| Glas gehört nicht in die Mülltonne, sondern in den Glascontainer. | Glass shouldn't be thrown away, it should be taken to the bottle bank. |
| das **Altpapier** ['altpapiːɐ] | waste paper |
| Wir sammeln das Altpapier getrennt vom übrigen Müll. | We always collect paper separately from other waste. |
| das **Altglas** ['altglaːs] | used glass |
| Altglas gehört nicht in die Mülltonne, sondern in den Glascontainer. | You shouldn't just throw used glass away, you should take it to the bottle bank. |
| der **Glascontainer** ['glaːskɔntɛːnɐ] | bottle bank |
| Auf den Parkplätzen der meisten Supermärkte befinden sich Glascontainer. | Most supermarkets have bottle banks in the car park. |
| der **Grüne Punkt** [gryːnə 'pʊŋkt] | *symbol for recyclable packaging* |
| Verpackungen mit dem „Grünen Punkt" kommen in den „Gelben Sack". | Packaging marked with the "Grüner Punkt" symbol should be put in the yellow bin bag. |
| der **Gelbe Sack** [gɛlbə 'zak] | **yellow bin bag** *(special plastic bag used for collecting recyclable packaging)* |
| Die „Gelben Säcke", die jeder Haushalt kostenlos erhält, werden einmal im Monat abgeholt. | The yellow bin bags, which are provided to all households free of charge, are collected once a month. |

# 7 Eigenschaften des Menschen

## Neutrale und positive Eigenschaften

die **Eigenschaft** ['aignʃaft]
Jeder Mensch hat gute und schlechte Eigenschaften.

characteristic
Everyone has their good and bad sides.

**was für** [vas fyːɐ]
Was für ein Mensch ist Ihr Chef?

what kind of
What kind of a person is your boss?

der **Charakter** [kaˈraktɐ]
Er hat einen guten Charakter.

character
He's a decent person.

**freundlich** [ˈfrɔyntlıç]
Würden Sie so freundlich sein, mir den Antrag zu schicken.

friendly
Would you be so kind as to send me the application form?

die **Art** [aːɐt]
Es ist nicht seine Art, unzuverlässig zu sein.

nature; way
It is not like him to be unreliable.

**sympathisch** [zymˈpaːtıʃ]
Ich finde die neue Freundin meines Bruders sehr sympathisch.

likeable
I really like my brother's new girlfriend.

**nett** [nɛt]
Meine Nachbarin war so nett, mir etwas zu essen zu besorgen, als ich krank war.

nice
While I was ill, my neighbour was nice enough to get me some food.

**höflich** [ˈhøːflıç]
Wenn sie uns sah, grüßte sie uns immer höflich.

polite
She always greeted us politely whenever she met us.

**zufrieden** [tsuˈfriːdn]
Sie machte ein zufriedenes Gesicht.

satisfied
She had a satisfied expression on her face.

**offen** [ˈɔfn]
Offene Menschen sind mir lieber als verschlossene.

open, frank
I prefer people who are open to people who are reserved.

die **Geduld** [gəˈdʊlt]
Als er das Chaos in der Wohnung sah, verlor er die Geduld.

patience
When he saw what a mess the flat was in he lost his patience.

**vernünftig** [fɛɐˈnʏnftıç]
Meiner Meinung nach hat sie sehr vernünftige Ansichten über Politik.

reasonable, sensible
I think she has very sensible political views.

**gerecht** [gəˈrɛçt]
Seine Mutter war sehr streng aber gerecht.

just, fair
His mother was very strict but fair.

**tolerant** [toleˈrant]
Es ist wichtig, anderen gegenüber tolerant zu sein.

tolerant
It is important to be tolerant towards others.

| Neutrale und positive Eigenschaften | Eigenschaften des Menschen |
|---|---|

**ehrlich** ['eːəlɪç]
Er war so ehrlich, ihr zu sagen, daß er ein Verhältnis mit einer anderen Frau hatte.

honest
He was honest enough to tell her that he was having an affair with another woman.

**vorsichtig** ['foːɐzɪçtɪç]
Er ist in all seinen Äußerungen sehr vorsichtig.

cautious
He always chooses his words very carefully.

**brav** [braːf]
Ihre Kinder sind sehr brav.

well-behaved, good
Your children are very well-behaved.

**bescheiden** [bəˈʃaidn]
Sie gibt nicht viel Geld aus, weil sie äußerst bescheiden lebt.

modest
She lives a very simple life and doesn't spend much money.

**schüchtern** ['ʃʏçtɐn]
Man kann sie als schüchtern bezeichnen.

shy
One could describe her as shy.

**treu** [trɔy]
Bist du der Meinung, daß man immer treu sein muß?

faithful
Do you believe that one should always be faithful?

**fleißig** ['flaisɪç]
Ich bin weder fleißig noch sehr ordentlich.

industrious, hard-working
I'm neither hard-working nor particularly tidy.

**aktiv** [akˈtiːf]
Mein Vater ist für sein hohes Alter noch sehr aktiv.

active
My father is still very active for his age.

**ordentlich** ['ɔrdntlɪç]

tidy

**pünktlich** ['pʏŋktlɪç]
Wenn Sie die Stelle behalten wollen, sollten Sie in Zukunft pünktlich um 9 Uhr zur Arbeit kommen.

punctual
If you want to keep your job you should make sure you're at work punctually at 9 a.m. in future.

**stolz** [ʃtɔlts]
Sie ist sehr stolz auf ihr Medizinstudium.

proud
She is very proud of having studied medicine.

**ernst** [ɛrnst]
Er ist ein ernster Mensch und lacht selten.

serious
He is a serious person and rarely laughs.

**mutig** ['muːtɪç]
Ich bin nicht mutig genug, um nachts alleine im Wald spazierenzugehen.

brave
I am not brave enough to go walking alone in the forest at night.

der **Typ** [tyːp]
Sie sind vom Typ her sehr ähnlich.

type; character
They are very similar types.

**charakteristisch** [karakteˈrɪstɪʃ]
So ein egoistisches Verhalten ist charakteristisch für ihn.

characteristic
Such selfish behaviour is typical of him.

**lieb** [liːp]
Veronika ist ein lieber Mensch.

kind
Veronika is a kind person.

## 7 Eigenschaften des Menschen — Neutrale und positive Eigenschaften

**die Seele** ['zeːlə]
Seine Oma war eine Seele von Mensch.

soul
His grandma was a wonderful soul.

**selbstbewußt** ['zɛlpstbəvʊst]
Sie ist selbstbewußt genug, um sich gegen ihre Kollegen durchzusetzen.

confident
She is confident enough to assert herself against her colleagues.

**energisch** [e'nɛrgɪʃ]
Er kann allzu energische Frauen nicht leiden.

energetic, forceful
He can't stand forceful women.

**die Autorität** [autori'tɛːt]
Er hat Autorität seinen Schülern gegenüber.

authority
His commands respect from his pupils.

**emanzipiert** [emantsi'piːɐt]
Sie ist eine emanzipierte junge Frau.

emancipated
She is an emancipated young woman.

**temperamentvoll** [tɛmpəra'mɛntfɔl]
Ich habe gern mit temperamentvollen Leuten zu tun.

vivacious, spirited
I like to be around people who are full of life.

**ruhig** ['ruːɪç]
Sie ist mit einem sehr ruhigen Mann verheiratet.

calm
Her husband is a quiet sort of person.

**großzügig** ['groːstsyːgɪç]

generous

**der Humor** [hu'moːɐ]
Sei nicht so wütend! Nimm die Sache lieber mit Humor!

humour
Don't get so annoyed. Try and see the humorous side of it.

**der Mut** [muːt]
Es gehört viel Mut dazu, alles aufzugeben und von vorne zu beginnen.

courage
It takes a lot of courage to give up everything and to start again from scratch.

**tapfer** ['tapfɐ]
Du mußt jetzt tapfer sein.

brave
You're going to have to be brave now.

**korrekt** [kɔ'rɛkt]
Sein ganzes Leben lang handelte er korrekt.

correct
Throughout his life he tried to do the decent thing.

**zuverlässig** ['tsuːfɛɐlɛsɪç]

reliable

**objektiv** [ɔpjɛk'tiːf]
Hoffentlich trifft er eine objektive Entscheidung!

objective
I hope that he will take an objective decision.

**realistisch** [rea'lɪstɪʃ]
Wir sollten unsere Chancen realistisch beurteilen.

realistic
We should weigh up our chances realistically.

**menschlich** ['mɛnʃlɪç]
Menschliche Werte werden in der Industriegesellschaft immer unwichtiger.

human(e)
In our industrial society, human values are becoming ever less important.

**die Mentalität** [mɛntali'tɛːt]
Die Mentalität der Norddeutschen unterscheidet sich von der der Süddeutschen.

mentality
The German mentality differs from north to south.

# Negative Eigenschaften

**unzufrieden** ['ʊntsufriːdn]
Er ist ständig unzufrieden.

dissatisfied
He's never happy.

**unfreundlich** ['ʊnfrɔyntlɪç]

unfriendly

**unsympathisch** ['ʊnzympatɪʃ]
Jeder hält ihn für unsympathisch.

disagreable
Everybody finds him disagreable.

**blöd** [bløːt]
Was war ich blöd, ihm zu glauben!

stupid
I was stupid to have believed him.

**der Idiot, die Idiotin** [iˈdioːt]
Ich bin ein Idiot, daß ich nicht gemerkt habe, daß mich meine Frau betrogen hat.

idiot
I was an idiot not to have noticed that my wife was being unfaithful to me.

**frech** [frɛç]
Sei nicht so frech zu Erwachsenen!

cheeky
Don't be so cheeky to your elders.

**gemein** [gəˈmain]
Sie ist gemein.

mean, nasty
She's nasty.

**egoistisch** [egoˈɪstɪʃ]
Ich habe noch nie einen so egoistischen Menschen kennengelernt wie ihn.

egotistical, selfish
I have never met anyone as selfish as he is.

**grausam** [ˈgrauzaːm]
Die Soldaten behandelten die Flüchtlinge grausam.

cruel
The soldiers were cruel to the refugees.

**streng** [ʃtrɛŋ]

strict

**faul** [faul]
Er findet, daß sie ziemlich faul ist.

lazy
He thinks she's pretty lazy.

**arrogant** [aroˈgant]
Er wirkt arrogant, ist es aber in Wirklichkeit nicht.

arrogant
He may seem arrogant but he's not really.

**neugierig** [ˈnɔygiːrɪç]
Wir sind neugierig auf deinen neuen Freund.

inquisitive, curious
We're looking forward to meeting your new boyfriend.

**verrückt** [fɛɐˈrʏkt]
Seit ihn seine Freundin verlassen hat, ist er völlig verrückt geworden.

crazy
He has gone completely crazy since his girlfriend left him.

**aggressiv** [agrɛˈsiːf]
Martin ist zur Zeit ziemlich aggressiv.

aggressive
Martin is pretty aggressive at the moment.

**unzuverlässig** ['ʊntsufɐɐlɛsɪç]

unreliable

**verschlossen** [fɛɐˈʃlɔsn]
Warum ist er so verschlossen und redet mit niemandem über seine Probleme?

closed, reserved
Why does he shut himself off and not talk to anybody about his problems?

**oberflächlich** [ˈoːbɐflɛçlɪç]
Ich finde sie zu oberflächlich.

superficial
She's too superficial for my liking.

## 7 Eigenschaften des Menschen — Negative Eigenschaften

**feige** ['faigə]
Er war zu feige, ihr die Wahrheit zu sagen.

cowardly
He was too cowardly to tell her the truth.

**geizig** ['gaitsıç]

mean, miserly

**eigenartig** ['aign|a:etıç]
Sie ist ein eigenartiger Mensch.

strange
She's a strange person.

**komisch** ['ko:mıʃ]
Finden Sie ihn komisch?
Alte Leute werden oft komisch.

funny
Do you think he's funny?
Old people often go a bit funny.

**passiv** ['pasi:f, pa'si:f]
Er verhält sich meistens passiv und macht selten eigene Vorschläge.

passive
He is generally passive in his behaviour and rarely makes suggestions of his own accord.

# Gefühle und Instinkte 8

## Positive und neutrale Gefühle

**freuen (sich)** ['frɔyən]
Ich habe mich sehr über deinen Brief gefreut.
Sie freuen sich auf den Urlaub.

be pleased
I was very pleased to get your letter.
They're looking forward to their holiday.

**glücklich** ['glʏklɪç]
Er ist sehr glücklich darüber, eine neue Arbeit gefunden zu haben.

happy
He's very pleased to have found a new job.

**das Glück** [glʏk]
Sie haben großes Glück gehabt, daß Sie bei dem Unfall nicht verletzt wurden.
Nichts konnte ihr Glück stören.

luck; happiness
You were very lucky not to have been hurt in the accident.
Nothing could spoil their happiness.

**fröhlich** ['frø:lɪç]
Er ist ein fröhlicher Mensch.

cheerful
He's a cheerful person.

**froh** [fro:]
Sie ist froh, daß sie die Prüfung bestanden hat.

glad
She is glad to have passed the exam.

**lachen** ['laxn]
Wir haben über diesen Witz sehr gelacht.

laugh
That joke really made us laugh.

**begeistert** [bə'gaistət]
Er ist von ihren Plänen völlig begeistert.

enthusiastic
He's very enthusiastic about her plans.

**gut/schlecht gelaunt** [gu:t/ʃlɛçt gə'launt]
Was wohl passiert ist, daß er so schlecht gelaunt ist?

in a good/bad mood
What put him in such a bad mood?

**erleben** [ɛɐ̯'le:bn]
Man sieht seinem Gesicht an, daß er schon viele Enttäuschungen erlebt hat.

experience
His face bears the traces of the many disappointments he has had.

**genießen** ⟨genoß, genossen⟩ [gə'ni:sn]
Ich genieße die Ruhe.

enjoy
I'm enjoying the peace and quiet.

**verliebt** [fɛɐ̯'li:pt]
Sie ist bis über beide Ohren in ihn verliebt.

in love
She's head over heels in love with him.

**verlieben (sich)** [fɛɐ̯'li:bn]
Er hat sich im Urlaub in eine Kellnerin verliebt.

fall in love
While on holiday he fell in love with a waitress.

**lieben** ['li:bn]
Er liebt seine Kinder über alles.

love
He loves his children more than anything in the world.

# 8 Gefühle und Instinkte — Positive und neutrale Gefühle

**liebhaben** ⟨hat lieb, hatte lieb, liebgehabt⟩ ['liːphaːbn]

Ich habe dich lieb!

love *("liebhaben" is generally used to stress the affection, "lieben" the depth of feeling)*
I love you.

**gern haben** ['gɛrn haːbn]
Da sie ihn sehr gern hat, ist sie bereit, viel für ihn zu tun.
Anna hat es gern, wenn ihre Gäste pünktlich kommen.

like
Because she really likes him she is prepared to do a lot for him.
Anna likes her guests to arrive on time.

**leiden können** ['laidn kœnən]
Sie kann ihn gut/überhaupt nicht leiden.

stand
She likes him/she can't stand him.

**küssen** ['kʏsn]
Als er sie am Flughafen abholte, nahm er sie in den Arm und küßte sie zärtlich.
Sie küssen sich.

kiss
When he collected her from the airport he hugged and kissed her affectionately.
They're kissing.

**der Kuß** [kʊs]
Er gab ihr einen Kuß auf die Wange.

kiss
He gave her a peck on the cheek.

**das Vertrauen** [fɛɐ'trauən]
Haben Sie zu Ihrem Arzt Vertrauen?

trust
Do you have confidence in your doctor?

**die Hoffnung** ['hɔfnʊŋ]
Obwohl er schwer krank war, gab er die Hoffnung nicht auf.

hope
Although he was very ill he did not give up hope.

**mögen** ⟨mag, mochte, gemocht⟩ ['møːgn]
Ich mag die Freundin meines Bruders nicht.

like

I don't like my brother's girlfriend.

**die Lust** [lʊst]
Habt ihr Lust, heute abend ins Kino zu gehen?

desire
Do you fancy going to the cinema this evening?

**ausmachen** ['ausmaxn]
Es macht mir nichts aus, wenn ihr ohne mich ins Theater geht.
Es macht mir etwas aus, daß du ohne mich wegfahren willst.

bother, mind
I don't mind if you go to the theatre without me.
It bothers me that you want to go away without me.

**beruhigen** [bə'ruːɪgn]
Haben Sie sich wieder beruhigt?
Ich kann Sie beruhigen. Der Tumor war nicht bösartig.

calm down
Have you calmed down now?
I can put your mind at rest. The tumor was not malignant.

**die Freude** ['frɔydə]
Es ist mir eine Freude, Sie in unserem Haus begrüßen zu dürfen!

joy
It is a pleasure to welcome you to our house.

**lächeln** ['lɛçln]

smile

**die Laune** ['launə]
Sie ist heute guter/schlechter Laune.
Warum hast du denn so eine schlechte Laune?

mood
She is in a good/bad mood today.
Why are you in such a bad mood?

## Positive und neutrale Gefühle — Gefühle und Instinkte 8

**das Erlebnis** [εɐ'le:pnɪs]
Meine Reise nach Indien war ein tiefes Erlebnis für mich.

experience
My trip to India was a profound experience.

**die Spannung** ['ʃpanʊŋ]
Wir erwarten mit Spannung den Ausgang der Wahlen.

tension; suspense
We are waiting for the results of the election with baited breath.

**gespannt sein** [gə'ʃpant zain]
Wir sind auf sein neues Buch gespannt.

anticipate keenly
We are very much looking forward to his new book.

**reizen** ['raitsn]
Tennis reizt mich schon seit langem.

appeal to
The idea of playing tennis has appealed to me for quite a while.

**sehnen (sich)** ['ze:nən]
Ich sehne mich nach einem ruhigen Wochenende.
Ich sehne mich so nach dir!

yearn for
I am yearning for a weekend of peace and quiet.
I miss you dreadfully.

**trauen** ['trauən]
Meinen Sie, daß man ihm trauen kann?
In der Nacht traut sie sich nicht, alleine aus dem Haus zu gehen.

trust; dare
Do you think I can trust him?
She doesn't dare go out of the house alone at night.

**die Liebe** ['li:bə]
Sie heirateten aus Liebe.

love
It was a love marriage.

**streicheln** ['ʃtraiçln]
Er streichelte ihr zärtlich über das Gesicht.

stroke
He gently stroked her face.

**zärtlich** ['tsεɐtlɪç]

tender

**stimmen** ['ʃtɪmən]
Sein Kuß stimmte sie glücklich.

put in a particular mood
His kiss made her feel happy.

**empfinden** ⟨empfand, empfunden⟩ [εm'pfɪndn]
Nachdem er bemerkt hatte, daß sie nichts als Lügen erzählt hatte, empfand er für sie nichts mehr.

feel

Once he noticed that she had told him a pack of lies he no longer felt anything for her.

**bewundern** [bə'vʊndɐn]
Er bewunderte seine Schwester wegen ihrer Leistungen in der Schule.

admire
He admired his sister for her good school results.

**das Gefühl** [gə'fy:l]
Ich habe das Gefühl, daß heute noch etwas Schönes passieren wird.

feeling
I have the feeling that something good is going to happen today.

**übertragen** ⟨überträgt, übertrug, übertragen⟩ [y:bɐ'tra:gn]
Er übertrug seine Freude über seinen beruflichen Erfolg auf seine Mitarbeiter.

transfer

His pleasure at achieving professional success rubbed off on his employees.

**der Instinkt** [ɪn'stɪŋkt]
In schwierigen Situationen hat sie sich immer auf ihren Instinkt verlassen.

instinct
In difficult situations, she has always relied upon her intuition.

**verlassen (sich)** ⟨verläßt, verließ, verlassen⟩ [fɛɐˈlasn]

rely

**dankbar** [ˈdaŋkbaːɐ]
Ich bin Ihnen für Ihre Hilfe sehr dankbar.

grateful
I am very grateful for your help.

**emotional** [emotsioˈnaːl]
Die Sache betrifft ihn emotional.

emotional
It's something which affects him on an emotional level.

## Negative Gefühle

**traurig** [ˈtraurɪç]
Sie sind traurig darüber, daß sie keine Kinder bekommen können.
Das ist eine traurige Geschichte, die du erlebt hast.

sad
They are very disappointed not to be able to have any children.
That's a really sad thing to have experienced.

**unglücklich** [ˈʊnglʏklɪç]
Hast du Kummer? Du siehst so unglücklich aus.

unhappy
Do you have worries? You look very unhappy.

**weinen** [ˈvainən]
Sie weinte vor Wut.

cry
She cried with anger.

**die Träne** [ˈtrɛːnə]
Die Tränen rollten ihr übers Gesicht.

tear
Tears ran down her face.

**weh tun** ⟨tat, getan⟩ [ˈveː tuːn]
Es tat ihm weh, daß seine Freundin sich von ihm getrennt hatte.

hurt
It hurt him that his girlfriend left him.

**enttäuschen** [ɛntˈtɔyʃn]
Ich bin von seinem schlechten Verhalten tief enttäuscht.

disappoint
I'm very disappointed by his bad behaviour.

**leiden** ⟨litt, gelitten⟩ [ˈlaidn]
Er leidet sehr unter den Launen seiner Frau.

suffer
His wife's moodiness causes him a great deal of suffering.

**der Kummer** [ˈkʊmɐ]

worries

**die Sorge** [ˈzɔrgə]
Ich mache mir große Sorgen um meine berufliche Zukunft.

concern
I'm very concerned about my future career.

**die Angst** [aŋst]
Hast du Angst vor der Prüfung?

fear
Are you scared of the exam?

**fürchten (sich)** [ˈfʏrçtn]
Sie haben sich im Urwald vor den wilden Tieren gefürchtet.

fear
In the jungle they were afraid of the wild animals.

**erschrecken** ⟨erschrickt, erschrak, erschrocken⟩ [ɛɐˈʃrɛkn]
Als ich plötzlich ein Geräusch aus dem Keller hörte, bin ich sehr erschrocken.

get a shock

I got a real shock when I suddenly heard a noise from the cellar.

Negative Gefühle · Gefühle und Instinkte **8**

die **Nerven** ['nɛrfn]
Sie geht mir fürchterlich auf die Nerven.

nerves
She really gets on my nerves.

**ärgern** ['ɛrgən]
Er hat mich mit seiner dummen Bemerkung geärgert.
Ärgere dich nicht über ihn! Es lohnt sich nicht.

annoy
His stupid remark annoyed me.

Don't get annoyed about him. It's not worth it.

der **Ärger** ['ɛrgɐ]
Zur Zeit habe ich nichts als Ärger im Büro!

trouble, annoyance
I have nothing but trouble at the office these days.

**aufregen** ['aufreːgn]
Es regt mich auf, daß Sie sich nicht stärker für Ihre Arbeit einsetzen.
Er regt sich über die Politiker auf.

annoy; get upset
It annoys me that you don't make more effort at work.
He gets annoyed about politicians.

**aufgeregt** ['aufgəreːkt]
In der Nacht vor der Prüfung war sie schon ganz aufgeregt.

excited, nervous
She was really nervous the night before her exam.

**böse** ['bøːzə]
Bist du immer noch auf mich böse wegen dieser alten Geschichte?

angry
Are you still angry with me because of that old matter?

**wütend** ['vyːtnt]
Es macht sie wütend, wenn jemand nur redet und nichts tut.

furious
If somebody is all talk and no action it really makes her angry.

**sauer sein** ['zauɐ zain]
Ich bin sauer auf dich.

be annoyed
I'm annoyed with you.

**reichen** ['raiçn]
Mir reicht es jetzt! Ich gehe!

be enough
I've had enough. I'm going.

**aushalten** ⟨hält aus, hielt aus, ausgehalten⟩ ['aushaltn]
Sein Benehmen ist nicht mehr auszuhalten.

stand, tolerate

His behaviour has become intolerable.

**entsetzt** [ɛnt'zɛtst]
Ich bin entsetzt über die Entwicklung der Preise!

horrified
I am horrified by the rate of inflation.

**hassen** ['hasn]
Sie haßt es, wenn Leute zu spät kommen.

hate
She hates it when people come late.

**eifersüchtig** ['aifɐzyçtɪç]
Sind Sie eifersüchtig auf die Frau Ihres Sohnes?

jealous
Are you jealous of your son's wife?

das **Mißtrauen** ['mɪstrauən]
Er ist voller Mißtrauen gegen junge Leute.

distrust
He's very distrustful of young people.

**beneiden** [bə'naidn]
Ich beneide ihn um seine Stelle.

envy
I envy him his job.

111

## 8 Gefühle und Instinkte — Negative Gefühle

**beleidigen** [bə'laidɪgn]
Seien Sie vorsichtig, und beleidigen Sie mich nicht!

insult
Be careful not to insult me.

**befürchten** [bə'fyrçtn]
Ich befürchte, daß die Lage auf dem Wohnungsmarkt nicht besser wird.

fear
I fear that the situation on the housing market is not going to get any better.

**nervös** [nɛr'vøːs]

nervous, agitated

**der Streß** [ʃtrɛs]
Er ist im Streß.

stress
He's got a lot on his plate at the moment.

**depressiv** [deprɛ'siːf]

depressed

**langweilig** ['laŋvailɪç]
Ich fand den Roman ziemlich langweilig.
Ihm ist langweilig.

boring
I found the novel pretty boring.
He's bored.

**heulen** ['hɔylən]

cry, weep

**die Enttäuschung** [ɛnt'tɔyʃʊŋ]
Man sah ihm seine Enttäuschung über den schlechten Spielausgang sofort an.

disappointment
You immediately saw that he was disappointed by the result of the game.

**die Verzweiflung** [fɛɐ'tsvaiflʊŋ]
Aus lauter Verzweiflung beging er Selbstmord.

desperation
He was so desperate he committed suicide.

**das Heimweh** ['haimveː]
Sie hatte Heimweh nach ihren Eltern.

homesickness
She was feeling homesick for her parents.

**treffen** ⟨trifft, traf, getroffen⟩ ['trɛfn]
Die Nachricht über seinen Tod traf mich sehr.

affect (negatively)
I was very moved by the news of his death.

**verletzen** [fɛɐ'lɛtsn]
Seine negativen Bemerkungen haben sie tief verletzt.

hurt
His nasty remarks have hurt her deeply.

**die Beleidigung** [bə'laidɪgʊŋ]
So eine Beleidigung lasse ich mir nicht gefallen.

insult
I am not going to put up with that kind of insult.

**schwerfallen** ⟨fällt schwer, fiel schwer, schwergefallen⟩ ['ʃveːɐfalən]
Es fällt mir schwer, Ihnen mitzuteilen, daß ich Ihnen kündigen muß.

be difficult

It's hard for me to say this, but I'm afraid I must give you your notice.

**belasten** [bə'lastn]
Ihre schlechte finanzielle Lage belastete sie so stark, daß sie krank wurde.

be a burden upon, get to
Her poor financial situation got to her so much that she became ill.

**die Belastung** [bə'lastʊŋ]
Ist die Pflege Ihrer behinderten Tochter eine große Belastung für Sie?

burden
Is caring for your disabled daughter a great burden?

**die Aufregung** ['aufreːgʊŋ]
In der Aufregung hat sie den Schlüssel in der Wohnung vergessen.

excitement
In her excitement, she forgot her key in the flat.

## Negative Gefühle — Gefühle und Instinkte 8

**schämen (sich)** ['ʃɛːmən]
Er schämt sich für das schlechte Benehmen seines Freundes.

be ashamed
He's ashamed of his friend's bad behaviour.

**der Schreck** [ʃrɛk]
Als ich meine Schecks nicht mehr finden konnte, bekam ich einen großen Schreck.

fright
I got a real fright when I couldn't find my cheques.

**die Furcht** [fʊrçt]

fear

**die Panik** ['paːnɪk]
Nur keine Panik!

panic
Calm down, there's no need to panic.

**ärgerlich** ['ɛrgəlɪç]
Es ist sehr ärgerlich, daß ich Sie nicht telefonisch erreichen konnte.

annoyed
It was very annoying not to be able to get hold of you on the phone.

**reizen** ['raitsn]
Die Schüler haben mich heute bis aufs Blut gereizt mit ihrem ständigen Reden.

annoy, aggravate
The children at school almost drove me to distraction today with their endless chatter.

**die Wut** [vuːt]
Da seine Nachbarn nachts immer laut Musik hörten, hatte er eine Wut auf sie.

fury
He was really angry with his neighbours because they always listened to loud music late at night.

**zornig** ['tsɔrnɪç]

angry

**satt** [zat]
Ich habe es satt, immer dieselben Entschuldigungen zu hören.

fed up
I'm fed up of always hearing the same excuses.

**das Mitleid** ['mɪtlait]
Ihre Verwandten halfen ihr aus Mitleid.

pity, sympathy
Her relatives helped her out of a sense of pity.

**der Haß** [has]
Er empfindet wilden Haß auf all seine Feinde.

hatred
He has an uncontrollable hatred of all his enemies.

**neidisch** ['naidɪʃ]
Seine Kollegen sind neidisch auf ihn, weil er mehr Gehalt bekommt als sie.

envious
His colleagues are envious of him because he gets a higher salary than they do.

**die Abneigung** ['apnaigʊŋ]
Sie hat eine Abneigung gegen Schauspieler.

aversion
She has an aversion to actors.

**ahnen** ['aːnən]
Er ahnte bereits im voraus, daß das Unternehmen nicht erfolgreich sein würde.

suspect
He suspected from the very outset that the undertaking would not be a success.

**wohl** [voːl]
Mir ist nicht ganz wohl bei der Sache!

happy
I don't feel very happy about the idea.

**vermissen** [fɛɐ'mɪsn]
In ihren Briefen schrieb sie, daß sie ihre Freunde schrecklich vermißte.

miss
She wrote that she missed her friends terribly.

# 9 Denken, Verstehen, Wissen

## Denken und Verstehen

**denken** ⟨dachte, gedacht⟩ ['dɛŋkn]
Er hat gerade an seine Arbeit gedacht.
Wie denken Sie über die neuesten politischen Ereignisse?

think
He was just thinking about his work.
What do you think of the latest political events?

**der Gedanke** [gə'daŋkə]
Sie hat sich bereits viele Gedanken über ihre Ausbildung gemacht.

thought
She has already given a great deal of thought to her future education.

**nachdenken** ⟨dachte nach, nachgedacht⟩ ['na:xdɛŋkn]
Hast du über mein Angebot schon nachgedacht?

think, contemplate

Have you thought about my offer?

**überlegen (sich)** [y:bɐ'le:gn]
Ich überlege mir, ob ich in den Ferien nach Griechenland fahren soll oder nicht.

consider
I'm wondering whether or not I should go to Greece for my holidays.

**erinnern** [ɛɐ'ʔınɐn]
Erinnerst du mich bitte daran, daß ich Oma zum Geburtstag gratuliere.
Wir können uns noch sehr gut an unsere Kindheit auf dem Land erinnern.

remind; remember
Please remind me to wish Granny a happy birthday.
We still have very vivid memories of our childhood in the country.

**bezweifeln** [bə'tsvaıfln]
Ich bezweifle, daß er kommen wird.

doubt
I doubt whether he will come.

**der Zweifel** ['tsvaıfl]
Je mehr er über seine Entscheidung, nach Brasilien zu gehen, nachdachte, desto mehr Zweifel kamen ihm.

doubt
The more he thought about his decision to move to Brazil the more doubtful he became.

**verstehen** ⟨verstand, verstanden⟩ [fɛɐ'ʃte:ən]
Ich kann nicht verstehen, warum ihr unbedingt ein Kind wollt.

understand

I don't understand why you two are so set upon having a baby.

**vermuten** [fɛɐ'mu:tn]
Die Polizei vermutet, daß der Einbrecher sich im Haus auskannte.

suspect
The police suspect that the burglar knew his way around the house.

**die Idee** [i'de:]
Haben Sie eine Idee, wie wir dieses Problem lösen können?

idea
Could you suggest a way of solving this problem?

**konzentrieren (sich)** [kɔntsɛn'tri:rən]
Einige Studenten konnten sich bei der Klausur überhaupt nicht konzentrieren.

concentrate
During the exam some of the students were totally unable to concentrate.

**logisch** [ˈloːgɪʃ]
Wenn man Philosophie studieren möchte, sollte man logisch denken können.

logical
You need a logical mind to study philosophy.

**glauben** [ˈglaubn]
Glauben Sie, daß das Buch ein Erfolg wird?

believe
Do you think that the book will be a success?

**interessieren (sich)** [ɪntərɛˈsiːrən]
Er interessiert sich für moderne Kunst.

be interested
He's interested in modern art.

das **Interesse** [ɪntəˈrɛsə]
Die Mitarbeiter und Mitarbeiterinnen der Firma zeigten großes Interesse an einer Fortbildung über moderne Verkaufsmethoden.

interest
The employees showed great interest in a training course on advanced sales techniques.

**beschäftigen (sich)** [bəˈʃɛftɪgn]
Womit beschäftigen Sie sich zur Zeit? — Im Moment beschäftige ich mich mit dem Dritten Reich.

occupy, work on
What are you working on at the moment? — At the moment I'm looking into the Third Reich.

**erkennen** ⟨erkannte, erkannt⟩ [ɛɐˈkɛnən]
Ich erkannte sie sofort an der Stimme.

recognize
I recognized her voice immediately.

**erraten** ⟨errät, erriet, erraten⟩ [ɛɐˈraːtn]
Du wirst nie erraten, wen ich gestern abend in der U-Bahn getroffen habe.

guess
You'll never guess who I met yesterday evening on the underground.

**erfinden** ⟨erfand, erfunden⟩ [ɛɐˈfɪndn]
Hör auf, ständig neue Ausreden zu erfinden!
Die Industrie bemüht sich, umweltfreundlichere Produkte zu erfinden.

invent
Stop inventing excuses.
Industry is attempting to create products which are less damaging to the environment.

die **Erfindung** [ɛɐˈfɪndʊŋ]

invention

**täuschen (sich)** [ˈtɔyʃn]
Ich habe gemeint, ihn gestern in der Stadt gesehen zu haben, aber vielleicht habe ich mich getäuscht.

be mistaken
I thought I spotted him in town yesterday but maybe I was mistaken.

**irren (sich)** [ˈɪrən]
Sie hat sich in ihrer Annahme über den Ausgang des Krieges gründlich geirrt.

make a mistake
Her assumption about the outcome of the war was way off the mark.

**bei etwas sein** [bai ɛtvas ˈzain]
Sind Sie bei der Sache, oder denken Sie an etwas anderes?

be present at
Are you with us or are your thoughts elsewhere?

die **Überlegung** [yːbɐˈleːgʊŋ]
Zur Zeit ist es sicherlich aufgrund der hohen Mieten eine Überlegung wert, sich eine Eigentumswohnung zu kaufen.

consideration
In view of the current high rents it is certainly worth considering buying a flat.

## 9 Denken, Verstehen, Wissen — Denken und Verstehen

**die Vorstellung** ['fo:ɐ̯ʃtɛluŋ]
Viele Ausländer machen sich völlig falsche Vorstellungen über das Leben in Deutschland.

idea, picture
Many foreigners have a completely false picture of life in Germany.

**rechnen** ['rɛçnən]
Wir rechnen im kommenden Jahr mit einem wirtschaftlichen Aufschwung in den neuen Bundesländern.

expect, reckon with
In the coming year, we expect to see an economic upturn in the new federal states.

**analysieren** [analy'zi:rən]
In der Soziologie werden gesellschaftliche Zusammenhänge analysiert.

analyze
Sociology is concerned with the analysis of the way parts of society interrelate.

**überzeugt sein** [y:bɐ̯'tsɔʏkt zain]
Ich bin davon überzeugt, daß die Exporte in diesem Jahr zurückgehen werden.

be convinced
I am convinced that export sales will fall this year.

**vermutlich** [fɛɐ̯'mu:tlɪç]
Vermutlich wurde mir meine Handtasche auf dem Markt gestohlen.

presumably
I assume my handbag was stolen at the market.

**die Annahme** ['annaːmə]
Gehe ich recht in der Annahme, daß Sie an einem Spanischkurs interessiert sind?

assumption
Am I right in assuming that you are interested in a Spanish course?

**folgen** ['fɔlgn]
Konntest du der Vorlesung gut folgen?

follow
Were you able to follow the lecture?

**schließen** ⟨schloß, geschlossen⟩ ['ʃliːsn]
Aus seinen Noten kann man schließen, daß er kein Interesse an der Schule hat.

conclude

His marks suggest that he is not interested in his school work.

**einfallen** ⟨fällt ein, fiel ein, eingefallen⟩ ['ainfalən]
Mir fällt der Autor von „Homo Faber" nicht ein! — „Homo Faber" wurde von Max Frisch geschrieben.

occur

I can't remember the name of the author of "Homo Faber". — "Homo Faber" was written by Max Frisch.

**vorstellen (sich)** ['foːɐ̯ʃtɛlən]
Ich kann mir nicht vorstellen, wie es wäre, wenn ich nicht in Deutschland sondern in China leben würde.

imagine
I cannot imagine what it would be like if I lived in China rather than Germany.

**die Phantasie** [fanta'zi:]
Als Schriftsteller braucht man viel Phantasie.

imagination
As a writer you need to be highly imaginative.

**die Erinnerung** [ɛɐ̯'ɪnərʊŋ]
Ich werde Sie immer in guter Erinnerung behalten.

memory
I'll always always think well of you.

**die Bedenken** [bə'dɛŋkn]
Wenn Sie Bedenken gegen den Bau der Autobahn haben sollten, so äußern Sie diese bitte.

reservation
Should you have any reservations with regard to the construction of the motorway then please express them.

**eventuell** [evɛn'tuɛl]
Eventuell hat er die Möglichkeit, sich beruflich zu verändern.

possibly, perhaps
There may be a new career opening for him.

**begreifen** ⟨begriff, begriffen⟩ [bə'graifn]
Ich werde nie begreifen, warum es die Menschen nicht schaffen, in Frieden zusammenzuleben.

grasp
I will never understand why people can't live in peace.

**realisieren** [reali'zi:rən]
Er realisierte, daß er sich umsonst bemühte, eine friedliche Lösung des Konflikts zu finden.

realize
He realized that his efforts to find a peaceful solution to the conflict were in vain.

**verständlich** [fɛɐ'ʃtɛntlɪç]
Ich finde es vollkommen verständlich, daß er unter diesen Umständen nicht kommen konnte.

understandable
Under the circumstances I fully understand that he couldn't come.

**der Verstand** [fɛɐ'ʃtant]
Er macht alles mit dem Verstand.

reason
His head rules his heart.

**schätzen** ['ʃɛtsn]
Ich schätze, daß wir noch diese Woche fertig sein werden.
Der Schaden wird auf 20.000 DM geschätzt.

estimate
I think we'll manage to finish the job off this week.
The damage was estimated at 20,000 marks.

**verwechseln** [fɛɐ'vɛksln]
Es tut mir leid, daß ich Sie mit Ihrer Schwester verwechselt habe.

mix up
I'm sorry that I mistook you for your sister.

**zweifeln** ['tsvaifln]
Wenn Sie an Ihren Fähigkeiten, die Probleme zu lösen, zweifeln, wäre es besser mit jemandem darüber zu sprechen.

doubt
If you doubt your ability to solve your problems on your own it would be better to talk to somebody about them.

**der Irrtum** ['ɪrtu:m]
Er ist im Irrtum, wenn er glaubt, daß ich ihm die Hemden bügeln werde.

mistake
If he thinks I'm going to iron his shirts for him he is mistaken.

# Wissen

**wissen** ⟨weiß, wußte, gewußt⟩ ['vɪsn]
Soviel ich weiß, ist er gestern zu seinen Eltern gefahren.
Wir wissen schon über die Angelegenheit Bescheid.

know
As far as I know he went to see his parents yesterday.
We already know about it.

**intelligent** [ɪntɛli'gɛnt]
Ihr Lehrer hält sie für sehr intelligent.

intelligent
Her teacher thinks she is very intelligent.

**klug** [klu:k]

clever

**dumm** [dʊm]
Kommt er in der Schule nicht mit, weil er dumm oder weil er faul ist?

stupid
Is he falling behind at school because he's stupid or because he's lazy?

## Denken, Verstehen, Wissen — Wissen

**gewiß** [gə'vɪs]
Sie haben sich gewiß über den neuesten Stand der Technik ausführlich informiert.

certainly; certain
I'm sure that you have kept up-to-date on the latest technology.

**erfahren** ⟨erfährt, erfuhr, erfahren⟩ [ɛɐ'faːrən]
Ich habe erfahren, daß die Beiträge zur Krankenversicherung nächstes Jahr erhöht werden sollen.

find out
I've heard that health insurance premiums are to be increased next year.

die **Erfahrung** [ɛɐ'faːrʊŋ]
Er weiß aus Erfahrung, daß die Züge vor Feiertagen meistens sehr voll sind, und man keinen Platz bekommt.

experience
He knows from experience that the trains are usually very full just before public holidays and that it is not possible to get a seat.

die **Ahnung** ['aːnʊŋ]
Ich habe keine Ahnung, was passiert ist.

hunch, idea
I have no idea what happened.

**merken (sich)** ['mɛrkn]
Ich kann mir dieses Wort einfach nicht merken.

take note, memorise
I just can't memorise this word.

**bewußt** [bə'vʊst]
Ihm ist bewußt, daß dies eine wichtige Entscheidung in seinem Leben ist.

aware
He is aware that this is an important decision in his life.

**erfassen** [ɛɐ'fasn]
Ich arbeite gerne mit ihm zusammen, da er sehr schnell das Wesentliche erfaßt.

grasp, understand
I like working with him because he is quick to grasp essentials.

**deutlich** ['dɔytlɪç]
Ist der Unterschied zwischen der Theorie von Max Weber und der von Karl Marx deutlich geworden?

clear
Has the difference between the theory of Max Weber and that of Karl Marx now become clear?

**bekannt** [bə'kant]
Mir ist bekannt, daß ich den Antrag auf Kindergeld auf dem Arbeitsamt stellen muß.

known
I am aware that I have to apply for child allowance at the Department of Employment. *(in Germany, child allowance is handled by the Department of Employment)*

**unbekannt** ['ʊnbəkant]

unknown

das **Geheimnis** [gə'haimnɪs]
Sie machte kein Geheimnis aus ihren Plänen, ein Jahr alleine nach Südamerika zu gehen.

secret
She made no secret of her plans to go to South America on her own for a year.

**fremd** [frɛmt]
Diese Gedanken sind mir fremd.

strange
Such thoughts are alien to me.

**vergessen** ⟨vergißt, vergaß, vergessen⟩ [fɛɐ'gɛsn]
Obwohl er den Stadtplan daheim vergessen hatte, fand er die Alte Mühle sofort.

forget
Although he had left the map at home he found the Alte Mühle straight away.

das **Gedächtnis** [gə'dɛçtnɪs]
Viele beneiden sie um ihr gutes Gedächtnis.

memory
A lot of people envy her her good memory.

das **Wissen** ['vɪsn]
Unser Professor besitzt ein großes Wissen über die Türkei.

knowledge
Our lecturer is very knowledgeable about Turkey.

**schlau** [ʃlau]

clever

der **Überblick** ['yːbɐblɪk]
In diesem Chaos hätte ich schon längst den Überblick verloren!

overview
I would have completely lost track of things in this mess ages ago.

die **Kenntnis** ['kɛntnɪs]
Sie hat gute Spanisch- und Französischkenntnisse.
Wurden Sie schon darüber in Kenntnis gesetzt, daß der Betrieb nächstes Jahr geschlossen werden soll?

knowledge
She has a good command of Spanish and French.
Have you already been notified that this company is to close down next year?

die **Erkenntnis** [ɛɐˈkɛntnɪs]
In den letzten Jahren wurden neue Erkenntnisse auf dem Gebiet der Aidsforschung gewonnen.

insight, realization
Recent research has brought new insight into Aids.

**auskennen (sich)** ⟨kannte aus, ausgekannt⟩ ['auskɛnən]
Wo kennt er sich am besten aus? — In der klassischen Musik.

know one's way around, be an expert

In what field does he have the greatest expertise? — In classical music.

die **Klarheit** ['klaːɐhait]
Es besteht noch keine Klarheit darüber, wer das Feuer legte.

clarity
It is still not clear who started the fire.

die **Wirklichkeit** ['vɪrklɪçkait]
Obwohl er so tut, als ob ihm an seiner Familie nichts läge, liebt er sie in Wirklichkeit über alles.

reality
Although he always acts as if his family meant nothing to him, he in fact loves them more than anything in the world.

der **Geist** [gaist]

intellect; spirit

**intellektuell** [ɪntɛlɛk'tuɛl]
Immer wieder verliebt sie sich in intellektuelle Typen, die nur ihre Bücher im Kopf haben.

intellectual
She is always falling in love with intellectual, totally bookish guys.

# 10 Handeln und Verhalten

## Allgemeines Handeln und Verhalten

**tun** ⟨tat, getan⟩ [tu:n]
Vor Weihnachten haben wir immer viel zu tun.

do
We are always very busy in the run-up to Christmas.

**machen** ['maxn]
Was macht ihr heute nachmittag? — Wir wollen in den Zoo gehen.
Hast du das Kleid selbst gemacht?

do; make
What are you doing this afternoon? — We want to go to the zoo.
Did you make that dress yourself?

**dabei sein, etwas zu tun** [da'bai zain]
Ich bin gerade dabei, die einzelnen Punkte für den Bericht zusammenzufassen.

just be doing something

I am just summarising the individual points for the report.

**weitermachen** ['vaitəmaxn]
Wenn Sie so weitermachen wie bisher, ruinieren Sie Ihre Gesundheit.

continue doing
If you continue living your present lifestyle you will ruin your health.

**handeln** ['handln]
Wir haben schon viel zu lange gewartet! Jetzt muß schnell gehandelt werden!

act
We have waited far too long. Quick action is now called for.

**vorhaben** ⟨hat vor, hatte vor, vorgehabt⟩ ['fo:əha:bn]
Die Stadt hat vor, eine neue Kläranlage zu bauen.

intend

The city plans to build a new water treatment plant.

**entscheiden** ⟨entschied, entschieden⟩ [ɛnt'ʃaidn]
Ich habe mich für die grüne Mütze entschieden.
Wer entscheidet über den Bau der neuen Bundesstraße?

decide

I have decided to take the green cap.

Who decides whether the new federal highway is to be built?

die **Entscheidung** [ɛnt'ʃaidʊŋ]
Hoffentlich treffen die Politiker bald eine Entscheidung über die Entwicklungspolitik!

decision
I hope the politicians will soon come to a decision on development aid policy.

**beschließen** ⟨beschloß, beschlossen⟩ [bə'ʃli:sn]
Er beschloß, Diplomat zu werden.

decide upon

He decided to go into the diplomatic service.

Wann wurden diese Maßnahmen beschlossen?

When were these measures decided upon?

**beabsichtigen** [bə'lapzıçtıgn]
Die Regierung beabsichtigt, die Steuern zu erhöhen.

intend
The government plans to increase taxes.

Allgemeines Handeln und Verhalten · Handeln und Verhalten **10**

**abschaffen** ['apʃafn]
Einige Bundesländer sprechen sich dafür aus, die 13. Klasse an Gymnasien abzuschaffen.

abolish
A number of federal states have expressed the wish to abolish the final year of study at grammar schools.

**verhindern** [fɛɐ'hɪndən]
Umweltschützer konnten den Bau des Rhein-Main-Donau-Kanals nicht verhindern.

prevent
Environmentalists were unable to prevent the construction of the canal connecting the Rhine, the Main and the Danube.

**lassen** ⟨läßt, ließ, gelassen⟩ ['lasn]
Die Regierungserklärung läßt viele Fragen offen.
Er wollte mich nicht gehen lassen.

leave; let
The government statement leaves a lot of questions unanswered.
He didn't want to let me go.

**machen lassen** ⟨läßt, ließ, lassen⟩ ['maxn lasn]
Er ließ sich beim Schneider einen Anzug machen.

have done

He had a suit made up by the tailor.

**angeben** ⟨gibt an, gab an, angegeben⟩ ['angeːbn]
Er gibt mit seinem neuen Auto an.
Sie hat angegeben, daß sie arbeitslos sei.

show off; state

He's showing off his new car.
She stated that she was unemployed.

**trennen (sich)** ['trɛnən]
Alte Leute können sich oft schlecht von ihrer gewohnten Umgebung trennen.

separate
Old people often find it difficult to move away from their familiar surroundings.

**das Versehen** [fɛɐ'zeːən]
Entschuldigung, ich habe aus Versehen Ihren Mantel genommen.

mistake
I'm sorry, I took your coat by mistake.

**zufällig** ['tsuːfɛlɪç]
Er behauptet, er wäre zufällig vorbeigekommen.

coincidently
He claims that he just happened to be passing.

**der Einfluß** ['ainflʊs]
Meiner Meinung nach steht er unter schlechtem Einfluß.

influence
In my opinion, somebody is exerting a bad influence on him.

**verhalten (sich)** ⟨verhält, verhielt, verhalten⟩ [fɛɐ'haltn]
Er verhält sich seinem Chef gegenüber unmöglich.
Wie verhält sich diese Angelegenheit?

behave

His behaviour towards his boss is impossible.
How do things stand?

**das Verhalten** [fɛɐ'haltn]
Dieses Verhalten ist für sie typisch.

behaviour
That kind of behaviour is typical of her.

**typisch** ['tyːpɪʃ]

typical

**benehmen (sich)** ⟨benimmt, benahm, benommen⟩ [bə'neːmən]
Da sich der Kunde sehr merkwürdig benahm, beobachtete ihn die Verkäuferin genau.

behave

Because the customer was behaving very strangely the sales assistant kept a close eye on him.

121

## Handeln und Verhalten — Allgemeines Handeln und Verhalten

das **Benehmen** [bə'ne:mən]
Obwohl er aus einer guten Familie kommt, hat er kein Benehmen.

behaviour
Although he comes from a good family he has no manners.

**gewöhnen (sich)** [gə'vø:nən]
Inzwischen habe ich mich an Berlin gewöhnt.

get used to
I have got used to living in Berlin.

**gewöhnt sein** [gə'vø:nt zain]
Sie ist daran gewöhnt, hart zu arbeiten.

be used to
She's used to working hard.

die **Situation** [sɪtua'tsio:n]
Ich weiß leider auch keinen Ausweg aus dieser Situation.

situation
Unfortunately, I see no way out of this situation.

der **Ausweg** ['ausve:k]

way out

**reagieren** [rea'gi:rən]
Wie hat er auf deine Antwort reagiert?

react, respond
How did he respond to your answer?

die **Handlung** ['handluŋ]
Ich bin mir darüber bewußt, welche Auswirkungen meine Handlung haben wird.

action
I'm aware of the impact my actions will have.

**ausführen** ['ausfy:rən]
Die Reparatur Ihres Autos wurde bereits ausgeführt.
Er führte seine Freundin zum Essen aus.

perform; take out
They have already repaired your car.

He took his girlfriend out for a meal.

das **Werk** [vɛrk]
Wir machen uns gleich ans Werk.

work
Let's get down to work straight away.

**beitragen** ⟨trägt bei, trug bei, beigetragen⟩ ['baitra:gn]
Ich bedanke mich bei allen, die zu diesem Fest beigetragen haben.

contribute

I would like to thank all those who helped with the organisation of this party.

die **Absicht** ['apzıçt]
Sie hat dich mit Absicht beleidigt.
Es ist nicht meine Absicht, meinen Mitarbeitern zu kündigen.

intention
She deliberately insulted you.
I do not intend making my employees redundant.

**anwenden** ['anvɛndn]
Haben Sie die Salbe richtig angewendet?

apply
Have you applied the ointment correctly?

der **Griff** [grɪf]
Sie hat alles gut im Griff.

grip
She has everything well under control.

die **Suche** ['zu:xə]
Er ist auf der Suche nach einer neuen Arbeit.

search
He's looking for a new job.

**betrachten** [bə'traxtn]
Wenn Sie die Sache einmal von meinem Standpunkt aus betrachten, werden Sie merken, daß ich keine andere Wahl habe.

view
If you take a look at the matter from my point of view you will realise that I have no other choice.

die **Beobachtung** [bə'lo:baxtʊŋ]
Wir haben die Beobachtung gemacht, daß auch Erwachsene dieses Spiel gerne spielen.

observation
We have observed that adults like to play this game, too.

**wundern** ['vʊndɐn]
Es wundert mich, daß er sich noch nicht gemeldet hat.
Ich habe mich über sein Benehmen sehr gewundert.

be surprised
I am surprised that he has not contacted us yet.
I was very surprised by his behaviour.

**aufgeben** ⟨gibt auf, gab auf, aufgegeben⟩ ['aufge:bn]
Ich habe es aufgegeben, darüber nachzudenken, warum er sich nie bei mir meldet.

give up

I have given up wondering why he never contacts me.

der **Zufall** ['tsu:fal]
Das ist aber ein Zufall, Sie hier zu treffen!

coincidence
What a coincidence to meet you here!

**tauschen** ['tauʃn]
Ich würde gerne meinen Studienplatz für Medizin in Augsburg gegen einen in Heidelberg tauschen.

exchange
I would like to swap my place on the medical course in Augsburg for a place in Heidelberg.

**richten** ['rıçtn]
Seine Vorwürfe richteten sich gegen die Gewerkschaft.

direct
His criticisms were directed against the union.

**treiben** ⟨trieb, getrieben⟩ ['traibn]
Treiben Sie viel Sport?
Was treibt ihr zur Zeit?

pursue, go in for
Do you go in for a lot of sport?
What are you up to at the moment?

die **Gewohnheit** [gə'vo:nhait]
Er geht aus Gewohnheit jeden Abend um 10 Uhr ins Bett.

habit
He goes to bed at 10 o'clock every evening as a matter of habit.

**gewohnt** [gə'vo:nt]
Sie erledigte ihre Einkäufe in gewohnter Weise.

usual
She did her shopping in the usual way.

die **Lage** ['la:gə]
Sind Sie sich Ihrer schlechten Lage bewußt?

situation
Are you aware of the weak position you are in?

# Positives Handeln und Verhalten

**versuchen** [fɛɐ'zu:xn]
Die Sportler, die für die Olympischen Spiele trainieren, versuchen ständig, ihre Leistungen zu steigern.

attempt
Athletes who are training for the Olympic Games continuously try to raise their level of performance.

**wollen** ⟨will, wollte, gewollt⟩ ['vɔlən]
Wir wollen, daß unsere Kinder das Gymnasium besuchen.

want

We want our children to go to grammar school.

## Handeln und Verhalten — Positives Handeln und Verhalten

**die Mühe** ['myːə]
Du mußt dir etwas mehr Mühe geben, sauber zu schreiben.

trouble
You need to make more of an effort with your handwriting.

**anstrengen (sich)** ['anʃtrɛŋən]
Streng dich bitte an, sonst fällst du durch die Prüfung.

make an effort
Please make more of an effort otherwise you will fail the exam.

**kämpfen** ['kɛmpfn]
Umweltschützer kämpfen für bessere Umweltschutzgesetze und gegen die Umweltverschmutzung.

fight
Environmentalists fight for better laws for the protection of the environment and against pollution.

**einsetzen (sich)** ['ainzɛtsn]
Der Abteilungsleiter der Exportabteilung setzte sich stark für seine Mitarbeiter ein.

show commitment; support
The manager of the export department did a lot for his staff.

**entschließen (sich)** ⟨entschloß, entschlossen⟩ [ɛnt'ʃliːsn]
Wann haben Sie sich entschlossen, in die Partei einzutreten?

decide
When did you decide to join the party?

**der Entschluß** [ɛnt'ʃlʊs]
Vor fünf Jahren faßte sie den Entschluß, sich selbständig zu machen.

decision
Five years ago she decided to become self-employed.

**erreichen** [ɛɐ'raiçn]
Die Gewerkschaft hat ihre Ziele erreicht. Leider konnte ich ihn noch nicht erreichen.

achieve; contact
The union achieved its objectives. Unfortunately I have not yet been able to get hold of him.

**wagen** ['vaːgn]
Wer wagt es, mich so spät noch anzurufen?

dare
Who would dare to ring me up this late?

**unterstützen** [ʊntɐ'ʃtʏtsn]
Meine Eltern unterstützten mich bei der Berufswahl.
Unterstützt Sie Ihr geschiedener Mann finanziell?

support
My parents supported me with regard to my choice of profession.
Does your ex-husband support you financially?

**verzichten** [fɛɐ'tsɪçtn]
Sie müssen auf vieles verzichten, weil sie wenig Geld haben.

do without
They have to do without a lot of things because they don't have much money.

**vermeiden** ⟨vermied, vermieden⟩ [fɛɐ'maidn]
Nach Möglichkeit vermeide ich es, mit dem Auto zur Arbeit zu fahren.

avoid
Whenever I can I avoid going to work by car.

**nachgeben** ⟨gibt nach, gab nach, nachgegeben⟩ ['naːxgeːbn]
Wenn Sie klug sind, geben Sie in diesem Fall nach.

give in
It would be sensible of you to let them have their own way in this instance.

**die Rücksicht** ['rʏkzɪçt]
Er nahm auf seine kranke Mutter viel Rücksicht.

consideration
He was very considerate to his sick mother.

Positives Handeln und Verhalten | Handeln und Verhalten **10**

**berücksichtigen** [bəˈrʏkzɪçtɪgn̩]
Wir können Ihre Bewerbung leider nicht mehr berücksichtigen, da sie zu spät bei uns ankam.

take into account
Unfortunately, we are unable to consider your application as it arrived too late.

**bereuen** [bəˈrɔyən]
Hoffentlich wird er es nicht bereuen, die gute Stelle aufgegeben zu haben.

regret
I hope he won't regret having given up his good job.

**beachten** [bəˈʔaxtn̩]
Der Unfall passierte, weil er die Vorfahrt nicht beachtet hatte.

heed, take into account
The accident occurred because he failed to observe the right of way.

**schützen** [ˈʃʏtsn̩]
Wie kann man sich vor Einbrechern schützen?
Wir müssen unsere Kinder vor schlechten Einflüssen schützen.

protect
What precautions can I take against burglars?
We need to protect our children against bad influences.

die **Verantwortung** [fɛɐˈʔantvɔrtʊŋ]
Er übernimmt die Verantwortung für diese Abteilung.

responsibility
He is going to take over responsibility for this department.

**versprechen** ⟨verspricht, versprach, versprochen⟩ [fɛɐˈʃprɛçn̩]
Er hat mir versprochen, daß er heute früh nach Hause kommt.

promise

He promised to be home early today.

die **Vernunft** [fɛɐˈnʊnft]
Diese Entscheidung war gegen alle Vernunft.

reason
That decision flew in the face of reason.

**abgewöhnen (sich)** [ˈapgəvøːnən]
Ich bewundere dich dafür, daß du es geschafft hast, dir das Rauchen abzugewöhnen.

give up
I admire you for managing to give up smoking.

**freiwillig** [ˈfraivɪlɪç]
Wer meldet sich freiwillig, um Asylanten Deutschunterricht zu geben?

voluntarily; voluntary
Who is willing to volunteer to give German lessons to asylum-seekers?

**regeln** [ˈreːgln̩]
Können Sie die Sache für mich regeln?

sort out
Could you sort it out for me?

**lösen** [ˈløːzn̩]
Das Problem wurde schnell gelöst.

solve
They soon found a solution to the problem.

**fertig** [ˈfɛrtɪç]
Wenn ihr fertig seid, können wir gehen.

ready, finished
If you're ready we can go.

**überraschen** [yːbɐˈraʃn̩]
Er überraschte mich zu meinem Geburtstag mit einer Reise.

surprise
For my birthday he gave me a surprise present of a holiday.

**anbieten** ⟨bot an, angeboten⟩ [ˈanbiːtn̩]
Die Volkshochschule bietet die verschiedensten Kurse an.
Darf ich Ihnen ein Stück Kuchen anbieten?

offer


The adult education centre offers a wide variety of courses.
May I offer you a piece of cake?

**bieten** ⟨bot, geboten⟩ ['biːtn̩]
Ihm wurde die Chance geboten, ins Ausland zu gehen.

offer
He was offered the chance to go abroad.

**die Alternative** [altɛrnaˈtiːvə]
Gibt es eine Alternative zum Flug? — Ja, Sie können auch mit der Bahn fahren.

alternative
Is there an alternative to going by plane? — Yes, you could go by train.

**entweder ... oder** [ˈɛntveːdɐ ... ˈoːdɐ]
Sie haben die Wahl! Ich lade Sie entweder ins Ballet oder in die Oper ein.

either ... or
It's your choice. I'll treat you to the ballet or to the opera.

**teilen** [ˈtailən]
Er mußte sein Spielzeug immer mit seinen Geschwistern teilen.

share
He always had to share his toys with his brothers and sisters.

**vornehmen (sich)** ⟨nimmt vor, nahm vor, vorgenommen⟩ [ˈfoːɐneːmən]
Er hat sich vorgenommen, in Zukunft weniger zu rauchen.

resolve to do

He has resolved to smoke less in future.

**entschlossen sein** [ɛntˈʃlɔsn̩ zain]
Sie war fest entschlossen, alleine in den Urlaub zu fahren.

be determined
She was determined to go on holiday alone.

**der Wille** [ˈvɪlə]
Es war sein eigener Wille, das Haus zu verkaufen.

will
It was his own wish to sell the house.

**sorgen** [ˈzɔrgn̩]
Wer sorgt für den alten Mann, wenn er aus dem Krankenhaus entlassen wird?

care, look after
Who is going to care for the old man when he's discharged from hospital?

**die Unterstützung** [ʊntɐˈʃtʏtsʊŋ]
Ich hoffe in dieser Angelegenheit auf deine Unterstützung.

support
I hope that you will support me in this matter.

**bemühen (sich)** [bəˈmyːən]
Meine Freundin bemühte sich für ihre Tochter um einen Platz im Kindergarten.

try hard, make an effort
My friend did what she could to get her daughter into nursery school.

**das Bedürfnis** [bəˈdʏrfnɪs]
Es ist mir ein Bedürfnis, ihm zu helfen.

need
I feel a need to help him.

**verwirklichen** [fɛɐˈvɪrklɪçn̩]
Obwohl er seine Pläne verwirklichen konnte, war er unzufrieden.

realise, implement
Although he was able to put his plans into action he was not satisfied.

**realisieren** [realiˈziːrən]
Ich glaube, daß sich Ihre Ideen nur schwer realisieren lassen.

realise, implement
I think it would be very hard to put your ideas into practice.

**unternehmen** ⟨unternimmt, unternahm, unternommen⟩ [ʊntɐˈneːmən]
Was hat die Bundesregierung bisher gegen die hohe Arbeitslosigkeit in den neuen Bundesländern unternommen?

undertake

What has the Federal Government done to combat the high level of unemployment in the new federal states?

**riskieren** [rɪsˈkiːrən]
Er riskierte sein Leben, um den Jungen aus den Flammen zu retten.

risk
He risked his life to save the young boy from the flames.

**einrichten** ['ainrıçtn]
Es wäre gut, wenn Sie es sich einrichten könnten, zur Besprechung zu kommen.

arrange
It would be good if you could arrange to come to the meeting.

**achten** ['axtn]
Bitte achte auf die Regeln!
Er achtet sehr darauf, niemanden zu verletzen.

pay attention
Please obey the rules.
He is very careful not to hurt anybody.

die **Notiz** [no'ti:ts]
Sie hat von ihm keine Notiz genommen.

notice
She took no notice of him.

**anständig** ['anʃtɛndıç]
Sie ist der Meinung, daß er sich anständig verhalten hat.

decent
She thinks he behaved decently.

das **Versprechen** [fɛɛ'ʃprɛçn]
Er gab seinem Vater das Versprechen, nicht mehr in die Diskothek zu gehen.

promise
He promised his father not to go to the disco again.

das **Verständnis** [fɛɛ'ʃtɛntnıs]
Seine Lehrerin hatte viel Verständnis für seine Schwierigkeiten in der Schule.

understanding
His teacher had a great deal of understanding for the problems he had at school.

**wehren (sich)** ['ve:rən]
Ich habe mich gegen die hohen Anforderungen gewehrt.

defend (oneself)
I objected to the high demands being made of me.

**bereit** [bə'rait]
Wer ist dazu bereit, diese Aufgabe zu übernehmen?

ready; willing
Who is willing to take on this task?

das **Gewissen** [gə'vɪsn]
Er hatte ein schlechtes Gewissen, weil er gelogen hatte.

conscience
He had a guilty conscience because he had lied.

**ersetzen** [ɛɛ'zɛtsn]
Die Maschine läßt sich leicht durch eine andere ersetzen.

replace
The machine can easily be replaced by another.

die **Reaktion** [reak'tsio:n]
Aus seiner Reaktion schließe ich, daß er mit meiner Arbeit zufrieden ist.

reaction, response
Judging by his reaction I assume he is pleased with my work.

der **Sinn** [zın]
Er hat keinen Sinn für Humor.

sense
He has no sense of humour.

**endgültig** ['ɛntgʏltıç]
Wir hoffen, daß seine Entscheidung, zu uns zu ziehen, endgültig ist.

final
We hope that his decision to move in with us is final.

# Negatives Handeln und Verhalten

**streiten** ⟨stritt, gestritten⟩ ['ʃtraitn]
Leider streiten sie immer.
Wir streiten uns oft über Politik.

argue
Unfortunately, they argue all the time.
We often argue about politics.

## Negatives Handeln und Verhalten

**der Streit** [ʃtrait] — argument
Wer hat mit dem Streit angefangen?
Who started it?

**drohen** ['dro:ən] — threaten
Der Einbrecher drohte ihr mit der Pistole.
The burglar threatened her with a gun.

**angreifen** ⟨griff an, angegriffen⟩ ['angraifn] — attack
Die alte Frau wurde auf offener Straße angegriffen.
The old woman was attacked in the street.

**die Gewalt** [gə'valt] — violence, force

**zwingen** ⟨zwang, gezwungen⟩ ['tsvɪŋən] — force
Er wurde gezwungen, den Verbrechern zu helfen.
He was forced to help the criminals.

**schlagen** ⟨schlägt, schlug, geschlagen⟩ ['ʃla:gn] — hit; beat
Er wurde als Kind selten geschlagen.
His parents didn't hit him very often as a child.
Wenn du den Nagel in die Wand geschlagen hast, hänge ich das Bild auf.
When you've put that nail into the wall I'll hang up the picture.
Er hat den Weltmeister knapp geschlagen.
He narrowly beat the world champion.

**lügen** ⟨log, gelogen⟩ ['ly:gn] — lie
Ich mag Menschen nicht, die lügen.
I don't like people who lie.

**zögern** ['tsø:gən] — hesitate
Er zögerte ein wenig, bevor er ja sagte.
He hesitated briefly before saying yes.

**so tun, als ob** ⟨tat, getan⟩ [zo: 'tu:n als 'ɔp] — pretend
Sie tat bloß so, als ob sie viel arbeitete, in Wirklichkeit machte sie nichts.
She pretended to work hard but actually she did nothing.

**vernachlässigen** [fɛɐ'na:xlɛsɪgn] — neglect
Die Schüler haben ihre Hausaufgaben vernachlässigt, weil sie an den warmen Sommertagen immer im Schwimmbad waren.
The school children had been neglecting their homework because they always went to the swimming pool on the hot summer days.

**ausnutzen** ['ausnʊtsn] — exploit
Ich finde, daß er seine Freunde ausnutzt.
I think he uses his friends.

**übertreiben** ⟨übertrieb, übertrieben⟩ [y:bɐ'traibn] — exaggerate
Da er oft übertreibt, glaube ich ihm nur noch die Hälfte.
I take everything he says with a pinch of salt because he often exaggerates.

**verschwenden** [fɛɐ'ʃvɛndn] — waste
Wasser ist ein wertvoller Rohstoff und sollte nicht verschwendet werden.
Water is a precious raw material and should not be wasted.

Negatives Handeln und Verhalten | Handeln und Verhalten **10**

**verlassen** ⟨verläßt, verließ, verlassen⟩ [fɛɐ'lasn]
Als sie den Laden verlassen wollte, fiel ihr ein, daß sie ihren Geldbeutel an der Kasse vergessen hatte.
Das Dorf wurde von vielen Bewohnern verlassen.

leave
As she was about to leave the shop it occurred to her that she had left her purse at the cash desk.
A lot of people moved away from the village.

**der Trick** [trɪk]
Mit einem ganz üblen Trick hat er die alte Frau um ihr Geld betrogen.

trick
He used a really nasty trick to swindle the old lady out of her money.

**die Angewohnheit** ['angəvo:nhait]
Er hat die Angewohnheit, nachts Trompete zu spielen.

habit
He is in the habit of playing the trumpet at night.

**der Druck** [drʊk]
Manche Menschen reagieren nur auf Druck.

pressure
Some people only respond to pressure.

**der Zwang** [tsvaŋ]
Unter Zwang kann er nicht kreativ arbeiten.

force, pressure
He cannot work creatively under pressure.

**quälen** ['kvɛ:lən]
Die Sorgen um seine Zukunft quälten ihn Tag und Nacht.

torment
His worries about the future tormented him day and night.

**ruinieren** [ruiˈniːrən]
Er ruinierte seine Gesundheit, indem er wenig schlief, viel arbeitete und viel rauchte.

ruin
He ruined his health by not sleeping enough, working too hard and smoking too much.

**die Lüge** ['ly:gə]
Das ist eine Lüge!

lie
That's a lie.

**absichtlich** ['apzɪçtlɪç, ap'zɪçtlɪç]

intentional

**täuschen** ['tɔyʃn]
Er hat uns absichtlich getäuscht.
Ich glaube, ich habe mich in ihr getäuscht.

deceive; be mistaken
He deliberately misled us.
I think I was mistaken about her.

**versäumen** [fɛɐˈzɔymən]
Sie hat es versäumt, sich für ihr schlechtes Benehmen bei ihm zu entschuldigen.

omit to do
She failed to apologise to him for her bad behaviour.

**weigern (sich)** ['vaigɐn]
Ich würde mich weigern, die Arbeit von drei Kollegen zu übernehmen.

refuse
I would refuse to do the work of three colleagues.

**streichen** ⟨strich, gestrichen⟩ ['ʃtraiçn]
Viele soziale Einrichtungen werden aufgrund der Sparmaßnahmen gestrichen.

cancel; cut
A lot of social services are to be lost to the cuts.

**vernichten** [fɛɐˈnɪçtn]
Im Krieg wurde das ganze Dorf vernichtet.

destroy
The entire village was destroyed in the war.

die **Hektik** ['hɛktɪk]
In der Hektik habe ich vergessen, den Herd auszuschalten.

rush
In all the rush I forgot to switch off the cooker.

**heimlich** ['haimlɪç]

secretly; secret

**verschwinden** ⟨verschwand, verschwunden⟩ [fɛɐ'ʃvɪndn]
Sie ist heimlich verschwunden.

disappear

She disappeared without telling anyone.

der **Stil** [ʃtiːl]
Das ist nicht unser Stil.

style
That's not our style.

# Kriminelles Handeln und Verhalten

**stehlen** ⟨stiehlt, stahl, gestohlen⟩ ['ʃteːlən]
Mir wurde gestern in der Diskothek meine Lederjacke gestohlen.

steal

I had my leather jacket stolen at the disco yesterday.

der **Dieb**, die **Diebin** [diːp]
Hat die Polizei den Dieb schon gefaßt?

thief
Have the police caught the thief yet?

der **Einbrecher**, die **Einbrecherin** ['ainbrɛçɐ]
Nach Erkenntnissen der Polizei sind die meisten Einbrecher tagsüber tätig.

burglar

According to the police, most burglaries are committed during the day.

die **Beute** ['bɔytə]
Die Diebe versteckten ihre Beute im Wald.

haul
The thieves hid what they had stolen in the forest.

**betrügen** ⟨betrog, betrogen⟩ [bə'tryːgn]
Die Rentnerin wurde um 2000 DM betrogen.

deceive

The pensioner was swindled out of 2000 marks.

**entführen** [ɛnt'fyːrən]
Weiß man schon, wer den Jungen entführt hat?

kidnap
Do they know who kidnapped the boy?

das **Lösegeld** ['løːzəgɛlt]
Für den Jungen wird ein Lösegeld von 5 Millionen Deutsche Mark gefordert.

ransom
They demanded a ransom of 5 million marks for the boy.

**ermorden** [ɛɐ'mɔrdn]
Die Prostituierte wurde wahrscheinlich ermordet.

murder
The prostitute was probably murdered.

**töten** ['tøːtn]

kill

der **Mord** [mɔrt]
Ist schon bekannt, warum er den Mord beging?

murder
Do they know why he committed the murder?

**begehen** ⟨beging, begangen⟩ [bə'geːən]

commit

Kriminelles Handeln und Verhalten — Handeln und Verhalten **10**

die **Pistole** [pɪs'toːlə] — hand gun, pistol

das **Verbrechen** [fɐ'brɛçn̩] — crime; capital offence
Wer jemanden tötet, macht sich eines Verbrechens schuldig. — A person who kills someone is guilty of a crime.

der **Verbrecher**, die **Verbrecherin** [fɐ'brɛçɐ] — criminal
Von den Verbrechern fehlt bisher jede Spur. — There is still no trace of the criminals.

**schmuggeln** ['ʃmʊgl̩n] — smuggle
Er schmuggelte Drogen aus Kolumbien nach Deutschland. — He smuggled drugs from Columbia to Germany.

der **Diebstahl** ['diːpʃtaːl] — theft
Die Anzahl der Diebstähle steigt. — The number of thefts is on the increase.

der **Raub** [raup] — robbery

der **Bankräuber**, die **Bankräuberin** ['baŋkrɔybɐ] — bank robber

**überfallen** ⟨überfällt, überfiel, überfallen⟩ [yːbɐ'falən] — attack
Als die Bank überfallen wurde, konnte ein Bankangestellter rechtzeitig Alarm schlagen. — When the bank was raided one of the staff was able to raise the alarm in time.

der **Alarm** [a'larm] — alarm

der **Betrüger**, die **Betrügerin** [bə'tryːgɐ] — swindler

der **Erpresser**, die **Erpresserin** [ɛɐ'prɛsɐ] — blackmailer
Der Erpresser meldete sich immer wieder. — The blackmailer kept making contact.

die **Geisel** ['gaizl̩] — hostage
Die Verbrecher drohten damit, die Geiseln umzubringen, wenn ihre Forderungen nicht erfüllt würden. — The kidnappers threatened to kill the hostages if their demands were not met.

**umbringen** ⟨brachte um, umgebracht⟩ ['ʊmbrɪŋən] — murder, kill
Er ist umgebracht worden. — He has been murdered.

der **Mörder**, die **Mörderin** ['mœrdɐ] — murderer, murderess

**mißhandeln** [mɪs'handl̩n] — mistreat
Es kommt nicht selten vor, daß Kinder von ihren Eltern mißhandelt werden. — It is not uncommon for children to be mistreated by their parents.

# 11 Fähigkeiten des Menschen

**können** ⟨kann, konnte, gekonnt⟩ ['kœnən]
Er kann gut Deutsch.
Wer kann mir beim Packen helfen?

be able (to do)

He speaks good German.
Who can help me pack?

**fähig** ['fɛːɪç]
Meine Oma war noch mit 96 Jahren fähig, sich selbst zu versorgen.
Wir haben gehört, daß Herr Müller ein fähiger Mann ist und würden ihn gerne einstellen.

capable
At the age of 96, my grandma was still able to look after herself.
We've heard that Mr Müller is a capable man and we'd like to employ him.

**eignen (sich)** ['aignən]
Ich kann mir kaum vorstellen, daß Sie sich als Vertreter eignen.

be suitable
I can't imagine you'd make a good sales rep.

**begabt** [bə'gaːpt]
Sind Sie eher künstlerisch begabt oder sprachbegabt?

talented
Where do your talents lie, in art or in languages?

**geschickt** [gə'ʃɪkt]
Peter stellt sich sehr geschickt an.

skilled, adept
Peter is very proficient.

**beherrschen** [bə'hɛrʃn]
Wir verlangen von unseren Mitarbeitern, daß sie Englisch und Französisch in Wort und Schrift beherrschen.
Ich habe den Eindruck, daß er sich nicht beherrschen kann.

master
We expect our employees to have good written and spoken English and French.

I have the impression that he can't keep his feelings under control.

**durchsetzen** ['dʊrçzɛtsn]
Der Minister setzte seine Vorstellungen durch.
Meinen Sie, daß Sie sich Ihrem Chef gegenüber durchsetzen können?

assert, push through
The minister succeeded in pushing his proposals through.
Do you think you are able to assert yourself when dealing with your boss?

**schaffen** ['ʃafn]
Sie hat das Abitur ohne Mühe geschafft.

manage (to do something), accomplish
She managed to pass her school-leaving examination without difficulty.

**organisieren** [ɔrgani'ziːrən]
Wer hat das Straßenfest organisiert?

organise *GB*, organize *US*
Who organised the street party?

der **Plan** [plaːn]
Habt Ihr schon Pläne für die Zukunft gemacht?

plan
Have you made any plans for the future?

**gelingen** ⟨gelang, gelungen⟩ [gə'lɪŋən]
Hoffentlich gelingt es mir, diese Woche mit der Doktorarbeit fertig zu werden.

succeed

I hope I manage to complete my thesis this week.

## Fähigkeiten des Menschen

die **Fähigkeit** ['fɛːɪçkait]
In seiner neuen Position kann er alle seine Fähigkeiten einsetzen.

**schwerfallen** ⟨fällt schwer, fiel schwer, schwergefallen⟩ ['ʃveːɐfalən]
Martina fällt es schwer, Englisch zu lernen.

**leichtfallen** ⟨fällt leicht, fiel leicht, leichtgefallen⟩ ['laiçtfalən]
Die Entscheidung ist mir nicht leichtgefallen.

**musikalisch** [muziˈkaːlɪʃ]

**dynamisch** [dyˈnaːmɪʃ]
Wir suchen einen dynamischen, jungen Mann als Abteilungsleiter.

**imstande sein** [ɪmˈʃtandə zain]
Sind Sie imstande, der Verhandlung auf Deutsch zu folgen?

**in der Lage sein** [ɪn deːɐ ˈlaːgə zain]
Ich finde, daß sie nicht in der Lage ist, sich ein objektives Urteil zu bilden.

**zustande bringen** ⟨brachte, gebracht⟩ [tsuˈʃtandə brɪŋən]
Bisher hat er nichts Vernünftiges zustande gebracht.

**anpassen (sich)** ['anpasn]
Sind Sie dazu imstande, sich der neuen Situation anzupassen?

**ertragen** ⟨erträgt, ertrug, ertragen⟩ [ɛɐˈtraːgn]
Ich konnte es noch nie ertragen, wenn jemand immer schlecht gelaunt ist.

**ermöglichen** [ɛɐˈmøːklɪçn]
Ihr Vater hat ihr das Studium ermöglicht.

**befreien** [bəˈfraiən]
Sie findet es schwierig, sich von ihrer Erziehung zu befreien.
Hoffentlich können wir ihn von seinen finanziellen Sorgen befreien!

---

ability, skill
He is able to put his full range of skills to good use in his new job.

find difficult

Martina finds English a difficult language to learn.

find easy

It wasn't an easy decision for me to make.

musical

dynamic
We're looking for a dynamic young man to head our department.

be capable of
Are you able follow the court proceedings in German?

be in a position to
I don't think that she's in a position to form an objective opinion.

achieve, accomplish

He's not managed to achieve anything of any worth.

conform, adjust
Are you capable of adjusting to the new situation?

bear

I have never been able to put up with someone who's permanently in a bad mood.

make possible
Her father made it possible for her to go to university.

liberate
She has a hard time shaking off her upbringing.
I hope we will be able to relieve him of his financial worries.

# 12 Redetätigkeiten des Menschen

## Reden

**sagen** ['zaːgn]
Entschuldigung, was haben Sie gerade gesagt?

say
Pardon, what did you just say?

**das Wort** [vɔrt]
Ich habe kein Wort von dem verstanden, was er gesagt hat.

word
I didn't understand a word of what he said.

**sprechen** ⟨spricht, sprach, gesprochen⟩ ['ʃprɛçn]
Habt ihr gerade über das Konzert gesprochen?

speak, talk

Were you just talking about the concert?

**rufen** ⟨rief, gerufen⟩ ['ruːfn]
Wenn Sie etwas brauchen, rufen Sie mich bitte!

call
If you need anything then just call for me.

**schreien** ⟨schrie, geschrie(e)n⟩ ['ʃraiən]
Schrei doch nicht so, ich höre ganz gut.

shout

Don't shout, I'm not deaf.

**reden** ['reːdn]
Wir reden über die Ausstellung der Bilder von Otto Dix.

talk
We're talking about the Otto Dix exhibition.

**unterhalten (sich)** ⟨unterhält, unterhielt, unterhalten⟩ [ʊntɐ'haltn]
Bevor Sie kamen, haben wir uns über die neueste politische Entwicklung in Europa unterhalten.

talk, converse

Before you came we were talking about the latest political developments in Europe.

**das Gespräch** [gə'ʃprɛːç]
Über die deutsche Wiedervereinigung mußten viele Gespräche zwischen Politikern geführt werden.

talk, conversation
A large number of meetings had to be held between political leaders to discuss German reunification.

**die Einzelheit** ['aintslhait]
Über Einzelheiten des Vertrages wurde nicht gesprochen.

detail
They didn't go into the details of the contract.

**hinzufügen** [hɪn'tsuːfyːgn]
Ich möchte noch hinzufügen, daß mich keine Schuld an dem Unfall trifft.

add
I would like to add that I am in no way to blame for the accident.

**die Bemerkung** [bə'mɛrkʊŋ]
Wissen Sie, wer diese spitze Bemerkung über Sie gemacht hat?

comment, remark
Do you know who made that snide remark about you?

**besprechen** ⟨bespricht, besprach, besprochen⟩ [bə'ʃprɛçn]
Ich finde, daß die Sache in aller Ruhe besprochen werden muß.

discuss

I think that the matter has to be discussed calmly and collectedly.

Reden | Redetätigkeiten des Menschen **12**

**diskutieren** [dɪskuˈtiːrən]
Im Politikunterricht wurde über den Maastrichter Vertrag heftig diskutiert.

discuss
There was heated discussion of the Maastricht Treaty in the politics class.

**drehen (sich)** [ˈdreːən]
Die Diskussion dreht sich um die Erhöhung der Fernsehgebühren.

revolve
The discussion was about the increase in price of the TV licence.

**annehmen** ⟨nimmt an, nahm an, angenommen⟩ [ˈanneːmən]
Wir nehmen an, daß er bald anrufen wird.

assume

We expect him to call soon.

**behaupten** [bəˈhauptn̩]
Er hat behauptet, daß seine Mannschaft heute gewinnen wird.

assert, claim
He said that his team would win today.

**überzeugen** [yːbɐˈtsɔygn̩]
Sie konnten ihn nicht von ihren Plänen überzeugen.

convince
They weren't able to convince him of the feasibility of their plans.

**das Argument** [arguˈmɛnt]
Seine Argumente konnten mich nicht überzeugen.

argument, reasoning
I didn't find his line of argument convincing.

**beispielsweise** [ˈbaiʃpiːlsvaizə]

for example

**zugeben** ⟨gibt zu, gab zu, zugegeben⟩ [ˈtsuːgeːbn̩]
Wir haben beispielsweise zugegeben, daß wir uns auf die Arbeit nicht gut genug vorbereitet hatten.

admit


We admitted, for example, that we had failed to prepare adequately for the test.

**vorschlagen** ⟨schlägt vor, schlug, vorgeschlagen⟩ [ˈfoːɐʃlaːgn̩]
Peter hat vorgeschlagen, das Auto so schnell wie möglich zu verkaufen.

propose, suggest

Peter has suggested that we sell the car as soon as possible.

**versichern** [fɛɐˈzɪçɐn]
Wir können Ihnen versichern, daß die Waschmaschine in Ordnung ist.

assure
We can assure you that there is nothing wrong with the washing machine.

**das Mißverständnis** [ˈmɪsfɛɐʃtɛntnɪs]
Ich glaube, es handelt sich nur um ein Mißverständnis.

misunderstanding
I think it's simply a misunderstanding.

**brüllen** [ˈbrʏlən]

shout, bawl

**flüstern** [ˈflʏstɐn]

whisper

**schweigen** ⟨schwieg, geschwiegen⟩ [ˈʃvaign̩]
Bisher schwieg die Presse.

say nothing, remain silent

Until now the press has remained silent.

**äußern (sich)** [ˈɔysɐn]
Der Minister äußerte sich nicht zu den Verhandlungen.

express an opinion, comment
The minister made no comment with regard to the negotiations.

**die Äußerung** [ˈɔysərʊŋ]
Seine Äußerungen waren gefährlich.

comment
His comments were dangerous.

## Redetätigkeiten des Menschen — Reden

**der Ausdruck** ['ausdrʊk]
Er brachte zum Ausdruck, daß er diese Lösung nicht befriedigend fand.
Können Sie mir diesen Ausdruck bitte erklären?

expression
He made it clear that he didn't regard the solution as a satisfactory one.
Could you explain this expression, please?

**die Rede** ['reːdə]
Mein Vater hielt bei meiner Hochzeit eine kurze Rede.

speech
My father gave a short speech at my wedding.

**ausdrücken** ['ausdrʏkn]
Er kann sich auf Deutsch gut ausdrükken.
Bitte drücken Sie den Satz mit Ihren eigenen Worten aus.

express
He can express himself well in German.

Please express the sentence in your own words.

**die Aussprache** ['ausʃpraːxə]
Seine Aussprache wird von Tag zu Tag besser.
Meinen Sie, daß eine Aussprache zwischen Ihrem Vermieter und Ihnen möglich ist?

pronunciation; heart-to-heart talk
His pronunciation is improving by the day.
Do you think you and your landlord could talk to each other to clear the air?

**aussprechen** ⟨spricht aus, sprach aus, ausgesprochen⟩ ['ausʃprɛçn]
Franzosen haben meistens Schwierigkeiten, das deutsche „h" richtig auszusprechen.
Er sprach sich für den Kauf des Grundstücks aus.
Wir sollten uns vielleicht einmal aussprechen.

pronounce; express an opinion

French people generally have problems in pronouncing a German "h".

He came out in favour of selling the land.
We should have a heart-to-heart talk about it sometime.

**ansprechen** ⟨spricht an, sprach an, angesprochen⟩ ['anʃprɛçn]
Es ist nicht immer einfach, Probleme offen anzusprechen.
Ich werde meine Mitarbeiterin darauf ansprechen, ob sie Interesse an diesem Projekt hat.

broach, talk about

It isn't always easy to talk frankly about problems.
I will ask my colleague if she is interested in the project.

**erwähnen** [ɛɐ'vɛːnən]
Er erwähnte, daß er verreisen würde.

mention
He mentioned that he was going away.

**die Unterhaltung** [ʊntɐ'haltʊŋ]
Auf der Party führte ich eine interessante Unterhaltung mit einem Schauspieler.
Wir wünschen Ihnen gute Unterhaltung!

conversation; entertainment
I had an interesting conversation with an actor at the party.
We hope you enjoy the programme.

**austauschen** ['austauʃn]
In unserem letzten Gespräch tauschten wir unsere Meinungen über den Streik aus.
Wenn man miteinander lebt, ist es meiner Ansicht nach notwendig, sich regelmäßig auszutauschen.

exchange
When we last talked we exchanged opinions on the strike.

If you live with someone it's important to talk about things regularly.

| | |
|---|---|
| die **Verständigung** [fɛɐˈʃtɛndɪgʊŋ]<br>Klappt die Verständigung zwischen euch? | understanding<br>Are you able to understand each other? |
| die **Diskussion** [dɪskʊˈsioːn]<br>Wir haben eine heftige Diskussion über die Asylfrage geführt. | discussion<br>We had a heated debate about political asylum. |
| das **Thema** [ˈteːma] | subject, topic |
| der **Gegenstand** [ˈgeːgnʃtant]<br>Gegenstand unseres Gesprächs ist die soziale Situation der Asylanten. | subject<br>Our discussion is about the social conditions under which asylum-seekers live. |
| der **Aspekt** [asˈpɛkt]<br>Haben Sie die Sache schon einmal unter diesem Aspekt betrachtet? | aspect<br>Have you ever considered the matter from that point of view? |
| die **Behauptung** [bəˈhauptʊŋ]<br>Er stellte die Behauptung auf, daß es nicht möglich sei, auf Kernenergie zu verzichten. | assertion<br>He argued that we cannot do without nuclear power. |
| **betonen** [bəˈtoːnən]<br>Es wurde immer wieder betont, wie wichtig die Sache sei. | emphasise<br>They repeatedly stressed the importance of the matter. |
| **festlegen** [ˈfɛstleːgn]<br>Das Programm wurde schon im voraus festgelegt.<br>Er wollte sich auf nichts festlegen. | determine, lay down<br>The programme of events was decided upon in advance.<br>He didn't want to commit himself. |
| **sozusagen** [zoːtsuˈzaːgn, ˈzoːtsuzaːgn]<br>Wir haben sozusagen keine andere Wahl, als die Bedingungen der Erpresser zu erfüllen. | so to speak<br>We have, so to speak, no other choice than to meet the blackmailers' demands. |
| der **Rat** [raːt]<br>Ihre Freundin gab ihr den guten Rat, sich scheiden zu lassen. | (piece of) advice<br>Her girl-friend advised her to get a divorce. |
| der **Vorschlag** [ˈfoːɐʃlaːk]<br>Er hat den Vorschlag gemacht, morgen ins Theater zu gehen. | suggestion<br>He has suggested that we go to the theatre tomorrow. |
| **überreden** [yːbəˈreːdn]<br>Ich konnte sie dazu überreden, mit uns in Urlaub zu fahren. | persuade<br>I was able to persuade them to go with us on holiday. |
| **mißverstehen** ⟨mißverstand, mißverstanden⟩ [ˈmɪsfɛɐʃteːən]<br>Mißversteht uns nicht; wir wollen nur das Beste für euch. | misunderstand<br><br>Don't get us wrong; we just want what's best for you. |
| die **Ausrede** [ˈausreːdə]<br>Ich habe keine Lust, auf die Party zu gehen, aber mir wird schon eine passende Ausrede einfallen. | excuse<br>I don't feel like going to the party, but I'm sure I'll be able to think up a suitable excuse. |
| der **Scherz** [ʃɛrts]<br>Er war immer zu Scherzen aufgelegt. | joke<br>He was always a bit of joker. |

**12** Redetätigkeiten des Menschen · Informieren

das **Ding** [dɪŋ] — thing
Das ist ein Ding! — Well, I never!

## Informieren

**informieren (sich)** [ɪnfɔr'miːrən] — get information
Wir informierten uns ausführlich über die Gefahren eines Atomkraftwerks. — We looked into the dangers of a nuclear power plant in detail.

**ausführlich** ['ausfyːɐlɪç, aus'fyːɐlɪç] — detailed

**die Nachricht** ['naːxrɪçt] — news (item)
Habt ihr schon eine Nachricht von eurem Sohn erhalten? — Have you had any news from your son?

**erzählen** [ɛɐ'tsɛːlən] — tell
Erzählen Sie uns bitte etwas über den Film. — Tell us something about the film, please.

**die Geschichte** [gə'ʃɪçtə] — story
Es stellte sich später heraus, daß die Geschichte, die er uns erzählt hatte, frei erfunden war. — It turned out that he had made up the story he told us.

**es gibt** [ɛs giːpt] — there is, there are
Was gibt es Neues bei Euch? — What's new with you?

**berichten** [bə'rɪçtn] — report
Wer kann etwas Neues über die Lage in Rußland berichten? — Has anyone anything new to report on the situation in Russia?

**der Hinweis** ['hɪnvais] — hint, lead
Die Polizei erhielt Hinweise, daß sich der Täter in Hannover aufhielt. — The police were tipped off that the perpetrator was staying in Hanover.

**geheim** [gə'haim] — secret
Die Sache muß übrigens geheim bleiben, sonst bekomme ich Ärger! — By the way, the matter must remain secret otherwise I'll get into trouble.

**übrigens** ['yːbrɪgns] — by the way

**mitteilen** ['mɪttailən] — inform
Ich muß Ihnen unter anderem mitteilen, daß die Aufträge zurückgegangen sind. — One of the things I must tell you is that the volume of orders has fallen.

**melden** ['mɛldn] — report
Bitte melden Sie sich, wenn Sie Hilfe brauchen. — Please let us know if you need any help.
Wir müssen der Polizei den Diebstahl sofort melden. — We must report the theft to the police immediately.

**unter anderem** [ʊntɐ 'andərəm] — amongst other things, inter alia

**erklären** [ɛɐ'klɛːrən] — explain
Können Sie uns erklären, wie die Videokamera funktioniert? — Could you explain how this video camera works?

**die Neuigkeit** ['nɔyɪçkait] — news
Gibt es Neuigkeiten in dem Fall Müller? — Have there any been new developments in the Müller case?

Informieren                                    Redetätigkeiten des Menschen **12**

**verraten** ⟨verrät, verriet, verraten⟩
[fɛɐ'ra:tn]
Der Dieb hat der Polizei verraten, wo
sich die Beute befindet.

betray; let on

The thief told the police where the stolen goods were hidden.

**beraten** ⟨berät, beriet, beraten⟩
[bə'ra:tn]
Die Anwälte beraten den Fall noch.

deliberate

The lawyers are still deliberating the
case.

**ankündigen** ['ankʏndɪgn]
Die Regierung kündigte Steuererhöhun-
gen für 1995 an.

announce (in advance)
The goverment has announced its intention to raise taxes in 1995.

**benachrichtigen** [bə'na:xrɪçtɪgn]
Benachrichtigen Sie uns bitte, wann wir
die Möbel abholen können.

inform, notify
Please let us know when we can pick up
the furniture.

der **Bericht** [bə'rɪçt]
Wir haben seinen Bericht über die politische Lage in Rußland noch nicht erhalten.

report
We still haven't received his report on
the political situation in Russia.

die **Erklärung** [ɛɐ'klɛ:rʊŋ]
Die Ärzte gaben eine Erklärung über den
Zustand des Patienten ab.

explanation; declaration, statement
The doctors issued a statement regarding
the patient's condition.

die **Mitteilung** ['mɪttaɪlʊŋ]
Haben Sie Ihrem Chef schon Mitteilung
über den Stand der Verhandlungen gemacht?

report
Have your reported to your boss on the
current state of the negotiations?

der **Stand** [ʃtant]
Nach dem neuesten Stand der Dinge
wird er wohl nicht kommen.

state, status
Going by the latest state of events he's
unlikely to come.

der **Bescheid** [bə'ʃaɪt]
Wir geben Ihnen sofort Bescheid, sobald
wir Näheres wissen.
Ja, ich weiß Bescheid.

information, notification
We'll notify you as soon as we know
more.
Yes, I know.

das **Nähere** ['nɛ:ərə]
Näheres können Sie bei meiner Kollegin
erfahren.

(more) detail
My colleague will be able to tell you
more.

**erkundigen (sich)** [ɛɐ'kʊndɪgn]
Über die Abfahrtszeiten der Züge nach
München erkundigen Sie sich bitte am
Informationsschalter.

inquire
Please inquire about the times of trains
to Munich at the information desk.

der **Tip** [tɪp]
Meine Nachbarin gab mir den Tip, daß
man hier billig einkaufen kann.

tip, advice
My next-door neighbour told me that
you can shop cheaply here.

der **Zusammenhang** [tsu'zamənhaŋ]
Der Zusammenhang ist ihm immer noch
nicht klar.

context; link
He still doesn't see the connection.

139

| | |
|---|---|
| die **Beratung** [bəˈraːtʊŋ]<br>Die Beratung der Aidshilfe ist kostenlos. | advice, consultation<br>The Aids support group offers free advice. |
| **und so weiter** [ʊnt zoː ˈvaitɐ] | et cetera |
| **alarmieren** [alarˈmiːrən]<br>Als er Rauch sah, alarmierte er sofort die Feuerwehr. | alert, call *(police, fire brigade)*<br>As soon as he saw smoke he called the fire brigade. |

## Fragen und Antworten

**fragen** [ˈfraːgn]
Er hat mich nach der Uhrzeit gefragt.

ask a question
He asked me the time.

die **Frage** [ˈfraːgə]
Die Bürger stellten dem Bürgermeister viele Fragen.

question
The local citizens asked the mayor a lot of questions.

**wer** [veːɐ]
Wer hat gerade angerufen?

who
Who was that on the phone just now?

**wen** [veːn]
Wen kennst du in Dresden?

who(m)
Who do you know in Dresden?

**wem** [veːm]
Wem haben Sie das Buch ausgeliehen?

to who(m)
Who did you lend that book to?

**wie** [viː]
Wie bereitest du Gulasch zu?

how
How do you make goulash?

**was** [vas]
Was haben Sie gestern abend gemacht?

what
What were you doing yesterday evening?

**warum** [vaˈrʊm]
Warum lernen Sie Deutsch?

why
Why are you learning German?

**wann** [van]
Wann kommen unsere Gäste am Bahnhof an?

when
What time will our guests be arriving at the station?

**wo** [voː]
Wo ist der Flughafen?

where
Where is the airport?

**woher** [voˈheːɐ]
Woher kommen Sie?

from where
Where do you come from?

**wohin** [voˈhɪn]
Wohin gehst du jetzt?

where to
Where are you going?

**Wie bitte?** [viː ˈbɪtə]

Pardon?

**nicht wahr?** [ˈnɪçt vaːɐ]
Du kommst doch sicher mit, nicht wahr?

*tag question*
You are coming with us, aren't you?

**ob** [ɔp]
Er weiß nicht, ob er zum Fußballspiel geht oder nicht.
Haben Sie schon jemanden gefragt, ob heute Markt ist?

whether
He isn't sure whether he's going to the football match or not.
Have you asked anybody whether it's market day today?

die **Antwort** ['antvɔrt]
Ich kann Ihnen leider keine Antwort auf Ihre Frage geben.

answer
Unfortunately, I'm unable to answer your question.

**beantworten** [bə'ʔantvɔrtn]
Warum können Sie meine Frage nicht beantworten?

answer
Why can't you answer my question?

**antworten** ['antvɔrtn]
Es wäre schön, wenn Sie mir sofort antworten könnten.

answer, reply
I would be grateful if you could reply right away.

**weshalb** [vɛs'halp, 'vɛshalp]
Weshalb kommen Sie zu mir?

why
Why have you come to see me?

**womit** [vo'mɪt]
Womit kann ich Ihnen dienen?

how; with what
How can I help you?

**klären** ['klɛːrən]
Es muß noch geklärt werden, wer für den Unfall verantwortlich ist.

establish
We still have to establish who caused the accident.

## Loben, Tadeln, Bedauern und Trösten

**loben** ['loːbn]
Er wurde von seinen Eltern wegen seiner guten Noten gelobt.

praise
His parents praised him for getting good marks.

**bravo!** ['braːvo]

well done!

**schimpfen** ['ʃɪmpfn]
In letzter Zeit wurde viel auf die Zeitung geschimpft.
Maxim ist so lieb, daß man selten mit ihm schimpfen muß.
Obwohl viele Leute über sie schimpfen, bleibt sie doch im Amt.

moan, gripe; tell off
The newspaper has come in for a lot of criticism recently.
Maxim is so well-behaved that you rarely have to tell him off.
Although a lot of people moan about her she is still in office.

**beschweren (sich)** [bə'ʃveːrən]
Der Gast hat sich über das Essen beschwert.

complain
The customer complained about the food.

der **Vorwurf** ['foːɐvʊrf]
Es wird Ihnen der Vorwurf gemacht, daß Sie zu den Gästen unfreundlich waren.

accusation, reproach
It has been suggested that you were impolite to the guests.

die **Kritik** [kri'tiːk]
An seiner Meinung wurde viel Kritik geübt.

criticism
His views were widely criticised.

**klagen** ['klaːgn]
Wir können nicht klagen, uns geht es gut!

complain
We can't complain, we're doing fine.

**leid tun** ⟨tat, getan⟩ ['laɪt tuːn]
Es tut mir leid, daß ich Sie schlecht behandelt habe.

be sorry
I'm sorry that I treated you badly.

**leider** [ˈlaidɐ]
Leider sind die Ferien zu Ende!

unfortunately
Unfortunately, the school holidays are over.

**schade** [ˈʃaːdə]
Schade, daß wir heute abend nicht in den Zirkus gehen!

shame, pity
It's a shame that we can't go to the circus this evening.

**trösten** [ˈtrøːstn̩]
Niemand konnte sie über den Tod ihrer Mutter trösten.

comfort, console
There was no consoling her after the death of her mother.

**klasse** [ˈklasə]
Die Vorstellung war einfach klasse.

great
It was quite simply a great show.

**kritisieren** [kritiˈziːrən]
Die Maßnahmen wurden von allen Seiten kritisiert.

criticise
The measures were criticised from all sides.

**fluchen** [ˈfluːxn̩]
Man hörte ihn nur über seine Prüfungen fluchen.

swear, curse
He did nothing but curse his exams.

das **Bedauern** [bəˈdauɐn]
Zu meinem Bedauern muß die Theatervorstellung ausfallen.

regret
I regret to say that the play will not be performed.

**bedauern** [bəˈdauɐn]
Wir bedauern, Ihnen mitteilen zu müssen, daß die Stelle bereits besetzt ist.

regret
We regret to inform you that the position has already been filled.

**um Himmels willen!** [ʊm ˈhɪmls ˈvɪlən]

for heaven's sake!

**um Gottes willen!** [ʊm ˈɡɔtəs ˈvɪlən]

for God's sake!

**jammern** [ˈjamɐn]
Meine Schwiegermutter jammert ständig, wie schlecht es ihr geht.

moan
My mother-in-law is always moaning about her poor health.

die **Klage** [ˈklaːɡə]
Bisher haben wir keine Klagen über die neue Erzieherin gehört.

complaint
We have not heard any complaints about the new nursery-school teacher yet.

# Zustimmen, Ablehnen und Verneinen

**ja** [jaː]

yes

**okay** [oˈkeː]

okay

**einverstanden sein** [ˈainfɛɐʃtandn̩ zain]
Wir sind mit dem Mietvertrag einverstanden.

agree (to)

We accept the terms of the rental agreement.

**doch** [dɔx]

Kannten Sie ihn nicht? — Doch, ich habe ihn vor drei Jahren kennengelernt.

yes *(in reply to a negative question or assertion)*
Didn't you know him? — Yes, I did. I first met him three years ago.

Zustimmen, Ablehnen und Verneinen — Redetätigkeiten des Menschen **12**

**meinetwegen** ['mainət've:gn]
Wenn sie unbedingt die Burg Hohenzollern besichtigen wollen, können wir meinetwegen am Samstag dort hinfahren.

as far as I'm concerned
If they're absolutely set on visiting Hohenzollern Castle then it's all right with if we go there on Saturday.

**für** [fy:ɐ]
Wir sind für die 13. Klasse an Gymnasien.

for
We are in favour of the 13th year at grammar school. *(A number of states have proposed abolishing the 13th year at grammar school)*

**einig sein (sich)** ['ainıç zain]
Sie sind sich darüber einig, Geld für neue Möbel zu sparen.

be agreed
They have agreed to save up for new furniture.

**sogar** [zo'ga:ɐ]
Er hat sogar schon eingekauft.

even
He's even done the shopping.

**vielleicht** [fi'laiçt]
Vielleicht wäre es besser, ihn zuerst zu fragen.

perhaps
It might be better to ask him first.

**nein** [nain]

no

**ablehnen** ['aple:nən]
Ihr Antrag auf Unterstützung wurde abgelehnt.

turn down, refuse
Your application for support has been turned down.

**keinesfalls** ['kainəs'fals]
Wir haben keinesfalls das Recht dazu, über sie ein Urteil abzugeben.

no way
We have absolutely no right to judge them.

**protestieren** [protɛs'ti:rən]
Die Einwohner protestierten ohne Erfolg gegen den Bau der Bundesstraße.

protest
The local inhabitants protested in vain against the construction of the federal highway.

**gegen** ['ge:gn]
Ich bin für den Frieden und gegen den Krieg.

against
I am in favour of peace and against war.

**keine(r, s)** ['kainə (-nɐ, -nəs)]
Ich habe keinen Parkplatz gefunden.
Stell dir vor, heute ist keiner zum Unterricht gekommen!

no one, none
I couldn't find anywhere to park.
Just imagine, nobody came to class today.

**nicht** [nıçt]
Sie wissen noch nicht, ob sie am Sonntag kommen können.

not
They don't yet know whether they'll be coming on Sunday.

**noch nicht** [nɔx nıçt]

not yet

**nichts** [nıçts]
Wir haben heute noch nichts gegessen.
Ich habe von meinem Bekannten seit einem Jahr nichts mehr gehört.
Bisher gab es nichts als Ärger mit dem neuen Untermieter.

nothing
So far we've had nothing to eat today.
I've had no news from my friend for a year.
So far we've had nothing but trouble with our new subtenant.

## 12 Redetätigkeiten des Menschen — Zustimmen, Ablehnen und Verneinen

**nicht mehr** [nɪçt meːɐ]
Seine Mutter arbeitet seit zwei Jahren nicht mehr.

no longer
His mother stopped working two years ago.

**nicht einmal** ['nɪçt ainmaːl]
Sie haben sich nicht einmal für die Einladung bedankt!

not even
They haven't even thanked us for the invitation.

**niemals** ['niːmals]
Ich würde niemals zu arbeiten aufhören!

never
I would never stop working.

die **Zustimmung** ['tsuːʃtɪmʊŋ]
Die Eltern gaben ihm ihre Zustimmung zum Kauf eines Motorrads.

agreement
His parents agreed to him buying a motorbike.

**akzeptieren** [aktsɛpˈtiːrən]
Warum akzeptiert ihr ihn nicht so, wie er ist?

accept
Why don't you just accept him the way his is?

**pro** [proː]
Sind Sie pro oder kontra Schwangerschaftsabbruch?

for
Are you for or against abortion?

**anerkennen** ⟨anerkannte, anerkannt⟩ ['anlɛɐkɛnən]
Willy Brandts politische Leistungen wurden sowohl in Deutschland als auch im Ausland anerkannt.

recognise
Willy Brandt's political achievements received recognition both in Germany and abroad.

der **Kompromiß** [kɔmproˈmɪs]
Wir müssen in dieser Frage einen Kompromiß finden.

compromise
We need to reach a compromise on this question.

**einigen (sich)** ['ainɪgn]
Nach einigem Handeln konnten wir uns auf einen Preis einigen.

agree
We managed to agree on a price after some bargaining.

**übereinstimmen** [yːbɐˈlainʃtɪmən]
Ich stimme mit Ihnen darin überein, daß so schnell wie möglich eine Lösung gefunden werden muß.

agree
I agree with you that we need to find a solution as soon as possible.

die **Abmachung** ['apmaxʊŋ]
Die Geschwister haben eine Abmachung über den Verkauf des Erbes getroffen.

agreement
The children have come to an agreement with regard to the sale of the estate.

**abmachen** ['apmaxn]
Es wurde abgemacht, die Sache geheim zu halten.

agree
They agreed to keep the matter secret.

**widersprechen** ⟨widerspricht, widersprach, widersprochen⟩ [viːdɐˈʃprɛçn]
Es ist fürchterlich, er widerspricht mir ständig!

contradict

It's terrible, he's always contradicting me.

**entgegen** [ɛntˈgeːgn]
Er hat sie entgegen den Wünschen seiner Eltern doch geheiratet.

in opposition to
He went ahead and married her despite the opposition of his parents.

Wünschen, Bitten, Danken und Entschuldigen — Redetätigkeiten des Menschen **12**

| | |
|---|---|
| der **Protest** [pro'tɛst] | protest |
| Aus Protest verließ er den Raum. | He left the room in protest. |
| **kontra** ['kɔntra] | against |

## Wünschen, Bitten, Danken und Entschuldigen

**wünschen** ['vvnʃn]
Zum Geburtstag wünscht sie sich eine Goldkette von ihrem Mann.

wish
She would like her husband to buy her a gold chain for her birthday.

**gratulieren** [gratu'liːrən]
Wir gratulieren Ihnen zu Ihrem Erfolg!

congratulate
Congratulations on your success!

**alles Gute!** [aləs 'guːtə]
Seine Verwandten wünschten ihm alles Gute für seine Karriere.

all the best!
His relatives wished him all the best for his career.

**herzlichen Glückwunsch!** ['hɛrtslɪçn 'glvkvʊnʃ]
Herzlichen Glückwunsch zum Geburtstag!

congratulations

Happy Birthday!

**hoffentlich** ['hɔfntlɪç]
Hoffentlich geht alles gut!

hopefully
I hope everything goes well.

**hoffen** ['hɔfn]
Wir hoffen, daß er die Führerscheinprüfung besteht.

hope
We hope he passes his driving test.

**bitte** ['bɪtə]
Bitte, bringen Sie mir ein Glas Wasser. — Hier, bitte.

please; you're welcome
Please bring me a glass of water. — Here you are.

**bitten** ⟨bat, gebeten⟩ ['bɪtn]
Er hat seinen Vater gebeten, ihm Geld zu schicken.

ask
He asked his father to send him some money.

**danke** ['daŋkə]
Danke für deine Hilfe! — Bitte!

thank you
Thanks for your help. — You're welcome.

**danken** ['daŋkn]
Wir danken Ihnen für den schönen Abend.

thank
Thank you for a lovely evening.

**bedanken (sich)** [bə'daŋkn]
Hast du dich schon für das Geschenk bei Tante Emma bedankt?

thank
Have you thanked Aunty Emma for your present?

**entschuldigen** [ɛnt'ʃʊldɪgn]
Du mußt dich für dein schlechtes Benehmen bei deinem Lehrer entschuldigen!
Ich finde, daß sein Verhalten nicht zu entschuldigen ist.

apologise, say sorry
You must apologise to your teacher for your bad behaviour.
I find his behaviour inexcusable.

**die Entschuldigung** [ɛnt'ʃʊldɪgʊŋ]
Entschuldigung! Könnten Sie mir sagen, wie ich zum Rathaus komme?

excuse, apology
Excuse me. Could you tell me how to get to the town hall?

der **Wunsch** [vʊnʃ]
Wenn Sie mir diesen Wunsch erfüllen, werde ich Ihnen immer dafür dankbar sein.

**erfüllen** [ɛɐ̯'fʏlən]

**beglückwünschen** [bə'glʏkvʏnʃn]
Zu Ihrer Entscheidung, sich selbständig zu machen, kann man Sie nur beglückwünschen.

die **Bitte** ['bɪtə]
Ich habe eine Bitte. Dürfte ich noch an dem Kurs teilnehmen?

der **Dank** [daŋk]
Für ihre vielen guten Taten hat sie nie Dank erhalten.

**gleichfalls** ['glaiçfals]
Ich wünsche Ihnen einen guten Aufenthalt. — Danke, gleichfalls.

**verzeihen** ⟨verzieh, verziehen⟩ [fɛɐ̯'tsaiən]
Verzeihen Sie, daß ich Sie noch so spät abends anrufe, aber ich konnte Sie nicht früher erreichen.

die **Verzeihung** [fɛɐ̯'tsaiʊŋ]
Er hat ihn um Verzeihung gebeten.
Verzeihung!

wish, request
If you could do that for me I would be eternally grateful.

fulfil *GB*, fulfill *US*

congratulate
I really must congratulate you on your decision to set up your own business.

request
I'd like to ask a favour. Would it still be possible for me to join the course?

thanks
She never received any thanks for all her good works.

likewise
I wish you a pleasant stay. — Thanks. You, too.

excuse, forgive

Excuse me for calling so late in the evening but I wasn't able to get hold of you earlier.

forgiveness
He asked him to forgive him.
Sorry!

## Auffordern, Befehle erteilen und Warnen

**können** ⟨kann, konnte, gekonnt⟩ ['kœnən]
Könntest du mir dabei helfen, den Tisch in den Keller zu tragen?

**brauchen** ['brauxn]
Brauchen Sie mich noch, oder kann ich nach Hause gehen?

**müssen** ⟨muß, mußte, gemußt⟩ ['mʏsn]
Wir müssen uns unbedingt beeilen, sonst werden wir den Zug verpassen.

**unbedingt** ['ʊnbədɪŋt, ʊnbə'dɪŋt]

**sollen** ['zɔlən]
Sie sollten sich darauf einstellen, auch am Wochenende zu arbeiten.
Martin soll das getan haben.

can

Could you help me carry this table down to the cellar?

need
Do you still need me or can I go home?

must, have to

We really have to hurry otherwise we'll miss the train.

absolutely

should; be alleged to
You should expect to have to work weekends as well.
The word is that Martin did it.

Auffordern, Befehle erteilen und Warnen    Redetätigkeiten des Menschen  **12**

**mal** [ma:l]

Können Sie mal herkommen?
Einen Moment, ich sehe mal nach.

**befehlen** ⟨befiehlt, befahl, befohlen⟩
[bə'fe:lən]
Der General befahl der Armee, die Truppen des Gegners anzugreifen.

**fordern** ['fɔrdən]
Wir fordern für unsere Arbeit höhere Löhne.

**die Vorsicht** ['fo:ɐzɪçt]
Vorsicht, Stufe!

**Achtung!** ['axtʊŋ]

**warnen** ['varnən]
Im Radio wurde vor Glatteis gewarnt.

once *(literally meaning "once", this is used to "soften" commands and statements)*
Could you come over here for minute?
Just a moment, I'll have a look.

order, command

The general ordered the army to attack the enemy troops.

demand
We demand higher pay for our work.

care, caution
Mind the step!

Careful!

warn
On the radio they warned of black ice on the roads.

---

**raten** ⟨rät, riet, geraten⟩ ['ra:tn]
Ich rate dir, in Zukunft keinen Fremden mehr in die Wohnung zu lassen.

**auffordern** ['aufɔrdən]
Die Stewardeß forderte die Passagiere auf, vor der Landung wieder Platz zu nehmen, das Rauchen einzustellen und sich anzuschnallen.

**bestehen** ⟨bestand, bestanden⟩
[bə'ʃte:ən]
Ich bestehe darauf, informiert zu werden.

**verlangen** [fɛɐ'laŋən]
Mein Chef hat von mir verlangt, an der Besprechung teilzunehmen.

**die Pflicht** [pflɪçt]
Es ist deine Pflicht als Tochter, dich nach dem Tod deiner Mutter um deinen Vater zu kümmern.

**drängen** ['drɛŋən]
Er wurde von seiner Frau dazu gedrängt, eine Entscheidung zu fällen.

**bestimmen** [bə'ʃtɪmən]
Der Arzt bestimmt, wann er aus dem Krankenhaus entlassen werden kann.

**der Befehl** [bə'fe:l]
Wer gibt hier die Befehle?

advise
I advise you not to let strangers into your home in future.

request
The stewardess requested the passengers to return to their seats, to extinguish their cigarettes and to fasten their seat belts in preparation for landing.

insist

I insist on being told.

demand
My boss has instructed me to attend the meeting.

duty
After the death of your mother, it is your duty as a daughter to look after your father.

push, pressure
His wife pressure on him to come to a decision.

determine, decide
The doctor is the one who decides when he can be discharged from hospital.

order
Who gives the orders around here?

die **Forderung** ['fɔrdərʊŋ]
Ihre Forderungen können leider nicht erfüllt werden.

demand
Unfortunately, your demands cannot be met.

die **Warnung** ['varnʊŋ]
Bisher nahm sie die Warnungen nicht ernst.

warning
She hasn't taken the warnings seriously until now.

**hüten (sich)** ['hy:tn]
Hüten Sie sich vor falschen Freunden!

beware
Beware of false friends!

## Verbieten und Erlauben

**verbieten** ⟨verbot, verboten⟩ [fɛɐ̯'bi:tn]
Wir haben ihm verboten, mehr als zwei Stunden pro Tag fernzusehen.

forbid, prohibit
We have banned him from watching more than two hours of television a day.

**verboten** [fɛɐ̯'bo:tn]
Betreten verboten!

prohibited
No entry!

**lassen** ⟨läßt, ließ, gelassen⟩ ['lasn]
Dein Bruder sollte es lassen, mit allen Streit anzufangen.

let; leave be, stop
Your brother should stop picking fights with everyone.

**dürfen** ⟨darf, durfte, gedurft⟩ ['dʏrfn]
Darf man im Kino rauchen? — Nein, Rauchen ist im Kino verboten.

be allowed to, may
Is smoking allowed in cinemas? — No, smoking is not allowed in cinemas.

**erlauben** [ɛɐ̯'laubn]
Meine Eltern haben mir erlaubt, in die Diskothek zu gehen.

permit, allow
My parents have given me permission to go to the disco.

die **Erlaubnis** [ɛɐ̯'laupnɪs]
Ich muß meinen Chef um Erlaubnis bitten, ob ich heute früher gehen kann.

permission
I have to ask my boss for permission to leave early today.

**ausnahmsweise** ['ausna:ms'vaizə]
Ausnahmsweise habe ich morgen nachmittag frei.

by way of exception
I have tomorrow afternoon off for a change.

das **Verbot** [fɛɐ̯'bo:t]
Glauben Sie, daß Verbote etwas nützen?

prohibition, ban
Do you think it does any good to ban things?

**bleibenlassen** ⟨läßt bleiben, ließ bleiben, bleibenlassen⟩ ['blaibnlasn]
Laß es bleiben, die Fehler immer nur bei anderen zu suchen, anstatt bei dir mit der Suche zu beginnen!

stop doing

Stop continually looking for the faults in others rather than tackling your own failings.

die **Genehmigung** [gə'ne:mɪgʊŋ]
Sie brauchen eine Genehmigung, um hier den Film drehen zu können.

permission, permit
You need a permit to film here.

**dulden** ['dʊldn]
Er duldet es nicht, daß jemand seine Briefe liest.

tolerate
He doesn't let anyone read his letters.

Bestätigen und Einschränken · Redetätigkeiten des Menschen **12**

die **Ausnahme** ['ausnaːmə]
Ich bin dagegen, in diesem Fall eine Ausnahme zu machen.
exception
I am against making an exception in this case.

**gestatten** [gə'ʃtatn]
Gestatten Sie, daß ich eintrete?
permit
May I come in?

**zulassen** ⟨läßt zu, ließ zu, zugelassen⟩ ['tsuːlasn]
Wir können es nicht zulassen, daß er in seinem Zustand noch Auto fährt.
allow

We can't let him drive in his condition.

## Bestätigen und Einschränken

**natürlich** [na'tyːelɪç]
Sie können natürlich Bücher in der Bücherei umsonst ausleihen.
naturally, of course
Of course, you could borrow books from the library free of charge.

**selbstverständlich** ['zɛlpstfɛɐ'ʃtɛntlɪç]
Selbstverständlich sind Sie uns immer willkommen!
naturally, of course
Of course you're always welcome.

**stimmen** ['ʃtɪmən]
Es stimmt, daß sich Anna in Hamburg gut auskennt.
be true
It's true that Anna knows her way around Hamburg.

**eben** ['eːbn]
In einer Woche ist Weihnachten und ich habe noch keine Geschenke! — Eben deswegen müssen wir welche kaufen.
just, exactly
Christmas is in a week's time and I still haven't got any presents! — That's the very reason why we need to buy some.

**genau** [gə'nau]
Genau! So ist es!
exactly
Exactly. That's just the way it is.

**klar** [klaːɐ]
Hast du schon die Zeitung gelesen? — Na, klar!
of course
Have you read the paper yet? — You bet.

**bestimmt** [bə'ʃtɪmt]
Machen Sie sich keine Sorgen! Ihrem Sohn ist bestimmt nichts passiert!
certainly
Don't worry. I'm sure your son is fine.

**wirklich** ['vɪrklɪç]
Ist es wirklich wahr, daß Sie uns bald verlassen werden?
really
Is it really true that you'll soon be leaving us?

**tatsächlich** [ta't zɛçlɪç, 'taːtzɛçlɪç]
Er hat tatsächlich vergessen, den Wecker zu stellen!
really
He really did forget to set the alarm clock.

**aber** ['aːbɐ]
Wir haben aber nicht genug Geld, um uns ein neues Auto zu kaufen.
but
But we haven't got enough money to buy a new car.

**oder** ['oːdɐ]
Möchten Sie Kaffee oder Tee?
or
Would you prefer coffee or tea?

149

**einerseits ... andererseits** ['ainɐzaits ... 'andɐrɛzaits]
Einerseits ist es schade, daß der Urlaub schon vorbei ist, andererseits wird es auf Dauer langweilig, nichts zu tun.

one the one hand ... on the other hand
On the one hand it's a shame that our holiday is already over and the other hand it's boring to spend all your time doing nothing.

**nicht nur ... sondern auch** [nɪçt nuːɐ ... 'zɔndɐn aux]
Er ist nicht nur frech sondern auch gemein.

not only ... but also
He's not just cheeky but nasty with it.

**ankommen** ⟨kam an, angekommen⟩ ['ankɔmən]
Es kommt immer darauf an, was jeder aus seinem Leben macht.
Kommst du mit zur Party? — Das kommt darauf an, ob ich jemanden finde, der auf die Kinder aufpaßt.

depend
It all depends on what you make of your life.
Are you coming to the party? — That depends on whether I can find someone to look after the kids.

**obwohl** [ɔp'voːl]
Obwohl er schon 75 Jahre alt ist, arbeitet er noch zwei Tage in der Woche in seinem Beruf.

although
Although he's 75 he still works two days a week.

**falls** [fals]
Falls es notwendig sein sollte, helfe ich Ihnen gerne.

in the event that
If need be, I'd be happy to give you a hand.

**es sei denn, daß** [ɛs zai dɛn, das]
Ich würde Sie gerne morgen besuchen, es sei denn, daß Sie keine Zeit hätten.

unless
I would like to visit you tomorrow unless you've no time.

**eigentlich** ['aigntlɪç]
Eigentlich finde ich das Buch ziemlich langweilig.

actually
Actually, I find the book pretty boring.

**auch** [aux]
Wenn Sie das Buch nicht finden, können wir es Ihnen auch bestellen.
Kommst du auch zur Party?

also
If you can't find the book we could order it for you.
Are you coming to the party, too?

**bloß** [bloːs]
Wir haben bloß diese Blusen.

only, just
These are the only blouses we have.

**nicken** ['nɪkn]
Da er mit dem Vorschlag einverstanden war, nickte er.

nod
He nodded in agreement to the proposal.

**jawohl** [ja'voːl]
Jawohl! Ich bin ganz Ihrer Meinung!

indeed
Absolutely. I agree entirely.

**nämlich** ['nɛːmlɪç]
Wir haben keine Zeit; wir gehen nämlich in die Oper.

namely
We haven't time; you see, we're going to the opera.

**sicherlich** ['zɪçɐlɪç]
Sicherlich haben Sie recht!

certainly
I'm sure you're right.

## Bestätigen und Einschränken — Redetätigkeiten des Menschen 12

**zweifellos** ['tsvaifllo:s]
Die Sache ist zweifellos so gewesen!

without doubt
There's no doubt that's the way it was.

**durchaus** [dʊrç'|aus, 'dʊrç'|aus]
Ich kann Sie durchaus gut verstehen.

definitely, thoroughly
I fully understand your point of view.

**sowieso** [zovi'zo:]
Sie hatte sowieso nicht geglaubt, daß sie kämen.

anyway, in any case
She hadn't expected them to come anyway.

**trotzdem** ['trɔtsde:m]
Sie hatte trotzdem die Hoffnung nicht aufgegeben.

nevertheless
She had still not given up hope.

**zwar** [tsva:ɐ]
Es regnete zwar, aber der Spaziergang war dennoch schön.

although
Although it was raining, it was still a lovely walk.

**dennoch** ['dɛnɔx]

nevertheless

**allerdings** ['alɐ'dɪŋs]
Er ist allerdings der Ansicht, daß die Veranstaltung später beginnen sollte.
Hat er sich darüber geärgert? — Allerdings!

however; certainly
However, he feels that the performance should start later.
Was he annoyed? — You bet!

**jedoch** [je'dɔx]
Wir haben sie öfters eingeladen, sie kam jedoch nie.

however
We often invited her over but she never came.

**möglicherweise** ['møːklɪçɐ'vaizə]
Möglicherweise hat sie keine Lust, uns zu sehen.

possibly
Maybe she doesn't feel like seeing us.

**sonst** [zɔnst]
Mach bitte keinen Lärm, sonst wachen alle auf!

otherwise
Please don't make any noise, otherwise everybody will wake up.

**sowie** [zo'vi:]
Sowie ich in Erfahrung bringen kann, wann sie ankommen, informiere ich euch sofort.

as soon as
As soon as I find out when they're coming I'll let you know.

**wohl** [vo:l]
Sie wissen wohl, daß die Busse sonntags seltener fahren.

indeed, surely
I take it you know that the buses run less regularly on Sundays.

**außer** ['ausɐ]
Er konnte mir nichts Genaues sagen, außer daß die Waren jeden Tag geliefert werden könnten.

except
He wasn't able to say anything definite except that the goods would be delivered any day now.

**trotz** [trɔts]
Trotz der Lawinenwarnung benützte er die Straße.

despite
He took the road despite the avalanche warning.

**sondern** ['zɔndɐn]
Der Film läuft nicht im Kino, sondern er kommt im Fernsehen.

but, rather
The film isn't on at the cinema, it's on television.

# 13 Bewertungen

## Allgemeine Stellungnahmen

**die Meinung** ['mainʊŋ]
Sie ist der Meinung, daß es besser wäre zu schweigen.

opinion
She thinks it would be better to say nothing.

**bilden (sich)** ['bɪldn]
Ich fände es besser, wenn Sie sich Ihre eigene Meinung bilden würden.

form
I think it would be better if you formed your own opinion.

**denken** ⟨dachte, gedacht⟩ ['dɛŋkn]
Wie denken Sie über die Sache?

think
What's your opinion on the matter?

**scheinen** ⟨schien, geschienen⟩ ['ʃainən]
Er scheint das noch nicht verstanden zu haben.

appear, seem

He doesn't seem to have understood.

**finden** ⟨fand, gefunden⟩ ['fɪndn]
Er findet es richtig, daß dreijährige Kinder Anspruch auf einen Kindergartenplatz haben sollen.

find, regard
He thinks that three-year-olds should be entitled to a place at nursery school.

**sein für/gegen** ⟨ist, war, gewesen⟩ [zain fyːɐ/geːgn]
Sind Sie für oder gegen die Erhöhung der Müllgebühren?

be for/against

Are you for or against increasing the charges for refuse collection?

**grundsätzlich** ['grʊntzɛtslɪç]
Ich bin grundsätzlich dafür, daß derjenige, der viel Müll verursacht, auch dafür bezahlen soll.

in principle; always
I basically believe that people who produce a lot of refuse should also have to pay for it.

**der Eindruck** ['aindrʊk]
Haben Sie den Eindruck, daß der Beschluß zu schnell gefaßt wurde?

impression
Do you have the impression that the decision was taken hastily?

**halten** ⟨hält, hielt, gehalten⟩ ['haltn]
Ich halte es für möglich, daß er sich für Filme von Faßbinder interessiert.

regard, hold
I think he might be interested in Fassbinder films.

**feststellen** ['fɛstʃtɛlən]
Wir haben festgestellt, daß die Preise stark gestiegen sind.

discover, determine
We have noticed that prices have increased sharply.

**beurteilen** [bə'ʊrtailən]
Wie beurteilen Sie die Lage?

judge, assess
What's your assessment of the situation?

**auffallen** ⟨fällt auf, fiel auf, aufgefallen⟩ ['auffalən]
Mir ist aufgefallen, daß er sich nie an Diskussionen beteiligt.

strike, be conspicuous

I've noticed that he never takes part in discussions.

Allgemeine Stellungnahmen — Bewertungen

**erwarten** [ɛɐ̯'vartn̩]
Sie erwartet von ihm, daß er sich ebenfalls an der Hausarbeit beteiligt.

expect
She expects him to do his share of the housework.

der **Standpunkt** ['ʃtantpʊŋkt]
Er steht auf dem Standpunkt, daß seine Frau für die Kindererziehung zuständig ist.

point of view
It's his view that his wife is responsible for the children's upbringing.

**von mir aus** [fɔn 'mi:ɐ̯ aus]
Wir können von mir aus nächste Woche ins Allgäu fahren.

as far as I'm concerned
As far as I'm concerned, we could drive to the Allgäu region next week.

die **Einstellung** ['ainʃtɛlʊŋ]
Sie hat eine positive Einstellung zum Leben.

attitude
She has a very positive attitude to life.

**gefallen** ⟨gefällt, gefiel, gefallen⟩ [gə'falən]
Sein blauer Mantel gefällt mir überhaupt nicht.

like

I don't like his blue coat one bit.

**begründen** [bə'grʏndn̩]
Können Sie begründen, warum Sie nichts von der Sache halten?

explain, give reasons for
Could you explain why you're so set against the idea?

**beziehen (sich)** ⟨bezog, bezogen⟩ [bə'tsi:ən]
Auf welche Auskunft beziehen Sie sich?

refer

What information are your referring to?

**betreffen** ⟨betrifft, betraf, betroffen⟩ [bə'trɛfn̩]
Ich bin froh, daß mich die Sache nicht betrifft.

affect

I'm glad that I'm not affected by it.

die **Tatsache** ['ta:tzaxə]
Ich glaube, daß die Tatsachen für sich sprechen.
Tatsache ist, daß er nicht geschrieben hat.

fact
I believe the facts speak for themselves.

The fact is that he hasn't written.

**jedenfalls** ['je:dnfals]
Wir haben jedenfalls alles getan, was in unserer Macht stand.

in any case
Well, we did everything we could.

**gelten** ⟨gilt, galt, gegolten⟩ ['gɛltn̩]
Er gilt als zuverlässiger Arbeiter.

be known as
He is known as a reliable worker.

die **Hauptsache** ['hauptzaxə]
Sein Beruf war für ihn die Hauptsache.

main thing
His work was the most important thing in his life.

**laufen** ⟨läuft, lief, gelaufen⟩ ['laufn̩]
Die Geschäfte laufen dieses Jahr schlecht.

run, go
Business is bad this year.

**wahrscheinlich** [va:ɐ̯'ʃainlɪç]
Wahrscheinlich hat er keine Lust, mit uns ins Schwimmbad zu gehen.

probably
He probably doesn't feel like coming swimming with us.

**würde** ['vʏrdə]
Ich würde Ihnen gerne meine Tochter vorstellen.

would
I would like to introduce you to my daughter.

**bezeichnen** [bə'tsaiçnən]
Die Lage wird als kritisch bezeichnet.

describe, designate
The situation is described as critical.

**zusammenfassen** [tsu'zamənfasn]
Könnten Sie die wichtigsten Punkte noch einmal zusammenfassen?

summarise
Could you summarise the main points again?

**unterscheiden** ⟨unterschied, unterschieden⟩ [ʊntɐ'ʃaidn]
Kannst du diese beiden Pflanzen unterscheiden?

distinguish

Can you tell the difference between these two plants?

**passen** ['pasn]
Ihm paßt ihr Benehmen nicht.

suit
He doesn't like the way she behaves.

**nutzen, nützen** ['nʊtsn, 'nʏtsn]
Dein Mitleid nützt mir nicht viel.

be useful
Your sympathy doesn't get me very far.

**notwendig** ['noːtvɛndɪç]
Ist es notwendig, daß ich dich begleite?

necessary
Do I need to go along with you?

**nötig** ['nøːtɪç]
Der Lehrer hielt es für nötig, den Stoff noch einmal zu wiederholen.

necessary
The teacher felt it was necessary to go over the lesson again.

**genügen** [gə'nyːgn]
Es genügt, wenn Sie uns telefonisch Bescheid sagen.

be sufficient
All we need is for you to give us a call to let us know.

die **Auffassung** ['auffasʊŋ]
Ich bin der Auffassung, daß er seine Gesundheit vernachlässigt.

opinion
I feel that he is neglecting his health.

die **Ansicht** ['anzɪçt]
Sind Sie der Ansicht, daß wir den Vorschlag annehmen sollten?

opinion, view
Do you think we should accept the proposal?

**meinen** ['mainən]
Was meinen Sie zu diesem Problem?

think
What do you think about the problem?

**klingen** ⟨klang, geklungen⟩ ['klɪŋən]
Dein Vorschlag klingt gut.

sound
I like the sound of your suggestion.

**dabei bleiben, bleiben bei** ⟨blieb, geblieben⟩ [da'bai 'blaibn, 'blaibn bai]
Bleiben Sie dabei, oder haben Sie Ihre Meinung geändert?
Er bleibt bei seiner Aussage.

stick to *(an opinion, etc.)*


Is that still what you want to do or have you changed your mind?
He's sticking to his version of events.

**ändern** ['ɛndən]

change

**erscheinen** ⟨erschien, erschienen⟩ [ɛɐ'ʃainən]
Das Gespräch erscheint mir überflüssig.

appear, seem


I see no point in discussing it.

**erstaunlich** [ɛɐ'ʃtaunlıç]
Es ist erstaunlich, daß er sich noch einmal gemeldet hat.

remarkable
It's surprising that he has contacted us again.

## Allgemeine Stellungnahmen — Bewertungen

**bezeichnend** [bə'tsaiçnənt]
Dieses Verhalten ist für ihn bezeichnend.

characteristic, typical
That kind of behaviour is typical of him.

**ungewöhnlich** ['ʊngəvø:nlıç]

uncommon

**offensichtlich** ['ɔfnzıçtlıç]
Offensichtlich liebt er sie nicht.

apparent
He clearly doesn't love her.

**gleichgültig** ['glaiçgyltıç]
Es ist mir völlig gleichgültig, ob er katholisch oder evangelisch ist.

indifferent
I don't care whether he's Catholic or Protestant.

**die Beziehung** [bə'tsi:ʊŋ]
In dieser Beziehung gebe ich nicht nach.

relationship, regard
I'm not prepared to give way on this point.

**Stellung nehmen** ⟨nimmt, nahm, genommen⟩ ['ʃtɛlʊŋ 'ne:mən]
Hat sie schon Stellung zu den Vorwürfen genommen?

state one's position

Has she replied to the criticism yet?

**in bezug auf** [ın bə'tsu:k auf]
Ich bin in bezug auf dieses Thema nicht objektiv.

with regard to
It's not a subject I can be objective about.

**der Bezug** [bə'tsu:k]
Sie hat den Bezug zur Wirklichkeit verloren.

reference, relationship
She's lost touch with reality.

**gestehen** ⟨gestand, gestanden⟩ [gə'ʃte:ən]
Er hat mir gestern gestanden, daß ihm diese Arbeit überhaupt keinen Spaß macht.

admit

He admitted yesterday that he doesn't enjoy the work he's doing at all.

**herausstellen (sich)** [hɛ'rausʃtɛlən]
Es hat sich herausgestellt, daß seine Angaben falsch waren.

turn out, emerge
It became apparent that the information he had given was false.

**herauskommen** ⟨kam heraus, herausgekommen⟩ [hɛ'rauskɔmən]
Es ist herausgekommen, daß er ihn betrogen hatte.

emerge, come out

It came to light that he'd deceived him.

**zeigen (sich)** ['tsaign]
Es wird sich zeigen, ob das Auto gut fährt oder nicht.

show
Time will tell whether the car runs well or not.

**der Betracht** [bə'traxt]
Kommt es für Sie auch in Betracht umzuziehen?

consideration
Would you consider moving house?

**immerhin** ['ımɐ'hın]
Immerhin hat er schon vorher gesagt, daß er heute wahrscheinlich keine Zeit hat.

after all, at least
At least he had warned us in advance that he probably wouldn't have any time today.

**die Haltung** ['haltʊŋ]
Er nimmt eine klare Haltung in der Frage des Asylrechts ein.

position, stance
He holds firm views on the question of political asylum.

## 13 Bewertungen — Allgemeine Stellungnahmen

**das Urteil** ['ʊrtail]
Bilden Sie sich Ihr eigenes Urteil über die Sache!

judgement
You can judge the matter for yourself.

**die Begründung** [bə'grʏndʊŋ]
Seine Begründung überzeugt mich noch nicht ganz.

giving of reason(s)
I am not completely convinced by the reasons he gave.

**die Konsequenz** [kɔnze'kvɛnts]
Sie ist auch bereit, die Konsequenzen zu ziehen.

consequence
She is prepared to act accordingly.

**der Nutzen** ['nʊtsn̩]
Aus dieser Sache zieht niemand Nutzen.

benefit
This is something which benefits nobody.

**der Ruf** [ruːf]
Er hat einen schlechten Ruf.

reputation
He has a poor reputation.

**die Rolle** ['rɔlə]
Es spielt keine Rolle, ob er Abitur hat oder nicht.

role, part
He doesn't matter whether he has got his school-leaving certificate or not.

**hauptsächlich** ['hauptzɛçlɪç]
Wir sind hauptsächlich an Informationen über Indien interessiert.

mainly
We're mainly interested in information on India.

**die Hinsicht** ['hɪnzɪçt]
Auf ihn kann man sich in jeder Hinsicht verlassen.

regard
He's someone you can rely on in every way.

**konkret** [kɔn'kreːt, kɔŋ'kreːt]
Wir konnten nichts Konkretes über seine Pläne erfahren.

concrete
We were unable to find out anything specific about his plans.

**taugen** ['taugn̩]
Wissen Sie, ob der Trockner etwas taugt?

be good for something
Do you know whether the dryer is any good?

**gebrauchen** [gə'brauxn̩]
Kannst du eine elektrische Schreibmaschine gebrauchen? — Ja, die kann ich gut gebrauchen.

use, make use of
Could you make use of an electric typewriter? — Yes, I could do with one.

**relativ** [rela'tiːf]
Sie weiß relativ wenig über die Sache.

relative; relatively
She knows relatively little about the matter.

**egal** [e'gaːl]
Es ist mir völlig egal, was mit den alten Büchern passiert.

indifferent
I don't care what happens to those old books.

**beziehungsweise** [bə'tsiːʊŋsvaizə]
Wir kennen einen Anwalt, beziehungsweise wir sind mit ihm befreundet.
Ich erledige das heute beziehungsweise morgen.

respectively; or
We know a lawyer; that is to say, he's a friend of ours.
I'll do it today or tomorrow.

**wesentlich** ['veːzntlɪç]
Die wesentlichen Dinge wurden nicht besprochen.

essential, substantial
The really important things weren't discussed.

## Positive Bewertungen

**gut** [gu:t]
Es ist gut, wenn ihr euch wieder versteht.

good
It's good that you're getting on again.

**großartig** ['gro:s|a:etıç]
Seine sportlichen Leistungen sind großartig.

great, fantastic
He's a fantastic athlete.

**ausgezeichnet** ['ausgətsaiçnət, 'ausgə'tsaiçnət]
Es paßt mir ausgezeichnet, daß Sie morgen anfangen können zu streichen.

excellent

It suits me just fine that you can start painting tomorrow.

**herrlich** ['hɛrlıç]
Das Wetter ist heute herrlich.

fantastic, wonderful
It's lovely weather today.

**wunderbar** ['vʊndɛba:ɐ]
Auf unserer Reise lief alles wunderbar.

wonderful
Everything went wonderfully on our trip.

**toll** [tɔl]
Ich finde es toll, daß ihr euch für eure Ziele einsetzt.

great
I think it's really great how much effort you make to achieve your objectives.

**prima** ['pri:ma]
Wie läuft es mit deinem neuen Freund? — Prima!

fantastic
How are things going with your new boyfriend? — Fantastic!

**interessant** [ıntərɛ'sant]
Obwohl sie den Unterricht so interessant wie möglich macht, passen ihre Schüler oft nicht auf.

interesting
Although she makes her lessons as interesting as possible, her pupils often fail to pay attention.

**wichtig** ['vıçtıç]
Können Sie nicht doch kommen? Die Sache ist äußerst wichtig!

important
Couldn't you come? It's really important.

**möglich** ['mø:klıç]
Wäre es möglich, daß Sie mich abholen könnten?

possible
Would it be possible for you to collect me?

**gern(e)** [gɛrn, 'gɛrnə]
Ich würde gerne ins Theater gehen.
Nehmen Sie unsere Einladung an? — Ja, gerne.

gladly, with pleasure
I'd like to go to the theatre.
Will you be taking up our invitation? — With pleasure.

die **Möglichkeit** ['mø:klıçkait]
Sie hat die Möglichkeit, ein Jahr in China zu studieren.

possibility, opportunity
She has the chance to study in China for a year.

**richtig** ['rıçtıç]
Sie zweifelt daran, ob sie richtig gehandelt hat.

right, correct
She doubts whether she did the right thing.

**wahr** [va:ɐ]
Ist es wahr, daß er Krebs hat?

true
Is it true that he has got cancer?

## Positive Bewertungen

der **Vorteil** [ˈfɔrtail]
Sie sind im Vorteil, da Sie bereits über die Sache Bescheid wissen. Hoffentlich können Sie Ihren Vorteil auch nutzen!

advantage
You are at an advantage because you are already in the picture. I hope you can make the most of that advantage.

**lohnen (sich)** [ˈloːnən]
Es hat sich gelohnt, daß wir uns ausführlich beraten ließen.

be worth
It was worth getting in-depth advice.

**klappen** [ˈklapn]
Die Sache hat gut geklappt.

succeed, work out
It went well.

die **Überraschung** [yːbɐˈraʃʊŋ]
Was für eine Überraschung, Sie hier zu treffen!

surprise
What a surprise meeting you here!

die **Chance** [ʃãːs(ə)]
Sie haben jetzt die Chance, Ihre Fähigkeiten zu beweisen.

chance, opportunity
You now have the chance to show what you're capable of.

**sicher** [ˈzɪçɐ]
Es ist bereits sicher, daß er die Stelle bekommt.
Ich bin sicher, daß es heute regnen wird.

sure, certain
It's already certain that he'll get the job.

I'm sure it's going to rain today.

**positiv** [ˈpoːzitiːf, poziˈtiːf]
Seien Sie nicht traurig, alles hat auch eine positive Seite!

positive
Don't be so sad, every cloud has a silver lining.

**einfach** [ˈainfax]
Die Prüfungen waren ziemlich einfach.

simple, easy
The exams were pretty easy.

**normal** [nɔrˈmaːl]
Sein Verhalten ist völlig normal.

normal
His behaviour is completely normal.

**dafür sein** [daˈfyːɐ zain]
Ich bin dafür, daß wir sie zum Essen einladen.

be in favour of
I'm for inviting them to dinner.

**lieber** [ˈliːbɐ]
Er spielt lieber Fußball als Tennis.

preferably
He prefers playing football to tennis.

**Lieblings-** [ˈliːplɪŋs-]
Mein Lieblingskuchen ist Apfelkuchen.

favourite
Apple cake is my favourite.

**recht** [rɛçt]
Ich gebe zu, daß er recht gehabt hat.
Wir geben Ihnen recht, daß die Entscheidung zu früh getroffen wurde.

right
I admit he was right.
We admit you were right in saying that the decision was taken prematurely.

der **Wert** [veːɐt]
Er legt großen Wert auf kulturelle Veranstaltungen.
Es hat doch keinen Wert, daß er sich jetzt noch anstrengt; er muß die Klasse sowieso wiederholen.

value
Cultural events are very important to him.
There's no point in him making an effort now; he is going to have to repeat the school year anyway.

**wert** [veːɐt]
Seine Meinung ist mir viel wert.

of value, valuable
I value his opinion greatly.

158

## Positive Bewertungen

**angenehm** ['angəne:m]
Ist es Ihnen angenehm, wenn wir morgen um drei Uhr kommen?

pleasant
Would it suit you if we came tomorrow at three?

**günstig** ['gynstɪç]
Wir haben auf eine günstige Gelegenheit gewartet.

favourable
We waited for a favourable opportunity.

**fair** [fɛːɐ]
Er wurde fair behandelt.

fair; fairly
He was treated fairly.

**hervorragend** [hɛɐˈfoːeraːgnt]

excellent

**phantastisch** [fanˈtastɪʃ]

fantastic

**ideal** [ideˈaːl]
Er findet, daß sie das ideale Paar sind.

ideal
He thinks they make the ideal couple.

**perfekt** [pɛrˈfɛkt]
Alles war perfekt vorbereitet.

perfect
Everything had been prepared to perfection.

**sinnvoll** ['zɪnfɔl]
Der Arztberuf ist meiner Meinung nach ein sinnvoller Beruf, weil man kranken Menschen helfen kann.

sensible; useful, meaningful
I believe that to be a doctor is to have a meaningful profession because you help people who are ill.

**glänzend** ['glɛntsnt]
Er hat eine glänzende Prüfung gemacht.

excellent
He passed the exam with flying colours.

**wunderschön** ['vʊndɐˈʃøːn]

beautiful, wonderful

**super** ['zuːpɐ]
Wie findet ihr meine Idee? — Super!

super, great
What do you think of my idea? — Great!

**verdienen** [fɛɐˈdiːnən]
Er hätte mehr Beifall für seine Arbeiten verdient.

earn, deserve
He deserves more recognition for his work.

**geeignet** [gəˈlaignət]
Mir fehlt das geeignete Werkzeug, um die Spülmaschine zu reparieren.

suitable
I don't have the right tools to repair the dish washer.

**nützlich** ['nʏtslɪç]
Die Information war für sie sehr nützlich.

useful
The information was very useful to her.

**die Wirkung** ['vɪrkʊŋ]
Die Wirkung des Medikaments setzte nach wenigen Stunden ein.

effect
The medicine began to take effect after a few hours.

**beeindrucken** [bəˈlaindrʊkn]
Die neue Computertechnik beeindruckte ihn stark.

impress
He was highly impressed by the latest computer technology.

**bevorzugen** [bəˈfoːɐtsuːgn]
Bevorzugen Sie Rotweine oder Weißweine?

prefer
Do you prefer red or white wine?

**vorziehen** ⟨zog vor, vorgezogen⟩ ['foːɐtsiːən]
Bevor wir uns streiten, ziehe ich es vor zu gehen.

rather do

I'd prefer to go before we get into an argument.

der **Liebling** ['liːplɪŋ]
Peter war der Liebling des Englischlehrers.

darling
Peter was the English teacher's pet.

das **Wunder** ['vʊndɐ]
Daß er wieder laufen kann, ist ein Wunder!

miracle
It's a miracle that he is able to walk again.

die **Bedeutung** [bə'dɔytʊŋ]
Die Entscheidung hat eine große Bedeutung für uns.

meaning
The decision is of great significance to us.

## Negative Bewertungen

**falsch** [falʃ]
Ich finde es falsch, ihn wegen seiner Vergangenheit zu verurteilen.

false, incorrect
I think it's wrong to condemn him for his past.

**unwichtig** ['ʊnvɪçtɪç]

unimportant

**merkwürdig** ['mɛrkvʏrdɪç]
Seit ein paar Tagen benimmt er sich merkwürdig.

strange
He's been behaving oddly for a few days now.

der **Nachteil** ['naːxtail]
Die Wohnung hat den Nachteil, daß sie etwas feucht ist.

disadvantage
The drawback with this flat is that it's a bit damp.

**schlimm** [ʃlɪm]
Es ist nicht so schlimm, wenn du dich an unser Gespräch nicht mehr erinnern kannst.

bad, terrible
It's not such a terrible thing if you can't remember our conversation.

**schrecklich** ['ʃrɛklɪç]

terrible

**furchtbar** ['fʊrçtbaːɐ]

awful

**schlecht** [ʃlɛçt]
Hoffentlich geht die Sache nicht schlecht aus!

bad; badly
I hope it doesn't turn out badly.

das **Pech** [pɛç]
Er hat in der letzten Zeit viel Pech gehabt.

bad luck, misfortune
He's had a lot of bad luck recently.

die **Schwierigkeit** ['ʃviːrɪçkait]
Wir haben Schwierigkeiten, die Kaution von unseren Vermietern zurückzubekommen.

difficulty
We're having difficulties getting our deposit back from the landlord.

das **Problem** [pro'bleːm]
Ich habe Probleme mit dem Computer gehabt.

problem
I had computer problems.

das **Risiko** ['riːziko]
Nach Ansicht der Ärzte ist die Operation in seinem Alter ein Risiko.

risk
According to the doctors, an operation at his age would be a risk.

## Negative Bewertungen

der **Unsinn** ['ʊnzɪn] — nonsense
Wenn man nicht auf ihn aufpaßt, macht er nichts als Unsinn.
If you don't keep an eye on him he gets up to mischief.

die **Gefahr** [gə'fa:ɐ] — danger
Obwohl er sich der Gefahr bewußt war, paßte er nicht auf.
Although he was aware of the danger he didn't take care.

**dagegen sein** [da'ge:gn zain] — be opposed to
Er ist dagegen, im Urlaub ans Meer zu fahren.
He is against having a holiday at the seaside.

**angeblich** ['ange:plɪç] — allegedly
Er kann angeblich alles, wovon man allerdings nichts merkt.
Supposedly he can do anything, but you wouldn't notice.

das **Vorurteil** ['fo:ɐʊrtail] — prejudice
Es ist schlimm, wenn jemand Vorurteile gegen Fremde hat.
It is awful when people harbour prejudices against foreigners.

**dumm** [dʊm] — stupid
Das ist eine dumme Sache!
How stupid!

das **Unglück** ['ʊnglʏk] — accident, misfortune
Seid vorsichtig, sonst passiert noch ein Unglück!
Be careful or you'll have an accident.

**negativ** ['ne:gati:f, nega'ti:f] — negative
Sie hat viel zu negative Gedanken.
Her thoughts are far too negative.

**fürchterlich** ['fʏrçtəlɪç] — dreadful

**ekelhaft** ['e:klhaft] — disgusting
Das Essen schmeckt ekelhaft.
The food tastes disgusting.

**unmöglich** ['ʊnmø:klɪç] — impossible

der **Mist** [mɪst]
So ein Mist!
Oh, damn it.

die **Schweinerei** [ʃvainə'rai] — mess; filthy trick
Was sie mit dir gemacht haben, ist eine Schweinerei!
What they did to you is downright disgusting.

**seltsam** ['zɛltza:m] — strange
Ich finde es seltsam, daß sie sich noch nicht entschieden haben.
I find it strange that they haven't come to a decision yet.

**dramatisch** [dra'ma:tɪʃ] — dramatic
Die Lage hat sich dramatisch entwickelt.
The situation has taken a dramatic turn.

**kompliziert** [kɔmpli'tsi:ɐt] — complicated
Die Sache ist leider ziemlich kompliziert.
Unfortunately, the situation is rather complicated.

**unangenehm** ['ʊnlangəne:m] — unpleasant
Unsere Nachbarn sind unangenehme Leute.
Our neighbours are unpleasant people.

der **Mißerfolg** ['mɪslɛɐfɔlk] — failure
Seit zwei Jahren hat er eine Reihe von Mißerfolgen.
He has had a series of setbacks for two years now.

der **Skandal** [skanˈdaːl]
Das ist ein Skandal!

scandal
That's scandalous.

**ernst** [ɛrnst]
Meine Herren, wir müssen die Angelegenheit ernst nehmen!

serious
Gentlemen, we need to take the matter seriously.

**übel** [ˈyːbl]
Er hat üble Erfahrungen mit seinen Kollegen gemacht.

awful
He's had some very nasty experiences with his colleagues.

**doof** [doːf]
Wir finden ihre Ansichten doof.

stupid
We think her views are stupid.

**überflüssig** [ˈyːbəflʏsɪç]
Obwohl sie wenig Geld hat, kauft sie viele überflüssige Sachen.

superfluous
Although she doesn't have much money, she buys lots of things she doesn't really need.

das **Elend** [ˈeːlɛnt]
Es ist ein Elend mit meinem kranken Vater!

misery
It's one long list of troubles with my father and his ill health.

**anscheinend** [ˈanʃainənt]
Sie hat anscheinend kein Interesse an einem engeren Kontakt mit ihnen.

apparently, seemingly
It would seem that she has no interest in closer contact with them.

**scheinbar** [ˈʃainbaːɐ]
Scheinbar war die Sache nicht so schlimm!

apparently
It would seem that it wasn't so terrible after all.

**als ob** [als ɔp]
Sie tun, als ob sie die Entscheidung nicht interessierte.

as if
They are acting as if the decision didn't interest them.

der **Mangel** [ˈmaŋl]
Ich bin der Meinung, daß Mangel an politischer Bildung für Vorurteile gegen Ausländer verantwortlich ist.

lack
I believe that prejudice against foreigners is the result of a lack of political education.

**düster** [ˈdyːstɐ]
Die Aussichten, eine günstige Wohnung zu finden, sind im Moment düster.

bleak, gloomy
The chances of finding a reasonably priced flat are pretty bleak at the moment.

# Familie und Verwandtschaft

## Familienangehörige

die **Familie** [fa'mi:liə]
Meine Familie lebt in Köln.

family
My family lives in Cologne.

der/die **Verwandte(r)** [fɛɐ'vantə(-tɐ)]

relative

die **Großeltern** ['gro:s|ɛltɐn]
Er verbrachte als Kind viel Zeit bei seinen Großeltern.

grandparents
As a child, he spent a lot of time with his grandparents.

die **Oma** ['o:ma]

granny, grandma

der **Opa** ['o:pa]

granddad, grandpa

die **Eltern** ['ɛltɐn]
Sie hat eine gute Beziehung zu ihren Eltern.

parents
She gets on well with her parents.

die **Mutter** ['mʊtɐ]
Bis zu meiner Geburt war meine Mutter berufstätig.

mother
My mother continued to work until I was born.

die **Mama** ['mama]
Mama, kannst du mir bitte beim Ausziehen helfen?

mom, mommy
Mommy, can you help me undress?

der **Vater** ['fa:tɐ]
Wie alt ist dein Vater?

father
How old is your father?

der **Papa** ['papa]
Fragt euren Papa, ob er mit euch schwimmen geht.

dad, daddy
Ask your Dad whether he'll go swimming with you.

das **Kind** [kɪnt]
Wir haben noch keine Kinder, wünschen uns aber welche.

child
We don't have any children yet but we'd like to have some.

die **Tochter** ['tɔxtɐ]
Ist Ihre Tochter älter als Ihr Sohn?

daughter
Is your daughter older than your son?

der **Sohn** [zo:n]

son

die **Geschwister** [gə'ʃvɪstɐ]
Ich habe leider keine jüngeren Geschwister.

brothers and sisters, siblings
Unfortunately, I don't have any younger brothers or sisters.

die **Schwester** ['ʃvɛstɐ]
Hat deine Schwester noch Kontakt zu deinem Onkel und deiner Tante?

sister
Is your sister still in touch with your uncle and aunt?

der **Bruder** ['bru:dɐ]
Ihr Bruder ist ihr großes Vorbild.

brother
She very much looks up to her brother.

der **Enkel**, die **Enkelin** ['ɛŋkl]
Wie viele Enkel haben Sie?

grandson; granddaughter
How many grandchildren do you have?

**die Schwiegereltern** ['ʃvi:gɐ|ɛltɐn]
Sie hat ein gutes Verhältnis zu ihren Schwiegereltern.

parents-in-law
She gets on well with her parents-in-law.

**die Tante** ['tantə]

aunt

**der Onkel** ['ɔŋkl]

uncle

**die Cousine, die Kusine** [kuˈziːnə]
Dieses Wochenende besuchen wir meine Cousine in Hamburg.

(female) cousin
We're going to visit my cousin in Hamburg this weekend.

**der Cousin, der Vetter** [kuˈzɛ̃ː, 'fɛtɐ]

(male) cousin

**verwandt** [fɛɐˈvant]
Ist Peter mit dir verwandt? — Ja, wir sind Cousins.

related
Are you and Peter related? — Yes, we're cousins.

**die Nichte** ['nɪçtə]
Ich suche ein Geschenk für meine Nichte Wiltrud.

niece
I'm looking for a present for my niece Wiltrud.

**der Neffe** ['nɛfə]

nephew

**die Verwandtschaft** [fɛɐˈvantʃaft]
Unsere Verwandtschaft ist sehr groß.

relations
We have a lot of relations.

**der/die Angehörige(r)** ['angəhøːrɪgə (-gɐ)]
Haben Sie schon seine nächsten Angehörigen benachrichtigt?

members of the family, next of kin
Have you notified his next of kin?

**die Generation** [generaˈtsioːn]
Die Firma gehört schon seit Generationen der Familie Schulz.

generation
The business has belonged to the Schulz family for several generations.

**der Zwilling** ['tsvɪlɪŋ]
Ich bekomme Zwillinge.

twin
I'm going to have twins.

**die Großmutter** ['groːsmʊtɐ]
Seine Großmutter lebt bei ihnen im Haus.

grandmother
His grandmother lives with them.

**der Großvater** ['groːsfaːtɐ]

grandfather

**die Schwägerin** ['ʃvɛːgerɪn]
Ich verstehe mich mit meiner Schwägerin sehr gut.

sister-in-law
I get on well with my sister-in-law.

**der Schwager** ['ʃvaːgɐ]

brother-in-law

**die Schwiegermutter** ['ʃviːgɐmʊtɐ]
Ihre Schwiegermutter hat ihr vieles im Haushalt gezeigt.

mother-in-law
Her mother-in-law taught her a lot about housekeeping.

**der Schwiegervater** ['ʃviːgɐfaːtɐ]
Sein Schwiegervater mochte ihn von Anfang an.

father-in-law
His father-in-law liked him from the very outset.

**die Schwiegertochter** ['ʃviːgɐtɔxtɐ]
Sie haben drei sehr nette Schwiegertöchter.

daughter-in-law
You have three very nice daughters-in-law.

Partnerschaft und Ehe | Familie und Verwandtschaft **14**

der **Schwiegersohn** ['ʃviːgɐzoːn]
Die Schwiegersöhne kümmerten sich um die Eltern ihrer Frauen.

son-in-law
The sons-in-law looked after their wives' parents.

die **Stiefmutter** ['ʃtiːfmʊtɐ]
Da ihre Mutter früh gestorben ist, hat sie eine Stiefmutter, mit der sie sich übrigens gut versteht.

step-mother
Because her mother died at an early age she has a step-mother and she gets on with her very well.

der **Stiefvater** ['ʃtiːfaːtɐ]
Er hat Schwierigkeiten mit seinem Stiefvater.

step-father
He has problems with his step-father.

## Partnerschaft und Ehe

der **Freund**, die **Freundin** [frɔynt]
Ich habe meinen Freund auf einer Party kennengelernt.
Hast Du eine Freundin?

boyfriend; girlfriend
I met my boyfriend at a party.

Do you have a girlfriend?

**zusammenleben** [tsuˈzamənleːbn]
Ihr Sohn lebt schon seit Jahren mit einer Frau zusammen.

live together
Their son has been living with a woman for years.

**heiraten** ['hairaːtn]
Wir haben letztes Jahr geheiratet.

get married; marry (someone)
We got married last year.

die **Hochzeit** ['hɔxtsait]
Feiert ihr eure Hochzeit oder nicht? — Ja, aber nur im kleinen Kreis.

wedding
Are you going to celebrate your wedding or not? — Yes, but only with close friends and family.

die **Ehe** ['eːə]
Meine Eltern führten eine gute Ehe.

marriage
My parents had a good marriage.

das **Ehepaar** ['eːəpaːɐ]

married couple

**erziehen** ⟨erzog, erzogen⟩ [ɛɐˈtsiːən]
Sie haben ihre Kinder gut erzogen.

bring up
They brought up their children well.

die **Erziehung** [ɛɐˈtsiːʊŋ]
Heutzutage wird viel über die Kindererziehung nachgedacht.

upbringing
Nowadays people give a great deal of thought to children's upbringing.

**verstehen (sich)** ⟨verstand, verstanden⟩ [fɛɐˈʃteːən]
Mein Onkel und meine Tante verstehen sich schon seit Jahren nicht mehr.

get on (with each other)

My uncle and aunt haven't got on with each other for years.

**trennen (sich)** ['trɛnən]
Sie denkt daran, sich von ihrem Mann zu trennen.

separate, split up
She's thinking of leaving her husband.

**scheiden lassen (sich)** ⟨schied, geschieden⟩ ['ʃaidn lasn]
Nachdem sie sahen, daß ihre Ehe nicht mehr zu retten war, ließen sie sich scheiden.

get a divorce

Once they realised that their marriage was beyond repair they got divorced.

165

**zusammenpassen** [tsu'zamənpasn]
Ich finde, daß mein Schwager und meine Schwester sehr gut zusammenpassen.

suit each other
I think that my brother-in-law and my sister are very suited.

der **Partner,** die **Partnerin** ['partnɐ]
Mein Onkel hat nach dem Tod seiner Frau eine neue Partnerin gefunden.

partner
After his wife died, my uncle found a new partner.

**verloben (sich)** [fɛɐ'loːbn]

get engaged

die **Trauung** ['trauʊŋ]
Die Trauung wird am Freitag, den 2. August stattfinden.

wedding ceremony
The wedding ceremony will take place on Friday, August 2nd.

die **Braut** [braut]

bride

der **Bräutigam** ['brɔytɪgam]

bridegroom

**adoptieren** [adɔp'tiːrən]
Sie beschlossen, ein Kind zu adoptieren.

adopt
They decided to adopt a child.

die **Kinderbetreuung** ['kɪndɐbətrɔyʊŋ]
Für berufstätige Mütter ist die Kinderbetreuung ein großes Problem.

child minding

For many working mothers, arranging for the children to be looked after is a big problem.

**gehorchen** [gə'hɔrçn]
Ich weiß nicht, was heute los ist, die Kinder gehorchen mir überhaupt nicht.

obey, behave
I don't know what's up today, the children just won't do what they're told.

die **Trennung** ['trɛnʊŋ]
Wie hast du die Trennung von deinem Mann empfunden?

separation
How did you feel about separating from your husband?

**Schluß machen** ['ʃlʊs maxn]
Seit ihr Freund mit ihr Schluß gemacht hat, ist mit ihr nichts mehr los!

finish
She's been a dead loss since her boyfriend finished with her.

# Der Mensch in der Gesellschaft 15

## Soziale Kontakte

**kennenlernen** [ˈkɛnənlɛrnən]
Ich möchte gern, daß Sie meinen Mann kennenlernen.
Mit der Zeit haben wir uns besser kennengelernt.

meet (for the first time), get to know
I'd like you to meet my husband.

We gradually got to know each other better.

**befreundet sein** [bəˈfrɔyndət zain]
Ich bin schon seit Jahren mit Jürgen befreundet.

be friends
Jürgen and I have been friends for years.

der **Freund**, die **Freundin** [frɔynt]
Ihre besten Freundinnen leben im Ausland.

(close) friend; boyfriend; girlfriend
Her best women friends live abroad.

der/die **Bekannte(r)** [bəˈkantə (-tɐ)]

Immer wenn unsere Bekannten im Urlaub sind, leeren wir ihren Briefkasten und gießen die Blumen.

friend, acquaintance *(Germans only use the term "Freund, Freundin" for close friends)*
Whenever our friends are on holiday we empty their letterbox and water the flowers.

**kennen** ⟨kannte, gekannt⟩ [ˈkɛnən]
Kennst du Bernd?
Maria und Claudia kennen sich von der Schule.

know
Do you know Bernd?
Maria and Claudia have known each other since school.

**duzen (sich)** [ˈduːtsn]
Ich schlage vor, daß wir uns duzen.

*use the familiar form of address*
Why don't we say "Du" to each other?

**siezen (sich)** [ˈziːtsn]
Im Büro siezen wir uns alle.

*use the formal form of address*
At the office, we all say "Sie" to each other.

**allein** [aˈlain]
Fährst du allein in den Urlaub?

alone
Are you going on holiday on your own?

**zusammen** [tsuˈzamən]
Ich fahre zusammen mit Freunden nach Österreich zum Skifahren.

together
I'm going on a skiing trip to Austria with friends.

**beide** [ˈbaidə]
Kennen Sie Herrn und Frau Kneifel? —
Ja, ich kenne beide.

both
Do you know Mr and Mrs Kneifel? —
Yes, I know both of them.

der **Kontakt** [kɔnˈtakt]
Ich habe kaum mehr Kontakt zu meinen früheren Kollegen.

contact
I have hardly any contact with my former colleagues.

**begegnen** [bəˈgeːgnən]
Sie begegnet ständig ihrem Vermieter.
Wir sind uns heute schon einmal begegnet.

meet (accidently)
She's always bumping into her landlord.
We've already run into each other once today.

## 15 Der Mensch in der Gesellschaft — Soziale Kontakte

die **Leute** [ˈlɔytə]
Wir haben auf unserer Reise nette Leute kennengelernt.

people
We met some nice people on our trip.

der **Mensch** [mɛnʃ]
Leider gibt es immer mehr einsame Menschen, die niemanden mehr haben.

person, human being
Unfortunately, there are more and more lonely people who don't have anybody.

**einsam** [ˈainzaːm]

lonely

die **Gruppe** [ˈgrʊpə]
Unsere Gruppe interessiert sich für den Islam.

group
Our group is interested in the Islamic faith.

**gemeinsam** [gəˈmainzaːm]
Sie fahren gemeinsam nach China.

together, jointly
They're travelling together to China.

**gegenseitig** [ˈgeːgnzaitɪç]
Wenn einer von uns Probleme hat, helfen wir uns gegenseitig.

mutually
We always help each other when we have problems.

**lustig** [ˈlʊstɪç]
An Silvester war es sehr lustig.

funny, amusing
We had a great time at New Year's Eve.

der **Verein** [fɛɐˈlain]
Sie ist im Sportverein.

club, association
She's a member of the sports club.

die **Gesellschaft** [gəˈzɛlʃaft]
Wir leben in einer demokratischen Gesellschaft.
Er befindet sich in schlechter Gesellschaft.

society; company
We live in a democratic society.

He's in poor company.

das **Milieu** [miˈli̯øː]
Ich kenne mich im Milieu der Prostituierten nicht aus.

world, milieu
I'm don't know much about the world of prostitution.

der/die **Fremde(r)** [ˈfrɛmdə (-dɐ)]
Es ist wichtig, daß Fremde in unserer Gesellschaft freundlich aufgenommen werden.

stranger; foreigner
It is important for foreigners to be given a friendly reception in our society.

die **Freundschaft** [ˈfrɔyntʃaft]
Uns verbindet eine lange Freundschaft miteinander.

friendship
We have been friends for a long time.

**verbinden** ⟨verband, verbunden⟩ [fɛɐˈbɪndn]

link, connect, join

der **Kamerad**, die **Kameradin** [kaməˈraːt]
Einer meiner Klassenkameraden wurde Architekt.

comrade; fellow

One of the people I went to school with became an architect.

der **Kumpel** [ˈkʊmpl]
Heute nachmittag trifft er sich mit seinem Kumpel.
Sie ist ein guter Kumpel.

mate *GB*, pal, buddy
He's meeting a mate this afternoon.

She's a good pal.

die **Brüderschaft** [ˈbryːdɐʃaft]
Sie hat gerade mit ihren Schwiegereltern Brüderschaft getrunken.

fraternity; intimate friendship
She's just celebrated agreeing to say "Du" to her parents-in-law over a drink.

das **Vorbild** ['fo:ɐbɪlt]
Ihre Englischlehrerin war ihr großes Vorbild.

(role-)model
She very much looked up to her English teacher.

der **Respekt** [re'spɛkt, rɛs'pɛkt]
Er hat großen Respekt vor seinem Vater.

respect
He has great respect for his father.

**gleichberechtigt sein** ['glaiçbərɛçtɪçt zain]
Bis heute sind in der katholischen Kirche Männer und Frauen nicht gleichberechtigt.

enjoy equal rights

To this day, men and women do not enjoy equal rights in the Catholic church.

**voneinander** [fɔnlai'nandɐ]
Wir können viel voneinander lernen.

from each other, of each other
We can learn a lot from each other.

**miteinander** [mɪtlai'nandɐ]
Miteinander sind wir stark und können für unsere Ziele kämpfen.

with each other; together
Together we are strong and can fight for our objectives.

**zu tun haben** ⟨hat, hatte, gehabt⟩ [tsu: 'tu:n ha:bn]
Sie hat viel mit Schauspielern zu tun.

have to do

She has a lot to do with actors.

das **Mitglied** ['mɪtgli:t]
Er ist Mitglied in der Gewerkschaft.

member
He's a member of the union.

**individuell** [ɪndivi'duɛl]
Der Unterricht wird auf Sie individuell abgestimmt.

individual
The lessons will be geared to your individual requirements.

**gesellschaftlich** [gə'zɛlʃaftlɪç]
Er ist gesellschaftlich anerkannt.

societal
He is a respected member of the community.

die **Szene** ['stse:nə]
Er kennt die Musikszene gut.

scene
He knows a lot about the music scene.

der/die **Prostituierte(r)** [prostitu'i:ɐtə (-tɐ)]

prostitute

# Verabredungen

**einladen** ⟨lädt ein, lud ein, eingeladen⟩ ['ainla:dn]
Meine Freundin hat mich zum Essen eingeladen.

invite; treat

My girlfriend asked me to dinner.

**bei** [bai]
Er ist bei uns zu Gast.

at, chez
He's staying with us.

der **Gast** [gast]

guest

**verabreden (sich)** [fɛɐ'lapre:dn]
Wir haben uns für nächsten Freitag verabredet.

arrange to meet
We have arranged to meet next Friday.

**ausmachen** ['ausmaxn]
Habt ihr schon ausgemacht, wann ihr euch zum Einkaufen trefft?

agree, arrange
Have you already agreed when you're meeting to go shopping?

# 15 Der Mensch in der Gesellschaft — Verabredungen

**melden (sich)** ['mɛldn]
Ich melde mich wieder bei dir, wenn ich mehr Zeit habe.

get in touch
I'll call you when I've got more time.

**treffen** ⟨trifft, traf, getroffen⟩ ['trɛfn]
Ich habe Paul schon lange nicht mehr getroffen.
Sollen wir uns wieder einmal treffen?

meet
I've not seen Paul for a long time.
How about meeting up again?

**abholen** ['apho:lən]
Er holt mich immer von zu Hause ab.

fetch, collect
He always picks me up from home.

**besuchen** [bə'zu:xn]
Sie hat heute ihren Onkel im Krankenhaus besucht.

visit
She visited her uncle in hospital today.

**da sein** ⟨ist, war, gewesen⟩ [da: zain]

be there; be at home

**wiederkommen** ⟨kam wieder, wiedergekommen⟩ ['vi:dəkɔmən]
Wir kommen sobald wie möglich wieder.

come back

We'll come back as soon as we can.

**begleiten** [bə'glaitn]
Sie läßt sich immer nach Hause begleiten.

accompany
She always has someone see her home.

**herzlich** ['hɛrtslıç]
Sie sind herzlich eingeladen.

warmly, cordially
You're very welcome to come.

die **Einladung** ['ainla:dʊŋ]
Ich nehme Ihre Einladung gerne an.

invitation
I'd be happy to accept your invitation.

der **Gastgeber,** die **Gastgeberin** ['gastge:bɐ]

host; hostess

der **Besuch** [bə'zu:x]
Ich habe Besuch bekommen.
Er hat einen kurzen Besuch bei seiner Cousine gemacht.
Wiltrud ist zur Zeit bei mir zu Besuch.

visit
I have visitors.
He made a brief visit to his cousin's.

Wiltrud is visiting me at the moment.

die **Verabredung** [fɛɐ'|apre:dʊŋ]

arrangement to meet; appointment; date

Leider habe ich keine Zeit, weil ich um 4 Uhr eine Verabredung habe.

Unfortunately I don't have the time because I've arranged to meet someone at 4.

**absagen** ['apza:gn]
Sie hat die Verabredung mit ihrem Manager abgesagt.

cancel
She cancelled the meeting with her manager.

**vorbeikommen** ⟨kam vorbei, vorbeigekommen⟩ [fo:ɐ'baikɔmən]
Wenn es Ihnen paßt, komme ich gleich vorbei.

come round

If it's all right with you, I'll come round right away.

**vorbeigehen** ⟨ging vorbei, vorbeigegangen⟩ [fo:ɐ'baige:ən]
Gehst du schnell bei Forsters vorbei und holst die Bücher ab?

go round

Could you nip round to the Forster's and get the books?

| | |
|---|---|
| **verspäten (sich)** [fɛɐ'ʃpɛ:tn]<br>Sie hat sich um eine Stunde verspätet. | be late<br>She was an hour late. |
| **mitkommen** ⟨kam mit, mitgekommen⟩ ['mɪtkɔmən]<br>Kommst du ins Schwimmbad mit? | come along<br><br>Are you coming with us to the swimming pool? |
| **heimbringen** ⟨brachte heim, heimgebracht⟩ ['haimbrɪŋən]<br>Alfred bringt dich sicher heim. | take home, bring home<br><br>I'm sure Alfred will take you home. |

## Begrüßen, Vorstellen, Verabschieden

| | |
|---|---|
| **Guten Morgen!** [gu:tn 'mɔrgn] | Good morning. |
| **Guten Tag!** [gu:tn 'ta:k] | Hello. |
| **Guten Abend!** [gu:tn 'a:bnt] | Good evening. |
| **Hallo!** [ha'lo:, 'halo]<br>Hallo! Wie geht's? | Hi.<br>Hi. How are you doing? |
| **klingeln** ['klɪŋln]<br>Mach bitte die Tür auf! Es hat geklingelt. | ring (the doorbell)<br>Please answer the door. Somebody rang the bell. |
| **klopfen** ['klɔpfn]<br>Bitte klopfen! | knock<br>Please knock. |
| **empfangen** ⟨empfängt, empfing, empfangen⟩ [ɛm'pfaŋən]<br>Wir wurden sehr freundlich empfangen. | receive<br><br>We were given a very friendly reception. |
| **begrüßen** [bə'gry:sn]<br>Hast du schon den neuen Kollegen begrüßt? | greet<br>Have you said hello to our new colleague yet? |
| die **Dame** ['da:mə]<br>Meine Damen und Herren, darf ich um Ihre Aufmerksamkeit bitten! | lady<br>Ladies and gentlemen, may I ask for your attention. |
| die **Aufmerksamkeit** ['aufmɛrkza:mkait] | attention |
| **vorstellen** ['fo:ɐʃtɛlən]<br>Darf ich Ihnen meinen Mann vorstellen?<br>Entschuldigung, ich habe mich bei Ihnen noch nicht vorgestellt. | introduce, present<br>May I introduce my husband to you?<br>Excuse me, may I introduce myself? |
| **sein** ⟨ist, war, gewesen⟩ [zain]<br>Mein Name ist Weber. Ich bin der Mitarbeiter von Herrn Peters. | be<br>My name is Weber. I work with Mr Peters. |
| das **Kompliment** [kɔmpli'mɛnt]<br>Er hat mir ein Kompliment gemacht. | compliment<br>He complimented me. |
| der **Gruß** [gru:s]<br>Bestell bitte deiner Mutter viele Grüße von mir. | greeting<br>Give my regards to your mother. |

**verabschieden** [fɛɐ'apʃi:dn]
Er hat seine Gäste verabschiedet.
Sie verabschieden sich gerade.

**Auf Wiedersehen!** [auf 'vi:deze:ən]

**Tschüs!** [tʃys]

**bis** [bɪs]
Bis bald!
Bis nächsten Donnerstag!

**Gute Nacht!** [gu:tə 'naxt]
Ich habe Carlo schon gute Nacht gesagt.

**Grüß Gott!** [gry:s 'gɔt]

**läuten** ['lɔytn]
Es hat geläutet.

**anklopfen** ['anklɔpfn]
Nachdem er angeklopft hatte, ist er eingetreten.

**eintreten** ⟨tritt ein, trat ein, eingetreten⟩ ['aintre:tn]
Bitte treten Sie ein und setzen Sie sich!

die **Begrüßung** [bə'gry:sʊŋ]
Zur Begrüßung gab es Sekt.

der **Empfang** [ɛm'pfaŋ]
Es war ein herzlicher Empfang.

**umarmen** [ʊm'larmən]
Laß dich umarmen!
Sie umarmten sich.

**willkommen** [vɪl'kɔmən]
Ihr seid uns immer herzlich willkommen.

**grüßen** ['gry:sn]
Grüß deine Eltern von mir!
Felix läßt dich grüßen.

der **Abschied** ['apʃi:t]
Sie gaben sich zum Abschied die Hand.

**Leben Sie wohl!** [le:bn zi: 'vo:l]

**Ade!** [a'de:]

**Mach's gut!** [maxs gu:t]

**von sich hören lassen** [fɔn zɪç 'hø:rən lasn]
Laßt bald wieder etwas von euch hören!

**raus** [raus]
Sie gingen raus.

say goodbye
He said goodbye to his guests.
They are just saying goodbye.

Goodbye.

See you.

until
See you soon.
See you next Thurdsay.

Good night.
I've already said good night to Carlo.

Hello. *(standard greeting in South Germany)*

ring (the doorbell)
Someone rang the doorbell.

knock (at the door)
After he'd knocked at the door, he went in.

enter

Please come in and sit down.

greeting
They were welcomed with a glass sparkling wine.

reception
It was a warm welcome.

embrace, hug
Come here and let me give you a hug.
They embraced.

welcome
You're always welcome.

greet
Say hello to your parents for me.
Felix says hello.

parting
They parted with a handshake.

**Look after yourself.** *(literally the phrase means "farewell")*

Bye. *(in South Germany)*

Take care.

get in touch

Be sure to get in touch again soon.

out
They went out.

**winken** ['vɪŋkn]
Sie winkte ihnen mit einem Taschentuch.

wave
She waved to them with a handkerchief.

# Handeln im gesellschaftlichen Kontext

**anbieten** ⟨bot an, angeboten⟩ ['anbi:tn]
Darf ich Ihnen etwas zu trinken anbieten?

offer

Would you like something to drink?

**geben** ⟨gibt, gab, gegeben⟩ ['ge:bn]
Er hat mir die Schlüssel gegeben.
Sie geben sich die Hand.

give
He gave me the keys.
They are shaking hands.

**bekommen** ⟨bekam, bekommen⟩ [bə'kɔmən]
Hast du viele Geschenke zum Geburtstag bekommen?

get, receive

Did you get a lot of birthday presents?

das **Geschenk** [gə'ʃɛŋk]

present

**schenken** ['ʃɛŋkn]
Ich habe ihr ein Spiel geschenkt.

give
I gave her a game.

**kriegen** ['kri:gn]
Sie kriegt noch Geld von dir!

get
You still owe her money.

**mitbringen** ⟨brachte mit, mitgebracht⟩ ['mɪtbrɪŋən]
Wir haben unseren Gastgebern eine Flasche Wein mitgebracht.

bring (along)

We took along a bottle of wine for our hosts.

**leihen** ⟨lieh, geliehen⟩ ['laiən]
Ich habe mir die Videokamera von meinem Bruder geliehen.
Wenn du willst, leihe ich dir mein Auto für einen Tag.

lend; borrow
I borrowed the video camera from my brother.
If you like, I'll lend you my car for a day.

**ausleihen** ⟨lieh aus, ausgeliehen⟩ ['auslaiən]
Sie hat sich in der Bibliothek Bücher ausgeliehen.
Er hat mir einen Wecker ausgeliehen.

lend; borrow

She borrowed some books from the library.
He lent me an alarm clock.

**zurückgeben** ⟨gibt zurück, gab zurück, zurückgegeben⟩ [tsu'rʏkge:bn]
Gibst du mir bitte meine Ski wieder zurück!

give back, return

Would you please give me my skis back.

**wegnehmen** ⟨nimmt weg, nahm weg, weggenommen⟩ ['vɛkne:mən]
Ich habe ihr das Buch weggenommen.

take away from

I took the book away from her.

**kümmern (sich)** ['kʏmɐn]
Meine Tochter kümmert sich um mich.

look after
My daughter is looking after me.

173

**beschützen** [bə'ʃʏtsn̩]
Er beschützt sie vor ihren Feinden.

protect
He protects her against her enemies.

**helfen** ⟨hilft, half, geholfen⟩ ['hɛlfn̩]
Würden Sie mir bitte helfen, den Kasten Bier ins Auto zu stellen?

help
Would you please help me to put this crate of beer into the car?

die **Hilfe** ['hɪlfə]
Wenn Sie Hilfe brauchen, rufen Sie mich bitte an!

help
If you need any help, please call me.

der **Gefallen** [gə'falən]
Sie könnten mir einen großen Gefallen tun, wenn Sie mich im Auto mitnehmen würden.

favour *GB*, favor *US*
You'd be doing me a big favour if you'd give me a lift.

**spenden** ['ʃpɛndn̩]
Ich habe für die Aidshilfe 100 Mark gespendet.

give, donate
I donated one hundred marks to the Aids support group.

**zeigen** ['tsaign]
Kannst du mir zeigen, wie man die Spülmaschine anstellt?

show
Can you show me how to switch on the dishwasher?

**behandeln** [bə'handln̩]
Die Krankenschwestern behandeln ihn gut.

treat
The nurses are treating him well.

die **Gleichberechtigung** ['glaiçbəreçtɪgʊŋ]
Wirkliche Gleichberechtigung gibt es meiner Meinung nach nicht.

equality, equal rights

In my opinion, genuine equality doesn't exist.

**beeinflussen** [bə'ʔainflʊsn̩]
Er wurde in seinen politischen Ansichten von seinen Freunden stark beeinflußt.

influence
His political views were strongly influenced by his friends.

**wenden (sich)** ⟨wandte, gewandt⟩ ['vɛndn̩]
Bitte wenden Sie sich an die Versicherung!

turn, approach

Please contact the insurance company.

**stören** ['ʃtøːrən]
Störe ich?
Er stört mich dauernd bei der Arbeit.

disturb
Am I disturbing you?
He's always interrupting my work.

**hindern** ['hɪndɐn]
Niemand wird mich daran hindern, meinen Weg zu gehen!

prevent
No one is going to stop me from going my own way.

der **Krach** [krax]
Sie hat mit ihrer Mutter wegen ihres Freundes Krach bekommen.

row, argument
She had a row with her mother over her boyfriend.

**peinlich** ['painlɪç]
Die Sache ist mir äußerst peinlich!

embarrasing
I find the whole thing very embarrasing.

**überreichen** [yːbə'raiçn̩]
Er überreichte ihr Blumen.

hand over, give
He presented her with some flowers.

Handeln im gesellschaftlichen Kontext — Der Mensch in der Gesellschaft

**abgeben** ⟨gibt ab, gab ab, abgegeben⟩ ['apgeːbn]
Der Postbote hat das Paket bei den Nachbarn abgegeben.
Gib deiner Schwester etwas von der Schokolade ab!

hand in; give away
The postman left the parcel with the neighbours.
Let your sister have some of the chocolate.

**erhalten** ⟨erhält, erhielt, erhalten⟩ [ɛɐ'haltn]
Die Bevölkerung erhielt Hilfe vom Roten Kreuz.

receive
The population received aid from the Red Cross.

**beteiligen (sich)** [bə'tailɪgn]
Sie haben sich an dem Geschenk beteiligt.

take part
They gave something towards the present.

**die Anwesenheit** ['anveːznhait]

presence

**die Abwesenheit** ['apveːznhait]

absence

**die Störung** ['ʃtøːrʊŋ]
Entschuldigen Sie die Störung!

disturbance
Excuse me for disturbing you.

**einander** [ai'nandɐ]
Wir verstehen einander sehr gut.

each other
We are on ery good terms.

**einmischen (sich)** ['ainmɪʃn]
Er mischt sich immer in fremde Angelegenheiten ein.

interfere
He's always interferring in other people's affairs.

**die Angelegenheit** ['angəleːgnhait]

matter

**das Angebot** ['angəboːt]
Meine Verwandten haben mir das Angebot gemacht, bei ihnen zu wohnen.

offer
My relatives have offered to take me in.

**versorgen** [fɛɐ'zɔrgn]
Wer kann in meiner Abwesenheit meine Fische versorgen?

look after
Who can look after my fish while I'm away?

**ankommen** ⟨kam an, angekommen⟩ ['ankɔmən]
Diese Gruppe kommt bei jungen Leuten sehr gut an.

go down well, catch on

This group is very popular with young people.

**die Ehre** ['eːrə]
Er macht seinen Eltern alle Ehre.
Sie will dich einladen! — Wie komme ich zu dieser Ehre?

honour *GB*, honor *US*
He is a credit to his parents.
She wants to invite you. — To what do I owe the honour?

**die Emanzipation** [emantsipa'tsioːn]

emancipation

**die Feministin** [femi'nɪstɪn]

feminist

**die Frauenbewegung** ['frauənbəveːgʊŋ]
Sie ist in der Frauenbewegung.

women's movement

She's in the women's movement.

**sozial** [zo'tsiaːl]
Sie ist sozial eingestellt.

social, public-spirited
She's a public-spirited person.

**integrieren** [ɪnte'griːrən]
Ich bin dafür, Ausländer besser in die Gesellschaft zu integrieren.

integrate
I believe that foreigners should be better integrated within our society.

**15** Der Mensch in der Gesellschaft                                                                           Besitz

> **diskriminieren** [dɪskrimi'niːrən]
> Prostituierte werden oft diskriminiert.
>
> discriminate
> Prostitutes often suffer from discrimination.
>
> **unabhängig** ['ʊnlaphɛŋɪç]
> Ich möchte von meinen Eltern unabhängig sein.
>
> independent
> I don't wish to be dependent upon my parents.

## Besitz

**arm** [arm]
Sie ist weder arm noch reich.

poor
She's neither rich nor poor.

**reich** [raiç]

rich

**haben** ⟨hat, hatte, gehabt⟩ ['haːbn]
Ich habe einen Videorecorder.

have
I've got a video recorder.

**besitzen** ⟨besaß, besessen⟩ [bə'zɪtsn]
Sie besitzen ein großes Haus mit Garten.

own, possess
They own a big house with a garden.

**der Besitzer, die Besitzerin** [bə'zɪtsɐ]
Wer ist der Besitzer der Wohnung?

owner
Who is the owner of the flat?

**gehören** [gə'høːrən]
Wem gehören die Schallplatten? — Sie gehören mir.

belong to
Whose records are these? — They're mine.

**von** [fɔn]
Von wem ist das Fahrrad?

from
Whose bicycle is this?

**eigene(r, s)** ['aigənə (-nɐ, -nəs)]
Jedes unserer Kinder hat sein eigenes Zimmer.

own
Our children have their own rooms.

**privat** [pri'vaːt]
Die privaten Räume befinden sich im ersten Stock.
Ich möchte von Privat ein 5 ha großes Grundstück im Raum München kaufen.

private
The private rooms are on the first *GB*/ second *US* floor.
I would like to to buy a five hectare plot of land in the Munich area without going through an agent.

**mein** [main]
Wo kann ich meine Hände waschen?

my
Where can I wash my hands?

**dein** [dain]
Deine Meinung interessiert niemanden.

your *(familiar form of address)*
Nobody's interested in your opinion.

**sein** [zain]
Seine Schuhe sind beim Schuhmacher.
Sein Auto steht in der Garage.

his; its
His shoes are at the shoemaker's.
His car is in the garage.

**ihr** [iːɐ]
Mir gefällt ihre neue Frisur überhaupt nicht.
Kennt ihr Marion und Ursula? — Nein, aber wir kennen ihre Eltern.

her; their
I don't like her new hairstyle one bit.

Do you know Marion and Ursula? — No, but we know their parents.

176

Besitz    Der Mensch in der Gesellschaft **15**

**Ihr** [iːɐ]
Es wäre schön, wenn Sie uns Ihre Ansichten mitteilen könnten.
Bitte halten Sie alle Ihre Reisepässe an der Grenze bereit.

your *(formal address)*
We would be grateful if you would let us know your views.
Please have your passports ready at the border.

**unser** ['ʊnzɐ]
Wir haben unser Haus renoviert.

our
We have redecorated our house.

**euer** ['ɔyɐ]
Habt ihr euer Auto schon verkauft? — Ja, wir haben es gestern an einen Vertreter verkauft.

your *(familar form of address, plural)*
Have you sold your car yet? — Yes, we sold it yesterday to a sales rep.

**erben** ['ɛrbn]
Als meine Eltern starben, habe ich ihr ganzes Vermögen geerbt.

inherit
When my parents died I inherited their entire estate.

der **Erbe**, die **Erbin** ['ɛrbə]
Seine Tante setzte ihn als einzigen Erben in ihr Testament ein.

heir
His aunt named him in her will as her sole heir.

---

der **Besitz** [bə'zɪts]
Die Burg ist im Besitz der Familie Hohenzollern.

property, possessions
The castle belongs to the Hohenzollern family.

der **Eigentümer**, die **Eigentümerin** ['aignty:mɐ]
Die Eigentümer sind verreist.

owner

The owners are away.

das **Eigentum** ['aigntu:m]
Eigentum ist gesetzlich geschützt.

property
Property is protected by law.

das **Vermögen** [fɛɐ'mø:gn]

wealth

**behalten** ⟨behält, behielt, behalten⟩ [bə'haltn]
Wenn du willst, kannst du das Buch behalten.

keep

You can keep that book if you want it.

**ersetzen** [ɛɐ'zɛtsn]
Ich werde Ihnen den Schaden ersetzen.

replace
I will make good the damage.

**meine(r, s)** ['mainə (-nɐ, -nəs)]
Ist das dein Regenschirm? — Ja, das ist meiner.

mine
Is that your umbrella? — Yes, it's mine.

**deine(r, s)** ['dainə (-nɐ, -nəs)]
Das Buch, ist das deins oder seins? — Es ist meins.

yours
That book, is it yours or his? — It's mine.

**seine(r, s)** ['zainə (-nɐ, -nəs)]
Wem gehören die Schlüssel? — Ich glaube, es sind seine.

his
Whose keys are these? — I think they're his.

**ihre(r, s)** ['i:rə (-rɐ, -rəs)]
Sind das die Kinder Ihrer Freunde? — Ja, das sind ihre.

hers; theirs
Are those your friends' children? — Yes, they're theirs.

**Ihre(r, s)** ['i:rə (-rɐ, -rəs)]
Welches der Autos auf dem Parkplatz ist Ihres? — Dieses hier.

yours
Which one of the cars in the car park is yours? — This one.

**unsere(r, s)** ['ʊnzərə (-rɐ, -rəs)]
Ist das euere Garage? — Ja, das ist unsere.

ours
Is that your garage? — Yes, it's ours.

**eure(r, s)** ['ɔyrə (-rɐ, -rəs)]
Der Ball hier, wem gehört der? Ist das vielleicht eurer?

yours
What about this ball, whose is it? Is it yours perhaps?

**wert** [veːɐt]
Wieviel ist die Uhr wert?

worth
How much is that clock worth?

der **Wert** [veːɐt]
Die Aktien steigen im Wert.

value
Shares are increasing in value.

der **Luxus** ['lʊksʊs]
Sie hat sich den Luxus erlaubt, sich einen Ledermantel zu kaufen.

luxury
She treated herself to the luxury of a leather coat.

die **Armut** ['armuːt]
Das Volk lebte während des Krieges in großer Armut.

poverty
The population lived in extreme poverty during the war.

der **Wohlstand** ['voːlʃtant]
Unsere Verwandten haben es zu Wohlstand gebracht.

wealth, affluence
Our relatives have become wealthy.

das **Testament** [tɛsta'mɛnt]

will

das **Erbe** ['ɛrbə]
Er hat das Erbe angenommen.

inheritance
He accepted the inheritance.

# Schule und Ausbildung

## Schul- und Ausbildungssystem

der **Kindergarten** ['kɪndəgartn]
Kinder können ab drei den Kindergarten besuchen.

nursery school, kindergarten
Children can attend nursery school from the age of three.

die **Schule** ['ʃu:lə]
Gehst du gerne in die Schule?

school
Do you like going to school?

der **Lehrer**, die **Lehrerin** ['le:rɐ]
Die Lehrerin ist mit ihren Schülern sehr zufrieden.

teacher
The teacher is very pleased with her pupils.

der **Schüler**, die **Schülerin** ['ʃy:lɐ]

schoolchild, pupil

**lernen** ['lɛrnən]
In der ersten Klasse der Grundschule lernen die Schüler lesen, schreiben und rechnen.

learn
In the first year of primary school, pupils learn reading, writing and arithmetic.

die **Klasse** ['klasə]

class; school year *GB*, grade *US* (*primary schooling comprises the years 1 to 4, secondary schooling starts at year 5 and can extend as far as year 13*)

In welche Klasse gehst du? — In die 10. Klasse des Gymnasiums.
What year are you in? — I'm in the sixth year of grammar school.

**unterrichten** [ʊntəˈrɪçtn]
Wer unterrichtet bei euch Französisch?

teach
Who teaches your class French?

der **Unterricht** ['ʊntərɪçt]
Er gibt Asylanten Unterricht in Deutsch.
Seit einem Jahr nimmt sie Unterricht in Spanisch bei mir.

lesson(s)
He teaches asylum-seekers German.
I have been giving her Spanish lessons for a year.

die **Grundschule** ['grʊntʃu:lə]
In der Bundesrepublik Deutschland geht man vier Jahre in die Grundschule, danach besucht man entweder die Hauptschule, die Realschule oder das Gymnasium.

primary school
In Germany, children attend primary school for four years and then go on to basic secondary modern, advanced secondary modern or grammar school.

**gehen** ⟨ging, gegangen⟩ ['ge:ən]
Gehst du noch zur Schule oder schon auf die Universität?

go
Are you still at school or are you already at university?

die **Hauptschule** ['hauptʃu:lə]

secondary modern school *(in Germany, there are two alternatives to grammar school, "Hauptschule" providing a more basic form of education than "Realschule")*

Die Hauptschule dauert fünf Jahre.
Pupils attend basic secondary modern school for five years.

## Schule und Ausbildung — Schul- und Ausbildungssystem

**sein** ⟨ist, war, gewesen⟩ [zain]
Ist sie auf der Hauptschule oder auf der Realschule?

**die Realschule** [re'aːlʃuːlə]

**das Gymnasium** [gym'naːziʊm]
Unsere Tochter besucht das Gymnasium.

**besuchen** [bə'zuːxn]

**die Universität** [univɛrzi'tɛːt]
Sie hat sich an der Universität Bielefeld für Soziologie immatrikuliert.

**lehren** ['leːrən]
Professor Bubner lehrt an der Universität Tübingen Philosophie.

**der Professor, die Professorin** [pro'fɛsɔr, profɛ'soːrɪn]

**das Zeugnis** ['tsɔyknɪs]
Sie hat dieses Jahr ein gutes Zeugnis bekommen.

**die Note** ['noːtə]
In Englisch bekam er die beste Note, eine Eins, und in Mathematik hatte er die schlechteste Note, nämlich eine Sechs.

**der (Schul)abschluß** ['(ʃuːl)|apʃlʊs]
Was für einen Schulabschluß braucht man, um studieren zu können? — Das Abitur.

**der Hauptschulabschluß** ['hauptʃuːl|apʃlʊs]

**die mittlere Reife** [mɪtlərə 'raifə]

Sie hat die mittlere Reife gemacht und danach eine Ausbildung als Erzieherin angefangen.

**das Abitur** [abi'tuːɐ]

**die Volkshochschule** ['fɔlkshoːxʃuːlə]
Ich gebe Spanischunterricht an der Volkshochschule.

be
Does she go to the basic or the advanced secondary modern school?

advanced secondary modern school

grammar school *GB*, high school *US*
Our daughter goes to grammar school.

attend

university
She has enrolled for sociology at Bielefeld University.

teach
Professor Bubner teaches philosophy at Tübingen University.

professor; university lecturer *(the title professor is used far more liberally than in the English-speaking world)*

school report
She had a good school report this year.

mark *(marks are given from one to six)*
He got the top mark for English, a one, and the worst for mathematics, a six.

qualification (from school)
What qualification do you need to be accepted onto a university degree course? — The school-leaving certificate from a grammar school.

*school-leaving certificate from a basic secondary modern school*

*school-leaving qualification from an advanced secondary modern or from grammar school if the pupil leaves after the sixth year; approximately equivalent to GCSEs*
She obtained her school-leaving certificate from an advanced secondary modern school and started training as a nursery school teacher.

*school-leaving certificate from a grammar school entitling the holder to go on to higher education*

adult education centre
I give Spanish lessons at the adult education centre.

Schul- und Ausbildungssystem　　　　　　　　　　Schule und Ausbildung

**anmelden (sich)** ['anmɛldn]
Haben Sie sich schon für den Computerkurs angemeldet?

enroll
Have you already enrolled for the computer course?

**der Kurs** [kʊrs]
Der Kurs muß ausfallen, wenn sich nicht mindestens acht Teilnehmer melden.

course
The course will have to be cancelled if fewer than eight people enroll.

**belegen** [bə'le:gn]
Sie hat dieses Semester bei der Volkshochschule einen Portugiesischkurs belegt.

attend
This semester, she attended a Portuguese course at the adult education centre.

**der Kursleiter, die Kursleiterin**
['kʊrslaitɐ]

teacher

**der (Kurs)teilnehmer, die (Kurs)-teilnehmerin** ['(kʊrs)tailne:mɐ]
Es wäre gut, wenn alle Kursteilnehmer die gleichen Voraussetzungen mitbrächten.

course participant, student

It would be a good thing if all those attending the course had the same level of learning and ability.

**die Kinderkrippe** ['kɪndɐkrɪpə]
Kinder bis zu drei Jahren können tagsüber in eine Kinderkrippe gebracht werden.

crèche
During the day, under-threes can be left at the crèche.

**das Kindertagheim** ['kɪndɐta:khaim]
Im Kindertagheim werden Kinder ab drei Jahren aufgenommen.

day nursery
Children over the age of three may attend the day nursery.

**die Vorschule** ['fo:ɐʃu:lə]

pre-school

**die Sonderschule** ['zɔndɐʃu:lə]
Nach der Sonderschule machte er eine Lehre.

special school
After attending a special school he went on to do an apprenticeship.

**die Gesamtschule** [gə'zamtʃu:lə]
In Nordrhein-Westfalen gibt es mehr Gesamtschulen als in Baden-Württemberg.

comprehensive school
There are more comprehensive schools in the State of North Rhine-Westphalia than in the State of Baden-Württemberg.

**der Abiturient, die Abiturientin**
[abitu'riɛnt]

*a pupil about to take the school-leaving certificate or someone who has just passed it*

**die (Allgemein)bildung**
[algə'mainbɪldʊŋ, 'bɪldʊŋ]
Er hat eine gute Allgemeinbildung.

general education

He has a good all-round education.

**die Berufsschule** [bə'ru:fsʃu:lə]
Er unterrichtet Arzthelferinnen an der Berufsschule.

vocational college
She teaches doctor's assistants at the vocational college.

**der Anfänger, die Anfängerin**
['anfɛŋɐ]
Der Deutschkurs ist nicht für Anfänger(innen), sondern nur für Teilnehmer(innen) mit guten Kenntnissen der deutschen Sprache geeignet.

beginner

The German course is not suitable for beginners but only for students with a good knowledge of German.

**16** Schule und Ausbildung · Unterricht

---

die **Anmeldung** [ˈanmɛldʊŋ]

Die Anmeldung zu den Kursen findet Ende August/Anfang September statt.

registration, enrolment *GB*, enrollment *US*

Enrolment for the courses takes place at the end of August and at the beginning of September.

---

# Unterricht

der **Stundenplan** [ˈʃtʊndnplaːn]
Welche Fächer stehen heute auf dem Stundenplan?

school timetable
What subjects are on the timetable today?

die **Stunde** [ˈʃtʊndə]
Morgen habe ich nur vier Stunden Unterricht.

lesson
I only have four lessons tomorrow.

die **Pause** [ˈpauzə]
Nach 1 ½ Stunden Kurs machen wir eine Viertelstunde Pause.

break
We will take a 15 minute break after an hour and a half.

**ausfallen** ⟨fällt aus, fiel aus, ausgefallen⟩ [ˈausfalən]
Der Unterricht fällt heute aus, weil die Lehrerin krank geworden ist.

not take place

Today's lessons are cancelled because the teacher is ill.

**schreiben** ⟨schrieb, geschrieben⟩ [ˈʃraibn]
Schreiben Sie bitte die Regeln in Ihr Heft.

write

Please write down the rules in your exercise books.

das **Heft** [hɛft]

excercise book

**lesen** ⟨liest, las, gelesen⟩ [ˈleːzn]
Wer möchte gerne den Text laut vorlesen?

read
Who would like to read the text aloud?

der **Text** [tɛkst]

text

die **Überschrift** [ˈyːbəʃrɪft]
Wir übersetzen den Text auf Seite 10 mit der Überschrift: Im Kaufhaus.

heading
We will translate the text on page 10 with the heading: In the department store.

**auswendig** [ˈausvɛdɪç]
Lernt bitte das Gedicht bis zur nächsten Stunde auswendig.

off by heart
Please learn the poem off by heart by the next lesson.

**diktieren** [dɪkˈtiːrən]
Die Lehrerin diktierte Sätze, die die Schüler ins Englische übersetzen mußten.

dictate
The teacher dictated sentences which the pupils then had to translate into English.

**übersetzen** [yːbəˈzɛtsn]

translate

die **Übersetzung** [yːbəˈzɛtsʊŋ]
War die Übersetzung aus dem Russischen schwierig? — Die ins Russische war schwieriger.

translation
Was the translation from Russian difficult? — The translation into Russian was more difficult.

182

Unterricht — Schule und Ausbildung **16**

die **Übung** ['y:bʊŋ]
Die Lösungen der Übung stehen auf Seite 176.

excercise
The answers to the excercise are given on page 176.

die **Lösung** ['lø:zʊŋ]

solution, answer

die **Seite** ['zaitə]

page

**üben** ['y:bn]
Wenn ihr eure Noten verbessern wollt, müßt ihr zu Hause mehr üben.

practise
If you want to get better marks you need to practise more at home.

**wiederholen** [vi:də'ho:lən]
Nächste Stunde werde ich die Grammatik noch einmal kurz wiederholen.

repeat
Next lesson, I will briefly go over the grammar again.

das **Beispiel** ['baiʃpi:l]
Der Kursleiter erklärte die Regel mit Beispielen.
Es wäre zum Beispiel wichtig zu wissen, wie Sie sich den Unterricht vorstellen.

example
The teacher illustrated the rules with some examples.
It would, for example, be important to know what you expect from the lessons.

die **Hausaufgabe** ['haus|aufga:bə]
Die Lehrerin gab den Schülern viele Hausaufgaben auf.

homework
The teacher gave her pupils a lot of homework.

die **(Klassen)arbeit** ['(klasn)|arbait]
Wann schreibt ihr die nächste Klassenarbeit in Mathematik?

test *(at school)*
When is your next maths test?

**leicht** [laiçt]
Ich fand, daß die Arbeit ziemlich leicht war.

easy
I found the test pretty easy.

**schwierig** ['ʃvi:rɪç]

difficult

**korrigieren** [kɔri'gi:rən]
Haben Sie unsere Klassenarbeit schon korrigiert?

correct
Have you already marked our test?

der **Fehler** ['fe:lə]
Sie hat nur drei Fehler gemacht.

mistake
She only made three mistakes.

das **Alphabet** [alfa'be:t]

alphabet

der **Buchstabe** ['bu:xʃta:bə]

letter

der **Satz** [zats]
Bilden Sie bitte fünf Sätze nach demselben Muster.

sentence
Please form five sentences according to the same pattern.

**bilden** ['bɪldn]

form

der **Punkt** [pʊŋkt]
Ein Satz endet mit einem Punkt, einem Fragezeichen oder einem Ausrufezeichen.
Wie viele Punkte brauchst du, um eine gute Note zu bekommen?

full stop *GB*, period *US*; point, mark
A sentence ends with a full stop, a question mark or an exclamation mark.

How many marks do you need to get a good grade?

die **Regel** ['re:gl]

rule

das **Klassenzimmer** ['klasntsɪmɐ]  
classroom

die **Tafel** ['taːfl]  
(black)board  
Wer putzt die Tafel nach dem Unterricht?  
Who's going to clean the board after the lesson?

die **Kreide** ['kraidə]  
chalk  
Ich finde, daß man weiße Kreide am besten auf der Tafel lesen kann.  
I think that white chalk shows up best on a blackboard.

**aufmerksam** ['aufmɛrkzaːm]  
attentive  
Die Schüler folgten den Erklärungen des Lehrers aufmerksam.  
The pupils listened attentively to the teacher's explanations.

**aufschreiben** ⟨schrieb auf, aufgeschrieben⟩ ['aufʃraibn]  
write down  
Habt ihr schon aufgeschrieben, wann wir die nächste Arbeit schreiben?  
Have you already noted down when the next test is to be?

die **Schrift** [ʃrɪft]  
handwriting  
Sie hat eine schöne Schrift.  
She has nice handwriting.

**eintragen** ⟨trägt ein, trug ein, eingetragen⟩ ['aintraːgn]  
register  
Als Kursleiter muß ich die Namen aller Kursteilnehmer und Teilnehmerinnen eintragen.  
As the teacher, I have to take a note of the names of all those attending the course.

die **Liste** ['lɪstə]  
list

**buchstabieren** [buːxʃtaˈbiːrən]  
spell  
Wie schreibt man Ihren Namen? Könnten Sie ihn bitte buchstabieren?  
How do you spell your name? Could you spell it, please?

**bedeuten** [bəˈdɔytn]  
mean  
Was bedeutet dieser Begriff?  
What does this term mean?

der **Begriff** [bəˈgrɪf]  
term

die **Bedeutung** [bəˈdɔytʊŋ]  
meaning  
Welche Bedeutung hat dieses Wort im Deutschen?  
What does this word mean in German?

die **Grammatik** [graˈmatɪk]  
grammar

**befriedigend** [bəˈfriːdɪgənt]  
satisfactory  
Ihre Leistungen in der Schule sind äußerst befriedigend.  
She's doing very well at school.  
Die Note „3" wird als befriedigend bezeichnet.  
The mark "3" is regarded as satisfactory.

**sitzenbleiben** ⟨blieb sitzen, sitzengeblieben⟩ ['zɪtsnblaibn]  
repeat a school year *(if a pupil fails to achieve the required standard he has to repeat the school year)*  
Wenn er in Englisch und Mathematik eine Fünf bekommt, dann wird er dieses Jahr sitzenbleiben.  
If he gets a five in English and maths he will have to repeat the year.

# Universität

**studieren** [ʃtu'diːrən]
Sie hat Russisch in Konstanz studiert.

study
She studied Russian in Constance.

**der Student, die Studentin** [ʃtu'dɛnt]

student

**der Studienplatz** ['ʃtuːdiənplats]
Sie erhielt einen Studienplatz für Biologie.

place
She got a place on a biology course.

**das Studium** ['ʃtuːdiʊm]
Er wird sein Studium im Wintersemester aufnehmen.

(course of) study
He will begin his course in the winter semester.

**das Stipendium** [ʃti'pɛndiʊm]
Sie hat ein Stipendium für einen Italienischsprachkurs in Italien bekommen.

grant, bursary
She won a grant for an Italian course in Italy.

**immatrikulieren (sich)** [ɪmatrikuˈliːrən]
Hast du dich schon für Geschichte immatrikuliert?

enrol

Have you already enrolled for history?

**die Fakultät** [fakʊl'tɛːt]

faculty

**das Semester** [ze'mɛstɐ]
Ich bin im fünften Semester in Psychologie.
Das Sommersemester ist kürzer als das Wintersemester.

semester
I am in the fifth semester of my psychology course.
The summer semester is shorter than the winter semester.

**die Vorlesung** ['foːelezʊŋ]
Die Vorlesung über internationale Beziehungen bringt mir sehr viel.
Er hat dieses Semester nur zwei Vorlesungen belegt.

lecture
I find the lectures on international relations very instructive.
He has only attended two lectures this semester.

**das Seminar** [zemi'naːɐ]
Ich habe dieses Semester sechs Seminare belegt.

seminar
I attended six seminars this semester.

**belegen** [bə'leːgn]

attend

**der Schein** [ʃain]

certificate, credit *(students must collect a certain number of certificates for attendance of seminars before they can take their final examinations)*

Ihr fehlen noch zwei Scheine, um die Prüfung machen zu können.

She needs another two attendance certificates before she can take her exams.

**die Prüfung** ['pryːfʊŋ]
Er bereitet sich seit drei Monaten auf seine Prüfungen vor.

examination
He's been revising for his exams for three months.

**vorbereiten (sich)** ['foːɐbəraitn]

prepare

**schriftlich** ['ʃrɪftlɪç]
Die Prüfungen bestehen aus einem schriftlichen und einem mündlichen Teil.

written
The exams consist of written section and an oral section.

# 16 Schule und Ausbildung — Universität

**mündlich** ['mʏntlıç]  
oral

**bestehen** ⟨bestand, bestanden⟩ [bə'ʃte:ən]  
pass  
Hat sie die Prüfungen in Geographie bestanden oder ist sie durchgefallen?  
Did she pass the geography exam or did she fail?

**durchfallen** ⟨fällt durch, fiel durch, durchgefallen⟩ ['dʊrçfalən]  
fail  
Sie ist durch die schriftliche Prüfung gefallen.  
She failed her written exam.

der **Studienabschluß** ['ʃtu:diən|apʃlʊs]  
qualification (at the end of a course of higher education)

das **Diplom** [di'plo:m]  
degree  
Sie hat vor drei Jahren ihr Diplom in Biologie gemacht.  
She graduated in biology three years ago.  
Er ist Diplomchemiker.  
He's got a degree in chemistry.

der **Magister** [ma'gɪstɐ]  
master's degree  
Er hat den Magister in Soziologie.  
He has an MA in sociology.

das **Staatsexamen** ['ʃta:ts|ɛksa:mən]  
state examination *(the state examination is the examination offered at universities and it entitles succesful candidates to teach at grammar schools)*  
Um Lehrer an Gymnasien zu werden, muß man sein Studium mit dem Staatsexamen abschließen.  
In order to teach at grammar schools you must complete your studies by passing the state examination.

der **Doktor** ['dɔktɔɐ]  
doctorate  
Sie macht gerade ihren Doktor in Jura.  
She is studying for a doctorate in law.

**wissenschaftlich** ['vɪsnʃaftlıç]  
scientific  
An der Universität lernt man, wissenschaftlich zu arbeiten.  
At university, one learns how to approach things scientifically.

die **Wissenschaft** ['vɪsnʃaft]  
science  
Sie ist in der Wissenschaft tätig.  
She is pursuing a career in academic research.

die **Doktorarbeit** ['dɔktɔɐ|arbait]  
thesis  
Er schreibt gerade seine Doktorarbeit in Physik.  
He's in the middle of writing his physics thesis.

die **Forschung** ['fɔrʃʊŋ]  
research  
Er überlegt sich, ob er in die Forschung gehen soll.  
He's considering going into research.

das **Institut** [ɪnsti'tu:t]  
institute  
Welche Forschungen werden an Ihrem Institut gemacht?  
What kind of research does your institute do?

der **Versuch** [fɛɐ'zu:x]  
experiment  
Die Tierversuche wurden bereits abgeschlossen.  
The animal tests have already been completed.

das **Labor** [la'bo:ɐ]  
laboratory

186

Universität · Schule und Ausbildung **16**

| | |
|---|---|
| die **Statistik** [ʃta'tıstık] | statistics |
| die **ZVS (Zentralstelle für die Vergabe von Studienplätzen)** [tsɛtfau'|ɛs] Studienplätze für Fächer, für die in ganz Deutschland ein Numerus clausus besteht (z.B. Medizin), erhält man über die ZVS. | *central clearing house for places on degree courses* Places on degree courses where there are restrictions on the number of students throughout Germany (i.e. medicine) are allocated via the central clearing house. |
| der **Numerus clausus** ['nʊmerʊs 'klauzʊs] An einigen Universitäten gibt es zusätzlich zu dem in ganz Deutschland gültigen Numerus clausus einen Numerus clausus für einzelne Studienfächer, so z. B. 1992 in Tübingen für das Staatsexamen in Biologie. | *restriction on the number of students allowed to study a particular subject* In addition to the restriction on the number of students in Germany as a whole, some universities have their own additional restrictions for particular subjects, i.e. in Tübingen for the degree course in biology in 1992. |
| der **Dozent**, die **Dozentin** [do'tsɛnt] Sie ist Dozentin für Portugiesisch. | lecturer She is a lecturer in Portuguese. |
| der **Kommilitone**, die **Kommilitonin** [kɔmili'to:nə] | fellow student (at university) |
| der **Hörsaal** ['hø:ɐza:l] In welchem Hörsaal findet die Vorlesung statt? | lecture theatre In which lecture theatre is the lecture being held? |
| die **Klausur** [klau'zu:ɐ] Am Ende des Semesters schreiben wir eine Übersetzungsklausur. | test *(at university)* There is going to be a translation test at the end of the semester. |
| das **Examen** [ɛ'ksa:mən] Sie lernt auf ihr Examen. | (final) examination She's revising for her finals. |
| **prüfen** ['pry:fn] Was wird alles im Examen geprüft? Prüfen Sie bitte, ob die Daten vollständig sind. | examine, check What subjects will the examination be on? Please check that the information given is complete. |
| **abschließen** ⟨schloß ab, abgeschlossen⟩ ['apʃli:sn] Sie hat ihr Studium mit einem Diplom abgeschlossen. | complete She obtained a degree. |
| der **Wissenschaftler**, die **Wissenschaftlerin** ['vɪsnʃaftlɐ] | (academic) scientist |
| der **Forscher**, die **Forscherin** ['fɔrʃɐ] | research scientist |
| der **Vortrag** ['fo:ɐtra:k] Sie hielt einen wissenschaftlichen Vortrag an der Universität Bremen. | talk, lecture She presented a paper at Bremen University. |
| die **Theorie** [teo'ri:] Es wurden viele Theorien über die Entstehung von Aids aufgestellt. Mich interessiert die Theorie mehr als die Praxis. | theory Many theories have been expounded on the origin of Aids. I'm more interested in theory than practice. |

die **These** ['te:zə]
Welche These vertreten Sie über die Entwicklung in Rußland?

theory
What is your theory with regard to developments in Russia?

die **Methode** [me'to:də]
Welche Methode wenden Sie bei Ihren Forschungen an?

method
What methods do you use in your research work?

das **Experiment** [ɛksperi'mɛnt]
In diesem Labor werden Experimente an Tieren gemacht.

experiment
They perform experiments on animals in this laboratory.

der **Test** [tɛst]
Wir schreiben morgen einen Test in Latein.

test
We have a Latin test tomorrow.

die **Daten** ['da:tn]

data

die **Tabelle** [ta'bɛlə]
Ich habe alle wichtigen Daten in die Tabelle eingetragen.

table, broadsheet
I have entered all key data in the table.

## Unterrichts- und Studienfächer

das **Fach** [fax]
Sie unterrichtet die Fächer Englisch, Deutsch und Geschichte.
Welche Fächer studierst du?

subject
She teaches English, German and history.
What subjects are you studying?

die **Geisteswissenschaften** ['gaistəsvɪsnʃaftn]
Soziologie gehört zu den Geisteswissenschaften.

arts, humanities

Sociology is one of the arts.

die **Philosophie** [filozo'fi:]
Sie studiert Philosophie und Germanistik an der Universität Göttingen.

philosophy
She's studying philosophy and German language and literature at Göttingen University.

(die) **Germanistik** [gɛrma'nɪstɪk]
Er lehrt neue deutsche Literatur an der Fakultät für Germanistik.

German language and literature
He teaches modern German literature in the German faculty.

die **Fremdsprache** ['frɛmtʃpra:xə]
Wie viele Fremdsprachen sprechen Sie?

foreign language
How many foreign languages do you speak?

**Jura** ['ju:ra]
Sie hat sich gerade für Jura immatrikuliert.

law
She has just enrolled for law.

(die) **Theologie** [teolo'gi:]

theology

(die) **Geographie** [geogra'fi:]
Er bereitet sich auf die Prüfungen in Geographie vor.

geography
He's revising for his geography exams.

(die) **Geschichte** [gə'ʃɪçtə]  
history

die **Naturwissenschaft**  
[na'tu:ɐvɪsnʃaft]  
natural science

Chemie, Physik und Biologie zählen zu den Naturwissenschaften.  
Chemistry, physics and biology are natural sciences.

(die) **Chemie** [çe'mi:]  
chemistry

(die) **Physik** [fy'zi:k]  
physics

(die) **Biologie** [biolo'gi:]  
biology

(die) **Mathematik** [matema'ti:k]  
mathematics

Wir haben heute in der Schule Mathematik, Englisch, Geschichte, Sport, Erdkunde und Religion.  
At school today we've got mathematics, English, history, PE, geography and religious studies.

(die) **Medizin** [medi'tsi:n]  
medicine

Ich habe mich bei der ZVS für einen Studienplatz in Medizin beworben, bisher aber keinen bekommen.  
I have applied to the central clearing house for a place on a medical degree course but haven't got one yet.

(der) **Sport** [ʃpɔrt]  
sport

(das) **Latein** [la'tain]  
Latin

(das) **Griechisch** ['gri:çɪʃ]  
Greek

(die) **Soziologie** [zotsiolo'gi:]  
sociology

(die) **Psychologie** [psyçolo'gi:]  
psychology

(die) **Religion** [reli'gio:n]  
religion

(die) **Erdkunde** ['e:ɐtkʊndə]  
geography

(die) **Kunsterziehung**  
['kʊnstlɛetsi:ʊŋ]  
art (education)

Kunsterziehung ist mein Lieblingsfach.  
Art is my favourite subject.

(der) **Maschinenbau** [ma'ʃi:nənbau]  
mechanical engineering

Er wird bald sein Studium in Maschinenbau mit einem Diplom abschließen.  
He'll soon be taking his degree in mechanical engineering.

(die) **Elektrotechnik** [e'lɛktrotɛçnɪk]  
electrical engineering

# Berufsausbildung

die **(Berufs)ausbildung**  
[bə'ru:fslausbɪldʊŋ, 'ausbɪldʊŋ]  
(vocational) training

Sie möchte im Anschluß an ihr Abitur eine Berufsausbildung machen.  
After taking her school-leaving examination she wants to start a practical training course.

die **Voraussetzung** [fo'rauszɛtsʊŋ]  
prerequisite, requirement

Welche Voraussetzungen muß man mitbringen, um eine Ausbildung als Hebamme machen zu können? — Man muß die mittlere Reife haben und mindestens 18 Jahre alt sein.  
What qualifications do you require to train as a mid-wife? — You must have passed your GCSEs and you must be at least 18 years old.

## Schule und Ausbildung — Berufsausbildung

**das Praktikum** ['praktikʊm]
Ich möchte ein Praktikum in der Industrie machen.

period of practical training
I want to get an industrial placement.

**praktisch** ['praktɪʃ]
Haben Sie bereits praktische Erfahrungen in diesem Bereich gesammelt?

practical
Do you already have any practical experience in this field?

**die Lehre** ['leːrə]
Sie macht eine Lehre als Bäckerin, die drei Jahre dauert.

apprenticeship
She's doing a three-year apprenticeship as a baker.

**die Lehrstelle** ['leːɐ̯ʃtɛlə]
Er sucht eine Lehrstelle als Maurer.

apprenticeship
He's looking for an apprenticeship as a bricklayer.

**der Lehrling** ['leːɐ̯lɪŋ]
Sie ist noch Lehrling.

apprentice
She is still an apprentice.

**der Meister, die Meisterin** ['maistɐ]
Weil sie das Friseurgeschäft ihres Vaters übernehmen will, muß sie ihren Meister machen.
Nur wer Meister ist, darf Lehrlinge ausbilden.

master
She needs to become a master hairdresser because she wants to take over her father's hairdressing business.
Apprentices may only be taught by master craftsmen.

**der Praktikant, die Praktikantin** [prakti'kant]
Darf ich Ihnen unsere neue Praktikantin vorstellen?

trainee
May I introduce you to our new trainee?

**ausbilden** ['ausbɪldn]
Er bildet in seinem Betrieb zur Zeit drei Lehrlinge aus.

train
He is currently responsible for training three apprentices.

**der/die Auszubildende(r)** ['austsubɪldndə (-dɐ)]

apprentice, trainee

**der Geselle, die Gesellin** [gə'zɛlə]
Nachdem er seine Lehre abgeschlossen hatte, arbeitete er als Geselle.

journeyman
After completing his apprenticeship he worked as a journeyman.

**die Meisterprüfung** ['maistɐpryːfʊŋ]

master craftsman's examination

**weiterbilden (sich)** ['vaitɐbɪldn]
Ich bilde mich auf dem Gebiet der Elektrotechnik weiter.

acquire further training/expertise
I'm working on enhancing my knowledge of electrical engineering.

**die Fortbildung** ['fɔrtbɪldʊŋ]
Sie nimmt an einer Fortbildung über Computerprogramme teil.

further training (course)
She's attending a further training course on computer programs.

**die Umschulung** ['ʊmʃuːlʊŋ]
Er macht eine Umschulung, die vom Arbeitsamt finanziert wird.

re-training course
He is on a re-training course paid for by the Department of Employment.

# Berufsleben

## Berufe

**der Beruf** [bə'ruːf]
Sie ist Lehrerin von Beruf, arbeitet zur Zeit aber als Taxifahrerin.

profession, job
She's a qualified teacher but is working as a taxi driver at the moment.

**werden wollen** ['veːɐdn vɔlən]
Ich wollte schon immer Architektin werden.

want to be
I always wanted to be an architect.

**beschäftigt sein** [bə'ʃɛftɪçt zain]
Sie ist in unserer Firma als Sekretärin beschäftigt.

employed as
She is employed at our company as a secretary.

**der/die Angestellte(r)** ['angəʃtɛltə (-tɐ)]
Er ist Angestellter im öffentlichen Dienst.

(salaried) employee, white-collar worker
He's a government employee.

**der Arbeiter, die Arbeiterin** ['arbaitɐ]

(waged) employee, blue-collar worker

**der Architekt, die Architektin** [arçi'tɛkt]

architect

**der Assistent, die Assistentin** [asɪs'tɛnt]

assistant

**der Beamte(r), die Beamtin** [bə'|amtə (-tɐ)]

civil servant, government employee *(being a "Beamte" entails special privileges and obligations)*

**der Erzieher, die Erzieherin** [ɛɐ'tsiːɐ]
Wir suchen zwei Erzieher für unseren Kindergarten.

nursery school teacher
We are looking for two teachers for our nursery school.

**der Geschäftsmann, die Geschäftsfrau** [gə'ʃɛftsman, gə'ʃɛftsfrau]
Sie ist eine sehr erfolgreiche Geschäftsfrau.

businessman, businesswoman

She is a very successful businesswoman.

**der Ingenieur, die Ingenieurin** [ɪnʒe'niøːɐ]
Er arbeitet bei uns als Ingenieur.

engineer *(an "Ingenieur" has a degree in engineering)*
He works at our company as an engineer.

**der Kaufmann, die Kauffrau** ['kaufman, 'kauffrau]
Sie läßt sich zur Kauffrau ausbilden.

*a title awarded for a variety of commercial apprenticeships*
She is doing a commercial apprenticeship.

**der Mechaniker, die Mechanikerin** [me'çaːnikɐ]
Werden Mechaniker in Deutschland gut oder schlecht bezahlt?

mechanic

Are mechanics well or badly paid in Germany?

der **Sekretär,** die **Sekretärin** [zekrɛˈtɛːɐ]
Meine Sekretärin spricht fließend Englisch und Französisch.

secretary
My secretary speaks fluent English and French.

**selbständig** [ˈzɛlpʃtɛndɪç]
Sie hat sich vor drei Jahren als Dolmetscherin selbständig gemacht.

self-employed
She became a freelance interpreter three years ago.

der **Vertreter,** die **Vertreterin** [fɛɐˈtreːtɐ]

representative; sales rep

---

der **Arbeitnehmer,** die **Arbeitnehmerin** [ˈarbaitneːmɐ]

employee

**beruflich** [bəˈruːflɪç]
Was machen Sie beruflich?

professional
What's your line of work?

**tätig sein** [ˈtɛːtɪç zain]
Sie war bis vor zwei Jahren bei einer Computerfirma tätig.

be working
She used to work at a computer company until two years ago.

der **Job** [dʒɔp]
Mir macht mein Job viel Spaß!
Er sucht für die Ferien einen Job.

job
I really enjoy my job.
He's looking for a holiday job.

der **Chemiker,** die **Chemikerin** [ˈçeːmikɐ]

chemist

der **Dolmetscher,** die **Dolmetscherin** [ˈdɔlmɛtʃɐ]

interpreter

der **Fotograf,** die **Fotografin** [fotoˈgraːf]
Wo haben Sie Ihre Ausbildung als Fotograf gemacht?

photographer
Where did you train as a photographer?

der **Gärtner,** die **Gärtnerin** [ˈgɛrtnɐ]

gardener

der **Hausmeister,** die **Hausmeisterin** [ˈhausmaistɐ]

caretaker

der **Programmierer,** die **Programmiererin** [prograˈmiːrɐ]
Sie ist Programmiererin von Beruf.

computer programmer
She is a computer programmer.

der **Techniker,** die **Technikerin** [ˈtɛçnikɐ]

technician

## Arbeitswelt

das **Stellenangebot** [ˈʃtɛlənʔangəboːt]
Sie liest jeden Mittwoch und Samstag die Stellenangebote in der Zeitung.

job offer
She reads the job ads in the paper every Wednesday and Saturday.

**bewerben (sich)** ⟨bewirbt, bewarb, beworben⟩ [bəˈvɛrbn]
Sie hat sich bei der Firma als Sekretärin beworben.

apply

She's applied to the company for the position of secretary.

# Arbeitswelt — Berufsleben

**die Bewerbung** [bə'vɛrbʊŋ]
Haben Sie schon Antwort auf Ihre Bewerbung erhalten?

application
Have you already received a reply to your application?

**der Lebenslauf** ['le:bnslauf]

curriculum vitae *GB*, résumé *US*

**einstellen** ['ainʃtɛlən]
Es tut uns leid, aber im Moment stellen wir niemanden ein.

appoint, take on
Sorry, but we are currently not taking on any new staff.

**arbeiten** ['arbaitn]
Er arbeitet seit fünf Jahren in unserer Firma.

work
He has been working at our company for five years.

**die Arbeit** ['arbait]
Sie macht ihre Arbeit gut.

work
She's doing a good job.

**der Kollege, die Kollegin** [kɔ'le:gə]
Sie hat ein gutes Verhältnis zu ihren Kollegen.

colleague, fellow worker
She gets on well with her collleagues.

**der Feierabend** ['faiɐa:bnt]
Wann hast du Feierabend? — Um 5 Uhr.

end of the working day
When do you knock off work? — At 5 o'clock.

**freihaben** ⟨hat frei, hatte frei, freigehabt⟩ ['fraiha:bn]
Meine Kollegin hat heute frei. Kann ich Ihnen vielleicht helfen?

have time off

My colleague has the day off today. Can I help you perhaps?

**kündigen** ['kʏndɪgn]

Er hat auf März gekündigt.

Ihm wurde letzte Woche gekündigt.

hand in one's notice; receive one's notice
He has handed in his resignation for the end of March.
They gave him his notice last week.

**entlassen** ⟨entläßt, entließ, entlassen⟩ [ɛnt'lasn]
Der Betrieb hat viele Mitarbeiter entlassen.

make redundant

The company made a lot of people redundant.

**die Gewerkschaft** [gə'vɛrkʃaft]
Die meisten unserer Beschäftigten sind in der Gewerkschaft.

trade union
Most of our employees are union members.

**der Streik** [ʃtraik]
Der Streik der Krankenschwestern für höhere Löhne wurde gestern beendet.

strike
The nurses' wage strike ended yesterday.

**streiken** ['ʃtraikn]
Die Arbeiter streiken für kürzere Arbeitszeiten.

strike
The workers are on strike for shorter working hours.

**arbeitslos** ['arbaitslo:s]
Als der Betrieb geschlossen wurde, wurde sie arbeitslos.

unemployed
When the company was closed down, she was made unemployed.

**der/die Arbeitslose(r)** ['arbaitslo:zə (-zɐ)]
Die Zahl der Arbeitslosen steigt weiter an.

unemployed person

The number of unemployed continues to increase.

## 17 Berufsleben — Arbeitswelt

der **Rentner,** die **Rentnerin** ['rɛntnɐ]
pensioner

die **Rente** ['rɛntə]
pension
Sie ist letztes Jahr in Rente gegangen.
She retired last year.

die **Pension** [pã'zioːn, pɛn'zioːn]
pension
Er kann von seiner Pension gut leben.
He can live well on his pension.

die **Stelle** ['ʃtɛlə]
job, position
Sie hat eine Stelle als Ärztin im Krankenhaus gefunden.
She has found a job as a hospital doctor.

**berufstätig** [bə'ruːfstɛːtɪç]
working
Obwohl sie drei kleine Kinder hat, ist sie berufstätig.
Although she has three small children, she has a job.

**anstellen** ['anʃtɛlən]
appoint
Das Unternehmen hat ihn als Assistenten des Geschäftsführers angestellt.
The company appointed him as assistant to the managing director.

der **Arbeitgeber,** die **Arbeitgeberin** ['arbaitgeːbɐ]
employer
Gewerkschaften und Arbeitgeber verhandeln über höhere Löhne.
The unions and the employers' representatives are holding talks on higher wages.

der **Betriebsrat** [bə'triːpsraːt]
works council *(almost all larger companies have a works council)*
Er wurde in den Betriebsrat gewählt.
He was elected to the works council.

der **Dienst** [diːnst]
duty, service
Frau Doktor Fischer hat heute abend Dienst.
Doctor Fischer is on duty this evening.

der **Bedarf** [bə'darf]
demand, need
Unsere Firma hat keinen Bedarf an neuen Mitarbeitern.
Our company does not need any additional staff.

**ausbeuten** ['ausbɔytn]
exploit
Er wurde von seinem Betrieb ausgebeutet.
He was exploitd by his company.

**pendeln** ['pɛndln]
commute
Immer mehr Leute müssen jeden Tag zu ihrem Arbeitsplatz pendeln.
More and more people have to commute to work.

**pensioniert** [pãzio'niːɐt, pɛnzio'niːɐt]
retired
Er ist bereits pensioniert.
He's already retired.

die **Arbeitslosigkeit** ['arbaitsloːzɪçkait]
unemployment

das **Arbeitsamt** ['arbaitsIamt]
Department of Employment, Job Centre
Das Arbeitsamt konnte ihm eine neue Stelle vermitteln.
The Job Centre was able to find him a new job.

das **Arbeitslosengeld** ['arbaitsloːznɡɛlt]
(income-related) unemployment benefit
Sie bezieht Arbeitslosengeld.
She gets income-related unemployment benefit.

die **Arbeitslosenhilfe**
['arbaitsloːznhɪlfə]
Wenn man keinen Anspruch auf Arbeitslosengeld mehr hat, kann man Arbeitslosenhilfe beantragen.

(non-income related) unemplyoment benefit
If you are no longer entitled to income-related unemployment benefit you can apply for non- income related unemployment benefit.

## Arbeitsbedingungen und Entlohnung

der **Arbeitsplatz** ['arbaitsplats]
Mein neuer Arbeitsplatz gefällt mir sehr gut.
Meine Kollegin ist im Moment leider nicht an ihrem Arbeitsplatz.

place of work; job
I'll like my new job very much.

I'm sorry but my colleague is not at her desk right now.

die **Arbeitszeit** ['arbaitstsait]

working hours

die **Überstunde** ['yːbəʃtʊndə]
Es wurde vereinbart, daß sie sich ihre Überstunden auszahlen läßt.

overtime
They agreed that her overtime should be paid rather than taken in lieu.

**vereinbaren** [fɛɐ'ǀainbaːrən]

agree

die **Schicht** [ʃɪçt]
Er arbeitet Schicht.

shift
He's on shift work.

**verdienen** [fɛɐ'diːnən]
Wieviel verdienen Sie im Monat?

earn
How much do you earn in a month?

das **Gehalt** [gə'halt]
Sind Sie mit Ihrem Gehalt zufrieden?

salary
Are you happy with your salary?

der **Lohn** [loːn]
Der Lohn wurde diesen Monat bereits ausbezahlt.

wage
This month's wages have already been paid out.

**halbtags** ['halptaːks]
Sie arbeitet halbtags bei einem Anwalt.

half-day
She works part-time at a solicitor's office.

**kurzarbeiten** ['kʊrtsǀarbaitn]
In unserer Firma wird kurzgearbeitet, weil unsere Aufträge zurückgegangen sind.

be on short-time working
Our company is on short-time working because the number of orders has fallen.

der **Akkord** [a'kɔrt]
Er arbeitet im Akkord, weil er so mehr Geld verdienen kann.

piece work
He's on piece work because he can earn more money that way.

der **Tarif** [ta'riːf]

Die Angestellten werden nach Tarif bezahlt.

*rates of pay officially agreed with the unions*
The employees are paid according to the rates of pay agreed with the unions.

das **Einkommen** ['ainkɔmən]
Wie hoch ist Ihr monatliches Einkommen?

income
What is your monthly income?

die **Bezahlung** [bə'tsaːlʊŋ]
Die Bezahlung ist schlecht.

pay
The pay is bad.

die **Rentenversicherung**
['rɛntnfɛɛzɪçərʊŋ]

pension scheme

die **Sozialversicherung**
[zo'tsiaːlfɛɛzɪçərʊŋ]

social insurance *(i.e. pension schemes, sickness benefit and unemployment benefit)*

der **Beitrag** ['baitraːk]
Die Beiträge zur Sozialversicherung sind gestiegen.

contribution
The contributions for pensions, unemployment and sickness benefit have increased.

die **Abzüge** ['aptsyːgə]
Die Abzüge sind in Schweden höher als in Deutschland.

deductions
The deductions are higher in Sweden than in Germany.

## Berufliche Tätigkeit

die **Aufgabe** ['aufgaːbə]
Er erfüllt die Aufgabe, die ihm gestellt wurde, sehr gut.

task
He is doing the job he was asked to perform very well.

**verantwortlich** [fɛɛ'lantvɔrtlıç]
Unser neuer Mitarbeiter ist für den Transport verantwortlich.

responsible
The new member of our staff is responsible for goods transport.

die **Anforderung** ['anfɔrdərʊŋ]
Wir suchen einen Fachmann, der folgende Anforderungen erfüllt:

requirement
We are looking for a specialist who can fulfil the following requirements:

der **Fachmann**, die **Fachfrau**
['faxman, 'faxfrau]

expert, specialist

das **Gebiet** [gə'biːt]
Auf welchem Gebiet waren Sie bisher tätig?

area, field
In what area have you been working up to now?

der **Erfolg** [ɛɛ'fɔlk]
Wir wünschen Ihnen viel Erfolg für die Zukunft. Arbeit.

success
We wish you the best of success for the future.

die **Karriere** [ka'rieːrə]
Sie machte schnell Karriere.

career
She was a high-flyer.

**zusammenarbeiten**
[tsu'zamənlarbaitn]
Ich hoffe, daß wir in Zukunft gut zusammenarbeiten werden.

work together, cooperate

I hope that we will work well togther in the future.

das **Team** [tiːm]
Er arbeitet lieber alleine als im Team.

team
He prefers working on his own to working in a team.

**untereinander** [ʊntəlai'nandɐ]
Die Beschäftigten haben untereinander einen guten Kontakt.

amongst one another
The employees get on well.

## Berufliche Tätigkeit — Berufsleben

**der Termin** [tɛr'mi:n]
Haben Sie schon einen Termin mit dem Chef ausgemacht?
Bis zu welchem Termin muß diese Arbeit fertig sein?

appointment; deadline
Have you already made an appointment to see the boss?
When does this job have to be finished by?

**die Sitzung** ['zɪtsʊŋ]
Die Sitzung wurde um drei Stunden verschoben.

meeting
The meeting was put back three hours.

**verschieben** ⟨verschob, verschoben⟩ [fɛɐ'ʃi:bn]

postpone

**die Besprechung** [bə'ʃprɛçʊŋ]
Herr Müller ist in einer Besprechung.

meeting
Mr Müller is in a meeting.

**verhandeln** [fɛɐ'handln]
Hersteller und Händler verhandelten über die Preise.

negotiate
Manufacturers and dealers held negotiations on prices.

**der Vertrag** [fɛɐ'tra:k]
Er schloß einen Vertrag mit dem Händler.

contract
He signed a contract with the dealer.

**die Bedingung** [bə'dɪŋʊŋ]
Er stellte eine Reihe von Bedingungen.

condition
He stipulated a number of conditions.

**der Bereich** [bə'raiç]
Wer ist für den Bereich Verkauf zuständig?

area, field
Who is responsible for sales?

**zuständig** ['tsu:ʃtɛndɪç]

responsible

**die Tätigkeit** ['tɛ:tɪçkait]
Voraussetzung für eine Tätigkeit in unserer Abteilung ist selbständiges Arbeiten.

work, activity
Anybody working in our department needs to be able make their own decisions.

**der Spezialist, die Spezialistin** [ʃpetsia'lɪst]
Er ist Computerspezialist.

specialist

He's a computer specialist.

**der Ersatz** [ɛɐ'zats]
Bisher wurde noch kein Ersatz für den Abteilungsleiter gefunden.

replacement
We have not yet found a replacement for the department manager.

**die Position** [pozi'tsio:n]
Er hatte eine gute Position in dem Unternehmen.

position
He had a good position at the company.

**leisten** ['laistn]
Ich finde, daß sie beruflich viel geleistet hat.

achieve
I think that she achieved a lot professionally.

**vertreten** ⟨vertritt, vertrat, vertreten⟩ [fɛɐ'tre:tn]
Er vertritt das Unternehmen im Ausland.
Frau Los hat letzte Woche ihre Kollegin vertreten.
Ich schätze an ihm, daß er seine Meinung gut vertreten kann.

represent

He represents the company abroad.
Mrs Los filled in for her colleague last week.
I admire the way he can get his views across.

der **Höhepunkt** ['hø:əpʊŋkt]
Sie stand auf dem Höhepunkt ihrer Karriere.

high point
She was at the pinnacle of her career.

das **Projekt** [pro'jɛkt]
Für dieses Projekt werden Spezialisten auf technischem Gebiet benötigt.

project
Technical experts are required for this project.

**technisch** ['tɛçnɪʃ]

technical

**sorgfältig** ['zɔrkfɛltɪç]
Herr Maier, Sie sollten etwas sorgfältiger arbeiten!

careful
Mr Maier, you should take more care with your work.

die **Zusammenarbeit** [tsu'zamən|arbait]
Die Zusammenarbeit mit den chinesischen Partnern war bisher erfolgreich.

cooperation

Cooperation with our Chinese associates has been successful up until now.

**erfolgreich** [ɛɐ'fɔlkraiç]

successful

**erledigen** [ɛɐ'le:dɪgn]
Für heute habe ich meine Arbeit erledigt.

complete
I have done what I had to do today.

**verpflichten** [fɛɐ'pflɪçtn]
Der Hersteller hat sich dazu verpflichtet, die Ware pünktlich zu liefern.
Alle Mitarbeiter sind dazu verpflichtet, über Firmengeheimnisse Schweigen zu bewahren.

oblige; undertake an obligation
The manufacturer had undertaken to deliver the goods on time.
All employees are obliged to keep company secrets confidential.

die **Konferenz** [kɔnfe'rɛnts]
Die Konferenz über das Ozonloch findet morgen und übermorgen statt.

conference
The conference on the ozone hole will take place tomorrow and the day after.

der **Kongreß** [kɔn'grɛs, kɔŋ'grɛs]
Sie hat an dem Kongreß über Umweltverschmutzung teilgenommen.

conference, congress
She attended the conference on pollution.

# Volkswirtschaft

## Betrieb

der **Betrieb** [bə'triːp]
In unserem Betrieb sind 50 Leute beschäftigt.

business, company; factory
Our company has 50 employees.

die **Firma** ['fɪrma]
Die Firma wurde vor zwei Jahren gegründet.

firm, company
The company was founded two years ago.

**gründen** ['grʏndn]

found

der/die **Beschäftigte(r)** [bə'ʃɛftɪçtə (-tə)]
Die Beschäftigten in der Herstellung sind alle mit ihrem Chef sehr zufrieden.

employee

The production staff are all very happy with their boss.

der **Chef**, die **Chefin** [ʃɛf]

boss

der **Manager**, die **Managerin** ['mɛnɪdʒɐ]
Die Manager unseres Unternehmens werden sehr gut bezahlt.

executive, manager

The executives in our company are very well paid.

der **Leiter**, die **Leiterin** ['laitɐ]

manager, head

die **Abteilung** [ap'tailʊŋ]

department

**leiten** ['laitn]
Wer leitet die Personalabteilung?

be in charge of
Who's in charge of the personnel department?

der **Mitarbeiter**, die **Mitarbeiterin** ['mɪtˌarbaitɐ]
Wir suchen neue Mitarbeiter für die Produktion.

employee, worker

We are looking for new production workers.

**führen** ['fyːrən]
Wer führt die Geschäfte in Ihrer Abwesenheit?
Wir führen Kindermode.
Ich führe Sie gleich durch die Firma, damit Sie alle Abteilungen kennenlernen.

be in charge of; stock; lead
Who runs things in your absence?

We stock children's fashion.
I'll take you round the company so that you get to know all the departments.

**übernehmen** ⟨übernimmt, übernahm, übernommen⟩ [yːbɐ'neːmən]
Mein Sohn wird die Firma in drei Jahren übernehmen.

take over

My son will take over the company in three years' time.

das **Büro** [by'roː]
Kommen Sie bitte in mein Büro, damit wir gemeinsam die Sitzung vorbereiten können.

office
Could you come to my office so that we can prepare for the meeting?

## Volkswirtschaft — Betrieb

das **Geschäft** [gə'ʃɛft]
Die Geschäfte gehen ziemlich schlecht.

business
Business is pretty bad.

der **Gewinn** [gə'vɪn]
Wir haben dieses Jahr Gewinne in Höhe von 3 Milliarden DM gemacht.

profit
We made a profit of 3 billion marks this year.

der **Verlust** [fɛɐ'lʊst]
Unser Unternehmen arbeitet mit Verlust.

loss
Our company is operating at a loss.

das **Unternehmen** [ʊntɐ'neːmən]

company, business

die **Existenz** [ɛksɪs'tɛnts]
Die Existenz des Unternehmens ist in Gefahr.

financial well-being
The financial future of the company is at risk.

der **Unternehmer**, die **Unternehmerin** [ʊntɐ'neːmɐ]

entrepreneur, businessman, businesswoman

der **Direktor**, die **Direktorin** [di'rɛktɔr, dirɛk'toːrɪn]
Wann wäre es möglich, mit dem Direktor Ihres Unternehmens zu sprechen?

director

When would it be possible to speak to the director of your company?

der **Geschäftsführer**, die **Geschäftsführerin** [gə'ʃɛftsfyːrɐ]
Können Sie mich bitte mit der Geschäftsführerin verbinden?

managing director


Could you put me through to the managing director?

der **Abteilungsleiter**, die **Abteilungsleiterin** [ap'tailʊŋslaitɐ]
Der Abteilungsleiter ist gerade in einer wichtigen Besprechung.

department manager, head of department
The department manager is in an important meeting.

der **Stellvertreter**, die **Stellvertreterin** ['ʃtɛlfɛɐtreːtɐ]
Falls ich nicht im Haus sein sollte, wenden Sie sich bitte an meinen Stellvertreter.

deputy

If I'm not there, please contact my deputy.

der **Nachfolger**, die **Nachfolgerin** ['naːxfɔlgɐ]

successor, person taking over somebody's job

der/die **Angestellte(r)** ['angəʃtɛltə(-tɐ)]
Wie viele Angestellte arbeiten in Ihrem Betrieb?

(salaried) employee, white-collar worker
How many white-collar workers does your company employ?

das **Personal** [pɛrzo'naːl]
Wir haben zur Zeit Schwierigkeiten, geeignetes Personal zu finden.

personnel
At the moment, we are having difficulties finding suitable staff.

die **Führung** ['fyːrʊŋ]
Während meiner Abwesenheit sind Sie für die Führung des Unternehmens verantwortlich.

management
You are responsible for the management of the company in my absence.

die **Leitung** ['laitʊŋ]
Er übernahm die Leitung des Projekts.

management
He took charge of the project.

die **Planung** ['plaːnʊŋ]
Die Planung für das nächste Jahr muß bis Ende November fertig sein.

planning
The business plans for the coming year must be ready by the end of November.

die **Kosten** ['kɔstn]
Die Personalkosten sind sehr hoch.

costs
Personnel costs are very high.

der **Umsatz** ['ʊmzats]
Unser Umsatz ist letztes Jahr um 10% zurückgegangen.

turnover
Turnover fell by 10% last year.

das **Kapital** [kapiˈtaːl]
Wenn wir genügend Kapital hätten, würden wir an jedem Arbeitsplatz einen Computer aufstellen.

capital
If we had enough capital, we would provide everyone with a computer.

## Handel und Dienstleistung

die **Wirtschaft** ['vɪrtʃaft]
Die deutsche Wirtschaft ist vom Export abhängig.
Er sucht einen Arbeitsplatz in der freien Wirtschaft.

economy, industry
The German economy is dependent upon exports.
He's looking for a job in the private sector.

der **Import** [ɪmˈpɔrt]

import(s)

der **Export** [ɛksˈpɔrt]
Unsere Firma produziert Uhren für den Export.

export(s)
Our company produces watches for export.

**ausländisch** ['auslɛndɪʃ]
Einige deutsche Produkte konnten sich ausländische Märkte erobern.

foreign
A number of German products have captured foreign markts.

der **Markt** [markt]

market

der **Handel** ['handl]
Der internationale Handel ist für die Bundesrepublik Deutschland sehr wichtig.
Der Handel ist mit dem Winterschlußverkauf zufrieden.
Das Buch können Sie über den Handel beziehen.

trade; retail shops
International trade is of great importance to Germany.

The retail trade is very satisfied with the outcome of the winter sales.
You can get the book in a bookshop.

der **Händler**, die **Händlerin** ['hɛndlɐ]

dealer

**bestellen** [bəˈʃtɛlən]
Der Händler hat die Ware bestellt.

order
The dealer has ordered the goods.

**liefern** ['liːfɐn]
Wann muß die Ware geliefert werden?

deliver
When do the goods have to be delivered?

die **Ware** ['vaːrə]

goods

**transportieren** [transpɔrˈtiːrən]

transport

## Volkswirtschaft — Handel und Dienstleistung

der **Auftrag** ['auftraːk]
Die Firma Hotten hat den Auftrag bekommen.

order, job, contract
The contract was awarded to Hotten.

die **Konkurrenz** [kɔnkʊˈrɛnts, kɔŋkʊˈrɛts]
Wir müssen für unsere Produkte mehr Werbung machen, weil die Konkurrenz auf dem Markt größer geworden ist.

competition; competitors
We need to increase product advertising because competition has become more intense in that market.

die **Werbung** ['vɛrbʊŋ]

advertising

die **Messe** ['mɛsə]
Die Firma hat auf der Messe ihre Produkte ausgestellt.

trade fair
The company exhibited its products at the trade fair.

**einführen** ['aɪnfyːrən]
Wir müssen uns überlegen, wie wir dieses Parfüm einführen wollen.

introduce, launch
We must think about how we are going to launch this perfume.

**eröffnen** [ɛɐˈlœfnən]
In der Nähe des Bahnhofs wurde ein neues Geschäft eröffnet.

open
A new shop has opened near the station.

der **Kunde,** die **Kundin** ['kʊndə]

customer

der **Konsum** [kɔnˈzuːm]
Der Tabakkonsum ist in den letzten Jahren stark gestiegen.

consumption
There has been a sharp increase in tobacco consumption in recent years.

die **Versicherung** [fɛɐˈzɪçərʊŋ]
Die Versicherung hat ihren Sitz in Hamburg.
Sie hat eine Versicherung abgeschlossen.

insurance company; insurance
The insurance company is based in Hamburg.
She has taken out an insurance policy.

**versichern** [fɛɐˈzɪçɐn]
Bei welcher Versicherung sind Sie versichert?

insure
What company are your insured with?

**wirtschaftlich** ['vɪrtʃaftlɪç]
Ich hoffe, daß es bald zu einem wirtschaftlichen Aufschwung kommt.
Unser Unternehmen arbeitet sehr wirtschaftlich.

economic
I hope that there'll be an upturn in the economy soon.
Our company operates very cost-effectively.

der **Aufschwung** ['aʊfʃvʊŋ]

upturn

die **Krise** ['kriːzə]
Die Wirtschaft dieses Landes steckt in der Krise.

crisis
This country is in the midst of an economic crisis.

die **Inflation** [ɪnflaˈtsioːn]
Die Inflation beträgt vier Prozent.

inflation
Inflation is running at four per cent.

**importieren** [ɪmpɔrˈtiːrən]
Deutschland importiert Orangen aus Spanien.

import
Germany imports oranges from Spain.

**exportieren** [ɛkspɔrˈtiːrən]

export

das **Angebot** ['angəboːt]
Angebot und Nachfrage regeln den Preis.

supply
Price is determined by supply and demand.

Industrie und Handwerk | Volkswirtschaft **18**

die **Nachfrage** ['naːxfraːgə]
Die Nachfrage nach biologisch angebauten Produkten wird immer größer.

demand
The demand for organic products is growing.

die **Herkunft** ['heːɐkʊnft]
In den Supermärkten wird die Herkunft der Lebensmittel meistens angegeben.

origin
Most supermarkets indicate the country of origin of the food they sell.

das **Lager** ['laːgɐ]
Wir haben diese Lampe noch auf Lager.

store; warehouse
We still have that light in stock.

die **Bestellung** [bəˈʃtɛlʊŋ]
Sie können Ihre Bestellung telefonisch rund um die Uhr aufgeben.

order
You can order by phone around the clock.

die **Lieferung** ['liːfərʊŋ]
Die Rechnung wird bei Lieferung bezahlt.

delivery
The bill is payable upon delivery.

der **Transport** [transˈpɔrt]
Er ist für den Transport der Ware verantwortlich.

transport
He is responsible for the transport of the goods.

der **Verbraucher**, die **Verbraucherin** [fɛɐˈbrauxɐ]

consumer

der **Kundendienst** ['kʊndndiːnst]
Wenn der Kühlschrank kaputt ist, müssen Sie den Kundendienst anrufen.

after-sales service
If the fridge is not working then you should call the after-sales service.

die **Garantie** [garanˈtiː]
Der Hersteller gibt ein Jahr Garantie auf den Trockner.

guarantee, warranty
The manufacturer gives a year's warranty on the dryer.

die **Haftpflichtversicherung** ['haftpflɪçtfɛɐzɪçərʊŋ]

personal or public liability insurance; third-party insurance (on cars) *(almost all Germans have personal liability insurance)*

die **Lebensversicherung** ['leːbnsfɛɐzɪçərʊŋ]

life insurance

die **Versicherungspolice** [fɛɐˈzɪçərʊŋspoliːsə]

insurance policy

**jährlich** ['jɛːɐlɪç]
Ich bezahle meine Beiträge zur Haftpflichtversicherung jährlich.

annual
I pay the premiums for my personal liability insurance policy on an annual basis.

**halbjährlich** ['halpjɛːɐlɪç]

half-yearly, every six months

**vierteljährlich** ['fɪrtljɛːɐlɪç]

quarterly

**monatlich** ['moːnatlɪç]

monthly

# Industrie und Handwerk

die **Industrie** [ɪndʊsˈtriː]
Er arbeitet in der Industrie.

industry
He works in industry.

## Volkswirtschaft — Industrie und Handwerk

die **Fabrik** [fa'briːk]
factory

die **Produktion** [produk'tsioːn]
production
In dieser Möbelfabrik soll die Produktion eingestellt werden.
They intend closing down production at this furniture factory.

**produzieren** [produ'tsiːrən]
produce
Viele Produkte können aufgrund der geringen Personalkosten in den Entwicklungsländern billiger produziert werden als bei uns.
Because of the low personnel costs, many products can be produced more cheaply in developing countries than in our country.

das **Fließband** ['fliːsbant]
assembly line; conveyor belt
Die Arbeit am Fließband ist sehr anstrengend.
Production line work is very strenuous.

**herstellen** ['heːɐ̯ʃtɛlən]
manufacture
Wir stellen Damenmode her.
We manufacture women's fashionwear.

das **Produkt** [pro'dʊkt]
product

das **Handwerk** ['hantvɛrk]
trades, crafts

der **Handwerker**, die **Handwerkerin** ['hantvɛrkə]
tradesman, tradeswoman
Es ist schwierig, Handwerker zu bekommen.
It is difficult to find tradesmen.

**industriell** [ɪndʊstri'ɛl]
industrial

der **Hersteller**, die **Herstellerin** ['heːɐ̯ʃtɛlə]
manufacturer
Ich habe mich bei einem der bekanntesten Möbelhersteller um eine Stelle beworben.
I applied for a job with one of the best-known furniture manufacurers.

die **Herstellung** ['heːɐ̯ʃtɛlʊŋ]
manufacture; production
Schafft die Herstellung von Verpackungen Umweltprobleme?
Does the manufacture of packaging create environmental problems?

die **Handarbeit** ['hant|arbait]
work done by hand
Die Vase wurde in Handarbeit hergestellt.
This vase is hand-made.

die **Marke** ['markə]
make, brand
Ich trage gerne Hosen dieser Marke.
I like this make of trousers.

die **Verpackung** [fɛɐ̯'pakʊŋ]
packaging *(in 1993, Germany introduced a recycling system based on segregated collection of packaging marked with the "Green Spot")*

Verpackungen, die den „Grünen Punkt" haben, gehören in den „Gelben Sack".
Packaging marked with the "Grüner Punkt" symbol are supposed to be placed in the yellow bin bag.

# Landwirtschaft, Fischerei, Bergbau

die **Landwirtschaft** ['lantvɪrtʃaft]
Der Anteil der Beschäftigten in der Landwirtschaft betrug 1989 nicht einmal mehr fünf Prozent.

agriculture
In 1989, less than 5 per cent of the working population was employed in agriculture.

der **Bauer,** die **Bäuerin** ['baue, 'bɔyərɪn]

farmer; peasant

der **Bauernhof** ['bauenhoːf]

farm

das **Feld** [fɛlt]
Die Bäuerin arbeitet auf dem Feld.

field
The farmer's wife is working in the fields.

**anbauen** ['anbauən]
Auf diesem Bauernhof wird Gemüse und Getreide biologisch angebaut.

grow, cultivate
This farm uses organic cultivation methods for vegetables and cereal crops.

**biologisch** [bio'loːgɪʃ]

biological; organic

der **Boden** ['boːdn]
Die Böden hier benötigen viel Düngemittel.

soil
The soil here requires a lot of fertiliser.

**düngen** ['dʏŋən]

fertilise

**ernten** ['ɛrntn]
Kohl wird im Herbst geerntet.

harvest
Cabbage is harvested in the autumn.

die **Ernte** ['ɛrntə]
Dieses Jahr war die Kartoffelernte sehr gut.

harvest, crop
There was a very good potato crop this year.

der **Traktor** ['traktɔr]

tractor

**fischen** ['fɪʃn]
Es gibt Abkommen darüber, wieviel wo gefischt werden darf.

fish
There is a treaty governing fishing zones and quotas.

der **Fischer,** die **Fischerin** ['fɪʃe]

fisherman, fisherwoman

das **Netz** [nɛts]
Die Fischer flicken tagsüber ihre Netze.

net
During the day, the fishermen mend their nets.

der **Jäger,** die **Jägerin** ['jɛːge]

hunter, huntress

die **Bodenschätze** ['boːdnʃɛtsə]
Rußland ist reich an Bodenschätzen.

natural resources
Russia is rich in natural resources.

das **Bergwerk** ['bɛrkvɛrk]
In Berchtesgaden befindet sich ein großes Salzbergwerk.

mine
There is a large salt mine in Berchtesgaden.

**landwirtschaftlich** ['lantvɪrtʃaftlɪç]
Immer mehr Landwirte geben kleine, landwirtschaftliche Betriebe aufgrund der geringen Einkommen auf.

agricultural
More and more farmers are giving up small agricultural businesses because of the low income.

## 18 Volkswirtschaft — Landwirtschaft, Fischerei, Bergbau

| | |
|---|---|
| der **Landwirt**, die **Landwirtin** ['lantvɪrt] | farmer |
| **säen** ['zɛːən] | sow |
| Wann wird Getreide gesät? | When do they sow corn? |
| das **Düngemittel** ['dʏŋəmɪtl] | fertiliser *GB*, fertilizer *US* |
| der **Kunstdünger** ['kʊnstdʏŋɐ] | articifial fertiliser |
| Verwenden Sie Kunstdünger? | Do you use artificial fertiliser? |
| **mähen** ['mɛːən] | mow |
| Die Wiesen wurden bereits gemäht. | The meadows have already been mown. |
| der **Stall** [ʃtal] | stall |
| Die Kühe sind nicht mehr auf der Weide sondern im Stall. | The cows are no longer out grazing in the fields, they are now in the cowsheds. |
| die **Weide** ['vaidə] | (grazing) field |
| **melken** ⟨milkt, molk, gemolken⟩ ['mɛlkn] | milk |
| Die Bäuerin milkt jeden Morgen um 5 Uhr die Kühe. | The farmer's wife milks the cows every morning at 5 o'clock. |
| **züchten** ['tsʏçtn] | breed |
| Auf unserem Bauernhof werden Schweine gezüchtet. | We breed pigs at our farm. |
| die **Bergleute** ['bɛrklɔytə] | miners |

206

# Arbeitsgeräte und Büroartikel

## Arbeitsgeräte

das **Werkzeug** ['vɛrktsɔyk]
Ich habe kein geeignetes Werkzeug, um das Fahrrad zu reparieren.

tool(s)
I haven't got the right tools to fix the bicycle.

der **Hammer** ['hamɐ]

hammer

der **Nagel** ['naːgl]
Sie hat einen Nagel in die Wand geschlagen.

nail
She hammered a nail into the wall.

die **Schraube** ['ʃraubə]
Die Schraube sitzt fest.

screw
The screw is securely in place.

der **Schraubenzieher** ['ʃraubntsiːɐ]

screwdriver

**bohren** ['boːrən]
Er bohrte ein Loch in die Wand.

drill
He drilled a hole in the wall.

die **Säge** ['zɛːgə]
Sie braucht eine Säge, um die Baumstämme klein zu sägen.

saw
She needs a saw to cut up the logs.

die **Batterie** [batə'riː]
Die Batterie ist leer.

battery
The battery is flat.

**funktionieren** [fʊŋktsio'niːrən]
Wie funktioniert dieses Gerät?

function, work
How does this machine work?

das **Gerät** [gə'rɛːt]

appliance, machine

die **Maschine** [ma'ʃiːnə]
In dieser Fabrik laufen die Maschinen Tag und Nacht.

machine
The machines in this factory run day and night.

die **Technik** ['tɛçnɪk]
Unser Betrieb ist auf dem neuesten Stand der Technik.
In dieser Versuchsanlage wird eine neue Technik zur Wiederverwertung von Plastik angewendet.

technology; technique
Our plant is equipped with state-of-the-art technology.
A new technique for recycling plastic is being used at this experimental plant.

die **Kiste** ['kɪstə]
Im Baumarkt werden Werkzeugkisten für 80,-- DM angeboten.

box
The do-it-yourself centre is selling tool boxes at DM 80.

der **Deckel** ['dɛkl]
Wo ist der Deckel, der zu dieser Kiste gehört?

lid, cover
Where is the lid which goes with this box?

das **Zubehör** ['tsuːbəhøːɐ]
Wir haben den Fotoapparat mit allem Zubehör gekauft.

accessories
We bought the camera with all the accessories.

## 19 Arbeitsgeräte und Büroartikel — Büroartikel

das **Teil** [tail]
Ohne dieses Teil kann ich das Gerät nicht reparieren!

part
I can't repair the machine without that part.

der **Haken** ['ha:kn]

hook

der **Draht** [dra:t]
Er braucht feinen Draht.

wire
He needs fine-gauge wire.

die **Schnur** [ʃnu:ɐ]
Das Paket war mit einer Schnur zugebunden.

string
The packet was tied up with string.

**sägen** ['zɛ:gn]
Habt ihr die Bretter schon gesägt?

saw
Have you already sawn the planks?

das **Brett** [brɛt]

plank, board

der **Schlauch** [ʃlaux]
Kannst du mir helfen, den Schlauch meines Fahrrads zu flicken?

hose; inner tube
Can you help me to mend my bike's innertube.

**flicken** ['flɪkn]

mend

das **Seil** [zail]

rope

die **Kette** ['kɛtə]
Damit keine fremden Autos auf dem Parkplatz parken, befindet sich an der Einfahrt eine Kette mit Schloß.

chain
To stop unauthorised parking in the car park, there is a padlock and chain at the entrance.

der **Stiel** [ʃti:l]
Der Stiel des Besens ist aus Holz.

stick, handle
The broom has a wooden handle.

**automatisch** [auto'ma:tɪʃ]
Die Temperatur wird automatisch geregelt.

automatic; automatically
The temperature is controlled automatically.

der **Automat** [auto'ma:t]
Letzte Woche wurden Getränkeautomaten aufgestellt.

machine, dispenser
They installed a drinks machine last week.

der **Roboter** ['rɔbɔtɐ]
In der Industrie sollen mehr Roboter eingesetzt werden.

robot
They say that industry is going to make increasing use of robots.

## Büroartikel

das **Papier** [pa'pi:ɐ]
Haben Sie Papier und Bleistift zur Hand?

paper
Do you have paper and pencil to hand?

die **Schreibwaren** ['ʃraipva:rən]

stationary

der **Papierkorb** [pa'pi:ɐkɔrp]
Die Putzfrau hat den Papierkorb geleert.

waste paper basket
The cleaning lady emptied the waste paper basket.

der **Kugelschreiber** ['ku:glʃraibɐ]
Der blaue Kugelschreiber schreibt nicht mehr.

ballpoint pen
The blue ballpoint pen has run out of ink.

Büroartikel — Arbeitsgeräte und Büroartikel

der **Leuchtstift** ['lɔyçtʃtɪft]
Er strich sich den interessanten Artikel mit gelbem Leuchtstift an.

highlighter
He marked the interesting article with yellow highlighter.

**anstreichen** ⟨strich an, angestrichen⟩ ['anʃtraiçn]

mark; paint

der **Bleistift** ['blaiʃtɪft]

pencil

der **Radiergummi** [ra'diːɐɡʊmi]

eraser, rubber *GB*

**kleben** ['kleːbn]
Ich muß noch Briefmarken auf die Briefe kleben.

stick; adhere
I still have to stick the stamps on the letters.

der **Schreibtisch** ['ʃraiptɪʃ]
Ich setze mich jetzt wieder an den Schreibtisch um zu arbeiten.

desk
I'm going to sit down at the desk again to work.

die **Schreibmaschine** ['ʃraipmaʃiːnə]
Sie hat eine elektrische Schreibmaschine.

typewriter
She's got an electric typewriter.

**tippen** ['tɪpn]

type

der **Computer** [kɔm'pjuːtɐ]
Er arbeitet gerne mit dem Computer.
Der Computer ist abgestürzt.

computer
He likes working on the computer.
The computer crashed.

die **Diskette** [dɪs'kɛtə]
Wie kopiere ich diese Datei auf Diskette?

disk
How do I copy this file onto disk?

der **Kopierer** [ko'piːrɐ]
Der Copyshop in der Nähe der Universität hat gute Kopierer.

photocopier
The copy shop near the university has good photocopiers.

die **(Foto)kopie** [(foto)ko'piː]
Ich habe drei Fotokopien von meinem Lebenslauf gemacht.

photocopy
I made three photocopies of my CV.

**(foto)kopieren** [(foto)ko'piːrən]
Können Sie mir diesen Artikel bitte kopieren?

(photo)copy
Could you make a copy of this article, please?

der **Zettel** ['tsɛtl]
Einen Moment, ich muß erst einen Zettel holen.

note; piece of paper
Just a moment, I need to get a piece of paper.

der **Block** [blɔk]
Ich möchte einen Block mit 100 Blatt.

pad (of paper)
I would like a pad of 100 sheets.

der **Stift** [ʃtɪft]
Ich habe meistens einen Stift bei mir.

pen
I usually have a pen on me.

der **Schreiber** ['ʃraibɐ]
Hast du einen Schreiber? Ich muß mir das aufschreiben.

pen, something to write with
Do you have a pen? I need to write that down.

der **Füller** ['fʏlɐ]

fountain pen

das **Lineal** [line'aːl]

ruler

## 19 Arbeitsgeräte und Büroartikel — Büroartikel

der **Klebstoff** ['kleːpʃtɔf]
Der Klebstoff klebt gut.

glue, adhesive
This glue really sticks well.

der **Stempel** ['ʃtɛmpl]
Auf dem Rezept fehlt der Stempel des Arztes.

stamp
The doctor's rubber stamp is missing on this prescription.

**ordnen** ['ɔrdnən]
Er ist dabei, seine Papiere zu ordnen.

tidy up, organise
He's tidying up his papers.

der **Ordner** ['ɔrdnɐ]
Die Verträge befinden sich im grünen Ordner.

file
The contracts are in the green file.

die **Taste** ['tastə]
Wenn Sie auf diese Taste drücken, bekommen Sie einen geteilten Bildschirm.

key; button
If you press this key you get a split screen.

**speichern** ['ʃpaiçɐn]
Die Adressen sind im Computer gespeichert.

store, save
The addresses are kept on the computer.

**elektronisch** [elɛkˈtroːnɪʃ]
Die Daten werden elektronisch gespeichert.

electronic; electronically
The data is stored electronically.

die **Datei** [daˈtai]
Zur Sicherheit sollten Sie die Dateien auch auf Disketten speichern.

file
For safety's sake, you should also save those files onto disk.

das **Programm** [proˈgram]
Es gibt verschiedene Programme für Textverarbeitung und die Verwaltung von Daten.

program
There are various programs available for word processing and data management.

das **Textverarbeitungssystem**
['tɛkstfɛɐ̯|arbaitʊŋszysteːm]
Mit welchem Textverarbeitungssystem arbeiten Sie?

word processor; word processing software
What word processor do you use?

der **Drucker** ['drʊkɐ]

printer

**ausdrucken** ['ausdrʊkn]
Ich werde diesen Brief ausdrucken.

print (out)
I'll print this letter.

der **Copyshop** ['kɔpiʃɔp]

copy shop

# Finanzwesen

## Bank

die **Bank** [baŋk]
Meine Bank ist Montag bis Freitag von 8.15 - 16.15 Uhr und am Donnerstag von 8.15 - 18 Uhr geöffnet.

bank
My bank is open Monday to Friday, from 8.15 a.m. to 4.15 p.m. and on Thursdays from 8.15 a.m. to 6 p.m. *(these are typical bank opening hours)*

das **Sparbuch** ['ʃpaːɐbuːx]
Ich möchte gerne ein Sparbuch einrichten.

savings book; savings account
I'd like to open a savings account.

die **Zinsen** ['tsɪnzn]
Wieviel Prozent Zinsen erhalte ich auf mein Sparbuch?

interest
How much interest do I get on my savings account?

das **Konto** ['kɔnto]
Sie hat ein Konto bei der Sparkasse.

account
She has an account with the savings bank.

die **Kontonummer** ['kɔntonʊmɐ]

account number

**einzahlen** ['aintsaːlən]
Er will 100 Mark auf sein Konto einzahlen.

pay in
He wants to pay 100 marks into his account.

**abheben** ⟨hob ab, abgehoben⟩ ['apheːbn]
Sie können höchstens 3000 Mark auf einmal vom Sparbuch abheben.

withdraw

You can withdraw no more than 3,000 marks from your savings account at any one time.

der **Geldautomat** ['gɛlt|automaːt]
Er geht immer an den Geldautomaten, um Geld abzuheben.

cash dispenser
He always withdraws money from his account by using the cash dispenser.

der **(Geld)schein** ['(gɛlt)ʃain]

bank note

die **Münze** ['mʏntsə]
Könnten Sie mir bitte diesen Zehnmarkschein in Münzen wechseln?

coin
Could you give me change of a 10 mark note?

der **Scheck** [ʃɛk]
Ich habe ihm einen Scheck über 200 Mark ausgestellt.

cheque *GB*, check *US*
I made him out a cheque for 200 marks.

**ausstellen** ['ausʃtɛlən]

make out

**einlösen** ['ainløːzn]
Ich möchte gerne diesen Euroscheck einlösen.

cash in
I'd like to cash in this eurocheque.

der **Euroscheck** ['ɔyroʃɛk]
Nehmen Sie Euroschecks an? — Ja, bei uns können Sie mit Euroscheck bezahlen.

eurocheque
Do you accept eurocheques? — Yes, you can pay by eurocheque.

## Finanzwesen — Bank

die **Euroscheckkarte** ['ɔyroʃɛkkartə]
Mit der Euroscheckkarte können Sie auch im europäischen Ausland Geld am Geldautomaten bekommen.

eurocheque card
With the eurocheque card you can withdraw money from cash dispensers in other European countries.

**überweisen** ⟨überwies, überwiesen⟩ [y:bɐ'vaizn]
Ich muß noch diesen Monat das Geld für meine Haftpflichtversicherung überweisen.

transfer *(it is very common to pay by bank transfer)*
I have to transfer the money for my personal liability insurance policy this month.

der **Kredit** [kre'di:t]
Zu welchen Bedingungen können Sie uns einen Kredit über 10.000 Mark geben?

loan
On what terms can you give us a loan for 10,000 marks?

---

die Sparkasse ['ʃpa:ɐkasə]

savings bank

die Bankleitzahl ['baŋklaittsa:l]

bank sorting code

das Girokonto ['ʒi:rokɔnto]

current account *GB*, checking account *US*

Bitte überweisen Sie mir mein Gehalt auf mein Girokonto.

Please transfer my salary to my account.

die Geheimzahl [gə'haimtsa:l]
Mit dem Electronic Cash-Service können Sie mit Ihrer Euroscheckkarte und Ihrer persönlichen Geheimzahl ohne Bargeld und ohne Schecks in Geschäften oder an Tankstellen bezahlen.

PIN code
With the electronic cash service, you can make purchases in shops and at filling stations without cash and without cheques by using your eurocheque card and your PIN code.

der Kontostand ['kɔntoʃtant]

balance

der Kontoauszug ['kɔntoʔaustsu:k]
Sie können sich Ihre Kontoauszüge selbst ausdrucken lassen.

bank statement
You can print out your bank statement yourself.

**überziehen** ⟨überzog, überzogen⟩ [y:bɐ'tsi:ən]
Er hat letzten Monat sein Girokonto um 4000 Mark überzogen.

overdraw
He overdrew his account by 4,000 marks last month.

**auszahlen** ['austsa:lən]
Einen Betrag über 1000 Mark kann man sich nur am Schalter auszahlen lassen.

pay out
You can only withdraw an amount in excess of 1,000 marks at the counter.

die Überweisung [y:bɐ'vaizʊŋ]
Wie viele Überweisungen sind bei Ihrer Bank pro Monat kostenlos?

(bank) transfer
How many transfers does your bank provide free of charge per month?

der Electronic Cash-Service [elɛktrɔnɪk kɛʃ sə:vɪs]

electronic cash service (e.g. Switch)

die Kreditkarte [kre'di:tkartə]

credit card

die Banknote ['baŋkno:tə]
In Deutschland wurden im Jahr 1992 neue Banknoten ausgegeben.

bank note
New bank notes were issued in Germany in 1992.

Geldwechsel  Finanzwesen **20**

die **Börse** ['bœrzə]
Diese Papiere werden an der Börse gehandelt.

stock exchange
These bonds are traded on the stock exchange.

die **Aktie** ['aktsiə]
Seine Aktien sind gestiegen.

share
His shares have gone up.

## Geldwechsel

**wechseln** ['vɛksln]
Ich möchte gerne 1000 Mark in Dollar wechseln.

change
I would like to change 1000 marks for dollars.

die **Mark** [mark]

mark

der **Pfennig** ['pfɛnıç]
100 Pfennig sind eine Mark.

pfennig
There are 100 pfennigs to a mark.

der **Schilling** ['ʃılıŋ]
Wieviel Mark bekomme ich für 200 Schilling?

(Austrian) schilling
How many marks do I get for 200 Austrian schillings?

der **Schweizer Franken** ['ʃvaitsɐ 'fraŋkn]

Swiss franc

der **Dollar** ['dɔlar]
Wie steht der Dollar heute?

dollar
What is the value of the dollar today?

der **Ecu**, der **ECU** [e'ky:]
Der Ecu ist die neue europäische Währung.

Ecu, Eurodollar
The Ecu is the new European currency.

die **Währung** ['vɛ:rʊŋ]
Nehmen Sie auch deutsche Währung an?

currrency
Do you also accept German currency?

der **(Wechsel)kurs** ['(vɛksl)kʊrs]
Der Kurs des Dollars liegt heute bei 1,43 DM.

exchange rate
The dollar is worth 1.43 marks today.

der **Groschen** ['grɔʃn]

groschen *(An Austrian schilling is divided into 100 groschen)*

der **Rappen** ['rapn]

rappen *(A Swiss franc is divided into 100 rappen)*

## Geldangelegenheiten

das **Geld** [gɛlt]
In letzter Zeit habe ich viel Geld ausgegeben.

money
I've spent a lot of money recently.

**ausgeben** ⟨gibt aus, gab aus, ausgegeben⟩ ['ausge:bn]

spend

213

## Finanzwesen — Geldangelegenheiten

**sparen** ['ʃpaːrən]
Wir sparen auf ein neues Auto.

save
We're saving for a new car.

**zahlen** ['tsaːlən]
Zahlen Sie bar oder mit Kreditkarte?

pay
Will you be paying in cash or by credit card?

**bar** [baːɐ]

cash; in cash

das **Kleingeld** ['klaingɛlt]
Ich brauche Kleingeld für die Parkuhr.

(small) change
I need change for the parking meter.

**klein** [klain]
Können Sie mir fünf Mark klein machen?

small
Can you give me change for a five mark piece?

der **Betrag** [bəˈtraːk]
Bitte überweisen Sie den Betrag innerhalb von 14 Tagen!

amount
Please transfer the invoiced amount within 14 days.

die **Gebühr** [gəˈbyːɐ]
Die Müllabfuhr hat ihre Gebühren erhöht.

charge
The charges have been increased for waste collection.

**erhöhen** [ɛɐˈhøːən]

increase

**finanzieren** [finanˈtsiːrən]
Wir helfen Ihnen gerne dabei, ihre neuen Möbel zu finanzieren.

finance
We'd be glad to help you finance your new furniture.

die **Schulden** ['ʃʊldn]
Um in den Urlaub fahren zu können, hat er Schulden gemacht.

debt
He went into debt to be able to go on holiday.

**sparsam** ['ʃpaːɐzaːm]
Er ist sehr sparsam.

thrifty
He's very careful with his money.

das **Bargeld** ['baːɐgɛlt]
Ich habe kein Bargeld bei mir.

cash
I've no cash on me.

**bargeldlos** ['baːɐgɛltloːs]
Mit Euroschecks können Sie bargeldlos einkaufen.

cashless
With eurocheques you can go shopping without the need for cash.

das **Wechselgeld** ['vɛkslgɛlt]
Hier ist Ihr Wechselgeld!

change
Here's your change.

der **Geldwechsler** ['gɛltvɛkslɐ]

change machine

die **Anzahlung** ['antsaːlʊŋ]
Sie können jetzt eine Anzahlung machen und den Rest bei Empfang der Ware bezahlen.

down payment
You could make a down payment now and pay the balance when you receive the goods.

die **Frist** [frɪst]
Die Versicherung hat mir eine Frist gesetzt, innerhalb der ich meinen Beitrag bezahlen muß.

deadline
The insurance company set a deadline by which I must pay my premium.

**abbezahlen** ['apbətsaːlən]
Sie haben ihre Eigentumswohnung bald abbezahlt.

pay off
They'll have soon paid off their flat.

# Geldangelegenheiten — Finanzwesen 20

**die Rate** ['raːtə]
Er muß seine monatliche Rate für den Fernseher noch bezahlen.

**schulden** ['ʃʊldn]
Du schuldest mir noch Geld!

**leisten (sich)** ['laistn]
Er kann es sich nicht leisten, öfters essen zu gehen.

**finanziell** [finanˈtsiɛl]
Bei mir sieht es zur Zeit finanziell gut aus.

**anlegen** ['anleːgn]
Sie hat ihr Geld in einer Immobilie angelegt.

**ausrechnen** ['ausrɛçnən]
Haben Sie sich bereits ausgerechnet, mit wieviel Gewinn Sie die Aktien verkauft haben?

**entstehen** ⟨entstand, entstanden⟩ [ɛntˈʃteːən]
Ich möchte wissen, ob für mich zusätzliche Kosten entstehen.

**die Mittel** ['mɪtl]
Er hat für sein Projekt öffentliche Mittel beantragt.

**die Ausgaben** ['ausgaːbn]
Diesen Monat hatten wir viele zusätzliche Ausgaben.

**pleite** ['plaitə]
Ich bin am Ende des Monats meistens völlig pleite!

**die Erhöhung** [ɛɐˈhøːʊŋ]
Mit einer weiteren Erhöhung der Mehrwertsteuer ist zu rechnen.

**die Mehrwertsteuer** ['meːɐveːɐtʃtɔyɐ]

**das Kindergeld** ['kɪndɐgɛlt]

**betragen** ⟨beträgt, betrug, betragen⟩ [bəˈtraːgn]
Das Kindergeld beträgt für das erste Kind unabhängig vom Einkommen der Eltern 70 Mark im Monat.

instalment *GB*, installment *US*
He still has to pay his monthly instalment for the television.

owe
You still owe me money.

afford
He can't afford to go out for meals very often.

financially
My finances look pretty healthy at the moment.

invest
She has invested her money in property.

work out, calculate
Have you already worked out how much profit you made on the sale of those shares?

arise

I would like to know whether I will incur any additional costs.

means
He's applied for a goverment grant for his project.

expenses
We had a lot of additional expenses this month.

broke
I'm usually completely broke by the end of the month.

increase
A further increase in VAT can be expected.

valued added tax, VAT

child allowance

be, amount to

No matter what parental earnings, child allowance is 70 marks for the first child.

# 21 Freizeitgestaltung

## Freizeitbeschäftigung

**die Freizeit** ['fraitsait]
Was macht ihr in eurer Freizeit?
free time
What do you do in your free time?

**spazierengehen** ⟨ging spazieren, spazierengegangen⟩ [ʃpa'tsi:rəŋe:ən]
Sie gehen jeden Sonntag spazieren.
go for a walk
They go for a walk every Sunday.

**der Spaziergang** [ʃpa'tsi:eɡaŋ]
Wie wär's mit einem Spaziergang?
walk
How about going for a walk?

**wandern** ['vandən]
Im Harz kann man schön wandern.
walk, hike, ramble
The Harz mountains are great for walking.

der **Stock** [ʃtɔk]
(walking) stick

**der Ausflug** ['ausflu:k]
Wir machen mit der Schule einen Ausflug nach Heidelberg.
trip, day out
We're going on a school trip to Heidelberg.

**das Museum** [mu'ze:ʊm]
Hast du Lust, ins Museum zu gehen?
museum
Do you fancy going to the museum?

**die Ausstellung** ['ausʃtɛlʊŋ]
Von wann bis wann ist die Otto-Dix-Ausstellung geöffnet?
exhibition
What are the opening hours of the Otto Dix exhibition?

**geöffnet** [ɡə'|œfnət]
Die Ausstellung ist von 10 - 20 Uhr geöffnet.
open
The exhibition is open from 10 a.m. to 8 p.m.

**geschlossen** [ɡə'ʃlɔsn]
Museen sind montags geschlossen.
closed
Museums are closed on Mondays.

**der Eintritt** ['aintrɪt]
Was kostet der Eintritt ins Schloß?
admittance
What is the entrance fee for the castle?

**frei** [frai]
Der Eintritt ist frei.
free
Admittance is free.

**die Eintrittskarte** ['aintrɪtskartə]
Eintrittskarten erhalten Sie an der Kasse!
(entrance) ticket
Tickets are available at the cash desk.

**der Zirkus** ['tsɪrkʊs]
Sie sind in den Zirkus gegangen.
circus
They've gone to the circus.

**der Zoo** [tso:]
Im Zoo gibt es junge Löwen zu sehen.
zoo
There are lion cubs on view at the zoo.

**die Veranstaltung** [fɛɐ'|anʃtaltʊŋ]
event

**stattfinden** ⟨fand statt, stattgefunden⟩ ['ʃtatfɪndn]
Wann findet der nächste Flohmarkt statt?
take place
When's the next flea market?

Freizeitbeschäftigung                                     Freizeitgestaltung **21**

**aufmachen** ['aufmaxn]
Wann machen die Geschäfte auf?

open (up)
When do the shops open?

**aufsein** ⟨ist auf, war auf, aufgewesen⟩ ['aufzain]
Die Bibliothek ist auf.

be open

The library is open.

**zumachen** ['tsu:maxn]
Das Schwimmbad macht um 22 Uhr zu.

close
The swimming pool closes at 10 p.m.

**zusein** ⟨ist zu, war zu, zugewesen⟩ ['tsu:zain]
Als wir am Bauhaus in Berlin ankamen, war es schon zu.

be closed

By the time we arrived at the Bauhaus in Berlin it was already closed.

**die Sauna** ['zauna]
Wer möchte mit in die Sauna gehen?

sauna
Who wants to go with us to the sauna?

**weggehen** ⟨ging weg, weggegangen⟩ ['vɛkge:ən]
Maria würde am liebsten jeden Abend weggehen.

go out

Maria would like to go out every night if she could.

**ausgehen** ⟨ging aus, ausgegangen⟩ ['ausge:ən]
Ihre Eltern sind ausgegangen.

go out

Her parents have gone out.

**die Diskothek** [dɪsko'te:k]
In der Diskothek ist heute viel los.

discotheque
The discotheque is really lively tonight.

**los sein** [lo:s zain]
Gestern war hier wenig los.

be going on
There wasn't much going on here yesterday.

**tanzen** ['tantsn]
Wir wollen am Samstag tanzen gehen.

dance
We want to go dancing on Saturday.

**der Tanz** [tants]
Darf ich Sie um den nächsten Tanz bitten?

dance
Could I ask you for the next dance?

**das Vergnügen** [fɛɐ'gny:gn]
Malen Sie aus beruflichen Gründen oder nur zum Vergnügen?

pleasure
Do you paint professionally or just for fun?

**das Fest** [fɛst]
An meinem Geburtstag mache ich ein Fest.

party
I'm going to have a party on my birthday.

**vorbereiten** ['fo:ɐbəraitn]
Helft ihr mir dabei, das Fest vorzubereiten?

prepare
Will you help me with the preparations for the party?

**amüsieren (sich)** [amy'zi:rən]
Sie amüsierten sich gut auf dem Fest.

enjoy oneself
They had a great time at the party.

**feiern** ['faiɐn]
Sie werden ihre Hochzeit im Restaurant feiern.

celebrate
They're going to celebrate their wedding in a restaurant.

**heimgehen** ⟨ging heim, heimgegangen⟩ ['haimge:ən]
Wilhelm ist schon heimgegangen.

go home

Wilhelm has already gone home.

**bummeln** ['bʊmln]
Mit meiner Freundin bummle ich gerne durch die Straßen.

stroll, wander
I like wandering through the streets with my girl-friend.

der **Flohmarkt** ['floːmarkt]
Sie hat auf dem Flohmarkt eine alte Vase gekauft.

flea market
She bought an old vase at the flea market.

**veranstalten** [fɛɐ̯'anʃtaltn]
Wer veranstaltet das Konzert?

organise, stage
Who is staging the concert?

die **Öffnungszeit** ['œfnʊŋstsait]
Die Öffnungszeiten stehen in der Zeitung.

opening hours
The opening hours are given in the newspaper.

die **Ermäßigung** [ɛɐ̯'mɛːsɪɡʊŋ]
Schüler und Studenten erhalten 50 Prozent Ermäßigung.

reduction, discount
There is a 50 per cent discount for students and schoolchildren.

**umsonst** [ʊm'zɔnst]
Die Veranstaltung ist umsonst.

for nothing, free
It is a free event.

der **Clown**, die **Clownin** [klaʊn]
Der Clown, der im Zirkus auftrat, war sehr komisch.

clown
The clown who performed at the circus was very funny.

die **Versammlung** [fɛɐ̯'zamlʊŋ]
Die Versammlung des Vereins findet einmal im Monat statt.

meeting, assembly
There is a club meeting once a month.

die **Party** ['paːɐ̯ti]
Wann steigt die Party?

party
When is the party going to be?

die **Vorbereitung** ['foːɐ̯bəraitʊŋ]
Kann ich mich an den Vorbereitungen für das Fest beteiligen?

preparation
Can I help you with the preparations for the party?

der **Tänzer**, die **Tänzerin** ['tɛntsɐ]
Sie ist eine gute Tänzerin.

dancer
She's a good dancer.

die **Stimmung** ['ʃtɪmʊŋ]
Die Stimmung auf der Party ist toll.

mood, atmosphere
There's a great atmsophere at the party.

**losgehen** ⟨ging los, losgegangen⟩ ['loːsɡeːən]
Wann geht das Fest los?

begin

When does the party begin?

der **Klub**, der **Club** [klʊb]
Wir gehen in den Jazzclub.

club
We're going to the jazz club.

das **Picknick** ['pɪknɪk]
Sie machten Picknick auf der Wiese.

picnic
They had a picnic in the fields.

**bergsteigen** ⟨berggestiegen⟩ ['bɛrkʃtaign]
Bergsteigen macht Spaß!

climb mountains

Mountain climbing is fun.

die **Hütte** ['hʏtə]
Um auf die Schmidt-Zabirow Hütte zu steigen, braucht man sechs Stunden.

mountain hut, cabin
You need six hours to get to the Schmidt-Zabirow mountain hut.

**angeln** ['aŋln]
Angeln verboten!

go angling
No fishing.

die **Jagd** [ja:kt] | hunt
Er geht auf die Jagd. | He goes hunting.

**jagen** ['ja:gn] | hunt
Am Wochenende geht er oft jagen. | He often goes hunting at the weekend.

# Kino und Theater

das **Kino** ['ki:no] | cinema
Sollen wir ins Kino gehen? | Should we go to the cinema?

der **Film** [fɪlm] | film
Heute läuft im Kino ein guter Film. | There's a good film on at the cinema today.

**ansehen** ⟨sieht an, sah an, angesehen⟩ ['anze:ən] | see, look at
Habt ihr schon „Orlando" angesehen? | Have you seen "Orlando"?

**anschauen** ['anʃauən] | see, look at
Ich schaue mir gerne spannende Filme an. | I like suspense films.

**spannend** ['ʃpanənt] | exciting, suspense

das **Programm** [pro'gram] | programme *GB*, program *US*
Das Kinoprogramm ist ziemlich gut. | This cinema offers quite a good selection of films.

**beginnen** ⟨begann, begonnen⟩ [bə'gɪnən] | begin
Sieh im Programm nach, wann die Vorstellung beginnt! | Take a look at the film guide to see when the film begins.

**aussein** ⟨ist aus, war aus, ausgewesen⟩ ['auszain] | be finished
Der Film ist gegen 22 Uhr aus. | The film ends at around 10 p.m.

das **Theater** [te'a:tɐ] | theatre *GB*, theater *US*
Er geht oft ins Theater. | He often goes to the theatre.

das **(Theater)stück** [(te'a:tɐ)ʃtʏk] | play
Wie hat Ihnen das Stück gefallen? | How did you like the play?

das **Ballet** [ba'lɛt] | ballet
Sie hat Karten für das Ballett bekommen. | She managed to get tickets for the ballet.

die **Komödie** [ko'mø:diə] | comedy

die **Oper** ['o:pɐ] | opera; opera house
In der Oper wird Orpheus aufgeführt. | They're performing Orpheus at the opera house.

**aufführen** ['aʊffy:rən] | perform, put on
Ich habe gelesen, daß im Theater Antigone aufgeführt wird. | I read that they're putting on Antigone at the theatre.

der **Schauspieler**, die **Schauspielerin** ['ʃaʊʃpi:lɐ] | actor, actress

## Kino und Theater

die **Probe** ['pro:bə]
Die Proben für Mephisto fanden im Sommer statt.

rehearsal
The rehearsals for Mephisto took place in the summer.

die **Vorstellung** ['fo:ɐ̯ʃtɛlʊŋ]
Die Vorstellung war bis zum letzten Platz ausverkauft.

performance *(of a play, film, etc.)*
The play was completely sold out.

das **Publikum** ['pu:blikʊm]
Das Publikum war von dem Stück begeistert.

audience
The audience was enthralled by the play.

**klatschen** ['klatʃn]

clap, applaud

die **Bühne** ['by:nə]
Von meinem Platz aus kann ich die Bühne gut sehen.

stage
I have a good view of the stage from my seat.

die **Schlange** ['ʃlaŋə]
Wir haben an der Theaterkasse lange Schlange gestanden, um eine Karte für die Operette zu bekommen.

queue *GB*, line of people *US*
We had to queue up for a long time at the ticket office to get tickets for the operetta.

der **Platz** [plats]
Wir haben einen guten Platz.

place, seat
We've got good seats.

die **Karte** ['kartə]
Ich freue mich so, daß wir noch Karten bekommen haben!

ticket
I'm so pleased that we managed to get tickets.

**kulturell** [kʊltu'rɛl]
München hat kulturell viel zu bieten.

cultural
Munich offers a wide variety of cultural events.

die **Operette** [opə'rɛtə]

operetta, comic opera

die **Pantomime** [panto'mi:mə]

mime

das **Kabarett** [kaba'rɛt, kaba're:]

cabaret

der **Regisseur,** die **Regisseurin** [reʒɪ'sø:ɐ̯]
Der Regisseur, der den Film machte, ist sehr gelobt worden.

director
The director of the film received a lot of praise.

die **Handlung** ['hantlʊŋ]

plot

die **Szene** ['stse:nə]
Die erste Szene spielt im Garten.

scene
The first scene is set in a garden.

die **Darstellung** ['daːɐ̯ʃtɛlʊŋ]
Die Darstellung des Hamlet war äußerst gut.

portrayal, performance
The portrayal of Hamlet was extremely good.

**auftreten** ⟨tritt auf, trat auf, aufgetreten⟩ ['aʊftre:tn]
Obwohl er erkältet ist, ist er aufgetreten.

perform, appear

He played despite having a cold.

die **Aufführung** ['aʊffy:rʊŋ]
Der Regisseur war mit der Aufführung sehr zufrieden.

performance, showing
The director was very happy with the performance.

Fotografieren und Filmen　　　　　　　　　　　　　　　　　　　Freizeitgestaltung **21**

der **Beifall** ['baifal]
Das Publikum spendete den Schauspielern viel Beifall.

applause
The audience applauded the actors warmly.

der **Rang** [raŋ]
Ich möchte gerne einen Platz im 2. Rang in der Mitte.

circle
I would like a seat in the middle of the upper circle.

das **Parkett** [par'kɛt]
Er sitzt im Parkett.

stalls *GB*, parquet *US*
He's got a seat in the stalls.

die **Reihe** ['raiə]
Sie hat Karten für die 11. Reihe.

row
She's got tickets in row 11.

**ausverkauft** ['ausfɛɐkauft]

sold out

die **Garderobe** [gardə'ro:bə]
Darf ich Ihren Mantel für Sie an der Garderobe abgeben?

cloakroom *GB*, checkroom *US*
May I take your coat to the cloakroom?

# Fotografieren und Filmen

der **Foto(apparat)**, die **Kamera**
['fo:to(apara:t), 'kamәra]
Macht Ihr Fotoapparat gute Bilder?

camera

Does your camera take good pictures?

**fotografieren** [fotogra'fi:rən]
Er fotografiert hauptsächlich Landschaften.

photograph, take photos
He mainly takes photos of landscapes.

das **Foto** ['fo:to]
Ich habe im Urlaub viele Fotos von unserem Hotel gemacht.

photo
While on holiday, I took a lot of photos of our hotel.

**entwickeln** [ɛnt'vɪkln]
Entwickeln Sie die Filme selbst, oder lassen Sie sie entwickeln?

develop
Do you develop your photos yourself or do you have them developed?

das **Bild** [bɪlt]
Wir machen keine Dias, nur Bilder.

picture; print
We don't take slides, just prints.

der **Film** [fɪlm]
Er hat einen Film über Löwen gedreht.

film
He made a film about lions.

**filmen** ['fɪlmən]
Seit sie ihre neue Filmkamera hat, filmt sie nur noch.

shoot a film
Since getting her new cine camera she spends all her time shooting films.

die **Videokamera** ['vi:deokamәra]

video camera

das **Tele(objektiv)** ['te:lə(ɔpjɛkti:f)]

telephoto lens

der **Schwarzweißfilm** [ʃvarts'vaisfɪlm]
Ich nehme gerne Schwarzweißfilme, um Personen zu fotografieren.

black and white film
I like to use black and white film for pictures of people.

der **Farbfilm** ['farpfɪlm]
Im Drogeriemarkt sind Farbfilme im Angebot!

colour film *GB*, color film *US*
They've got a special offer on colour films at the chemist's.

das **Dia** ['diːa]
Wir würden euch gerne unsere Dias von den USA zeigen!
slide
We'd like to show you our slides of the USA.

**matt** [mat]
Möchten Sie Ihre Bilder matt oder glänzend?
matt (finish)
Would you like your phtotos with a matt or gloss finish?

die **Filmkamera** ['fɪlmkaməra]
cine camera, movie camera

**drehen** ['dreːən]
Sie dreht einen neuen Film in Afrika.
shoot
She's shooting a new film in Africa.

## Hobby und Spiel

das **Hobby** ['hɔbi]
Welche Hobbys haben Sie?
hobby
What hobbies do you have?

**basteln** ['bastln]
Sein Hobby ist Basteln.
make things; go in for do-it-yourself
His hobby is making things.

die **Handarbeit** ['hantˌarbait]
Sie macht gerne Handarbeiten.
handicraft
She likes doing handicrafts.

**stricken** ['ʃtrɪkn]
Hast du den Pullover selbst gestrickt?
knit
Did you knit that pullover yourself?

**sammeln** ['zamln]
Mein Vater sammelt Münzen und Briefmarken.
collect
My father collects coins and stamps.

**spielen** ['ʃpiːlən]
Spielen Sie gerne Kartenspiele?
play
Do you like to play card games?

das **Spiel** [ʃpiːl]
Das Spiel ist für vier Spieler ab 13 Jahre.
game
This game is for four players upwards of 13 years of age.

der **Spaß** [ʃpaːs]
Verlieren macht überhaupt keinen Spaß!
fun
Losing is no fun at all.

die **Karte** ['kartə]
Hast du Lust, Karten zu spielen?
card
Do you fancy a game of cards?

**mischen** ['mɪʃn]
Misch bitte die Karten!
shuffle
Shuffle the cards, please.

die **Puppe** ['pʊpə]
Meine Tochter liebt ihre Puppen sehr.
doll
My daughter really loves her dolls.

der **Witz** [vɪts]
Er kann gut Witze erzählen.
joke
He's good at telling jokes.

das **Rätsel** ['rɛːtsl]
Rätsel raten macht ihm viel Spaß!
puzzle, riddle, quiz
He really enjoys solving riddles.

das **Lotto** ['lɔto]
Er hat 70 Mark im Lotto gewonnen.
(national) lottery
He won 70 marks in the national lottery.

| Hobby und Spiel | Freizeitgestaltung |

**kegeln** ['ke:gln]

Laßt uns wieder einmal kegeln gehen!

die **Stricknadel** ['ʃtrɪkna:dl]

die **Sammlung** ['zamlʊŋ]
Darf ich Ihre Sammlung moderner Gemälde sehen?

der **Spieler**, die **Spielerin** ['ʃpi:lɐ]

der **Würfel** ['vʏrfl]

das **Schach** [ʃax]
Schach spielen ist nichts für mich!

das **Spielzeug** ['ʃpi:ltsɔyk]
Unsere Kinder müssen ihr Spielzeug selbst aufräumen.

der **Spielplatz** ['ʃpi:lplats]
Mama, dürfen wir auf den Spielplatz gehen?

**rutschen** ['rʊtʃn]

**wetten** ['vɛtn]
Ich habe gehört, daß Sie gerne wetten.

play skittles, go bowling *(strictly speaking, "kegeln" refers to the traditional German version of skittles)*
Let's go bowling again.

knitting needle

collection
Could I see your collection of modern paintings?

player

dice

chess
Chess just isn't my game.

toy(s)
Our children have to tidy away their toys themselves.

playground
Mom, can we go to the playground?

slip; slide

bet
I've heard that you're a betting man.

## 22 Sport

### Sportarten

der **Sport** [ʃpɔrt]
Sie treibt viel Sport.
sport
She goes in for a lot of sport.

**turnen** ['tʊrnən]
Er turnt nicht gut.
perform gymnastics
He's not a good gymnast.

**werfen** ⟨wirft, warf, geworfen⟩ ['vɛrfn]
Er wirft den Ball, und sie versucht, ihn zu fangen.
throw
He's throwing the ball and she's trying to catch it.

der **Ball** [bal]
Sind das die richtigen Bälle, um Handball zu spielen?
ball
Are these the right balls for handball?

**fangen** ⟨fängt, fing, gefangen⟩ ['faŋən]
catch

die **Gymnastik** [gym'nastɪk]
Ich empfehle Ihnen, regelmäßig Gymnastik zu machen.
exercise
I recommend that you take regular exercise.

der **Federball** ['fe:dəbal]
Im Sommer spielen wir oft Federball.

Ich habe gesehen, wie der Federball in den Busch fiel.
badminton; shuttlecock
We play a lot of badminton in the summer.

I saw the shuttlecock land in the bush.

das **Tennis** ['tɛnɪs]
Seit wann spielen Sie Tennis?
tennis
How long have you been playing tennis?

**reiten** ⟨ritt, geritten⟩ ['raitn]
go horse riding

**schwimmen** ⟨schwamm, geschwommen⟩ ['ʃvɪmən]
Stell dir vor, er ist über den See geschwommen!
swim

Guess what, he swam across the lake!

**anstrengend** ['anʃtrɛŋənt]
Das ist mir zu anstrengend!
tiring
That's too much like hard work for me.

**tauchen** ['tauxn]
swim under water; dive; go scuba-diving

**surfen** ['zœ:ɐfn]
Auf dem Bodensee wird viel gesurft.
go surfing
A lot of people go surfing on Lake Constance.

**segeln** ['ze:gln]
go sailing

**Ski fahren** ⟨fährt, fuhr, gefahren⟩ ['ʃi: fa:rən]
Kannst du gut Ski fahren? — Nein, nicht besonders.
go skiing

Are you good skiier? — No, not particularly.

# Sportarten — Sport

**der Schi, der Ski** [ʃiː]
Ich habe mir neue Ski und neue Skischuhe gekauft.

ski
I've bought myself a new pair of skis and new skiing boots.

**die Piste** ['pɪstə]
Meistens fährt sie rote oder schwarze Pisten; die blauen sind ihr zu leicht.

(ski) slope, piste
She usually skies down the red or black slopes; she finds the blue ones too easy.

**der Sportplatz** ['ʃpɔrtplats]
Er trainiert auf dem Sportplatz.

sports grounds
He trains at the sports ground.

**der Fußball** ['fuːsbal]
Interessierst du dich für Fußball? — Nein, überhaupt nicht!
Magnus hat zu Weihnachten einen Fußball bekommen.

football *GB*, soccer
Are you interested in football? — No, not at all.
Magnus got a football for Christmas.

**der Fußballspieler, die Fußballspielerin** ['fuːsbalʃpiːlɐ]
Dieser Fußballspieler spielt beim HSV.

football player, footballer

That footballer plays for Hamburg.

**der Sportverein** ['ʃpɔrtfɛɐˌain]
Sie ist im Sportverein.

sports club
She's a member of the sports club.

**klettern** ['klɛtɐn]
Sein Freund ist beim Klettern abgestürzt.

go climbing
His friend fell from the rock face.

**das Tischtennis** ['tɪʃtɛnɪs]
Sollen wir ein wenig Tischtennis spielen?

table tennis
How about playing a bit of table tennis?

**der Tennisschläger** ['tɛnɪsʃlɛːgɐ]

tennis racquet

**das Golf** [gɔlf]
Wir machen in der Nähe eines Golfplatzes Urlaub, weil ich Golf lernen möchte.

golf
We are going to spend our holiday near a golf course because I want to learn to play golf.

**der Golfplatz** ['gɔlfplats]

golf course

**das Autorennen** ['autorɛnən]
Er fährt Autorennen.

car racing
He races cars.

**boxen** ['bɔksn]

box

**die Leichtathletik** ['laiçtʔatleːtɪk]
Zur Leichtathletik gehören Laufen, Werfen, Springen und Gehen.

athletics
Athletics includes running, throwing, jumping and walking.

**rudern** ['ruːdɐn]
Wir sind über den See gerudert.
Sie hat früher gerudert, jetzt spielt sie Golf.

row
We rowed across the lake.
She used to go in for rowing, now she plays golf.

**das Surfbrett** ['zœːɐfbrɛt]
Nimm dein Surfbrett mit, vielleicht können wir surfen!

surf board
Take along your surf board, we might be able to go surfing.

**der Langlauf** ['laŋlauf]
Wenn es genug Schnee hat, können Sie im Tal Langlauf machen.

cross-country skiing, langlauf
If there's enough snow, you can go cross-country skiing in the valley.

## 22 Sport — Wettkämpfe und Spiele

die **Loipe** ['lɔypə] — cross-country skiing circuit

die **Ausrüstung** ['ausryːstʊŋ] — equipment, kit
Ihre Skiausrüstung war ziemlich teuer.
Her skiing kit was fairly expensive.

das **Schlittschuhlaufen** ['ʃlɪtʃuːlaufn̩] — ice-skating
Schlittschuhlaufen macht mir viel Spaß!
I really enjoy ice-skating.

der **Basketball** ['baːskətbal, 'baskətbal] — basketball
Wollt ihr Basketball oder Volleyball spielen?
Do you want to play basketball or volleyball?

der **Handball** ['hantbal] — handball
Sie trainiert in der Handballmannschaft unseres Vereins.
She practices with our club's handball team.

der **Volleyball** ['vɔlibal] — volley ball

der **Torwart** ['toːɐvart] — goalkeeper

## Wettkämpfe und Spiele

die **Olympischen Spiele** [oˈlympɪʃn̩ ˈʃpiːlə] — olympic games
Sie will an den Olympischen Spielen teilnehmen.
She wants to take part in the olympic games.

**teilnehmen** ⟨nimmt teil, nahm teil, teilgenommen⟩ ['tailneːmən] — take part

der **Sportler**, die **Sportlerin** ['ʃpɔrtlɐ] — sportsman, sportswoman, athlete
Die deutschen Sportler haben zehn Goldmedaillen gewonnen.
The German athletes won ten gold medals.

**sportlich** ['ʃpɔrtlɪç] — sports; sporty; athletic
Tobias ist nicht sehr sportlich.
Tobias is not very athletic.

die **Leistung** ['laistʊŋ] — performance, achievement
Er versucht, seine sportlichen Leistungen durch regelmäßiges Trainieren zu steigern.
He's trying to improve his performance by training regularly.

**steigern** ['ʃtaigɐn] — increase, improve

**trainieren** [trɛˈniːrən, trɛˈniːrən] — excercise, train

der **Trainer**, die **Trainerin** ['trɛːnɐ, 'trɛːnə] — trainer, coach, manager
Der Trainer war mit der Leistung seiner Mannschaft zufrieden.
The coach was pleased with his team's performance.

der **Start** [ʃtart] — start
Die Sportlerinnen waren vor dem Start sehr nervös.
The athletes were very nervous before the start.

**los** [loːs] — go
Auf die Plätze, fertig, los!
Ready, steady, go!

das **Ziel** [tsiːl] — finish
Haben Sie gesehen, wer als Erster durchs Ziel ging?
Did you see who finished first?

Wettkämpfe und Spiele — Sport 22

der/die **Erste(r)** ['εɐstə (-tɐ)] — first

der/die **Letzte(r)** ['lεtstə (-tɐ)] — last

der **Platz** [plats] — place
Sie sprang sieben Meter weit und kam damit auf den ersten Platz.
She jumped seven metres and took first place.

der **Sieger**, die **Siegerin** ['ziːgɐ] — winner, champion
Katja Hasler ist die Siegerin der Tennismeisterschaften.
Katja Hasler is the winner of the tennis championships.

die **Medaille** [meˈdaljə] — medal
Wie viele Medaillen gab es für Deutschland?
How many medals did Germany win?

die **Goldmedaille** ['gɔltmedaljə] — gold medal
Der Russe gewann die Goldmedaille im 200-Meter-Brustschwimmen.
The Russian won the gold medal for the 200 metres breast stroke.

die **Silbermedaille** ['zɪlbɐmedaljə] — silver medal

die **Bronzemedaille** ['brõːsəmedaljə] — bronze medal

der **Zuschauer**, die **Zuschauerin** ['tsuːʃauɐ] — spectator, viewer
Trotz des schlechten Wetters kamen viele Zuschauer.
Despite the bad weather there were a lot of spectators.

das **Fußballspiel** ['fuːsbalʃpiːl] — football match
Er hat sich das letzte Fußballspiel des VfB im Stuttgarter Stadion angesehen.
He went to VfB's last match at the Stuttgart stadium. *(VfB is the abbreviated name for one of the two Stuttgart football teams)*

das **Stadion** ['ʃtaːdiɔn] — stadium

die **Mannschaft** ['manʃaft] — team
Die Mannschaft traf auf eine harten Gegner.
The team came up against tough opposition.

**treffen** ⟨trifft, traf, getroffen⟩ ['trεfn] — meet

das **Tor** [toːɐ] — goal
Tor!
Goal!

**spielen** ['ʃpiːlən] — play
Wie hat Bayern München gespielt?
How did Bayern Munich get on?

**zu** [tsuː] — to
Sie spielten drei zu zwei.
They won three two.

**gewinnen** ⟨gewann, gewonnen⟩ [gəˈvɪnən] — win
Welche Mannschaft hat gewonnen?
Which team won?

**verlieren** ⟨verlor, verloren⟩ [fεɐˈliːrən] — lose
Der Trainer bedauerte, daß seine Mannschaft verloren hatte.
The manager expressed regret that his team had lost.

der **Wettkampf** ['vεtkampf] — competition, game
Wo finden die Wettkämpfe statt?
Where are the games taking place?

## Sport — Wettkämpfe und Spiele

die **Meisterschaft** ['maistɐʃaft]
Sie hat die Leichtathletikmeisterschaften im Gehen gewonnen.

championship
She won the walking event at the athletics championships.

der **Rekord** [reˈkɔrt]
Er stellte einen neuen Rekord im Langlauf auf.

record
He set a new cross-country skiing record.

der **Teilnehmer**, die **Teilnehmerin** ['tailneːmɐ]
Die Teilnehmer für das Skirennen sind bereits bekannt.

participant, entrant

The entrants for the ski race are already known.

das **Rennen** ['rɛnən]

race

**siegen** ['ziːgn]
Er siegte mit einer Rekordzeit von 3 Minuten und 42 Sekunden.

win
He won in a record time of 3 minutes and 42 seconds.

die **Urkunde** ['uːɐkʊndə]
Die Sieger erhielten eine Urkunde.

certificate
The winners received certificates.

das **Doping** ['doːpɪŋ]
Ich hoffe, daß der deutsche Sportverband harte Maßnahmen gegen Doping ergreift.

doping, use of drugs
I hope that the German Sports Association is going to take a hard line against the use of drugs.

der **Spieler**, die **Spielerin** ['ʃpiːlɐ]

player

der **Gegner**, die **Gegnerin** ['geːgnɐ]
Unsere Spieler mußten gegen einen starken Gegner spielen.

opponent
Our players had to face a strong opponent.

der **Schiedsrichter**, die **Schiedsrichterin** ['ʃiːtsrɪçtɐ]

referee, umpire, judge

**besiegen** [bəˈziːgn]
Sie konnten die Brasilianer besiegen.

beat
They managed to beat the Brazilians.

der **Weltmeister**, die **Weltmeisterin** ['vɛltmaistɐ]
1990 wurde Deutschland Weltmeister im Fußball.

world champion

Germany won the World Cup in 1990.

# Tourismus

## Reisen

**reisen** ['raizn]
Im Winter reisen wir jedes Jahr in den Süden.

travel, go on holiday
Every year we head south for our winter holidays.

**der Urlaub** ['uːɐlaup]
Wann haben Sie Urlaub?
Ich fahre morgen in Urlaub.

holiday *GB*, vacation *US*
When are your holidays?
I'm going on holiday tomorrow.

**die Ferien** ['feːriən]

Dieses Jahr haben die Schüler in Hessen im Juli Ferien.

Wir verbringen unsere Ferien auf einem Bauernhof an der Nordsee.

(school) holidays *GB*, (school) vacation *US*
This year school children in the State of Hesse have their summer holidays in July. *(the various states have school holidays at slightly different times)*
We are going to spend our holidays on a farm on the North Sea coast.

**verreisen** [fɛɐ'raizn]
Sie sind verreist.

go away (on holiday)
They're away on holiday.

**das Reisebüro** ['raizəbyroː]
Zwei Tage vor der Abreise kann ich die Flugtickets im Reisebüro abholen.

travel agency
I can pick up the tickets from the travel agent's two days before departure.

**der Prospekt** [pro'spɛkt]
Wir möchten gerne Reiseprospekte über die Türkei.

brochure
We would like holiday brochures for Turkey.

**die Information** [ɪnfɔrma'tsioːn]
Weitere Informationen über Hotels und Pensionen erhalten Sie bei den Verkehrsämtern.

information
You can get further information about hotels and guest houses at the tourist information offices.

**planen** ['plaːnən]
Sie hat schon lange eine Reise nach Dänemark geplant.

plan
She has been planning a trip to Denmark for a long time.

**die Reise** ['raizə]
Wir haben eine Reise für drei Wochen nach Spanien gebucht.

trip; journey; holiday
We've booked a three-week holiday to Spain.

**buchen** ['buːxn]

book

**der Koffer** ['kɔfɐ]
Sie packt die Koffer.

suitcase
She's packing the suitcases.

**packen** ['pakn]
Habt ihr schon gepackt?

pack
Have you already packed?

**das Gepäck** [gə'pɛk]
Ich habe viel Gepäck.

luggage, baggage
I've got a lot of luggage.

## 23 Tourismus — Unterwegs

**fortfahren** ⟨fährt fort, fuhr fort, fortgefahren⟩ ['fɔrtfaːrən]
Fahren Sie dieses Jahr fort?

go away
Are you going away this year?

das **Verkehrsamt** [fɛɐˈkeːɐsǀamt]

tourist information office

der **Reiseführer** ['raizəfyːrɐ]
Er hat sich einen Reiseführer über Zürich gekauft.

travel guide
He's bought a travel guide for Zürich.

**ausbreiten** ['ausbraitn]
Um die Reiseroute genau zu planen, hatte er sämtliche Landkarten auf dem Tisch ausgebreitet.

spread out
He spread out all the maps on the table so that he could plan the route they were going to take in detail.

der **Charterflug** ['tʃartɐfluːk, 'ʃartɐfluːk]
Hoffentlich bekommen wir noch einen Charterflug nach Faro!

charter flight
I hope we can still get a charter flight to Faro.

**stornieren** [ʃtɔrˈniːrən]
Sie mußte die Reise wegen Krankheit stornieren.

cancel
She had to cancel her holiday due to illness.

der **Aufenthalt** ['aufɛnthalt]
Auf unserer Reise durch Griechenland werden wir in Athen vier Tage Aufenthalt haben.

stay
While travelling through Greece will be staying in Athens for four days.

die **Anreise** ['anraizə]
Bei Anreise mit dem eigenen Auto zahlen Sie nur für Unterkunft und Verpflegung.

outward journey
If you travel using your own car you only have to pay for board and lodging.

die **Abreise** ['apraizə]
Die Hotelrechnung muß erst am Tag Ihrer Abreise bezahlt werden.

departure *(for the return journey)*
You don't have to pay the hotel bill until the day of departure.

der **Rucksack** ['rʊksak]

rucksack, backpack

der **Autoreisezug** ['autoraizətsuːk]
Wir nehmen lieber den Autoreisezug, damit wir ausgeruht in Marseille ankommen.

car train
We prefer to take the car train, that way we arrive in Marseille refreshed.

## Unterwegs

**wegfahren** ⟨fährt weg, fuhr weg, weggefahren⟩ ['vɛkfaːrən]
Wir sind früh weggefahren.
Wann fahrt ihr weg?

go away, set off
We left early.
When are you going away?

die **Landkarte** ['lantkartə]

map

die **Grenze** ['grɛntsə]

border

**kontrollieren** [kɔntroˈliːrən]
Wir wurden an der Grenze nicht kontrolliert.

check
They didn't check us at the border.

| Unterwegs | Tourismus |
|---|---|

**der Zoll** [tsɔl]
Ich habe Zoll bezahlt.
Sie sind noch nicht durch den Zoll gekommen.

customs; customs duty
I paid duty on it.
They still haven't come through customs.

**verzollen** [fɛɐ'tsɔlən]
Haben Sie etwas zu verzollen?

declare
Have you anything to declare?

**ankommen** ⟨kam an, angekommen⟩ ['ankɔmən]
Sie werden gegen Abend im Hotel ankommen.

arrive

They'll arrive at the hotel in the early evening.

**heimfahren** ⟨fährt heim, fuhr heim, heimgefahren⟩ ['haimfa:rən]
Er fährt morgen wieder heim.

go home

He's going home tomorrow.

**zurückkommen** ⟨kam zurück, zurückgekommen⟩ [tsu'rʏkkɔmən]
Familie Krehl wird erst in zwei Wochen aus dem Urlaub zurückkommen.

come back

The Krehl family won't be back from holiday for another two weeks.

**losfahren** ⟨fährt los, fuhr los, losgefahren⟩ ['lo:sfa:rən]
Um wieviel Uhr seid ihr losgefahren?

set off

What time did you set off?

**die Fahrt** [fa:ɐt]
Auf unserer Fahrt durch den Schwarzwald haben wir viele Rehe gesehen.

drive, journey
As we were driving through the Black Forest we saw a lot of deer.

**unterwegs** [ʊntɐ've:ks]
Er ist beruflich viel unterwegs.

on the road, travelling
His job involves a lot of travelling.

**die Strecke** ['ʃtrɛkə]
Die Strecke am Rhein entlang ist wunderschön.

stretch, route
The stretch alongside the Rhine is really beautiful.

**die Rast** [rast]
Laß uns Rast machen!

break, rest
Let's stop for a break.

**die Raststätte** ['rastʃtɛtə]
Die Raststätten haben in Deutschland Tag und Nacht geöffnet.

motorway services *GB*
The motorway services in Germany are open day and night.

**trampen** [trɛmpn, 'trampn]
Er ist von Konstanz nach Hamburg getrampt.

hitchhike
He hitched from Constance to Hamburg.

**die Hinfahrt** ['hɪnfa:ɐt]
Auf der Hinfahrt kamen sie in den Stau.

outward journey
On the way there they got caught in a traffic jam.

**die Ausreise** ['ausraizə]
Bei der Ausreise nach Österreich mußten wir an der Grenze zwei Stunden warten.

travel to another country, exit
Crossing from Germany to Austria we had to wait two hours at the border.

**die Einreise** ['ainraizə]
Die Einreise nach Rußland verlief ohne Probleme.

travel into a country, entry
We had no problems crossing the border into Russia.

die **Rückfahrt** ['rʏkfaːet]
Der Unfall passierte auf der Rückfahrt aus dem Urlaub.

return journey
The accident occurred on our way back from holiday.

die **Rückkehr** ['rʏkkeːɐ]
Alle freuten sich auf ihre Rückkehr.

return
Everybody was looking forward to them coming back.

# Unterkunft

das **Hotel** [hoˈtɛl]
Ich habe im „Hotel zur Post" vom 25. – 27. Januar ein Doppelzimmer bestellt.

hotel
I've booked a double room at the "Hotel zur Post" from January 25th to 27th.

die **Pension** [pãˈzioːn, pãˈsioːn, pɛnˈzioːn]
Sie kennt eine kleine, billige Pension mitten im Dorf.

guest house

She knows a cheap little guest house in the middle of the village.

die **Rezeption** [retsɛpˈtioːn]
Fragen Sie bitte an der Rezeption, bis wann Sie Ihr Zimmer am Tag Ihrer Abreise verlassen müssen.

reception
Please ask at the reception by what time you have to vacate your room on the day of your departure.

das **Zimmer** ['tsɪmɐ]
Habt ihr schon Zimmer bestellt?

room
Have you already booked your rooms?

**bleiben** ⟨blieb, geblieben⟩ ['blaibn]
Wie lange wollen Sie bleiben? — 14 Tage.

stay
How long do you wish to stay? — A fortnight.

**abreisen** ['apraizn]
Wir reisen in drei Tagen wieder ab.

leave
We'll be leaving in three days' time.

das **Einzelzimmer** ['aintsltsɪmɐ]
Wir haben leider kein Einzelzimmer mehr frei.

single room
Unfortunately, we have no single rooms left.

das **Doppelzimmer** ['dɔpltsɪmɐ]
Ich habe ein Doppelzimmer mit Bad und WC reservieren lassen.

double room
I've booked a double room with bath and toilet.

**reservieren** [rezɛrˈviːrən]

reserve, book

**frei** [frai]
Zimmer frei.

free, vacant
Vacancies.

**belegt** [bəˈleːkt]
In der Pension Edelweiß sind über Weihnachten alle Zimmer belegt.

occupied
All rooms are taken at the Edelweiss guest house over Christmas.

das **Frühstück** ['fryːʃtʏk]
Wir hatten ein Zimmer mit Frühstück auf einem Bauernhof.

breakfast
We had bed and breakfast on a farm.

die **Halbpension** ['halppãzioːn, 'halppãˈsioːn, 'halppɛnˈzioːn]
Wünschen Sie Halbpension oder Vollpension?

half board

Would you like half board or full board?

| | |
|---|---|
| die **Vollpension** ['fɔlpāzio:n, 'fɔlpā'sio:n, 'fɔlpɛn'zio:n] | full board |
| die **Saison** [zɛ'zō:, zɛ'zɔŋ] Die Zimmerpreise sind von der Saison abhängig. | season The prices of the rooms vary according to season. |
| **übernachten** [y:bɐ'naxtn̩] Sie haben in einem kleinen Hotel in der Nähe des Sees übernachtet. | stay overnight They stayed overnight in a small hotel close to the lake. |
| **zelten** ['tsɛltn̩] Habt ihr Lust zu zelten? | go camping Do you fancy going camping? |
| das **Zelt** [tsɛlt] Er hat ein Zelt für zwei Personen. | tent He's got a two-man tent. |
| die **Unterkunft** ['ʊntɐkʊnft] Haben Sie eine Unterkunft gefunden? | accommodation Have you found somewhere to stay? |
| die **Übernachtung** [y:bɐ'naxtʊŋ] Eine Übernachtung im Doppelzimmer mit Bad und WC, Frühstück inbegriffen, kostet 200,- DM. | overnight stay A night in a double room with bath and toilet, including breakfast, costs 200 marks. |
| das **Zweibettzimmer** ['tsvaibɛttsɪmɐ] Da ich mit meinem Vater reise, haben wir kein Doppelzimmer sondern ein Zweibettzimmer genommen. | twin room As I am travelling with my father, we've taken a twin room rather than a double room. |
| **fließend** ['fli:snt] Alle Zimmer haben fließend warm und kalt Wasser. | running All the rooms have hot and cold running water. |
| der **Service** ['zø:ɐvɪs] Sind Sie mit unserem Service zufrieden? | service Are you happy with the service? |
| die **Verpflegung** [fɛɐ'pfle:gʊŋ] Die Verpflegung auf dem Schiff war sehr gut. | food, meals The food provided on the ship was very good. |
| die **Vorsaison** ['fo:ɐzɛzō:] Ich reise gerne in der Vorsaison, weil da noch nicht viel los ist. | early season I like to go on holiday before the high season starts because it's not so busy. |
| die **Hauptsaison** ['hauptzɛzō:] | high season |
| die **Nebensaison** ['ne:bnzɛzō:] Die Mietwagen sind in der Nebensaison viel billiger als in der Hauptsaison. | off season Hired cars are a lot cheaper in the off season than in the high season. |
| der **Tresor** [tre'zo:ɐ] Bewahren Sie bitte wertvolle Gegenstände im Tresor auf! | safe Please keep valuables in the safe. |
| die **Jugendherberge** ['ju:gnthɛrbɛrgə] | youth hostel |
| die **Ferienwohnung** ['fe:riənvo:nʊŋ] Sie haben eine Ferienwohnung auf Sylt gemietet. | holiday flat They've rented a holiday flat on the Isle of Sylt. |

**23** Tourismus — Im Urlaubsgebiet

das **Camping** ['kɛmpɪŋ, 'kampɪŋ]
Wir machen dieses Jahr Camping.

camping
We're going camping this year.

der **Campingplatz** ['kɛmpɪŋplats]
Können Sie mir sagen, wo der Campingplatz ist?

camp site
Could you tell me where the camp site is?

der **Wohnwagen** ['voːnvaːgn]

caravan *GB*, trailer *US*

das **Wohnmobil** ['voːnmobiːl]

camper, RV *US*

der **Schlafsack** ['ʃlaːfsak]

sleeping bag

# Im Urlaubsgebiet

der **Tourist**, die **Touristin** [tuˈrɪst]

tourist

**touristisch** [tuˈrɪstɪʃ]
Mir ist es hier viel zu touristisch!

tourist, touristy
It's far too touristy here for my liking.

der **Reiseleiter**, die **Reiseleiterin** ['raizəlaitɐ]
Wenn Sie Probleme haben, wenden Sie sich bitte an Ihre Reiseleiterin.

courier

If you have any problems please contact your courier.

die **Auskunft** ['auskʊnft]
Ihr Reiseleiter gibt Ihnen gerne Auskunft auf alle Ihre Fragen.

information
Your courier will be glad to answer all your questions.

**verbringen** ⟨verbrachte, verbracht⟩ [fɛɐˈbrɪŋən]
Meine Schwester hat gestern den ganzen Tag am Strand verbracht.

spend (time)

My sister spent the whole of yesterday at the beach.

**erholen (sich)** [ɛɐˈhoːlən]
Haben Sie sich gut erholt?

recover, relax
Did you have a relaxing holiday?

der **Stadtplan** ['ʃtatplaːn]

map *(of a town)*

die **Sehenswürdigkeit** ['zeːənsvʏrdɪçkait]

sight

**besichtigen** [bəˈzɪçtɪgn]
Heute haben wir die Gedächtniskirche besichtigt.

visit
We visited the Gedächtniskirche today.

**kostenlos** ['kɔstnloːs]
Der Eintritt für Kinder unter sechs Jahren ist kostenlos.

free of charge
Children under six years of age are admitted free of charge.

die **Stadtrundfahrt** ['ʃtatrʊntfaːɐt]
Für heute ist eine Stadtrundfahrt geplant.

tour of the city
There is a tour of the city planned for today.

das **Abenteuer** ['aːbntɔyɐ]
Ich habe auf meinen Reisen durch den Urwald viele Abenteuer erlebt.

adventure
I had a lot of adventures during my trips through the jungle.

der **Mietwagen** ['miːtvaːgn]
Er hat sich für eine Woche einen Mietwagen genommen.

rented car
He rented a car for a week.

Im Urlaubsgebiet　　　　　　　　　　　　　　　　　　　　　　　　Tourismus

die **Aussicht** ['auszɪçt]
Von unserem Zimmer aus haben wir eine gute Aussicht auf den Tegernsee.

view
From our room we have a good view of Tegernsee.

die **Ansichtskarte** ['anzɪçtskartə]
Er möchte an seine Oma eine Ansichtskarte schicken.

(picture) postcard
He wants to send a postcard to his grandma.

das **Andenken** ['andɛŋkn]
Hier können Sie Andenken kaufen.

souvenir
You can buy souvenirs here.

der **Tourismus** [tu'rɪsmʊs]

tourism

**sonnen (sich)** ['zɔnən]
Ich habe mich den ganzen Tag gesonnt.

sunbathe
I spent the whole day sunbathing.

die **Sonnencreme** ['zɔnənkre:m]
Crem dich gut mit Sonnencreme ein, damit du keinen Sonnenbrand bekommst!

suntan cream
Make sure you use plenty of suntan cream so that you don't get sunburnt.

der **Sonnenbrand** ['zɔnənbrant]

sunburn

der **Strandkorb** ['ʃtrantkɔrp]
Wir haben einen Strandkorb für eine Woche gemietet.

*wicker beach chair with a hood*
We've rented a beach chair for a week.

die **Besichtigung** [bə'zɪçtɪgʊŋ]

visit

die **Führung** ['fy:rʊŋ]
Die Führung beginnt jede volle Stunde.

guided tour
There is a guided tour every hour, on the hour.

die **Autovermietung** ['autofɛɐmi:tʊŋ]
Welche Autovermietung können Sie mir empfehlen?

car hire; car hire company
What car hire centre could you recommend?

die **Sicht** [zɪçt]
Die Sicht von der Zugspitze war heute phantastisch.

view
There was a fantastic view from the Zugspitze mountain today.

die **Seilbahn** ['zailba:n]
Sie können mit der Seilbahn bequem bis auf den Gipfel des Berges fahren.

cable car
The cable car offers a comfortable ride all the way up to the summit.

der **Sessellift** ['zɛsllɪft]
Bei schönem Wetter macht es mir viel Spaß, mit dem Sessellift zu fahren.

chair lift
I really enjoy going up in the chair lift when the weather is fine.

# 24 Post und Telekommunikation

## Post

die **Post** [pɔst]
Ich gehe auf die Post, um Briefmarken zu kaufen.
Ist heute Post für mich gekommen?

post *GB*, mail *US*; post office
I'm going to the post office to get some stamps.
Has there been any post for me today?

der **Brief** [briːf]
Er hat einen Brief an seine Mutter geschrieben.

letter
He's written a letter to his mother.

der **(Brief)umschlag** [ˈbriːfʊmʃlaːk, ˈʊmʃlaːk]
Haben Sie weiße Briefumschläge mit Fenster?

envelope

Do you have any white window envelopes?

die **Adresse** [aˈdrɛsə]

address

der **Absender**, die **Absenderin** [ˈapzɛndɐ]
Auf dem Brief steht kein Absender.

sender; sender's name and address

The sender hasn't put his name and address on the letter.

die **Briefmarke** [ˈbriːfmarkə]
Ich hätte gerne drei Briefmarken zu einer Mark.

(postage) stamp
I'd like three one mark stamps, please.

die **Postkarte** [ˈpɔstkartə]
Wo bekommt man Postkarten? — Auf der Post.

postcard
Where can I get postcards? — At the post office.

das **Päckchen** [ˈpɛkçən]
Meine Tante hat mir ein Päckchen geschickt.

small packet, parcel
My aunt has sent me a parcel.

**schicken** [ˈʃɪkn]

send

das **Paket** [paˈkeːt]
Ich war gerade eben auf der Post und habe das Paket aufgegeben.

packet, parcel
I've just been to the post office and I've sent the parcel.

**aufgeben** ⟨gibt auf, gab auf, aufgegeben⟩ [ˈaufgeːbn]

have sent *(more literally, "aufgeben" means to hand in at the post office)*

das **Telegramm** [teleˈgram]
Telegramme können telefonisch oder auf der Post aufgegeben werden.

telegramme *GB*, telegram *US*
You can send a telegramme by phone or at the post office.

der **Briefkasten** [ˈbriːfkastn]
Briefkästen, die einen roten Punkt haben, werden auch sonntags geleert.

post box; letter box *GB*, mailbox *US*
A red spot on a post box indicates that there is a collection on Sundays.

der **Briefträger**, die **Briefträgerin** [ˈbriːftrɛːgɐ]
War der Briefträger schon da?

postman, postwoman *GB*, mailman, mailwoman *US*
Has the postman been?

## Post und Telekommunikation

der **Empfänger**, die **Empfängerin**
[ɛm'pfɛŋɐ]
Wenn Empfänger unbekannt bitte Brief an den Absender zurück.
Porto bezahlt Empfänger.

receiver, addressee

If addressee unknown please return to sender.
Postage will be paid by the addressee.

**senden** ['zɛndn]
Er teilte seiner Sekretärin mit, daß sie den Brief sofort an den Chef der Firma senden sollte.

send
He told his secretary that she should send the letter to the head of the company immediately.

die **Postleitzahl** ['pɔstlaittsaːl]
Welche Postleitzahl hat Frankfurt an der Oder?

post code *GB*, zip code *US*
What's the post code for Frankfurt an der Oder? *(German post codes are five-figure numbers which precede the name of the town)*

das **Porto** ['pɔrto]
Das Porto für diesen Brief beträgt 3 Mark.

postage
The postage for this letter comes to 3 marks.

**frankieren** [fraŋ'kiːrən]
Bitte frankieren falls Briefmarke zur Hand.

frank
Please affix stamp if one is to hand.

die **Drucksache** ['drʊkzaxə]

printed matter

das **Einschreibeh** ['ainʃraibn]
Schicken Sie mir den Brief mit Ihren Papieren bitte als Einschreiben.

registered
Please send the letter containing your papers by registered post.

der **Eilbrief** ['ailbriːf]

express letter

die **Luftpost** ['lʊftpɔst]
Wie lange dauert ein Brief per Luftpost nach China?

air mail
How long does an air mail letter to China take?

**leeren** ['leːrən]
Wie oft wird dieser Briefkasten geleert? — Dreimal täglich.

empty
How often do they collect letters from this post box? — Three times a day.

das **Postamt** ['pɔstlamt]
Die Postämter sind Montag bis Freitag von 8 Uhr bis 12 Uhr und von 14 Uhr bis 18 Uhr geöffnet. Samstags sind sie von 8 Uhr bis 12 Uhr geöffnet.

post office
Post offices are open from Monday to Friday from 8 a.m. to 12 noon and from 2 p.m. to 6 p.m. On Saturdays they are open from 8 a.m. to 12 noon.

**stempeln** ['ʃtɛmpln]
Du kannst die Briefmarke noch einmal verwenden, weil sie nicht gestempelt wurde.

stamp, frank
You can use that stamp again because they've forgotten to put a post mark on it.

**postlagernd** ['pɔstlaːgɐnt]
Auf meiner letzten Reise durch Europa ließ ich mir alle Briefe postlagernd schicken.

poste restante
During my last trip across Europe I had all my letters sent to me post restante.

der **Postbote**, die **Postbotin**
['pɔstboːtə]

postman, postwoman *GB*, mailman, mailwoman *US*

# Post und Telekommunikation

| | |
|---|---|
| die **Postanweisung** ['pɔstlanvaizʊŋ] | postal order *(the sender pays in money at a post office and the receiver is paid in cash by the postman)* |
| Seine Eltern schickten ihm Geld per Postanweisung. | His parents sent him money via the post office. |
| **telegrafieren** [telegra'fi:rən] | send a telegramme *GB*, send a telegram *US* |
| der **Telebrief** ['telebri:f] | fax sent via the post office |
| Telebriefe erreichen meist noch am gleichen Tag ihren Empfänger in über 50 Ländern der Welt. | A fax sent via the post office usually reaches the addresse on the same day in over 50 countries of the world. |

## Briefanfang, Briefende

**Lieber, Liebe** ['li:bɐ, 'li:bə] — dear
Lieber Peter, — Dear Peter,
Liebe Veronika, — Dear Veronika,

**Sehr geehrter Herr, Sehr geehrte Frau** [ze:ɐ gə'|e:ɐtə hɛr] — Dear Mr, Dear Ms, Dear Mrs
Sehr geehrter Herr Hirsch, — Dear Mr Hirsch,
Sehr geehrte Frau Koch, — Dear Ms Koch,

**Sehr geehrte Damen und Herren,** [ze:ɐ gə'|e:ɐtə 'da:mən ʊnt 'hɛrən] — Dear Sir/Madam,

der **Gruß** [gru:s] — greeting, regard
Viele Grüße sendet euch Euer Opa. — With lots of love from your grandad.
Viele Grüße auch an Maria. — Give my regards to Maria.

**Dein, Deine** [daın] — Yours
Dein Lukas — Yours, Lukas
Deine Anna — Yours, Anna

**Mit freundlichen Grüßen** [mɪt 'frɔyntlɪçən 'gry:sn] — Yours sincerely,

**Euer, Eure** [ɔyɐ] — Yours
Euer Vater — Yours, Father
Eure Oma — Yours, Grandma

**Hochachtungsvoll** ['ho:xlaxtʊŋsfɔl] — Yours sincerely,

## Telekommunikation

das **Telefon** ['te:ləfo:n, tele'fo:n] — telephone
Haben Sie Ihr Telefon gemietet oder gekauft? — Wir haben es im Telefonladen gekauft. — Have you rented your telephone or bought it? — We bought it in the telephone shop.
Anne, Telefon für dich! — Anne, there's a call for you.
Wer geht ans Telefon? — Who's going to answer it?

Telekommunikation | Post und Telekommunikation

## 24

**anrufen** ⟨rief an, angerufen⟩ ['anru:fn]
Ich werde Sie nächste Woche anrufen.

call
I'll give you a call next week.

**die Telefonnummer** [te:le'fo:nnʊmɐ]

telephone number

**das Telefonbuch** [te:le'fo:nbu:x]
Wir wurden schriftlich benachrichtigt, daß wir das neue Telefonbuch innerhalb von drei Wochen beim zuständigen Postamt kostenlos abholen können.

telephone directory
We received written notification that we could collect the new telephone directory free of charge from the designated post office within the next three weeks.

**wählen** ['vɛ:lən]
Um nach München zu telefonieren, müssen Sie die Vorwahl 089 wählen.

dial
To call a number in Munich you need to dial the area code 089.

**frei** [frai]
Zum Glück ist die Leitung endlich frei.

free
Fortunately the line is free again at last.

**belegt, besetzt** [bə'le:kt, bə'zɛtst]
Die Leitung ist belegt.
Es ist besetzt.

engaged *GB*, busy *US*
The line's engaged.
It's engaged.

**das Telefongespräch** [tele'fo:ngəʃprɛ:ç]
Sie führt abends gerne lange Telefongespräche.

telephone call

She likes to make long telephone calls in the evening.

**der Anrufbeantworter** ['anru:fbəʔantvɔvɔrtɐ]
Hier ist der automatische Anrufbeantworter von Joachim Scholz.

answering machine, answerphone *GB*

This is Joachim Scholz's answering machine.

**die Telefonzelle** [tele'fo:ntsɛlə]

telephone box *GB*, telephone booth *US*

Ein Telefonanruf aus einer öffentlichen Telefonzelle kostet 30 Pfennig.

A call from a public telephone box costs 30 pfennigs.

**die Telefonkarte** [tele'fo:nkartə]
Telefonkarten zu 12 und 50 DM erhält man in allen Telefonläden und auf Postämtern.

telephone card
Telephone cards for 12 and 50 marks can be purchased from any telephone shop or post office.

**das Telex** ['te:lɛks]

telex

**das (Tele)fax** ['(te:le)faks]

fax, facsimile

**faxen** ['faxn]
Sie können uns die Ankunftszeit faxen.

fax
You could fax us your time of arrival.

**die Telekom** ['te:lekɔm]

Telekom *(the German telecommunications company)*

**der Telefonladen** [tele'fo:nla:dn]

telephone shop *(a shop run by the German telecommunications company)*

Die Telefonläden sind Montag bis Freitag von 9 Uhr bis 18 Uhr geöffnet.

Telephone shops are open from Monday to Friday from 9 a.m. to 6 p.m.

**schnurlos** ['ʃnu:ɐlo:s]
Ich werde mir bald ein schnurloses Telefon kaufen.

cordless
I'm going to buy myself a cordless telephone soon.

239

der **Anschluß** ['anʃlʊs] — connection, telephone point
Wir haben einen zweiten Anschluß beantragt. — We've ordered a second telephone point.
Kein Anschluß unter dieser Nummer. — This number is not valid.

der **Anruf** ['anru:f] — call
Ich erwarte einen Anruf von meiner Freundin. — I'm expecting a call from my girlfriend.

**telefonieren** [telefo'ni:rən] — be on the phone, call
Sie telefonierte gerade mit ihrem Freund, als es an der Tür klingelte. — She was on the phone to a friend when the door bell rang.

das **Ortsgespräch** ['ɔrtsgəʃprɛ:ç] — local call

das **Ferngespräch** ['fɛrngəʃprɛ:ç] — long-distance call
Ferngespräche sind an Samstagen, Sonntagen sowie an Feiertagen den ganzen Tag und an Werktagen von 18 - 8 Uhr billiger. — Long-distance calls are cheaper on Saturdays, Sundays and on public holidays and on workdays between 6 p.m. and 8 a.m.

die **Telefonauskunft** [tele'fo:nlauskʊnft] — directory enquiries
Wenn Sie die Telefonnummer von Frau Fritz nicht wissen, so rufen Sie bitte die Telefonauskunft an. — If you don't know Mrs Fritz's number then please call directory enquiries.

die **Vorwahl** ['fo:ɐva:l] — code
Weißt du die Vorwahl von Stuttgart? — Ja, 0711. — Do you know the code for Stuttgart? — Yes, 0711.

der **Hörer** ['hø:rɐ] — receiver
Er nahm den Hörer ab. — He picked up the receiver.

**abnehmen** ⟨nimmt ab, nahm ab, abgenommen⟩ ['apne:mən] — pick up (the receiver)

**auflegen** ['aufle:gn] — hang up, put down the receiver
Legen Sie noch nicht auf! Frau Kramer möchte noch mit Ihnen sprechen. — Don't hang up yet. Mrs Kramer wants to speak to you.

die **Leitung** ['laitʊŋ] — line

**Btx** [be:te:'lıks] — viewdata
Auskünfte über Zugverbindungen bekommen Sie auch über Btx. — You can also get information about train times via viewdata.

das **Faxgerät** ['faksgərɛ:t] — fax (machine)

die **Faxnummer** ['faksnʊmɐ] — fax number

## Am Telefon

**melden (sich)** ['mɛldn] — answer
In Deutschland meldet man sich am Telefon mit dem Familiennamen; Kinder melden sich oft mit dem Vor- und Zunamen. — In Germany people state their surname when answering the phone; children will often give both first name and surname.

Am Telefon · Post und Telekommunikation

**hier** [hi:ɐ]
(Das Telefon klingelt) Schnorr. — Guten Tag Veronika. Hier ist Gabriele.

**bei** [bai]
Bei Martens, Bäumler am Apparat.

**sprechen** ⟨spricht, sprach, gesprochen⟩ ['ʃprɛçn]
Könnte ich bitte mit Frau Wagner sprechen? — Am Apparat.

**geben** ⟨gibt, gab, gegeben⟩ ['ge:bn]
Martha, kannst du mir bitte deinen Vater geben? — Ja, er kommt gleich ans Telefon.

**Auf Wiederhören!** [auf 'vi:dɐhø:rən]

der **Name** ['na:mə]
Arbeitsamt Hamburg. — Mein Name ist Walter. Könnte ich bitte Frau König sprechen?

der **Apparat** [apa'ra:t]
Wer ist am Apparat?
Bleiben Sie bitte am Apparat!

**verbinden** ⟨verband, verbunden⟩ [fɛɐ'bɪndn]
Firma Eisenschmidt. — Guten Tag! Hier ist Reuter. Verbinden Sie mich bitte mit Herrn Müller.
Sie sind falsch verbunden.

**warten** ['vartn]
Bitte warten Sie!

here
(The telephone rings) Schnorr. — Hello Veronika. It's Gabriele.

care of, at
Here is the Martens' house, Mr Bäumler speaking.

speak

Could I speak to Mrs Wagner, please? — Speaking.

give

Martha, could you give me your father? — Yes, he's just coming to the phone.

Good bye. *(an expression only used on the phone, meaning literally "until we hear from each other again")*

surname
Hamburg Job Centre. — Mr Walter speaking. Could I speak to Mrs König?

phone
Who's speaking?
Please hold the line.

put through

Eisenschmidt. — Hello. Mr Reuter speaking. Could you put me through to Mr Müller, please?
You've got the wrong number.

wait
Please hold the line.

# 25 Medien

## Printmedien

die **Zeitung** ['tsaitʊŋ]
Ich lese jeden Morgen Zeitung.
Das Kinoprogramm steht jeden Tag in der Zeitung.

newspaper
I read the newspaper every morning.
The newspaper contains a daily guide to what's on at the cinema.

die **Zeitschrift** ['tsaitʃrɪft]

magazine, periodical

**abonnieren** [abɔ'niːrən]
Wir haben eine Zeitung abonniert.

subscribe to
We've taken out a newspaper subscription.

der **Kiosk** ['kiːɔsk, ki'ɔsk]
Bevor er in den Zug stieg, kaufte er sich am Kiosk eine Zeitschrift.

kiosk, newspaper stand
Before he got on the train he bought himself a newspaper from the newspaper stand.

der **Artikel** [ar'tiːkl, ar'tɪkl]
Ich kenne den Journalisten, der den Artikel geschrieben hat.

article, report
I know the journalist who wrote that article.

der **Leser**, die **Leserin** ['leːzɐ]
Die Leser wollen über die Ereignisse im Kriegsgebiet informiert werden.

reader
Our readers wish to be kept informed about events in the war zone.

der **Journalist**, die **Journalistin** [ʒʊrna'lɪst]

journalist

**veröffentlichen** [fɛɐ'ʔœfntlɪçn]
Der Bericht über die Austellung wurde gestern veröffentlicht.

publish
The report on the exhibition was published yesterday.

das **Buch** [buːx]
Sie liest gerne Bücher.

book
She enjoys reading books.

das **Wörterbuch** ['vœrtɐbuːx]
Sieh mal im Wörterbuch nach, was Zeitung auf Englisch heißt.

dictionary
Look up the English for "Zeitung" in the dictionary.

**nachsehen** ⟨sieht nach, sah nach, nachgesehen⟩ ['naːxzeːən]

look up

die **Buchhandlung** ['buːxhandlʊŋ]

book shop

die **Medien** ['meːdiən]
In den Medien wurde ausführlich über den Fall berichtet.

media
The media reported the case in great detail.

die **Presse** ['prɛsə]
Er ist von der Presse.

press
He's from the press.

die **Illustrierte** [ɪlʊs'triːɐtə]

(glossy) magazine

die **Reklame** [re'klaːmə]
Für diese Illustrierte wurde viel Reklame gemacht.

advertisement; advertising
There was a lot of advertising for that magazine.

242

die **Veröffentlichung** [fɛɐ'lœfntlıçʊŋ]
In der Bibliothek finden Sie viele Veröffentlichungen über die Kirche im Mittelalter.

publication
You will find a lot of publications on the church in the Middle Ages in the library.

das **Lexikon** ['lɛksikɔn]
Wir brauchen ein gutes Lexikon.

encyclopedia
We need a good encyclopedia.

das **Taschenbuch** [taʃnbuːx]

paperback

der **Verlag** [fɛɐ'laːk]
In welchem Verlag ist das Buch erschienen?

publishing house
Who's the book published by?

**erscheinen** ⟨erschien, erschienen⟩ [ɛɐ'ʃainən]

appear, be published

**drucken** ['drʊkn]
Das Buch wurde im Ausland gedruckt, um Kosten zu sparen.

print
The book was published abroad to save on costs.

**jeweils** ['jeːvails]
Der Spiegel erscheint jeweils am Montag.

each, every
Spiegel magazine is published every Monday.

## Audiovisuelle Medien

der **Fernseher** ['fɛrnzeːɐ]
Er sitzt schon den ganzen Abend vor dem Fernseher.

television (set)
He's been sitting in front of the television all evening.

**verkabelt** [fɛɐ'kaːblt]
Wir sind verkabelt.

linked up to cable television
We've got cable television.

das **Fernsehen** ['fɛrnzeːən]
Das Fernsehen brachte einen Dokumentarfilm über Polen.
Was kommt diese Woche im Fernsehen?

television
There was a television documentary about Poland.
What's on TV this week?

**fernsehen** ⟨sieht fern, sah fern, ferngesehen⟩ ['fɛrnzeːən]
Abends sehen wir meistens fern.

watch television

We usually watch television in the evening.

das **Fernsehprogramm** ['fɛrnzeːproɡram]
Im Fernsehprogramm steht, daß der Film um 20 Uhr 15 beginnt.
Er sieht am liebsten Fernsehprogramme über Tiere an.

television programme *GB*, television program *US*; television guide
According to the TV guide, the film begins at 8.15 p.m.
His favourite TV programmes are about animals.

das **Programm** [pro'ɡram]
In welchem Programm kommt der Spielfilm?
Politische Programme interessieren mich nicht besonders.

channel; programme *GB*, program *US*
What channel is the film on?

I'm not terribly interested in programmes on politics.

## Audiovisuelle Medien

die **Wiederholung** [viːdəˈhoːlʊŋ]
Die Wiederholung der Sendung können Sie morgen früh sehen.

repeat
This broadcast will be repeated tomorrow morning.

die **Sendung** [ˈzɛndʊŋ]
Wir sind auf Sendung.
Ihr dürft euch die Kindersendung ansehen.

broadcast; programme
We're on air.
You can watch the children's programme.

**senden** [ˈzɛndn]
Das Interview wurde in den Nachrichten gesendet.

broadcast
The interview was shown on the news.

**übertragen** ⟨überträgt, übertrug, übertragen⟩ [yːbəˈtraːgn]
Das Tennisspiel wurde direkt aus Australien übertragen.

broadcast, transmit

The tennis match was broadcast direct from Australia.

die **Nachrichten** [ˈnaːxrɪçtn]
Wir sehen jeden Tag die Nachrichten.

news
We watch the news every day.

das **Interview** [ˈɪntevjuː, ɪnteˈvjuː]

interview

der **Videorecorder** [ˈviːdeorekɔrdɐ]

videorecorder, VCR

die **Videokassette** [ˈviːdeokasɛtə]
Ich brauche eine 180-Minuten-Videokassette, um den Krimi aufzunehmen.

video (cassette tape)
To record the crime thriller I need a 180 minute video tape.

**aufnehmen** ⟨nimmt auf, nahm auf, aufgenommen⟩ [ˈaufneːmən]
Hast du das Kinderprogramm auf Videokassette aufgenommen?

record

Did you video the children's programme?

das **Radio** [ˈraːdio]
Das Radio läuft bei ihnen den ganzen Tag.
Ich habe im Radio gehört, daß heute viele Unfälle passiert sind.

radio
They have the radio on all day.

I heard on the radio that there have been a lot of accidents today.

der **Plattenspieler** [ˈplatnʃpiːlɐ]

record player, record deck

die **(Schall)platte** [ˈʃalplatə, ˈplatə]
Hast du schon die neueste Platte von Sting gehört?

record
Have you heard Sting's latest record?

der **CD-Player** [tseːˈdeːpleːɐ]
Immer mehr Haushalte haben CD-Player.

CD player
More and more households own a CD player.

die **CD** [tseːˈdeː]
Ich höre wegen der besseren Qualität lieber CDs als Schallplatten.

CD
I prefer CDs to records because of the superior sound quality.

der **Kassettenrecorder** [kaˈsɛtnrekɔrdɐ]

cassette recorder, cassette deck

die **Kassette** [kaˈsɛtə]
Mein Neffe hat viele Musikkassetten.

cassette
My nephew has a large collection of cassettes.

# Audiovisuelle Medien — Medien

der **Walkman**® ['wɔːkmən]

walkman®, personal stereo

**audiovisuell** [audiovi'zuɛl]
Im Unterricht werden audiovisuelle Medien benützt.

audiovisual
Schools make use of audiovisual equipment.

die **Fernsehgebühren**
['fɛrnzeːgəbyːrən]
Er bezahlt seine Fernsehgebühren monatlich.

television licence

He pays his television licence in monthly instalments.

der **Bildschirm** ['bɪltʃɪrm]
Leider sitzen die Kinder ständig vor dem Bildschirm!

screen
Unfortunately the children spend the whole day glued to the screen.

die **Fernbedienung** ['fɛrnbədiːnʊŋ]

remote control; remote control unit

**umschalten** ['ʊmʃaltn]
Schalte bitte ins erste Programm um!

turn over
Please turn over to Channel 1.

der **Spielfilm** ['ʃpiːlfɪlm]

film

der **Krimi** ['kriːmi]

crime story, thriller, detective story

der **Dokumentarfilm**
[dokumɛn'taːefɪlm]

documentary

der **Sprecher,** die **Sprecherin**
['ʃprɛçɐ]

announcer; newsreader; narrator

der **Korrespondent,** die **Korrespondentin** [kɔrɛspɔn'dɛnt]
Unser Korrespondent berichtet über die Lage in Kairo.

correspondent

We now have a report on the situation in Cairo from our local correspondent.

der **Kommentar** [kɔmɛn'taːe]
Den Kommentar spricht heute Herr X vom Bayerischen Rundfunk.

comment, commentary
Mr X from the Bavarian Broadcasting Company will now give his comments on the day's events. *(one leading news programme includes a regular slot for the personal views, rather like an newspaper editorial, of various journalists)*

**aktuell** [ak'tuɛl]
Wir berichten über Aktuelles vom Tage.

topical, current
And now the latest news.

der **Rundfunk** ['rʊntfʊŋk]

broadcasting; broadcasting corporation

der **Satellit** [zatɛ'liːt]
Das Fußballspiel wird über Satellit übertragen.

satellite
The football match is being transmitted via satellite.

die **Stereoanlage** ['ʃteːreoˌanlaːgə]
Soweit ich weiß, ist sie mit ihrer Stereoanlage zufrieden.

stereo system
As far as I know, she's happy with her stereo system.

der **Lautsprecher** ['lautʃprɛçɐ]

loudspeaker

die **Videothek** [viːdeo'teːk]
Er hat sich in der Videothek Filme fürs Wochenende ausgeliehen.

video rental shop
He's hired a couple of videos for the weekend.

| | |
|---|---|
| die **CD-Rom** [tseːdeːˈrɔm]<br>Dieses Wörterbuch gibt es auch als CD-Rom zu kaufen. | CD-ROM<br>This dictionary is also available on CD-ROM. |
| das **Tonbandgerät** [ˈtoːnbantɡərɛːt] | tape recorder |
| das **Tonband** [ˈtoːnbant] | (audio) tape |

# Kultur und Religion

## Literatur

die **Literatur** [lɪtəraˈtuːɐ]
Er interessiert sich stark für Literatur.

literature
He is very interested in literature.

der **Autor**, die **Autorin** [ˈautɔr, auˈtoːrɪn]
Günter Grass ist ein bekannter deutscher Autor.

author, authoress

Günter Grass is a famous German author.

**bekannt** [bəˈkant]

well-known, famous

**schreiben** ⟨schrieb, geschrieben⟩ [ˈʃraibn]
Bertolt Brecht schrieb 1938/1939 das politische Drama „Mutter Courage und ihre Kinder".

write

Bertolt Brecht wrote the political drama "Mother Courage" in 1938/39.

**lesen** ⟨liest, las, gelesen⟩ [ˈleːzn]
Hast du schon „Homo Faber" von Max Frisch gelesen? — Ja, ich habe das Buch gelesen und den Film gesehen.

read
Have you read "Homo Faber" by Max Frisch? — Yes, I've read the book and seen the film.

der **Roman** [roˈmaːn]
Der Roman „Das siebte Kreuz" machte Anna Seghers in der ganzen Welt berühmt.

novel
The novel "The Seventh Cross" made Anna Seghers world famous.

der **Titel** [ˈtiːtl]
Hast du dir den Titel des Romans gemerkt?

title
Do you remember the title of the novel?

das **Kapitel** [kaˈpɪtl]
Der Roman besteht aus acht Kapiteln.

chapter
The novel has eight chapters.

**bestehen aus** ⟨bestand, bestanden⟩ [bəˈʃeːən aus]

consist of

die **Erzählung** [ɛɐˈtsɛːlʊŋ]
Die Erzählungen von Ingeborg Bachmann gefallen ihr sehr gut.

story
She likes Ingeborg Bachmann stories a great deal.

das **Gedicht** [gəˈdɪçt]
Wir mußten in der Schule Theodor Fontanes Gedicht „Die Brücke am Tay" auswendig lernen.

poem
At school we had to learn the poem "The Bridge over the Tay" by Theodor Fontane off by heart.

das **Märchen** [ˈmɛːɐçən]
Grimms Märchen sind bei Kindern sehr beliebt.

fairy tale
Grimms' fairy tales are very popular with children.

**beliebt** [bəˈliːpt]

popular, well-liked

die **Geschichte** [gəˈʃɪçtə]
Ich lese meinem Sohn jeden Abend vor dem Schlafen eine Geschichte vor.

story
I read my son a bedtime story every night.

| | |
|---|---|
| der **Schriftsteller**, die **Schriftstellerin** [ˈʃrɪftʃtɛlɐ] | writer, novelist |
| der **Dichter**, die **Dichterin** [ˈdɪçtɐ] | writer, poet *(the term "Dichter" has a heavy-weight and poetic ring to it and is often applied to classic writers such as Goethe)* |
| das **Werk** [vɛrk] Kennen Sie das gesamte Werk von Hermann Hesse? — Nein, ich habe nur den „Steppenwolf" gelesen. | work(s), oeuvre Do you know all of Hermann Hesse's works? — No, I've only read "Steppenwolf". |
| der **Band** [bant] Sie hat ein Werk über die deutsche Geschichte in vier Bänden. | volume She has a history of Germany in four volumes. |
| das **Drama** [ˈdraːma] | drama |
| die **Epoche** [eˈpɔxə] | epoch |
| der **Abschnitt** [ˈapʃnɪt] In diesem Abschnitt wird das Leben auf dem Land beschrieben. | section, part This section of the book describes life in the country. |

## Kunst

| | |
|---|---|
| die **Kunst** [kʊnst] Gefällt Ihnen moderne Kunst? | art Do you like modern art? |
| **modern** [moˈdɛrn] | modern |
| **kreativ** [kreaˈtiːf] Wer Kunst macht, muß gerne kreativ arbeiten. | creative An artist needs to enjoy creative work. |
| der **Künstler**, die **Künstlerin** [ˈkʏnstlɐ] Die Künstlerin hat die Möglichkeit, ihre Bilder in einer bekannten Galerie auszustellen. | artist The artist has the opportunity to exhibit her pictures at a famous gallery. |
| die **Galerie** [galəˈriː] | gallery |
| **ausstellen** [ˈausʃtɛlən] | exhibit |
| das **Kunstwerk** [ˈkʊnstvɛrk] Welcher Künstler hat dieses Kunstwerk geschaffen? | work of art Which artist created this work of art? |
| **schaffen** ⟨schuf, geschaffen⟩ [ˈʃafn] | create, make |
| der **Maler**, die **Malerin** [ˈmaːlɐ] | painter |
| **malen** [ˈmaːlən] Was für Bilder hat Casper David Friedrich gemalt? | paint What kind of pictures did Casper David Friedrich paint? |
| der **Pinsel** [ˈpɪnzl] | brush |

Musik  Kultur und Religion **26**

das **Bild** [bɪlt]
In seinem Wohnzimmer hängt ein Bild von Max Ernst.

picture
He has a picture by Max Ernst hanging in his living room.

das **Gemälde** [gəˈmɛːldə]

painting

die **Zeichnung** [ˈtsaiçnʊŋ]

drawing

**zeichnen** [ˈtsaiçnən]
Sie zeichnet gerne Landschaften.

draw
She enjoys drawing landscapes.

das **Plakat** [plaˈkaːt]
Überall hängen Zirkusplakate.

poster
There are circus posters everywhere.

das **Poster** [ˈpoːstɐ]

poster

die **Malerei** [maːləˈrai]

(art of) painting

**künstlerisch** [ˈkʏnstlərɪʃ]
Sebastian ist künstlerisch begabt.

artistic
Sebastian is artistic.

der **Bildhauer**, die **Bildhauerin** [ˈbɪlthauɐ]
Oscar Schlemmer war ein berühmter Bildhauer, der 1888 in Stuttgart geboren wurde.

sculptor, sculptress

Oscar Schlemmer was a famous sculptor born in Stuttgart in 1888.

das **Denkmal** [ˈdɛŋkmaːl]
Auf dem Schloßplatz steht ein Denkmal des Königs von Württemberg.

monument
There is a monument to the King of Württemberg at Schlossplatz.

die **Plastik** [ˈplastɪk]

sculpture

das **Design** [diˈzain]
Er organisiert eine Designausstellung.

design
He is organising a design exhibition.

die **Grafik** [ˈgraːfɪk]

graphics, graphic art

der **Grafiker**, die **Grafikerin** [ˈgraːfikɐ]
Käthe Kollwitz war vor allem als Grafikerin tätig.

graphic designer; graphic artist

Käthe Kollwitz mainly produced graphics.

der **Stil** [ʃtiːl]

style

die **Skizze** [ˈskɪtsə]
Zu diesem Bild gibt es einige Skizzen der Künstlerin.

sketch
A number of the artist's sketches for this picture still exist.

das **Original** [origiˈnaːl]
Sind Sie sicher, daß Sie ein Original und keine Fälschung gekauft haben?

original
Are you sure that you've bought an original and not a fake.

die **Fälschung** [ˈfɛlʃʊŋ]

forgery, fake

# Musik

die **Musik** [muˈziːk]
Gerd hört gerne klassische Musik.

music
Gerd likes listening to classical music.

249

# Kultur und Religion — Musik

**klassisch** ['klasıʃ] — classical

der **Musiker**, die **Musikerin** ['mu:zikɐ] — musician

das **Orchester** [ɔr'kɛstɐ] — orchestra
Sie spielt im Orchester der Stuttgarter Staatsoper.
She plays in the orchestra of the Stuttgart State Opera Company.

das **Instrument** [ɪnstru'mɛnt] — instrument
Er würde gerne ein Instrument spielen.
He would like to be able to play a musical instrument.

**spielen** ['ʃpi:lən] — play
Spielst du Flöte?
Do you play the flute?

die **Flöte** ['flø:tə] — flute; recorder

die **Gitarre** [gi'tarə] — guitar

das **Klavier** [kla'vi:ɐ] — piano
Adelheid begleitet mich auf dem Klavier.
Adelheid is going to accompany me on the piano.

der **Chor** [ko:ɐ] — choir
Meine Tochter singt im Chor.
My daughter sings in a choir.

der **Sänger**, die **Sängerin** ['zɛŋɐ] — singer

**berühmt** [bə'ry:mt] — famous

**singen** ⟨sang, gesungen⟩ ['zɪŋən] — sing
Wollen wir nicht ein paar Lieder singen?
Why don't we sing a few songs?

das **Lied** [li:t] — song

die **Stimme** ['ʃtɪmə] — voice
Mein Musiklehrer meint, daß ich eine gute Stimme habe.
My music teacher said that I have a good voice.

die **Note** ['no:tə] — (musical) note
Ich habe Schwierigkeiten, Noten zu lesen.
I have difficulty reading music.

das **Konzert** [kɔn'tsɛrt] — concert
Barbara hat ihn ins Konzert eingeladen.
Barbara has invited him to a concert.

das **Festival** ['fɛstivəl, 'fɛstival] — festival
Das Tübinger Festival findet einmal im Jahr statt.
The Tübingen Festival takes place once a year.

die **Rockmusik** ['rɔkmuzi:k] — rock music
Ich finde, daß man auf Rockmusik gut tanzen kann.
I think rock music is good to dance to.

der **Jazz** [dʒɛs] — jazz
Sie war auf einem Jazzkonzert.
She was at a jazz concert.

die **Melodie** [melo'di:] — tune, melody
Die Melodie klingt gut.
It's a nice tune.

**klingen** ⟨klang, geklungen⟩ ['klɪŋən] — sound

die **Orgel** ['ɔrgl] — organ

| | |
|---|---|
| die **Trompete** [trɔm'pe:tə] | trumpet |
| die **Geige** ['gaigə] | violin |
| Mathis will Geige lernen. | Mathis wants to learn to play the violin. |
| die **Band** [bɛ:nt] | band, group |
| Spielen Sie in einer Band? | Do you play in a group? |
| die **Kapelle** [ka'pɛlə] | (brass) band; orchestra |
| der **Dirigent**, die **Dirigentin** [diri'gɛnt] | conductor |
| Mein Onkel ist Dirigent in einer Blaskapelle. | My uncle is the conductor of a brass band. |
| **dirigieren** [diri'gi:rən] | conduct |
| Karajan dirigierte lange Zeit die Berliner Philharmoniker. | Karajan conducted the Berlin Philharmonic Orchestra for many years. |
| der **Komponist**, die **Komponistin** [kɔmpo'nɪst] | composer |
| Der Komponist Wolfgang Amadeus Mozart komponierte „Eine kleine Nachtmusik". | The composer Wolfgang Amadeus Mozart composed "Eine kleine Nachtmusik" |
| das **Musikstück** [mu'zi:kʃtʏk] | piece of music |
| das **Dur** [du:ɐ] | major (key) |
| Das Musikstück wurde in A-Dur geschrieben. | This piece was written in A major. |
| das **Moll** [mɔl] | minor (key) |
| der **Rhythmus** ['rʏtmʊs] | rhythm |
| der **Ton** [to:n] | tone, sound |
| Meine Mutter kann den Ton nicht halten. | My mother can't hold a note. |
| der **Star** [ʃta:ɐ, sta:ɐ] | star |
| die **Tournee** [tur'ne:] | tour |
| Udo Jürgens war auf Tournee. | Udo Jürgens was on tour. |

# Geschichte

| | |
|---|---|
| die **Geschichte** [gə'ʃɪçtə] | history |
| Kennen Sie sich in der Geschichte Deutschlands aus? | Do you know much about German history? |
| der **Kaiser**, die **Kaiserin** ['kaizɐ] | emporer, empress, Kaiser |
| Karl der Große wurde im Jahre 800 von Papst Leo III. zum Kaiser gekrönt. | Charles the Great was crowned Kaiser by Pope Leo III. |
| der **König**, die **Königin** ['kø:nɪç, 'kø:nɪgɪn] | king, queen |
| die **Krone** ['kro:nə] | crown |
| der **Prinz**, die **Prinzessin** [prɪnts, prɪn'tsɛsɪn] | prince, princess |

## Kultur und Religion — Geschichte

**das Mittelalter** ['mɪtl̩laltɐ]
Im Mittelalter wurden viele Kriege im Namen des Glaubens geführt.

Middle Ages
In the Middle Ages many wars were waged in the name of religion.

**entdecken** [ɛnt'dɛkn̩]
Im Jahre 1492 entdeckte Kolumbus Amerika.

discover
America was discovered by Columbus in 1492.

**die Entdeckung** [ɛnt'dɛkʊŋ]

discovery

**erobern** [ɛɐ'loːbɐn]
Deutschland eroberte im 19. Jahrhundert Gebiete in Ostafrika.

conquer
Germany conquered parts of East Africa in the 19th century.

**der Nationalsozialismus** [natsioˈnaːlzotsialɪsmʊs]
Der deutsche Nationalsozialismus dauerte von 1933 bis 1945.

national socialism
The Nazis ruled Germany from 1933 to 1945.

**der Nazi** ['naːtsi]
Die Juden wurden während des Dritten Reichs von den Nazis verfolgt.

Nazi
During the Third Reich Jews were persecuted by the Nazis.

**die Deutsche Demokratische Republik (DDR)** ['dɔytʃə demoˈkraːtɪʃə repuˈbliːk]
Die Deutsche Demokratische Republik wurde am 7. Oktober 1949 gegründet.

German Democratic Republic (GDR), East Germany
The German Democratic Republic was founded on October 7th, 1949.

**die Mauer** ['mauɐ]
Am 13. August 1961 wurde in Berlin die Mauer gebaut, um DDR-Bürger an der Ausreise zu hindern.

wall
The Berlin wall was erected on August 13th, 1961, to prevent people from leaving the GDR.

**die Revolution** [revoluˈtsioːn]
In der DDR fand eine friedliche Revolution statt, die das Ende der DDR zur Folge hatte.

revolution
A peaceful revolution took place in the GDR which led to the end of its existence.

**die Wiedervereinigung** ['viːdɐfɛɐˌainɪɡʊŋ]
Am 3. Oktober 1990 fand die Wiedervereinigung Deutschlands statt.

reunification
Germany was reunified on October 3rd, 1990.

**die Einheit** ['ainhait]
Es bleibt die Frage offen, ob die politische Einheit Deutschlands auch zu einer inneren Wiedervereinigung der Menschen in Ost und West führt.

unity, unification
The question remains whether the political unification of Germany will also lead to a re-unification of the hearts and minds in east and west.

---

**geschichtlich** [ɡəˈʃɪçtlɪç]
Aus der geschichtlichen Entwicklung kann man viel lernen.

historical
We can learn a great deal from history.

**das Altertum** ['altɐtuːm]

antiquity

**die Neuzeit** ['nɔytsait]

modern age

**krönen** ['krøːnən]

crown

| | |
|---|---|
| das **Deutsche Reich** ['dɔytʃə raiç]<br>1871 wurde das Deutsche Reich unter Bismark gegründet. | German Reich<br>The German Reich was formed under Bismark in 1871. |
| das **Kaiserreich** ['kaizeraiç]<br>Deutschland wurde im Kaiserreich zu einem modernen Industriestaat. | empire<br>During the rule of the Kaiser, Germany developed into a modern industrialised nation. |
| die **Republik** [repu'bliːk]<br>Die Weimarer Republik hatte die erste demokratische Verfassung Deutschlands. | republic<br>The Weimar Republic had Germany's first democratic consitution. |
| das **Dritte Reich** ['drɪtə raiç]<br>Im Dritten Reich herrschte in Deutschland der Nationalsozialismus. | Third Reich<br>During the Third Reich, Germany was ruled by the Nazis. |
| der **Führer** ['fyːrə]<br>Hitler wurde auch „der Führer" genannt. | leader; Führer<br>Hitler was also known as the "Führer". |
| das **Konzentrationslager** [kɔntsɛntra'tsioːnslaːgə]<br>Juden, Kommunisten, Homosexuelle und Zigeuner kamen während des Dritten Reiches in Konzentrationslager. | concentration camp<br><br>During the Third Reich, Jews, communists, homosexuals and gypsies were sent to concentration camps. |
| der **Weltkrieg** ['vɛltkriːk]<br>Der Erste Weltkrieg dauerte von 1914 bis 1918.<br>Deutschland verlor den Zweiten Weltkrieg, der am 1. September 1939 begann und am 8. Mai 1945 endete. | world war<br>The First World War lasted from 1914 to 1918.<br>Germany lost the Second World War, which began on September 1st, 1939, and ended on May 8th, 1945. |
| der **Held**, die **Heldin** [hɛlt]<br>Er wurde als Held gefeiert. | hero, heroine<br>He was hailed as a hero. |
| die **Wende** ['vɛndə]<br><br>Viele Ostdeutsche hofften, daß nach der Wende alles besser würde. | *"Wende" literally means "turn" but is often used to describe a major political change*<br>Many eastern Germans had hoped that everything would change for the better after the peaceful revolution. |

# Weltreligionen

| | |
|---|---|
| die **Religion** [reli'gioːn]<br>Weißt du, welcher Religion er angehört? | religion<br>Do you know what religion he is? |
| der **Buddhismus** [bʊ'dɪsmʊs] | Buddhism |
| der **Hinduismus** [hɪndu'ɪsmʊs] | Hinduism |
| der **Tempel** ['tɛmpl] | temple |
| der **Islam** ['ɪslam, ɪs'laːm] | Islam |

**heilig** [ˈhailıç]
Jerusalem ist eine heilige Stadt der Moslems und der Juden.

der **Moslem,** die **Moslime** [ˈmɔslɛm]

die **Moschee** [mɔˈʃeː]
Bevor man eine Moschee betritt, muß man sich die Schuhe ausziehen.

der **Jude,** die **Jüdin** [ˈjuːdə, ˈjyːdın]

die **Synagoge** [synaˈɡoːɡə]
Die Juden versammeln sich am Samstag in der Synagoge, um zu beten.

holy
Jerusalem is a holy city to both the Moslems and the Jews.

Muslim

mosque
Before entering a mosque you must remove your shoes.

Jew, Jewess

synagogue
Jews worship in a synagogue on Saturdays.

# Christentum

das **Christentum** [ˈkrıstntuːm]

der **Christ,** die **Christin** [krıst]
Christen glauben an Gott.

**glauben** [ˈglaubn]

der **Gott,** die **Göttin** [ɡɔt, ˈɡœtın]
Im Christentum gibt es nur einen Gott.

der **Engel** [ˈɛŋl]
Wir stellen uns vor, daß die Engel im Himmel sind.

**katholisch** [kaˈtoːlıʃ]

**evangelisch** [evaŋˈɡeːlıʃ]
Bettina ist evangelisch.

der **Atheist,** die **Atheistin** [ateˈıst]

die **Sekte** [ˈzɛktə]
Marie ist in einer Sekte.

die **Bibel** [ˈbiːbl]
Die Bibel ist eines der ältesten Bücher.

der **Himmel** [ˈhıml]

die **Hölle** [ˈhœlə]

der **Teufel** [ˈtɔyfl]

die **Taufe** [ˈtaufə]
Die Taufe unserer Zwillinge wird im August stattfinden.

**beten** [ˈbeːtn]
Er geht jeden Sonntag in die Kirche, um zu beten.

die **Kirche** [ˈkırçə]

Christianity

Christian
Christians believe in God.

believe, have faith

god, goddess
There is only one god in Christian faith.

angel
We imagine that angels live in heaven.

Catholic

Protestant
Bettina is a Protestant.

atheist

sect
Marie is a member of a sect.

Bible
The Bible is one of the oldest books in existence.

heaven

hell

devil

christening, baptism
Our twins are going to be christened in August.

pray
He goes to pray at church every Sunday.

church

Christentum — Kultur und Religion

die **Glocke** ['glɔkə] — bell
Die Glocken läuten zur Messe. — The bells are being rung for mass.

die **Messe** ['mɛsə] — mass
Die Messe wird jeden Sonntag um 9 Uhr und um 11 Uhr gefeiert. — Mass is celebrated every Sunday at 9 a.m. and at 11 a.m.

das **Kloster** ['klo:stɐ] — monastry; convent
Die Schwester meiner Oma ist ins Kloster gegangen. — My grandmother's sister entered a convent.

die **Gemeinde** [gə'maɪndə] — community; parish; congregation
Mit der Taufe wird man Mitglied der christlichen Gemeinde. — Upon being christened you become a member of the Christian community.

der **Papst** [pa:pst] — pope

der **Pfarrer**, die **Pfarrerin** ['pfarɐ] — priest
Der Pfarrer hält den Gottesdienst. — The priest is holding the service.

der **Priester**, die **Priesterin** ['pri:stɐ] — priest, priestess
Bei den Katholiken gibt es nur männliche Priester, während es bei den Griechen im Altertum auch Priesterinnen gab. — The Catholics only have male priests whereas the Ancient Greeks also had priestesses.

**religiös** [reli'giø:s] — religious
Er kommt aus einer sehr religiösen Familie. — He comes from a very religious family.

**christlich** ['krɪstlɪç] — Christian
Pfingsten ist ein christlicher Feiertag. — Whitsun Day is a Christian holiday.

die **Moral** [mo'ra:l] — moral

der **Glaube** ['glaʊbə] — faith

der **Katholik**, die **Katholikin** [kato'li:k] — Catholic

der **Protestant**, die **Protestantin** [protɛs'tant] — Protestant

**protestantisch** [protɛs'tantɪʃ] — Protestant

**ökumenisch** [øku'me:nɪʃ] — ecumenical
In unserer Kirche findet einmal im Monat ein ökumenischer Gottesdienst statt. — Our church holds an ecumenical service once a month.

der **Gottesdienst** ['gɔtəsdi:nst] — (religious) service

die **Beichte** ['baɪçtə] — confession
Als gute Katholikin geht sie regelmäßig zur Beichte. — As a good Catholic she goes to confession regularly.

der **Altar** [al'ta:ɐ] — altar

das **Kreuz** [krɔʏts] — cross; crucifix

die **Kommunion** [kɔmu'nio:n] — communinion
Meine Mutter geht in jeder Messe zur Kommunion. — My mother takes communion at every mass.

die **Konfirmation** [kɔnfɪrma'tsio:n] — confirmation

| | |
|---|---|
| die **Kirchensteuer** ['kɪrçnʃtɔyɐ]<br>In Deutschland wird die Kirchensteuer direkt vom Lohn des Arbeitnehmers abgezogen und an bestimmte Kirchen, wie zum Beispiel die evangelische oder katholische Kirche, weitergegeben. | church tax<br>In Germany, a church tax is deducted directly from workers' wages and passed on to certain churches, such as the Protestant or Catholic churches. |
| die **Pfarrei** [pfa'rai]<br>Dieser Pfarrer hat nur eine kleine Pfarrei. | parish<br>This priest only has a small parish. |
| der **Mönch**, die **Nonne** [mœnç, 'nɔnə] | monk, nun |
| der **Bischof**, die **Bischöfin** ['bɪʃɔf, 'bɪʃœfɪn]<br>Seit ein paar Jahren gibt es in Deutschland eine evangelische Bischöfin. | bishop<br><br>There has been a female Protestant bishop in Germany for a couple of years. |
| der **Dom** [do:m] | cathedral |
| die **Kathedrale** [kate'dra:lə] | cathedral |
| die **Kapelle** [ka'pɛlə]<br>Wir heirateten in einer kleinen Kapelle im Riesengebirge. | chapel<br>We got married in a little chapel in the Sudeten mountains. |

## Kultur und Feste

| | |
|---|---|
| die **Kultur** [kʊ'tu:ɐ]<br>Aufgrund ihrer unterschiedlichen Kultur verstanden sie sich nicht. | culture<br>They couldn't get on because of their different cultural backgrounds. |
| die **Tradition** [tradi'tsio:n]<br>Er erzog seine Kinder in der christlichen Tradition. | tradition<br>He brought his children up in the Christian tradition. |
| der **Fasching**, der **Karneval** ['faʃɪŋ, 'karnəval]<br>Der süddeutsche Fasching hat eine lange Tradition. | carnival<br><br>The southern German carnival has a long tradition. |
| das **Ostern** ['o:stɐn]<br>Wir verbringen dieses Jahr Ostern bei den Großeltern. | Easter<br>We'll be spending this Easter at my grandparents'. |
| das **Pfingsten** ['pfɪŋstn]<br>Wann ist dieses Jahr Pfingsten? | Whitsun<br>When is Whitsun this year? |
| der **Nikolaus** ['ni:kolaus, 'nɪkolaus]<br>Am 6. Dezember kommt der Nikolaus und bringt Geschenke. | St. Nicholas<br>St. Nicholas comes on December 6th bearing gifts. *(Germans celebrate St. Nicholas' Day by giving children small gifts)* |
| das **Weihnachten** ['vainaxtn]<br>Fröhliche Weihnachten und ein gesundes Neues Jahr! | Christmas<br>Merry Christmas and a Happy New Year! |

## Kultur und Feste — Kultur und Religion

das **Christkind** [ˈkrɪstkɪnt]
Tobias wünscht sich vom Christkind viel Spielzeug.

infant Jesus
Tobias has asked Father Christmas to bring him a lot of toys.

das **Silvester** [zɪlˈvɛstɐ]
Was macht ihr an Silvester?

New Year; New Year's Eve
What are you doing on New Year's Eve?

der **Brauch** [braux]
Bei uns ist es Brauch, an Weihnachten um Mitternacht in die Kirche zu gehen.

custom
It is our custom to go to Midnight Mass at Christmas.

**bewahren** [bəˈvaːrən]
Sie ist der Meinung, es sei wichtig, alte Traditionen zu bewahren.

maintain
She feels it is important to maintain traditions.

das **Kostüm** [kɔsˈtyːm]
Ich will an Fasching als Clown gehen und habe mir schon ein Kostüm dafür gekauft.

fancy dress
I want to go to the carnival as a clown and I've already bought myself the fancy-dress costume.

der **Advent** [atˈvɛnt]
Diesen Sonntag ist der vierte Advent.

Advent
This Sunday is the fourth Advent.

der **Heiligabend** [hailɪçˈlaːbnt]
Am 24. Dezember ist Heiligabend.

Christmas Eve
Christmas Eve is on December 24th.

der **Weihnachtsbaum** [ˈvainaxtsbaum]

Christmas tree

**schmücken** [ˈʃmʏkn]
Wir schmücken den Weihnachtsbaum immer erst an Heiligabend.

decorate
We always wait until Christmas Eve before decorating the tree.

das **Feuerwerk** [ˈfɔyɐvɛrk]
Laßt uns auf den Berg steigen, um von oben das Feuerwerk sehen zu können!

firework(s)
Let's climb the hill and watch the fireworks from the top.

das **Neujahr** [ˈnɔyjaːɐ, nɔyˈjaːɐ]
Neujahr ist Feiertag.

New Year; New Year's Day
New Year's Day is a public holiday.

# 27 Kontinente, Länder, Völker und Sprachen

## Europa

der **Kontinent** [kɔnti'nɛnt, 'kɔntinɛnt]
Asien, Afrika, Amerika, Europa und Australien sind die fünf Kontinente der Erde.

continent
The five continents of the world are Asia, Africa, America, Europe and Australia.

**Europa** [ɔy'ro:pa]
Meine amerikanischen Freunde wollten dieses Jahr nach Europa kommen.

Europe
My friends from America wanted to come to Europe this year.

der **Europäer,** die **Europäerin**
[ɔyro'pɛ:ɐ]
Ich bin Deutsche und damit gleichzeitig Europäerin.

European
I'm German and therefore also European.

**europäisch** [ɔyro'pɛ:ɪʃ]
Einige Politiker suchen nach einer europäischen Lösung in der Asylfrage.

European
A number of politicans are seeking a European solution to the question of asylum-seekers.

das **Land** [lant]
Er würde lieber in einem Land wohnen, wo immer die Sonne scheint.

country
He would prefer to live in a country where the sun always shines.

die **Nation** [na'tsio:n]
Am 3. Oktober 1990 feierte die deutsche Nation die politische Einheit Deutschlands.

nation
On October 3rd, 1990, the German nation celebrated the political unification of Germany.

die **Sprache** ['ʃpra:xə]
Welche Sprache spricht man in Österreich? — Deutsch.

language
What language do they speak in Austria? — German.

der **Dialekt** [dia'lɛkt]
Die deutsche Sprache kennt viele Dialekte.

dialect
There are many dialects of German.

die **Bundesrepublik Deutschland**
['bʊndəsrepubli:k 'dɔytʃlant]
Die Bundesrepublik Deutschland ist Mitglied der EU.

Federal Republic of Germany

The Federal Republic of Germany is a member of the EU.

**Deutschland** ['dɔytʃlant]
Deutschland hat gemeinsame Grenzen mit Dänemark, den Niederlanden, Belgien, Luxemburg, Frankreich, der Schweiz, Österreich, der Tschechischen Republik und Polen.

Germany
Germany shares borders with Denmark, the Netherlands, Belgium, Luxembourg, France, Switzerland, Austria, the Czech Republic and Poland.

der/die **Deutsche(r)** ['dɔytʃə (-ɐ)]
Viele Deutsche fahren im Urlaub nach Italien.

German
Many Germans go to Italy for their holidays.

| | |
|---|---|
| **deutsch** ['dɔytʃ]<br>In der ganzen Welt werden deutsche Autos verkauft. | German<br>German cars are sold throughout the world. |
| (das) **Deutsch** ['dɔytʃ]<br>Sie lernen Deutsch. | German (language)<br>They're learning German. |
| **Großbritannien** [groːsbriˈtaniən]<br>Seid ihr schon einmal in Großbritannien gewesen? — Ja, vor fünf Jahren waren wir in Leeds. | Great Britain<br>Have you ever been to Britain? — Yes, we went to Leeds five years ago. |
| **England** ['ɛŋlant]<br><br>Aus beruflichen Gründen muß sie für ein Jahr nach England gehen. | England *(Germans often use England to erroneously describe Great Britain or the United Kingdom)*<br>Her job is taking her to England for a year. |
| der **Engländer,** die **Engländerin** ['ɛŋlɛndɐ] | Englishman, Englishwoman |
| **englisch** ['ɛŋlɪʃ]<br>Der Brief ist in englisch geschrieben. | English<br>The letter is written in English. |
| (das) **Englisch** ['ɛŋlɪʃ]<br>Seine Sekretärin spricht Englisch und Französisch. | English (language)<br>His secretary speaks English and French. |
| die **Niederlande** ['niːdəlandə] | the Netherlands |
| **Holland** ['hɔlant] | Holland |
| der **Holländer,** die **Holländerin** ['hɔlɛndɐ] | Dutchman, Dutchwoman |
| **holländisch** ['hɔlɛndɪʃ]<br>In Deutschland wird viel holländisches Gemüse verkauft. | Dutch<br>They sell a lot of Dutch vegetables in Germany. |
| (das) **Holländisch** ['hɔlɛndɪʃ]<br>Wie viele Artikel gibt es im Holländischen? — Drei. | Dutch (language)<br>How many articles are there in Dutch? — Three. |
| **Frankreich** ['fraŋkraiç]<br>Wir fahren über das Wochenende nach Frankreich. | France<br>We're driving to France for the weekend. |
| der **Franzose,** die **Französin** [franˈtsoːzə, franˈtsøːzɪn]<br>Im Urlaub haben sie viele Franzosen kennengelernt. | Frenchman, Frenchwoman<br><br>They met a lot of French people while they were on holiday. |
| **französisch** [franˈtsøːzɪʃ]<br>Sie hat eine französische Bekannte. | French<br>She has a French friend. |
| (das) **Französisch** [franˈtsøːzɪʃ]<br>Haben Sie auf dem Gymnasium Französisch gelernt? | French (language)<br>Did you learn French at school? |
| **Italien** [iˈtaːliən]<br>Kommen Sie aus Italien? | Italy<br>Are you from Italy? |

259

der **Italiener**, die **Italienerin** [ita'lie:nɐ]
In Deutschland leben viele Italiener.

Italian
There are a lot of Italians living in Germany.

**italienisch** [ita'lie:nɪʃ]
Laßt uns heute italienisch essen gehen!

Italian
Let's go for an Italian meal this evening.

(das) **Italienisch** [ita'lie:nɪʃ]
Ihr Italienisch ist sehr gut.

Italian (langauge)
Your Italian is very good.

**Österreich** ['ø:stəraiç]
Fahren Sie durch Österreich oder durch die Schweiz nach Italien? — Wir fahren durch Österreich über den Brenner.

Austria
Are you driving to Italy via Austria or via Switzerland? — We are driving via Austria and using the Brenner pass.

der **Österreicher**, die **Österreicherin** ['ø:stəraiçɐ]

Austrian

**österreichisch** ['ø:stəraiçɪʃ]

Austrian

die **Schweiz** [ʃvaits]
In der Schweiz spricht man Deutsch, Französisch und Italienisch.

Switzerland
In Switzerland they speak German, French and Italian.

der **Schweizer**, die **Schweizerin** ['ʃvaitsɐ]
Verstehen Sie als Deutscher die Schweizer, wenn sie Schweizerdeutsch sprechen? — Ja, aber mit Schwierigkeiten.

Swiss

As a German, do you understand the Swiss when they speak Swiss German? — Yes, but with difficulty.

**schweizerisch, Schweizer** ['ʃvaitsərɪʃ, 'ʃvaitsɐ]
Ich esse am liebsten Schweizer Käse.

Swiss

I like Swiss cheese best of all.

(das) **Schweizerdeutsch** ['ʃvaitsɐdɔytʃ]

Swiss German (language)

**Spanien** ['ʃpa:niən]
Barcelona liegt im Nordosten Spaniens.

Spain
Barcelona is in the northeast of Spain.

der **Spanier**, die **Spanierin** ['ʃpa:niɐ]

Spaniard

**spanisch** ['ʃpa:nɪʃ]
Ich finde die spanische Sprache schön.

Spanish
I think Spanish is a beautiful language.

(das) **Spanisch** ['ʃpa:nɪʃ]

Spanish (language)

**Mitteleuropa** ['mɪtlˌɔyro:pa]
Deutschland liegt in Mitteleuropa.

Central Europe
Germany is in Central Europe.

**national** [natsio'na:l]
Die Verhandlungen in Brüssel sind schwierig, da jedes Land seine nationalen Interessen vertritt.

national
Negotiations in Brussels are difficult because each country pursues its own national interests.

die **Muttersprache** ['mʊtɐʃpra:xə]
Ursulas Muttersprache ist Polnisch.

mother tongue
Ursula's mother tongue is Polish.

**hochdeutsch** ['ho:xdɔytʃ]
Wenn Sie hochdeutsch sprechen, kann ich Sie besser verstehen!

High German, standard German
If you speak High German I can understand you more easily.

# Europa — Kontinente, Länder, Völker und Sprachen

der **Zigeuner**, die **Zigeunerin** [tsi'gɔynɐ]  
gypsy

Zigeuner stammen ursprünglich aus Indien.  
Gypsies originate from India.

der **Sorbe**, die **Sorbin** ['zɔrbə]  
Sorb

Die Sorben sind eine Minderheit in Deutschland, die in der Lausitz leben.  
The Sorbs are an ethnic minority in Germany who live in the Lausitz region.

**sorbisch** ['zɔrbɪʃ]  
Sorbian

Es gibt eine sorbische Literatur.  
The Sorbs have their own literature.

(das) **Sorbisch** ['zɔrbɪʃ]  
Sorbian (language)

Sorbisch ist die Sprache der Sorben.  
Sorbian is the languages of the Sorbs.

**Belgien** ['bɛlgiən]  
Belgium

der **Belgier**, die **Belgierin** ['bɛlgiɐ]  
Belgian

**belgisch** ['bɛlgɪʃ]  
Belgian

**Luxemburg** ['lʊksmbʊrk]  
Luxembourg

der **Luxemburger**, die **Luxemburgerin** ['lʊksmbʊrgɐ]  
Luxembourger

**luxemburgisch, Luxemburger** ['lʊksmbʊrgɪʃ, 'lʊksmbʊrgɐ]  
Luxembourgian

Einige Deutsche bringen ihr Geld auf Luxemburger Banken, um keine Zinssteuern zahlen zu müssen.  
Some Germans deposit their money with Luxembourgian banks to avoid paying tax on earnings from interest.

die **Tschechische Republik** ['tʃɛçɪʃə repu'bliːk]  
Czech Republic

Prag ist die Hauptstadt der Tschechischen Republik.  
Prague is the capital of the Czech Republic.

der **Tscheche**, die **Tschechin** ['tʃɛçə]  
Czech

**tschechisch** ['tʃɛçɪʃ]  
Czech

(das) **Tschechisch** ['tʃɛçɪʃ]  
Czech (language)

**Polen** ['poːlən]  
Poland

Polen geht es zur Zeit wirtschaftlich schlecht.  
Poland has economic troubles at the moment.

der **Pole**, die **Polin** ['poːlə]  
Pole

**polnisch** ['pɔlnɪʃ]  
Polish

(das) **Polnisch** ['pɔlnɪʃ]  
Polish (language)

**Schweden** ['ʃveːdn]  
Sweden

der **Schwede**, die **Schwedin** ['ʃveːdə]  
Swede

**schwedisch** ['ʃveːdɪʃ]  
Swedish

(das) **Schwedisch** ['ʃveːdɪʃ]  
Swedish (language)

**Dänemark** ['dɛːnəmark]  
Denmark

der **Däne**, die **Dänin** ['dɛːnə]  
Dane

**dänisch** ['dɛːnɪʃ]  
Danish

(das) **Dänisch** ['dɛːnɪʃ]  
Danish (language)

## Kontinente, Länder, Völker und Sprachen

| | |
|---|---|
| **Irland** ['ɪrlant]<br>Irland wird die „Grüne Insel" genannt. | Ireland<br>Ireland is known as the "Emerald Isle". |
| der **Ire**, die **Irin** ['iːrə] | Irishman, Irishwoman |
| **irisch** ['iːrɪʃ]<br>Sean hat die irische Staatsangehörigkeit. | Irish<br>Sean is an Irish national. |
| **Portugal** ['pɔrtugal] | Portugal |
| der **Portugiese**, die **Portugiesin**<br>[pɔrtu'giːzə] | Portuguese |
| **portugiesisch** [pɔrtu'giːzɪʃ]<br>Ich trinke gerne portugiesischen Wein. | Portuguese<br>I like Portuguese wines. |
| (das) **Portugiesisch** [pɔrtu'giːzɪʃ]<br>In München kann man Portugiesisch studieren. | Portuguese (language)<br>You you study Portuguese in Munich. |
| **Griechenland** ['griːçn̩lant] | Greece |
| der **Grieche**, die **Griechin** ['griːçə] | Greek |
| **griechisch** ['griːçɪʃ] | Greek |
| (das) **Griechisch** ['griːçɪʃ] | Greek (language) |

## Amerika, Afrika, Asien, Australien

| | |
|---|---|
| **Amerika** [a'meːrika]<br>Wenn man Amerika sagt, meint man oft auch nur die USA. | America<br>When pepole say America they often mean just the USA. |
| der **Amerikaner**, die **Amerikanerin** [ameri'kaːnɐ] | American |
| **amerikanisch** [ameri'kaːnɪʃ] | American |
| die **Vereinigten Staaten von Amerika (USA)** [fɛɐ'lainɪçtn̩ 'ʃtaːtn̩ fɔn a'meːrika]<br>Wie oft wird in den USA ein neuer Präsident gewählt? | United States of America<br><br>How often are presidential elections held in the USA? |
| **Afrika** ['afrika, 'aːfrika]<br>Waren Sie schon in Afrika? | Africa<br>Have you ever been to Africa? |
| der **Afrikaner**, die **Afrikanerin** [afri'kaːnɐ] | African |
| **afrikanisch** [afri'kaːnɪʃ] | African |
| (das) **Arabisch** [a'raːbɪʃ] | Arabic (language) |
| **Asien** ['aːziən] | Asia |
| der **Asiate**, die **Asiatin** [a'ziaːtə] | Asian |
| **asiatisch** [a'ziaːtɪʃ] | Asian |
| **China** ['çiːna] | China |
| der **Chinese**, die **Chinesin** [çi'neːzə] | Chinese, Chinaman, Chinese woman |

Amerika, Afrika, Asien, Australien — Kontinente, Länder, Völker und Sprachen **27**

**chinesisch** [çi'neːzɪʃ]

Chinese

**(das) Chinesisch** [çi'neːzɪʃ]
Wenn man alleine nach China reisen will, muß man unbedingt Chinesisch lernen, da nur wenige Leute Englisch sprechen.

Chinese (language)
If you wish to travel alone to China it is essential to learn Chinese because only very few people can speak English.

**Japan** ['jaːpan]
Japan produziert viele Autos für den Export.

Japan
Japan manufactures a large number of cars for export.

**der Japaner, die Japanerin** [ja'paːnɐ]

Japanese

**japanisch** [ja'paːnɪʃ]

Japanese

**(das) Japanisch** [ja'paːnɪʃ]
Japanisch zu lernen ist sehr schwer.

Japanese (language)
Japanese is very difficult to learn.

**die Gemeinschaft Unabhängiger Staaten (GUS)** [gə'maɪnʃaft 'ʊnlaphɛŋɪgə 'ʃtaːtn (gʊs)]
Rußland ist in der Gemeinschaft Unabhängiger Staaten.

Commonwealth of Independent States (CIS)

Russia is a member of the Commonwealth of Independent States.

**Rußland** ['rʊslant]

Russia

**der Russe, die Russin** ['rʊsə]

Russian

**russisch** ['rʊsɪʃ]
Wir befinden uns an der russisch-chinesischen Grenze.

Russian
We're now at the Cino-Russian border.

**(das) Russisch** ['rʊsɪʃ]

Russian (language)

**Australien** [aus'traːliən]
Australien ist der kleinste der fünf Kontinente der Erde.

Australia
Australia is the smallest of the world's five continents.

**der Australier, die Australierin** [aus'traːliɐ]

Australian

**australisch** [aus'traːlɪʃ]

Australian

**die Antarktis** [ant'larktɪs]
Die Antarktis ist reich an Bodenschätzen.

Antarctis
Antarctis is rich in natural resources.

**die Arktis** ['arktɪs]
In den Meeren der Arktis gibt es viele Fische.

Arctic
There are a lot of fish in the Arctic seas.

**Nordamerika** ['nɔrtlaˈmeːrika]
Die USA liegen in Nordamerika.

North America
The USA is in North America.

**der Indianer, die Indianerin** [ɪn'diaːnɐ]
Die Mapuche-Indianer leben in Südamerika.

native Americans

The Mapuche live in South America.

**Südamerika** ['zyːtlaˈmeːrika]
Brasilien ist der größte Staat Südamerikas.

South America
Brazil is the largest country in South America.

263

## 27 Kontinente, Länder, Völker und Sprachen — Amerika, Afrika, Asien, Australien

**Brasilien** [braˈziːliən]
In Brasilien wird portugiesisch gesprochen.

Brazil
They speak Portuguese in Brazil.

der **Brasilianer,** die **Brasilianerin** [braziˈliaːnɐ]

Brazilian

**brasilianisch** [braziˈliaːnɪʃ]

Brazilian

die **Türkei** [tʏrˈkai]
Die Firma importiert T-Shirts aus der Türkei.

Turkey
This company imports T-shirts from Turkey.

der **Türke,** die **Türkin** [ˈtʏrkə]
Die meisten Türken sind Moslems.

Turk
Most Turks are Muslims.

**türkisch** [ˈtʏrkɪʃ]

Turkish

(das) **Türkisch** [ˈtʏrkɪʃ]

Turkish (language)

der **Nahe Osten** [ˈnaːə ˈɔstn]
Im Nahen Osten gibt es politische Konflikte, die schwer zu lösen sind.

Middle East
The Middle East has political conflicts which are difficult to resolve.

**Israel** [ˈɪsraeːl]
Israel ist der Staat der Juden.

Israel
Israel is the Jewish state.

der/die **Israeli** [ɪsraˈeːli]
Die Israelis sprechen Hebräisch.

Israeli
Israelis speak Hebrew.

**israelisch** [ɪsraˈeːlɪʃ]

Israeli

(das) **Hebräisch** [heˈbrɛːɪʃ]

Hebrew (language)

**Indien** [ˈɪndiən]

India

der **Inder,** die **Inderin** [ˈɪndɐ]
Viele Inder leben in Armut.

Indian
Many Indians live in poverty.

**indisch** [ˈɪndɪʃ]

Indian

# Die staatliche Ordnung

## Politische Systeme

das **System** [zys'te:m]
Das politische System der Bundesrepublik Deutschland ist die parlamentarische Demokratie.

system
The Federal Republic of Germany is a parliamentary democracy.

die **Verfassung** [fɛɐ'fasʊŋ]
Die Verfassung bildet die Grundlage der Demokratie.

constitution
The constitution forms the basis of a democracy.

die **Demokratie** [demokra'ti:]

democracy

**demokratisch** [demo'kra:tɪʃ]
Die politischen Vertreter werden in Deutschland demokratisch gewählt.

democratic
In Germany, political representatives are elected democratically.

die **Freiheit** ['fraihait]

freedom, liberty

die **Diktatur** [dɪkta'tu:ɐ]

dictatorship

der **Kapitalismus** [kapita'lɪsmʊs]

capitalism

der **Kommunismus** [kɔmu'nɪsmʊs]

communism

der **Sozialismus** [zotsia'lɪsmʊs]

socialism

der **Faschismus** [fa'ʃɪsmʊs]

fascism

die **Ideologie** [ideolo'gi:]

ideology

das **Grundgesetz** ['grʊntgəzɛts]

Basic Law *(the German constitution is offically known as the Basic Law)*

Das Grundgesetz für die Bundesrepublik Deutschland ist am 23. Mai 1949 in Kraft getreten.

The Basic Law of the Federal Republic of Germany came into force on May 23rd, 1949.

der **Föderalismus** [fødera'lɪsmʊs]
Können Sie mir sagen, welche Artikel des Grundgesetzes sich auf den Föderalismus beziehen?

federalism
Could you tell me which articles of the Basic Law refer to federalism?

die **Menschenrechte** ['mɛnʃnrɛçtə]
Amnesty International berichtet, daß die Menschenrechte in einigen Staaten nicht beachtet werden und sogar Menschen gefoltert werden.

human rights
Amnesty International has reported that human rights are not observed in a number of countries and that people are even tortured.

**foltern** ['fɔltɐn]

torture

der **Demokrat**, die **Demokratin** [demo'kra:t]
Er ist überzeugter Demokrat.

democrat

He's a committed democrat.

die **Militärdiktatur** [mili'tɛ:ɐdɪktatu:ɐ]

military dictatorship

265

**28** Die staatliche Ordnung · Staatliche Institutionen

die **Unterdrückung** [ʊntɐˈdrʏkʊŋ]
Tausende demonostrierten vor der Botschaft in London gegen die Unterdrückung der Opposition in diesem Land.

suppression, oppression
Thousands of people demonstrated against the suppression of political opposition in front of the country's London embassy.

der **Kommunist**, die **Kommunistin** [kɔmuˈnɪst]
Ich bin der Meinung, daß Kommunisten in der politischen Kultur der Bundesrepublik keine sehr große Rolle spielen.

communist
In my opinion, communists play no great role in Germany's political culture.

der **Sozialist**, die **Sozialistin** [zotsiaˈlɪst]
Bei den Wahlen im Jahre 1993 in Frankreich haben die Sozialisten viele Stimmen verloren.

socialist
In the 1993 French elections the socialists lost a lot of votes.

der **Faschist**, die **Faschistin** [faˈʃɪst]
Nach dem Zweiten Weltkrieg flohen viele deutsche Faschisten nach Südamerika.

fashist
After the Second World War many German fascists fled to South America.

der **Anarchist**, die **Anarchistin** [anarˈçɪst]

anarchist

## Staatliche Institutionen

der **Staat** [ʃtaːt]
Er arbeitet beim Staat.

state, government
He works for the government.

der **Bundespräsident**, die **Bundespräsidentin** [ˈbʊndəsprɛzidɛnt]

Die Diskussionen um den Nachfolger von Richard von Weizsäcker im Amt des Bundespräsidenten haben der Bundesregierung sehr geschadet.

Federal President *(the office of President is largely representative with little real political power)*

The controversy surrounding the successor to Richard von Weizsäcker as Federal President has done the Federal Government a lot of harm.

der **Präsident**, die **Präsidentin** [prɛziˈdɛnt]
1993 war Rita Süßmuth Bundestagspräsidentin.

president, speaker of the house

Rita Süssmuth was speaker of the Bundestag in 1993.

der **Bundeskanzler**, die **Bundeskanzlerin** [ˈbʊndəskantslɐ]
Der Bundeskanzler wird auf die Dauer von vier Jahren gewählt.

Federal Chancellor

The Federal Chancellor is elected for a period of office of four years.

die **Regierung** [reˈɡiːrʊŋ]
Die Regierung hat Verhandlungen mit der Opposition aufgenommen.

government
The government has entered into negotiations with the opposition.

der **Minister**, die **Ministerin** [miˈnɪstɐ]

minister

266

Staatliche Institutionen — Die staatliche Ordnung

**ernennen** ⟨ernannte, ernannt⟩ [ɛɐ'nɛnən]
Nach Hans-Dietrich Genscher wurde Klaus Kinkel zum Außenminister ernannt.

appoint
Klaus Kinkel succeeded Hans-Dietrich Genscher as Foreign Minister.

das **Parlament** [parla'mɛnt]
der/die **Abgeordnete(r)** ['apgəlɔrdnətə (-tɐ)]
Die Bundestagsabgeordneten werden von den wahlberechtigten Bürgern in allgemeiner, direkter, freier, gleicher und geheimer Wahl gewählt.

parliament
member of parliament, MP
Members of the Bundestag are elected by enfranchised German citizens by general, direct, free, equal and secret ballot.

**abstimmen** ['apʃtɪmən]
Das Parlament stimmte darüber ab, ob die Bundesregierung, der Bundesrat und der Bundestag nach Berlin umziehen sollten.

take a vote, vote
Parliament voted on whether the Federal Government, the Bundesrat and the Bundestag should move to Berlin.

das **Gesetz** [gə'zɛts]
Meinen Sie, daß wir genug Gesetze haben, um illegale Waffenexporte zu verhindern?

law, act
Do you think that we have enough laws to prevent the illegal export of weapons?

der **Ministerpräsident**, die **Ministerpräsidentin** [mi'nɪstəprɛzidɛnt]
Die Bundesländer werden von Ministerpräsidenten regiert.

Minister President; premier of a state of the Federal Republic of Germany
The German states are governed by Minister Presidents.

**regieren** [re'giːrən]

govern, reign

der **Bürgermeister**, die **Bürgermeisterin** ['bʏrgɐmaistɐ]

mayor, mayoress

**bestätigen** [bə'ʃtɛːtɪgn]
Bei den Gemeindewahlen wurde der bisherige Bürgermeister im Amt bestätigt.
Der Pressesprecher der Regierung hat bestätigt, daß sich der Kanzler im Januar mit dem russischen Präsidenten treffen wird.

confirm
At the local elections, the serving mayor was returned to office.
The government spokesman confirmed that the Chancellor will be meeting the Russian president in January.

das **Amt** [amt]
Der Minister bleibt weitere vier Jahre im Amt.
Geben Sie bitte Ihren Antrag auf dem Amt ab.

(political) office; local authority offices
The minister will remain in office for another four years.
Please hand in your application at the offices of the local authorities.

das **Finanzamt** [fi'nantsˌamt]

inland revenue (office) *GB*, IRS *US*

die **Behörde** [bə'høːrdə]
Das Finanzamt ist eine staatliche Behörde.

authority
The Inland Revenue Office is a government body.

**staatlich** ['ʃtaːtlɪç]

state, government

die **Verwaltung** [fɛɐ'valtʊŋ]
Sie arbeitet in der städtischen Verwaltung.

administration
She works for the city council.

## 28 Die staatliche Ordnung — Staatliche Institutionen

**die Einrichtung** [ˈainrɪçtʊŋ]
Staat und Kirche finanzieren soziale Einrichtungen.

institution, facility
Social services are financed by the government and the churches.

**die Fahne** [ˈfaːnə]
Die deutsche Fahne ist schwarz, rot, gold.

flag
The German flag is black, red and golden.

**die Nationalhymne** [natsioˈnaːlhymnə]
Zum Empfang des französischen Präsidenten wurde die französische und die deutsche Nationalhymne gespielt.

national anthem

To mark the arrival of the French President, they played the French and German national anthems.

**die Bundesregierung** [ˈbʊndəsregiːrʊŋ]
Die Bundesregierung hat beschlossen, die Steuern zu erhöhen.

Federal Government

The Federal Government has decided to increase taxes.

**der Bundesrat** [ˈbʊndəsraːt]


Der Bundesrat, in dem die Opposition die Mehrheit hatte, lehnte das geplante Gesetz ab.

Bundesrat; upper house *(the Bundesrat is composed of representatives of the various German states)*
The Bundesrat, where the opposition held a majority, voted down the proposed law.

**parlamentarisch** [parlamɛnˈtaːrɪʃ]

parliamentary

**der Bundestag** [ˈbʊndəstaːk]
Im Bundestag wurde darüber diskutiert, wie man die deutsche Einheit finanzieren kann.

Bundestag; lower house
The Bundestag discussed ways and means of meeting the costs associated with German unification.

**der Sitz** [sɪts]
Der deutsche Bundestag hat 656 Sitze.
Der Sitz des Bundespräsidenten ist Berlin.

seat
The Bundestag has 656 seats.
The offical seat of the Federal President is in Berlin.

**die Stimme** [ˈʃtɪmə]
Der Abgeordnete hat sich der Stimme enthalten.

vote
The MP abstained.

**enthalten (sich)** ⟨enthält, enthielt, enthalten⟩ [ɛntˈhaltn]

not make use of, refrain from

**das Ministerium** [minɪsˈteːriʊm]

ministry

**der Außenminister, die Außenministerin** [ˈausnminɪstɐ]

foreign minister

**die Außenpolitik** [ˈausnpolitiːk]

foreign policy

**der Innenminister, die Innenministerin** [ˈɪnənminɪstɐ]

minister of the interior, home secretary *GB*

**der Sprecher, die Sprecherin** [ˈʃprɛçɐ]
Der Sprecher des Innenministeriums teilte der Presse mit, was der Minister in der Asylfrage plant.

spokesperson

The spokesman for the Ministry of the Interior announced the Minister's plans for resolving the question of asylum-seekers.

268

der **Haushalt** ['haushalt]
Der Haushalt des Bundes für 1993 wurde im Parlament heftig diskutiert.

budget
The 1993 federal budget was the subject of heated parliamentary debate.

die **Landesregierung** ['landəsregi:ruŋ]
Die Landesregierung von Thüringen hat beschlossen, ein neues Krankenhaus zu bauen.

government of a state

The government of the State of Thüringia has decided to build a new hospital.

der **Kultusminister**, die **Kultusministerin** ['kʊltʊsminɪstɐ]
Die Kultusminister sind für die Schulen in ihren Bundesländern verantwortlich.

Minister of Education and Cultural Affairs
The Ministers of Education and Cultural Affairs are responsible for schools in their respective states.

der/die **Vorsitzende(r)** ['fo:ɐzɪtsndə (-dɐ)]
Wer ist der Vorsitzende der Ständigen Konferenz der Kultusminister?

chairman, chairwoman, chairperson

Who is the chairman of the standing conference of Ministers of Education and Cultural Affairs? *(the standing conference serves to coordinate education policy amongst the various states)*

die **Institution** [ɪnstitu'tsio:n]
Die Zusammenarbeit von Bund und Ländern sowie der Bundesländer untereinander wird durch verschiedene Institutionen im Bereich der Bildung, Wissenschaft und Wirtschaft geregelt.

institution
Education, science and economic policy is coordinated between the Federal Government and the individual states and amongst states themselves by means of a number of different institutions.

der **Beschluß** [bə'ʃlʊs]
Die Verwaltung führt die Beschlüsse der Regierung aus.

decision, resolution
The administration implements the decisions of the government.

die **Vorschrift** ['fo:ɐʃrɪft]
Diese Vorschrift ist diesen Monat in Kraft getreten.

regulation
This regulation came into force this month.

**in Kraft treten** ⟨tritt, trat, getreten⟩ [ɪn 'kraft tre:tn]

come into force

# Politisches Leben

das **Volk** [fɔlk]
Der Bundespräsident sprach an Neujahr zum Volk.

people, population
At New Year the Federal President addressed the German people.

der **Bürger**, die **Bürgerin** ['bʏrgɐ]
Die Bürger von Giengen wählen nächsten Sonntag einen neuen Bürgermeister.

citizen, inhabitant
The people of Giengen will be electing a new mayor next Sunday.

**politisch** [po'li:tɪʃ]
Die politische Kultur der alten und der neuen Bundesländer ist noch sehr unterschiedlich.

political
The political cultures of the old and new states still differ considerably.

## Die staatliche Ordnung — Politisches Leben

**die Wahl** [va:l]
Alle vier Jahre finden Bundestagswahlen statt.

election
Bundestag elections take place every four years.

**wählen** ['vɛ:lən]
Welche Partei hast du gewählt?

vote for, elect
Which party did you vote for?

**stimmen** ['ʃtɪmən]
Sie hat für die Kandidatin der Grünen gestimmt.

vote
She voted for the Green Party candidate.

**der Kandidat, die Kandidatin** [kandi'da:t]

candidate

**die Partei** [par'tai]

party

**konservativ** [kɔnzɛrva'ti:f]

conservative

**liberal** [libe'ra:l]
Weil keine Partei die absolute Mehrheit erhielt, kam es zu einer konservativ-liberalen Koalition.

liberal
Because no single party attained an absolute majority the Liberals and the Conservatives formed a coalition.

**die Mehrheit** ['me:ɐhait]

majority

**die Minderheit** ['mɪndɐhait]

minority

**die Opposition** [ɔpozi'tsio:n]
Die Sozialdemokraten waren in der Opposition.

opposition
The Social Democrats formed the opposition.

**der Politiker, die Politikerin** [po'li:tikɐ]

politician

**die Macht** [maxt]

power

**die Politik** [poli'ti:k]

politics; policy

**die Maßnahme** ['ma:sna:mə]
Hoffentlich werden geeignete Maßnahmen gegen die Inflation ergriffen!

measure, action
I hope they take appropriate action to combat inflation.

**ergreifen** ⟨ergriff, ergriffen⟩ [ɛɐ'graifn]

take

**sozial** [zo'tsia:l]
Diese Maßnahmen treffen die sozial schwachen Gruppen der Gesellschaft.

social
These measures will hurt the weaker members of society.

**die Demonstration** [demɔnstra'tsio:n]
Am Freitag fand eine friedliche Demonstration gegen die geplanten Reformen statt.

demonstration
A peaceful demonstration took place on Friday in protest against the proposed reforms.

**friedlich** ['fri:tlɪç]

peaceful

**demonstrieren** [demɔns'tri:rən]
Etwa 3000 Menschen demonstrierten gegen das Atomkraftwerk.

demonstrate
About 3,000 people demonstrated against the nuclear power station.

**der Gegner, die Gegnerin** ['ge:gnɐ]
Gegner der geplanten Autobahn verteilten Flugblätter.

opponent
Opponents of the proposed motorway distributed leaflets.

Politisches Leben — Die staatliche Ordnung

das **Flugblatt** ['fluːkblat] — leaflet, flyer

**verteilen** [fɛɐ'tailən] — distribute

die **Unruhe** ['ʊnruːə] — disquiet, disturbance
Aufgrund der sozialen Not kam es zu Unruhen in der Bevölkerung.
Poor social conditions led to disquiet and protests amongst the population.

**herrschen** ['hɛrʃn] — rule; be present
Nach der Wende wurde offiziell bekannt, welche Zustände in der DDR geherrscht hatten.
After the peaceful revolution it was officially made public how bad conditions had been in East Germany.

**offiziell** [ɔfi'tsiɛl] — official; officially

die **Kontrolle** [kɔn'trɔlə] — control
Die Politiker hatten die Lage unter Kontrolle.
The politicians had the situation under control.

die **Sicherheit** ['zɪçɐhait] — safety; security
Es besteht keine Gefahr für die Sicherheit der Bevölkerung.
There is no danger to the public.

---

der **Christdemokrat**, die **Christdemokratin** ['krɪstdemokraːt] — Christian Democrat
In welchen Ländern sind zur Zeit die Christdemokraten an der Regierung?
Which states do the Christian Democrats govern at the moment?

die **Grünen** ['gryːnən] — Green Party

der/die **Liberale(r)** [libe'raːlə (-lɐ)] — Liberal
Der frühere Außenminister war ein Liberaler und gehörte der FDP an.
The former Foreign Minister was a liberal and belonged to the FDP.

der **Sozialdemokrat**, die **Sozialdemokratin** [zo'tsiaːldemokraːt] — Social Democrat
Willy Brandt war Sozialdemokrat.
Willy Brandt was a Social Democrat.

**sozialistisch** [zotsia'lɪstɪʃ] — socialist
Ich weiß nicht, ob er seine sozialistischen Ideen in der PDS verwirklicht sieht.
I don't know whether he believes that the PDS truly stands for his socialist views. *(the PDS, the Party of Democratic Socialism, was the successor to the Communist SED which ruled former East Germany)*

**kommunistisch** [kɔmu'nɪstɪʃ] — communist
Die Kommunistische Partei Deutschlands wurde 1956 verboten.
The German Communist Party was banned in 1956.

**rechtsextrem** ['rɛçtsˌɛkstreːm] — extreme right-wing

der **Wahlkampf** ['vaːlkampf] — election (campaign)
Im Wahlkampf wird immer viel versprochen, um Stimmen zu gewinnen; nach den Wahlen sind die Versprechen oft schnell vergessen.
At election time a lot of promises are made to win votes; after the election the promises are often quickly forgotten.

**wahlberechtigt** ['vaːlbərɛçtɪçt] — enfranchised, entitled to vote
In der Bundesrepublik Deutschland ist man mit 18 Jahren wahlberechtigt.
In Germany, you gain the right to vote at 18.

## Die staatliche Ordnung — Politisches Leben

der **Wähler**, die **Wählerin** ['vɛ:lɐ]
voter, elector

die **Fünfprozentklausel**
[fynfpro'tsɛntklauzl]
five-percent clause

Die Fünfprozentklausel bedeutet, daß eine Partei mindestens fünf Prozent der Stimmen bekommen muß, um Sitze im Parlament zu erhalten.

The five-percent clause stipulates that a party must obtain at least five per cent of the vote in order to be represented in parliament.

die **Legislaturperiode**
[legɪsla'tu:ɐperio:də]
legislative period

Wie lange dauert eine Legislaturperiode? — Vier Jahre.

How long is a legislative period? — Four years.

**absolut** [apzo'lu:t]
absolute

Keine Partei erhielt die absolute Mehrheit.

No single party achieved an absolute majority.

die **Koalition** [koali'tsio:n]
coalition

Wissen Sie, mit welcher Partei sich die Landes-FDP eine Koalition vorstellen kann, wenn sie die Fünfprozentklausel erreicht?

Do you know which party the FDP of this state would consider forming a coalition with if it manages to gain five per cent of the vote?

der **Konflikt** [kɔn'flɪkt]
conflict

In dieser Frage kam es zum Konflikt zwischen den Koalitionspartnern.

Conflict arose between the coalition parties on this issue.

die **Reform** [re'fɔrm]
reform

die **Öffentlichkeit** ['œfntlıçkait]
public

Ich bin der Meinung, daß die deutsche Öffentlichkeit nicht gut genug über diese Verträge informiert wurde.

I believe that the German public was not adequately informed about these agreements.

der **Widerstand** ['vi:dɐʃtant]
resistance

Sie leisteten Widerstand gegen die Unterdrückung der politischen Opposition in ihrem Land.

They fought against the suppression of political opposition in their country.

die **Bürgerinitiative**
['byrgɐlinitsiati:və]
*political pressure group founded by members of the general public*

Die Gegner des Kanalbaus gründeten eine Bürgerinitiative.

Opponents of the canal construction project set up a pressure group.

der **Demonstrant**, die **Demonstrantin** [demɔn'strant]
demonstrator

Wie viele Demonstranten nahmen an der Demonstration teil?

How many demonstrators took part in the demonstration?

**militant** [mili'tant]
militant

der **Terrorist**, die **Terroristin**
[tɛro'rɪst]
terrorist

Terroristen versuchen, ihre politischen Ideen mit Gewalt durchzusetzen.

Terrorists attempt to achieve their political aims by means of violence.

# Einteilung Deutschlands

der **Bund** [bʊnt]

Die Außenpolitik ist Sache des Bundes.

federation; Federal Government, central government
Foreign policy is determined by the Federal Government.

das **Bundesland** ['bʊndəslant]
Es gibt elf alte und fünf neue Bundesländer.

state
There are eleven old and five new states.

die **Landeshauptstadt** ['landəshauptʃtat]
Wiesbaden ist die Landeshauptstadt von Hessen.

capital of a state

Wiesbaden is the capital of the State of Hesse.

**regional** [regio'na:l]
Innerhalb Deutschlands gibt es viele regionale Unterschiede.

regional
There are many regional differences in Germany.

**Hamburg** ['hambʊrk]
Das Bundesland Hamburg hat nur 1,6 Millionen Einwohner.

Hamburg
The State of Hamburg has a population of only 1.6 million.

**Bremen** ['bre:mən]

Bremen

**Nordrhein-Westfalen** [nɔrtrainvɛst'fa:lən]
Nordrhein-Westfalen hat 17,1 Millionen Einwohner.

North-Rhine Westphalia

North-Rhine Westphalia has a population of 17.1 million.

**Niedersachsen** ['ni:dəzaksn]

Lower Saxony

**Hessen** ['hɛsn]

Hesse

**Rheinland-Pfalz** ['rainlant'pfalts]

Rhineland-Palatinate

das **Saarland** ['za:ɐlant]

State of Saar

**Baden-Württemberg** [ba:dn'vʏrtəmbɛrk]

Baden-Württemberg

**Bayern** ['baiɐn]
Bayern ist mit einer Fläche von 70 554 Quadratkilometern das größte Bundesland.

Bavaria
With an area of 70,554 square kilometres, Bavaria is the largest state.

**Schleswig-Holstein** [ʃle:svɪç'hɔlʃtain]

Schleswig-Holstein

**Mecklenburg-Vorpommern** ['mɛklənbʊrk'fo:ɐpɔmən]
Mecklenburg-Vorpommern, Brandenburg, Sachsen-Anhalt, Sachsen und Thüringen sind die neuen Bundesländer; das heißt, sie gehörten vor der deutschen Einheit zur DDR.

Mecklenburg-Eastern Pommerania

Mecklenburg-Eastern Pommerania, Brandenburg, Saxony-Anhalt, Saxony and Thüringia are the new states, i.e. before the unification of Germany they were part of the GDR.

**Brandenburg** ['brandnbʊrk]

Brandenburg

**Berlin** [bɛr'li:n]

Berlin

| | |
|---|---|
| **Sachsen-Anhalt** [zaksn'|anhalt] | Saxony-Anhalt |
| **Sachsen** ['zaksn] | Saxony |
| **Thüringen** ['tyːrɪŋən] | Thüringia |
| **Bundes-** ['bʊndəs-] | federal |
| **Landes-** ['landəs-] <br> Die Landes-CDU ist in dieser Frage mit der Bundes-CDU nicht einer Meinung. | pertaining to a particular state <br> The CDU of this state does not agree with the central CDU on this question. |
| **Norddeutschland** ['nɔrtdɔytʃlant] <br> Hamburg und Bremen liegen in Norddeutschland. | northern Germany <br> Hamburg and Bremen are in northern Germany. |
| der/die **Norddeutsche(r)** ['nɔrtdɔytʃə (-ʃɐ)] <br> Ich finde, daß Norddeutsche und Süddeutsche sich in ihrer Mentalität unterscheiden. | northern German <br> I think there is a difference in mentality between northern and southern Germans. |
| **Süddeutschland** ['zyːtdɔytʃlant] | southern Germany |
| der/die **Süddeutsche(r)** ['zyːtdɔytʃə (-ʃɐ)] | southern German |
| **Westdeutschland** ['vɛstdɔytʃlant] | western Germany |
| der/die **Westdeutsche(r)** ['vɛstdɔytʃə (-ʃɐ)] | western German |
| **Ostdeutschland** ['ɔstdɔytʃlant] | eastern Germany |
| der/die **Ostdeutsche(r)** ['ɔstdɔytʃə (-ʃɐ)] | eastern German |

# Internationale Beziehungen

**international** [ɪntɛnatsio'naːl]
Die Bundesrepublik Deutschland hat gute internationale Beziehungen.

international
Germany enjoys good international relations.

**diplomatisch** [diplo'maːtɪʃ]
Internationale Konflikte sollten auf diplomatischem Weg gelöst werden.

diplomatic
International conflicts should be resolved by diplomatic means.

die **Botschaft** ['boːtʃaft]
Bitte wenden Sie sich an unsere Botschaft in Moskau.

embassy
Please contact our embassy in Moscow.

das **Konsulat** [kɔnzu'laːt]

consulate

die **Organisation** [ɔrganiza'tsioːn]
Das Rote Kreuz ist eine internationale Organisation.

organisation
The Red Cross is an international organisation.

das **Abkommen** ['apkɔmən]
Wissen Sie, ob es zwischen Deutschland und Rußland ein Abkommen über wirtschaftliche Zusammenarbeit gibt?

agreement, treaty
Do you know whether Germany and Russia have concluded an agreement on economic cooperation?

das **Embargo** [ɛm'bargo]
Das Embargo gegen Südafrika wurde aufgehoben.

embargo
The embargo against South Africa has been lifted.

der **Spion**, die **Spionin** [ʃpio:n]

spy

das **Entwicklungsland** [ɛnt'vɪklʊŋslant]
Es ist meiner Meinung nach schade, daß die Entwicklungsländer nicht wesentlich mehr Hilfe von den Industrieländern erhalten.

developing country

I think it is a shame that the developing countres don't get considerably more aid from the industrialised countries.

das **Industrieland** [ɪndʊs'tri:lant]

industrialised country

die **Europäische Union (EU)** [ɔyro'pɛ:ɪʃə u'nio:n (e:lu:)]

European Union (EU)

die **Europäische Gemeinschaft (EG)** [ɔyro'pɛ:ɪʃə gə'mainʃaft (e:'ge:)]

European Community (EC)

der **Diplomat**, die **Diplomatin** [diplo'ma:t]
Er war als Diplomat in Neu-Delhi.

diplomat

He was a diplomat in New Delhi.

der **Boykott** [bɔy'kɔt]

boycott

die **Sanktion** [zaŋk'tsio:n]
Sanktionen gegen jenes Land sind im Gespräch.

sanction
They are considering sanctions against that country.

das **Bündnis** ['byntnɪs]
Deutschland ist im westlichen Bündnis.

alliance
Germany is in the Western Alliance.

die **Großmacht** ['gro:smaxt]
Die USA ist eine Großmacht.

superpower
The USA is a superpower.

das **Rote Kreuz** [ro:tə 'krɔyts]

Red Cross

die **Vereinten Nationen (UNO)** [fɛɐ'laintn na'tsio:nən) ('u:no)]

United Nations (UN)

das **Exil** [ɛ'ksi:l]
Während des Faschismus in Deutschland mußten viele ins politische Exil gehen.

exile
During fascist rule in Germany many people were forced into political exile.

der **Flüchtling** ['flʏçtlɪŋ]
Stimmt es, daß es außer politischen Flüchtlingen auch Flüchtlinge aus wirtschaftlichen Gründen gibt?

refugee
Is it true that there are not just political refugees but also economic refugees?

# Polizei

die **Polizei** [poli'tsai]
Die Polizei hat im gesamten Bundesgebiet die Telefonnummer 110.
Die Polizei ist Angelegenheit der Bundesländer.

police
Throughout Germany the telephone number for the police is 110.
Police affairs are governed by the individual states.

## Polizei

der **Polizist**, die **Polizistin** [poli'tsɪst]
Die Polizistin regelt den Verkehr auf der Kreuzung.

policeman, policewoman
The policewoman is directing the traffic at this junction.

der **Kommissar**, die **Kommissarin** [kɔmɪ'saːɐ]
Der Kommissar hat den Fall schnell gelöst.

inspector

The inspector solved the case quickly.

der **Fall** [fal]

case

**anzeigen** ['antsaign]
Jeder Diebstahl wird angezeigt.

report to the police
All shoplifters will be prosecuted.

das **Opfer** ['ɔpfɐ]
Es wird vermutet, daß das Opfer den Täter kannte.

victim
They suspect that the victim knew the person who did it.

der **Täter**, die **Täterin** ['tɛːtɐ]

perpetrator

**beschreiben** ⟨beschrieb, beschrieben⟩ [bə'ʃraibn]

describe

Ein Zeuge konnte den Täter beschreiben.

A witness was able to give a description of the man who did it.

die **Tat** [taːt]
Es ist noch nicht bekannt, wer die Tat begangen hat.

(criminal) act
They don't yet know who did it.

**beobachten** [bə'|oːbaxtn]
Wer die Verbrecher beobachtet hat, soll sich sofort bei der Polizei melden!

observe
Anybody who saw the criminals should contact the police immediately.

die **Spur** [ʃpuːɐ]
Bisher fehlt jede Spur von den Erpressern.

trace, clue
The police still have no clue to the identity of the blackmailers.

der **Verdacht** [fɛɐ'daxt]
Er steht im Verdacht, seinen Vater ermordet zu haben.

suspicion
He is suspected of having murdered his father.

**verfolgen** [fɛɐ'fɔlgn]
Die Polizei verfolgte die Bankräuber, verlor dann aber ihre Spur.

follow, pursue
The police chased the bank robbers but lost them.

**verstecken** [fɛɐ'ʃtɛkn]
Sie versteckten ihre Beute.

hide
They stashed away the goods they had stolen.

Die Verbrecher haben sich versteckt.

The criminals have gone into hiding.

**fassen** ['fasn]
Die Mörderin konnte von der Polizei gefaßt werden.

catch
The police managed to catch the murderess.

**verhaften** [fɛɐ'haftn]
Im Zusammenhang mit dem Bankraub wurden zwei Personen verhaftet.

arrest
Two people have been arrested in connecton with the bank raid.

die **Anzeige** ['antsaigə]
Er drohte dem Ladendieb mit einer Anzeige bei der Polizei.

report (to the police), charge
He threatened to report the shoplifter to the police.

**untersuchen** [ʊntɐˈzuːxn̩]
Kommissar Bienzle untersucht den Fall.

die **Untersuchung** [ʊntɐˈzuːxʊŋ]
Bisher haben die Untersuchungen nichts ergeben.

**ergeben** ⟨ergibt, ergab, ergeben⟩ [ɛɐˈgeːbn̩]
Der Bankräuber hat sich freiwillig ergeben.

das **Motiv** [moˈtiːf]
Haß ist vermutlich das Tatmotiv.

das **Alibi** [ˈaːlibi]
Er hat ein Alibi.

**leugnen** [ˈlɔygnən]
Der vermutliche Täter leugnet die Tat.

die **Beschreibung** [bəˈʃraibʊŋ]
Bisher hat die Polizei noch keine genaue Beschreibung des Täters.

die **Belohnung** [bəˈloːnʊŋ]
Für Angaben, die dazu führen, den Fall aufzuklären, wird eine Belohnung von 5000 DM ausgesetzt.

**aussetzen** [ˈauszɛtsn̩]

die **Angabe** [ˈangaːbə]

investigate
Inspector Bienzle is investigating that case.

investigation
The investigations have not yet turned up any results.

yield; give oneself up

The bank robber turned himself in.

motive
The motive was probably hatred.

alibi
He's got an alibi.

deny
The suspect denied having done it.

description
The police still don't have a precise description of the person who did it.

reward
A reward of 5,000 marks is being offered for information leading to this case being solved.

offer (an award)

information

# Justiz

das **Gericht** [gəˈrɪçt]
Er steht wegen Raubes vor Gericht.

**anklagen** [ˈankla:gn̩]
Sie wird des Mordes an ihrer Freundin angeklagt.

der/die **Angeklagte(r)** [ˈangəkla:ktə (-tɐ)]
Jeder Angeklagte hat das Recht auf einen Anwalt.

der **(Rechts)anwalt**, die **(Rechts)anwältin** [ˈ(rɛçts)|anvalt, -anvɛltɪn]


**verteidigen** [fɛɐˈtaidɪgn̩]
Dieser Rechtsanwalt ist dafür bekannt, daß er seine Mandanten gut verteidigt.

court
He is up in court for theft.

accuse, charge
She is charged with murdering her friend.

accused, defendant

Anyone charged with a crime has the right to legal representation.

lawyer, solicitor *GB*, barrister *GB* *(no distinction is made between solicitors and barristers and "lawyer" is the most appropriate translation)*

defend
That lawyer is well-known for providing his clients with a strong defence.

## Justiz

der **Staatsanwalt**, die **Staatsanwältin** ['ʃtaːtsʔanvalt, -ʔanvɛltɪn]
Die Staatsanwältin hatte die Aufgabe, die Schuld des Angeklagten zu beweisen.

prosecuting counsel *GB*, state attorney *US*
It was the task of the prosecuting counsel to prove the guilt of the defendant.

**beweisen** ⟨bewies, bewiesen⟩ [bə'vaizn]

prove

die **Schuld** [ʃʊlt]
Seine Schuld wurde vor Gericht eindeutig bewiesen.

guilt
His guilt was clearly proven in court.

**schuldig** ['ʃʊldɪç]
Der Angeklagte wurde schuldig gesprochen.

guilty
The defendant was found guilty.

**unschuldig** ['ʊnʃʊldɪç]
Der Angeklagte ist unschuldig.

not guilty, innocent
The defendant is not guilty.

der **Zeuge**, die **Zeugin** [tsɔygə]
Die Zeugin wiederholte ihre Aussage vor Gericht.

witness
The witness repeated her statement in court.

die **Wahrheit** ['vaːɐhait]
Sie schwor, nur die Wahrheit zu sagen.

truth
She swore to tell the truth.

**klagen** ['klaːgn]
Er klagte vor Gericht gegen seinen Mieter.

bring a court action
He took his tenant to court.

das **Recht** [rɛçt]
Sie haben das Recht zu schweigen.
Er hat internationales Recht studiert.

law; right
You have the right to remain silent.
He studied international law.

der **Richter**, die **Richterin** ['rɪçtɐ]
Die Richterin verurteilte den Angeklagten zu fünf Jahren Gefängnis.

judge
The judge sentenced the defendant to five years' imprisonment.

**verurteilen** [fɛɐ'ʔʊrtailən]

find guilty; sentence

das **Urteil** ['ʊrtail]
Der Richter kam zu einem milden Urteil.

judgement; sentence
The judge passed a lenient sentence.

das **Gefängnis** [gə'fɛŋnɪs]

prison, jail

**bestrafen** [bə'ʃtraːfn]
Wir finden, daß es richtig war, ihn mit Gefängnis zu bestrafen.

punish
We believe it was right to give him a prison sentence.

**gesetzlich** [gə'zɛtslɪç]

legal

der **Verteidiger**, die **Verteidigerin** [fɛɐ'taidɪgɐ]
Sein Verteidiger fordert eine Strafe auf Bewährung.

barrister for the defence *GB*, defence lawyer *US*
His lawyer called for a suspended sentence.

der **Mandant**, die **Mandantin** [man'dant]

(lawyer's) client

die **Klage** ['klaːgə]
Falls Sie den Vertrag nicht erfüllen, werde ich gegen Sie Klage erheben.

petition, court action
If you do not fulfil your contractual obligations I will take you to court.

Justiz     Die staatliche Ordnung **28**

**Klage erheben** [ˈklaːgə ɛɐheːbn̩]
bring court action

**der Prozeß** [proˈtsɛs]
trial
Ihm wurde der Prozeß gemacht.
He was put on trial.

**die Verhandlung** [fɛɐˈhandlʊŋ]
court proceedings
Die Verhandlung wird für einige Minuten unterbrochen.
Proceedings will be adjourned for a few minutes.

**das Verfahren** [fɛɐˈfaːrən]
trial, court case
Das Verfahren gegen sie wurde wegen fehlender Beweise eingestellt.
The case against her was dropped for lack of evidence.

**der Beweis** [bəˈvais]
proof, evidence

**eindeutig** [ˈaindɔytɪç]
clear

**das Geständnis** [gəˈʃtɛntnɪs]
confession
Er behauptet, er sei zu dem Geständnis gezwungen worden.
He claims that he made the confession under duress.

**die Aussage** [ˈausaːgə]
(witness's) statement
Aufgrund seiner Aussage konnten die Täter verhaftet werden.
The statement made by the witness led to the arrest of the perpetrator.

**schwören** ⟨schwur, geschworen⟩ [ˈʃvøːrən]
swear, take an oath

**illegal** [ˈɪlegaːl]
illegal; illegally
Sie hatten illegal radioaktives Material ins Ausland verkauft.
They had illegally sold radioactive material to other countries.

**der Widerspruch** [ˈviːdɐʃprʊx]
objection
Gegen den Bescheid können Sie Widerspruch einlegen.
You can lodge an objection against the ruling.

**Widerspruch einlegen** [ˈviːdɐʃprʊx ainleːgn̩]
lodge an objection

**der Anspruch** [ˈanʃprʊx]
claim, right
Sie haben Anspruch darauf, daß Ihnen Ihr Vermieter die Kaution zurückgibt.
You are entitled to have your deposit returned to you by the landlord.

**die Strafe** [ˈʃtraːfə]
punishment; fine
Er mußte Strafe bezahlen, weil er zu schnell gefahren ist.
He had to pay a fine for speeding.

**die Bewährung** [bəˈvɛːrʊŋ]
suspension; probation

**lebenslänglich** [ˈleːbn̩slɛŋlɪç]
life
Für den Mord bekam er lebenslänglich.
He received a life sentence for the murder.

**die Führung** [ˈfyːrʊŋ]
behaviour *GB*, behavior *US*
Wegen guter Führung wurde er nach 15 Jahren entlassen.
He was released after 15 years for good behaviour.

279

# Krieg und Frieden

die **Bundeswehr** ['bʊndəsveːɐ]
Jeder deutsche Mann, der gesund ist, hat die Pflicht, zur Bundeswehr zu gehen oder Zivildienst zu leisten.

Federal Army
All German men of good health are obliged to serve in the army or to perform community service.

die **Armee** [arˈmeː]

army

der **Zivildienst** [tsiˈviːldiːnst]

community service *(as an alternative to military service)*

Er hat mir gesagt, daß der Zivildienst 16 Monate dauert.

He told me that community service lasts 16 months.

der **Soldat**, die **Soldatin** [zɔlˈdaːt]
In Deutschland gibt es bisher nur männliche Soldaten.

soldier
To date, Germany has only male soldiers.

die **Uniform** [uniˈfɔrm, ˈʊnifɔrm, ˈuːnifɔrm]
Hast du deinen Sohn schon einmal in Uniform gesehen?

uniform
Have you ever seen your son in uniform?

der **Krieg** [kriːk]
Er hat im Krieg in Rußland gekämpft.

war
He fought in Russia during the war.

**kämpfen** [ˈkɛmpfn̩]

fight

die **Waffe** [ˈvafə]
In Deutschland tragen Polizisten Waffen.

weapon
German policemen are armed.

das **Gewehr** [gəˈveːɐ]
In ihrer Ausbildung lernen Soldaten, mit dem Gewehr zu schießen.

rifle
During training soldiers learn to fire a rifle.

**schießen** ⟨schoß, geschossen⟩ [ˈʃiːsn̩]
In den frühen Abendstunden wurde wieder geschossen.

shoot
There was more shooting in the early evening.

der **Feind** [faɪnt]

enemy

die **Kugel** [ˈkuːgl̩]
Er wurde im Krieg von einer Kugel getroffen.

bullet
He was hit by a bullet during the war.

die **Rakete** [raˈkeːtə]
Das Gebäude wurde von einer Rakete zerstört.

rocket
The building was destroyed by a rocket.

**zerstören** [tsɛɛˈʃtøːrən]

destroy

die **Bombe** [ˈbɔmbə]
Die Bomben sollten militärische Anlagen zerstören.

bomb
The bombs were intended to destroy military installations.

**militärisch** [miliˈtɛːrɪʃ]

military

**fliehen** ⟨floh, geflohen⟩ [ˈfliːən]
Die Bevölkerung floh vor den Panzern.

flee
The civilian population fled to escape the oncoming tanks.

# Krieg und Frieden — Die staatliche Ordnung

die **Not** [noːt]  
Die Not der Menschen wird von Tag zu Tag größer.

emergency; suffering  
The suffering of the people grows worse by the day.

der **Frieden** [ˈfriːdn]  
Hoffentlich ist bald wieder Frieden!

peace  
I hope there will soon be peace again.

die **Abrüstung** [ˈapryːstʊŋ]  
Die Abrüstungsverhandlungen gehen weiter.

disarmament  
The disarmament talks are still going on.

---

das **Militär** [miliˈtɛːɐ]  
Das Militär wurde eingesetzt, um den Konflikt zu beenden.

military  
The military were deployed to end the conflict.

die **Truppe** [ˈtrʊpə]

troup

das **Heer** [heːɐ]

army

die **Marine** [maˈriːnə]  
Er ist bei der Marine.

navy  
He's in the navy.

der **General**, die **Generalin** [genəˈraːl]

general

die **Kaserne** [kaˈzɛrnə]

barracks

**aufrüsten** [ˈaufrystn]  
Einige Entwicklungsländer rüsten auf.

arm, build up arms  
Some developing countries are building up their arms.

die **Rüstung** [ˈrystʊŋ]

arms

die **Atombombe** [aˈtoːmbɔmbə]  
Heutzutage ist bekannt, welche furchtbaren Folgen eine Atombombenexplosion hat.

atomic bomb  
We are now aware of the terrible consequences of detonating an atomic bomb.

die **Explosion** [ɛksploˈzioːn]

explosion

der **Panzer** [ˈpantsɐ]

tank

der **Kampf** [kampf]  
Er wurde im Kampf erschossen.

fight  
He was shot in action.

**erschießen** ⟨erschoß, erschossen⟩ [ɛɐˈʃiːsn]

shoot (and thereby kill)

der **Schuß** [ʃʊs]  
Niemand weiß, wer den Schuß abgegeben hat!

shot  
Nobody knows who fired the shot.

**marschieren** [marˈʃiːrən]

march

die **Niederlage** [ˈniːdɐlaːgə]

defeat

der **Schutz** [ʃʊts]  
Die Bevölkerung suchte Schutz vor den Bomben.

protection  
The population sought shelter from the bombs.

die **Flucht** [flʊxt]  
Sie gingen auf die Flucht.

flight, act of fleeing  
They fled.

## 28 Die staatliche Ordnung — Krieg und Frieden

**abrüsten** [ˈaprʏstn]
Seit dem Ende des kalten Krieges wird im Osten und im Westen abgerüstet.

disarm
Since the end of the Cold War both East and West have been reducing their weapons' arsenals.

**der Kriegsdienstverweigerer** [ˈkriːksdiːnstfɛɐvaigərə]
Er ist als Kriegsdienstverweigerer anerkannt worden.

conscientious objector
He has been officially recognised as a conscientious objector.

# Geographie

## Himmelsrichtungen

der **Norden** ['nɔrdn]
Kiel liegt im äußersten Norden Deutschlands.

north
Kiel is in the far north of Germany.

**liegen** ⟨lag, gelegen⟩ ['liːgn]

be (situated)

**nördlich** ['nœrtlıç]
Köln liegt nördlich von Bonn.

north
Cologne is north of Bonn.

der **Süden** ['zyːdn]
Im Süden Deutschlands regnet es weniger als im Norden.

south
It rains less in the south of Germany than in the north.

**südlich** ['zyːtlıç]

south

der **Osten** ['ɔstn]
Im Osten gibt es viele wirtschaftliche Probleme.

east
There are a lot of economic problems in the East.

**östlich** ['œstlıç]
Die Oder ist östlich von Berlin.

east
The river Oder is east of Berlin.

**sein** ⟨ist, war, gewesen⟩ [zain]

be

der **Westen** ['vɛstn]
Das Saarland liegt im Westen Deutschlands an der Grenze zu Frankreich.

west
The State of Saar is in the west of Germany, along the French border.

**westlich** ['vɛstlıç]
Unser Urlaubsort liegt westlich von Kempten.

west
Our holiday resort is west of Kempten.

der **Nordosten** [nɔrt'|ɔstn]
Ich kenne den Nordosten von Europa überhaupt nicht.

northeast
I don't know the northeast of Europe at all.

**nordöstlich** [nɔrt'|œstlıç]

northeast

der **Nordwesten** [nɔrt'vɛstn]
Bamberg liegt im Nordwesten von Nürnberg.

northwest
Bamberg is northwest of Nuremberg.

**nordwestlich** [nɔrt'vɛstlıç]

northwest

der **Südosten** [zyːt'|ɔstn]

southeast

**südöstlich** [zyːt'|œstlıç]

southeast

der **Südwesten** [zyːt'vɛstn]
Gestern gab es schwere Regenfälle im Südwesten des Landes.

southwest
There was heavy rain in the southwest yesterday.

**südwestlich** [zyːt'vɛstlıç]

southwest

# Landschaften

der **Nordpol** ['nɔrtpoːl]

der **Südpol** ['zyːtpoːl]

der **Äquator** [ɛ'kvaːtɔr]
Ich war schon am Äquator.

die **Landschaft** ['lantʃaft]
Die Landschaft in Süddeutschland ist sehr abwechslungsreich.

der **Wald** [valt]
Wir haben am Sonntag einen Spaziergang im Wald gemacht.

das **Gebirge** [gə'bɪrgə]
Dieses Jahr fährt sie im Urlaub ins Gebirge.

die **Alpen** ['alpn]
Wir fahren oft in die Alpen zum Skifahren.

der **Berg** [bɛrk]
Die Zugspitze ist der höchste Berg Deutschlands.

**steil** [ʃtail]
Der Weg auf den Gipfel ist sehr steil.

das **Tal** [taːl]
Das Rheintal gefällt mir sehr gut.

das **Land** [lant]
Das Land in Norddeutschland ist ziemlich flach.

**flach** [flax]

die **Gegend** ['geːgnt]
Ich kenne die Gegend um den Chiemsee gut.

die **Natur** [na'tuːɐ]

der **Urwald** ['uːɐvalt]

der **Vulkan** [vʊl'kaːn]
Sind die Vulkane in der Eifel heute noch tätig? — Nein.

die **Wüste** ['vyːstə]

der **Fluß** [flʊs]
Nenne mir bitte einen Fluß, der durch Regensburg fließt! — Die Donau.

**fließen** ⟨floß, geflossen⟩ ['fliːsn]

das **Ufer** ['uːfɐ]
Er ist von einem Ufer zum anderen geschwommen.

North Pole

South Pole

equator
I have been to the equator.

landscape; countryside
The southern German countryside is very varied.

wood, forest
We went for a walk in the woods on Sunday.

mountain range, mountains
She's going to spend her holiday in the mountains this year.

Alps
We often go skiiing in the Alps.

mountain
The Zugspitze is Germany's highest mountain.

steep
The path to the summit is very steep.

valley
I like the Rhine valley very much.

land, countryside
The countryside in northern Germany is fairly flat.

flat

region, area
I know the area around Chiemsee well.

nature

jungle

vulcano
Are the vulcanos in the Eifel mountains still active? — No.

desert

river
Please name me a river that flows through Regensburg. — The Danube.

flow

bank; shore
He swam from one bank to the other.

Landschaften　　　　　　　　　　　　　　　　　　　　　　　　Geographie **29**

der **Bach** [bax]
Die Kinder werfen gerne Steine in den Bach.

stream
The children enjoy throwing stones into the stream.

der **Stein** [ʃtain]

stone

der **Kanal** [ka'na:l]
Der Mittellandkanal verbindet die Elbe mit der Ems.

canal; channel
The Rhine-Elbe canal also connects the river Elbe with the river Ems.

der **See** [ze:]
Luzern liegt am Vierwaldstätter See.

lake
Lucerne is on Lake Lucerne.

das **Gebiet** [gə'bi:t]
Das Gebiet steht unter Naturschutz.

area
This area is a nature reserve.

**eben** ['e:bn]
Die Lüneburger Heide ist eben.

flat
The Lüneburg heath is flat.

**abwechslungsreich** ['apvɛkslʊŋsraiç]

varied

der **Hügel** ['hy:gl]
Die Hügel sind ziemlich kahl.

hill
The hills are fairly bare.

**kahl** [ka:l]

bare

der **Weinberg** ['vainbɛrk]
In der Gegend von Freiburg gibt es viele Weinberge.

vineyard
There are a lot of vineyards in the area around Freiburg.

der **Gipfel** ['gɪpfl]

summit

der **Paß** [pas]
Über welchen Paß seid ihr nach Italien gefahren? — Über den San Bernardino.

pass
Which pass did you take to Italy? — The San Bernardino pass.

der **Gletscher** ['glɛtʃɐ]
Die Gletscherlandschaft des Großglockners ist herrlich.

glacier
The glacial landscape of the Great Glockner is wonderful.

die **Alm** [alm]
Die Kühe sind den Sommer über auf der Alm.

alpine pasture
The cows spend the summer grazing on the alpine pastures.

die **Quelle** ['kvɛlə]
Wo ist die Quelle der Elbe? — Sie liegt im Riesengebirge.

spring
Where does the Elbe rise? — It rises in the Sudeten mountains.

der **Sumpf** [zʊmpf]

marsh

das **Moor** [mo:ɐ]

moor

die **Heide** ['haidə]

heath

der **Teich** [taɪç]

pond

die **Höhle** ['hø:lə]
Wir haben die Bärenhöhle auf der Schwäbischen Alb besichtigt.

cave
We visited Bears' Cave in the Swabian Alb region.

das **Erdbeben** ['e:ɐtbe:bn]
In der Nähe des Hohenzollern-Grabens kann es immer wieder zu Erdbeben kommen.

earthquake
There is always a possibility of earthquakes near the Hohenzollern rift.

| | |
|---|---|
| der **Graben** ['gra:bn]<br>Zwischen den Grundstücken ist ein Graben. | ditch; rift<br>There is a ditch between the two properties. |

## Meer

das **Meer** [me:ɐ]
Er lebt am Meer.

sea
He lives by the sea.

die **See** [ze:]
Sie fahren jeden Sommer an die See.

sea
They go to the seaside every summer.

die **Nordsee** ['nɔrtze:]
Von Oldenburg aus haben wir einen Ausflug an die Nordsee gemacht.

North Sea
While in Oldenburg, we took a trip to the North Sea.

die **Ostsee** ['ɔstze:]
Rostock liegt an der Ostsee.

Baltic
Rostock is on the Baltic coast.

der **Ozean** ['o:tsea:n]

ocean

die **Welle** ['vɛlə]
Bei Flut sind die Wellen an der Nordsee ziemlich hoch.

wave
At high tide, the waves of the North Sea are pretty high.

die **Küste** ['kʏstə]
An der Küste gibt es viele einsame Buchten.

coast
There are a lot of secluded bays on the coast.

der **Strand** [ʃtrant]
Auf Rügen gibt es schöne Strände.

beach
The Isle of Rügen has beautiful beaches.

der **Sand** [zant]
Hier finden Sie einsame Sandstrände.

sand
You can find secluded sandy beaches here.

die **Insel** ['ɪnzl]
Helgoland ist eine Insel in der Nordsee, die früher zu Großbritannien gehörte und heute deutsch ist.

island, isle
Heligoland is an island in the North Sea that used to belong to Great Britain but which is now German.

| | |
|---|---|
| der **Horizont** [hori'tsɔnt]<br>Man konnte einige Schiffe am Horizont sehen. | horizon<br>We could see a number of ships on the horizon. |
| der **Leuchtturm** ['lɔʏçtturm]<br>Wir wanderten durch die Dünen bis zum Leuchtturm. | lighthouse<br>We walked through the sand dunes as far as the lighthouse. |
| die **Ebbe** ['ɛbə] | low tide |
| die **Flut** [flu:t] | high tide |
| die **Düne** ['dy:nə] | sand dune |
| der **Deich** [daiç]<br>Hoffentlich hält der Deich auch bei stürmischer See. | dike<br>I hope the dike can withstand stormy seas. |

Meer                                                                 Geographie 29

| | |
|---|---|
| **stürmisch** [ˈʃtʏrmɪʃ] | stormy |
| die **Bucht** [bʊxt] | bay |
| die **Alge** [ˈalgə] | algae, seaweed |
| Ich habe gehört, daß man sich von Algen ernähren kann. | I have heard it is possible to live off seaweed. |
| der **Meeresspiegel** [ˈmeːrəsʃpiːgl] | sea level |
| Ulm liegt 446 Meter über dem Meeresspiegel. | Ulm is 446 metres above sea level. |
| der **Golf** [gɔlf] | gulf |
| Der Persische Golf wurde durch die Erdölkatastrophe verschmutzt. | The Persian Gulf was polluted by the oil disaster. |

# 30 Natürliche Umwelt

## Das Universum

der **Planet** [pla'ne:t]
Bisher weiß man nicht, ob es auf anderen Planeten Leben gibt oder nicht.

planet
We don't yet know whether life exists on other planets.

die **Erde** ['e:ədə]
Der Satellit machte Bilder von der Erde.

earth
The satellite took pictures of the earth.

die **Welt** [vɛlt]

world

die **Sonne** ['zɔnə]
Die Erde dreht sich um die Sonne.

sun
The earth rotates around the sun.

der **Mond** [mo:nt]
Der Mond scheint in mein Schlafzimmer.

moon
The moon shines into my bedroom.

der **Stern** [ʃtɛrn]
Die Sterne leuchten.

star
The stars are shining brightly.

**leuchten** ['lɔyçtn]

shine

das **Weltall** ['vɛltlal]

(outer) space

die **Raumfahrt** ['raumfa:et]
Die Raumfahrt dient unter anderem der Forschung.

space travel
One of the purposes of space travel is research.

der **Astronaut**, die **Astronautin** [astro'naut]
An Bord der Raumfähre befindet sich ein deutscher Astronaut.

astronaut
There is a German astronaut on board the space shuttle.

der **Vollmond** ['fɔlmo:nt]
Heute nacht ist Vollmond.

full moon
There's a full moon tonight.

**aufgehen** ⟨ging auf, aufgegangen⟩ ['aufge:ən]
Der Mond ist schon aufgegangen.

rise
The moon has already risen.

**untergehen** ⟨ging unter, untergegangen⟩ ['ʊntəge:ən]
Wir saßen am Strand und haben beobachtet, wie die Sonne unterging.

set
We sat on the beach and watched the sun go down.

die **Atmosphäre** [atmo'sfɛ:rə]
Die Astronauten sollen auf ihrer Mission untersuchen, wie groß das Ozonloch in der Atmosphäre ist.

atmosphere
The astronauts' mission is to investigate the size of the ozone hole above the North Pole.

die **Mission** [mɪ'sio:n]

mission

die **Raumfähre** ['raumfɛ:rə]
Der Start der Raumfähre mußte wegen technischer Probleme um zwei Wochen verschoben werden.

space shuttle
Due to technical problems the launch of the space shuttle had to be postponed for two weeks.

| | |
|---|---|
| der **Kosmonaut**, die **Kosmonautin** [kɔsmo'naut] Russische Astronauten nennt man Kosmonauten. | cosmonaut Russian astronauts are known as cosmonauts. |
| die **Weltraumstation** ['vɛltraumʃtatsio:n] Die Kosmonauten verbrachten 12 Tage in der Weltraumstation, um Experimente zu machen. | space station The cosmonauts spent 12 days performing experiments in the space station. |

## Wetter

das **Klima** ['kli:ma]
Das Klima an der See bekommt ihm sehr gut.

climate
The sea air is doing him the world of good.

das **Wetter** ['vɛtɐ]
Ich möchte gerne wissen, wie das Wetter morgen wird.

weather
I'd like to know what the weather is going to be like tomorrow.

**schön** [ʃø:n]
An Ostern hatten wir schönes Wetter.

fine, lovely
We had lovely weather over Easter.

**schlecht** [ʃlɛçt]
Den ganzen April über war das Wetter schlecht.

bad
The weather was bad throughout April.

**werden** ⟨wird⟩ ['ve:ɐdn]
Wie wird das Wetter am Wochenende?

become
What will the weather be like at the weekend?

**bleiben** ⟨blieb, geblieben⟩ ['blaibn]
Es bleibt schön.

remain
It will remain fine.

**scheinen** ⟨schien, geschienen⟩ ['ʃainən]
Die Sonne hat den ganzen Tag geschienen.

shine

The sun shone all day.

der **Schatten** ['ʃatn]
Stell dir vor, sogar im Schatten hatte es noch 30 Grad!

shadow, shade
Just imagine, it was 30 degrees in the shade.

**messen** ⟨mißt, maß, gemessen⟩ ['mɛsn]
Es wurden 32 Grad im Schatten gemessen.

measure

They registered a temperature of 32 degrees in the shade.

**trocken** ['trɔkn]
Es soll in den nächsten Tagen sonnig und trocken bleiben.

dry
They say it will stay sunny and dry over the next few days.

**heiß** [hais]
Es ist heiß.

hot
It's hot.

**kalt** [kalt]
Für diese Jahreszeit ist das Wetter zu kalt.

**kühl** [ky:l]
Auch im Sommer ist es abends manchmal recht kühl.

die **Temperatur** [tɛmpəraˈtuːɐ]
Nachts sinken die Temperaturen unter null Grad.

**sinken** ⟨sank, gesunken⟩ [ˈzɪŋkn]

**steigen** ⟨stieg, gestiegen⟩ [ˈʃtaign]
Im Südwesten steigen die Temperaturen tagsüber auf über 20 Grad.

der **Grad** [graːt]

**minus** [ˈmiːnʊs]
Mein Thermometer zeigt minus 10° an.

das **Thermometer** [tɛrmoˈmeːtɐ]
Morgens sieht Petra auf das Thermometer, um zu wissen, was sie anziehen soll.

der **Himmel** [ˈhɪml]
Der Himmel ist stark bewölkt.

**bewölkt** [bəˈvœlkt]

**regnen** [ˈreːgnən]
Es regnet.

der **Regen** [ˈreːgn]
Ich glaube, wir bekommen heute noch Regen.

der **Wind** [vɪnt]
Es wehte ein leichter Wind.

**windig** [ˈvɪndɪç]
Auf dem Balkon ist es sehr windig.

die **Wolke** [ˈvɔlkə]
Am Himmel ist es weit und breit keine Wolke zu sehen!

das **Gewitter** [gəˈvɪtɐ]
Es kommt ein schweres Gewitter.

**blitzen** [ˈblɪtsn]
Es blitzt und donnert.

**donnern** [ˈdɔnɐn]

der **Nebel** [ˈneːbl]
Bei Nebel Fuß vom Gas!

der **Schnee** [ʃneː]
In den Alpen fielen 50 Zentimeter Schnee.

cold
The weather is cold for this time of year.

cool
Even in summer it can sometimes be quite chilly in the evening.

temperature
At night the temperature drops below zero.

fall

rise
In the south-west the temperature will rise to over 20 degrees during the day.

degree

minus
My thermometer says it's minus 10 degrees.

thermometer
In the morning Petra takes a look at the thermometer to see what she should wear.

sky
The sky is very cloudy.

cloudy

rain
It's raining.

rain
I think it's going to rain today.

wind
There was a light wind.

windy
It's very windy on the balcony.

cloud
There's not a cloud in the sky.

storm
There's going to be heavy storm.

strike lightning
There's thunder and lightning.

thunder

fog
Drive slowly in foggy conditions.

snow
There's been 50 centimetres of snow in the Alps.

| | |
|---|---|
| **schneien** ['ʃnaiən]<br>Es schneit schon den ganzen Tag. | snow<br>It's been snowing all day. |
| **tauen** ['tauən]<br>Bei diesen Temperaturen taut der Schnee. | thaw<br>The snow will melt at this temperature. |

| | |
|---|---|
| der **Wetterbericht** ['vɛtəbərɪçt]<br>Nun folgt der Wetterbericht für Donnerstag, den 5. September: | weather report, weather forecast<br>And now the weather forecast for Thursday, September 5th. |
| **voraussichtlich** [fo'rauszɪçtlɪç]<br>Voraussichtlich bleibt das Wetter unverändert. | probably<br>The weather is likely to remain the same. |
| **unverändert** ['ʊnfɛɐ|ɛndət, ʊnfɛɐ'|ɛndət] | unchanged |
| das **Hoch** [ho:x]<br>Das Wetter in Deutschland wird von einem Hoch bestimmt. | high<br>Germany's weather is currently influenced by a high. |
| das **Tief** [ti:f]<br>Es liegt ein Tief über Norddeutschland. | low<br>There is a low over northern Germany. |
| **eiskalt** ['ais'kalt]<br>Es ist eiskalt. | icy cold<br>It's freezing. |
| die **Kälte** ['kɛltə]<br>Bei dieser Kälte gehe ich nicht vor die Tür. | cold<br>You won't catch me going out in this cold. |
| **frisch** [frɪʃ]<br>Nehmen Sie sich eine Jacke mit, im Schatten ist es noch ziemlich frisch. | fresh, chilly<br>Take a jacket with you, it's still pretty chilly in the shade. |
| **mild** [mɪlt]<br>Auf der Insel Mainau herrscht ein mildes Klima. | mild<br>The Isle of Mainau has a mild climate. |
| die **Hitze** ['hɪtsə]<br>Bei dieser Hitze hält man es nur im Schatten aus. | heat<br>The only way to survive in this heat is to stay in the shade. |
| **schwül** [ʃvy:l]<br>Heute ist es ziemlich schwül. | close, humid<br>It's quite close today. |
| **sonnig** ['zɔnɪç]<br>Im Süden kommt es heute im Laufe des Tages zu sonnigen Abschnitten. | sunny<br>There will be sunny spells in the south during the day. |
| **heiter** ['haitɐ] | fine |
| **wehen** ['ve:ən]<br>Es weht ein starker Wind. | blow<br>There's a strong wind. |
| der **Sturm** [ʃtʊrm]<br>Der Sturm auf dem Bodensee brachte ein Boot in Not. | storm<br>A boat got into difficulties as a result of the storm on Lake Constance. |
| **trüb** [try:p]<br>Das trübe Wetter stimmt sie traurig. | dull<br>The dull weather is getting her down. |

## 30 Natürliche Umwelt

**heftig** ['hɛftɪç]
Letze Nacht regnete es heftig.

strong, violent
There was torrential rain last night.

**regnerisch** ['re:gnərɪʃ]
In den nächsten Tagen bleibt es regnerisch und kühl.

rainy
It will remain rainy and cool over the next few days.

der **Niederschlag** ['ni:dɐʃla:k]
Nachmittags kommt es zu einzelnen Niederschlägen im Norden.

rain, precipitation
In the afternoon there will be scattered showers in the north.

**nieseln** ['ni:zln]
Du brauchst keinen Regenschirm mitnehmen; es nieselt nur.

drizzle
You don't need to take an umbrella with you; it's only a drizzle.

der **Schauer** ['ʃauɐ]
Für heute nachmittag wurden Schauer gemeldet.

shower
They forecast rain showers for this afternoon.

der **Tropfen** ['trɔpfn]
Es fängt sicher gleich an zu regnen. Ein paar Tropfen sind schon gefallen.

drop
I'm sure it's about to start raining. The first few drops have already fallen.

die **Überschwemmung** [y:bɐ'ʃvɛmʊŋ]
Aufgrund der starken Niederschläge in den vergangenen Tagen kam es an vielen Orten zu Überschwemmungen.

flood
Due to the heavy rain over the last few days there has been flooding in many areas.

**hageln** ['ha:gln]
Sie hat ihr Auto in die Garage gestellt, da es zu hageln anfing.

hail
She put her car in the garage because it had begun to hail.

der **Blitz** [blɪts]
Die Hütte wurde vom Blitz getroffen.

lightning
The cabin was hit by lightning.

**neblig** ['ne:blɪç]
Im Herbst ist es morgens meistens neblig.

foggy
In autumn it's usually foggy in the morning.

der **Frost** [frɔst]
Im November kam es bereits zu ersten Frösten.

frost
The first frost came in November.

der **Reif** [raif]
Morgens lag auf den Bäumen Reif.

hoarfrost
In the mornings the trees were covered in frost.

das **Glatteis** ['glat|ais]
Auf den Straßen wird vor Glatteis gewarnt.

ice
Beware of icy roads.

die **Lawine** [la'vi:nə]
Diese Piste wurde wegen Lawinengefahr gesperrt.

avalanche
This ski slope has been closed due to the danger of avalanches.

**hell** [hɛl]
Im Sommer ist es bis 10 Uhr hell.

light
In summer it stays light until 10.

**düster** ['dy:stɐ]
Im Winter wird es schon um 5 Uhr düster.

dark
It starts getting dark at around 5 in winter.

# Umweltprobleme

die **Umwelt** ['ʊmvɛlt]
Unsere Umwelt ist ziemlich mit Schadstoffen belastet.

environment
We need to do more to protect the environment against pollution.

**verschmutzt** [fɛɐ'ʃmʊtst]
Auch bei Köln ist der Rhein stark verschmutzt.

dirty, polluted
The Rhine is very polluted in the Cologne area as well.

die **Umweltverschmutzung** ['ʊmvɛltfɛɐʃmʊtsʊŋ]
Die Umweltverschmutzung ist ein ernstes Problem heutzutage.

pollution

Pollution is a serious problem nowadays.

der **Schaden** ['ʃa:dn]
Der Sturm verursachte große Schäden.

damage
The storm caused a lot of damage.

die **Luftverschmutzung** ['lʊftfɛɐʃmʊtsʊŋ]
Die Luftverschmutzung hat in den Städten zugenommen.

air pollution

Air pollution in our cities has worsened.

das **Abgas** ['apga:s]
Abgase belasten die Luft und schaden Menschen und Pflanzen.

exhaust (emissions)
Exhaust emissions pollute the air and harm people and flora.

**belasten** [bə'lastn]

negatively affect, impinge upon

**schaden** ['ʃa:dn]

damage

das **Ozonloch** [o'tso:nlɔx]
Aufgrund des Ozonlochs soll es zu Veränderungen des Klimas kommen.

hole in the ozone layer
They say that the hole in the ozone layer will cause climatic change.

die **Katastrophe** [katas'tro:fə]
In der Nordsee kam es zu einer Umweltkatastrophe.

catastrophe, disaster
There was an environmental disaster in the North Sea.

**schützen** ['ʃʏtsn]
Es muß mehr getan werden, um die Umwelt zu schützen.

protect
We need to do more to protect the environment.

der **Umweltschutz** ['ʊmvɛltʃʊts]

environmental protection

der **Naturschutz** [na'tu:ɐʃʊts]
Dieses Gebiet steht unter Naturschutz.

protection of nature
This area is a nature reserve.

der **Schadstoff** ['ʃa:tʃtɔf]

pollutant

der **Smog** [smɔk]
In Berlin wurde Smogalarm gegeben.

smog
A smog alert was announced in Berlin.

die **Entsorgung** [ɛnt'zɔrgʊŋ]
Die Entsorgung der radioaktiven Abfälle sollte gelöst sein, bevor ein Atomkraftwerk gebaut wird.

disposal
The question of radioactive waste disposal should be resolved before a nuclear power station is built.

**wiederverwerten** ['vi:dɐfɛɐvertn]
Es wird geschätzt, daß rund 30% des Mülls wiederverwertet werden kann.

recycle
It is estimated that around 30 per cent of waste can be recycled.

## Natürliche Umwelt — Umweltprobleme

das **Altöl** ['altǀøːl]
Geben Sie Ihr Altöl bitte an der Tankstelle ab.
**aussterben** ⟨stirbt aus, starb aus, ausgestorben⟩ ['ausʃtɛrbn]
Leider sterben immer mehr Tierarten aus.
das **Waldsterben** ['valtʃtɛrbn]
Unter anderem werden Abgase für das Waldsterben verantwortlich gemacht.
der **Umweltschützer,** die **Umweltschützerin** ['ʊmvɛltʃʏtsə]
Umweltschützer machten auf das Problem aufmerksam.
**ökologisch** [økoˈloːgɪʃ]
Die Naturschutzparks sind ökologisch noch gesund.
die **Ökologie** [økoloˈgiː]
Das Fällen weiter Gebiete des Urwalds bedroht die Ökologie.
**Öko-** [øːko-]
Es wurde eine Ökopartei gegründet.

used oil
Please return used oil to the service station.
become extinct

Unfortunately more and more species of animal are becoming extinct.
forest dieback, waldsterben
Car exhaust emissions are said to be one of the causes of forest dieback.
environmentalist

Environmentalists drew attention to the problem.
ecological
Nature reserves are still in an ecologically sound state.
ecology
The tropical deforestation is an ecological threat.
eco-; ecological
They founded an ecology party.

# Tierwelt

## Haustiere

das **Tier** [tiːɐ]
Carolin liebt Tiere.

das **Haustier** [ˈhaustiːɐ]
In unserem Mietvertrag steht, daß wir keine Haustiere halten dürfen.

**halten** ⟨hält, hielt, gehalten⟩ [ˈhaltn̩]

**zahm** [tsaːm]
Haustiere sind zahme Tiere.

der **Hund** [hʊnt]
Sie wurde von einem Hund in den Arm gebissen.

**beißen** ⟨biß, gebissen⟩ [ˈbaisn̩]

die **Katze** [ˈkatsə]
Die Katze hat eine Maus gefangen.

das **Fell** [fɛl]
Ihr Kater hat ein schönes, schwarzes Fell.

das **Pferd** [pfeːɐt]
Sind Sie schon einmal auf einem Pferd geritten?

der **Esel** [ˈeːzl̩]
Obwohl wir alles versuchten, bewegte sich der Esel nicht von der Stelle.

die **Kuh** [kuː]
Die Kühe stehen im Stall.

das **Schwein** [ʃvain]
Die Schweine werden gleich gefüttert.

der **Hahn** [haːn]

die **Henne** [ˈhɛnə]
Unsere Hennen legen jeden Tag ein Ei.

das **Huhn** [huːn]
Auf dem Bauernhof werden 50 Hühner gehalten.

**füttern** [ˈfʏtɐn]

**fressen** ⟨frißt, fraß, gefressen⟩ [ˈfrɛsn̩]
Was bekommt euer Hund zu fressen?

das **Futter** [ˈfʊtɐ]
Die Hühner bekommen als Futter altes Brot.

animal
Carolin loves animals.

pet
According to our rental agreement we can't keep any pets.

keep

tame
Pets are tame animals.

dog
A dog bit her arm.

bite

cat
The cat has caught a mouse.

(coat of) fur
Her cat has lovely black fur.

horse
Have you ever ridden a horse?

donkey
Although we tried everything, the donkey wouldn't budge.

cow
The cows are in the cow-shed.

pig
The pigs are about to be fed.

cock

hen
Our hens lays an egg a day.

chicken
They keep 50 chickens on the farm.

feed

eat *(used of animals)*

What do you give your dog to eat?

feed
The chickens are fed on stale bread.

| | |
|---|---|
| das **Vieh** [fiː]<br>Das Vieh ist auf der Weide. | cattle<br>The cattle are out to pasture. |
| die **Rasse** ['rasə]<br>Was für eine Rasse ist Ihr Hund? | breed<br>What breed is your dog? |
| die **Schnauze** ['ʃnautsə]<br>Hunde haben eine kalte Schnauze. | muzzle, snout<br>Dogs have cold snouts. |
| das **Maul** [maul]<br>Der Fachmann sieht dem Pferd ins Maul, bevor er es kauft. | mouth *(of an animal)*<br>An expert looks into a horse's mouth before he buys it. |
| der **Schwanz** [ʃvants]<br>Die Katze biß ihn, weil er sie am Schwanz gezogen hatte. | tail<br>The cat bit him because he pulled her tail. |
| die **Pfote** ['pfoːtə]<br>Sein Hund gibt sogar die Pfote! | paw<br>His dog even offers his paw to shake hands. |
| **bellen** ['bɛlən]<br>Der Hund bellte so laut, daß die Nachbarn davon aufgeweckt wurden. | bark<br>The dog barked so loud it woke up the neighbours. |
| die **Herde** ['heːɐdə]<br>Auf der Wiese ist eine Schafherde. | herd<br>There is a flock of sheep in the field. |
| das **Rind** [rɪnt]<br>In Südamerika gibt es große Rinderherden. | (beef) cattle<br>There are large herds of beef cattle in South America. |
| der **Kater** ['kaːtɐ]<br>Wir haben eine weibliche Katze und einen Kater. | tomcat<br>We have a she-cat and a tomcat. |
| das **Schaf** [ʃaːf] | sheep |
| die **Ziege** ['tsiːgə]<br>Sie züchten Ziegen. | goat<br>They breed goats. |
| das **Kaninchen** [kaˈniːnçən]<br>Der Bauer bringt seine Kaninchen auf den Markt, um sie zu verkaufen. | rabbit<br>The farmer is taking his rabbits to market. |
| die **Gans** [gans]<br>Als Kind wurde ich einmal von einer Gans gebissen. | goose<br>As a child I was once bitten by a goose. |

# Wilde Tiere

**wild** [vɪlt]
Affen, Elefanten und Löwen sind wilde Tiere.

wild
Monkeys, elephants and lions are wild animals.

die **Nahrung** ['naːrʊŋ]
Die Tiere fanden im Winter nicht mehr genug Nahrung im Wald.

food
In winter the animals couldn't find enough to eat in the forest.

Wilde Tiere — Tierwelt

der **Affe** ['afə]
Auf ihrer Reise durch Indien sah sie viele Affen.

monkey; ape
During their trip through India she saw a lot of monkeys.

der **Elefant** [ele'fant]
Elefanten leben normalerweise in Herden zusammen.

elephant
Elephants usually live in herds.

der **Löwe**, die **Löwin** ['lø:və]
Die Löwinnen sind auf der Jagd.

lion, lioness
The lionesses are hunting for food.

der **Tiger** ['ti:gɐ]
Tiger leben in Asien.

tiger
Tigers live in Asia.

der **Käfig** ['kɛ:fɪç]
Im Zoo werden neue Käfige für Bären gebaut.

cage
They are building new cages for the bears at the zoo.

der **Bär** [bɛ:ɐ]
Bären können dem Menschen gefährlich werden.

bear
Bears can be dangerous.

**gefährlich** [gə'fɛ:əlɪç]

dangerous

**harmlos** ['harmlo:s]
Wenn man Krokodilen nicht zu nahe kommt, und sie keinen Hunger haben, sind sie harmlos.

harmless
If you don't get too close to them and they aren't hungry, crocodiles are harmless.

das **Krokodil** [kroko'di:l]
Das Krokodil machte sein Maul auf.

crocodile
The crocodile opened its mouth.

das **Kamel** [ka'me:l]

camel

der **Fisch** [fɪʃ]
Haie ernähren sich von kleineren Fischen.

fish
Sharks live off smaller fish.

der **Hai** [hai]
Die Fischer haben einen fünf Meter langen Hai gefangen.

shark
The fishermen caught a shark that was five metres long.

die **Ente** ['ɛntə]
Kommt, laßt uns die Enten füttern!

duck
Let's go feed the ducks.

der **Vogel** ['fo:gl]
Im Herbst sammeln sich die Vögel, um nach Süden zu fliegen.

bird
In autumn the birds gather to fly south.

**fliegen** ⟨flog, geflogen⟩ ['fli:gn]

fly

die **Maus** [maus]
Unsere Nachbarn hatten im Keller Mäuse.

mouse
Our neighbours had mice in their cellar.

die **Ratte** ['ratə]

rat

die **Schlange** ['ʃlaŋə]
In Deutschland gibt es so gut wie keine giftigen Schlangen in der freien Natur.

snake
There are practically no poisonous snakes to be found in the wild in Germany.

**giftig** ['gɪftɪç]

poisonous

297

## Tierwelt — Wilde Tiere

die **Spinne** [ˈʃpɪnə]
Er hat Angst vor Spinnen.
— spider
He's afraid of spiders.

die **Ameise** [ˈaːmaizə]
Im Wald gibt es viele Ameisenhaufen.
— ant
There are a lot of ant hills in the woods.

die **Fliege** [ˈfliːgə]
— fly

die **Mücke** [ˈmʏkə]
— gnat

die **Biene** [ˈbiːnə]
Sie wurde von einer Biene in den kleinen Finger gestochen.
— bee
A bee stung her on her little finger.

die **Art** [aːɐt]
Einige Vogelarten bleiben im Winter in Mitteleuropa.
— species
Some species of birds remain in Central Europe over the winter.

die **Feder** [ˈfeːdɐ]
Der Vogel hat eine Feder verloren.
— feather
The bird has lost a feather.

der **Flügel** [ˈflyːgl]
— wing

der **Schnabel** [ˈʃnaːbl]
Der kleine Vogel machte den Schnabel weit auf.
— beak
The young bird opened wide its beak.

das **Nest** [nɛst]
Bei uns im Garten hat sich ein Vogel ein Nest auf dem Apfelbaum gebaut.
— nest
A bird has built a nest in the apple tree in our garden.

der **Fuchs** [fʊks]
— fox

der **Hase** [ˈhaːzə]
Sie beobachtete, wie ein Fuchs versuchte, einen Hasen zu fangen.
— hare; rabbit
She saw a fox trying to catch a hare.

der **Wolf** [vɔlf]
— wolf

der **Hirsch** [hɪrʃ]
— deer; stag

das **Reh** [reː]
— deer; roedeer

der **Igel** [ˈiːgl]
— hedgehog

der **Frosch** [frɔʃ]
— frog

die **Schildkröte** [ˈʃɪltkrøːtə]
— tortoise; turtle

die **Seehund** [ˈzeːhʊnt]
An der Nordsee haben wir viele Seehunde gesehen.
— seal
We saw a lot of seals on the North Sea coast.

der **Wal** [vaːl]
Es wurde verboten, Wale zu fangen.
— whale
A whaling ban was imposed.

die **Schnecke** [ˈʃnɛkə]
Die Schnecken haben den ganzen Salat gefressen, den wir angebaut haben.
— snail; slug
The slugs have eaten all the lettuce we planted.

der **Käfer** [ˈkɛːfɐ]
Ich weiß nicht, was für ein Käfer das ist.
— beatle
I don't know what kind of beatle that is.

der **Schmetterling** [ˈʃmɛtɐlɪŋ]
Ein Schmetterling setzte sich auf seine Hand.
— butterfly
A butterfly landed on his hand.

Wilde Tiere — Tierwelt

das **Insekt** [ɪn'zɛkt]
Aufgrund des milden Winters gibt es dieses Jahr viele Insekten.

insect
Because of the mild winter there are a lot of insects this year.

die **Wespe** ['vɛspə]
Die Wespen bauten sich unter dem Dach ein Nest.

wasp
The wasps built a nest under the roof.

# 32 Pflanzenwelt

die **Blume** ['bluːmə]
Kannst du bitte die Blumen gießen?
**gießen** ⟨goß, gegossen⟩ ['giːsn]
die **Tulpe** ['tʊlpə]
Tulpen blühen im Frühling.
**blühen** ['blyːən]
die **Nelke** ['nɛlkə]
Manfred hat mir einen Strauß roter Nelken geschenkt.
die **Rose** ['roːzə]
Ihr Mann schenkte ihr Rosen zum Geburtstag.
der **(Blumen)strauß** ['(bluːmən)ʃtraus]
Ich habe leider keine passende Vase für diesen Blumenstrauß.
der **Blumenladen** ['bluːmənlaːdn]
Ich kaufe Blumen entweder auf dem Markt oder im Blumenladen.
die **Wiese** ['viːzə]
Die Kinder spielten auf der Wiese.
das **Gras** [graːs]
Das Gras ist ziemlich hoch geworden.
der **Rasen** ['raːzn]
Der Rasen muß unbedingt gemäht werden.
das **Getreide** [gə'traidə]
In Mecklenburg-Vorpommern wird viel Getreide angebaut.
der **Baum** [baum]
Der Baum hat sehr tiefe Wurzeln.
der **Strauch** [ʃtraux]
Im Frühjahr und im Herbst werden Bäume und Sträucher gepflanzt.
**pflanzen** ['pflantsn]
die **Erde** ['eːɐdə]
Welche Erde brauchen wir, um Heidelbeersträucher zu pflanzen?
der **Busch** [bʊʃ]
**wachsen** ⟨wächst, wuchs, gewachsen⟩ ['vaksn]
Diese Büsche wachsen jedes Jahr etwa 20 Zentimeter.

flower
Could you water the flowers, please?
water; pour
tulip
Tulips come out in spring.
blossom, blume
carnation
Manfred gave me a bunch of red carnations.
rose
Her husband gave her roses for her birthday.
bunch of flowers

Unfortunately I don't have the right kind of vase for that bunch of flowers.
florist's
I buy flowers either at the market or from the florist's.
meadow, field
The children were playing in the field.
grass
The grass has grown quite tall.
lawn
The lawn really needs mowing.
cereal (crops)
A lot of cereal crops are grown in the State of Mecklenburg-Eastern Pommerania.
tree
That tree has very deep roots.
bush, shrub
Shrubs and trees are planted in the spring and in the autumn.
plant
earth; soil
What kind of soil do we need to plant blueberry bushes?
bush
grow

These bushes grow about 20 centimetres every year.

## Pflanzenwelt 32

die **Pflanze** ['pflantsə]
In ihrem Wohnzimmer stehen viele Pflanzen.

plant
She has a lot of plants in her living room.

die **Wurzel** ['vʊrzl]

root

der **Ast** [ast]
Der Baum hat dicke Äste.

branch
That tree has thick branches.

das **Blatt** [blat]
Die meisten Bäume, Büsche und Sträucher verlieren im Herbst ihre Blätter.

leaf
Most trees, bushes and shrubs lose their leaves in autumn.

der **Samen** ['zaːmən]
Sie hat ein Päckchen Radieschensamen gekauft.

seed
She's bought a packet of radish seeds.

die **Sorte** ['zɔrtə]
Es wurde eine neue Sorte Himbeersträucher gezüchtet, die keine Stacheln haben.

sort
They have cultivated a new strain of raspberry bush which has no thorns.

der **Stachel** ['ʃtaxl]

thorn

der **Stengel** ['ʃtɛŋl]
Schneiden Sie die Stengel bitte etwas kürzer.

stalk
Please cut the stalks a bit shorter.

der **Stamm** [ʃtam]

trunk; log

der **Zweig** [tsvaik]

twig

die **Knospe** ['knɔspə]
Unser Kirschbaum hat bereits viele Knospen.

bud
There are already a lot of buds on our cherry tree.

die **Blüte** ['blyːtə]
Der Apfelbaum steht in voller Blüte.

bloom; blossom
The apple tree is in full blossom.

die **Beere** ['beːrə]
Sie haben im Wald Beeren gesammelt.

berry
They've collected some berries from the woods.

der **Kern** [kɛrn]
Äpfel haben Kerne.

stone; seed; pip
Apples have pips.

das **Korn** [kɔrn]

corn

der **Roggen** ['rɔgn]

rye

der **Weizen** ['vaitsn]

wheat

der **Hafer** ['haːfɐ]

oats

die **Gerste** ['gɛrstə]

barley

das **Stroh** [ʃtroː]

straw

das **Moos** [moːs]
Moos wächst an feuchten Stellen.

moss
Moss grows in damp places.

die **Tanne** ['tanə]
Tannen bleiben das ganze Jahr über grün.

fir, pine
Fir trees stay green all year.

die **Kiefer** ['kiːfɐ]
Die Kiefer mußte gefällt werden.

pine (tree)
The pine tree had to be cut down.

**fällen** ['fɛlən]

fell

# 33 Vom Menschen geschaffene Umwelt

## Stadt und Land

die **Stadt** [ʃtat]
Wir wohnen in der Nähe einer großen Stadt.

town, city
We live close to a large city.

die **Großstadt** ['gro:sʃtat]
Ab 100 000 Einwohner gilt eine Stadt als Großstadt.

large city
In Germany, a large city is defined as one with more than 100,000 inhabitants.

die **Hauptstadt** ['hauptʃtat]
Berlin ist die Hauptstadt der Bundesrepublik Deutschland.

capital (city)
Berlin is the capital of the Federal Republic of Germany.

das **Dorf** [dɔrf]
Hinter dem Wald liegt ein kleines Dorf.

village
There is a small village beyond the woods.

der **Ort** [ɔrt]
Der Ort liegt direkt am Tegernsee.

place; town
The town is right on the edge of Tegernsee.

die **Umgebung** [ʊm'ge:bʊŋ]
Gibt es hier in der Umgebung einen See, auf dem man surfen kann?

surroundings
Is there a lake where you can go surfing around here?

das **Land** [lant]
Das Leben auf dem Land gefällt ihm sehr gut.

country
He really enjoys life in the country.

die **Bevölkerung** [bə'fœlkərʊŋ]
Die Bevölkerung ist gegen den Bau einer Müllverbrennungsanlage.

population
The local people are opposed to the construction of a refuse incineration plant.

der **Einwohner**, die **Einwohnerin** ['ainvo:nɐ]
München hat mehr als 1 Million Einwohner.

inhabitant

Munich has a population of more than 1 million.

das **(Stadt)zentrum** ['(ʃtat)tsɛntrʊm]
Im Zentrum werden Sie Schwierigkeiten haben, einen Parkplatz zu finden.

city centre *GB*, city center *US*
You'll have difficulty finding parking in the city centre.

der **Stadtteil** ['ʃtattail]
Sie leben in einem teuren Stadtteil.

district, area of a city
She lives in an expensive part of town.

der **Vorort** ['fo:ɐlɔrt]
Die Vororte sind gut mit der S-Bahn zu erreichen.

suburb
You can easily reach the suburbs by light railway.

das **Rathaus** ['ra:thaus]

town hall

der **Marktplatz** ['marktplats]

marketplace

Stadt und Land — Vom Menschen geschaffene Umwelt

der **Gehweg** ['ge:ve:k]

path, pavement *GB*, sidewalk *US*

die **Fußgängerzone** ['fu:sgɛŋetso:nə]
Ich bin der Meinung, daß Fußgängerzonen zum Bummeln einladen.

pedestrian precinct
I think that pedestrian-only areas encourage people to go window-shopping.

die **Straße** ['ʃtra:sə]
Eigentlich wohnen wir sehr schön, wenn nur die laute Straße nicht wäre.

street, road
Basically we live in a really nice spot if it weren't for the loud traffic.

der **Weg** [ve:k]
Alle Wege, die sich zum Wandern eignen, finden Sie auf dieser Karte.

path; way
All paths suitable for walking are shown on this map.

der **Park** [park]
Ich bin um 4 Uhr im Café im Park verabredet.

park
I've arranged to meet someone in the café in the park at 4 o'clock.

das **Schwimmbad** ['ʃvɪmba:t]
Das Schwimmbad ist von 6 Uhr 30 bis 22 Uhr geöffnet.

swimming pool
The swimming pool is open from 6.30 a.m. until 10 p.m.

die **Bibliothek, die Bücherei**
[biblio'te:k, by:çəˈrai]
Können Sie das Buch für mich in der Bücherei abgeben?

library

Could you take this book back to the library for me?

die **Feuerwehr** ['fɔyɐve:ɐ]
Die Feuerwehr hat die Telefonnummer 112.

fire brigade *GB*, fire department *US*
The telephone number for the fire brigade is 112.

das **Feuer** ['fɔyɐ]
Die Feuerwehr löschte das Feuer.

fire
The fire brigade put out the fire.

**löschen** ['lœʃn]

extinguish

die **Flamme** ['flamə]
Die Kinder konnten aus den Flammen gerettet werden.

flame
They were able to save the children from the flames.

der **Friedhof** ['fri:tho:f]

graveyard

die **Burg** [bʊrk]

(fortified) castle

das **Schloß** [ʃlɔs]
Haben Sie schon das Schloß Neuschwanstein besichtigt?

castle, palace
Have you already been to Schloss Neuschwanstein?

die **Brücke** ['brʏkə]
Wo ist der Bahnhof? — Fahren Sie über die Brücke und die erste Straße links.

bridge
Where's the train station? — Cross the bridge and take the first road on the left.

der **Hafen** ['ha:fn]
Warst du schon einmal am Hamburger Hafen?

harbour, port
Have you ever been to the port of Hamburg?

die **Infrastruktur** ['ɪnfraʃtrʊktu:ɐ]
Unsere Stadt hat eine gute Infrastruktur.

infrastructure
Our town has a good infrastructure.

die **Müllabfuhr** ['mʏlapfu:ɐ]
Die Müllabfuhr kommt einmal in der Woche, um den Müll abzuholen.

refuse collection (service)
The refuse collectors come once a week to collect the rubbish.

## Vom Menschen geschaffene Umwelt — Stadt und Land

die **Altpapiersammlung** ['altpapiːɐzamlʊŋ]
Die Termine der Altpapiersammlung werden in der Zeitung veröffentlicht.

(waste) paper collection
The newspaper gives the dates for waste paper collection.

**städtisch** ['ʃtɛtɪʃ]

municipal, city

die **Gemeinde** [gəˈmaɪndə]
Die Gemeinde ist selbständig geblieben.

municipality; community
The municipality remained independent.

der/die **Einheimische(r)** ['aɪnhaɪmɪʃə (-ʃə)]

local inhabitant

die **Altstadt** ['altʃtat]
Es lohnt sich, die Altstadt zu besichtigen.

old town
The old part of town is worth a visit.

**zentral** [tsɛnˈtraːl]
Er wohnt sehr zentral.

central
He lives in the centre of town.

der **Bezirk** [bəˈtsɪrk]
In diesem Bezirk werden nachts häufig Leute überfallen.

district
There are a lot of muggings at night in this district.

die **Siedlung** ['ziːdlʊŋ]

housing estate GB, housing development US; settlement

Ich glaube, daß sie sich ein Haus in der neuen Siedlung kaufen wollten.

I think they wanted to buy a house on the new housing estate.

das **Industriegebiet** [ɪndʊsˈtriːgəbiːt]

industrial estate GB, industrial area

die **Anlage** ['anlaːgə]
In der Umgebung befindet sich eine militärische Anlage.
Laßt uns in den Anlagen spazierengehen!

plant, facility; park
There's a military installation near here.

Let's go for walk in the park.

die **Grünanlage** ['gryːnlanlaːgə]
Es wurde beschlossen, mehr Grünanlagen zu schaffen.

green space, parks and gardens
A decision was taken to create more green space.

**streuen** ['ʃtrɔyən]
Es darf im Winter kein Salz mehr gestreut werden, damit die Umwelt weniger belastet wird.

put down (salt or grit)
In order to reduce the impact on the environment you are no longer allowed to put down salt in winter.

die **Ruine** [ruˈiːnə]
Die Ruine befindet sich außerhalb der Stadt.

ruin(s)
The ruins are outside the city.

der **Turm** [tʊrm]
Der Turm des Ulmer Münsters ist 161 m hoch.
Auf dem Berg steht ein Turm, von dem aus man eine herrliche Aussicht hat.

tower; spire
The spire of Ulm cathedral is 161 metres high.
There is a wonderful view from the tower at the top of the hill.

der **Brunnen** ['brʊnən]
Die Bewohner werden mit Wasser aus den Brunnen der Gemeinde versorgt.

fountain; well
The local people get their water from the community's wells.

die **Kanalisation** [kanalizaˈtsioːn]

drains and sewers

| | |
|---|---|
| die **Kläranlage** [ˈklɛːɐ̯anlaːgə] | water treatment plant, sewage works |
| die **Mülldeponie** [ˈmʏldeponiː]<br>Da die Mülldeponie bald voll sein wird, ist eine Müllverbrennungsanlage im Gespräch. | landfill<br>Because the landfill will soon be full there is now talk of an incineration plant. |
| die **Müllverbrennungsanlage** [ˈmʏlfɛɐ̯brɛnʊŋslanlaːgə] | refuse incineration plant |
| der **Rauch** [raux] | smoke |
| die **Schleuse** [ˈʃlɔyzə] | lock; sluice |
| der **Tunnel** [ˈtʊnl]<br>Wenn Sie der Straße folgen, die durch den Tunnel führt, dann kommen Sie direkt ins Stadtzentrum. | tunnel<br>If you follow this road through the tunnel you'll come out right in the city centre. |

## Energieversorgung

| | |
|---|---|
| die **Energie** [enɛrˈgiː]<br>Die Stadt wird hauptsächlich mit Energie aus Atomkraftwerken versorgt. | energy<br>This city's energy requirements are primarily met by nuclear power plants. |
| **versorgen** [fɛɐ̯ˈzɔrgn] | provide, supply |
| der **Strom** [ʃtroːm]<br>Seitdem wir einen Trockner haben, verbrauchen wir viel mehr Strom. | electricity<br>Since getting a clothes dryer, we use a lot more electricity. |
| **elektrisch** [eˈlɛktrɪʃ]<br>Sie hat einen elektrischen Herd. | electric<br>She has an electric cooker. |
| das **Gas** [gaːs]<br>Weil er die Gasrechnung nicht bezahlt hatte, wurde ihm das Gas abgestellt. | gas<br>His gas was cut off because he didn't pay the gas bill. |
| das **Öl** [øːl]<br>Heizen Sie mit Öl oder mit Gas? | oil<br>Do you heat with oil or gas? |
| die **Kohle** [ˈkoːlə]<br>Wir sollten vor dem Winter rechtzeitig Kohlen bestellen. | coal<br>We should order coal in good time for winter. |
| das **Holz** [hɔlts]<br>Dieses Holz brennt nicht gut, weil es ein wenig feucht ist. | wood<br>This wood doesn't burn very well because it's a bit damp. |
| **brennen** ⟨brannte, gebrannt⟩ [ˈbrɛnən] | burn |
| das **Atomkraftwerk (AKW)** [aˈtoːmkraftvɛrk (aːkaːˈveː)]<br>Stimmt es, daß in der Umgebung von Atomkraftwerken die Radioaktivität leicht erhöht ist? | nuclear power plant, nuclear power station *GB*<br>Is it true that the level of radioactivity close to nuclear power stations is slightly higher than elsewhere? |
| **radioaktiv** [radioakˈtiːf] | radioactive |

das **Erdgas** [ˈeːɐtgaːs]
Wir bekommen unser Erdgas zum großen Teil aus Rußland.

das **Erdöl** [ˈeːɐtˌøːl]
Die EU importiert mehr als die Hälfte der Energie, die sie benötigt; davon sind drei Viertel Erdölimporte.

die **Kernenergie** [ˈkɛrnˌlenɛrgiː]
Insbesondere Spanien, Belgien und Frankreich versuchen ihren Bedarf an Energie stärker durch Kernenergie zu decken.

**decken** [ˈdɛkn]

der **Atomreaktor** [aˈtoːmreaktoːɐ]
Wie sicher sind Atomreaktoren?

die **Radioaktivität** [radioˌaktiviˈtɛːt]

die **Strahlung** [ˈʃtraːlʊŋ]
Die zuständige Behörde versichert, daß die radioaktive Strahlung, die gemessen wurde, für Mensch und Tier nicht schädlich sei.

**schädlich** [ˈʃɛːtlɪç]

die **Elektrizität** [elɛktritsiˈtɛːt]
Elektrizität wird unter anderem mit Kohle erzeugt.

das **Kraftwerk** [ˈkraftvɛrk]

natural gas
We get a lot of our natural gas from Russia.

(mineral) oil
The EU imports more than half of its energy requirements, of which three quarters are oil imports.

nuclear power
Spain, Belgium and France in particular are trying to meet their energy requirements by increased use of nuclear power.

cover, meet

nuclear reactor
How safe are nuclear reactors?

radioactivity

radiation
The authorities assure us that the level of radioactivity is safe for humans and animals.

harmful

electricity
One way of generating electricty is by firing coal.

power plant, power station *GB*

# Transport und Verkehr

## Straßenverkehr

der **Fußgänger**, die **Fußgängerin** ['fu:sgɛŋɐ]
pedestrian

der **Verkehr** [fɛɐ'ke:ɐ]
traffic
Freitag abends herrscht auf den Autobahnen meist viel Verkehr.
There is usually a lot of traffic on the motorways on Friday evenings.

der **Stau** [ʃtau]
traffic jam
Auf ihrem Weg zur Arbeit stand sie heute morgen eine Stunde lang im Stau.
She got stuck in a traffic jam for an hour on her way to work this morning.

der **Unfall** ['ʊnfal]
accident
Auf der A6 ist ein schwerer Unfall passiert.
There's been a serious accident on the A6.

**passieren** [pa'si:rən]
happen, occur

die **Umleitung** ['ʊmlaitʊŋ]
diversion
Die Umleitung führt über die Bundesstraße.
Traffic is being diverted via the federal highway.

die **Kreuzung** ['krɔytsʊŋ]
cross-roads *GB*; junction, intersection
Da die Ampeln ausgefallen sind, regelt ein Polizist auf der Kreuzung den Verkehr.
Because the traffic lights are out of order, a policeman is directing the traffic at this intersection.

die **Ampel** ['ampl]
(traffic) light

**halt** [halt]
stop
Halt! Es ist Rot!
Stop! The lights are at red!

**bremsen** ['brɛmzn]
brake
Als er sah, daß die Ampel auf Gelb schaltete, bremste er.
When he saw the light change to amber he put his foot on the brake.

**überholen** [y:bɐ'ho:lən]
overtake, pass
Obwohl wir schon mit hoher Geschwindigkeit fuhren, überholte uns ein Motorradfahrer.
Although we were driving at high speed we were overtaken by a motorcyclist.

die **Geschwindigkeit** [gə'ʃvɪndɪçkait]
speed

die **Kurve** ['kʊrvə]
bend *GB*, curve *US*
Er fuhr langsam in die Kurve.
He approached the bend at low speed.

**langsam** ['laŋza:m]
slow

**schnell** [ʃnɛl]
fast
Wenn die Autobahn frei ist, fahre ich gerne schnell.
When there's no traffic on the motorway I like to drive fast.

die **Autobahn** ['autoba:n]
motorway *GB*, expressway *US*

die **Landstraße** ['lantʃtra:sə]
country road
Anscheinend passieren mehr Unfälle auf Landstraßen als auf Autobahnen.
Apparently there are more accidents on country roads than on motorways.

**Transport und Verkehr** — Straßenverkehr

die **Vignette** [vɪn'jɛtə]

In der Schweiz benötigt man eine Vignette, wenn man die Autobahnen benützen möchte.

annual permit *(in the form of a windscreen sticker)*
In Switzerland you need to buy an annual permit which entitles you to use the motorways.

die **Einfahrt** ['ainfa:ɐt]

vehicle entrance; drive

die **Ausfahrt** ['ausfa:ɐt]

An der nächsten Ausfahrt müssen wir die Autobahn verlassen.

(motorway) exit *GB*, off-ramp *US*; vehicle exit
We need to leave the motorway at the next exit.

das **Schild** [ʃɪlt]
Wir haben den Weg leicht gefunden, indem wir den Schildern gefolgt sind.

sign
We found the way easily by following the signs.

das **Parkverbot** ['parkfɛɐbo:t]
Er mußte Strafe bezahlen, weil er im Parkverbot geparkt hatte.

no parking
He had to pay a fine for parking in a no parking area.

das **(Fahr)rad** ['(fa:ɐ)ra:t]
Er fährt immer mit dem Fahrrad zur Schule.

bicycle
He always cycles to school.

**radfahren** ⟨fährt Rad, fuhr Rad, radgefahren⟩ ['ra:tfa:rən]
Radfahren macht uns viel Spaß!

cycle, ride a bike

We really enjoy cycling.

die **Maut** [maut]
Wenn man über die Brenner-Autobahn fahren möchte, muß man Maut bezahlen.

toll
You have to pay a toll to use the Brenner motorway.

die **Bundesstraße** ['bʊndəsʃtra:sə]
Der Bund plant den Bau einer neuen Bundesstraße in Sachsen-Anhalt.

federal highway
The Federal Government has plans for a new federal highway in the State of Saxony-Anhalt.

die **Einbahnstraße** ['ainba:nʃtra:sə]

one-way street

der **Radweg** ['ra:tve:k]
Radfahrer müssen Radwege benützen.

cycle path
Cyclists must use the cycle paths.

der **Radfahrer**, die **Radfahrerin** ['ra:tfa:rɐ]

cyclist, bicyclist

das **Verkehrszeichen** [fɛɐ'ke:ɐstsaiçn]
Bis zur Führerscheinprüfung sollten Sie alle Verkehrzeichen gelernt haben.

road sign

You need to know all the road signs by the time you take your driving test.

die **Vorfahrt** ['fo:ɐfa:ɐt]
Er hat mir die Vorfahrt genommen.

priority, right of way
He didn't give way to me even though I had priority.

das **Halteverbot** ['haltəfɛɐbo:t]
Es ist verboten, im Halteverbot länger als drei Minuten zu halten.

no waiting
In a no-waiting area you are not allowed to stop for longer than 3 minutes.

**halten** ⟨hält, hielt, gehalten⟩ ['haltn]

das **Tempo** ['tɛmpo]
In Orten gilt Tempo 50.

**rasen** ['ra:zn]
Mußt du denn immer so rasen?

der **Abstand** ['apʃtant]
Denken Sie bitte daran, den nötigen Abstand zu halten.

**vorwärts** ['fo:ɛvɛrts, 'fɔrvɛrts]
Sie ging einen Schritt vorwärts und zwei zurück.

**rückwärts** ['rʏkvɛrts]
Vorsicht, da fährt jemand rückwärts aus der Einfahrt heraus.

**hupen** ['hu:pn]

**blenden** ['blɛndn]
Das Auto hat mich geblendet.

**beschädigen** [bə'ʃɛ:dɪgn]
Die Tür meines Autos wurde von einem Fahrradfahrer beschädigt.

**überfahren** ⟨überfährt, überfuhr, überfahren⟩ [y:bə'fa:rən]
Es wurde berichtet, daß ein Kind von einem Lastwagen überfahren wurde.

**sperren** ['ʃpɛrən]
Wegen des Unfalls wurde die Straße fünf Stunden lang gesperrt.

die **Panne** ['panə]
Er hat eine Panne.

**abschleppen** ['apʃlɛpn]
Sein Auto mußte abgeschleppt werden.

**reparieren** [repa'ri:rən]
Er versuchte, sein Auto selbst zu reparieren.

**stoppen** ['ʃtɔpn]
Er wurde von der Polizei gestoppt, weil er eine rote Ampel überfahren hatte.
Lukas ist nach Jever gestoppt.

stop

speed
In urban areas there is a speed limit of 50 kilometres per hour.

speed, drive too fast
Must you always drive so fast?

distance
Remember to keep your distance.

forwards
She took one step forward and two steps back.

backwards; in reverse
Careful, there's someone reversing out of that drive.

sound the horn

dazzle
That car dazzled me.

damage
My car door was damaged by a cyclist.

run over

There was a report of a child being run over by a truck.

close, block off
The road was closed for five hours because of the accident.

breakdown
His car has broken down.

tow away
His car had to be towed away.

repair
He tried to repair his car himself.

stop; hitchhike
He was stopped by the police because he went through a red light.
Lukas hitchhiked to Jever.

# Wegbeschreibung

der **Weg** [ve:k]
Sie mußte nach dem Weg fragen.

way
She had to ask someone the way.

**wissen** ⟨weiß, wußte, gewußt⟩
['vɪsn]
Wissen Sie, wie ich von hier aus zum Rathaus komme?

know

Do you know how I get to the town hall from here?

**kommen** ⟨kam, gekommen⟩
['kɔmən]
Wie kommt man zum Bahnhof?

come, get

How do I get to the station?

**suchen** ['zu:xn]
Ich suche die Maximilianstraße. Könnten Sie mir sagen, wie ich dorthin komme?

look for

I'm looking for Maximilianstrasse. Could you tell me how to get there?

**zeigen** ['tsaign]
Könnten Sie mir auf dem Stadtplan zeigen, wo die Firma Gaukler ihren Sitz hat?

show

Could you show me on this map where the offices of the Gaukler company are?

**geradeaus** [gəra:də'laus]
Wenn Sie geradeaus gehen, kommen Sie zum Bahnhof.

straight on

If you go straight on you'll get to the train station.

**rechts** [rɛçts]
Biegen Sie die zweite Straße nach rechts ab.

on the right, to the right

Take the second road on the right.

**links** [lɪŋks]
Wenn Sie sich immer links halten, fahren Sie direkt auf den Zirkus zu.

on the left, to the left

If you keep bearing left, you'll come straight to the circus.

die **Richtung** ['rɪçtʊŋ]
Ich glaube, daß wir in die entgegengesetzte Richtung fahren müssen.

direction

I think we have to go in the opposite direction.

**falsch** [falʃ]
Wir sind falsch gefahren.

wrong

We've gone the wrong way.

**weiterfahren** ⟨fährt weiter, fuhr weiter, weitergefahren⟩ ['vaitəfa:rən]
Fahren Sie in dieser Richtung weiter, bis Sie an einer Tankstelle vorbeikommen, und biegen Sie dann die erste Straße links ab.

drive on

Keep going in this direction until you pass a petrol station and then take the first left.

**abbiegen** ⟨bog ab, abgebogen⟩
['apbi:gn]

turn (off)

die **Ecke** ['ɛkə]
Die Apotheke befindet sich in dem Haus an der Ecke.

corner

The dispensing chemist is in the building on the corner.

**vorbei** [fɔr'bai, fo:ɐ'bai]
Wir sind schon an der Ausfahrt nach Essen vorbei.

past

We've already passed the exit for Essen.

**entfernt** [ɛnt'fɛrnt]
Wie weit ist die nächste Bushaltestelle entfernt?

distant, away

How far is the next bus stop?

**verlaufen (sich)** ⟨verläuft, verlief, verlaufen⟩ [fɛɐ̯'laufn]
Sie hat sich in der Altstadt verlaufen.

get lost *(on foot)*
She managed to get lost in the old part of the city.

**entgegengesetzt** [ɛnt'geːgŋ̩gəzɛtst]

opposite

**überqueren** [yːbɐ'kveːrən]
Sie überquerte die Straße.

cross
She crossed the road.

**weitergehen** ⟨ging weiter, weitergegangen⟩ ['vaitɐgeːən]
Um zur Bibliothek zu kommen, müssen Sie nur geradeaus weitergehen.

go on *(on foot)*

To get to the library just keep going straight ahead.

**vorbeifahren** ⟨fährt vorbei, fuhr vorbei, vorbeigefahren⟩ [fɔr'baifaːrən]
Ich glaube, wir sind schon an dem Supermarkt vorbeigefahren.

drive past

I think we've already driven past the supermarket.

# Kraftfahrzeuge

das **Auto** ['auto]
Beate fährt mit dem Auto zur Arbeit.

car
Beate drives to work.

**fahren** ⟨fährt, fuhr, gefahren⟩ ['faːrən]
Obwohl Tempo 30 galt, fuhr er 50.

drive; go *(by car, bus, bicycle, etc.)*

Although the speed limit was 30 he was doing 50.

der **Autofahrer**, die **Autofahrerin** ['autofaːrɐ]

(car) driver

**lenken** ['lɛŋkn]
Auf dem Polizeifoto konnte man erkennen, wer das Auto gelenkt hatte.

steer, drive
The photo the police took clearly showed who had been driving at the time.

der **Lastwagen** ['lastvaːgn]
An Sonn- und Feiertagen dürfen von 0 – 22 Uhr keine Lastwagen über 7,5 Tonnen auf deutschen Straßen fahren.

truck, lorry *GB*
In Germany, trucks over 7.5 tonnes are banned from driving on Sundays and public holidays from midnight to 10 p.m.

das **Motorrad** ['moːtɔraːt, moːto'eraːt]
Sobald es im Herbst kalt wird, meldet er sein Motorrad ab.

motorbicycle
Once it turns cold in autumn he takes his motorbike off the road.

die **Fahrschule** ['faːɐ̯ʃuːlə]
Sie hat mit 18 Jahren Fahrschule gemacht.

driving school
She took driving lessons when she was 18.

der **Motor** ['moːtɔːr, moːto'ɐ]
Ich glaube, daß der Motor kaputt ist.

engine
I think the engine has gone.

der **Reifen** ['raifn]
In den Reifen ist nicht mehr genug Luft.

tyre *GB*, tire *US*
The tyre pressure is low.

der **Kofferraum** ['kɔfəraum]
Tut eure Koffer in den Kofferraum!

**gebraucht** [gə'brauxt]
Freunde von mir suchen ein gebrauchtes Auto.

**tanken** ['taŋkn]
Bevor wir auf die Autobahn gehen, muß ich noch tanken.

die **Tankstelle** ['taŋkʃtɛlə]
Diese Tankstelle hat einen Electronic Cash-Service.

das **Benzin** [bɛn'tsi:n]
Ich tanke bleifreies Benzin.

der **Parkplatz** ['parkplats]
Endlich hat er einen Parkplatz gefunden!

das **Parkhaus** ['parkhaus]
Im Parkhaus sind nur noch wenige Plätze frei.

**parken** ['parkn]
Er parkte in der Nähe der Brücke.

die **Werkstatt** ['vɛrkʃtat]
Sein Auto ist in der Werkstatt.

die **Reparatur** [repara'tu:ɐ]
Wir schätzen, daß die Reparatur etwa 1000 DM kosten wird.

das **Ersatzteil** [ɛɐ'zatstail]
Die Werkstatt konnte die Ersatzteile innerhalb kurzer Zeit besorgen.

der **Kraftfahrzeugschein** ['kraftfa:ɐtsɔykʃain]
Als er sein Auto anmeldete, wurde ihm ein neuer Kraftfahrzeugschein ausgestellt.

**zugelassen sein** ['tsu:gəlasn zain]
Das Auto wurde auf mich am 28. November 1992 zugelassen.

der **Wagen** ['va:gn]
Sein Wagen steht in der Garage.

das **Moped** ['mo:pɛt]
Mit 16 Jahren machte er den Mopedführerschein.

der **Helm** [hɛlm]

das **Steuer** ['ʃtɔyɐ]
Ab 0,8 Promille darf man sich nicht mehr ans Steuer setzen.

boot *GB*, trunk *US*
Put your suitcases in the boot.

used, second-hand
Some friends of mine are looking for a used car.

fill up, get petrol
I need to get some petrol before we go on the motorway.

petrol station *GB*, gas station *US*
This petrol station has an electronic cash system.

petrol *GB*, gas *US*
I use unleaded petrol.

parking space
He's found somewhere to park at last.

(multi-storey) car park *GB*, parking garage *US*
There are only a few spaces left in the car park.

park
He parked near the bridge.

garage, autoshop *US*
His car is being repaired at the garage.

repair
We estimate that it will cost around 1,000 marks to repair.

spare (part)
The garage was able to get hold of the spare parts very quickly.

vehicle registration document

When he went to get his car registered he was issued a new vehicle registration document.

registered for road use
The car was registered for road use in my name on November 28th, 1992.

car
His car is in the garage.

moped
He got his moped licence when he was 16.

helmet

steering wheel
You are not allowed to drive with more than 80 millilitres of blood alcohol.

das **Promille** [proˈmɪlə]

part per thousand

der **Anhalter**, die **Anhalterin** [ˈanhaltɐ]
Rudi fährt per Anhalter nach Holland.

hitchhiker
Rudi is going to hitchhike to Holland.

die **Kupplung** [ˈkʊplʊŋ]

clutch

die **Bremse** [ˈbrɛmzə]
In der Werkstatt werden die Bremsen geprüft.

brake
The brakes are being checked at the garage.

**prüfen** [ˈpryːfn]

check

der **Gang** [gaŋ]
Du solltest jetzt vom zweiten in den dritten Gang schalten.

gear, speed
You should now shift from second into third.

**schalten** [ˈʃaltn]

shift gear, change gear *GB*

der **Scheinwerfer** [ˈʃainvɛrfɐ]
Die Scheinwerfer sind richtig eingestellt.

headlight
The headlights are correctly aligned.

der **Katalysator** [katalyˈzaːtɔr]
Wir haben ein Auto mit Katalysator gekauft.

catalytic convertor, cat
We have bought a car equipped with a catalytic convertor.

**bleifrei** [ˈblaifrai]

lead-free, unleaded

der **Diesel** [ˈdiːzl]
Fährt Ihr Bus mit Benzin oder mit Diesel?

diesel fuel
Does your bus run on petrol or diesel?

die **Parkuhr** [ˈparkluːɐ]
Beeil dich! Ich muß unbedingt zum Auto zurück, weil die Parkuhr gleich abläuft.

parking meter
Hurry up. I really need to get back to the car because my time is almost up on the parking meter.

der **Parkscheinautomat** [ˈparkʃainlautomaːt]

pay point; ticket dispensing machine *(for car parks, parking zones)*

## Nahverkehrsmittel

**öffentlich** [ˈœfntlɪç]
Bitte benutzen Sie die öffentlichen Verkehrsmittel, um zur Messe zu fahren, da dort alle Parkplätze belegt sind.

public
Please use public transport to get to the trade fair because all the parking spaces are full.

der **Bus** [bʊs]
Ich nehme den Bus, um in die Stadt zu fahren.

bus; coach
I take the bus into town.

**nehmen** ⟨nimmt, nahm, genommen⟩ [ˈneːmən]

take

die **Straßenbahn** [ˈʃtraːsnbaːn]
Wenn ich die Straßenbahn verpasse, muß ich eine halbe Stunde auf die nächste warten.

tram *GB*, streetcar *US*
If I miss the tram I'll have to wait half an hour for the next one.

**verpassen** [fɛɐ'pasn] — miss

**die Haltestelle** ['haltəʃtələ] — stop
In der Nähe ihres Hauses befindet sich sowohl die Bushaltestelle als auch die Straßenbahnhaltestelle.
She has both a bus stop and a tram stop close to her house.

**halten** ⟨hält, hielt, gehalten⟩ ['haltn] — stop
Hält der Bus vor dem Kino?
Does this bus stop at the cinema?

**anhalten** ⟨hält an, hielt an, angehalten⟩ ['anhaltn] — stop
Der Bus hält nur an, wenn man vorher auf den Knopf gedrückt hat.
The bus only stops if you've pressed the button beforehand.

**einsteigen** ⟨stieg ein, eingestiegen⟩ ['ainʃtaign] — get on, board
Wir sind am Marktplatz in die U-Bahn eingestiegen.
We got on the underground at the market square.

**aussteigen** ⟨stieg aus, ausgestiegen⟩ ['ausʃtaign] — get out, get off
Sie müssen an der nächsten Station aussteigen.
You have to get off at the next station.

**die S-Bahn** ['ɛsbaːn] — surburban light railway
Sie können zu uns mit der S-Bahn fahren.
You can get to our place by light railway.

**die U-Bahn** ['uːbaːn] — underground *GB*, subway *US*

**die Station** [ʃta'tsioːn] — station; stop
Am Bahnhof ist eine U-Bahn-Station und eine S-Bahn-Station.
At the railway station there is also an underground station and a light railway station.

**die Linie** ['liːniə] — line; route
Die Linie fünf fährt am Museum vorbei.
The no. 5 passes by the museum.

**der Fahrplan** ['faːɐplaːn] — timetable
Der Busfahrplan hat sich geändert.
The bus timetable has been changed.

**der Fahrschein** ['faːɐʃain] — ticket
Sie müssen Ihren Fahrschein am Fahrscheinautomaten lösen, bevor Sie in die Straßenbahn einsteigen.
You have to buy a ticket from the machine before you get on the tram.

**lösen** ['løːzn] — buy, get (a ticket)

**die Monatskarte** ['moːnatskartə] — monthly pass
Wo bekommt man Monatskarten?
Where can I buy a monthly pass for the local transport network?

**das Taxi** ['taksi] — taxi
Er hat sich zum Flughafen ein Taxi genommen.
He took a taxi to the airport.

**das Verkehrsmittel** [fɛɐ'keːɐsmɪtl] — means of transport

**der Fahrer, die Fahrerin** ['faːrɐ] — driver
Sie können im Bus beim Fahrer Fahrscheine lösen und Zehnerkarten kaufen.
In buses, you can buy a ticket valid for a single trip or a ticket valid for ten trips from the driver.

die **Zehnerkarte** ['tse:nɐkartə] — *a ticket valid for ten trips*

der **Fahrscheinautomat** ['fa:ɐʃainʔautoma:t] — ticket machine

**entwerten** [ɛnt'veːɐtn] — cancel, stamp
Er entwertete seine Karte im Bus. — He cancelled his ticket on the bus.

**schwarzfahren** ⟨fährt schwarz, fuhr schwarz, schwarzgefahren⟩ ['ʃvartsfa:rən] — travel without paying, fare-dodge
Wer schwarzfährt, muß Strafe bezahlen. — Anyone travelling without a valid ticket will be fined.

der **Fahrgast** ['fa:ɐgast] — passenger

der **Taxifahrer**, die **Taxifahrerin** ['taksifa:rɐ] — taxi driver

# Zug

der **Zug**, die **(Eisen)bahn** [tsu:k, '(aizn)ba:n] — train; railway *GB*, railroad *US*
Wir fahren mit dem Zug von Nürnberg über Würzburg nach Frankfurt. — We are taking the train from Nuremberg to Frankfurt via Würzburg.

der **Bahnhof** ['ba:nho:f] — train station
Fahrkarten kann man auf dem Bahnhof oder in Reisebüros kaufen. — You can buy tickets at the railway station or from travel agents.

der **Bahnsteig** ['ba:nʃtaik] — platform
Er begleitete seine Mutter bis auf den Bahnsteig und half ihr, ihre Koffer zu tragen. — He accompanied his mother onto the platform and helped her carry her bags.

das **Gleis** [glais] — track
Der Zug nach Hannover fährt auf Gleis 8 ab. — The train to Hanover leaves from platform 8.

**erreichen** [ɛɐ'raiçn] — get, reach
Obwohl unser Taxi im Stau stand, haben wir unseren Zug noch erreicht. — Although our taxi got stuck in a traffic jam we still managed to make our train.

**abfahren** ⟨fährt ab, fuhr ab, abgefahren⟩ ['apfa:rən] — leave
Mein Zug fährt um 13 Uhr 11 in Stuttgart ab und kommt um 16 Uhr 29 in Köln an. — My train leaves Stuttgart at 1.11 p.m. and arrives in Cologne at 4.29 p.m.

**ankommen** ⟨kam an, angekommen⟩ ['ankɔmən] — arrive

der **Anschluß** ['anʃlʊs] — connection; connecting flight
Sie haben um 13 Uhr 42 in Freilassing Anschluß an den D-Zug nach Bad Reichenhall. — In Freilassing you can change onto the 13.42 train to Bad Reichenhall.

## Transport und Verkehr — Zug

**die Verspätung** [fɛɐ̯'ʃpɛːtʊŋ]
Der Intercity aus Basel hat eine halbe Stunde Verspätung.

delay
The intercity from Basle is running half an hour late.

**umsteigen** ⟨stieg um, umgestiegen⟩ ['ʊmʃtaign]
Sie müssen nur einmal in Ulm umsteigen.

change
You only have to change once, in Ulm.

**die Fahrkarte** ['faːɐ̯kartə]
Ich hätte gerne eine Fahrkarte zweiter Klasse nach Wien.

ticket
I'd like a second-class ticket to Vienna.

**die Klasse** ['klasə]
Wünschen Sie erster Klasse oder zweiter Klasse zu reisen?

class
Do you wish to go first or second class?

**einfach** ['ainfax]
Einfach oder hin und zurück?

single *GB*, one-way *US*
Single or return?

**hin und zurück** ['hɪn ʊnt tsu'rʏk]

return *GB*, roundtrip *US*

**zurück** [tsu'rʏk]
Fahren Sie an einem Werktag zurück?

back
Will you be returning on a weekday?

**reservieren** [rezɛr'viːrən]
Ich würde Ihnen empfehlen, einen Platz zu reservieren.

reserve
I would recommend that you reserve a seat.

**der (Sitz)platz** ['(zɪts)plats]
Sind hier im Abteil noch zwei Plätze frei?

seat
Are there two seats still free in this compartment?

**der Nichtraucher** ['nɪçtrauxɐ]
Wir möchten gerne Nichtraucher sitzen.

non-smoker
We'd like to sit in the no-smoking section.

**der Schlafwagen** ['ʃlaːfvaːgn̩]
Der Zug nach Berlin hat Schlafwagen.

sleeping car
The train to Berlin has sleeping cars.

**der Speisewagen** ['ʃpaizəvaːgn̩]
Möchten Sie das Mittagessen im Speisewagen einnehmen?

restaurant car
Would you like to have your lunch in the restaurant car?

**der Schaffner, die Schaffnerin** ['ʃafnɐ]
Die Schaffnerin hat die Fahrkarten schon kontrolliert.

conductor, ticket inspector

The inspector has already checked the tickets.

**die Schiene** ['ʃiːnə]
Es wäre sicherlich sinnvoll, mehr Waren auf der Schiene zu transportieren.

track, rail
It would be a good idea to transport more goods by rail.

**die Deutsche Bundesbahn** ['dɔytʃə 'bʊndəsbaːn]

Federal German Railway

**der Eilzug** ['ailtsuːk]
Sie haben in Frankfurt Anschluß an den Eilzug nach Gießen.

express train
In Frankfurt you can change onto the connecting express train to Giessen.

**der Interregio** [ɪntɐ'reːgio]

regional train

## Zug — Transport und Verkehr

der **D-Zug** ['de:tsu:k]

fast train, through train *(but easily outpaced by the intercity trains)*

der **Intercity (IC)** [ɪntɛ'sɪti (i:'tse:)]
Der Intercity hält nur an den wichtigsten Bahnhöfen.

intercity
Intercity trains only stop at major stations.

der **Intercity-Expreß (ICE)**
[ɪnt'sɪti|ɛksprɛs (i:tse:'|e:)]
Der ICE braucht nur 3½ Stunden von Hamburg nach Frankfurt.

intercity express

The intercity express from Hamburg to Frankfurt takes only three and a half hours.

der **Hauptbahnhof** ['hauptba:nho:f]

main railway station

die **Abfahrt** ['apfa:ɐt]

departure

die **Ankunft** ['ankʊnft]

arrival

die **Rückfahrkarte** ['rʏkfa:ɐkartə]
Ich hätte gerne eine Rückfahrkarte nach Karlsruhe.

return ticket *GB*, roundtrip ticket *US*
I'd like a return ticket to Karlsruhe.

der **Zuschlag** ['tsu:ʃla:k]
Wenn Sie mit dem IC fahren wollen, müssen Sie einen Zuschlag bezahlen.

surcharge
If you want to travel on the intercity you have to pay a surcharge.

die **Platzkarte** ['platskartə]

seat reservation

**aufgeben** ⟨gibt auf, gab auf, aufgegeben⟩ ['aufge:bn]
Weil ihre Koffer sehr schwer sind, und sie zweimal umsteigen muß, hat sie ihr Gepäck aufgegeben.

hand in (to be checked through)

Because her suitcases are very heavy and she has to change twice she has arranged for her bags to be checked through.

das **Abteil** [ap'tail]

compartment

die **Verbindung** [fɛɐ'bɪndʊŋ]
Die Zugverbindungen von Göttingen nach Kassel sind sehr gut.

connection, link
The train service between Göttingen and Kassel is very good.

das **Kursbuch** ['kʊrsbu:x]

(train) timetable *(giving all trains not just one particular route)*

der **Kurswagen** ['kʊrsva:gn]
Sie müssen in München nicht umsteigen, der Zug hat einen Kurswagen nach Garmisch-Partenkirchen.

through coach
You don't have to change in Munich because the train has a through coach to Garmisch-Partenkirchen.

der **Liegewagen** ['li:gəva:gn]
Wir haben zwei Plätze im Liegewagen reserviert.

sleeping car *(with couchettes)*
We have reserved two couchettes.

das **Schließfach** ['ʃli:sfax]
Ich habe mein Gepäck ins Schließfach getan.

locker
I have put my luggage in a locker.

die **Gepäckaufbewahrung**
[gə'pɛk|aufbəva:rʊŋ]
Sie können auch Ihr Gepäck auf der Gepäckaufbewahrung aufgeben.

left-luggage office *GB*, baggage checkroom *US*
Alternatively, you could leave your luggage at the left-luggage office.

**34** Transport und Verkehr — Flugzeug

die **Gepäckaufgabe** [gə'pɛk|aufgaːbə]  
*counter, etc. where you hand in luggage*

die **Gepäckausgabe** [gə'pɛk|ausgaːbə]  
*counter, etc. where you collect luggage*

Kurz nach der Ankunft des Zuges konnten sie ihr Gepäck an der Gepäckausgabe abholen.  
They were able to collect their luggage from the left-luggage office shortly after the train arrived.

# Flugzeug

das **Flugzeug** ['fluːktsɔyk]  
airplane  
Das Flugzeug wird in wenigen Minuten auf dem Züricher Flughafen landen.  
The plane will be landing shortly at Zürich airport.

der **Flughafen** ['fluːkhaːfn]  
airport

**fliegen** ⟨flog, geflogen⟩ ['fliːgn]  
fly  
Er fliegt mit einer deutschen Fluggesellschaft von Düsseldorf nach Salzburg.  
He's flying from Düsseldorf to Salzburg with a German airline.

**abfliegen** ⟨flog ab, abgeflogen⟩ ['apfliːgn]  
take off  
Wir fliegen gegen Mittag ab.  
Our plane leaves at around midday.

das **(Flug)ticket** ['(fluːk)tɪkət]  
(plane) ticket  
Halten Sie bitte Ihre Flugtickets bereit.  
Please have your tickets ready.

der **Fluggast** ['fluːkgast]  
passenger  
Die Fluggäste des Fluges nach Peking werden gebeten, sich zum Ausgang 10 zu begeben.  
Passengers for the flight to Beijing are requested to proceed to gate 10.

der **Flug** [fluːk]  
flight  
Kapitän Müller und seine Mannschaft wünscht Ihnen einen angenehmen Flug.  
Captain Müller and his crew wish you a pleasant flight.

der **Steward**, die **Stewardeß** ['stjuːɐt, 'stjuːɐdɛs]  
steward, stewardess, flight attendant  
Die Stewardeß brachte uns etwas zu trinken.  
The flight attendant brought us some drinks.

der **Pilot**, die **Pilotin** [pi'loːt]  
pilot  
Nur Piloten mit viel Erfahrung können in Hongkong landen.  
Only very experienced pilots can land at Hong Kong airport.

**starten** ['ʃtartn]  
take off  
Auf dem Frankfurter Flughafen starten und landen rund um die Uhr Flugzeuge.  
There are airplanes taking off and landing at Frankfurt airport around the clock.

**landen** ['landn]  
land

**warten** ['vartn]  
wait  
Wir warten auf meinen Vater, der mit dem Flugzeug aus Madrid kommen soll.  
We are waiting for my father to arrive on the flight from Madrid.

der **Hubschrauber** ['huːpʃraubɐ]  
helicopter

318

die **Maschine** [ma'ʃiːnə]
Die Maschine hat eine Stunde Verspätung.

die **Fluggesellschaft** ['fluːkɡəzɛlʃaft]
Mit welcher Fluggesellschaft fliegt ihr in die USA?

der **Abflug** ['apfluːk]
Sie erhalten Ihre Flugtickets am Schalter der Fluggesellschaft auf dem Flughafen drei Stunden vor dem Abflug.

**begeben (sich)** ⟨begibt, begab, begeben⟩ [bə'ɡeːbn]
Begeben Sie sich sofort zum Check-in, um Ihr Gepäck abzugeben.

der **Check-in** ['tʃɛkɪn]

der **Sicherheitsgurt** ['zɪçəhaitsɡʊrt]

**anschnallen (sich)** ['anʃnalən]
Bitte bleiben Sie auch während des Fluges angeschnallt.

der **Start** [ʃtart]

der **Flugbegleiter**, die **Flugbegleiterin** ['fluːkbəɡlaitɐ]
Ihr Flugbegleiter bemüht sich, Ihnen den Flug so angenehm wie möglich zu machen.

**einstellen** ['ainʃtɛlən]
Schnallen Sie sich bitte an und stellen Sie das Rauchen ein.

die **Landung** ['landʊŋ]
Die Landung verlief ohne Probleme.

**verlaufen** ⟨verläuft, verlief, verlaufen⟩ [fɛɐ̯'laufn]
Der Flug verlief wie geplant.

**abstürzen** ['apʃtʏrtsn]
Die Maschine stürzte über dem Schwarzwald ab.

airplane
The plane has a one-hour delay.

airline
What airline are you flying with to the USA?

take-off, departure
You can get your tickets from the airline ticket desk at the airport three hours before departure.

make one's way

Please go immediately to the check-in desk to check in your baggage.

check-in (desk)

safety belt

fasten one's safety belt
Please leave your safety belts fastened during the flight.

take-off

steward, stewardess, flight attendant

Your steward will make every effort to make your flight as pleasant as possible.

stop, cease
Please fasten your safety belts and extinguish your cigarettes.

landing
We landed without any difficulty.

go, pass

The flight went according to plan.

come down, crash
The plane came down over the Black Forest.

# Schiff

das **Schiff** [ʃɪf]
Können Sie uns eine interessante Reise mit dem Schiff anbieten?

das **Boot** [boːt]
Wir könnten uns ein Boot mieten, um auf den See hinauszufahren.

ship
Do you have any interesting cruises on offer?

boat
We could hire a boat and go out onto the lake.

## 34 Transport und Verkehr — Schiff

**anlegen** ['anleːgn]
Das Schiff hat im Hafen angelegt.

put in (to harbour)
The ship put in to harbour.

**auslaufen** ⟨läuft aus, lief aus, ausgelaufen⟩ ['auslaufn]
Wann läuft das Schiff aus? — Bei Flut.

sail

When does she sail? — When the tide is in.

**an Bord** [an 'bɔrt]
Die Passagiere gehen an Bord.

on board
The passengers are just boarding.

der **Passagier** [pasa'ʒiːɐ]

passenger

die **Kabine** [ka'biːnə]
Der Steward bringt den Passagier zu seiner Kabine.

cabin
The steward is showing the passenger to his cabin.

die **Mannschaft** ['manʃaft]
Die Mannschaft bleibt oft mehrere Wochen auf See.

crew
The crew are often at sea for several weeks at a stretch.

der **Matrose**, die **Matrosin** [ma'troːzə]

sailor *(in the navy)*

der **Kapitän**, die **Kapitänin** [kapi'tɛːn]

captain

**sinken** ⟨sank, gesunken⟩ ['zɪŋkn]
Das Schiff ist innerhalb kurzer Zeit gesunken.

sink
The ship sank very quickly.

**retten** ['rɛtn]
Es konnten einige Matrosen gerettet werden.

save
They managed to save some of the sailors.

der **Kai** [kai]
Die Waren werden bis Kai geliefert.

quay
The goods will be delivered to the quay.

das **Deck** [dɛk]
Alle Matrosen sind an Deck.

deck
All the sailors are on deck.

der **Anker** ['aŋkɐ]
Das Schiff liegt vor Anker.

anchor
The ship is at anchor.

der **Kompaß** ['kɔmpas]

compass

**seekrank sein** ['zeːkraŋk zain]
Die meisten Passagiere wurden bei diesem Sturm seekrank.

be sea-sick
Most of the passengers were sea-sick during the storm.

die **Not** [noːt]
Das Schiff geriet in Not.

emergency
The ship got into difficulties.

**untergehen** ⟨ging unter, untergegangen⟩ ['ʊntɐgeːən]
Das Boot ist untergegangen.

go down, sink

The boat sank.

die **Rettung** ['rɛtʊŋ]
Jede Rettung kam zu spät.

save, rescue
By the time help arrived it was too late to do anything.

320

# Farben und Formen

## Farben

die **Farbe** ['farbə]
Welche Farbe hat Ihr neues Auto? — Es ist rot.
: colour *GB*, color *US*
What colour is your new car? — It's red.

**bunt** [bʊnt]
Im Sommer trägt er gerne bunte Hemden.
: colourful
He likes to wear brightly coloured shirts in summer.

**einfarbig** ['ainfarbıç]
: single-colour

**schwarz** [ʃvarts]
Wir wollen uns ein schwarzes Ledersofa kaufen.
: black
We want to buy a black leather sofa.

**weiß** [vais]
: white

**grau** [grau]
: grey *GB*, gray *US*

**braun** [braun]
Die braunen Schuhe passen gut zu meinem Anzug.
: brown
These brown shoes go well with my suit.

**rot** [ro:t]
: red

**gelb** [gɛlp]
: yellow

**blau** [blau]
Ihre Lieblingsfarbe ist blau.
: blue
Her favourite colour is blue.

**grün** [gry:n]
: green

**hell-** ['hɛl-]
Sie wünscht sich einen hellgrünen Mantel.
: light-
She wants a light-green coat.

**dunkel-** ['dʊŋkl-]
Auf dem Tisch steht ein Strauß dunkelroter Tulpen.
: dark-
There is a bouquet of dark red tulips on the table.

---

**farbig** ['farbıç]
: coloured *GB*, colored *GB*

**beige** [be:ʃ, 'be:ʒə, 'bɛ:ʒə]
: beige

**lila** ['li:la]
: purple

**pink** [pıŋk]
: (shocking) pink

**rosa** ['ro:za]
: (pale) pink

**orange** [o'rã:ʒə, o'raŋʒə]
: orange

**silbern** ['zılbɐn]
: silver

**golden** ['gɔldn]
: gold

## Formen

die **Form** [fɔrm]
Welche Form hat Ihr neuer Tisch? — Er ist oval.

shape, form
What shape is your new table? — It's oval.

der **Kreis** [krais]
Laßt uns einen Kreis bilden und tanzen!

circle
Let's form a circle and dance.

**rund** [rʊnt]

round, circular

**oval** [o'va:l]

oval

**dreieckig** ['draiɛkɪç]

triangular

**rechteckig** ['rɛçtlɛkɪç]
Unser Wohnzimmer ist eher rechteckig als quadratisch.

rectangular
Our living room is more rectangular than square.

**quadratisch** [kva'dra:tɪʃ]

square

**gerade** [gə'ra:də]
Das Poster im Kinderzimmer hängt nicht gerade.

straight
The poster in the children's room isn't hanging straight.

**schief** [ʃi:f]
Die meisten Häuser in der Altstadt haben schiefe Wände.

crooked, not straight
Most of the walls of the houses in the old town are crooked.

**krumm** [krʊm]
Der Strich ist nicht gerade sondern ganz krumm.

bent, crooked
The line isn't straight, it's completely crooked.

der **Strich** [ʃtrɪç]

line

**spitz** [ʃpɪts]
Der Bleistift ist spitz.

sharp
The pencil is sharp.

**flach** [flax]
Sie trägt gerne Schuhe mit flachen Absätzen.

flat
She likes to wear flat-heeled shoes.

die **Kugel** ['ku:gl]
Wir haben schöne Kugeln aus Glas gesehen.

ball, sphere
We saw some nice glass balls.

die **Spitze** ['ʃpɪtsə]
Von meinem Hotelzimmer aus kann ich die Spitze des Kirchturms sehen.

tip, top
I can see the tip of the church spire from my hotel room.

**schräg** [ʃrɛ:k]
Wie wäre es, wenn wir das Sofa schräg zur Wand stellten?

inclined, not straight
How about putting the sofa at an angle to the wall?

das **Dreieck** ['draiɛk]

triangle

das **Quadrat** [kva'dra:t]

square

das **Rechteck** ['rɛçtɛk]

rectangle

die **Linie** ['li:niə]
Sie hat die gerade Linie mit dem Lineal gezogen.

line
She drew the straight line using the ruler.

| | |
|---|---|
| der **Bogen** ['bo:gn]<br>Der Fluß macht hier einen Bogen nach Osten. | curve; arch; bend<br>The river bends eastwards at this point. |
| der **Pfeil** [pfail]<br>Folgen Sie bitte den Pfeilen bis zum Ausgang! | arrow<br>Please follow the arrows to the exit. |
| das **Kreuz** [krɔyts]<br>Der Buchstabe „x" sieht aus wie ein Kreuz. | cross<br>The letter "x" looks like a cross. |

# 36 Stoffe und Materialien

## Eigenschaften der Stoffe und Materialien

**bestehen aus** ⟨bestand, bestanden⟩ [bə'ʃteːən aus]
Papier besteht zu einem großen Teil aus Holz.

comprise
Paper consists largely of wood.

**verwenden** [fɛɐ'vɛndn]
Welche Materialien verwendet man zur Herstellung von Plastik?

use
What materials are used to make plastic?

**die Sache** ['zaxə]
Er hat viele neue Sachen geschenkt bekommen.

thing
He was given a lot of new things.

**das Zeug** [tsɔyk]
Räume bitte dein Zeug auf.

things, gear
Please clear away your things.

**neu** [nɔy]

new

**alt** [alt]
Obwohl das Geschirr schon sehr alt ist, gefällt es mir immer noch.

old
Although the dinner service is very old I still like it.

**fest** [fɛst]
Beton ist ein fester Stoff.
Binden Sie das Paket fest zu, damit es während des Transports nicht aufgeht.

solid; strong
Concrete is a solid material.
Make sure to tie up the package securely so that it doesn't come apart on the way.

**flüssig** ['flʏsɪç]
Wasser ist flüssig.

liquid
Water is a liquid.

**schmelzen** ⟨schmilzt, schmolz, geschmolzen⟩ ['ʃmɛltsn]
Paß auf, dein Eis schmilzt schon!

melt

Watch out, your ice-cream is already beginning to melt.

**hart** [hart]
Hast du gewußt, daß Diamanten sehr hart sind?

hard; tough
Did you know that diamonds are very hard?

**weich** [vaɪç]
Meine neue Wolljacke ist sehr weich.

soft
My new cardigan is very soft.

**naß** [nas]
Er zieht sich die nassen Kleider aus, damit er sich nicht erkältet.

wet
He's taking off his wet clothes so that he won't catch cold.

**feucht** [fɔyçt]
Die Wäsche ist noch etwas feucht.

damp
The washing is still a bit damp.

**trocken** ['trɔkn]

dry

**ganz** [gants]
Ich kann Ihnen den Mixer wieder ganz machen.

complete, whole
I can fix the mixer for you.

Eigenschaften der Stoffe und Materialien  Stoffe und Materialien **36**

**kaputt** [ka'pʊt]
Die Blumenvase ist kaputt.

broken
The vase is broken.

**kaputtgehen** ⟨ging kaputt, kaputtgegangen⟩ [ka'pʊtgeːən]
Der Reißverschluß seines Anoraks ist kaputtgegangen.

break

The zip on his anorak has broken.

**scharf** [ʃarf]
Seien Sie vorsichtig, das Messer ist sehr scharf.

sharp
Be careful, that knife is very sharp.

**verbrennen** ⟨verbrannte, verbrannt⟩ [fɛɐ'brɛnən]
Als das Haus brannte, verbrannten auch alle seine Zeugnisse.

burn (completely)

When the house burned down, all his certificates went up in flames as well.

---

die **Verwendung** [fɛɐ'vɛndʊŋ]
Haben Sie irgendeine Verwendung für einen kleinen, runden Tisch?

use
Could you make use of a small, round table?

der **Gegenstand** ['geːgnʃtant]
Er wurde wahrscheinlich mit einem spitzen Gegenstand getötet.

object, thing
He was probably killed with a pointed instrument.

der **Bestandteil** [bə'ʃtanttail]
Die Bestandteile aus Plastik können wiederverwertet werden.

(integral) component
The plastic components can be recycled.

die **Struktur** [ʃtrʊk'tuːɐ, strʊk'tuːɐ]

structure, texture

die **Oberfläche** ['oːbɐflɛçə]
Die Oberfläche ist ziemlich rauh.

surface
The surface is fairly rough.

**grob** [groːp]
Dieser Stoff hat eine sehr grobe Struktur.

rough
This fabric has a very rough texture.

**fein** [fain]
Vergiß nicht, ein Pfund feinen Zucker zu kaufen!

fine
Don't forget to get a pound of fine-grain sugar.

**glatt** [glat]
Der Schrank hat eine glatte Oberfläche.

smooth
The cupboard has a smooth surface.

**rauh** [rau]
Dieses Leder eignet sich nicht für eine Jacke, weil es zu rauh ist.

rough
This leather is not suitable for a jacket because it is too rough.

**stabil** [ʃta'biːl]
Kinderspielzeug sollte aus stabilem Material sein.

stable; robust
Children's toys should be made of sturdy material.

**hohl** [hoːl]
Der Baumstamm ist innen hohl.

hollow
The tree trunk is hollow.

**klar** [klaːɐ]
Das Wasser ist so klar, daß man bis auf den Grund sehen kann.

clear
The water is so clear you can see right down to the bottom.

**trüb** [tryːp]
Ich möchte gerne eine Flasche klaren und zwei Flaschen trüben Apfelsaft.

cloudy
I would like a bottle of clear and two bottles of naturally cloudy apple juice.

325

| | |
|---|---|
| **auslaufen** ⟨läuft aus, lief aus, ausgelaufen⟩ ['auslaufn]<br>Bei dem Unfall lief Benzin aus. | leak (out)<br><br>As a result of the accident petrol leaked from the tank. |
| der **Druck** [drʊk] | pressure |

## Stoffe und Materialien

| | |
|---|---|
| das **Material** [mate'riaːl]<br>Aus welchem Material ist der Pullover gemacht? | material<br>What material is the pullover made of? |
| die **Baumwolle** ['baumvɔlə]<br>Er besteht aus 100 Prozent Baumwolle. | cotton<br>It is made of 100 per cent cotton. |
| die **Wolle** ['vɔlə]<br>Um einen Schal zu stricken, benötigen Sie etwa 300 Gramm Wolle. | wool<br>To knit a scarf you need about 300 grammes of wool. |
| das **Leder** ['leːdɐ]<br>Diese Handtasche ist aus Leder. | leather<br>This handbag is made of leather. |
| **aus** [aus] | made of |
| die **Luft** [lʊft] | air |
| das **Wasser** ['vasɐ] | water |
| **natürlich** [na'tyːɐlɪç]<br>Holz ist ein natürlicher Rohstoff. | natural<br>Wood is a natural material. |
| **künstlich** ['kʏnstlɪç]<br>Plastik wird künstlich hergestellt. | artificial, man-made<br>Plastic is a man-made material. |
| **chemisch** ['çeːmɪʃ]<br>Die chemische Industrie ist hauptsächlich in Leverkusen, Ludwigshafen und Frankfurt vertreten. | chemical<br>The chemical industry is mainly based in Leverkusen, Ludwigshafen and Frankfurt. |
| der **Gummi** ['gʊmi]<br>Gummi ist elastisch. | rubber<br>Rubber is elastic. |
| das **Metall** [me'tal] | metal |
| das **Silber** ['zɪlbɐ]<br>Sie hat sich ein Silberarmband gekauft. | silver<br>She bought a silver bracelet. |
| das **Gold** [gɔlt]<br>Im brasilianischen Urwald wird auch heute noch nach Gold gesucht. | gold<br>Even today, there are people prospecting for gold in the Brazilian jungle. |
| das **Eisen** ['aizn]<br>Zur Herstellung von Stahl wird Eisen benötigt. | iron<br>To manufacture steel you need iron. |
| der **Stahl** [ʃtaːl]<br>Die deutsche Stahlindustrie steckt in der Krise. | steel<br>The German steel industry is in the midst of a crisis. |

Stoffe und Materialien

das **Aluminium** [alu'miːniʊm]
Zur Herstellung von Aluminium benötigt man sehr viel Energie.

aluminium *GB*, aluminum *US*
Aluminium production consumes a great deal of energy.

das **Plastik** ['plastɪk]
Unsere Gartenstühle sind aus Plastik.

plastic
Our garden chairs are made of plastic.

**verrostet** [fɛɐ'rɔstət]
Mein Fahrrad ist völlig verrostet.

rusty
My bicycle is covered in rust.

das **Glas** [glaːs]
Vorsicht Glas!

glass
Glass. Handle with care.

**zerbrechen** ⟨zerbricht, zerbrach, zerbrochen⟩ [tsɛɐ'brɛçn]
Die Blumenvase ist zerbrochen.

break (completely), shatter

The vase is in pieces.

das **Papier** [pa'piːɐ]

paper

die **Pappe** ['papə]

cardboard

---

der **Stoff** [ʃtɔf]
Wieviel Meter Stoff brauchen Sie?

fabric
How many metres of fabric do you need?

die **Mischung** ['mɪʃʊŋ]
Dieser Stoff besteht aus einer Mischung aus Baumwolle und Kunstfasern.

mixture
This fabric is a mixture of cotton and man-made fibres.

die **Kunstfaser** ['kʊnstfaːzɐ]

man-made fibre *GB*, fiber *US*

die **Seide** ['zaidə]
Ich ließ mir eine Bluse aus reiner Seide machen.

silk
I had a silk blouse made up for me.

**rein** [rain]

pure

**elastisch** [e'lastɪʃ]

elastic

**reißen** ⟨riß, gerissen⟩ ['raisn]
Die Jacke ist in der Nähe der Tasche gerissen.

rip
This jacket has a rip near the pocket.

das **Element** [ele'mɛnt]
Feuer, Wasser, Luft und Erde sind die vier Elemente.

element
Fire, water, air and earth are the four elements.

der **Sauerstoff** ['zauɐʃtɔf]

oxygen

der **Stickstoff** ['ʃtɪkʃtɔf]

nitrogen

der **Fluorchlorkohlenwasserstoff (FCKW)** ['fluːɔrkloːrkoːlənˌvasɐʃtɔf (ˈɛftseːkaːˈveː)]

chlorofluorocarbon (CFC)

das **Ozon** [o'tsoːn]
Ein zu hoher Ozongehalt in der Luft hat Auswirkungen auf die Gesundheit der Menschen.

ozone
An excessively high ozone concentration has an impact on people's health.

der **Gehalt** [gə'halt]
Der Sauerstoffgehalt der Luft wurde für wissenschaftliche Zwecke gemessen.

content, concentration
The oxygen content of the air was measured for scientific purposes.

## Stoffe und Materialien

der **Dampf** [dampf]
steam

der **Rohstoff** ['roːʃtɔf]
raw material
Viele Rohstoffe müssen aus den Entwicklungsländern importiert werden.
Many raw materials have to be imported from developing countries.

der **Diamant** [diaˈmant]
diamond

**glänzen** [ˈglɛntsn̩]
shine, glitter
Die Diamanten glänzen im Licht.
The diamonds glitter in the light.

die **Perle** [ˈpɛrlə]
pearl
In Japan werden Perlen gezüchtet.
They cultivate pearls in Japan.

das **Platin** [ˈplaːtiːn]
platinum
Platin ist ein sehr wertvolles Metall.
Platinum is a very valuable metal.

die **Bronze** [ˈbrõːsə]
bronze
Das Denkmal wurde in Bronze gegossen.
The monument was cast in bronze.

das **Kupfer** [ˈkʊpfɐ]
copper

das **Blei** [blai]
lead

das **Blech** [blɛç]
sheet metal

der **Rost** [rɔst]
rust
Der Rost frißt sich überall durch das Blech.
Rust is eating its way through the sheet metal.

der **Beton** [beˈtɔŋ, beˈtoːn, bəˈtõː]
concrete

das **Porzellan** [pɔrtsɛˈlaːn]
china
Unser Geschirr ist aus Porzellan.
Our dinner service is made of china.

die **Scherbe** [ˈʃɛrbə]
piece of broken glass, china, etc.
Auf dem Boden liegen lauter Scherben.
The floor is covered with broken glass.

die **Kunststoff** [ˈkʊnstʃtɔf]
plastic
Kunststoffplomben werden von meiner Krankenkasse seit diesem Jahr nicht mehr bezahlt.
Since the beginning of this year my health insurance no longer covers plastic fillings.

die **Flüssigkeit** [ˈflʏsɪçkait]
liquid, fluid
Eine geringe Menge Flüssigkeit ist ausgelaufen.
A small amount of liquid has escaped.

das **Gift** [gɪft]
poison

die **Tinte** [ˈtɪntə]
ink

das **Pulver** [ˈpʊlvɐ]
powder
In unserer Hotelküche wird kein Puddingpulver verwendet.
Our hotel kitchen doesn't use instant mix powder.

das **Verfahren** [fɛɐ̯ˈfaːrən]
process, method
Unser Betrieb hat ein neues Verfahren zur Herstellung von Farben entwickelt.
Our company has developed a new process for the manufacture of paint.

# Mengenangaben

## Kardinalzahlen

die **Nummer** ['nʊmɐ]
Ich habe ihm Ihre Zimmer- und Telefonnummer im Krankenhaus mitgeteilt.

number
I've given him your telephone number and room number at the hospital.

die **Zahl** [tsaːl]
In diesem Kapitel sollen Sie die Zahlen lernen.

number, figure
This chapter is intended to help you learn numbers.

**zählen** ['tsɛːlən]
Ali kann auf Deutsch von eins bis zwanzig zählen.

count
Ali can count from one to twenty in German.

**null** [nʊl]

zero

**eins** [ains]

one

**zwei** [tsvai]

two

**drei** [drai]
Sie hat sich drei Bücher aus der Bücherei ausgeliehen.

three
She borrowed three books from the library.

**vier** [fiːɐ]

four

**fünf** [fʏnf]

five

**sechs** [zɛks]

six

**sieben** ['ziːbn]

seven

**acht** [axt]

eight

**neun** [nɔyn]

nine

**zehn** [tseːn]

ten

**elf** [ɛlf]

eleven

**zwölf** [tsvœlf]

twelve

**dreizehn** ['draitseːn]

thirteen

**vierzehn** ['fɪrtseːn]

fourteen

**fünfzehn** ['fʏnftseːn]
Wiltrud ist fünfzehn (Jahre alt).

fifteen
Wiltrud is fifteen (years old).

**sechzehn** ['zɛçtseːn]

sixteen

**siebzehn** ['ziːptseːn]

seventeen

**achtzehn** ['axtseːn]
Mit achtzehn ist man volljährig.

eighteen
One comes of age at eighteen.

**neunzehn** ['nɔyntseːn]

nineteen

**zwanzig** ['tsvantsɪç]

twenty

**einundzwanzig** ['ainlʊnt'tsvantsɪç]

twenty one

**zweiundzwanzig** ['tsvailʊnt'tsvantsɪç]

twenty two

329

## Mengenangaben — Kardinalzahlen

| | |
|---|---|
| **dreiundzwanzig** ['draiʊnt'tsvantsıç] | twenty three |
| **dreißig** ['draisıç] | thirty |
| **einunddreißig** ['ainʊnt'draisıç] | thirty one |
| **vierzig** ['fırtsıç] | forty |
| **fünfzig** ['fʏnftsıç] | fifty |
| **sechzig** ['zɛçtsıç] | sixty |
| **siebzig** ['ziːptsıç] | seventy |
| **achtzig** ['axtsıç] | eighty |
| **neunzig** ['nɔyntsıç] | ninety |
| **(ein)hundert** [('ain)'hʊndet] | a hundred |
| **hundert(und)eins** ['hʊndet(ʊnt)'lains] | a hundred and one |

Sie wohnt im Zimmer hunderteins. — She is staying in room one-o-one.
Er hat hundertundeine Seite gelesen. — He has read a hundred and one pages.

| | |
|---|---|
| **hundertzwei** ['hʊndet'tsvai] | a hundred and two |
| **zweihundert** ['tsvai'hʊndet] | two hundred |
| **dreihundert** ['drai'hʊndet] | three hundred |
| **vierhundert** ['fiːɐ'hʊndet] | four hundred |
| **fünfhundert** ['fʏnf'hʊndet] | five hundred |
| **sechshundert** ['zɛks'hʊndet] | six hundred |
| **siebenhundert** ['ziːbn'hʊndet] | seven hundred |
| **achthundert** ['axt'hʊndet] | eight hundred |
| **neunhundert** ['nɔyn'hʊndet] | nine hundred |
| **(ein)tausend** [('ain)'tauznt] | a thousand |
| **tausend(und)eins** ['tauznt(ʊnt)'lains] | a thousand and one |

Sie kann bis tausendeins zählen. — She can count up to a thousand and one.
Kennen Sie die „Geschichten von Tausendundeiner Nacht"? — Do you know the "Tales of a Thousand and One Nights"?

| | |
|---|---|
| **tausendzwanzig** ['tauznt'tsvantsıç] | a thousand and twenty |
| **zweitausend** ['tsvai'tauznt] | two thousand |
| **fünftausendvierhundertsiebenundfünfzig** ['fʏnf'tauznt'fiːɐ'hʊndet 'ziːbnʊnt'fʏnftsıç] | five thousand four hundred and fifty seven |
| **hunderttausend** ['hʊndet'tauznt] | a hundred thousand |
| **dreihunderttausend** ['draihʊndet'tauznt] | three hundred thousand |
| die **Million** [mɪ'lioːn] | million |

Wer wird wohl die Million gewinnen? — Who is going to win the million mark prize?

Er hat für das Haus eine Million bezahlt. — He paid a million marks for that house.
Das Grundstück ist zwei Millionen fünfhunderttausend Mark wert. — This land is worth two million five hundred thousand marks.
Er hat drei Millionen im Lotto gewonnen. — He won three million marks in the lottery.

die **Milliarde** [mɪˈliardə]
In den letzten Jahren hat die Bundesregierung Schulden in Höhe von mehreren Milliarden gemacht.
Das Unternehmen hat ein Kapital von drei Milliarden Mark.

one thousand million, billion
In recent years, the Federal Government has acquired debts of several billion marks.
The company has capital of three billion marks.

## Ordinalzahlen

**erste(r, s)** [ˈeːəstə (-tə, -təs)]
Der Erste Mai ist ein Feiertag.

first
The first of May is a public holiday.

**zweite(r, s)** [ˈtsvaitə (-tə, -təs)]
Friedrich der Zweite, auch Friedrich der Große genannt, war von 1740 bis 1786 König von Preußen.

second
Frederick the Second, also known as Frederick the Great, was King of Prussia from 1740 to 1786.

**dritte(r, s)** [ˈdrɪtə (-tə, -təs)]
Ich sage dir jetzt zum dritten und zum letzten Mal, daß du aufhören sollst, deine Schwester ständig zu ärgern.

third
I'm telling you for the third and final time to stop annoying your sister.

**vierte(r, s)** [ˈfiːətə (-tə, -təs)]
Wir sind vom vierten bis zum achtundzwanzigsten Juli verreist.

fourth
We are away on holiday from the fourth to the twenty-eighth of July.

**fünfte(r, s)** [ˈfʏnftə (-tə, -təs)]
Er ging als Fünfter ins Ziel.

fifth
He crossed the line in fifth place.

**sechste(r, s)** [ˈzɛkstə (-tə, -təs)]

sixth

**sieb(en)te(r, s)** [ˈziːptə, ˈziːbntə (-tə, -təs)]

seventh

**achte(r, s)** [ˈaxtə (-tə, -təs)]
Er hat am achten Oktober Geburtstag.

eighth
His birthday is on the eighth of October.

**neunte(r, s)** [ˈnɔyntə (-tə, -təs)]

ninth

**zehnte(r, s)** [ˈtseːntə (-tə, -təs)]

tenth

**elfte(r, s)** [ˈɛlftə (-tə, -təs)]
Heute ist Freitag, der elfte September.

eleventh
Today is Friday, the eleventh of September.

**zwölfte(r, s)** [ˈtsvœlftə (-tə, -təs)]

twelfth

**dreizehnte(r, s)** [ˈdraitseːntə (-tə, -təs)]

thirteenth

**vierzehnte(r, s)** [ˈfɪrtseːntə (-tə, -təs)]
Ulm, den 14. Mai 1993.

fourteenth
Ulm, May 14th, 1993.

**zwanzigste(r, s)** [ˈtsvantsɪçstə (-tə, -təs)]

twentieth

**einundzwanzigste(r, s)**
[ˈainlʊntˈtsvantsɪçstə (-tə, -təs)]
Er bekommt sein Gehalt bis zum Einundzwanzigsten des Monats.

twenty-first

His salary is paid into his account by the twenty-first of each month.

331

**dreißigste(r, s)** ['draisıçstə (-tə, -təs)]  
**vierzigste(r, s)** ['fırtsıçstə (-tə, -təs)]  
**fünfzigste(r, s)** ['fynftsıçstə (-tə, -təs)]  
Wo feiern Sie Ihren fünfzigsten Geburtstag? — Im Restaurant.

**hundertste(r, s)** ['hundətstə (-tə, -təs)]  
Jeder hundertste Besucher erhält eine kostenlose Eintrittskarte.

**hundertzehnte(r, s)** ['hundət'tse:ntə (-tə, -təs)]

**zweihundertste(r, s)** ['tsvai'hundətstə (-tə, -təs)]

**zweihundertfünfundfünfzigste(r, s)** ['tsvai'hundət'fynfunt'fynftsıçstə (-tə, -təs)]

**tausendste(r, s)** ['tauzntstə (-tə, -təs)]  
**hunderttausendste(r, s)** ['hundət'tauzntstə (-tə, -təs)]

thirtieth  
fortieth  
fiftieth  
Where will you be celebrating your fiftieth birthday? — At a restaurant.

hundredth  
Every hundredth visitor receives a free admission ticket.

hundred tenth

two hundredth

two hundred and fifty fifth

thousandth  
hundred thousandth

# Bruchzahlen

**achtel** ['axtl]  
Fügen Sie ein achtel Liter Milch hinzu.

**das Viertel** ['fırtl]  
Er hat etwa ein Viertel des Buchs gelesen.

**halb** [halp]  
Ich hätte gerne ein halbes Pfund Butter.

**dreiviertel** ['drai'fırtl]  
Er wartete eine dreiviertel Stunde (Dreiviertelstunde) auf seinen Freund.

**eineinhalb, anderthalb** ['ainlain'halp, 'andət'halp]  
Bis zur nächsten Tankstelle sind es noch eineinhalb Kilometer.

**das Drittel** ['drıtl]  
Ein Drittel des Weges hat er noch vor sich.

**die Hälfte** ['hɛlftə]  
Etwa die Hälfte seines Einkommens zahlt er für die Miete seiner Wohnung.

eighth  
Add an eighth of a litre of milk.

quarter  
He is about a quarter of the way through the book.

half  
I'd like half a pound of butter.

three quarters  
He waited three quarters of an hour for his friend to come.

one and a half  
It's another kilometre and a half to the next petrol station.

third  
He still has a third of the way to go.

half  
About half of his income goes on the rent for his flat.

# Rechnen

**rechnen** ['rɛçnən]
Sie lernen in der Schule Rechnen.
Ich kann nicht gut rechnen.

calculate, do arithmetic
They are learning arithmetic at school.
I'm not very good at doing sums.

**und** [ʊnt]
Zwei und zwei ist vier.

and
Two and two is four.

**ist, macht, gibt** [ɪst, maxt, giːpt]
Zehn minus fünf gibt fünf.

is, makes
Ten minus five is five.

**minus** ['miːnʊs]

minus

**mal** [maːl]
Man rechnet den Betrag mal 15%, um die Mehrwertsteuer zu bekommen.

times
You multiply the amount by 15% in order to determine the VAT.

**teilen** ['tailən]

divide

die **Summe** ['zʊmə]
Teilen Sie bitte die Summe durch drei.

sum, total
Please divide the total by three.

**plus** [plʊs]
Wieviel macht 12 plus 15?

plus
What is 12 plus 15?

**abziehen** ⟨zog ab, abgezogen⟩ ['aptsiːən]
Steuern werden direkt vom Gehalt abgezogen.

subtract, deduct

Tax is deducted directly from one's salary.

# Maße und Gewichte

der **Zentimeter** [tsɛnti'meːtɐ]
Ich hätte gerne einen 35 Zentimeter langen Reißverschluß.

centimetre *GB*, centimeter *US*
I'd like a zip 35 centimetres in length.

der **Meter** ['meːtɐ]
Für die Gardinen benötigen Sie etwa fünf Meter Stoff.

metre *GB*, meter *US*
You need about five metres of material for the curtains.

der **Kilometer** [kilo'meːtɐ]
Von Nürnberg nach Berlin sind es 391 Kilometer.

kilometre *GB*, kilometer *US*
It's 391 kilometres from Nuremberg to Berlin.

**ausmessen** ⟨mißt aus, maß aus, ausgemessen⟩ ['ausmɛsn]
Haben Sie Ihr Schlafzimmer ausgemessen? — Ja, es ist 3 Meter auf 4,50 Meter.

measure (out)


Have you measured out your bedroom?
— Yes, it's 3 metres by 4.5 metres.

der **Quadratmeter** ($m^2$) [kva'draːtmeːtɐ]
Die Wohnung hat 88 Quadratmeter.

square metre *GB*, square meter *US*, ($m^2$)
The flat is 88 square metres in size.

**wiegen** ⟨wog, gewogen⟩ ['viːgn]
Wieviel wiegen Sie? — Ich wiege 60 Kilo.

weigh
How much do you weigh? — I weigh 60 kilos.

das **Gramm** [gram]
Ich hätte gerne 100 Gramm Schinken.

gramme *GB*, gram *US*
I'd like 100 grammes of ham, please.

das **Pfund** [pfʊnt]
Ein Pfund Spargel kostet heute nur
5 Mark .9.

pound
Today a pound of asparagus is only
5 marks 99.

das **Kilo(gramm)** ['kiːlo, kilo'gram]
Ein Kilo Gulasch, bitte.

kilo(gramme) *GB*, kilo(gram) *US*
A kilo of goulash meat, please.

**schwer** [ʃveːɐ]
Der Sack ist ziemlich schwer.

heavy
This bag is pretty heavy.

**leicht** [laiçt]

light

der **Liter** ['liːtɐ]
Im Kühlschrank sind noch zwei Liter
Milch.

litre *GB*, liter *US*
There are still two litres of milk left in
the fridge.

**auf** [auf]
Das Auto verbraucht neun Liter bleifreies Benzin auf 100 Kilometer.

for every
This car consumes nine litres of
unleaded petrol every 100 kilometres.

**enthalten** ⟨enthält, enthielt, enthal-
ten⟩ [ɛnt'haltn]
Jede Schachtel enthält fünf Stück Seife.

contain


Each box contains five bars of soap.

das **Stück** [ʃtʏk]

piece

**pro** [proː]
Die Rosen kosten drei Mark pro Stück.

per
The roses cost three marks each.

**jede(r, s)** ['jeːdə (-dɐ, -dəs)]

each, every

das **Paar** [paːɐ]
Sie hat sich ein Paar Schuhe gekauft.

pair
She bought herself a pair of shoes.

das **Maß** [maːs]
Die Schneiderin hat bei ihr Maß genommen.

measure; measurement
The dressmaker took her measurements.

der **Maßstab** ['maːsʃtaːp]
Die Karte ist im Maßstab 1 zu 50 000.

scale
This map is drawn to a scale of 1 to
50,000.

der **Millimeter** [mɪli'meːtɐ]
Der Schrank paßt auf den Millimeter genau an diese Wand.

millimetre *GB*, millimeter *US*
This cupboard fits the wall precisely.

das **Ar** [aːɐ]
Ein 10 Ar großes Grundstück wird zum
Kauf angeboten.

are *(an area of 100 m²)*
A plot of land of 1,000 square metres is
for sale.

der **Hektar** ['hɛktaːɐ, hɛk'taːɐ]
Im Jahr 1987 wurden in der EG
115 Millionen Hektar Fläche landwirtschaftlich genutzt.

hectare
In 1987, 115 million hectares of land in
the EC were used for agricultural purposes.

die **Waage** ['vaːɡə]
Sie stellt sich jeden Morgen auf die Waage, um zu sehen, ob sie zu- oder abge-
nommen hat.

scales
She weighs herself on the scales every
morning to see if she's gained or lost
weight.

der **Zentner** ['tsɛntnɐ]
In Deutschland wiegt ein Zentner 50 kg,
in Österreich und der Schweiz 100 kg.

die **Tonne** ['tɔnə]
Die Brücke ist für Lastwagen über
20 Tonnen gesperrt.

das **Dutzend** ['dʊtsnt]
Sie hat ein Dutzend Eier gekauft.

das **Prozent** [pro'tsɛnt]
Wieviel Prozent Alkohol enthält dieser
Likör?

der **Durchschnitt** ['dʊrçʃnɪt]
Er arbeitet pro Woche im Durchschnitt
50 Stunden.

**durchschnittlich** ['dʊrçʃnɪtlɪç]
In Europa ist die Zahl der Touristen von
1980 bis 1990 pro Jahr durchschnittlich
um 3,5 Prozent gestiegen.

der **Wert** [ve:ɐt]
Die Ozonwerte werden jeden Tag gemessen.

**fassen** ['fasn]
Der Eimer faßt 15 Liter Wasser.

**je** [je:]
Geben Sie mir von den Äpfeln und Birnen je ein Kilo.

(metric) hundredweight
In Germany a hundredweight is 50 kilos,
in Austria and Switzerland it is 100 kilos.

metric ton, tonne
This bridge may not be used by trucks
weighing more than 20 tonnes.

dozen
She has bought a dozen eggs.

per cent
What percentage of alcohol does this
liqueur contain?

average
On average he works 50 hours a week.

on average
Between 1980 and 1990, the number of
tourists in Europe increased by an average of 3.5 per cent annually.

value
The concentration of ozone is measured
every day.

hold
This bucket holds 15 litres of water.

per, for each one
Give me a kilo of apples and a kilo of
pears.

## Mengenangaben

**wieviel** [vi'fi:l, 'vi:fi:l]
Wieviel Geld haben Sie im Urlaub verbraucht?

**wie viele** [vi: 'fi:lə]
Wie viele Personen können bei Ihnen
übernachten?

**eine(r, s)** ['ainə (-nɐ, -nəs)]
Wir haben noch ein Doppelzimmer im
ersten Stock frei.
Sie haben nur ein Kind.

**einige** ['ainɪgə]
Die Volkshochschule bietet einige
Deutschkurse für Ausländer an.

Einige wissen anscheinend immer noch
nicht, daß Berlin jetzt die Hauptstadt
Deutschlands ist.

how much
How much money did you spend on
holiday?

how many
How many people can sleep at your
place?

one
We still have a double room available on
the first *GB*/second *US* floor.
They just have the one child.

some, a number of
The Adult Education Centre offers a
number of German language courses for
foreigners.
It would appear that some people still
haven't realised that Berlin is now the
capital of Germany.

335

**einiges** ['ainɪgəs]
Er konnte uns einiges über das junge Unternehmen in Ostdeutschland berichten.

some
He was able to tell us quite a bit about the new company in eastern Germany.

**welche** ['vɛlçə]
Ich brauche neue Autoreifen. Könntest du mir bitte welche besorgen?

which; some
I need new tyres for the car. Could you get me some, please?

**davon** [da'fɔn, 'da:fɔn]
Die Äpfel sehen gut aus. Ich hätte gerne ein Kilo davon.

of them, of that
Those apples look good. I'd like a kilo.

**ein paar** [ain 'pa:ɐ]
Sie haben noch ein paar Tage Zeit, um Ihren Vortrag vorzubereiten.

a couple
You still have a couple of days to prepare your lecture.

**mehrere** ['me:rərə]
Sie waren mehrere Tage unterwegs, bevor sie die chinesische Grenze erreichten.
Diesen Fehler haben mehrere von euch gemacht.

several, a number of
They travelled for several days before they reached the Chinese border.

A number of you have made this mistake.

**mehreres** ['me:rərəs]
In England hat mir mehreres besser gefallen als in Deutschland.

several things, a number of things
There were a number of things in England that I liked better than in Germany.

**viel** [fi:l]
Sie haben viel von der Welt gesehen.

much, a lot
They have seen a lot of the world.

**viele** ['fi:lə]
Er hat viele Freunde in Australien.
Du hast zu viele Fehler gemacht.

many, a lot of
He's got a lot of friends in Australia.
You've made too many mistakes.

**die Menge** ['mɛŋə]
Eine Menge Leute kamen zu den Wettkämpfen.

crowd; a whole lot of
A lot of people came to the games.

**zuviel** [tsu'fi:l]
Der Kuchen ist viel zu süß. Ich glaube, daß du zuviel Zucker genommen hast.

too much
This cake is much too sweet. I think you used too much sugar.

**wenig** ['ve:nɪç]
In letzter Zeit ißt er ziemlich wenig.

little
He's not been eating much lately.

**wenige** ['ve:nɪgə]
Wir stellten fest, daß sich nur wenige für die Stelle interessierten.
Es haben sich zu wenige Teilnehmer für den Kurs angemeldet.

few
We discovered that not many people were interested in the job.
Not enough people have registered for the course.

**zuwenig** [tsu've:nɪç]
Meinst du, daß wir zuwenig Getränke im Haus haben?
Er hat zuwenig Zeit für seine Kinder, weil er im Büro zuviel zu tun hat.

too little
Do you think we haven't got enough to drink in the house?
He hasn't enough time for his children because he has too much to do in the office.

# Mengenangaben

**von** [fɔn]
Kann einer von euch mir bitte helfen?

of, from
Can one of you please give me a hand?

**etwa, ungefähr** [ˈɛtva, ˈʊŋɡəfɛːɐ, ʊŋɡəˈfɛːɐ]
Bis zur deutschen Grenze sind es ungefähr noch fünf Kilometer.

approximately, about

It's about another five kilometres to the German border.

**insgesamt** [ɪnsɡəˈzamt]
Sie haben für den Urlaub auf Norderney insgesamt 3000 DM ausgegeben.

in total
They spent a total of 3,000 marks during their holiday on Norderney Island.

**mindestens** [ˈmɪndəstns]
Wenn sich nicht mindestens acht Personen anmelden, müssen wir den Kurs absagen.

at least
We need at least eight people to register for the course otherwise we'll have to cancel it.

**der Teil** [tail]
Den ersten Teil der Sommerferien verbrachte Björn bei seinen Großeltern.

part
Björn spent the first part of the summer holidays with his grandparents.

**groß** [ɡroːs]
Er verbringt den größten Teil seiner Freizeit mit seiner Familie.
Sie kommt aus einer großen Familie.

large
He spends most of his free time with his family.
She comes from a large family.

**reichen** [ˈraiçn]
Die Wurst müßte eigentlich für fünf Leute reichen.

be enough
There should be enough cold meat for five.

**genug** [ɡəˈnuːk]
Sieh nach, ob wir noch genug Äpfel haben, um einen Apfelkuchen zu backen!
Für heute haben wir genug gearbeitet.

enough
Have a look to see whether we've got enough apples to bake an apple cake.
We've worked enough for today.

**übrig** [ˈyːbrɪç]
Es ist noch ein Stück Erdbeerkuchen übrig. Wer möchte gerne das übrige Stück essen?

left over
There's still a piece of strawberry cake left over. Who wants to have the last piece?

**der Rest** [rɛst]
Heute gibt's die Reste von gestern.

remainder; leftover
Today we're going to have yesterday's leftovers.

**fehlen** [ˈfeːlən]
In der Kasse fehlt Geld.

be missing
There's money missing from the cash desk.

**etwas** [ˈɛtvas]
Möchten Sie mir etwas Wichtiges mitteilen?

something
Do you have something important you want to tell me?

**mehr** [meːɐ]
Wenn wir mehr Geld hätten, würden wir uns ein neues Auto kaufen.

more
If we had more money we'd buy a new car.

**doppelt** [ˈdɔplt]
Zum heutigen Fußballspiel kamen doppelt so viele Zuschauer wie letzte Woche.

double, twice
Twice as many people came to today's football match as came last week.

337

**so viele** [zo:ˈfi:lə]
**soviel** [zoˈfi:l]
Sie mußte am Monatsende sparen, weil sie am Anfang des Monats schon soviel Geld ausgegeben hatte.

Du kannst davon nehmen, soviel du willst.

**alle** [ˈalə]
Sie informierte alle Verwandten über den Tod ihrer Mutter.
Es wissen doch inzwischen alle, daß sie in dich verliebt ist.

**einzeln** [ˈaintsln]
Wenn Sie die Zitronen einzeln kaufen, sind sie etwas teurer als im Netz.

**alles** [ˈaləs]
Wenn Sie nicht alles verstanden haben, fragen Sie bitte!

**inbegriffen** [ˈɪnbəɡrɪfn]
Die Mehrwertsteuer ist im Preis inbegriffen.

**der Inhalt** [ˈɪnhalt]
Das Glas hat einen Inhalt von 0,2 Liter.

**leer** [leːɐ]
Die Flasche ist leer.

**voll** [fɔl]
Sein Glas ist noch voll.

**der Anteil** [ˈantail]
Der größte Anteil des Kapitals war im Besitz der Familie.

**gering** [ɡəˈrɪŋ]
Mein Vorschlag stieß auf geringes Interesse bei den Schülern.

**beliebig** [bəˈliːbɪç]
Sie können jeden beliebigen Betrag auf Ihr Konto einzahlen.

**die Anzahl** [ˈantsaːl]
Die Anzahl der Besucher steigt jährlich.

**die Masse** [ˈmasə]
Bei diesem Job kann man eine Masse Geld verdienen.

**der Haufen** [ˈhaufn]
Er fegte die Blätter zu einem Haufen zusammen.

so many, as many
so much, as much
She had to cut down on her spending at the end of the month because she'd spent so much money at the beginning of the month.
You can take as much as you want.

all; everyone
She informed all the relatives of her mother's death.
But everybody now knows that she's in love with you.

individual
If you buy individual lemons they are slightly more expensive than if you buy them in a net bag.

everything
If you haven't understood everything, please ask.

included
The price includes VAT.

content(s)
This glass contains 0.2 litres.

empty
The bottle is empty.

full
His glass is still full.

portion, share; proportion
Most of the capital belonged to the family.

low, small
The pupils showed little interest in my suggestion.

any
You can pay any amount you wish into your account.

number, amount
The number of visitors is increasing every year.

mass; lots
You can earn a fortune in this job.

pile
He swept the leaves into a pile.

**gesamte(r, s)** [gəˈzamtə (-tɐ, -təs)]
Er verlor sein gesamtes Vermögen.

total, entire
He lost all his money.

**überwiegend** [y:bɐˈvi:gnt, ˈy:bɐvi:gnt]
Der überwiegende Teil des Vermögens wurde in Aktien angelegt.

the vast majority of, most
Most of the money was invested in shares.

**lauter** [ˈlautɐ]
Er hat lauter neue Leute eingestellt.

nothing but
He's appointed a whole load of new people.

**meiste(r, s)** [ˈmaistə (-tɐ, -təs)]
Sie verbrachte die meiste Zeit mit ihren Kindern.
Den meisten fällt es nicht leicht, Deutsch zu lernen.

most
She spent most of the time with her children.
Most people find it difficult to learn German.

**verringern** [fɛɐˈrɪŋən]
Das Unternehmen verringerte die Zahl seiner Mitarbeiter.

reduce
The company reduced the number of employees.

**knapp** [knap]
Mit dem Auto braucht er von seiner Haustür bis zur Arbeit eine knappe Stunde.
Das kostet knapp 100 Mark.

close to, almost
He needs just under an hour to drive from home to work.

That costs just under a hundred marks.

**teilweise** [ˈtailvaizə]

partly, in places

**extra** [ˈɛkstra]
Die Getränke müssen extra bezahlt werden; sie sind nicht im Preis inbegriffen.

extra, separately
The drinks have to be paid for separately; they are not included in the price.

**zusätzlich** [ˈtsu:zɛtslɪç]
Wäre es möglich, eine Portion Kartoffeln zusätzlich zu bekommen? — Aber natürlich, mein Herr.

additional
Would it be possible to have a side order of potatoes? — But of course, sir.

die **Mehrzahl** [ˈme:ɐtsa:l]
In der Mehrzahl der Fälle gab es keine Probleme.

majority
In most cases there was no problem.

die **Quantität** [kvantiˈtɛ:t]

quantity

**zu** [tsu:]
Das Arbeitsamt übernahm zu einem großen Teil die Kosten.

to
The Department of Employment bore a large portion of the costs.

# 38 Raum

## Länge und Umfang

**groß** [gro:s]
Wie groß ist Ihre Wohnung?

large
How big is your flat?

**klein** [klain]
Das Badezimmer ist sehr klein.

small
The bathroom is very small.

**breit** [brait]
Der Wohnzimmerschrank ist 3 Meter breit, 2 Meter hoch und 60 Zentimeter tief.

wide
The living room cupboard is 3 metres wide, 2 metres high and 60 centimetres deep.

**hoch** [ho:x]

high

**tief** [ti:f]
Der See ist nicht sehr tief.

low; deep
The lake is not very deep.

**lang** [laŋ]
Ute hat langes, blondes Haar.

long
Ute has long, blond hair.

**kurz** [kʊrts]
Sie trägt gern kurze Röcke.

short
She likes to wear short skirts.

**niedrig** ['ni:drɪç]
In den Häusern der Altstadt sind die Zimmerdecken sehr niedrig.

low
The ceilings are very low in the houses in the old part of town.

**dick** [dɪk]
Die Wände des Bauernhauses sind ziemlich dick.

thick
The walls of the farmhouse are quite thick.

**schmal** [ʃma:l]
Ein schmaler Weg führt den Berg hinauf.

thin; narrow
There is a narrow path leading up the hill.

die **Fläche** ['flɛçə]
Niedersachsen hat eine Fläche von 47.344 Quadratkilometern.

(surface) area
The State of Lower Saxony covers an area of 47,344 square kilometres.

**riesig** ['ri:zɪç]
Sie haben ein riesiges Kinderzimmer.

huge
They have a huge children's bedroom.

die **Größe** ['grø:sə]
Die Größe des Grundstücks beträgt 150 m².

size
This plot of land is 150 m² in size.

der **Durchmesser** ['dʊrçmɛsɐ]
Unser runder Tisch hat einen Durchmesser von 1,50 Meter.

diameter
Our round table has a diameter of 1.5 metres.

die **Breite** ['braitə]
Im Prospekt finden Sie genaue Angaben zur Breite, Höhe und Tiefe des Strandkorbs.

width
You will find the exact figures for width, height and depth of the beach chair in the brochure.

| | |
|---|---|
| die **Höhe** ['hø:ə] | height |
| die **Tiefe** ['ti:fə] | depth |
| die **Länge** ['lɛŋə] | length |
| der **Umfang** ['ʊmfaŋ]<br>Wie groß ist der Umfang der Erde? —<br>Der Umfang der Erde beträgt 40 000 Kilometer. | circumference<br>What is the circumference of the earth?<br>— The earth has a circumference of 40,000 kilometres. |
| der **Rand** [rant]<br>Das Glas ist bis zum Rand voll. | edge, brim<br>The glass is full to the brim. |

## Ort und Bewegung

**wo** [vo:]
Wo ist der Bahnhof?

where
Where is the train station?

**sein** ⟨ist, war, gewesen⟩ [zain]
Das Theater ist in der Nähe des Marktplatzes.

be
The theatre is near the market square.

**in** [ɪn]
Haben Sie in der Küche genug Platz für eine Spülmaschine?
Bring bitte die Teller in die Küche.

in; into
Do you have enough room for a dishwasher in your kitchen?
Please take the plates into the kitchen.

**im** [ɪm]
Die Landkarten liegen im Auto.

in the
The maps are in the car.

**vor** [fo:ɐ]
Sie stellte sich vor den Spiegel, um sich anzusehen.

in front of
She stood in front of the mirror to look at herself.

**befinden (sich)** ⟨befand, befunden⟩ [bə'fɪndn]
Vor dem Gebäude befinden sich die Parkplätze.

be (located)

The parking spaces are in front of the building.

**neben** ['ne:bn]
Wir haben auf dem Parkplatz neben der Kirche geparkt.
Lege die Schlüssel bitte neben den Geldbeutel.

next to
We parked in the car park next to the church.
Please put the keys next to the wallet.

**an** [an]
Jemand ist an der Tür.
Sie ging an die Tür, um ihm aufzumachen.

at; to
Someone is at the door.
She went to the door to let him in.

**hinter** ['hɪntɐ]
Hinter dem Haus ist ein großer Garten.

Du bist größer als ich, also stelle dich bitte hinter mich.

behind
There is a large garden at the back of the house.
You are taller than me so please stand behind me.

341

**über** ['y:bɐ]
Über dem Tisch hängt eine Lampe.
Sie legte ihren Mantel über den Stuhl.

above; over
There's a light hanging above the table.
She put her coat over the back of the chair.

**auf** [auf]
Stellen Sie bitte die Gläser auf den Tisch.
Auf der Kommode stand ein Blumenstrauß.

on; on top of; onto
Please put the glasses on the table.
There was a bouquet on top of the chest of drawers.

**unter** ['ʊntɐ]
Der Hund sitzt unter dem Tisch.
Stellen sie bitte einen Teller unter die Tasse.

beneath, under
The dog is sitting under the table.
Please place a saucer under the cup.

**durch** [dʊrç]
Wir müssen quer durch die Stadt fahren, um meinen Vater zu besuchen.

through
We have to go right across town to visit my father.

**um ... herum** [ʊm ... hɛ'rʊm]
Die neue Straße soll nicht mehr durch das Dorf führen, sondern um das Dorf herum.

around
The proposed route for the new road takes it around the village and no longer through it.

**die Seite** ['zaitə]
Bitte gehen Sie etwas zur Seite.

side
Please move to one side.

**rechte(r, s)** ['rɛçtə (-tɐ, -təs)]
Das Postamt befindet sich auf der rechten Seite.

right(-hand)
The post office is on the right-hand side.

**linke(r, s)** ['lɪŋkə (-kɐ, -kəs)]
Auf der linken Seite sehen Sie nun das Museum für Moderne Kunst.

left(-hand)
On your left you can now see the Museum of Modern Art.

**innen** ['ɪnən]
Die Tür geht nach innen auf.
Das Haus muß innen und außen gestrichen werden.

inside
The door opens inwards.
The interior and the exterior of the house need to be painted.

**außen** ['ausn]
Wir haben uns das in Frage kommende Haus bereits von außen angesehen.

outside
We have already taken a look at the house in question from the outside.

**vorn(e)** [fɔrn, 'fɔrnə]
Die Doppelzimmer liegen alle nach vorn.

front
The double rooms all face the front.

**hinten** ['hɪntn]
Kinder müssen bis zum Alter von 11 Jahren im Auto hinten sitzen.

back, rear
Children up to the age of 11 must sit in the back of the car.

**oben** ['o:bn]
Von oben hörte er laute Stimmen.
Er sah mich von oben bis unten an.

at the top; up above; upstairs
He heard loud voices from upstairs.
He sized me up from head to toe.

**unten** ['ʊntn]
Unten wohnen die Untermieter.

down below; downstairs
Our sub-tenants live downstairs.

**überall** [y:bɐ'|al]
Ich habe meine Schlüssel schon überall gesucht, kann sie aber nirgends finden.

everywhere
I've looked for my keys everywhere but can't find them anywhere.

Ort und Bewegung — Raum 38

**nirgends** ['nɪrgnts] — nowhere

**die Stelle** ['ʃtɛlə] — place, point
Sie kennt eine schöne Stelle im Wald, wo man gut Picknick machen kann.
She knows a good spot in the woods for a picnic.

**der Ort** [ɔrt] — place; town
Nächste Woche findet die Versammlung an einem anderen Ort statt.
Next week the meeting will be held at a different venue.

**irgendwo** ['ɪrgnt'vo:] — somewhere (or other)
Irgendwo hier muß die Apotheke sein.
The dispensing chemist must be around here somewhere.

**nirgendwo** ['nɪrgnt'vo:] — nowhere
Heute abend gehe ich nirgendwo mehr hin!
I'm not going anywhere else tonight.

**weg** [vɛk] — away, gone
Wenn die Pässe weg wären, könnten wir nicht über die Grenze!
If we didn't have our passports we wouldn't be able to cross the border.

**drinnen** ['drɪnən] — inside
Im Haus drinnen war es ziemlich kühl.
It was quite cold inside the house.

**draußen** ['drausn] — outside
Sind die Kinder draußen?
Are the children outside?

**davor** [da'fo:ɐ, 'da:fo:ɐ] — in front of it
Am Fenster steht ein Schreibtisch. Davor steht ein Stuhl.
There's a desk at the window. In front of it is a chair.

**daneben** [da'ne:bn, 'da:ne:bn] — next to it
Rechts neben der Tür steht das Sofa. Daneben steht ein kleines Tischchen.
On the right-hand side of the door there is a sofa. Next to it is a small table.

**dahinter** [da'hɪntɐ, 'da:hɪntɐ] — behind it
In der Mitte des Zimmers steht ein Tisch mit Stühlen. Dahinter ist eine kleine Kommode aus Holz.
There are a table and chairs in the middle of the room. Behind them is a small wooden chest of drawers.

**darüber** [da'ry:bɐ, 'da:ry:bɐ] — above it

**darauf** [da'rauf, 'da:rauf] — on top of it
Siehst du den Tisch dort. Darauf kannst du das Paket legen?
Do you see that table over there? You can put that package on top of it.

**darunter** [da'rʊntɐ, 'da:rʊntɐ] — below it

**oberhalb** ['o:bɐhalp] — above
Die Talstation des Sessellifts befindet sich 500 m oberhalb der Dorfmitte.
The base station of the chair lift is 500 m above the centre of the village.

**unterhalb** ['ʊntɐhalp] — below
Wir wohnen gleich unterhalb der Kirche.
We live just down from the church.

**nebeneinander** [ne:bn|ai'nandɐ] — next to each other
Die zwei Freundinnen sitzen in der Schule nebeneinander.
The two friends sit next to each other in school.

| | |
|---|---|
| **grenzen** ['grɛntsn̩]<br>Ihr Grundstück grenzt an die Felder. | border<br>Their land borders the fields. |
| **vordere(r, s)** ['fɔrdərə (-rɐ, -rəs)]<br>Es wäre schön, wenn wir die vorderen Plätze bekämen. | front<br>It would be nice if we could get the front seats. |
| **hintere(r, s)** ['hɪntərə (-rɐ, -rəs)]<br>Von der hinteren Reihe aus konnte man die Bühne schlecht sehen. | rear<br>You couldn't see the stage very well from the back row. |
| der **Vordergrund** ['fɔrdəgrʊnt] | foreground |
| der **Hintergrund** ['hɪntəgrʊnt]<br>Der Hintergrund ist auf diesem Foto nicht scharf. | background<br>The background on this photo is out of focus. |
| die **Lücke** ['lʏkə] | gap |
| **waagerecht** ['va:gərɛçt] | horizontal |
| **senkrecht** ['zɛŋkrɛçt] | vertical |
| **quer** [kve:ɐ] | diagonal; at an angle to |

## Nähe und Distanz

| | |
|---|---|
| **hier** [hi:ɐ]<br>Sie fühlen sich hier wohl. | here<br>They feel happy here. |
| **da** [da:]<br>Da ist ein Blumenladen. | (over) there<br>There's a florist's over there. |
| **dort** [dɔrt]<br>Von dort drüben können Sie das Schloß gut fotografieren. | (over) there<br>Over there is a good spot for taking photos of the palace. |
| **weit** [vait]<br>Wie weit ist es bis zur nächsten Tankstelle? — Ungefähr zwei Kilometer. | far<br>How far is it to the next petrol station? — About two kilometres. |
| die **Nähe** ['nɛ:ə]<br>Die Universität liegt in der Nähe des Zentrums. | closeness, proximity<br>The university is near the city centre. |
| **bei** [bai]<br>Der Kiosk ist beim Bahnhof<br>Das ist ein Ort bei Köln.<br>Sie war heute beim Arzt. | at, close to<br>The kiosk is close to the station.<br>That's a place near Cologne.<br>She went to see the doctor today. |
| **gegenüber** [ge:gn̩'ly:bɐ]<br>Die Bushaltestelle ist gegenüber der Post. | opposite<br>The bus stop is opposite the post office. |
| **nebenan** [ne:bn̩'an]<br>Bei uns nebenan ist ein türkisches Restaurant. | next door<br>There is a Turkish restaurant next door to us. |

## Nähe und Distanz — Raum

**zwischen** ['tsvɪʃn]
Sie erhielten die Auskunft, daß zwischen dem Haus und dem Grundstück des Nachbarn mindestens drei Meter liegen müssen.

between
They were informed that a gap of at least three metres has to be left between the house and the neighbour's property.

**die Mitte** ['mɪtə]
Der Brunnen steht in der Mitte des Marktplatzes.

middle
The fountain is in the middle of the market square.

**die Entfernung** [ɛnt'fɛrnʊŋ]
Den Krach hörte man noch aus einiger Entfernung.

distance
You could hear the racket from quite a distance.

**nächste(r, s)** ['nɛːçstə (-tɐ, -təs)]
Sie steigt an der nächsten Haltestelle aus.

next
She's getting off at the next stop.

**letzte(r, s)** ['lɛtstə (-tɐ, -təs)]
Er ist an der letzten Station eingestiegen.

last
He got on at the last stop.

**nah(e)** [naː, 'naːə]
Der Kindergarten liegt nahe bei der Schule.
Sie können von hier aus zum Rathaus zu Fuß gehen, es ist ganz nah.

close
The nursery school is close to the school.
You can walk to the town hall from here, it's very close.

**dicht** [dɪçt]
Sie wohnen dicht an der Straße.

close
They live close to the road.

**direkt** [di'rɛkt]
Das Hotel ist direkt am Flughafen.

direct
The hotel is right next to the airport.

**die Gegend** ['geːgnt]
Hier in der Gegend gibt es viele Seen.

region, area
There are a lot of lakes in this area.

**dazwischen** [da'tsvɪʃn, 'daːtsvɪʃn]
Paßt Ihr Auto hier noch dazwischen?

in between
Can you get your car into that space?

**mitten** ['mɪtn]
Sie sucht eine Wohnung mitten in der Stadt.

in the middle of
She's looking for a flat in the centre of town.

**außerhalb** ['ausəhalp]
Sie haben eine Wohnung gefunden, die etwas außerhalb liegt.

outside
They have found a flat that's a bit out of town.

**drüben** ['dryːbn]
Markus ist drüben bei den Nachbarn.

over there
Markus is across the way at the neighbours'.

**dahinten** [da'hɪntn, 'daːhɪntn]

back there

**die Ferne** ['fɛrnə]
In der Ferne kann man die Alpen erkennen.

distance
You can make out the Alps in the distance.

**nähern (sich)** ['nɛːɐn]
Es ist verboten, sich den Seehunden zu nähern.

approach
It is forbidden to approach the seals.

**heran** [hɛ'ran]
Kommen Sie ruhig näher heran.

this way
Come closer.

**entfernen** [ɛnt'fɛrnən]
Der Einbrecher entfernte sich schnell von dem Haus, als der Hund zu bellen anfing.
Der Fleck wurde aus dem Mantel entfernt.

move away; remove
When the dog began to bark the burglar quickly made off.

The stain was removed from the coat.

die **Distanz** [dɪs'tants]
Die Distanz zwischen beiden Orten beträgt 100 Kilometer.

distance
The distance between the two towns is 100 kilometres.

# Richtung

**wohin** [vo'hɪn]
Wohin geht ihr heute nachmittag? — Ins Schwimmbad.

where (to)
Where are you going this afternoon? — To the swimming pool.

**nach** [na:x]
Er fährt nach Italien.

to
He's going to Italy.

**in** [ɪn]
Sie fahren über das Wochenende in die Schweiz.

to
They are going to Switzerland for the weekend.

**ins** [ɪns]
Wir wollen heute abend ins Kino.

into
We want to go to the cinema tonight.

**bis** [bɪs]
Ich begleite Sie noch bis zum Auto.

up to, as far as
I'll go with you to your car.

**zu** [tsu:]
Wohin soll ich Sie fahren? — Zum Flughafen, bitte.

to
Where do you want to go? — To the airport, please.

**an** [an]
Sie fährt jedes Jahr zwei Wochen ans Meer und eine Woche in die Berge.

to
Every year she takes a two-week holiday by the sea and a week's holiday in the mountains.

**gegen** ['ge:gn]
Sie ist gegen den Zaun gefahren.

against
She drove into the fence.

**woher** [vo'he:ɐ]
Woher kommen Sie? — Aus Rußland.

where from
Where are you from? — Russia.

**aus** [aus]
Wann kommen Sie aus dem Urlaub zurück?

from
When will you be back from your holiday?

**zurück** [tsu'rʏk]
Sind sie schon wieder zurück?

back
Are they already back?

**von** [fɔn]
Wann kommen Sie von der Arbeit zurück?

from
When do you get back from work?

Richtung · Raum **38**

**von ... nach** [fɔn ... naːx]
Dieser Zug fährt von Berlin nach München.

from ... to
This train goes from Berlin to Munich.

**von ... aus** [fɔn ... aus]
Von Hamburg aus können Sie einen Ausflug an die Ostsee machen.

from
From Hamburg you can take a trip to the Baltic coast.

**über** [ˈyːbɐ]
Um auf die Autobahn nach Bremen zu kommen, können wir entweder über die Elbbrücke oder durch den Elbtunnel fahren.
Wir sind über Zürich nach Bern gefahren.

over; across; via
In order to get onto the motorway to Bremen we can either go across the Elb bridge or through the Elb tunnel.

We travelled to Berne via Zurich.

**ab** [ap]
Der Flug nach Nairobi geht ab Zürich.

from
The flight to Nairobi leaves from Zürich.

**hin** [hɪn]
Der Flug hin war sehr angenehm.

the way out
The outward flight was very pleasant.

**her** [heːɐ]
Sie ging im Zimmer hin und her.
Geld her!

this way
She paced up and down the room.
Hand over your money!

**hinein** [hɪˈnain]
Ich fände es gut, wenn wir mit dem Auto bis in die Stadt hinein fahren würden.

into
I'd like it if we drove right into town.

**hinaus** [hɪˈnaus]
Sie fahren jedes zweite Wochenende hinaus aufs Land.

out
Every other weekend they drive out into the country.

**hinauf** [hɪˈnauf]
Gehen Sie schon hinauf. Ich komme sofort.

up
Go on up. I'll come up in a minute.

**hinunter** [hɪˈnʊntɐ]
Ich habe ein wenig Angst, daß Martha die Treppe hinunterfallen könnte.

down
I'm a bit worried that Martha could fall down the stairs.

**hinüber** [hɪˈnyːbɐ]
Sie rannte auf die andere Seite hinüber.

across
She ran across to the other side.

**herein** [hɛˈrain]
Herein!

in
Come in.

**heraus** [hɛˈraus]
Heraus aus dem Bett, es ist schon spät!

out
Get up, it's already late!

**herauf** [hɛˈrauf]
Die Ware wird mit der Seilbahn vom Tal heraufgebracht.

up
The goods are brought up from the valley by cable car.

**herunter** [hɛˈrʊntɐ]
Auf der Fahrt von Lübeck herunter hielten wir an drei Raststätten.
Für einen Anfänger kam Martin erstaunlich gut den Berg herab.

down
On our way down from Lübeck we stopped at three service stations.
For a beginner, Martin's descent was remarkably good.

**rauf, hoch** [rauf, hoːx]
Kommst du bitte hoch zu mir!

**runter** [ˈrʊntɐ]
Mama, darf ich runter auf die Straße?

**rüber** [ˈryːbɐ]
Ich gehe schnell rüber zu Oma und Opa.

**hierher** [ˈhiːɐ̯ˈheːɐ̯, ˈhiːɐ̯heːɐ̯]
Sie planten, bald wieder hierher zurückzukommen.

**dorthin** [ˈdɔrtˈhɪn, ˈdɔrthɪn]
Welche Straßenbahn fährt dorthin?

**daher** [daˈheːɐ̯, ˈdaːheːɐ̯]
Björn kann euch erzählen, was heute in Flensburg los war, er kommt gerade daher.

**irgendwohin** [ˈɪrgntvoˈhɪn]
Mir ist es egal, wohin wir fahren, Hauptsache irgendwohin.

**dahin** [daˈhɪn, ˈdaːhɪn]
Dahin gehe ich nie wieder!

**entlang** [ɛntˈlaŋ]
Sie machten einen Spaziergang am Fluß entlang.

**auseinander** [aʊslaɪˈnandɐ]
Ihr Arbeitsplatz und ihr Wohnort liegen nicht weit auseinander.

up
Could you come upstairs, please.

down
Mom, can I go down to the road?

across
I'm just popping over to see Grandma and Grandpa for a minute.

here
They planned to return here soon.

there
Which tram goes there?

from there
Björn can tell you what was going on in Flensburg today, he's just come from there.

(to) somewhere
I don't care where we go, as long as we go somewhere.

there
I'll never go back there again.

along
They went for walk along the river.

apart
The place where she works and the place where she lives aren't far apart.

# Zeit

## Tag

der **Tag** [taːk]
Die Tage vergingen wie im Flug.

day
The days just flew by.

**vergehen** ⟨verging, vergangen⟩ [fɛɐ̯'geːən]

go, pass

**gestern** ['gɛstɐn]
Wo wart ihr gestern?

yesterday
Where were you yesterday?

**heute** ['hɔytə]
Heute abend gehe ich ins Kino.

today
I'm going to the cinema this evening.

**morgen** ['mɔrgn̩]
Wann müssen Sie morgen früh aufstehen? — Um 7 Uhr.
Dienstag morgen hat sie frei.

tomorrow; morning
When do you have to get up tomorrow morning? — At 7.
She has Tuesday morning off.

**übermorgen** ['yːbɐmɔrgn̩]
Wenn du willst, können wir uns übermorgen treffen.

the day after tomorrow
If you want, we could meet the day after tomorrow.

der **Morgen** ['mɔrgn̩]
Sie steht jeden Morgen um 6 Uhr auf.

morning
She gets up at 6 every morning.

**morgens** ['mɔrgn̩s]
Es ist 9 Uhr morgens.

in the morning
It's 9 o'clock in the morning.

der **Vormittag** ['foːɐ̯mɪtaːk]
Der Deutschkurs findet jeden Vormittag von 9 bis 12 Uhr in den Räumen der Volkshochschule statt.

morning
The German class is held every morning from 9 a.m. until 12 noon at the Adult Education Centre.

**vormittag** ['foːɐ̯mɪtaːk]
Gestern vormittag hatte er einen Termin beim Hautarzt.

morning
He had an appointment to see the dermatologist yesterday morning.

**vormittags** ['foːɐ̯mɪtaːks]
Sie arbeitet vormittags in einer Bäckerei.

in the morning(s)
She works at a baker's in the mornings.

der **Mittag** ['mɪtaːk]
Über Mittag hat sie frei.

midday, noon
She has a break at lunch time.

**mittag** ['mɪtaːk]
Ich treffe dich morgen mittag.

midday, noon
I'll meet you tomorrow around lunch time.

**mittags** ['mɪtaːks]
Sie essen mittags warm.

at midday
They have a warm lunch.

der **Nachmittag** ['naːxmɪtaːk]
Sie verbrachte den ganzen Nachmittag mit ihren Kindern im Zoo.

afternoon
She spent the whole afternoon with her children at the zoo.

**nachmittag** ['na:xmɪta:k]
Haben Sie morgen nachmittag schon etwas vor?

in the afternoon(s)
Do you have anything planned for tomorrow afternoon?

**nachmittags** ['na:xmɪta:ks]

in the afternoon(s)

der **Abend** ['a:bnt]
Seine Kinder sitzen am Abend häufig vor dem Fernseher.

evening
His children often spend the evening in front of the TV.

**abend** ['a:bnt]
Morgen abend soll es voraussichtlich regnen.

evening
They have forecast rain for tomorrow evening.

**abends** ['a:bnts]
Was habt ihr in Berlin abends gemacht?

in the evening(s)
What did you do in the evenings while you were in Berlin?

die **Nacht** [naxt]

night

**nacht** [naxt]
Ich habe heute nacht schlecht geschlafen.

night
I slept badly last night.

**nachts** [naxts]
Nachts sinken die Temperaturen auf fünf Grad.

at night, in the night
At night the temperature drops to 5 degrees centigrade.

**täglich** ['tɛ:klɪç]
Die Zeitung erscheint täglich außer sonntags.

daily
The newspaper is published every day except Sunday.

**tagsüber** ['ta:ks|y:bɐ]
Tagsüber erreichen Sie mich unter folgender Nummer:

during the day
During the day you can contact me at the following number:

die **Mitternacht** ['mɪtɛnaxt]
Die Polizei vermutet, daß das Verbrechen um Mitternacht geschah.

midnight
The police suspect that the crime took place at midnight.

**vorgestern** ['fo:ɐgɛstɐn]

the day before yesterday

## Uhrzeit

**spät** [ʃpɛ:t]
Wie spät ist es?

late
What's the time?

die **Uhr** [u:ɐ]
Wieviel Uhr ist es? — Es ist 9 Uhr.
Er sah auf die Uhr.

watch; clock; hour of the day
What's the time? — It's 9 o'clock.
He looked at his watch.

**nach** [na:x]
Es ist zehn nach zwei.

past
It's ten past two.

das **Viertel** ['fɪrtl]
Um Viertel nach acht beginnt der Film.
Der letzte Bus fährt um Viertel vor elf.

quarter
The film begins at a quarter past eight.
The last bus leaves at a quarter to eleven.

# Uhrzeit — Zeit

**halb** [halp]

Er hat gesagt, daß er um halb zehn noch einmal anrufen wird.
Es ist drei (Minuten) vor halb fünf.

half *(implying half way to the next hour, not half past the previous hour)*

He said that he would phone again at half past nine.
It's twenty seven minutes past four.

**vor** [fo:ɐ]
Er kam fünf (Minuten) vor zwei.

to
He came at five to two.

**dreiviertel** ['drai'fɪrtl]
Es ist dreiviertel sechs.
In Süddeutschland sagt man statt „Viertel vor sechs" „dreiviertel sechs".

three-quarters
It's a quarter to six.
In southern Germany, people use the expression "dreiviertel sechs" to mean a quarter to six.

**die Sekunde** [zeˈkʊndə]

second

**die Minute** [miˈnuːtə]
Sie kam 20 Minuten zu spät zur Arbeit.

minute
She was 20 minutes late for work.

**die Stunde** [ˈʃtʊndə]
Von Stuttgart nach Flensburg fährt man mit dem Auto ungefähr neun Stunden.

hour
It's about a nine-hour drive from Stuttgart to Flensburg.

**die Zeit** [tsait]
Haben Sie die genaue Zeit? — Ja, es ist fünf nach halb neun.

time
Do you know the exact time? — Yes, it's twenty-five to nine.

**um** [ʊm]
Um wieviel Uhr beginnt die Theatervorstellung? — Um 20 Uhr.
Die meisten Restaurants und Kneipen schließen um 24 Uhr.

at
What time does the play begin? — At 8 p.m.
Most restaurants and pubs close at 12 midnight.

**von ... bis** [fɔn ... bɪs]
Wann sind Sie tagsüber zu Hause zu erreichen? — Von neun Uhr morgens bis drei Uhr nachmittags.

from ... until
When can I get hold of you on the phone at home? — From nine in the morning until three in the afternoon.

**ab** [ap]
Sie können mich ab sieben Uhr abends anrufen.

from (onwards)
You can call me anytime after seven in the evening.

**zwischen** [ˈtsvɪʃn]
Zwischen 11 und 12 Uhr gehe ich mit dem Hund spazieren.

between
I generally take the dog for a walk between 11 and 12.

**gegen** [ˈgeːgn]
Er hat versprochen, gegen acht Uhr zu kommen.

around
He promised to come around eight o'clock.

---

**vorgehen** ⟨ging vor, vorgegangen⟩ [ˈfoːɐgeːən]
Ich glaube, meine Uhr geht vor.

be fast

I think my watch is fast.

**nachgehen** ⟨ging nach, nachgegangen⟩ [ˈnaːxgeːən]

be slow

**stehenbleiben** ⟨blieb stehen, stehengeblieben⟩ [ˈʃteːənblaibn]
Seine Uhr ist stehengeblieben.

stop

His watch has stopped.

die **Viertelstunde** [fɪrtl'ʃtʊndə]
Die Nachrichten dauern eine Viertelstunde.

quarter of an hour
The news lasts for a quarter of an hour.

die **Dreiviertelstunde**
['draifɪrtl'ʃtʊndə]
Wann kommt er wieder? — In einer Dreiviertelstunde.

three quarters of an hour

When's he coming back? — In three quarters of an hour.

der **Punkt** [pʊŋkt]
Der Laden öffnete Punkt neun.

dot, point
The shop opened at nine sharp.

die **Sommerzeit** ['zɔmɐtsait]
Die Sommerzeit beginnt Ende März und endet Ende September.

summer time, daylight-saving time
Summer time begins at the end of March and finishes at the end of September.

# Datum

**wievielte(r, s)** [vi'fi:ltə, 'vi:fi:ltə (-tə, -təs)]
Der Wievielte ist heute? — Heute ist der fünfte Juli.
Den Wievielten haben wir? — Den achten Oktober.

what date

What date is it today? — Today is the fifth of July.
What date is it today? — The eighth of October.

das **Datum** ['da:tʊm]
Wissen Sie, welches Datum heute ist?

date
Do you know what date it is today?

**in** [ɪn]
Melden Sie sich bitte in vierzehn Tagen wieder.

in
Please contact us again in a fortnight.

**im** [ɪm]
Wir haben im August geheiratet.
Der Unfall passierte letztes Jahr im Winter.

in
We got married in August.
The accident occurred last winter.

**an** [an]
An welchen Tagen haben Sie Zeit?
An Ostern fahren wir nach Frankreich.

on
What days are you available?
We are going to France for Easter.

**am** [am]
Am Dienstag, den 30. August ist der Abteilungsleiter nicht im Haus.

on
The head of department will not be in the office on August 30th.

der **Anfang** ['anfaŋ]
Bis Anfang Juli ist er geschäftlich unterwegs.

beginning
He's away on business until the beginning of July.

die **Mitte** ['mɪtə]
Wir können die Ware frühestens Mitte August liefern.

mid
The earliest we can deliver the goods is mid-August.

das **Ende** ['ɛndə]
Er muß seinen Urlaub bis Ende des Jahres nehmen.

end
He has to take his holidays before the end of the year.

**wann** [van]
Wann kommst du uns besuchen? — Am Samstag nachmittag.

**bis** [bɪs]
Die Prüfungen sind bis Mitte Mai abgeschlossen.
In diesem Dorf gab es bis 1950 keinen elektrischen Strom.

**von ... bis** [fɔn ... bɪs]
Das Geschäft ist vom 15. Juli bis zum 15. August geschlossen.

**zu** [tsuː]
Zu Weihnachten habe ich ihm einen Fotoapparat geschenkt.

der **Kalender** [kaˈlɛndɐ]
Seine Sekretärin hat alle Termine in den Kalender eingetragen.

**spätestens** [ˈʃpɛːtəstns]
Bitte geben Sie Ihre Hausarbeiten bis spätestens Ende der Woche ab.

when *(as a question)*
When are you going to visit us? — On Saturday afternoon.

until; by
The exams will be over by mid-May.

This village had no electricity before 1950.

from ... until
The shop will be closed from July 15th until August 15th.

at
I gave him a camera for Christmas.

calendar; diary
His secretary noted down all his appointments in the diary.

at the latest
Please hand in your homework by the end of the week at the latest.

## Wochentage

die **Woche** [ˈvɔxə]
In der nächsten Woche habe ich jeden Abend eine Verabredung.
Diese Woche könnten wir uns am Dienstag abend oder am Freitag nachmittag treffen.

der **Montag** [ˈmoːntaːk]
Am Montag habe ich einen Termin bei meinem Anwalt.

der **Dienstag** [ˈdiːnstaːk]
Dienstag abend besucht sie einen Schreibmaschinenkurs.

der **Mittwoch** [ˈmɪtvɔx]
Mittwoch vormittags geht sie putzen.

der **Donnerstag** [ˈdɔnɐstaːk]
In der Nacht von Donnerstag auf Freitag fahren sie nach Dresden.

der **Freitag** [ˈfraitaːk]
Heute ist Freitag, der 30. März.

week
I've arranged to go out every evening next week.
This week we could meet on Tuesday evening or Friday afternoon.

Monday
On Monday I have an appointment to see my solicitor.

Tuesday
She attends a typing class on Tuesday evenings.

Wednesday
She has a cleaning job on Wednesday mornings.

Thursday
They are travelling overnight to Dresden, leaving on Thursday and arriving on Friday.

Friday
Today is Friday, March 30th.

der **Samstag**, der **Sonnabend** ['zamstaːk, 'zɔnlaːbnt]  
Saturday

der **Sonntag** ['zɔntaːk]  
Sunday

das **Wochenende** ['vɔxnlɛndə]  
Was machen Sie am Wochenende?  
weekend  
What are you doing on the weekend?

der **Werktag** ['vɛrktaːk]  
weekday, workday

der **Feiertag** ['faiɐtaːk]  
Fronleichnam ist nicht in allen Bundesländern ein Feiertag.  
public holiday, bank holiday  
The Feast of Corpus Christi is not a public holiday in all the German states.

**wöchentlich** ['vœçntlɪç]  
Die Zeitung „Die Zeit" erscheint wöchentlich.  
weekly  
The newspaper "Die Zeit" is published weekly.

der **Wochentag** ['vɔxntaːk]  
weekday

**montags** ['moːntaːks]  
Die Praxis ist montags bis freitags von 9 bis 12 Uhr und von 15 bis 18 Uhr geöffnet, außer Mittwoch nachmittags.  
on Mondays  
Surgery hours are from 9 a.m. to 12 noon from Mondays to Fridays and from 3 p.m. to 6 p.m., except for Wednesday afternoons.

**dienstags** ['diːnstaːks]  
on Tuesdays

**mittwochs** ['mɪtvɔxs]  
on Wednesdays

**donnerstags** ['dɔnɐstaːks]  
on Thursdays

**freitags** ['fraitaːks]  
on Fridays

**samstags** ['zamstaːks]  
on Saturdays

**sonntags** ['zɔntaːks]  
on Sundays

**vierzehn Tage** ['fɪrtseːn 'taːgə]  
Wir bleiben vierzehn Tage an der See.  
fourteen days; a fortnight, two weeks  
We are going to stay at the seaside for a fortnight.

## Monate

der **Monat** ['moːnat]  
Es wäre schön, wenn wir uns Ende des Monats sehen könnten.  
month  
It would be nice if we could get together at the end of the month.

der **Januar** ['januaːɐ]  
Anfang Januar war es dieses Jahr ziemlich kalt.  
January  
It was fairly cold at the beginning of this January.

der **Februar** ['feːbruaːɐ]  
Haben Sie im Februar oder im März Geburtstag? — Ich habe am 18. Februar Geburtstag.  
February  
When's your birthday, February or March? — My birthday is on February 18th.

der **März** [mɛrts]  
March

der **April** [a'prɪl]  
Wir werden uns im Laufe des Aprils entscheiden.  
April  
We will decide during April.

der **Mai** [mai] — May

der **Juni** ['juːni] — June

der **Juli** ['juːli] — July

der **August** [auˈgʊst] — August

der **September** [zɛpˈtɛmbɐ] — September
Veronika hat im September Geburtstag.
Veronika's birthday is in September.

der **Oktober** [ɔkˈtoːbɐ] — October
Der Oktober ist dieses Jahr besonders schön.
We are having a particularly nice October this year.

der **November** [noˈvɛmbɐ] — November
Am wievielten November hat Christoph Geburtstag?
When in November is Christoph's birthday?

der **Dezember** [deˈtsɛmbɐ] — December

## Jahr

das **Jahr** [jaːɐ] — year
Letztes Jahr hatte er viel zu tun.
He was very busy last year.
Sie wollen nach Möglichkeit nächstes Jahr umziehen.
If possible, they'd like to move to a new flat next year.

die **Jahreszeit** ['jaːrəstsait] — season; time of the year
Der Herbst ist die beste Jahreszeit, um in den Bergen zu wandern.
Autumn is the best time of year to go hiking in the mountains.

der **Frühling**, das **Frühjahr** ['fryːlɪŋ, 'fryːjaːɐ] — spring
Es wird Frühling.
Spring is coming.
Im Frühjahr wurde mit dem Bau des Hotels bereits begonnen.
They started work on the hotel in the spring.

der **Sommer** ['zɔmɐ] — summer

der **Herbst** [hɛrpst] — autumn *GB*, fall *US*

der **Winter** ['vɪntɐ] — winter
Letzten Winter sanken die Temperaturen bis minus 15 Grad.
Last winter the temperature fell to as low as minus 15.

das **Jahrhundert (Jh.)** [jaːɐˈhʊndɐt] — century
Im 20. Jahrhundert betrat der erste Mensch den Mond.
In the 20th century the first man walked on the moon.

das **Schaltjahr** ['ʃaltjaːɐ] — leap year
Alle vier Jahre ist ein Schaltjahr.
There is a leap year every four years.

**jahrelang** ['jaːrəlaŋ] — for years
Er schrieb jahrelang an seiner Doktorarbeit.
He spent years writing his thesis.

das **Jahrzehnt** [jaːɐˈtseːnt] — decade

## Zeitraum, Zeitdauer

**wie lange** [viː ˈlaŋə]
Wie lange bleiben Sie in Deutschland?

how long
How long will you be staying in Germany?

**lange** [ˈlaŋə]
Wir haben lange nichts mehr von euch gehört.

long
We haven't heard from you for a long time.

**dauern** [ˈdauɐn]
Es dauert einige Zeit, bis alles erledigt ist.

last, take
It'll take a while until everything is finished.

**die Zeit** [tsait]
Er fühlt sich schon seit einiger Zeit nicht wohl.

time
He's hasn't been feeling well for a while.

**die Weile** [ˈvailə]
Nehmen Sie bitte im Wartezimmer Platz. Es dauert eine Weile, bis Sie an der Reihe sind.

while
Please take a seat in the waiting room. It'll be a while before it's your turn.

**kurz** [kʊrts]
Sie kam kurz vor neun.

shortly
She came just before nine.

**im Laufe** [ɪm ˈlaufə]
Sie werden im Laufe der Zeit alle Mitarbeiter kennenlernen.

in the course of
You'll gradually get to know all the people who work here.

**während** [ˈvɛːrənt]
Während er telefonierte, klingelte es an der Haustür.

during
While he was on the phone, the doorbell rang.

**geschehen** ⟨geschieht, geschah, geschehen⟩ [ɡəˈʃeːən]
Der Mord geschah am 12. Oktober.

happen, take place

The murder took place on October 12th.

**innerhalb** [ˈɪnɐhalp]
Bitte melden Sie sich bei mir innerhalb von einer Woche.

within
Please contact me within a week.

**ereignen (sich)** [ɛɐ̯ˈaiɡnən]
Während ihr im Urlaub wart, hat sich nichts Neues ereignet.

happen, occur
Nothing happened while you were on holiday.

**vorkommen** ⟨kam vor, vorgekommen⟩ [ˈfoːɐ̯kɔmən]
Es kommt immer wieder vor, daß Kursteilnehmer unterschiedliche Voraussetzungen mitbringen.

occur

Those attending the course often have different levels of learning and ability.

**damals** [ˈdaːmaːls]
Damals wußten wir noch nicht, wie sich die Situation entwickeln würde.

at that time, back then
At that time we didn't know how the situation would develop.

**früher** [ˈfryːɐ]
Früher war die Umwelt noch nicht so verschmutzt wie heute.

earlier; at an earlier time
The environment used to be less polluted than it is today.

Zeitraum, Zeitdauer — Zeit

**vorhin** [foːeˈhɪn, ˈfoːehɪn]
Habt ihr vorhin Nachrichten gehört?

just now
Did you listen to the news just now?

**bisher** [bɪsˈheːɐ]
Bisher hatten wir keine Probleme mit den deutschen Behörden.

until now, so far
We haven't had any problems with the German authorities so far.

**vor** [foːɐ]
Vor zwei Wochen hörte ich, daß sie an den Wettkämpfen teilnehmen würde.

ago
Two weeks ago I heard that she was going to take part in the games.

**nach** [naːx]
Nach einer Woche hatten sie sich an das Klima gewöhnt.

after
After a week they had got used to the climate.

**in** [ɪn]
In drei Wochen beginnen in Baden-Württemberg die Sommerferien.

in
In Baden-Württemberg the summer holidays begin in three weeks' time.

**gleich** [glaɪç]
Ich werde die Sache gleich erledigen.

immediately; in a moment
I'll do it straight away.

**solange** [zoˈlaŋə]
Solange wir nichts Genaueres wissen, können wir nichts unternehmen.

as long as
We can't do anything until we know more.

**inzwischen** [ɪnˈtsvɪʃn]
Haben Sie inzwischen weitere Informationen erhalten?

in the meantime
Have you had any further information in the meantime?

**gleichzeitig** [ˈglaɪçtsaitɪç]
Bitte warte! Ich kann nicht telefonieren und gleichzeitig deine Fragen beantworten.

at the same time
Wait a minute, please. I can't talk on the phone and answer your questions at the same time.

---

der **Zeitraum** [ˈtsaitraum]

period of time

**dabei sein** [daˈbai zain]
Wir sind bereits dabei, die Sache zu prüfen.
Ich war nicht dabei, als ihr das besprochen habt.

be doing something; be present at
We are already looking into the matter.

I wasn't there when you discussed it.

**andauern** [ˈandauɐn]
Die Kämpfe im Kriegsgebiet werden weiter andauern.

continue
The fighting in the war zone will continue.

die **Dauer** [ˈdauɐ]
Über die Dauer der Krankheit kann der Arzt nichts Genaueres sagen.

duration
The doctor is unable to say exactly how long the illness will last.

**dauernd** [ˈdauɐnt]
Bei ihm ist das Telefon dauernd belegt.

all the time
His telephone is permanently engaged.

**ewig** [ˈeːvɪç]
Wir haben Marianne schon ewig nicht mehr gesehen.

eternally
We haven't seen Marianne for ages.

**vorläufig** [ˈfoːɐlɔyfɪç]
Vorläufig wird sich die Situation nicht ändern.

temporarily, for the time being
The situation will remain the same for the time being.

**vorübergehend** [foːɐ̯ˈryːbɐɡeːənt]
Der Laden ist vorübergehend geschlossen.

temporarily
The shop is closed temporarily.

**heutzutage** [ˈhɔytt͡suːtaːɡə]
Heutzutage ist es üblich, daß Frauen studieren.

nowadays
Nowadays it is normal for women to go to university.

**neuerdings** [ˈnɔyɐˈdɪŋs]
Ab und zu lese ich Frauenzeitschriften, um zu wissen, was neuerdings Mode ist.

recently, of late
I read women's magazines from time to time to keep in touch with the latest fashion trends.

**hindurch** [hɪnˈdʊrç]
Mein Neffe hat das ganze Jahr hindurch bei mir nicht angerufen.

throughout
My nephew hasn't called me at all this year.

**die Phase** [ˈfaːzə]
Die Forschung ist in eine neue Phase gekommen.

phase
Scientific research has entered a new phase.

**die Vergangenheit** [fɛɐ̯ˈɡaŋənhait]
Sie hat sich in der Vergangenheit wenig um ihre Eltern gekümmert.

past
In the past she hasn't done much for her parents.

**die Gegenwart** [ˈɡeːɡnvart]

present

**die Zukunft** [ˈt͡suːkʊnft]
Ich hoffe, daß er in Zukunft mehr für die Schule tut.

future
I hope he will work harder at school in future.

**im Begriff sein** [ɪm bəˈɡrɪf zain]
Er ist im Begriff, sich eine andere Arbeit zu suchen.

be on the point of; be in the process of
He's looking for a new job.

**vorbei** [foːɐ̯ˈbai]
Die Zeit des Wartens ist zum Glück vorbei.

over
Fortunately the waiting is over.

**kürzlich** [ˈkʏrt͡slɪç]
Kürzlich habe ich einen alten Freund wieder getroffen.

recently
I met an old friend recently.

**vor kurzem** [foːɐ̯ ˈkʊrt͡sm̩]
Ich habe erst vor kurzem davon erfahren.

recently
I only heard about it recently.

**längst** [lɛŋst]
Sie ist schon längst mit der Schule fertig.

for a long time (already)
She finished school a long time ago.

**neulich** [ˈnɔylɪç]
Neulich habe ich einen guten Film im Fernsehen gesehen.

recently
I saw a good film on TV recently.

**irgendwann** [ˈɪrɡnt'van]
Irgendwann einmal werde ich mir eine Videokamera kaufen.

sometime
I'm going to buy myself a video camera some day.

**kurzfristig** [ˈkʊrt͡sfrɪstɪç]
Sie sind dafür bekannt, daß sie auch kurzfristig Aufträge annehmen.

in the short term; at short notice
They are known for taking on work at short notice.

**langfristig** ['laŋfrɪstɪç]
Langfristig gesehen ist ihre Wohnung für die ganze Familie zu klein.

in the long term
In the long term their flat is too small for the whole family.

# Zeitpunkt

**wann** [van]
Wann findet das Fest statt?

when
When's the party?

**um** [ʊm]
Mir gefällt die Zeit um Weihnachten herum am besten.
Er steht meist um 7 Uhr auf.

around; at
I like the time around Christmas best of all.
He usually gets up at 7 o'clock.

**jetzt** [jɛtst]
Haben Sie jetzt Zeit für mich?

now
Do you have time for me now?

**nun** [nuːn]
Nun können wir nichts mehr für Sie tun.

now
There's nothing more we can do for you.

der **Moment** [mo'mɛnt]
Im Moment ist die Wirtschaft in einer Krise.

moment
The economy is going through a crisis at the moment.

der **Augenblick** ['augnblɪk, augn'blɪk]
Im Augenblick sind wir alle beschäftigt.

moment
We're all busy right now.

**gerade** [gə'raːdə]
Ich habe gerade im Radio gehört, daß es wegen Glatteis zu einem Unfall kam.

just
I just heard on the radio that there has been an accident on the icy roads.

**bevor** [bə'foːɐ]
Bevor Sie gekommen sind, habe ich ein Buch gelesen.

before
I was reading a book before you came.

**seit wann** [zait 'van]
Seit wann sind Sie in Deutschland?

since when
How long have you been in Germany?

**seit** [zait]
Ich bin seit drei Jahren in Deutschland.

since
I have been in Germany for three years.

**seitdem** [zait'deːm]
Seitdem wir umgezogen sind, haben wir genug Platz.
Er hat mir vor zwei Jahren geschrieben, seitdem habe ich nichts mehr von ihm gehört.

since (then)
We've got enough room now we've moved house.
He wrote to me two years ago and since then I've heard nothing more.

**als** [als]
Gerade als sie aus dem Haus gehen wollte, klingelte das Telefon.

when *(referring to a time in the past)*
She was about to leave the house when the phone rang.

**soeben** [zo'eːbn]
Wir haben soeben erfahren, daß seine Mutter gestorben ist.

just now
We've just heard that his mother has died.

**sofort** [zo'fɔrt]
Kommen Sie bitte sofort!

immediately
Please come straight away.

**von ... an** [fɔn ... an]
Von Januar an werden wir in Paris leben.

**ab** [ap]
Sie können ab neun Uhr vorbeikommen.

**sobald** [zo'balt]
Sagen Sie uns Bescheid, sobald Sie mit der Arbeit fertig sind.

**nachdem** [nax'de:m]
Nachdem sie mit ihm über ihre Probleme gesprochen hatte, fühlte sie sich besser.

**anfangen** ⟨fängt an, fing an, angefangen⟩ ['anfaŋən]
Wann fangen sie morgens an zu arbeiten?

**aufhören** ['aufhø:rən]
Hoffentlich hört er bald mit dem Bohren auf!

**beenden** [bə'lɛndn]
Am besten beenden wir jetzt unser Gespräch.

der **Zeitpunkt** ['tsaitpʊŋkt]
Jetzt ist der Zeitpunkt gekommen, um über diese Dinge zu sprechen.

**eben** ['e:bn]
Sie hat eben mit ihren Puppen gespielt.

**mitten** ['mɪtn]
Mitten im Sommer wurde es plötzlich ziemlich kalt.

**um ... herum** [ʊm ... hɛ'rʊm]
Um Ostern herum ist es meistens nicht mehr kalt.

**ehe** ['e:ə]
Ehe er es verhindern konnte, war es schon passiert.

**jemals** ['je:ma:ls]
Sollte sie dich jemals fragen, woher du das weißt, sage ihr nicht, daß ich es dir erzählt habe.

**im voraus** [ɪm fo'raus, 'fo:raus]
Er hat sich bereits im voraus bedankt.

**da** [da:]
Als der Arzt kam, da war es schon zu spät.

from ... onwards
We'll be living in Paris as of January.

from
You can come round after nine.

as soon as
Let us know as soon as you've finished your work.

after
She felt better once she had talked to him about her problems.

begin

What time do you start work in the morning?

stop (doing something)
I hope he's going to stop drilling soon.

finish
I think it would be best to end this conversation now.

point in time
Now is the time to talk about these things.

just now
She was playing with her dolls a minute ago.

in the middle of
In the middle of summer it suddenly turned quite cold.

around
It's usually no longer cold around Easter.

before
It happened before he could do anything to prevent it.

ever
If she should ever ask you how you know, don't tell her that I told her.

in advance
He already said thank you in advance.

then
By the time the doctor arrived it was too late.

360

der **Beginn** [bə'gɪn]
Zu Beginn der Veranstaltung spricht Herr Hansen.

beginning
The event will begin with an address by Mr Hansen.

**enden** ['ɛndn]
Das Semester endete mit einem Sommerfest.

end, finish
They rounded off the semester with a summer party.

## Subjektive zeitliche Wertungen

**schon** [ʃoːn]
Seid ihr schon fertig mit den Hausaufgaben?

already
Have you already finished your homework?

**rechtzeitig** ['rɛçttsaitɪç]
Es ist wichtig, daß wir rechtzeitig am Flughafen sind.

in time
It's important for us to be at the airport in good time.

**bereits** [bə'raits]
Wir haben bereits auf Sie gewartet.

already
We've been waiting for you.

**früh** [fryː]
Bin ich zu früh?

early
Am I too early?

**spät** [ʃpɛːt]
Gestern abend wurde es ziemlich spät.

late
We had a late night yesterday.

**bald** [balt]
Kommen Sie uns bald wieder besuchen.
Ich möchte das möglichst bald wissen.
Bis bald!

soon
Do visit us again soon.
I would like to know as soon as possible.
See you soon.

**noch** [nɔx]
Ich habe von ihm noch keine Nachricht erhalten.

still
I haven't heard from him yet.

**immer noch** ['ɪmɐ nɔx]
Er ist immer noch krank.

still
He's still ill.

**endlich** ['ɛntlɪç]
Endlich hat er Arbeit gefunden!

at last
He's found a job at last.

**schließlich** ['ʃliːslɪç]
Uns blieb schließlich nichts anderes mehr übrig, als zu gehen.

finally, in the end
In the end we had no choice but to go.

**plötzlich** ['plœtslɪç]
Plötzlich fing es an zu regnen.

suddenly
Suddenly it began to rain.

**kaum** [kaum]
Die Touristen hatten kaum Zeit, sich die Stadt richtig anzusehen.

scarcely, hardly
The tourists hardly had any time to have a good look around the city.

**eilen** ['ailən]
Die Sache eilt.

be urgent
This matter is urgent.

**rasch** [raʃ]

quick

**allmählich** [al'mɛːlıç]
Allmählich mußte sie erkennen, daß sie keine andere Wahl hatte.

gradual; gradually
She gradually realized that she had no other option.

**eher** ['eːɐ]
Sie hätten sich das eher überlegen müssen. Jetzt ist es zu spät.

earlier
You should have thought of that earlier. It's too late now.

# Häufigkeiten

**einmal** ['ainmaːl]
Ich war erst einmal in Japan.
Haben Sie schon einmal Schnecken gegessen?

once; ever
I've only been to Japan once.
Have you ever eaten snails?

**noch einmal** [nɔx 'ainmaːl]
Ich möchte dich noch einmal sehen, bevor du abreist.

(once) again
I'd like to see you again before you go away.

**noch mal** ['nɔx maːl]
Mach das bloß nicht noch mal!

(once) again
Don't you dare do that again!

**das Mal** [maːl]
Sie hat versprochen, nächstes Mal besser aufzupassen.

time
She promised to be more careful next time.

**manchmal** ['mançmaːl]
Er geht manchmal in den Park.

sometimes
He sometimes goes to the park.

**ab und zu** [ap ʊnt 'tsuː]
Ab und zu treffen sie sich beim Einkaufen im Supermarkt.

from time to time, occasionally
They occasionally meet while shopping at the supermarket.

**hin und wieder** [hɪn ʊnt 'viːdɐ]

now and again

**öfters** ['œftɐs]
Wir machen öfters zusammen Musik.

quite often, occasionally
We occasionally get together to play music.

**oft** [ɔft]
Gehen Sie oft ins Schwimmbad?

often
Do you often go swimming?

**wieder** ['viːdɐ]
Wir kommen bald wieder.

again
We'll be back soon.

**häufig** ['hɔyfıç]
Er ist häufig geschäftlich unterwegs.

frequently
He's often away on business.

**meistens** ['maistns]
Sonntag vormittags sind wir meistens zu Hause.

usually
We're usually at home on Sunday mornings.

**immer** ['ɪmɐ]
Sie ist zu ihren Kunden immer freundlich.

always
She's always courteous to her customers.

**nie** [niː]
Man sollte niemals nie sagen.

never
Never say never.

**jedesmal** ['je:dəs'ma:l]
Jedesmal wenn ich in der Schweiz bin, kaufe ich Schokolade.

every time, whenever
I buy chocolate whenever I'm in Switzerland.

**diesmal** ['di:sma:l]
Diesmal werde ich mich besser auf die Klassenarbeit vorbereiten.

this time
This time I'm going to study harder for the test.

**ein andermal** [ain 'andəma:l]
Es wäre besser, wenn wir uns ein andermal treffen könnten. Heute habe ich überhaupt keine Zeit.

another time
It would be better if we could meet some other time. I've got no time today.

**gelegentlich** [gə'le:gntlɪç]
Er hilft uns gelegentlich.

occasionally
He occasionally helps us out.

**unregelmäßig** ['ʊnre:glmɛ:sɪç]
Weil sie die Medikamente unregelmäßig einnahm, wirkten sie nicht richtig.

irregularly
Because she didn't take the medicine regularly, it didn't take effect.

**selten** ['zɛltn]
Sie sind selten zu Hause.

seldom, rarely
They're rarely at home.

**meist** [maist]
Den Beruf der Erzieherin wählen meist Frauen.

mostly
It's mostly women who choose to become nursery school teachers.

**mehrmals** ['me:ema:ls]
Sie kamen mehrmals zu spät zum Unterricht.

a number of times
They were late for class a number of times.

**mehrfach** ['me:efax]
Ich habe Sie bereits mehrfach gewarnt.

several times
I have already warned you on a number of occasions.

**ständig** ['ʃtɛndɪç]
Sie ist in letzter Zeit ständig schlecht gelaunt.

all the time, permanently
She's constantly in a bad mood lately.

**stets** [ʃte:ts]

always

**regelmäßig** ['re:glmɛ:sɪç]
Wenn Sie die Prüfung bestehen wollen, müssen Sie regelmäßig am Unterricht teilnehmen und Ihre Hausaufgaben machen!

regularly
If you want to pass the exam, you need to attend lessons regularly and do your homework.

## Abfolge, Reihenfolge

**erstens** ['e:estns]
Ich habe mir kein neues Kleid gekauft, weil ich erstens zuwenig Geld dabei hatte, zweitens die Auswahl an Kleidern sehr gering war, und ich drittens wenig Zeit hatte.

firstly
I didn't buy a new dress, firstly because I didn't have enough money on me, secondly because the choice of dresses was very limited and thirdly because I didn't have much time.

**zweitens** ['tsvaitns] — secondly

**drittens** ['drɪtns] — thirdly

**erst** [eːɐst] — first of all; only then
Du darfst erst weggehen, wenn du das Geschirr gespült hast.
You can't go out until you've done the dishes.
Erst studierte er gern, aber dann hatte er keine Lust mehr.
At first he enjoyed studying but then he lost interest.
Er ist erst 16.
He's only 16.

**zuerst** [tsuˈleːɐst] — first
Was sollen wir zuerst machen?
What should we do first?

**dann** [dan] — then
Wenn Sie den Haushalt gemacht haben, dann gehen Sie bitte mit den Kindern spazieren.
Please take the children out for a walk once you've done the housework.

**folgen** ['fɔlgn] — follow
Auf eine sonnige Woche folgten drei Tage Regen.
After a week of sunshine, we had three days of rain.

**nachher** [naːxˈheːɐ, ˈnaːxheːɐ] — afterwards
Dürfen wir nachher im Garten spielen?
Can we play in the garden afterwards?

**danach** [daˈnaːx, ˈdaːnaːx] — after that
Er schlief eine Stunde, und danach ging es ihm besser.
He slept for an hour and then he felt better.

**werden** ⟨wird⟩ ['veːɐdn] — will
Wir werden die Sache später besprechen.
We'll talk about it later.

**später** ['ʃpɛːtɐ] — later

**die Fortsetzung** ['fɔrtzɛtsʊŋ] — continuation
Die Fortsetzung folgt in wenigen Minuten.
To be continued in a few minutes.

**zuletzt** [tsuˈlɛtst] — in the end
Zuletzt war ihm alles egal.
In the end he didn't care about anything.
Wann wurde er zuletzt gesehen?
When was he last seen?

**der Schluß** [ʃlʊs] — end, conclusion
Zum Schluß haben wir ein Lied gesungen.
To round things off we sang a song.

**letzte(r, s)** ['lɛtstə (-tɐ, -təs)] — last
Letzte Woche schien hier jeden Tag die Sonne.
We had sunshine here every day last week.
Die letzte Straßenbahn fährt um 24 Uhr.
The last tram leaves at midnight.

**vergangene(r, s)** [fɛɐˈgaŋənə (-nɐ, -nəs)] — last, past
Im vergangenen Monat hatte sie wenig Zeit.
She didn't have much time last month.

**kommende(r, s)** ['kɔməndə (-dɐ, -dəs)] — coming, next
In der kommenden Woche werde ich das ganze Haus gründlich putzen.
I'm going to give the house a good clean next week.

364

Abfolge, Reihenfolge | Zeit

**nächste(r, s)** ['nɛːçstə (-tɐ, -təs)]
Nächstes Jahr geht er zum Studieren in die USA.
Sie sind als nächste/nächster an der Reihe.

next
He's going to the USA next year to study.
You're next.

**zunächst** [tsu'nɛːçst]
Ich will mich zunächst nur informieren und mich dann erst später entscheiden.

initially; for the time being
For the moment I just want information; I'll leave the decision till later.

**fortsetzen** ['fɔrtzɛtsn̩]

continue

**demnächst** [deːm'nɛːçst]
Demnächst in diesem Kino:

soon
Coming to this cinema soon:

**künftig** ['kʏnftɪç]
Künftig werde ich alles langfristiger planen.

in future
In future I'm going to plan more long-term.

**fortfahren** ⟨fährt fort, fuhr fort, fortgefahren⟩ ['fɔrtfaːrən]
Fahren Sie mit Ihrem Vortrag bitte fort.

continue

Please continue with your lecture.

die **Reihenfolge** ['raiənfɔlgə]
Laßt uns die Sache in umgekehrter Reihenfolge machen.

sequence, order
Let's do it the other way round.

**umgekehrt** ['ʊmgəkeːɐt]

the other way round

der **Anschluß** ['anʃlʊs]
Im Anschluß an die Rede folgte ein Kurzfilm.

follow-up
The speech was followed by a short film.

**hinterher** [hɪntɐ'heːɐ, 'hɪntɐheːɐ]
Hinterher weiß man immer alles besser.

afterwards
It's easy to be wise after the event.

**vorher** [foːɐ'heːɐ, 'foːɐheːɐ]
Das hätte ich vorher wissen müssen.

before
I needed to know that earlier.

**davor** [da'foːɐ, 'daːfoːɐ]
Die Messe findet Anfang Oktober statt. Davor muß noch viel vorbereitet werden.

before (it)
The trade fair is at the beginning of October. A lot of preparations have to be made beforehand.

**vorige(r, s)** ['foːrɪgə (-gɐ, -gəs)]
Vorige Woche war ein Artikel über die Bürgerinitiative in der Zeitung.

last
Last week there was an article in the newspaper about the pressure group.

**folgende(r, s)** ['fɔlgndə (-dɐ, -dəs)]
Übersetzen Sie bitte die folgenden Sätze ins Deutsche.

following
Please translate the following sentences into German.

**weitere(r, s)** ['vaitərə (-rɐ, -rəs)]
Sie müssen auf Ihr Visum wahrscheinlich weitere zwei Wochen warten.

further, additional
You will probably have to wait another two weeks for your visa.

der **Abschluß** ['apʃlʊs]
Bitte kommen Sie zum Abschluß.

end, conclusion
Could you please conclude your remarks.

# 40 Art und Weise, Vergleich, Veränderung

## Art und Weise

**die Art** [aːɐt]
Die Art und Weise, wie er seine Arbeit macht, gefällt uns sehr gut.

way
We really like the way he works.

**die Weise** ['vaizə]

way

**irgendwie** ['ɪrgnt'viː]
Wir werden es schon irgendwie schaffen.

somehow
We'll manage somehow.

**normalerweise** [nɔr'maːləvaizə]
Normalerweise dauert es einige Wochen, bevor man einen Termin beim Zahnarzt bekommt.

normally
You normally have to wait a few weeks before you get a dental appointment.

**im allgemeinen** [ɪm 'algə'mainən]
Die Lehrerin ist mit ihm im allgemeinen zufrieden.

in general
On the whole his teacher is pleased with him.

**üblich** ['yːplɪç]
In Deutschland ist es üblich, Kellnern und Kellnerinnen Trinkgeld zu geben.

normal, customary
It is customary to tip waiters and waitresses in Germany.

**ähnlich** ['ɛːnlɪç]
In bezug auf das Problem vertritt er eine ähnliche Ansicht wie ich.

similar
His view of the problem is similar to my own.

**so** [zoː]
Wir machen das so und nicht anders!

so, in that way
That's the way we're going to do it and no other way.

**anders** ['andɐs]
Sie hat es sich anders überlegt, sie kommt doch nicht mit.

differently
She's changed her mind, she's not coming after all.

**nur** [nuːɐ]
Wir haben nur noch wenig Geld.

only
We don't have much money left.

**vor allem** [foːɐ 'aləm]
Er interessiert sich vor allem für Kunst.

above all
He's mainly interested in art.

**besonders** [bə'zɔndɐs]
Sie ist besonders gut in Englisch.

particularly
She's particularly good at English.

**dringend** ['drɪŋənt]
Wir bräuchten dringend eine zusätzliche Mitarbeiterin.

urgently
We urgently need an additional member of staff.

**außerdem** ['ausɐdeːm, ausɐ'deːm]
Ich kann nicht mit euch zum Skifahren, weil ich keinen Urlaub mehr habe und außerdem meine Ski verliehen habe.

in addition
I can't go skiing with you because I don't have any holiday allowance left and what's more I've lent my skis to someone.

| Art und Weise | Art und Weise, Vergleich, Veränderung |

**besondere(r, s)** [bə'zɔndərə (-rɐ, -rəs)]
Dieses Buch dürfte für Sie von besonderem Interesse sein.
Während meiner Abwesenheit gab es keine besonderen Ereignisse.

special, particular
This book is likely to be of particular interest to you.
Nothing special happened while I was away.

**möglichst** ['møːklɪçst]
Er versucht, seine Arbeit möglichst gut zu machen.

if possible, as far as possible
He tries to do his job as well as he can.

**wenigstens** ['veːnɪçstns]
Haben Sie ihm wenigstens Bescheid gegeben?

at least
Did you at least tell him?

**zumindest** [tsu'mɪndəst]
Es kamen zumindest keine zusätzlichen Kosten auf sie zu.

at least
At least they had no additional costs.

**überhaupt** [yːbɐ'haupt]
Haben Sie überhaupt Interesse, bei uns mitzuarbeiten?

at all
Are you at all interested in working with us?

**das Gegenteil** ['geːgntail]
Ich bin nicht Ihrer Meinung. Im Gegenteil, ich meine, daß wir mit dem Projekt gut vorankommen.

opposite
I don't share your opinion. On the contrary, I think the project is making good progress.

**völlig** ['fœlɪç]
Er ist völlig durcheinander.

completely
He's totally confused.

**verschieden** [fɛɐ'ʃiːdn]
Sie sind in ihrer Art so verschieden, daß sie nichts miteinander anfangen können.

different
Their personalities are so different that they don't know how to relate to each other.

**welch** [vɛlç]
Welch eine Freude, Sie wiederzusehen!

what
How nice to see you again!

**solch** [zɔlç]
Wenn Sie nicht solch ein Glück gehabt hätten, hätte das Auto Sie überfahren.

such
If you hadn't been so lucky you would have been run over.

**gleichmäßig** ['glaiçmɛːsɪç]
Du solltest die Farbe gleichmäßig verteilen.

evenly
You should spread the paint evenly.

**einheitlich** ['ainhaitlɪç]
Meiner Meinung nach wäre es besser, wenn das Abitur in allen Bundesländern einheitlich wäre.

uniform
In my opinion it would be better if the school-leaving examination was standardised throughout all the states of Germany.

**einigermaßen** ['ainɪgɐ'maːsn]
Sie hat dieses Jahr in allen Fächern einigermaßen gute Noten.

somewhat, more or less
She got more or less good marks in all subjects this year.

**recht** [rɛçt]
Im Moment ist es recht schwer, Arbeit zu finden.

really
At the moment it's really difficult to find work.

**vollkommen** ['fɔlkɔmən]
Er hat vollkommen recht, wenn er nicht alles macht, was du willst.

**vollständig** ['fɔlʃtɛndɪç]
Sind Ihre Papiere vollständig?

**total** [to'ta:l]
Der Laden ist total ausverkauft.

**extra** ['ɛkstra]
Wir haben extra schnell gearbeitet, damit das diese Woche noch fertig wird.

**stark** [ʃtark]
Er zeigte starkes Interesse an einer Zusammenarbeit mit unserem Unternehmen.

**intensiv** [ɪntɛn'zi:f]
Es wird intensiv an der Entwicklung neuer Stoffe gearbeitet.

**beinahe** ['baina:ə, 'bai'na:ə, bai'na:ə]
Wir hätten beinahe unseren Flug verpaßt.

**vergeblich** [fɛɐ'ge:plɪç]
Leider war die ganze Mühe bisher vergeblich!

**rein** [rain]
Sie war an rein gar nichts interessiert.

das **Prinzip** [prɪn'tsi:p]
Im Prinzip wäre es gut, wenn wir diese Frage bald klären könnten.

**nebenbei** [ne:bn'bai]
Sie hatte sich nebenbei etwas dazu verdient.
Er hat das ganz nebenbei erwähnt.

**entsprechend** [ɛnt'ʃprɛçnt]
Er wird seinen Fähigkeiten entsprechend bezahlt.

completely
He's quite right not to do everything you want him to.

complete
Do you have all the documents you require?

totally
The shop has completely sold out.

especially
We worked especially fast to make sure it was ready this week.

strong
He showed a keen interest in collaborating with our company.

intensive
They are putting a lot of effort into the development of new materials.

almost
We almost missed our flight.

in vain
Unfortunately all that effort has been for nothing so far.

pure, sheer
She wasn't interested in anything.

principle
In principle it would be a good thing if we could clarify this question soon.

on the side; incidentally
She earned herself some extra money on the side.
He just mentioned it in passing.

correspondingly
His pay is commensurate with his abilities.

## Grad und Vergleich

der **Vergleich** [fɛɐ'glaiç]
Im Vergleich zu anderen ging es ihm sehr gut.

**vergleichen** ⟨verglich, verglichen⟩ [fɛɐ'glaiçn]
Vergleichen Sie bitte die beiden Texte miteinander!

comparison
He was better off than the others.

compare

Please compare the two texts.

## Grad und Vergleich — Art und Weise, Vergleich, Veränderung

**so ... wie** [zoː ... viː]
Er ist inzwischen so groß wie sein Vater.

as ... as
He's now as tall as his father.

**genauso ... wie** [gə'nauzoː ... viː]
Ich habe gehört, daß sie genauso gut in der Schule ist wie ihr Bruder.

just as ... as
I've heard that she's as successful as her brother at school.

**mehr ... als** ['meːɐ ... als]
Stimmt es, daß es in England mehr regnet als in Deutschland?

more ... than
Is it true that it rains more in England than in Germany?

**weniger ... als** ['veːnɪgɐ ... als]
Wir haben weniger Kontakt zu ihnen als früher.

less ... than
We don't really have as much contact with them as we used to.

**je ... um so** [jeː ... ʊm zoː]
Je höher wir kommen, um so dünner wird die Luft.

the ... the
The higher we climb, the thinner the air becomes.

**je ... desto** [jeː ... 'dɛsto]
Ihr werdet sehen, je mehr ihr trainiert, desto besser werden eure Leistungen.

the ... the
You'll see that the more you practice the better your performance will be.

**soviel wie** [zo'fiːl viː]
Wir haben soviel wie möglich gearbeitet.

as much as
We did as much work as we could.

**ein bißchen** [ain 'bɪsçən]
Könntet ihr euch ein bißchen beeilen?

a little
Could you hurry up a bit?

**ziemlich** ['tsiːmlɪç]
Der Mantel war ziemlich teuer.

fairly
The coat was rather expensive.

**sehr** [zeːɐ]
Unsere Firma hat sehr gute Kontakte ins Ausland.

very
Our company has very good contacts abroad.

**gar** [gaːɐ]
Sie haben gar kein Interesse daran, Deutsch zu lernen.

at all
They're not really interested in learning German at all.

**ganz** [gants]
Das ist etwas ganz anderes!

quite
That's a completely different matter.

**besser** ['bɛsɐ]
Er ist besser in der Schule als sein Freund.

better
He's doing better at school than his friend.

**beste(r, s)** ['bɛstə (-tɐ, -təs)]
Er war sein bester Freund.
Es wäre das beste, wenn Sie sich an unseren Chef wenden würden.

best
He was his best friend.
The best thing would be for you to approach our boss.

**höchstens** ['høːçstns]
Er ist höchstens 15 Jahre alt.

at most
He's 15 at the most.

**fast** [fast]
Zur Zeit haben sie fast nichts zu tun.

almost
Right now they've got next to nothing to do.

**bedeutend** [bə'dɔytnt]
Dieses Jahr kamen bedeutend weniger Touristen als im letzten Jahr.

significantly
Far fewer tourists came this year than last year.

369

**ebenso** ['e:bnzo:]
Ich halte ihn für ebenso gut wie seinen Kollegen.

just as
I think he's just as good as his colleague.

**ebenfalls** ['e:bnfals]
Er hat ebenfalls keine Ahnung von Autos.

also
He doesn't know anything about cars either.

das **Verhältnis** [fɛɐ'hɛltnɪs]
Im Verhältnis zu anderen hat er schnell Karriere gemacht.

comparison
In comparison to the others his career really took off.

der **Gegensatz** ['ge:gnzats]
Im Gegensatz zu ihrem Bruder ist sie sehr fleißig.

contrast
In contrast to her brother she's very hard-working.

**wesentlich** ['ve:zntlɪç]
Ich finde, daß er wesentlich jünger aussieht als sein zwei Jahre älterer Bruder.

much, significantly
I think he looks a lot younger than his brother who is two years older.

**verhältnismäßig** [fɛɐ'hɛltnɪsmɛ:sɪç]
Im Moment haben sie verhältnismäßig viel Schulden.

comparatively, relatively
At the moment they have relatively large debts.

**allzu** ['altsu:]
Es dürfte doch nicht allzu schwer sein, das zu verstehen.

all too
It shouldn't be that difficult to understand.

**äußerst** ['ɔysest]
Sie ist an deinem Bericht äußerst interessiert.

extremely
She's extremely interested in your report.

die **Spitze** ['ʃpɪtsə]
Wer steht an der Spitze des Unternehmens?
Das Ozon in der Luft erreichte heute Spitzenwerte.

top, peak
Who heads the company?

The concentration of ozone in the air reached extremely high levels today.

**maximal** [maksi'ma:l]

maximum

das **Minimum** ['mi:nimʊm]

minimum

das **Niveau** [ni'vo:]
Das Niveau der Teilnehmer ist recht unterschiedlich.

level
The level of proficiency of the people taking part varies considerably.

**unterschiedlich** ['ʊnteʃi:tlɪç]

different, differing

## Zustand und Veränderung

der **Fortschritt** ['fɔrtʃrɪt]
In der Aidsforschung wurden einige Fortschritte gemacht.

progress
There has been some progress in Aids research.

**entwickeln** [ɛnt'vɪkln]
Der kleine Betrieb entwickelte sich schnell zu einem großen Unternehmen.
Es wurde ein neues Medikament entwickelt.

develop
The small company soon grew into a large one.
A new medicine has been developed.

die **Entwicklung** [ɛnt'vɪklʊŋ]
Sie konnten kaum mit der Entwicklung Schritt halten.
Es wird an der Entwicklung weiterer Kühlschränke ohne FCKWs gearbeitet.

development
They were barely able to keep pace with new developments.
Work continues on the development of new refrigerators which work without CFCs.

der **Unterschied** ['ʊntɐʃiːt]
Der Unterschied zwischen arm und reich wird immer größer.

difference
The gap between rich and poor is becoming ever greater.

**weiter** ['vaitɐ]
Die Situation hat sich für die Bevölkerung weiter verschlechtert.

further
For the population, the situation has worsened even further.

das **Ergebnis** [ɛɐ'geːpnɪs]
Wir geben das Ergebnis der Wahlen sobald wie möglich bekannt.

result
We will announce the results of the election as soon as possible.

**verändern** [fɛɐ'lɛndɐn]
Er hat sich in letzter Zeit stark verändert.
Das Ozonloch verändert das Klima.

change
He's changed a lot recently.
The hole in the ozone layer is affecting the climate.

die **Veränderung** [fɛɐ'lɛndərʊŋ]
Die Veränderungen in unserer Abteilung bleiben auch für die anderen Abteilungen nicht ohne Folgen.

change
The changes in our department will also have consequences for the other departments.

**führen** ['fyːrən]
Sind Sie der Meinung, daß die Gespräche zu einer Lösung führen?

lead
Do you think that the talks will lead to a solution?

**entstehen** ⟨entstand, entstanden⟩ [ɛnt'ʃteːən]
Ich glaube, daß dadurch noch mehr Probleme entstehen würden.

arise

I think that would lead to even more problems.

**verbessern** [fɛɐ'bɛsɐn]
Obwohl er die Klasse wiederholt hatte, verbesserten sich seine Noten nicht sehr.
Er meint, daß er seine Chancen auf einen Arbeitsplatz durch Computerkenntnisse verbessern kann.

improve
Although he repeated the year, his marks did not improve.
He thinks that his chances of finding a job will improve if he gains computer skills.

**verschlechtern** [fɛɐ'ʃlɛçtɐn]
Ihre Krankheit verschlechtert sich täglich.
Wenn Sie sich weiterhin so benehmen, verschlechtern Sie Ihre Lage noch mehr.

worsen
Her illness is getting more severe by the day.
If you continue to behave like that you'll make the situation even worse for yourself.

**vorhanden sein** [foːɐ'handn zain]
Soweit ich weiß, sind genug Möglichkeiten vorhanden. Sie müßten nur entsprechend genutzt werden.

be present
As far as I know there are opportunities enough. They just need to be exploited.

## Art und Weise, Vergleich, Veränderung — Zustand und Veränderung

**senken** ['zɛnkn]
Die Steuern werden in nächster Zeit bestimmt nicht gesenkt werden.

reduce
You can be sure that taxes are not going to be cut in the near future.

**steigen** ⟨stieg, gestiegen⟩ ['ʃtaign]
Im letzten Jahr sind die Preise um vier Prozent gestiegen.

increase
Prices increased by 4 per cent last year.

das **Ereignis** [ɛɐ'|aignɪs]

event, happening

die **Gelegenheit** [gə'le:gnhait]
Hatten Sie Gelegenheit, mit ihr zu sprechen?
Ich werde bei der nächsten Gelegenheit mit ihm darüber sprechen.

opportunity
Have you had a chance to talk to her?

I will talk to him about it at the first opportunity.

**unterbrechen** ⟨unterbricht, unterbrach, unterbrochen⟩ [ʊntɐ'brɛçn]
In den privaten Sendern werden die Filme für Werbung mehrmals unterbrochen.

interrupt

On the private TV channels, feature films are interrupted several times for commercials.

der **Ursprung** ['u:ɐʃprʊŋ]

origin

**ursprünglich** ['u:ɐʃprʏŋlɪç, u:ɐ'ʃprʏŋlɪç]
Ursprünglich war ein anderer Ort für die Konferenz geplant.

originally
Originally they had planned to hold the conference at a different venue.

die **Grundlage** ['grʊntla:gə]
Wenn Ihnen die Grundlage der deutschen Grammatik fehlt, sollten Sie einen Anfängerkurs besuchen.

basis
If you haven't mastered the fundamentals of German grammar you should attend a course for beginners.

die **Änderung** ['ɛndərʊŋ]
Die Änderung des Gesetzes stieß bei vielen Bürgern auf Widerstand.

change
The change in the law met with opposition from many people.

**vorankommen** ⟨kam voran, vorangekommen⟩ [fo'rankɔmən]
Kommt ihr mit eurer Arbeit einigermaßen voran?

make progress

Are you making reasonable progress with your work?

**erzeugen** [ɛɐ'tsɔygn]
Die Zunahme der Umweltverschmutzung und ihre Folgen erzeugen insbesondere bei Jugendlichen Angst vor der Zukunft.

produce
Increasing environmental pollution and its consequences have generated fear of the future, particularly among young people.

**insbesondere** [ɪnsbə'zɔndərə]

particularly

die **Folge** ['fɔlgə]

consequence

die **Auswirkung** ['ausvɪrkʊŋ]
Die Auswirkungen werden sich erst Jahre später zeigen.

effect
The effects will not be apparent for many years to come.

**ansteigen** ⟨stieg an, angestiegen⟩ ['anʃtaign]
Die Lohnkosten steigen jährlich an.

increase

Labour costs increase every year.

**nachlassen** ⟨läßt nach, ließ nach, nachgelassen⟩ ['naːxlasn̩]
Der Regen läßt allmählich nach.

diminish

The rain is easing off.

**durcheinander** [dʊrçlaiˈnandə]
Die Seiten sind durcheinander, ich muß sie erst in die richtige Reihenfolge bringen.

confused; mixed up
The pages are mixed up; I need to sort them first.

das **Chaos** [ˈkaːɔs]

chaos, mess

# Ursache, Wirkung, Ziel und Zweck

**warum** [vaˈrʊm]
Warum steckt die Wirtschaft in der Krise?

why
Why is there an economic crisis?

**wieso** [viːˈzoː]
Wieso dürfen wir den Krimi nicht sehen?

why, how come
Why can't we watch the thriller?

**weil** [vail]
Weil ihr um 8 Uhr ins Bett müßt.

because
Because you have to go bed at 8 o'clock.

**da** [daː]
Da wir es nicht eilig haben, können wir ein paar Minuten warten.

since, because
Since we're not in a hurry, we can wait a couple of minutes.

die **Ursache** [ˈuːɐ̯zaxə]
Bisher konnte die Ursache des Feuers nicht festgestellt werden.

cause
They have not yet been able to identify the cause of the fire.

**einzig** [ˈaintsɪç]
Der einzige Zeuge ist noch bewußtlos.

only, single
The only witness is still unconscious.

**wegen** [ˈveːgn̩]
Das Flugzeug kann wegen des dichten Nebels nicht auf dem Köln-Bonner Flughafen landen.

because of
Because of thick fog, the plane is unable to land at Cologne-Bonn airport.

**also** [ˈalzo]
Wir haben keinen Zucker mehr; also muß ich welchen kaufen.

therefore
We're out of sugar; so I need to get some.

**aufgrund** [aufˈgrʊnt]
Aufgrund der finanziellen Situation kann das Arbeitsamt diese Maßnahmen nicht mehr finanzieren.

due to, on the basis of
As a result of the financial situation, the Department of Employment can no longer afford these programmes.

der **Grund** [grʊnt]

reason

**deswegen** [ˈdɛsˈveːgn̩]
Ich war gerade unter der Dusche und konnte dir deswegen die Tür nicht öffnen.

for that reason
I wasn't able to let you in because I was just taking a shower.

**deshalb** [ˈdɛsˈhalp]
Er bekam keinen Urlaub und konnte deshalb nicht wegfahren.

for that reason
He wasn't allowed to take any holiday so he couldn't get away.

**abhängig sein** ['aphɛŋɪç zain]
Ist die Arbeitslosenhilfe auch vom Einkommen meines Mannes abhängig? — Ja.

be dependent
Does the amount of unemployment benefit I get depend upon my husband's income? — Yes, it does.

**verursachen** [fɛɐ'|uːɐzaxn]
Die Versicherung desjenigen, der den Unfall verursacht hat, muß zahlen.

cause
The insurance of the person who caused the accident has to pay.

**um ... zu** [ʊm ... tsuː]
Er hat Erdbeeren mitgebracht, um einen Erdbeerkuchen zu machen.

in order to
He brought some strawberries to make a strawberry cake.

**wozu** [voˈtsuː]
Wozu benötigen Sie den Mixer?

for what reason, why
What do you need the mixer for?

**wofür** [voˈfyːɐ]
Wofür lernen Sie Russisch?

for what reason, why
Why are you learing Russian?

**damit** [daˈmɪt]
Ich lerne Russisch, damit ich mich in Rußland mit den Leuten unterhalten kann.

so that
I'm learning Russian so that I can talk to people when I'm in Russia.

**dafür** [daˈfyːɐ]
Ich hoffe, daß Sie dafür Verständnis haben.

for that
I hope you understand my reasons.

**abhängen** ⟨hing ab, abgehangen⟩ ['aphɛŋən]
Ich weiß noch nicht, ob ich mitkommen kann; das hängt ganz davon ab, ob ich Urlaub bekomme.

depend
I don't know if I can come; it depends entirely upon whether I can get leave.

**darum** [daˈrʊm]
Ihr Visum wurde nicht verlängert. Darum mußte sie die Bundesrepublik Deutschland verlassen.

for that reason
Her visa was not extended. As a result she had to leave Germany.

**daher** [daˈheːɐ, ˈdaːheːɐ]
Meine Frau ist krank, und daher können wir Ihre Einladung leider nicht annehmen.

that's why
I'm afraid we can't take up your invitation because my wife is ill.

der **Zweck** [tsvɛk]
Für welchen Zweck sammelt das Deutsche Rote Kreuz Geld?

purpose
What does the Red Cross collect money for?

**dienen** ['diːnən]
Die Veranstaltung dient einem guten Zweck.

serve
The event is being held in aid of charity.

# Strukturwörter

## Artikel

**der** [deːɐ]
Der Mann geht die Treppe hinauf.

the
The man is going up the stairs.

**die** [diː]
Mir gefällt die Lampe sehr gut.
Sie hat sich die Haare schneiden lassen.

the
I like the lamp very much.
She's had her hair cut.

**das** [das]
Haben Sie das Paket schon auf der Post abgeholt?

the
Have you collected the parcel from the post office yet?

**ein(e)** [ain, 'ainə]
Wir haben einen Hund und eine Katze.

one; a
We've got a dog and a cat.

## Demonstrativa

**diese(r, s)** ['diːzə (-zɐ, -zəs)]
Wir hätten gerne zwei Kilo von diesen Tomaten.

this; these
We'd like two kilos of these tomatoes.

**selbst** [zɛlpst]
Sie hat das Kleid selbst genäht.
Wir haben das selbst gesehen.

self
She made the dress herself.
We saw it with our own eyes.

**selber** ['zɛlbɐ]
Du mußt selber wissen, was du tust.

self
It's up to you what you do.

**solche(r, s)** ['zɔlçə (-çɐ, -çəs)]
Bei einer solchen Hitze kann ich nicht arbeiten.

such
I can't work when it's so hot.

**jene(r, s)** ['jeːnə (-nɐ, -nəs)]
Dieser Kugelschreiber schreibt besser als jener.

that; those
This ball-point pen writes better than that one.

**derselbe, dieselbe, dasselbe**
[deːɐ'zɛlbə, diː'zɛlbə, das'zɛlbə]
Sie ist derselben Meinung wie ihr Bruder.

the same

She and her brother are of the same opinion.

**derjenige, diejenige, dasjenige**
['deːɐjeːnɪgə, 'diːjeːnɪgə, 'dasjeːnɪgə]
Derjenige, der mein Auto am Mittwoch vormittag auf dem Parkplatz hinter der Mensa beschädigt hat, soll sich bei mir melden.

the one; the person

The person who damaged my car on Wednesday morning in the car park behind the students' cantine should contact me.

# Indefinita

**etwas** ['ɛtvas]
Hast du dir etwas zu Lesen mitgenommen?

something
Did you bring something to read?

**nichts** [nɪçts]
Nein, ich habe nichts dabei.

nothing
No, I haven't got anything with me.

**man** [man]
In Deutschland und in Österreich spricht man Deutsch.

one
German is spoken in Germany and Austria.

**jemand** ['je:mant]
Wißt ihr, ob bei Walters jemand zu Hause ist?

someone, anyone
Do you know if anyone's at home at the Walters' place?

**niemand** ['ni:mant]
Wir haben niemanden auf der Straße gesehen.

no one, nobody
We saw nobody on the street.

**keine(r, s)** ['kainə (-nɐ, -nəs)]
Er hat für Martin noch kein Geschenk.

none
He still doesn't have a present for Martin.

Ich habe nach Fehlern gesucht, habe aber keinen gefunden.
Keine der Blusen hat mir gefallen.
Keiner hat die richtige Antwort gewußt.

I looked for mistakes but didn't find any.
I didn't like any of the blouses.
No one knew the right answer.

**alle** ['alə]
Ich habe ihr gesagt, daß sie alle Gläser noch einmal spülen soll.
Wir alle haben den Urlaub sehr genossen.
Alle haben sich gefreut.
Sie hat sehr viele Bücher, die sie alle gelesen hat.

all; everyone
I told her to clean all the glasses again.

We all enjoyed the holiday very much.

Everyone was pleased.
She has a lot of books, and she has read them all.

**alles** ['aləs]
Habt ihr alles aus dem Auto mitgebracht?

everything
Have you brought everything from the car?

**eine(r, s)** ['ainə (-nɐ, -nəs)]
Wenn wenigstens einer von euch zufrieden ist.
Von den Mädchen hat ihm eine besonders gefallen.

one, someone
If at least one of you is happy.

He liked one of the girls especially.

**ein(e)s** [ains, 'ainəs]
Ich rate dir nur eines: Tu das nicht!

one thing
I'm telling you, don't do it!

**andere(r, s)** ['andərə (-rɐ, -rəs)]

another; someone else; something else

Wir haben eine andere Lösung gefunden.
Leider liebt sie einen anderen.
Das ist etwas anderes.

We've found an alternative solution.

Unfortunately she loves someone else.
That's a different matter.

376

**irgend etwas** ['ɪrgnt 'ɛtvas]
Kann ich dir irgend etwas mitbringen?

something (or other)
Can I get you anything?

**irgend jemand** ['ɪrgnt 'jeːmant]
Irgend jemand hat mir das erzählt.

somebody (or other)
Somebody told me.

**jedermann** ['jeːdəman]
Jedermann weiß, wieviel Mühe du dir gibst.

everyone
Everyone knows how much effort you make.

**irgendeine(r, s)** ['ɪrgnt'|aɪnə (-nɐ, -nəs)]
Hast du irgendeine Idee, was wir Mama zum Geburtstag schenken können?

some; any

Have you any idea what we could get Mom for her birthday?

**manche(r, s)** ['mançə (-çɐ, -çəs)]
Mancher wäre froh, wenn er es so gut hätte wie du.

some
Some people would be only too happy to be in your position.

## Personalpronomen

**ich** [ɪç]

I

**du** [duː]

you *(familiar, singular)*

**er** [eːɐ]

he; it

**sie** [ziː]

she; it

**es** [ɛs]
Da ist das Kind ja, es kommt wohl gerade aus der Schule.

he; she; it
Look, there's the child now, I suppose he's just coming home from school.

**wir** [viːɐ]

we

**ihr** [iːɐ]

you *(familiar, plural)*

**sie** [ziː]

they

**Sie** [ziː]
Haben Sie ein Zimmer frei?
Ich hoffe, daß Sie alle mit unserer Küche zufrieden waren.

you *(formal, singular and plural)*
Do you have a vacancy?
I hope that you were all happy with the food we served.

## Personalpronomen im Akkusativ

**mich** [mɪç]
Haben Sie mich rufen lassen?

me
You wanted to see me?

**dich** [dɪç]
Wir haben dich die ganze Zeit gesucht.

you
We've been looking for you the whole time.

**ihn** [iːn]
Sie hat ihn in der Stadt mit seiner neuen Freundin gesehen.

him
She saw him in town with his new girlfriend.

**sie** [ziː]
Warst du diese Woche schon bei Oma? — Ja, ich habe sie am Dienstag besucht.

her
Have you been to see Granny yet this week? — Yes, I visited her on Tuesday.

**es** [ɛs]
Können Sie mein Kind vom Kindergarten abholen? — Ja, ich hole es gerne ab.

it; he, she *(of children)*
Could you collect my child from nursery school? — Yes, I'd be happy to.

**uns** [ʊns]
Meine Eltern haben uns zum Essen eingeladen.

us
My parents have invited us out for a meal.

**euch** [ɔyç]
Wir laden euch zur Party ein.

you *(familiar, plural)*
We'd like to invite you to the party.

**sie** [ziː]
Wissen deine Eltern Bescheid? — Ja, ich habe sie angerufen.
Ich unterrichte lieber Mädchen als Jungen; ich finde sie einfach aufmerksamer.

them
Do your parents know? — Yes, I rang them.
I prefer teaching girls rather than boys; I find them more attentive.

**Sie** [ziː]
Darf ich Sie zu einer Tasse Kaffee einladen?
Meine Damen und Herren, darf ich Sie darauf aufmerksam machen, daß wir in 20 Minuten weiterfahren.

you
Would you care to join me for a cup of coffee?
Ladies and gentlemen, I wish to draw your attention to the fact that we will resume our journey in 20 minutes.

# Personalpronomen im Dativ

**mir** [miːɐ]
Paßt Ihnen die rote Hose? — Ja, sie paßt mir.

me
Do the red trousers fit you? — Yes, they fit me.

**dir** [diːɐ]
Habe ich dir schon gesagt, daß ich nächstes Jahr nach Amerika gehe?

you
Have I told you that I'm going to America next year?

**ihm** [iːm]
Ich habe ihm bereits mitgeteilt, um wieviel Uhr Herr Krüger auf dem Flughafen ankommt.
Haben Sie dem Baby schon etwas zu essen gegeben? — Ja, ich habe ihm schon etwas gegeben.

him
I've already told him what time Mr Krüger will be arriving at the airport.
Have you already fed the baby? — Yes, I've already fed him.

**ihr** [iːɐ]
Es tut ihr sehr leid, daß sie Sie nicht persönlich abholen konnte.

her
She's very sorry but she wasn't able to pick you up in person.

**uns** [ʊns]
Er hilft uns.

us
He helps us out.

**euch** [ɔyç]
Haben sie sich schon bei euch für das Geschenk bedankt?

you
Have they already thanked you for the present?

Reflexivpronomen · Strukturwörter

**ihnen** [ˈiːnən]
Das Auto gehört ihnen.

them
It's their car.

**Ihnen** [ˈiːnən]
Haben sie Ihnen schon geschrieben? —
Ja, sie haben mir eine Karte geschickt.
Gefällt es Ihnen bei uns? — Ja, es gefällt
uns hier sehr gut.

you
Have they already written to you? —
Yes, they sent me a card.
Are you having a good time here? —
Yes, we really like it here.

## Reflexivpronomen

**mich** [mɪç]
Ich habe mich schnell an die neue Umgebung gewöhnt.

myself
I quickly got used to my new surroundings.

**dich** [dɪç]
Hast du dich heute morgen schon gewaschen?

yourself
Have you already had a wash this morning?

**sich** [zɪç]
Während sie sich duschte, hat er sich rasiert.
Das Kind hat sich abgetrocknet.

oneself
He had a shave while she was under the shower.
The child dried himself.

**uns** [ʊns]
Wir haben uns mit dem Thema beschäftigt.

ourselves
We have looked into the matter.

**euch** [ɔyç]
Habt ihr euch um Raphael gekümmert?
— Ja, wir haben mit ihm gespielt.

yourselves
Did you look after Raphael? — Yes, we played with him.

## Relativpronomen

**der** [deːɐ]
Der Zug, der um 9 Uhr in Hamburg ankommen sollte, hat eine Stunde Verspätung.

who; which
The train scheduled to arrive in Hamburg at 9 o'clock has been delayed by one hour.

**die** [diː]
Wir haben eine Putzfrau, die sehr gründlich ist.
Die Kunden, die bei uns regelmäßig einkaufen, erhalten zu Weihnachten ein kleines Geschenk.

who; which
We have a cleaning lady who is very thorough.
Regular customers receive a small gift at Christmas.

**das** [das]
Das Kleid, das ich mir ausgesucht habe, ist leider in meiner Größe nicht mehr da.

which, that; who
The dress I had chosen is unfortunately no longer available in my size.

**welche(r, s)** [ˈvɛlçə (-çɐ, -çəs)]
Er hat den Geldbeutel gefunden, welchen ich verloren hatte.

which; who
He found the wallet I'd lost.

## Interrogativpronomen

**wer** [ve:ɐ]
Wissen Sie, wer für diese Abteilung zuständig ist?

who
Do you know who is in charge of this department?

**was** [vas]
Wissen Sie schon, was Sie essen wollen?

what
Do you already know what you would like to eat?

Was machen Sie hier in Deutschland?
What are you doing here in Germany?

**wen** [ve:n]
Wen hast du auf die Party eingeladen?

who(m)
Who have you invited to the party?

**wem** [ve:m]
Wem gehört das Buch?

(to) who(m)
Whose book is this?

**wessen** ['vɛsn]
Wessen Schlüssel ist das?

whose
Whose key is this?

## Satzzeichen

der **Punkt** [pʊŋkt]
full stop *GB*, period *US*

das **Fragezeichen** ['fra:gətsaiçn]
question mark

das **Ausrufezeichen** ['ausru:fətsaiçn]
exclamation mark

das **Komma** ['kɔma]
Vor daß steht immer ein Komma.

comma
The word "daß" is always preceded by a comma.

der **Doppelpunkt** ['dɔplpʊŋkt]
colon

die **Anführungszeichen** ['anfy:rʊŋstsaiçn]
Bei der direkten Rede kommen nach dem Doppelpunkt am Anfang Anführungszeichen unten und am Ende Anführungszeichen oben.

quotation marks

In German, direct speech is indicated by a colon followed by inverted commas in subscript at the beginning of the quotation and inverted commas in superscript at the end.

der **Bindestrich** ['bɪndəʃtrɪç]
Doppelnamen werden mit einem Bindestrich geschrieben.

hyphen
Double-barrelled names are hyphenated.

das **Semikolon** [zemi'ko:lɔn]
semicolon

## Konjunktionen

**als** [als]
Als sie erfuhr, daß er bald zurückkommen würde, war sie voller Freude.

when *(in the past)*
She was over the moon to hear that he would soon be coming back.

380

Konjunktionen · Strukturwörter **41**

**anstatt** [anˈʃtat]
Anstatt mehr zu lernen, um in der Schule besser zu werden, schimpfte er nur über die Lehrer.

instead of
Instead of doing more school work to improve his marks he just complained about the teachers.

**daß** [das]
Ich wußte nicht, daß sie die Prüfung nicht bestanden hatte.

that
I didn't know that she had failed the exam.

**denn** [dɛn]
Er fror, denn der Wind war ziemlich kalt.

as, since
He was freezing because the wind was quite cold.

**nur** [nuːɐ]
Ich würde gerne mitkommen, ich kann nur leider nicht.

only
I would love to come along, but unfortunately I can't.

**so daß** [zoːˈdas]
Es regnete sehr stark, so daß er keine Lust mehr hatte spazierenzugehen.

so (that)
It was raining very hard so he didn't feel like going for a walk.

**sowohl ... als auch** [zoˈvoːl ... als ˈaux]
Er ist sowohl intelligent als auch fleißig.

both

He is both intelligent and hard-working.

**und** [ʊnt]
Er wäscht die Wäsche, und sie hängt sie auf.

and
He does the washing and she hangs it up to dry.

**wenn** [vɛn]
Wenn Sie sich eine neue Waschmaschine kaufen wollen, berate ich sie gerne.

if; when
If you wish to buy a new washing machine I'd be only too happy to advise you.

**weder ... noch** [ˈveːdɐ ... nɔx]
Sie hat weder Lust noch Zeit, auf das Fest zu gehen.

neither ... nor
She has neither the time nor the inclination to go to the party.

**indem** [ɪnˈdeːm]
Sie können das Programm ändern, indem Sie auf diesen Knopf drücken.

by *(doing something)*
You can change program by pressing this button.

**ohne ... zu** [ˈoːnə ... tsuː]
Er ging ohne zu fragen weg.

without *(doing something)*
He left without asking.

**soviel** [zoˈfiːl]
Soviel ich weiß, ist die Metzgerei im August geschlossen.

as far as
As far as I know, the butcher's is closed in August.

**soweit** [zoˈvait]
Soweit er informiert wurde, steckt das Unternehmen in der Krise.

as far as
As far as he knows, the company is in a crisis.

**statt zu** [ˈʃtat tsuː]
Statt zu putzen, schlief er.

instead (of doing something)
Instead of doing the cleaning, he slept.

**um so** [ˈʊm zoː]
Kommen Sie rechtzeitig, denn um so größer ist die Auswahl.

the more
Come early because then there is greater choice.

381

# Pronominaladverbien

**darüber** [daˈryːbɐ, ˈdaːryːbɐ]
Wir haben bereits darüber gesprochen.

on, about (that)
We've already talked about that.

**dafür** [daˈfyːɐ, ˈdaːfyːɐ]
Sie kann sich weder dafür noch dagegen entscheiden.

for (that)
She can't make up her mind whether she's for or against it.

**dagegen** [daˈgeːgn, ˈdaːgeːgn]

against (that)

**davon** [daˈfɔn, ˈdaːfɔn]
Davon weiß ich nichts!

of, from (that)
I've heard nothing about it.

**dazu** [daˈtsuː, ˈdaːtsuː]
Sie hat sich dazu entschlossen, die Stelle anzunehmen.

to (that)
She decided to take the job.

**darauf** [daˈrauf, ˈdaːrauf]
Wir konnten uns darauf einigen.

on (that)
We were able to agree to that.

**darin** [daˈrɪn, ˈdaːrɪn]
Ich sehe darin keine Gefahr.

in (that)
I see no danger in that.

**dabei** [daˈbai, ˈdaːbai]

with (that); during (that)

**daraus** [daˈraus, ˈdaːraus]
Wenn wir uns nicht an den Vertrag halten, können daraus Schwierigkeiten entstehen.

of, from (that)
If we don't comply with the contract it might create difficulties.

**daran** [daˈran, ˈdaːran]
Hast du daran gedacht, daß morgen Feiertag ist?

on (that)
You've not forgotten that tomorrow is a public holiday?

**davor** [daˈfoːɐ, ˈdaːfoːɐ]
Sie hat keine Angst davor.

of, in front of (that)
She's not scared of doing it.

**dadurch** [daˈdʊrç, ˈdaːdʊrç]
Sie hat eine lange Pause gemacht und dadurch viel Zeit verloren.

through (that)
She took a long break and lost a lot of time as a result.

**hiermit** [ˈhiːɐmɪt]
Hiermit ist die Sache erledigt.

with (that)
And that's the end of the matter.

**womit** [voˈmɪt]
Womit kann ich Ihnen dienen?

with what
How can I help you?

**wobei** [voˈbai]
Wenn ich nur wüßte, wobei ich ihr helfen könnte!

with (what)
If I only knew how I could help her.

**worüber** [voˈryːbɐ]
Worüber habt ihr euch unterhalten?

about what
What were you talking about?

**wovon** [voˈfɔn]
Wovon ist die Rede?

from what, of what
What is it about?

**wodurch** [voˈdʊrç]
Wodurch haben Sie unser Reisebüro kennengelernt?

through what
How did you get to hear about our travel agency?

# Präpositionen

**an** [an]
Ich habe gestern abend an dich gedacht.
Es lag an ihm, daß wir zu spät gekommen sind.

at; on; about
I thought about you yesterday evening.
It was his fault that we were late.

**ans** [ans]
Hans, kannst du bitte mal ans Telefon kommen.

to the
Hans, can you come to the phone, please.

**auf** [auf]
Wie lange sollen wir noch auf ihn warten?
Auf diesem Stuhl sitze ich nicht gern.

on, for
How much longer should we wait for him?
I don't like sitting on this chair.

**aus** [aus]
Er spricht aus Erfahrung.

Wann kommt Felix aus der Schule?

from, out of
What he says is based on his own experience.
When does Felix come home from school?

**bei** [bai]
Ich habe den Eindruck, daß du nicht ganz bei der Sache bist.
Ich kaufe Brot lieber beim Bäcker als im Supermarkt.
Wir treffen uns in 10 Minuten beim Blumenladen.

at
I have the feeling that your mind is elsewhere.
I prefer to buy bread from the baker's than from the supermarket.
We're going to meet at the florist's in ten minutes.

**durch** [dʊrç]
Durch meinen neuen Freund habe ich viele Dinge kennengelernt.

through, via
My new boyfriend has introduced me to a lot of new things.

**für** [fy:ɐ]
Haben Sie sich jemals für Tennis interessiert?
Ich habe eine gute Nachricht für dich.

for
Have you ever been interested in tennis?

I have good news for you.

**gegen** ['ge:gn]
Er hat sich für Herrn Schulz und gegen mich entschieden.

against
He decided in favour of Mr Schulz and against me.

**in** [ɪn]
Als ich ihn kennenlernte, war er in großen Schwierigkeiten.
Was hat dich in diese schlimme Lage gebracht?

in, into
When I first met him he was in big trouble.
What got you into this awful situation?

**mit** [mɪt]
Ich hätte gerne ein Doppelzimmer mit Dusche und WC.

with
I'd like a double room with a shower and toilet.

**nach** [na:x]
Hat jemand nach mir gefragt, als ich weg war?

to, according
Did anybody ask for me while I was away?

**ohne** ['oːnə]
Am liebsten fährt sie ohne die Kinder in den Urlaub.

**um** [ʊm]
Sie bat ihn um Verständnis.

**über** ['yːbɐ]
Wir haben uns gerade über Politik unterhalten.
Über dem Tisch hing eine Lampe.

**unter** ['ʊntɐ]
Sie können mich jederzeit unter dieser Telefonnummer erreichen.
Schreiben Sie bitte Namen und Datum unter die Nachricht.

**von** [fɔn]
Es wäre schön, wenn du uns etwas von deinem Urlaub erzählen würdest.

**vor** [foːɐ]
Er ist vor wenigen Minuten gegangen.
Er weinte vor Freude.
Sie stellte sich vor ihren Bruder, um ihn zu beschützen.

**zu** [tsuː]
Zu diesem Thema wollte der Minister sich nicht äußern.

**zum** [tsʊm]
Ich wünsche Ihnen zum Geburtstag alles Gute.

**zur** [tsuːɐ]
Wir haben vor ihm keine Geheimnisse; er gehört so gut wie zur Familie.

**zwischen** ['tsvɪʃn]
Es ist nicht einfach, sich zwischen diesen beiden Möglichkeiten zu entscheiden.
Er setzte sich zwischen die beiden Mädchen.

without
She prefers to go on holiday without the children.

for; about
She asked him to understand her situation.

about, over
We were just talking about politics.

A light hung above the table.

under
You can get hold of me at this number at any time.
Please add your name and the date below the message.

from
It would be nice if you would tell us something about your holiday.

ago; with; in front of
He left a few minutes ago.
He wept with joy.
She placed herself in front of her brother to shield him.

to
The minister declined to make a statement on the matter.

to the
Many happy returns.

to the
We have no secrets from him; he's practically a member of the family.

between
It is not easy to decide between the two possibilities.

He sat down between the two girls.

# Kurzgrammatik

## Vorwort

Diese Kurzgrammatik enthält 5 wichtige Kapitel aus der deutschen Grammatik. Jedes dieser 5 Kapitel ist auf 3 Ebenen angelegt:

- Präsentation der Formen,
- Systematisierung derselben,
- Visualisierte Darstellung grammatischer Strukturen vor allem bei der Anwendung im Satz.

Diese Kurzgrammatik bietet also die Möglichkeit, sie als Nachschlagewerk grammatischer Formen zu benutzen. Darüber hinaus soll sie als „Lernerleichterung" dienen, indem grammatische Formen nicht isoliert dargeboten, sondern systematisiert in Gruppen zusammengefaßt werden. Durch die visualisierte Darstellung größerer grammatischer Strukturen sollen Erkenntnisse in den Aufbau der deutschen Sprache ermöglicht werden.

Mit der bildlichen Darstellung grammatischer Strukturen folge ich einem neueren Weg der Veranschaulichung von Grammatik. Als Inspirationsquelle möchte ich hier die von Jürgen Kars und Ulrich Häussermann verfaßte Grundgrammatik des Deutschen nennen.

Diese KURZgrammatik erhebt naturgemäß keinen Anspruch auf Vollständigkeit.

Ich wünsche dem Benützer wenig und viele

# Verb

## Die Person

Der Hinweis auf die Person steckt in der Verbform.

| Singular | | | Plural | | |
|---|---|---|---|---|---|
| 1. Person | | **ich** komme | 1. Person | | **wir** kommen |
| 2. Person | formell | **Sie** kommen | 2. Person | formell | **Sie** kommen |
| | familiär | **du** kommst | | familiär | **ihr** kommt |
| 3. Person | männlich | **er** kommt | 3. Person | männlich | **sie** kommen |
| | weiblich | **sie** kommt | | weiblich | **sie** kommen |
| | sächlich | **es** kommt | | sächlich | **sie** kommen |

## Die zweite Person – unser Gesprächspartner

| ich sage **Sie** | ich sage **du** |
|---|---|
| – zu Leuten über 16<br>– zu Arbeitskollegen<br>– zu Nachbarn<br>– zu Fremden, bevor das du nicht verabredet wurde. | – zu Kindern unter 16<br>– zu meiner Familie<br>– zu Leuten über 16, wenn wir das du verabredet haben. |
| | • Jugendliche duzen meist Jugendliche.<br>• Arbeitskollegen sagen nicht automatisch du. |
| • Sie, Ihnen, Ihr im Zusammenhang mit „Sie sagen" schreiben wir groß. | • Du, Dein, Dich, Dir schreiben wir nur im Brief groß. |

# Die Zeitstufen

| | | |
|---|---|---|
| **Präsens** | – „jetzt", Gegenwart | Ich trinke Kaffee. |
| | – „immer" | Er spricht Deutsch. |
| | – „immer noch" | Ich wohne seit 2 Jahren in Deutschland. |
| | – Zukunft | Ich gebe dir das Geld morgen zurück. |
| **Präteritum** | – in der geschriebenen Sprache | Er trank Kaffee. |
| | – der Erzähler erzählt aus einer großen Distanz über das Vergangene | Wir wohnten damals in der Türkei. |
| **Perfekt** | – in der gesprochenen Sprache | Er hat Kaffee getrunken. |
| | – das Erzählte ist noch sehr lebendig | Ich habe den Zug verpaßt, deshalb komme ich so spät. |
| **Plusquamperfekt** | – was in der Vergangenheit schon Vergangenheit war | Nachdem er Kaffee getrunken hatte, ging er zur Arbeit. |
| **Futur** | – was in der Zukunft liegt | Wir werden nächstes Jahr umziehen. |
| | – bekräftigt die Absicht des Sprechers | Keine Angst, ich werde dir das Geld zurückgeben. |

# Regelmäßige und unregelmäßige Verben

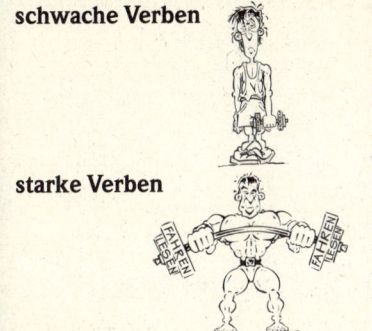

**schwache Verben**

Es gibt Verben, die ihr Aussehen beim Gang durch die Zeitstufen nur wenig ändern. Man nennt sie regelmäßige oder auch schwache Verben.
Die meisten Verben sind schwach bzw. regelmäßig.

**starke Verben**

Es gibt Verben, die ihr Aussehen sehr lebendig ändern; es wechseln die Vokale, was man auch stark nennt. Man nennt diese auch unregelmäßige Verben, da man nicht wissen kann, in welche Richtung die Vokale wechseln.

## Präsens

| Infinitiv | | hören | arbeiten | klingeln |
|---|---|---|---|---|
| | ich | höre | arbeite | klingle |
| | Sie | hören | arbeiten | klingeln |
| | du | hörst | arbeitest | klingelst |
| | er sie es | hört | arbeitet | klingelt |
| | wir | hören | arbeiten | klingeln |
| | Sie | hören | arbeiten | klingeln |
| | ihr | hört | arbeitet | klingelt |
| | sie | hören | arbeiten | klingeln |

Die Endungen **-est/-et** stehen wegen der Aussprache nach **d, t**.

| Infinitiv | | sprechen | fahren | lesen |
|---|---|---|---|---|
| | ich | spreche | fahre | lese |
| | Sie | sprechen | fahren | lesen |
| | du | sprichst | fährst | liest |
| | er sie es | spricht | fährt | liest |
| | wir | sprechen | fahren | lesen |
| | Sie | sprechen | fahren | lesen |
| | ihr | sprecht | fahrt | lest |
| | sie | sprechen | fahren | lesen |

Bei allen starken Verben im Präsens findet die Vokalveränderung nur in der 2. Person Singular **du** und in der 3. Person Singular statt. Die anderen Formen entsprechen dem Vokal im Infinitiv.

# Kurzgrammatik — Verb

## Präteritum

| Infinitiv |  | **machen** | **arbeiten** | **klingeln** |
|---|---|---|---|---|
|  | ich | mach**te** | arbeite**te** | klingel**te** |
|  | Sie | mach**ten** | arbeite**ten** | klingel**ten** |
|  | du | mach**test** | arbeite**test** | klingel**test** |
|  | er sie es | mach**te** | arbeite**te** | klingel**te** |
|  | wir | mach**ten** | arbeite**ten** | klingel**ten** |
|  | Sie | mach**ten** | arbeite**ten** | klingel**ten** |
|  | ihr | mach**tet** | arbeite**tet** | klingel**tet** |
|  | sie | mach**ten** | arbeite**ten** | klingel**ten** |

| Infinitiv |  | **trinken** | **pfeifen** | **fahren** |
|---|---|---|---|---|
|  | ich | trank | pfiff | fuhr |
|  | Sie | tranken | pfiffen | fuhren |
|  | du | trankst | pfiffst | fuhrst |
|  | er sie es | trank | pfiff | fuhr |
|  | wir | tranken | pfiffen | fuhren |
|  | Sie | tranken | pfiffen | fuhren |
|  | ihr | trankt | pfifft | fuhrt |
|  | sie | tranken | pfiffen | fuhren |

Die Richtung, in welcher sich die Vokale verändern, ist nicht vorhersagbar. Es gibt 5 Möglichkeiten.
Die nun folgenden Bilder bieten eine Assoziationshilfe für den Vokalwechsel vom Präsens zum Präteritum.
Bild: der Affe springt. Das A von Affe gibt das -a- für die Präteritumsform an; springen ist das Musterwort für die gesamte Gruppe, die neben dem Bild aufgeführt ist.

Der **A**ffe springt

springen   spr**a**ng

| Infinitiv | Präteritum |
|---|---|
| beginnen  binden  bitten  finden  gelingen  gewinnen  liegen  ringen  schwimmen  schwingen  singen  sinken  sitzen  springen  stinken  trinken  verschwinden  zwingen  befehlen  essen  fressen  geben  gelten  geschehen  helfen  lesen  messen  nehmen  schrecken  sehen  sprechen  stehen  stehlen  sterben  treffen  treten  vergessen  werfen  kommen  tun | -**a**- |

388

Verb Kurzgrammatik

| Infinitiv | | Präteritum |
|---|---|---|
| beißen | | **-i-** |
| fangen | | |
| gehen | | |
| hängen | | |
| pfeifen | | |
| reiten | | |
| schmeißen | | |
| schneiden | | |
| streichen | | |
| streiten | | |

Der **I**ndianer reitet
reiten → r**i**tt

| Infinitiv | | Präteritum |
|---|---|---|
| bleiben | rufen | **-ie-** |
| fallen | scheinen | |
| halten | schlafen | |
| heißen | schreiben | |
| lassen | schreien | |
| laufen | schweigen | |
| leihen | steigen | |
| raten | stoßen | |

Der **Die**b läuft
laufen → l**ie**f

| Infinitiv | | Präteritum |
|---|---|---|
| fliegen | | **-o-** |
| fliehen | | |
| frieren | | |
| gießen | | |
| lügen | | |
| riechen | | |
| saufen | | |
| schießen | | |
| schließen | | |
| ziehen | | |

**O**pa friert
frieren → fr**o**r

| Infinitiv | | Präteritum |
|---|---|---|
| backen | | **-u-** |
| einladen | | |
| fahren | | |
| graben | | |
| schaffen | | |
| schlagen | | |
| tragen | | |
| wachsen | | |

Die **Ku**h fährt
fahren → f**u**hr

# Perfekt

## Partizip II

| Infinitiv | | Partizip II | |
|---|---|---|---|
| ...\|en | mach\|en | ge\|...\|(e)t | **ge**macht |
| | arbeit\|en | | **ge**arbeitet |
| ...\|ier\|en | fotografier\|en | ...\|iert | fotograf**iert** |
| | telefon\|ier\|en | | telefon**iert** |
| er...\|en | erzähl\|en | ...\|t | erzähl**t** |
| be...\|en | bezahl\|en | | bezahl**t** |
| ver...\|en | versuch\|en | | versuch**t** |
| ...\|...\|en | ab\|hör\|en | ...\|ge\|...\|t | ab**ge**hört |
| | an\|hör\|en | | an**ge**hört |
| | auf\|hör\|en | | auf**ge**hört |
| | mit\|mach\|en | | mit**ge**macht |
| | zusammen\|arbeit\|en | | zusammen**ge**arbeitet |

Welches System können wir für die Bildung des Partizips, der sogenannten 3. Erscheinungsform der starken Verben, erkennen? (1. Erscheinungsform = Infinitiv, 2. Erscheinungsform = Präteritum, 3. Erscheinungsform = Partizip)

Es gibt drei Systeme für das Aussehen des Partizips:

1. Vorlage ist der Infinitiv O X O

2. Vorlage ist das Präteritum O X X

3. Ein neuer Vokal kommt ins Spiel: die stärkste Gruppe unter den starken Verben O X □

## Verb — Kurzgrammatik

### 1. Gruppe OXO

| Infinitiv | Partizip II |
|---|---|
| ...|en graben | ge|...|en gegraben |
| halten | gehalten |
| heißen | geheißen |
| kommen | gekommen |
| laufen | gelaufen |
| lassen | gelassen |
| lesen | gelesen |
| messen | gemessen |
| raten | geraten |
| rufen | gerufen |
| schaffen | geschaffen |
| schlafen | geschlafen |
| schlagen | geschlagen |
| sehen | gesehen |
| stoßen | gestoßen |
| tragen | getragen |
| treten | getreten |
| vergessen | vergessen |
| wachsen | gewachsen |

| Infinitiv | Partizip II |
|---|---|
| ...|en backen | ge|...|en gebacken |
| blasen | geblasen |
| braten | gebraten |
| einladen | eingeladen |
| essen | gegessen |
| fahren | gefahren |
| fallen | gefallen |
| fangen | gefangen |
| fressen | gefressen |
| geben | gegeben |
| geschehen | geschehen |

### 2. Gruppe OXX

| Infinitiv | Partizip II |
|---|---|
| ...|en greifen | ge|...|en gegriffen |
| kneifen | gekniffen |
| leiden | gelitten |
| pfeifen | gepfiffen |
| reißen | gerissen |
| reiten | geritten |
| schleichen | geschlichen |
| schleifen | geschliffen |
| schmeißen | geschmissen |
| schneiden | geschnitten |
| schreiten | geschritten |
| streichen | gestrichen |
| weichen | gewichen |

| Infinitiv | Partizip II |
|---|---|
| ...|en beißen | ge|...|en gebissen |
| bleichen | geblichen |
| gleichen | geglichen |
| gleiten | geglitten |

| Infinitiv | Partizip II |
|---|---|
| ...|en leihen | ge|...|en geliehen |
| meiden | gemieden |
| preisen | gepriesen |
| reiben | gerieben |
| scheiden | geschieden |
| scheinen | geschienen |
| schreiben | geschrieben |
| schreien | geschrien |
| schweigen | geschwiegen |
| steigen | gestiegen |
| treiben | getrieben |
| verzeihen | verziehen |

| Infinitiv | Partizip II |
|---|---|
| ...|en bleiben | ge|...|en geblieben |
| gedeihen | gediehen |
| hinweisen | hingewiesen |

## Kurzgrammatik — Verb

| Infinitiv | Partizip II |
|---|---|
| ...|en genießen | ge|...|en genossen |
| gießen | gegossen |
| heben | gehoben |
| kriechen | gekrochen |
| lügen | gelogen |
| melken | gemolken |
| quellen | gequollen |
| riechen | gerochen |
| saufen | gesoffen |
| scheren | geschoren |
| schieben | geschoben |
| schießen | geschossen |
| schließen | geschlossen |
| schmelzen | geschmolzen |
| schwellen | geschwollen |
| schwören | geschworen |
| sprießen | gesprossen |
| verdrießen | verdrossen |
| verlieren | verloren |
| wiegen | gewogen |
| ziehen | gezogen |

| Infinitiv | Partizip II |
|---|---|
| ...|en betrügen | ge|...|en betrogen |
| biegen | gebogen |
| bieten | geboten |
| dreschen | gedroschen |
| erlöschen | erloschen |
| fechten | gefochten |
| flechten | geflochten |
| fliegen | geflogen |
| fliehen | geflohen |
| fließen | geflossen |
| frieren | gefroren |
| gären | gegoren |

| Infinitiv | Partizip II |
|---|---|
| ...|en stehen | ge|...|en gestanden |
| tun | getan |

### 3. Gruppe O X □

-u-

| Infinitiv | Partizip II |
|---|---|
| ...|en binden | ge|...|en gebunden |
| finden | gefunden |
| gelingen | gelungen |
| ringen | gerungen |
| schwingen | geschwungen |
| singen | gesungen |

| Infinitiv | Partizip II |
|---|---|
| ...|en sinken | ge|...|en gesunken |
| springen | gesprungen |
| stinken | gestunken |
| trinken | getrunken |
| verschwinden | verschwunden |
| zwingen | gezwungen |

### -o-

| Infinitiv | Partizip II | Infinitiv | Partizip II |
|---|---|---|---|
| ...len beginnen | gel...len begonnen | ...len nehmen | gel...len genommen |
| befehlen | befohlen | schwimmen | geschwommen |
| brechen | gebrochen | sprechen | gesprochen |
| erschrek- | erschrocken | stehlen | gestohlen |
| ken | | sterben | gestorben |
| gelten | gegolten | treffen | getroffen |
| gewinnen | gewonnen | werden | geworden |
| helfen | geholfen | werfen | geworfen |

### -e-

| Infinitiv | Partizip II | Infinitiv | Partizip II |
|---|---|---|---|
| ...len bitten | gel...len gebeten | ...len liegen | gel...len gelegen |
| sitzen | gesessen | | |

### -a-

| Infinitiv | Partizip II | Infinitiv | Partizip II |
|---|---|---|---|
| ...len gehen | gel...len gegangen | ...len hängen | gel...len gehangen |

## Das Perfekt besteht aus 2 Teilen

| haben | + | Partizip | sein | + | Partizip |
|---|---|---|---|---|---|
| ich habe | | gehört | ich bin | | gefahren |
| Sie haben | | gehört | Sie sind | | gefahren |
| du hast | | gehört | du bist | | gefahren |
| er sie es } hat | | gehört | er sie es } ist | | gefahren |
| wir haben | | gehört | wir sind | | gefahren |
| Sie haben | | gehört | Sie sind | | gefahren |
| ihr habt | | gehört | ihr seid | | gefahren |
| sie haben | | gehört | sie sind | | gefahren |

Wann nehme ich **ich habe** und wann **ich bin**?

80% aller Verben mit „**ich habe**"
10% mit „**ich bin**"
10% sowohl mit „**ich habe**" als auch mit „**ich bin**" → höhere Grammatik

**Perfekt mit „ich bin"**

| Wechsel | Wechsel | Ausnahmen |
|---|---|---|
| Ort A → Ort B | Zustand A → Zustand B | |
| fahren | wachsen | bleiben → ich bin geblieben |
| fliegen | passieren/geschehen | sein → ich bin gewesen |
| gehen | sterben | |
| steigen | werden | |
| ziehen | aufwachen | |
| wandern | einschlafen | |
| rennen | | |
| laufen | | |
| fallen | | |
| klettern | | |
| kommen | | |
| reisen | | |
| schwimmen | | |
| springen | | |

# Zusammengesetzte Zeiten im Satz

## Perfekt

Die Schere symbolisiert die Satzstellung. Das eine Scherenteil steht für das Hilfsverb, das andere für das Partizip. Diese Positionen bleiben stabil, egal, wie lang der Satz dazwischen ist.

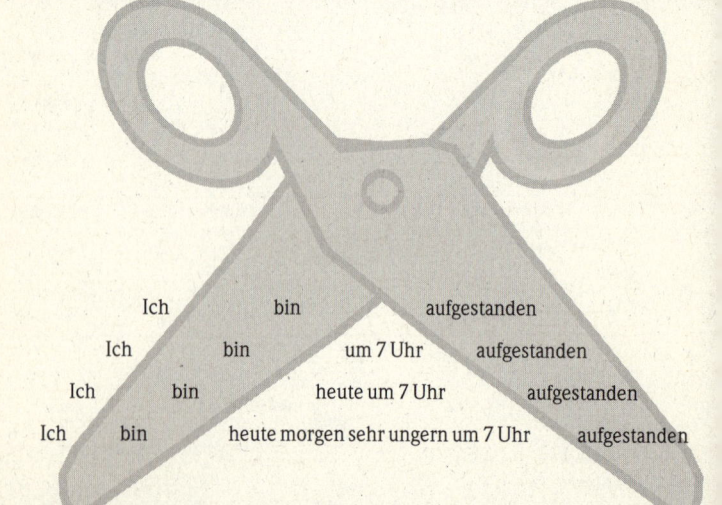

Ich bin aufgestanden
Ich bin um 7 Uhr aufgestanden
Ich bin heute um 7 Uhr aufgestanden
Ich bin heute morgen sehr ungern um 7 Uhr aufgestanden

## Plusquamperfekt

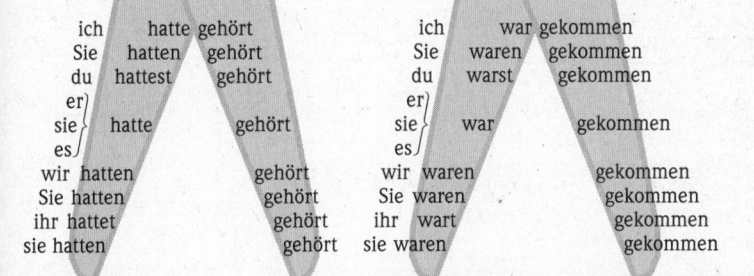

| | | |
|---|---|---|
| ich | hatte | gehört |
| Sie | hatten | gehört |
| du | hattest | gehört |
| er/sie/es | hatte | gehört |
| wir | hatten | gehört |
| Sie | hatten | gehört |
| ihr | hattet | gehört |
| sie | hatten | gehört |

| | | |
|---|---|---|
| ich | war | gekommen |
| Sie | waren | gekommen |
| du | warst | gekommen |
| er/sie/es | war | gekommen |
| wir | waren | gekommen |
| Sie | waren | gekommen |
| ihr | wart | gekommen |
| sie | waren | gekommen |

## Futur

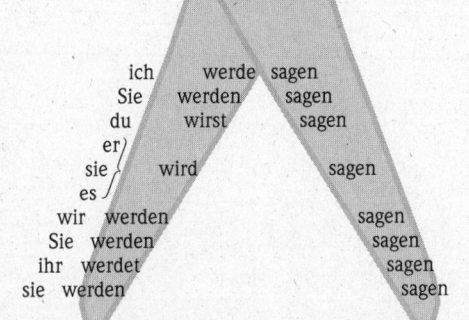

| | | |
|---|---|---|
| ich | werde | sagen |
| Sie | werden | sagen |
| du | wirst | sagen |
| er/sie/es | wird | sagen |
| wir | werden | sagen |
| Sie | werden | sagen |
| ihr | werdet | sagen |
| sie | werden | sagen |

# Trennbarkeit

## Nicht-trennbare Verben

| | | |
|---|---|---|
| be- | beginnen | Der Unterricht beginnt um 8 Uhr. |
| emp- | empfinden | Der Unterricht hat um 8 Uhr begonnen. |
| ent- | entnehmen | Der Unterricht wird früher beginnen. |
| er- | erwarten | |
| ge- | gefallen | Sie verkauft Obst und Gemüse. |
| miß- | mißfallen | Sie hat Obst und Gemüse verkauft. |
| ver- | verkaufen | Wir werden das Haus verkaufen. |
| zer- | zerlegen | |

## Trennbare Verben

| | | |
|---|---|---|
| an- | ankommen | Wir kommen um 20 Uhr an. |
| | | Wir sind um 20 Uhr angekommen. |
| mit- | mitmachen | Wir machen gerne mit. |
| | | Alle haben mitgemacht. |
| zurück- | zurückfahren | Er fährt morgen zurück. |
| | | Er ist gestern zurückgefahren. |

Alle Vorsilben, die nicht unter nicht-trennbaren aufgeführt sind, werden abgetrennt.

# Besondere Verben

| Präsens | Präteritum | Perfekt | Plusquamperfekt |
|---|---|---|---|
| **haben** | | | |
| ich habe | ich hatte | ich habe gehabt | ich hatte gehabt |
| Sie haben | Sie hatten | Sie haben gehabt | Sie hatten gehabt |
| du hast | du hattest | du hast gehabt | du hattest gehabt |
| er sie es } hat | er sie es } hatte | er sie es } hat gehabt | er sie es } hatte gehabt |
| wir haben | wir hatten | wir haben gehabt | wir hatten gehabt |
| Sie haben | Sie hatten | Sie haben gehabt | Sie hatten gehabt |
| ihr habt | ihr hattet | ihr habt gehabt | ihr hattet gehabt |
| sie haben | sie hatten | sie haben gehabt | sie hatten gehabt |
| **sein** | | | |
| ich bin | ich war | ich bin gewesen | ich war gewesen |
| Sie sind | Sie waren | Sie sind gewesen | Sie waren gewesen |
| du bist | du warst | du bist gewesen | du warst gewesen |
| er sie es } ist | er sie es } war | er sie es } ist gewesen | er sie es } war gewesen |
| wir sind | wir waren | wir sind gewesen | wir waren gewesen |
| Sie sind | Sie waren | Sie sind gewesen | Sie waren gewesen |
| ihr seid | ihr wart | ihr seid gewesen | ihr wart gewesen |
| sie sind | sie waren | sie sind gewesen | sie waren gewesen |

| Präsens | Präteritum | Perfekt | Plusquamperfekt |
|---|---|---|---|

### werden

| | | | |
|---|---|---|---|
| ich werde | ich wurde | ich bin geworden | ich war geworden |
| Sie werden | Sie wurden | Sie sind geworden | Sie waren geworden |
| du wirst | du wurdest | du bist geworden | du warst geworden |
| er sie wird es | er sie wurde es | er sie ist geworden es | er sie war geworden es |
| wir werden | wir wurden | wir sind geworden | wir waren geworden |
| Sie werden | Sie wurden | Sie sind geworden | Sie waren geworden |
| ihr werdet | ihr wurdet | ihr seid geworden | ihr wart geworden |
| sie werden | sie wurden | sie sind geworden | sie waren geworden |

## Modalverben

| | können | wollen | dürfen | mögen | sollen | müssen |
|---|---|---|---|---|---|---|
| **Präsens** | | | | | | |
| ich | kann | will | darf | mag | soll | muß |
| Sie | können | wollen | dürfen | mögen | sollen | müssen |
| du | kannst | willst | darfst | magst | sollst | mußt |
| er sie es | kann | will | darf | mag | soll | muß |
| wir | können | wollen | dürfen | mögen | sollen | müssen |
| Sie | können | wollen | dürfen | mögen | sollen | müssen |
| ihr | könnt | wollt | dürft | mögt | sollt | müßt |
| sie | können | wollen | dürfen | mögen | sollen | müssen |
| **Präteritum** | | | | | | |
| ich | konnte | wollte | durfte | mochte | sollte | mußte |
| Sie | konnten | wollten | durften | mochten | sollten | mußten |
| du | konntest | wolltest | durftest | mochtest | solltest | mußtest |
| er sie es | konnte | wollte | durfte | mochte | sollte | mußte |
| wir | konnten | wollten | durften | mochten | sollten | mußten |
| Sie | konnten | wollten | durften | mochten | sollten | mußten |
| ihr | konntet | wolltet | durftet | mochtet | solltet | mußtet |
| sie | konnten | wollten | durften | mochten | sollten | mußten |
| **Partizip II** | gekonnt | gewollt | gedurft | gemocht | gesollt | gemußt |

## Modalverb als Vollverb

Ich will nach Hause.
Was darf ich nicht?
Was habt ihr nicht gekonnt?
Das hat er nicht gewollt.

|       | Modalverb | plus            | Vollverb  |         |
|-------|-----------|-----------------|-----------|---------|
| Hier  | dürfen    | Sie nicht       | parken.   |         |
| Da    | müssen    | wir sofort      | anrufen.  |         |
| Wen   | wollt     | ihr sofort      | anrufen?  |         |
|       | Könnt     | ihr nicht still | sein?     |         |
| Wir   | haben     | dich nicht      | verletzen | wollen. |
| Warum | hat       | er so früh      | gehen     | müssen? |

# Nomen

## Artikel

Es gibt die Artikel der, die und das.
Bei Personen- oder Berufsbezeichnungen gilt das natürliche Geschlecht.

der Mann
männlich = Maskulinum

die Frau
weiblich = Femininum

das Kind
sächlich = Neutrum

Der Artikel gehört zum Nomen
und muß mit dem Nomen gelernt werden.

Es gibt Nomen-Endungen,
die den Artikel erkennen lassen.

Nomen — Kurzgrammatik

| Artikel | Typ | Beispiel |
|---|---|---|
| **der** | | |
| der | -ig | der Hon**ig**, der Ess**ig** |
| der | -ling | der Lehr**ling**, der Feig**ling**, der Lieb**ling** |
| der | -or | der Mot**or**, der Reakt**or** |
| der | -us | der Optimism**us**, der Rhythm**us** |
| **die** | | |
| die | zweisilbige Nomen auf -e | die Reis**e**, die Straß**e**, die Lamp**e** |
| die | Nomen, die vom Verb kommen und auf -t enden. | die Fahr**t**, die Sich**t**, die Ta**t** |
| die | -heit | die Frei**heit**, die Ein**heit**, die Klug**heit** |
| die | -keit | die Möglich**keit**, die Freundlich**keit** |
| die | -ung | die Zeit**ung**, die Üb**ung**, die Untersuch**ung** |
| die | -ei | die Bäcker**ei**, die Maler**ei**, die Diskutierer**ei** |
| die | -schaft | die Freund**schaft**, die Wirt**schaft** |
| die | -ion | die Diskuss**ion**, die Funkt**ion**, die Relig**ion** |
| **das** | | |
| das | -um | das Spektr**um**, das Muse**um** |
| das | **-chen, -lein** | das Mäd**chen**, das Schwester**lein** |
| das | **-ma** | das The**ma**, das Kli**ma** |
| das | **-ment** | das Fir**ment**, das Tempera**ment** |
| das | Nomen, die vom Verb kommen | das Schwimm**en**, das Fahr**en**, das Ess**en** |

## Plural

Es gibt 5 verschiedene Typen der Pluralbildung. Die Endungen der Nomen im Singular oder die Zugehörigkeit zu einer bestimmten Gruppe geben Auskunft über die Pluralform.

| Gruppe | Endung im Singular | Beispiel | Pluraltyp | Beispiel |
|---|---|---|---|---|
| **Typ 1** | | | | |
| Maskulina und Neutra | -er | der Arbeiter | **keine Endung, eventuell Umlaut** | die Arbeiter |
| | -en | der Laden | | die Läden |
| | -tel | der Mantel | | die Mäntel |
| | -chen | das Mädchen | | die Mädchen |

Kurzgrammatik | Nomen

| Gruppe | Endung im Singular | Beispiel | Pluraltyp | Beispiel |
|---|---|---|---|---|
| **Typ 2** | | | | |
| einsilbige Maskulina | -m | der Arm | -e | die Arme |
| einsilbige Neutra | -n | das Bein | | die Beine |
| mehrsilbige Maskulina und Neutra | -ent | der Kontinent | | die Kontinente |
| | -ich | der Teppich | | die Teppiche |
| | -nis | das Zeugnis | | die Zeugnisse |
| einsilbige Feminina | -t / -d | die Hand | | die Hände |
| **Typ 3** | | | | |
| einsilbige Neutra | | das Bild | -er | die Bilder |
| | | das Ei | | die Eier |
| | -um | das Altertum | | die Altertümer |
| **Typ 4** | | | | |
| die meisten Feminina außer einsilbigen | | die Adresse | -(e)n | die Adressen |
| | | die Reise | | die Reisen |
| | -ie | die Energ**ie** | | die Energien |
| | -rei | die Bäcke**rei** | | die Bäckereien |
| | -in | die Ärzt**in** | | die Ärztinnen |
| | -heit | die Krank**heit** | | die Krankheiten |
| | -keit | die Schwierig**keit** | | die Schwierigkeiten |
| | -schaft | die Freund**schaft** | | die Freundschaften |
| | -ung | die Abteil**ung** | | die Abteilungen |
| | -ion | die Diskuss**ion** | | die Diskussionen |
| einige Maskulina | | der Mensch | | die Menschen |
| | | der Herr | | die Herren |
| | -ent | der Stud**ent** | | die Studenten |
| | -ant | der Praktik**ant** | | die Praktikanten |
| | -or | der Dokt**or** | | die Doktoren |
| **Typ 5** | | | | |
| Fremdwörter | | das Auto | -s | die Autos |
| | | das Baby | | die Babys |
| | | das Foto | | die Fotos |

# Die Fälle am Verb

Das Verb ist das Zentrum des Satzes.

$$\boxed{\text{kaufen}}$$

Ohne Haupt- und Nebenrollen existiert kein Satz. Die Hauptrolle hat den engsten Kontakt zum Verb. Sie steht im Nominativ.

$$\boxed{\text{ich}} - \boxed{\text{kaufe}}$$

Jetzt fehlt noch die Nebenrolle: was?
Das ist der Akkusativ.

$$\boxed{\text{ich}} - \boxed{\text{kaufe}} - \boxed{\text{einen Fotoapparat}}$$

Es kann noch eine weitere Nebenrolle geben: Dativ.

$$\boxed{\text{ich}} - \boxed{\text{kaufe}} - \boxed{\text{meiner Freundin}} - \boxed{\text{einen Fotoapparat}}$$

Eine Nebenrolle kann zur Hauptrolle werden:

$$\boxed{\text{Der Fotoapparat}} - \boxed{\text{gehört}} - \boxed{\text{meiner Freundin}}$$

$$\boxed{\text{Meine Freundin}} - \boxed{\text{fotografiert}} - \boxed{\text{mich}}$$

Beim Wechsel von der Haupt- zur Nebenrolle verändern sich die Begleiter der Nomen, manchmal auch die Nomen selbst. Diese Veränderung nennt man Deklination.

# Einzelne Fälle und Satzmuster

## Der Nominativ

| Nominativergänzung wer? oder was? | Verb | Qualitätsergänzung wie? |
|---|---|---|
| Der Motor | ist | kaputt. |
| Frau Klein | ist | krank. |
| Ein Flugzeug | ist | gelandet. |

## Der Akkusativ

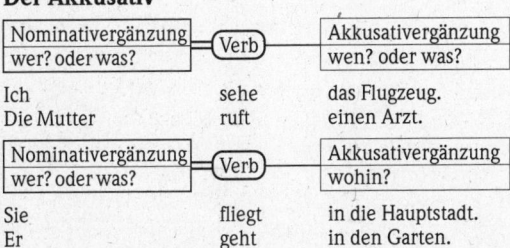

| Nominativergänzung wer? oder was? | Verb | Akkusativergänzung wen? oder was? |
|---|---|---|
| Ich | sehe | das Flugzeug. |
| Die Mutter | ruft | einen Arzt. |

| Nominativergänzung wer? oder was? | Verb | Akkusativergänzung wohin? |
|---|---|---|
| Sie | fliegt | in die Hauptstadt. |
| Er | geht | in den Garten. |

| Nominativergänzung wer? oder was? | Verb | Akkusativergänzung wie lange? wann? wie spät? |
|---|---|---|
| Die Ferien | dauern | einen Monat. |
| Wir | fahren | nächsten Montag weg. |
| Der Unterricht | beginnt | um 20 Uhr. |

## Der Dativ

| Nominativergänzung wer? oder was? | Verb | Dativergänzung wem? |
|---|---|---|
| Der Garten | gehört | mir. |
| Das Mädchen | hilft | der Freundin. |
| Ich | komme | zu dir. (vgl. Präpositionen) |

| Nominativergänzung wer? oder was? | Verb | Ortsergänzung wo? |
|---|---|---|
| Die Katze | liegt | auf dem Teppich. |
| Der Laden | ist | in der Stadt. (vgl. Präpositionen) |

## Der Genitiv

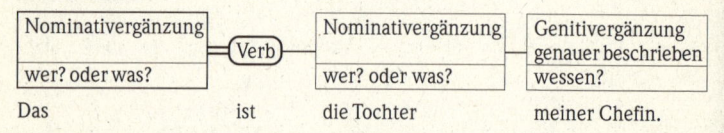

| Nominativergänzung wer? oder was? | Verb | Nominativergänzung wer? oder was? | Genitivergänzung genauer beschrieben wessen? |
|---|---|---|---|
| Das | ist | die Tochter | meiner Chefin. |

# Deklination des Nomens

|  | Maskulinum 1 | Maskulinum 2 | Neutrum | Femininum |
|---|---|---|---|---|
| **Singular** | | | | |
| Nominativ | der Tisch | der Mensch | das Bild | die Tasche |
| Akkusativ | den Tisch | den Menschen | das Bild | die Tasche |
| Dativ | dem Tisch | dem Menschen | dem Bild | der Tasche |
| Genitiv | des Tisches | des Menschen | des Bildes | der Tasche |
| **Plural** | | | | |
| Nominativ | die Tische | die Menschen | die Bilder | die Taschen |
| Akkusativ | die Tische | die Menschen | die Bilder | die Taschen |
| Dativ | den Tischen | den Menschen | den Bildern | den Taschen |
| Genitiv | der Tische | der Menschen | der Bilder | der Taschen |

Maskulinum 2: Eine Gruppe von maskulinen Nomen hat außer im Nominativ durch alle Fälle die Endung **-en**.

## Personalpronomen

|  | 1. Person | 2. Person formell | 2. Person familiär | 3. Person Maskulinum | Femininum | Neutrum |
|---|---|---|---|---|---|---|
| **Singular** | | | | | | |
| Nominativ | ich | } Sie | du | er | } sie | } es |
| Akkusativ | mich |  | dich | ihn |  |  |
| Dativ | mir | Ihnen | dir | ihm | ihr | ihm |
| Genitiv | meiner | Ihrer | deiner | seiner | ihrer | seiner |
| **Plural** | | | | | | |
| Nominativ | wir | } Sie | ihr |  | } sie |  |
| Akkusativ | } uns |  | } euch |  |  |  |
| Dativ |  | Ihnen |  |  | ihnen |  |
| Genitiv | unser | Ihrer | euer |  | ihrer |  |

# Die Begleiter der Nomen

## Der bestimmte - der unbestimmte Artikel

ein Stuhl　　　　　　eine Tasse　　　　　　ein Buch

der Stuhl　　　　　　die Tasse　　　　　　das Buch

Ich brauche einen Stuhl. Gib mir den grünen.
Da kommt eine Frau. Die Frau heißt Anne und ist meine Freundin.

→ Der unbestimmte Artikel **ein, eine, ein** führt etwas ein, was noch nicht bekannt oder nicht genau bekannt ist.

Der bestimmte Artikel **der, die, das** führt ein, was dem Sprecher und dem Hörer bekannt ist.

# Deklination der Artikel

## Die DER-Wörter

Eine Gruppe von Artikel-Wörtern, d.h. Begleiter des Nomens, die nach dem Schema des bestimmten Artikels dekliniert werden.

|  |  | Singular Mask. | Neut. | Fem. | Plural (Mask.Neut.Fem.) |
|---|---|---|---|---|---|
| bestimmter Artikel | Nom. | der | das | die | die |
|  | Akk. | den | das | die | die |
|  | Dat. | dem | dem | der | den |
|  | Gen. | des | des | der | der |
| Demonstrativpronomen | Nom. | dieser | dieses | diese | diese |
|  | Akk. | diesen | dieses | diese | diese |
|  | Dat. | diesem | diesem | dieser | diesen |
|  | Gen. | dieses | dieses | dieser | diesen |

ebenso: jener
jeder
mancher
welcher

## Die EIN-Wörter

Eine Gruppe von Artikelwörtern, bzw. Begleiter des Nomens, die nach dem Schema des unbestimmten Artikels dekliniert werden.

|  |  | Singular Mask. | Neut. | Fem. | Plural (Mask.Neut.Fem.) |
|---|---|---|---|---|---|
| unbestimmter Artikel | Nom. | ein | ein | eine | — |
|  | Akk. | einen | ein | eine | — |
|  | Dat. | einem | einem | einer | — |
|  | Gen. | eines | eines | einer | — |
| Negationswörter | Nom. | kein | kein | keine | keine |
|  | Akk. | keinen | kein | keine | keine |
|  | Dat. | keinem | keinem | keiner | keinen |
|  | Gen. | keines | keines | keiner | keiner |

ebenso: Possessivpronomen als Begleiter

mein    unser
dein    euer
Ihr     ihr
sein/ihr

# Adjektive

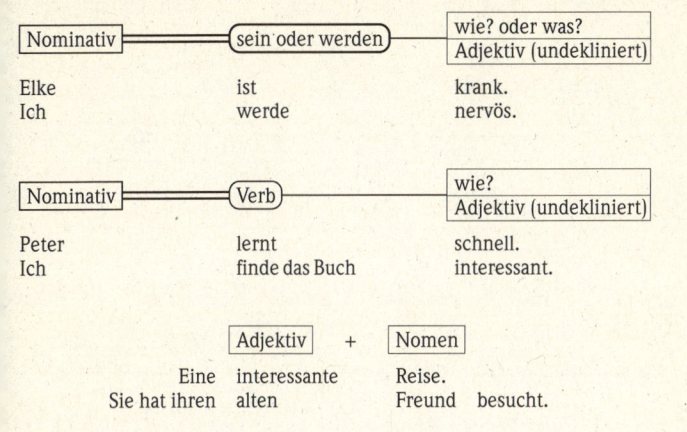

| Nominativ | sein oder werden | wie? oder was? |
|---|---|---|
| | | Adjektiv (undekliniert) |

Elke ist krank.
Ich werde nervös.

| Nominativ | Verb | wie? |
|---|---|---|
| | | Adjektiv (undekliniert) |

Peter lernt schnell.
Ich finde das Buch interessant.

Adjektiv + Nomen

Eine interessante Reise.
Sie hat ihren alten Freund besucht.

# Deklination der Adjektive

## DER-Wörter + Adjektiv + Nomen

Das Nomen hat hier 2 Begleiter: ein DER-Wort und ein Adjektiv.
Diese 3 gehen eine harmonische Verbindung miteinander ein.

|  | Maskulinum | Neutrum | Femininum |
|---|---|---|---|
| **Singular** | | | |
| Nom. | der schöne Tag | das neue Buch | die elegante Tasche |
| Akk. | den schönen Tag | das neue Buch | die elegante Tasche |
| Dat. | dem schönen Tag | dem neuen Buch | der eleganten Tasche |
| Gen. | des schönen Tages | des neuen Buches | der eleganten Tasche |
| **Plural** | | | |
| Nom. | die schönen Tage | die neuen Bücher | die eleganten Taschen |
| Akk. | die schönen Tage | die neuen Bücher | die eleganten Taschen |
| Dat. | den schönen Tagen | den neuen Büchern | den eleganten Taschen |
| Gen. | der schönen Tage | der neuen Bücher | der eleganten Taschen |

Adjektive in dieser Position haben nur 2 mögliche Gesichter:

**5** mal **-e**
**19** mal **-en**

## EIN-Wörter + Adjektiv + Nomen

|  | Maskulinum | Neutrum | Femininum |
|---|---|---|---|
| **Singular** | | | |
| Nom. | kein schöner Tag | kein neues Auto | keine alte Tasche |
| Akk. | keinen schönen Tag | kein neues Auto | keine alte Tasche |
| Dat. | keinem schönen Tag | keinem neuen Auto | keiner alten Tasche |
| Gen. | keines schönen Tages | keines neuen Autos | keiner alten Tasche |
| **Plural** | | | |
| Nom. | keine schönen Tage | keine neuen Autos | keine alten Taschen |
| Akk. | keine schönen Tage | keine neuen Autos | keine alten Taschen |
| Dat. | keinen schönen Tagen | keinen neuen Autos | keinen alten Taschen |
| Gen. | keiner schönen Tage | keiner neuen Autos | keiner alten Taschen |

Der Unterschied zwischen EIN-Wörtern + Adjektiv + Nomen und DER-Wörtern + Adjektiv + Nomen liegt an 3 Punkten:

**Nom. Singular Maskulinum**  ein schöner Tag
der schöne Tag

**Nom. u. Akk. Singular Neutrum**  ein neues Auto
das neue Auto

## Adjektiv + Nomen

|  | Maskulinum | Neutrum | Femininum |
|---|---|---|---|
| **Singular** | | | |
| Nom. | guter Erfolg | kaltes Bier | gute Leistung |
| Akk. | guten Erfolg | kaltes Bier | gute Leistung |
| Dat. | gutem Erfolg | kaltem Bier | guter Leistung |
| Gen. | guten Erfolgs | kalten Bieres | guter Leistung |
| **Plural** | | | |
| Nom. | gute Erfolge | gute Biere | gute Leistungen |
| Akk. | gute Erfolge | gute Biere | gute Leistungen |
| Dat. | guten Erfolgen | guten Bieren | guten Leistungen |
| Gen. | guter Erfolge | guter Biere | guter Leistungen |

Die Endungen des fehlenden DER-Wortes (Artikels) wandern ans Adjektiv, außer beim Genitiv Singular Neutrum und Maskulinum.

d**er** Erfolg → gut**er** Erfolg

d**en** Erfolg → gut**en** Erfolg

d**em** Erfolg → gut**em** Erfolg

# Nomen

## Es gibt Nomen, die wie Adjektive dekliniert werden

| | | |
|---|---|---|
| der Angestellte | ein Angestellter | die Angestellten |
| die Bekannte | eine Bekannte | die Bekannten |
| die Illustrierte | eine Illustrierte | die Illustrierten |
| das Gute | ein Gutes | |

# Präpositionen

## Die Wechselpräpositionen

**in, an, auf, über, unter, neben, vor, hinter, zwischen** können sowohl vom Akkusativ als auch vom Dativ gefolgt werden.

### Lokale Bedeutung

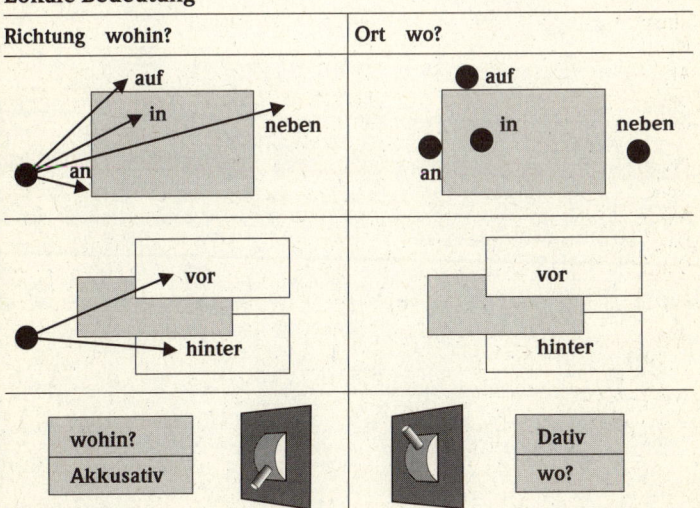

| Richtung wohin? | Ort wo? |
|---|---|
| auf, in, neben, an | auf, in, neben, an |
| vor, hinter | vor, hinter |
| wohin? Akkusativ | Dativ wo? |

Kurzgrammatik　　　　　　　　　　　　　　　　　　　　　Präpositionen

| Richtung  wohin? | Ort  wo? |
|---|---|
| über / unter | über / unter |
| zwischen | zwischen |
| wohin? Akkusativ | Dativ wo? |

## Andere Bedeutungen

| Präposition | Akkusativ | | Dativ | |
|---|---|---|---|---|
| in | | | **wann**? | In den letzten Ferien waren wir in der Türkei. |
| | | | **wie**? | In aller Eile packte sie ihre Koffer. |
| an | | | **wann**? | an einem heißen Sommertag<br>am Abend |
| | | | **wie**? | am schnellsten<br>am größten |
| auf | **warum**? | Ich tue das auf deinen Befehl hin. | **wann**? | Auf meiner letzten Reise begegnete ich einem alten Freund. |
| über | **wann**? | Über die Feiertage fahren wir nach Rom. | | |
| | **wie**? | Der Zug fährt über Basel nach Freiburg. | | |
| | **mehr als**: | Das geht über meine Kräfte.<br>Kinder über sechs Jahre | | |

| Präposition | Akkusativ | Dativ | | |
|---|---|---|---|---|
| **unter** | | <u>wie</u>? | Unter Protest verließ sie den Saal. | |
| | | <u>auch da-bei</u>: | Unter den Gästen war ein Arzt. | |
| **neben** | | <u>noch da-zu</u>: | Neben ihrem Haushalt arbeitet sie noch in der Fabrik. | |
| **vor** | | <u>wann</u>? | Vor einer Reise schläft er immer schlecht. | |
| | | <u>warum</u>? | Das Kind schrie vor Schmerzen. | |

# Präpositionen nur mit dem Akkusativ

| | Zeit | Ort |
|---|---|---|
| **bis** | Wir sind bis einen Tag nach Weihnachten in Berlin. | Ich fahre bis Freiburg. |
| **durch** | Der Einbrecher ist durch das Fenster gestiegen. | Wir fahren durch die Schweiz nach Italien. |
| **gegen** | Ich komme gegen 9 Uhr. | Das Auto fuhr gegen einen Baum. |
| **um** | Die Maschine startet um 8 Uhr. | Wer schaut um die Ecke? |

| | Zweck |
|---|---|
| **für** | Wir brauchen 900 Mark für die Miete. |
| **ohne** | Ohne Geld kann ich nicht leben. |

# Präpositionen nur mit dem Dativ

| | | |
|---|---|---|
| aus | Ort | Ali kommt aus der Türkei. |
| | Material | Der Tisch ist aus Holz. |
| bei | Ort | Ich war beim Zahnarzt. |
| | Zeit | Beim Frühstück liest er Zeitung. |
| gegenüber | Ort | Der Supermarkt liegt gegenüber dem Rathaus. |
| mit | Begleitung | Wir kommen mit unseren vier Kindern. |
| | Methode | Ich kann nur mit einem Kuli schreiben. |
| nach | Ziel | Wir gehen nach Italien. |
| | | Die zweite Straße nach links. |
| | Zeit | Er ist nach dem Frühstück in die Stadt gefahren. |
| seit | Dauer | Ich bin seit drei Monaten in Deutschland. |
| von | Ort | Ich komme vom Arzt. |
| | | Der Radfahrer kam von links. |
| | Zeit | Vom dritten Mai bis zum zehnten Juni machen wir Urlaub. |
| zu | Richtung | Peter rennt zu seiner Mutter. |
| | Zweck | Hast du etwas zum Schreiben? |

# Präposition plus Artikel

| | | | | |
|---|---|---|---|---|
| am | an dem | | ins | in das |
| ans | an das | | vom | von dem |
| beim | bei dem | | zum | zu dem |
| im | in dem | | zur | zu der |

# Konjunktionen

Konjunktionen verbinden zwei verschiedene Aktionen/Geschehen und setzen diese beiden in einen logischen Zusammenhang. Beim Zusammenknüpfen verändert sich die Satzstellung.

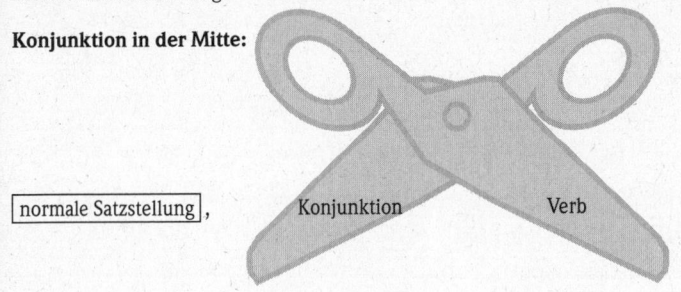

**Konjunktion in der Mitte:**

normale Satzstellung , Konjunktion   Verb

**Konjunktion am Satzanfang:**

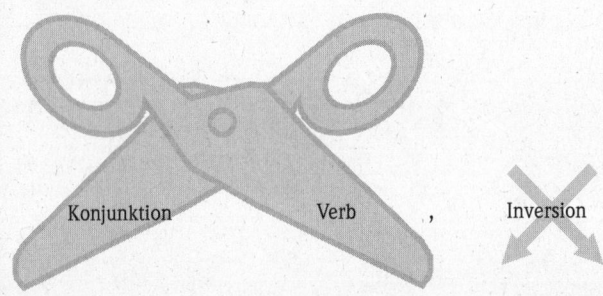

Konjunktion   Verb   ,   Inversion

Die Schere symbolisiert eine bestimmte Satzstellung, die bei allen unterordnenden Konjunktionen notwendig ist.

Das linke Scherenteil ist für die Konjunktion, das rechte Scherenteil für das konjugierte Verb. Die Öffnung der Schere kann klein oder groß sein, also der Satz dazwischen lang oder kurz, an der Position von Konjunktion (links) und konjugiertem Verb (rechts) ändert sich nichts. Die erste Position nach der Konjunktion muß das Subjekt sein, das logisch (grammatisch) zum konjugierten Verb in Beziehung steht.

Steht die Schere (Konjunktion) an erster Position, erfolgt der Hauptsatz mit Inversion:

    normale Satzstellung:      er   macht ...

    Inversion:                   macht   er ...

Kurzgrammatik — Konjunktionen

Peter macht seine Hausaufgaben, während Anne spielt.
Peter macht seine Hausaufgaben, während Anne Mozart spielt.
Peter macht seine Hausaufgaben, während Anne am Klavier Mozart spielt.

Während Anne spielt, macht Peter seine Hausaufgaben.
Während Anne Mozart spielt, macht Peter seine Hausaufgaben.
Während Anne am Klavier Mozart spielt, macht Peter seine Hausaufgaben.

# Der zeitliche Zusammenhang

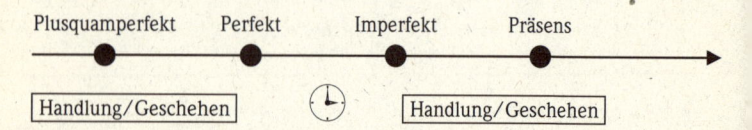

Plusquamperfekt — Perfekt — Imperfekt — Präsens

Handlung/Geschehen    Handlung/Geschehen

## Gleiche Zeit

Beide Satzteile müssen in der gleichen Zeitstufe stehen.

Konjunktionen · Kurzgrammatik

## während

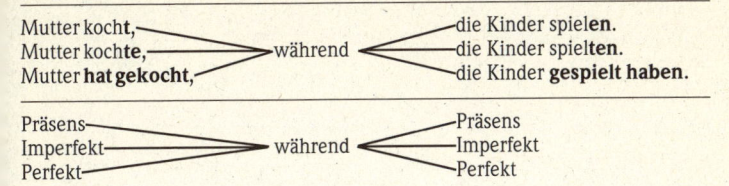

| Mutter kocht, | | die Kinder spielen. |
| Mutter koch**te**, | während | die Kinder spiel**ten**. |
| Mutter **hat** gekocht, | | die Kinder **gespielt haben**. |

| Präsens | | Präsens |
| Imperfekt | während | Imperfekt |
| Perfekt | | Perfekt |

**während** ist in allen Zeitstufen anwendbar.

## als

| Das Essen **stand** auf dem Tisch, | als ich nach Hause | **kam.** |
| Das Essen **hat** auf dem Tisch **gestanden,** | | **gekommen bin.** |

| Imperfekt | als | Imperfekt |
| Perfekt | | Perfekt |

**als** ist im Präsens nicht anwendbar.

## wenn

| Wenn ich fünfzig | bin, | kaufe ich mir einen Porsche. |
| Wenn der eine | spricht, | schweigt der andere. |
| Immer wenn es | klingelte, | erschrak sie sehr. |

| wenn | Präsens (mit Bedeutung Zukunft) | Präsens (mit Bedeutung Zukunft) |
| wenn | Präsens | Präsens |
| immer wenn | Zeitstufen der Vergangenheit | Zeitstufen der Vergangenheit |

In den Zeitstufen der Vergangenheit ist **wenn** nur in der Bedeutung von **immer wenn,** also wiederholten Handlungen anwendbar. Im Präsens und Futur sowohl für einmalige als auch wiederholte Handlungen.

## Nichtgleiche Zeit

### nachdem

| Nachdem sie das Buch | gelesen hat, | kennt sie den Inhalt. |
| Nachdem er das Geschirr | abgewaschen hatte, | ging er fort |

| nachdem | Perfekt | Präsens |
| nachdem | Plusquamperfekt | Imperfekt |

Der nachdem-Satz liegt 2 Zeitstufen vor dem Hauptsatz.

# Weitere Konjunktionen

## Grund

### weil, da

Marta kommt nicht zur Arbeit, weil sie krank ist.
Du hast einen Unfall verursacht, weil du so schnell gefahren bist.

| Konsequenz, | weil | Grund |

### denn

Marta kommt nicht zur Arbeit, **denn** sie ist krank.

Denn entspricht inhaltlich weil und da. Grammatisch ist der Satzbau jedoch anders.
2 gleichgeordnete Sätze mit normaler Satzstellung werden mit **denn** verknüpft.

### daher, deshalb

Mit daher und deshalb werden zwei eigenständige Sätze verknüpft. Beim zweiten Satz steht Inversion.

Marta ist krank. Deshalb kommt sie nicht zur Arbeit.

| Grund | Daher/Deshalb | Konsequenz |

## Bedingung:

### wenn, falls

Wenn du besser Deutsch sprichst, bekommst du eine bessere Arbeit.
Wenn wir die Umwelt weiter verschmutzen, können wir bald nicht mehr atmen.

wenn, falls | Bedingung/Voraussetzung | Folge/Konsequenz |

## Ziel / Zweck

**damit**

Ich mache das Licht an, damit ich mehr sehe.
Die Kinder putzen die Küche, damit Mutter nicht so viel Arbeit hat.
Er lernt viel, damit er schneller Deutsch sprechen kann.

| Sachverhalt | damit | Ziel/Zweck |

**um ... zu**

Ich mache das Licht an, um mehr zu sehen.
Er lernt viel, um schneller Deutsch zu sprechen.

| Sachverhalt | um ... | Ziel/Zweck | ... zu + Infinitiv

Inhaltlich entspricht **um ... zu** damit. Die Satzstellung ist jedoch eine andere.
Der Satz: **Die Kinder** putzen die Küche, damit **Mutter** nicht so viel Arbeit hat,
kann nicht mit um ... zu ausgedrückt werden, da im Um-zu-Satz das Subjekt nicht
genannt wird und so automatisch mit dem Subjekt des Hauptsatzes identisch ist.

## Konsequenzen

**daß**

Die Waschmaschinen waren so schlecht, daß sie immer kaputtgingen.
Er schrie so laut, daß es alle Nachbarn hören konnten.
Sie kennen jetzt viele Konjunktionen, so daß Sie das Prinzip verstehen.

| Sachverhalt | daß | Folge/Konsequenz |

## obwohl/obgleich

Obwohl die Wäsche nicht trocken ist, nehme ich sie ab.
Obwohl wir eine weitere Konjunktion behandeln, ist das Muster anders.

obwohl  | Sachverhalt |   | Konsequenz |

**obwohl** drückt eine unerwartete Konsequenz aus, steht jedoch **nicht** vor dem Satz, der die unerwartete Konsequenz nennt, sondern **vor** dem **Sachverhalt**.

## trotzdem

Wir haben eine weitere Konjunktion; trotzdem **ist es** anders.
Die Wäsche ist nicht trocken; **ich nehme** sie trotzdem **ab**.

| Sachverhalt |  trotzdem  | Konsequenz |

Die Logik ist wie bei den anderen Konjunktionen, die Satzstellung ist jedoch anders:

Steht trotzdem an Satzanfang, erfolgt Inversion.

# Register

Alle im Grundwortschatz enthaltenen Wörter erscheinen als **halbfette Stichwörter**, alle Aufbauwortschatz-Einträge in normaler Schrift.

## A

**ab** 347, 351, 360
abbezahlen 214
**abbiegen** 310
abend 350
**Abend** 350
**Abendessen** 67
**abends** 350
**Abenteuer** 234
**aber** 149
**abfahren** 315
Abfahrt 317
**Abfall** 99
Abfalleimer 100
**abfliegen** 318
Abflug 319
**Abgas** 293
abgeben 175
**Abgeordnete(r)** 267
**abgewöhnen (sich)** 125
abhängen 374
abhängig 62
**abhängig sein** 374
**abheben** 211
**abholen** 170
**Abitur** 180
Abiturient 181
**Abkommen** 274
ablaufen 16
**ablehnen** 143
**abmachen** 144
Abmachung 144
abmelden (sich) 16
**abnehmen** 32
abnehmen 240
Abneigung 113
**abonnieren** 242
Abreise 230
**abreisen** 232
abreißen 31, 88
abrüsten 282
**Abrüstung** 281
absagen 170
Absatz 80
**abschaffen** 121
abschalten 30
Abschied 172
abschleppen 309
**abschließen** 90

abschließen 187
**Abschluß** 180
Abschluß 365
Abschnitt 248
**Absender** 236
Absicht 122
absichtlich 129
absolut 272
Abstand 309
abstellen 30
**abstimmen** 267
abstürzen 319
Abteil 317
**Abteilung** 199
Abteilungsleiter 200
abtreiben 37
**abtrocknen** 34, 99
**ab und zu** 362
**abwaschen** 99
abwechslungsreich 285
Abwesenheit 175
abziehen 333
Abzüge 196
**acht** 329
**achte(r, s)** 331
**achtel** 332
Achtel 76
achten 127
achthundert 330
**Achtung!** 147
**achtzehn** 329
**achtzig** 330
Ade! 172
adoptieren 166
**Adresse** 13, 236
Advent 257
**Affe** 297
**Afrika** 262
**Afrikaner** 262
afrikanisch 262
aggressiv 105
ahnen 113
**ähnlich** 366
Ähnlichkeit 33
**ähnlich sehen** 31
**Ahnung** 118
Aids 46
Aidstest 49
Akkord 195
Aktie 213

**aktiv** 103
aktuell 245
Akupunktur 50
akzeptieren 144
Alarm 131
alarmieren 140
Alge 287
Alibi 277
**Alkohol** 60
alkoholfrei 60
Alkoholiker 48
**alle** 338, 376
**allein** 167
alleinstehend 13
allerdings 151
**alles** 338, 376
**alles Gute!** 145
(Allgemein)bildung 181
allmählich 362
Alltag 27
allzu 370
Alm 285
**Alpen** 284
**Alphabet** 183
**als** 359, 380
**also** 373
als ob 162
**alt** 13, 38, 324
Alt 61
Altar 255
Alter 14, 39
**Alternative** 126
Altersheim 39
Altertum 252
Altglas 101
altmodisch 83
Altöl 294
Altpapier 101
**Altpapiersammlung** 304
Altstadt 304
**Aluminium** 327
**am** 352
**Ameise** 298
**Amerika** 262
**Amerikaner** 262
amerikanisch 262
Ampel 307
**Amt** 267
**amüsieren (sich)** 217
**an** 341, 346, 352, 383

417

analysieren 116
Anarchist 266
**anbauen** 205
anbauen 88
**anbieten** 125, 173
Anblick 22
**an Bord** 320
anbrennen 70
andauern 357
**Andenken** 235
**andere(r, s)** 376
ändern 154
**anders** 366
**anderthalb** 332
Änderung 372
anerkennen 144
**Anfang** 352
**anfangen** 360
Anfänger 181
**anfassen** 21
Anforderung 196
anfühlen (sich) 22
Anführungszeichen 380
Angabe 277
**angeben** 15, 121
**angeblich** 161
Angebot 66, 175, 202
angehören 13
Angehörige(r) 164
**Angeklagte(r)** 277
Angelegenheit 175
angeln 218
angenehm 159
**Angestellte(r)** 191
Angestellte(r) 200
**Angewohnheit** 129
angreifen 128
**Angst** 110
**anhaben** 77
**anhalten** 314
Anhalter 313
Anker 320
**anklagen** 277
anklopfen 172
**ankommen** 150, 231, 315
ankommen 175
**ankündigen** 139
Ankunft 317
Anlage 304
**anlegen** 320
anlegen 215
anlehnen 24
**anmachen** 29, 72
**anmelden (sich)** 181
anmelden (sich) 16
Anmeldung 182
Annahme 116
**annehmen** 135
Anorak 79
anpassen (sich) 133

**anprobieren** 81
Anreise 230
Anruf 240
**Anrufbeantworter** 239
**anrufen** 239
**ans** 383
anschauen 219
anscheinend 162
Anschluß 315
Anschluß 240, 365
anschnallen (sich) 319
Anschrift 14
ansehen 219
ansehen 21
ansein 99
Ansicht 154
**Ansichtskarte** 235
ansprechen 136
Anspruch 279
anständig 127
**anstatt** 381
**ansteckend** 46
ansteigen 372
**anstellen (sich)** 64
anstellen 30, 194
anstreichen 209
**anstrengen (sich)** 124
anstrengend 224
Antarktis 263
Anteil 338
Antenne 91
Antrag 16
**Antwort** 141
antworten 141
**Anwalt** 277
anwenden 122
Anwesenheit 175
Anzahl 338
Anzahlung 214
Anzeige 276
**anzeigen** 276
anziehen 77
**Anzug** 77
**anzünden** 30
Apartment 92
**Apfel** 56
Apfelmus 73
**Apfelsaft** 59
Apfelsine 58
Apfelstrudel 73
**Apotheke** 49
Apparat 241
Appartement 92
**Appetit** 74
April 354
**Äquator** 284
Ar 334
**Arabisch** 262
**Arbeit** 183, 193
arbeiten 193

Arbeiter 191
Arbeitgeber 194
Arbeitnehmer 192
Arbeitsamt 194
Arbeitserlaubnis 16
**arbeitslos** 193
**Arbeitslose(r)** 193
Arbeitslosengeld 194
Arbeitslosenhilfe 195
Arbeitslosigkeit 194
**Arbeitsplatz** 195
**Arbeitszeit** 195
Architekt 191
**Ärger** 111
ärgerlich 113
**ärgern** 111
Argument 135
Arktis 263
**arm** 176
**Arm** 18
Armband 84
**Armee** 280
Ärmel 79
Armut 178
**arrogant** 105
**Art** 102, 366
Art 298
Artikel 242
**Arzt** 42
Arzthelfer 44
ärztlich 44
(Arzt)praxis 43
**Aschenbecher** 62
**Asiate** 262
**asiatisch** 262
**Asien** 262
Aspekt 137
**Assistent** 191
**Ast** 301
Astronaut 288
Asyl 15
**Asylant** 14
**Atheist** 254
atmen 18
Atmosphäre 288
Atombombe 281
**Atomkraftwerk** 305
Atomreaktor 306
Attest 44
attraktiv 33
**au!** 46
**auch** 150
audiovisuell 245
**auf** 334, 342, 383
**aufbewahren** 28
Aufenthalt 230
Aufenthaltserlaubnis 16
**auffallen** 152
Auffassung 154
auffordern 147

**aufführen** 219
Aufführung 220
**Aufgabe** 196
**aufgeben** 236
aufgeben 123, 317
aufgehen 288
**aufgeregt** 111
**aufgrund** 373
aufhaben 65
aufhängen 85
**aufheben** 28
**aufhören** 360
aufklären 37
auflegen 240
**aufmachen** 29, 217
aufmerksam 184
**Aufmerksamkeit** 171
**aufnehmen** 244
**aufpassen** 21
**aufräumen** 98
**aufregen** 111
Aufregung 112
aufrüsten 281
**aufschließen** 90
Aufschnitt 65
aufschreiben 51, 184
Aufschwung 202
**aufsein** 217
aufsein 27
**aufstehen** 26
aufstellen 30
**Auftrag** 202
auftreten 220
**aufwachen** 26
aufwachsen 39
aufwecken 27
**Auf Wiederhören!** 241
**Auf Wiedersehen!** 172
**Aufzug** 90
**Auge** 17
Augenarzt 44
**Augenblick** 359
**August** 355
**aus** 13, 326, 346, 383
ausbeuten 194
ausbilden 190
**Ausbildung** 189
ausbreiten 230
Ausdruck 136
ausdrucken 210
ausdrücken 70, 136
auseinander 348
**Ausfahrt** 308
**ausfallen** 182
**Ausflug** 216
ausführen 122
**ausführlich** 138
**ausfüllen** 15
Ausgaben 215
**Ausgang** 89

**ausgeben** 213
**ausgehen** 217
**ausgezeichnet** 157
**aushalten** 111
auskennen (sich) 119
**Auskunft** 234
**Ausland** 14
**Ausländer** 14
**ausländisch** 201
Auslandskrankenschein 44
**auslaufen** 320
auslaufen 326
ausleihen 173
**ausmachen** 29, 108, 169
**ausmessen** 333
Ausnahme 149
**ausnahmsweise** 148
**ausnutzen** 128
ausrechnen 215
Ausrede 137
Ausreise 231
**Ausrufezeichen** 380
**ausruhen** 27
Ausrüstung 226
ausrutschen 25
Aussage 279
ausschalten 30
**aussehen** 31
**aussein** 99, 219
**außen** 342
Außenminister 268
Außenpolitik 268
außer 151
**außerdem** 366
Äußere 33
außerhalb 345
äußern (sich) 135
äußerst 370
Äußerung 135
aussetzen 277
**Aussicht** 235
**Aussiedler** 14
Aussprache 136
aussprechen 136
ausstatten 93
Ausstattung 92
**aussteigen** 314
**ausstellen** 211, 248
ausstellen 16
**Ausstellung** 216
aussterben 294
**aussuchen** 74
austauschen 136
**Australien** 263
**Australier** 263
**australisch** 263
Ausverkauf 83
ausverkauft 221
**Auswahl** 81
**Ausweg** 122

**Ausweis** 15
**auswendig** 182
Auswirkung 372
auszahlen 212
**ausziehen** 78, 94
Auszubildende(r) 190
**Auto** 311
Autobahn 307
**Autofahrer** 311
Automat 62, 208
automatisch 208
**Autor** 247
Autoreisezug 230
Autorennen 225
Autorität 104
Autovermietung 235

# B

**Baby** 38
**Bach** 285
backen 70
**Bäcker** 63
Bäckerei 65
**(Back)ofen** 97
Bad 35
Badeanzug 79
Badehose 79
Bademantel 79
Bademütze 80
**baden** 34
**Baden-Württemberg** 273
**Badewanne** 92
**Bad(ezimmer)** 92
Bagger 88
**Bahn** 315
Bahnhof 315
Bahnsteig 315
**bald** 361
Balkon 92
**Ball** 224
**Ballet** 219
**Banane** 56
Band 248, 251
**Bank** 211
Bankleitzahl 212
Banknote 212
Bankräuber 131
**bar** 214
**Bär** 297
Baracke 91
Bargeld 214
bargeldlos 214
**Bart** 32
Basketball 226
**basteln** 222
**Batterie** 207
Bau 88

Bauarbeiter 88
**Bauch** 18
**Bauchschmerzen** 45
Bauchweh 47
**bauen** 87
**Bauer** 205
**Bauernhof** 205
**Baum** 300
Baumarkt 89
**Baumwolle** 326
Bauplatz 88
Baustelle 88
**Bayern** 273
**beabsichtigen** 120
**beachten** 125
**Beamte(r)** 191
**beantragen** 15
**beantworten** 141
**bedanken (sich)** 145
Bedarf 194
bedauern 142
Bedauern 142
bedecken 31
Bedenken 116
bedeuten 184
**bedeutend** 369
Bedeutung 160, 184
**bedienen** 74
Bedienung 75, 82
**Bedingung** 197
Bedürfnis 126
**beeilen (sich)** 26
beeindrucken 159
**beeinflussen** 174
**beenden** 360
beerdigen 40
**Beerdigung** 39
Beere 301
Befehl 147
**befehlen** 147
**befinden (sich)** 341
befreien 133
**befreundet sein** 167
befriedigend 184
**befürchten** 112
begabt 132
begeben (sich) 319
begegnen 167
**begehen** 130
begehen 40
begeistert 107
Beginn 361
**beginnen** 219
**begleiten** 170
beglückwünschen 146
begreifen 117
Begriff 184
**begründen** 153
Begründung 156
**begrüßen** 171

Begrüßung 172
behalten 177
**behandeln** 43, 174
**Behandlung** 49
**behaupten** 135
Behauptung 137
**beherrschen** 132
behindert 48
**Behinderte(r)** 46
Behörde 267
**bei** 169, 241, 344, 383
Beichte 255
**beide** 167
Beifall 221
beige 321
Beilage 75
**Beileid** 39
**Bein** 18
beinahe 368
**bei sich haben** 15
**Beispiel** 183
**beispielsweise** 135
**beißen** 295
Beitrag 196
beitragen 122
**bekannt** 118, 247
**Bekannte(r)** 167
**bekommen** 37, 173
bekommen 42
**belasten** 293
belasten 112
Belastung 112
**belegen** 181, 185
**belegt** 232, 239
**beleidigen** 112
Beleidigung 112
Belgien 261
Belgier 261
belgisch 261
**beliebig** 338
**beliebt** 247
bellen 296
Belohnung 277
bemerken 21
Bemerkung 134
bemühen (sich) 126
benachrichtigen 139
**benehmen (sich)** 121
**Benehmen** 122
beneiden 111
benötigen 16
**benutzen** 28
**benützen** 28
Benzin 312
**beobachten** 276
Beobachtung 123
**bequem** 96
**beraten** 81, 139
Beratung 140

Bereich 197
bereit 127
**bereits** 361
bereuen 125
**Berg** 284
Bergleute 206
bergsteigen 218
**Bergwerk** 205
Bericht 139
**berichten** 138
**Berlin** 273
**berücksichtigen** 125
**Beruf** 14, 191
beruflich 192
**(Berufs)ausbildung** 189
Berufsschule 181
berufstätig 194
**beruhigen** 108
**berühmt** 250
**berühren** 21
Berührung 22
**beschädigen** 309
**beschäftigen (sich)** 115
**Beschäftigte(r)** 199
**beschäftigt sein** 191
Bescheid 16, 139
**bescheiden** 103
**beschließen** 120
Beschluß 269
**beschreiben** 276
Beschreibung 277
**beschützen** 174
**beschweren (sich)** 141
Besen 99
**besetzt** 239
**besichtigen** 234
Besichtigung 235
besiegen 228
Besitz 177
**besitzen** 176
**Besitzer** 176
**besondere(r, s)** 367
**besonders** 366
besorgen 65
**besprechen** 134
**Besprechung** 197
**besser** 369
bessergehen 42
Bestandteil 325
**bestätigen** 267
**beste(r, s)** 369
Besteck 68
**bestehen** 186
bestehen 147
**bestehen aus** 247, 324
**bestellen** 74, 201
**bestellt sein** 42
Bestellung 203
bestimmen 147
**bestimmt** 149

420

**bestrafen** 278
Besuch 170
**besuchen** 170, 180
beteiligen (sich) 175
**beten** 254
Beton 328
betonen 137
Betracht 155
betrachten 122
**Betrag** 214
betragen 215
**betreffen** 153
**betreten** 24
**Betrieb** 199
Betriebsrat 194
**betrügen** 130
Betrüger 131
**betrunken** 60
**Bett** 97
(Bett)decke 98
Bettwäsche 98
**beurteilen** 152
Beute 130
**Bevölkerung** 302
**bevor** 359
bevorzugen 159
bewahren 257
Bewährung 279
bewegen 23
Bewegung 25
Beweis 279
**beweisen** 278
**bewerben (sich)** 192
**Bewerbung** 193
Bewohner 96
**bewölkt** 290
bewundern 109
**bewußt** 118
bewußtlos 48
**bezahlen** 82
Bezahlung 196
**bezeichnen** 154
bezeichnend 155
**beziehen (sich)** 153
Beziehung 155
beziehungsweise 156
Bezirk 304
Bezug 155
**bezweifeln** 114
BH 79
**Bibel** 254
**Bibliothek** 303
biegen 31
**Biene** 298
**Bier** 59
**bieten** 126
Bikini 79
**Bild** 97, 221, 249
**bilden** 183
bilden (sich) 152

Bildhauer 249
Bildschirm 245
Bildung 181
**billig** 81
Binde 36, 50
Bindestrich 380
**Bio-** 63
**Biologie** 189
**biologisch** 205
Biotonne 100
**Birne** 56
**bis** 172, 346, 353
Bischof 256
**bisher** 357
**bitte** 145
Bitte 146
**bitten** 145
**bitter** 20
blasen 26
**blaß** 32
**Blatt** 301
**blau** 32, 321
Blech 328
Blei 328
**bleiben** 232, 289
bleiben dabei 154
bleibenlassen 148
bleifrei 313
**Bleistift** 209
blenden 309
Blick 21
blind 47
Blitz 292
blitzen 290
Block 209
**blöd** 105
**blond** 32
**bloß** 150
**blühen** 300
**Blume** 300
**Blumenkohl** 57
**Blumenladen** 300
**(Blumen)strauß** 300
(Blumen)vase 98
**Bluse** 77
**Blut** 18
Blüte 301
bluten 46
**Boden** 87, 205
Boden 91
**Bodenschätze** 205
Bogen 323
**Bohne** 57
bohren 207
Bombe 280
Bonbon 56
**Boot** 319
Börse 213
bösartig 48
**böse** 111

**Botschaft** 274
Boutique 82
boxen 225
Boykott 275
**Brandenburg** 273
Brasilianer 264
brasilianisch 264
Brasilien 264
**braten** 70
**Braten** 71
Bratkartoffeln 72
Brauch 257
**brauchen** 146
**braun** 32, 321
**braungebrannt** 32
Braut 166
Bräutigam 166
**brav** 103
**bravo!** 141
**brechen** 46
**breit** 340
Breite 340
**Bremen** 273
Bremse 313
**bremsen** 307
**brennen** 305
Brett 208
Brezel 55
**Brief** 236
**Briefkasten** 236
**Briefmarke** 236
Brieftasche 84
**Briefträger** 236
**(Brief)umschlag** 236
**Brille** 50
**bringen** 29
Brombeere 57
Bronze 328
**Bronzemedaille** 227
**Brot** 53
**Brötchen** 53
**Brücke** 303
**Bruder** 163
Brüderschaft 168
Brühe 72
brüllen 135
Brunnen 304
**Brust** 17
Btx 240
**Buch** 242
**buchen** 229
**Bücherei** 303
**Buchhandlung** 242
Büchse 66
**Buchstabe** 183
buchstabieren 184
Bucht 287
bücken (sich) 25
**Buddhismus** 253
**Bügel** 85

421

Bügelbrett 86
Bügeleisen 86
**bügeln** 84
**Bühne** 220
bummeln 218
**Bund** 273
Bundes- 274
**Bundeskanzler** 266
**Bundesland** 273
**Bundespräsident** 266
Bundesrat 268
Bundesregierung 268
**Bundesrepublik Deutschland** 258
Bundesstraße 308
Bundestag 268
**Bundeswehr** 280
Bündnis 275
**bunt** 321
**Burg** 303
**Bürger** 269
Bürgerinitiative 272
**Bürgermeister** 267
**Büro** 199
**Bürste** 34
**Bus** 313
**Busch** 300
Busen 19
Büstenhalter 79
**Butter** 53

# C

**Café** 75
Cafeteria 76
Camping 234
Campingplatz 234
**CD** 244
**CD-Player** 244
CD-Rom 246
**Chance** 158
Chaos 373
**Charakter** 102
charakteristisch 103
Charterflug 230
Check-in 319
**Chef** 199
**Chemie** 189
Chemiker 192
**chemisch** 326
chic 82
**China** 262
**Chinese** 262
**chinesisch** 263
**Chinesisch** 263
Chirurg 45
**Chor** 250
**Christ** 254

Christdemokrat 271
**Christentum** 254
**Christkind** 257
christlich 255
Clown 218
Club 218
**Computer** 209
Copyshop 210
Couch 97
**Cousin** 164
**Cousine** 164
**Creme** 35

# D

**da** 344, 373
da 360
**dabei** 382
dabei bleiben 154
**dabei sein, etwas zu tun** 120
dabei sein 357
**Dach** 90
(Dach)boden 91
**dadurch** 382
**dafür** 374, 382
**dafür sein** 158
**dagegen** 382
**dagegen sein** 161
**daheim** 27
daher 348, 374
dahin 348
dahinten 345
dahinter 343
damals 356
**Dame** 171
**damit** 374
Dampf 328
**danach** 364
Däne 261
daneben 343
Dänemark 261
dänisch 261
Dänisch 261
Dank 146
dankbar 110
**danke** 145
**danken** 145
**dann** 364
daran 382
**darauf** 382
darauf 343
**daraus** 382
**darin** 382
Darstellung 220
**darüber** 382
darüber 343
darum 374
darunter 343

**das** 375, 379
**da sein** 170
**daß** 381
Datei 210
Daten 188
**Datum** 352
Dauer 357
**dauern** 356
dauernd 357
Dauerwelle 36
**davon** 336, 382
**davor** 382
davor 343, 365
**dazu** 382
dazwischen 345
Deck 320
**Decke** 87
Decke 98
Deckel 207
**decken** 67
decken 306
Deich 286
**dein** 176
**Dein** 238
deine(r, s) 177
**Deine** 238
demnächst 365
Demokrat 265
**Demokratie** 265
**demokratisch** 265
Demonstrant 272
**Demonstration** 270
**demonstrieren** 270
**denken** 114, 152
Denkmal 249
**denn** 381
dennoch 151
**depressiv** 112
**der** 375, 379
derjenige, diejenige, dasjenige 375
derselbe, dieselbe, dasselbe 375
**deshalb** 373
Design 249
**deswegen** 373
**deutlich** 118
**deutsch** 259
**Deutsch** 259
**Deutsche(r)** 258
Deutsche Bundesbahn 316
**Deutsche Demokratische Republik** 252
Deutsche Reich 253
**Deutschland** 258
**Dezember** 355
Dia 222
**Dialekt** 258
Diamant 328
Diät 51

dich 377, 379
dicht 345
Dichter 248
**dick** 32, 340
**die** 375, 379
Dieb 130
Diebstahl 131
dienen 374
Dienst 194
Dienstag 353
dienstags 354
**diese(r, s)** 375
Diesel 313
diesmal 363
**Diktatur** 265
**diktieren** 182
Ding 138
Diplom 186
Diplomat 275
**diplomatisch** 274
**dir** 378
direkt 345
Direktor 200
Dirigent 251
dirigieren 251
**Diskette** 209
**Diskothek** 217
diskriminieren 176
Diskussion 137
**diskutieren** 135
Distanz 346
**doch** 142
**Doktor** 42, 186
**Doktorarbeit** 186
Dokumentarfilm 245
**Dollar** 213
Dolmetscher 192
Dom 256
**donnern** 290
**Donnerstag** 353
donnerstags 354
doof 162
Doping 228
Doppelname 12
Doppelpunkt 380
**doppelt** 337
**Doppelzimmer** 232
**Dorf** 302
**dort** 344
dorthin 348
**Dose** 63
Dosenöffner 71
Dozent 187
Draht 208
Drama 248
dramatisch 161
drängen 147
draußen 343
dreckig 100
drehen 23

**drehen (sich)** 135
drehen 222
**drei** 329
Dreieck 322
**dreieckig** 322
**dreihundert** 330
**dreihunderttausend** 330
**dreißig** 330
**dreißigste(r, s)** 332
dreiundzwanzig 330
**dreiviertel** 332, 351
Dreiviertelstunde 352
**dreizehn** 329
**dreizehnte(r, s)** 331
**dringend** 366
drinnen 343
**dritte(r, s)** 331
Drittel 332
**drittens** 364
Dritte Reich 253
**Droge** 62
**Drogerie** 35
**drohen** 128
drüben 345
Druck 129, 326
drucken 243
**drücken** 30
Drucker 210
Drucksache 237
**du** 377
dulden 148
dumm 117, 161
Düne 286
Düngemittel 206
**düngen** 205
dunkel 20, 32
**dunkel-** 321
**dünn** 32
Dur 251
**durch** 342, 383
durch 72
durchaus 151
durchbrennen 89
durcheinander 373
**Durchfall** 45
**durchfallen** 186
Durchmesser 340
Durchschnitt 335
durchschnittlich 335
**durchsetzen** 132
**dürfen** 148
**Durst** 67
durstig 68
**Dusche** 92
**duschen** 34
düster 162, 292
Dutzend 335
**duzen (sich)** 167
dynamisch 133
D-Zug 317

# E

Ebbe 286
**eben** 149
eben 285, 360
ebenfalls 370
ebenso 370
**echt** 83
**Ecke** 310
Ecu, ECU 213
**egal** 156
**egoistisch** 105
ehe 360
**Ehe** 165
Ehefrau 13
Ehemann 13
**Ehepaar** 165
eher 362
Ehre 175
**ehrlich** 175
**Ei** 53
**eifersüchtig** 111
eigenartig 106
**eigene(r, s)** 176
**Eigenschaft** 102
**eigentlich** 150
Eigentum 177
Eigentümer 177
Eigentumswohnung 95
**eignen (sich)** 132
Eilbrief 237
Eile 27
eilen 361
Eilzug 316
Eimer 100
**ein(e)** 375
einander 175
ein andermal 363
Einbahnstraße 308
**ein bißchen** 369
**Einbrecher** 130
eincremen 35
eindeutig 279
**Eindruck** 152
**eine(r, s)** 335, 376
eineinhalb 332
**einerseits ... andererseits** 150
**ein(e)s** 376
**einfach** 158, 316
**Einfahrt** 308
einfallen 116
**einfarbig** 321
**Einfluß** 121
**einführen** 202
**Eingang** 89
Einheimische(r) 304
**Einheit** 252
einheitlich 367
**(ein)hundert** 330

**einige** 335
einigen (sich) 144
einigermaßen 367
**einiges** 336
**einig sein (sich)** 143
Einkauf 64
**einkaufen** 62
Einkaufswagen 65
Einkaufszentrum 65
Einkommen 195
**einkremen** 35
**einladen** 169
Einladung 170
**einlösen** 211
einmal 362
einmischen (sich) 175
**einnehmen** 50
**ein paar** 336
Einreise 231
**einrichten** 96
einrichten 127
**Einrichtung** 268
Einrichtung 97
**eins** 329
**einsam** 168
einschalten 30
**einschlafen** 27
**einschließlich** 94
Einschreiben 237
**einsetzen (sich)** 124
**einsteigen** 314
**einstellen** 193
einstellen 319
**Einstellung** 153
**(ein)tausend** 330
Eintopf 72
eintragen 184
eintreten 172
Eintritt 216
**Eintrittskarte** 216
**einunddreißig** 330
**einundzwanzig** 329
**einundzwanzigste(r, s)** 331
**einverstanden sein** 142
einweisen 44
Einwohner 302
**einzahlen** 211
**Einzelheit** 134
**einzeln** 338
**Einzelzimmer** 232
**einziehen** 94
**einzig** 373
**Eis** 54
**Eisen** 326
**(Eisen)bahn** 315
eiskalt 291
ekelhaft 161
elastisch 327
Electronic Cash-Service 212

**Elefant** 297
elegant 82
**Elektriker** 87
**elektrisch** 305
Elektrizität 306
elektronisch 210
Elektrotechnik 189
Element 327
Elend 162
**elf** 329
**elfte(r, s)** 331
**Eltern** 163
Emanzipation 175
emanzipiert 104
**Embargo** 275
emotional 110
Empfang 172
**empfangen** 171
Empfänger 237
**empfehlen** 74
empfinden 109
**Ende** 352
enden 361
endgültig 127
**endlich** 361
**Energie** 305
Energie 25
energisch 104
**eng** 81
**Engel** 254
**England** 259
**Engländer** 259
**englisch** 259
**Englisch** 259
**Enkel** 163
**entdecken** 252
**Entdeckung** 252
**Ente** 297
entfernen 346
entfernt 310
**Entfernung** 345
**entführen** 130
entgegen 144
entgegengesetzt 311
enthalten (sich) 268
**enthalten** 334
entlang 348
**entlassen** 43, 193
**entscheiden** 120
**Entscheidung** 120
**entschließen (sich)** 124
entschlossen sein 126
**Entschluß** 124
**entschuldigen** 145
**Entschuldigung** 145
**entsetzt** 111
Entsorgung 293
entspannen 27
entsprechend 368
**entstehen** 371

entstehen 215
**enttäuschen** 110
Enttäuschung 112
**entweder ... oder** 126
entwerten 315
**entwickeln** 221, 370
**Entwicklung** 371
**Entwicklungsland** 275
entzünden (sich) 47
Epoche 248
**er** 377
**Erbe** 177
Erbe 178
**erben** 177
Erbse 57
Erdbeben 285
**Erdbeere** 56
**Erde** 288, 300
Erdgas 306
**Erdgeschoß** 90
Erdkunde 189
Erdöl 306
**ereignen (sich)** 356
**Ereignis** 372
**erfahren** 118
**Erfahrung** 118
**erfassen** 118
**erfinden** 115
**Erfindung** 115
**Erfolg** 196
erfolgreich 198
erfüllen 146
ergeben 277
**Ergebnis** 371
**ergreifen** 270
erhalten 175
**erhöhen** 214
Erhöhung 215
**erholen (sich)** 234
erinnern 114
Erinnerung 116
**erkälten (sich)** 47
**erkältet sein** 45
**Erkältung** 45
**erkennen** 115
Erkenntnis 119
**erklären** 138
**Erklärung** 139
**erkundigen (sich)** 139
**erlauben** 148
**Erlaubnis** 148
erleben 107
Erlebnis 109
erledigen 198
Ermäßigung 218
ermöglichen 133
**ermorden** 130
**ernähren (sich)** 67
Ernährung 68
**ernennen** 267

ernst 103
ernst 162
Ernte 205
ernten 205
erobern 252
eröffnen 202
Erpresser 131
erraten 115
erreichen 124, 315
Ersatz 197
Ersatzteil 312
erscheinen 154, 243
erschießen 281
erschrecken 110
ersetzen 127, 177
erst 364
erstaunlich 154
erste(r, s) 331
Erste(r) 227
erstens 363
ersticken 40
ertragen 133
ertrinken 40
erwachsen 38
Erwachsene(r) 38
erwähnen 136
erwarten 153
erzählen 138
Erzählung 247
erzeugen 372
erziehen 165
Erzieher 191
Erziehung 165
es 377, 378
es eilig haben 26
Esel 295
es gibt 138
es sei denn, daß 150
essen 67
Essen 67
essen gehen 73
Essig 54
Eßlöffel 68
etwa 337
etwas 337, 376
etwas zu tun haben 26
euch 378, 378, 379
euer 177
Euer 238
eure(r, s) 178
Eure 238
Europa 258
Europäer 258
europäisch 258
Europäische Gemeinschaft 275
Europäische Union 275
Euroscheck 211
Euroscheckkarte 212
evangelisch 12, 254

eventuell 116
ewig 357
Examen 187
Exil 275
Existenz 200
Experiment 188
Explosion 281
Export 201
Export 60
exportieren 202
extra 339, 368

# F

Fabrik 204
Fach 188
Fachmann 196
Faden 85
fähig 132
Fähigkeit 133
Fahne 268
fahren 311
Fahrer 314
Fahrgast 315
Fahrkarte 316
Fahrplan 314
(Fahr)rad 308
Fahrschein 314
Fahrscheinautomat 315
Fahrschule 311
Fahrstuhl 91
Fahrt 231
fair 159
Fakultät 185
Fall 276
fallen 23
fällen 301
falls 150
falsch 160, 310
Fälschung 249
falten 31
Familie 163
Familienname 11
Familienstand 13
fangen 224
Farbe 88, 321
färben 36
Farbfilm 221
farbig 321
Fasching 256
Faschismus 265
Faschist 266
Faß 76
fassen 276
fassen 335
fast 369
fasten 51
faul 105

Fax 239
faxen 239
Faxgerät 240
Faxnummer 240
Februar 354
Feder 298
Federball 224
fegen 99
fehlen 337
Fehler 183
Feierabend 193
feiern 217
Feiertag 354
feige 106
fein 325
Feind 280
Feld 205
Fell 295
Feministin 175
Fenster 91
Ferien 229
Ferienwohnung 233
Fernbedienung 245
Ferne 345
Ferngespräch 240
fernsehen 243
Fernsehen 243
Fernseher 243
Fernsehgebühren 245
Fernsehprogramm 243
fertig 125
fertig 41
fest 324
Fest 217
festhalten 23
Festival 250
festlegen 137
feststellen 152
fett 71
Fett 64
feucht 324
Feuer 61, 303
Feuerlöscher 91
Feuerwehr 303
Feuerwerk 257
Feuerzeug 62
Fieber 45
Fieberthermometer 47
Figur 33
Film 219, 221
filmen 221
Filmkamera 222
Filter 62
Finanzamt 267
finanziell 215
finanzieren 214
finden 28, 94, 152
Finger 18
Firma 199
Fisch 297

Fisch 55
**fischen** 205
**Fischer** 205
fit 41
**flach** 284, 322
**Fläche** 340
**Flamme** 303
Flamme 70
**Flasche** 63
Flaschenöffner 71
Flaschenrückgabe 65
**Fleck** 85
**Fleisch** 54
(Fleisch)brühe 72
**Fleischer** 63
Fleischerei 65
**fleißig** 103
flicken 208
**Fliege** 298
**fliegen** 297, 318
**fliehen** 280
**Fließband** 204
**fließen** 284
fließend 233
Flohmarkt 218
**Flöte** 250
fluchen 142
Flucht 281
Flüchtling 275
**Flug** 318
Flugbegleiter 319
Flugblatt 271
**Flügel** 298
**Fluggast** 318
Fluggesellschaft 319
**Flughafen** 318
**(Flug)ticket** 318
**Flugzeug** 318
Fluorchlorkohlenwasserstoff 327
**Flur** 92
**Fluß** 284
**flüssig** 324
Flüssigkeit 328
flüstern 135
Flut 286
Föderalismus 265
Folge 372
**folgen** 364
folgen 25, 116
**folgende(r, s)** 365
foltern 265
Fön® 36
Fondue 72
**fönen** 34
fordern 147
Forderung 148
Forelle 72
**Form** 322
**Formular** 15

Forscher 187
**Forschung** 186
Fortbildung 190
fortfahren 230, 365
**Fortschritt** 370
fortsetzen 365
Fortsetzung 364
**Foto** 221
**Foto(apparat)** 221
Fotograf 192
**fotografieren** 221
**(Foto)kopie** 209
**(foto)kopieren** 209
**Frage** 140
**fragen** 140
**Fragezeichen** 380
frankieren 237
**Frankreich** 259
**Franzose** 259
**französisch** 259
**Französisch** 259
**Frau** 11
Frauenarzt 44
Frauenbewegung 175
**Fräulein** 11
**frech** 105
**frei** 73, 216, 232, 239
freihaben 193
**Freiheit** 265
**Freitag** 353
freitags 354
**freiwillig** 125
**Freizeit** 216
**fremd** 14, 118
**Fremde(r)** 168
Fremdsprache 188
**fressen** 295
Freude 108
**freuen (sich)** 107
**Freund** 165, 167
**freundlich** 102
Freundschaft 168
**Frieden** 281
**Friedhof** 303
**friedlich** 270
**frieren** 41
**frisch** 64
frisch 291
frisch machen (sich) 35
**Friseur** 35
Frist 214
Frisur 36
**froh** 107
**fröhlich** 107
Frosch 298
Frost 292
Frucht 57
**früh** 361
**früher** 356
**Frühjahr** 355

**Frühling** 355
**Frühstück** 67, 232
**frühstücken** 67
Fuchs 298
fühlen (sich) 41
**führen** 199, 371
Führer 253
**Führerschein** 16
Führung 200, 235, 279
**füllen** 30
Füller 209
**fünf** 329
**fünfhundert** 330
Fünfprozentklausel 272
**fünftausendvierhundertsiebenundfünfzig** 330
**fünfte(r, s)** 331
**fünfzehn** 329
**fünfzig** 330
**fünfzigste(r, s)** 332
funktionieren 207
**für** 143, 383
Furcht 113
**furchtbar** 160
**fürchten (sich)** 110
fürchterlich 161
**Fuß** 18
**Fußball** 225
**Fußballspiel** 227
**Fußballspieler** 225
**(Fuß)boden** 87
**Fußgänger** 307
**Fußgängerzone** 303
Futter 295
**füttern** 295
füttern 68

# G

**Gabel** 68
**Galerie** 248
Gang 93, 313
Gans 296
**ganz** 324, 369
**gar** 70, 369
**Garage** 90
Garantie 203
Garderobe 98, 221
Gardine 98
**Garten** 90
Gärtner 192
**Gas** 305
**Gast** 169
**Gastarbeiter** 14
Gastgeber 170
Gasthaus 75
Gasthof 75
Gaststätte 75

**Gebäude** 89
geben 64, 173, 241
**Gebiet** 196
Gebiet 285
**Gebirge** 284
**geboren** 13
geborene 12
**geboren werden** 38
Gebrauch 30
**gebrauchen** 29
gebrauchen 156
**Gebrauchsanweisung** 29
gebraucht 312
**Gebühr** 214
**Geburt** 38
Geburtsdatum 14
Geburtsort 15
**Geburtstag** 13
Geburtsurkunde 16
**Gedächtnis** 119
**Gedanke** 114
**Gedicht** 247
**Geduld** 102
geeignet 159
**Gefahr** 161
**gefährlich** 297
**gefallen** 153
**Gefallen** 174
**Gefängnis** 278
Geflügel 55
Gefühl 22, 109
**gegen** 143, 346, 351, 383
**Gegend** 284
Gegend 345
Gegensatz 370
**gegenseitig** 168
Gegenstand 137, 325
**Gegenteil** 367
**gegenüber** 344
Gegenwart 358
**Gegner** 270
Gegner 228
**Gehalt** 195
Gehalt 327
**geheim** 138
**Geheimnis** 118
Geheimzahl 212
**gehen** 23, 41, 179
Gehirn 18
gehorchen 166
**gehören** 176
Gehweg 303
Geige 251
Geisel 131
Geist 119
**Geisteswissenschaften** 188
geizig 106
**gelaunt: gut/schlecht ~** 107

**gelb** 321
Gelbe Sack 101
**Geld** 213
**Geldautomat** 211
Geldbeutel 83
**(Geld)schein** 211
Geldwechsler 214
**Gelegenheit** 372
gelegentlich 363
**gelingen** 132
**gelten** 153
**Gemälde** 249
**gemein** 105
**Gemeinde** 255
Gemeinde 304
**gemeinsam** 168
**Gemeinschaft Unabhängiger Staaten** 263
**Gemüse** 57
**gemütlich** 96
**genau** 149
**genauso ... wie** 369
Genehmigung 148
General 281
Generation 164
**genießen** 107
**genug** 337
**genügen** 154
**geöffnet** 216
Geographie 188
**Gepäck** 229
Gepäckaufbewahrung 317
Gepäckaufgabe 318
Gepäckausgabe 318
**gerade** 322, 359
geradeaus 310
**Gerät** 207
Geräusch 22
**gerecht** 102
**Gericht** 74, 277
gering 338
Germanistik 188
**gern(e)** 157
**gern haben** 108
Gerste 301
Geruch 22
gesamte(r, s) 339
Gesamtschule 181
**Geschäft** 80, 200
Geschäftsführer 200
**Geschäftsmann** 191
**geschehen** 356
**Geschenk** 173
**Geschichte** 138, 189, 247, 251
geschichtlich 252
**geschickt** 132
**geschieden** 12
Geschirr 68
**Geschirrspüler** 97

Geschlecht 12
Geschlechtsorgan 37
**geschlossen** 216
Geschmack 22, 82
**geschnitten** 53
**Geschwindigkeit** 307
**Geschwister** 163
Geschwür 48
Geselle 190
**Gesellschaft** 168
gesellschaftlich 169
**Gesetz** 267
gesetzlich 278
**Gesicht** 17
gespannt sein 109
**Gespräch** 134
Geständnis 279
gestatten 149
gestehen 155
**gestern** 349
gestreift 79
**gesund** 41
Gesundheit 42
**Getränk** 59
**Getreide** 300
getrennt 13
**Gewalt** 128
**Gewehr** 280
**Gewerkschaft** 193
Gewicht 33
**Gewinn** 200
**gewinnen** 227
**gewiß** 118
Gewissen 127
**Gewitter** 290
**gewöhnen (sich)** 122
Gewohnheit 123
gewöhnlich 28
gewohnt 123
**gewöhnt sein** 122
**Gewürz** 69
**gibt** 333
**gießen** 300
Gift 328
**giftig** 297
Gipfel 285
Girokonto 212
**Gitarre** 250
glänzen 328
glänzend 159
**Glas** 68, 327
Glascontainer 101
glatt 33, 325
Glatteis 292
Glaube 255
**glauben** 115, 254
**gleich** 357
gleichberechtigt sein 169
**Gleichberechtigung** 174
gleichfalls 146

gleichgültig 155
gleichmäßig 367
**gleichzeitig** 357
**Gleis** 315
Gletscher 285
**Glied** 36
**Glocke** 255
**Glück** 107
**glücklich** 107
Glühbirne 98
**Gold** 326
golden 321
**Goldmedaille** 227
Golf 225, 287
Golfplatz 225
**Gott** 254
Gottesdienst 255
**Grab** 39
graben 88
Graben 286
**Grad** 290
Grafik 249
Grafiker 249
**Gramm** 334
Grammatik 184
**Gras** 300
gratulieren 145
grau 32, 321
**grausam** 105
**Grenze** 230
grenzen 344
Grieche 262
Griechenland 262
griechisch 262
Griechisch 189, 262
Griff 122
Grill 71
grillen 71
**Grippe** 45
grob 325
Groschen 213
**groß** 31, 337, 340
**großartig** 157
**Großbritannien** 259
**Größe** 81
Größe 340
**Großeltern** 163
Großmacht 275
Großmutter 164
**Großstadt** 302
Großvater 164
großzügig 104
**grün** 32, 321
Grünanlage 304
**Grund** 373
**gründen** 199
Grundgesetz 265
Grundlage 372
gründlich 100
**grundsätzlich** 152

**Grundschule** 179
**Grundstück** 87
Grünen 271
Grüne Punkt 101
**Gruppe** 168
**Gruß** 171, 238
grüßen 172
Grüß Gott! 172
gucken 21
**Gulasch** 71
**gültig** 15
**Gummi** 326
günstig 83, 159
**Gurke** 57
**Gürtel** 83
**gut** 157
gutartig 48
gutbürgerlich 75
**Gute Besserung!** 41
**Guten Abend!** 171
**Gute Nacht!** 172
**Guten Morgen!** 171
**Guten Tag!** 171
**gutgehen** 41
**Gymnasium** 180
**Gymnastik** 224

# H

**Haar** 17
**(Haar)bürste** 34
Haarspray 36
**haben** 176
**Hafen** 303
Hafer 301
Haftpflichtversicherung 203
hageln 292
**Hahn** 295
**Hähnchen** 71
**Hai** 297
Haken 208
**halb** 332, 351
Halbe 76
halbjährlich 203
**Halbpension** 232
halbtags 195
Hälfte 332
**Halle** 90
**Hallo!** 171
**Hals** 17
**(Hals)kette** 84
**Halsschmerzen** 45
Halsweh 47
**halt** 307
**haltbar** 63
**halten** 29, 152, 295, 314
halten 309
**Haltestelle** 314

Halteverbot 308
Haltung 155
**Hamburg** 273
Hamburger 72
**Hammer** 207
**Hand** 18
**Handarbeit** 222
Handarbeit 204
Handball 226
**Handel** 201
**handeln** 120
**Händler** 201
Handlung 122, 220
**Handschuh** 78
**Handtasche** 83
**Handtuch** 34
**Handwerk** 204
**Handwerker** 204
**hängen** 97
**harmlos** 297
**hart** 324
Haschisch 62
Hase 298
Haß 113
**hassen** 111
**häßlich** 32
Haufen 338
**häufig** 362
Hauptbahnhof 317
**Hauptgericht** 74
**Hauptsache** 153
hauptsächlich 156
Hauptsaison 233
**Hauptschulabschluß** 180
**Hauptschule** 179
**Hauptstadt** 302
**Haus** 89
Hausarbeit 100
**Hausaufgabe** 183
**Haushalt** 98
Haushalt 269
**Hausmann** 98
Hausmeister 192
Hausnummer 15
**Haustier** 295
**Haut** 17
Hebamme 39
**heben** 30
Hebräisch 264
Heer 281
**Heft** 182
heftig 292
Heide 285
Heidelbeere 57
**heilen** 49
**heilig** 254
Heiligabend 257
Heim 91
**Heimat** 13
heimbringen 171

heimfahren 231
heimgehen 217
heimlich 130
Heimweh 112
heiraten 165
heiser 47
heiß 21, 289
heißen 11
heiter 291
heizen 92
Heizung 93
Hektar 334
Hektik 130
Held 253
helfen 174
hell 20
hell- 321
hell 292
Helm 312
Hemd 77
Henne 295
her 347
heran 346
herauf 347
heraus 347
herauskommen 24
herauskommen 155
herausstellen (sich) 155
Herbst 355
Herd 97
Herde 296
herein 347
hereinkommen 24
Hering 71
herkommen 24
Herkunft 203
Heroin 62
Herr 11
herrlich 157
herrschen 271
herstellen 204
Hersteller 204
Herstellung 204
herunter 347
hervorragend 159
Herz 18
Herzinfarkt 48
herzlich 170
herzlichen Glückwunsch! 145
Hessen 273
heulen 112
heute 349
heutzutage 358
hier 241, 344
hierher 348
hiermit 382
Hilfe 174
Himbeere 56
Himmel 254, 290

hin 347
hinauf 347
hinaus 347
hinausgehen 24
hindern 174
Hinduismus 253
hindurch 358
hinein 347
Hinfahrt 231
hinfallen 25
hinlegen 27
hinsetzen 23
Hinsicht 156
hinten 342
hinter 341
hintere(r, s) 344
Hintergrund 344
hinterher 365
Hintern 18
hinüber 347
hin und wieder 362
hin und zurück 316
hinunter 347
Hinweis 138
hinzufügen 134
Hirsch 298
Hitze 291
Hobby 222
hoch 340
hoch 348
Hoch 291
Hochachtungsvoll 238
hochdeutsch 260
Hochhaus 89
höchstens 369
Hochzeit 165
Hof 90
hoffen 145
hoffentlich 145
Hoffnung 108
höflich 102
Höhe 341
Höhepunkt 198
hohl 325
Höhle 285
holen 29
Holland 259
Holländer 259
holländisch 259
Holländisch 259
Hölle 254
Holz 305
homöopathisch 51
homosexuell 37
Honig 54
hören 20
Hörer 240
Hörgerät 51
Horizont 286
Hörsaal 187

Hose 77
Hotel 232
hübsch 31
Hubschrauber 318
Hügel 285
Huhn 295
Humor 104
Hund 295
hundert 330
hundertste(r, s) 332
hunderttausend 330
hunderttausendste(r, s) 332
hundert(und)eins 330
hundertzehnte(r, s) 332
hundertzwei 330
Hunger 67
hungern 68
hungrig 68
hupen 309
husten 47
Husten 45
Hut 78
hüten (sich) 148
Hütte 218

# I

ich 377
ideal 159
Idee 114
Ideologie 265
Idiot 105
Igel 298
ihm 378
ihn 377
ihnen 379
Ihnen 379
ihr 176, 377, 378
Ihr 177
ihre(r, s) 177
Ihre(r, s) 177
illegal 279
Illustrierte 242
im 341, 352
im allgemeinen 366
im Begriff sein 358
Imbiß 68
Imbißstube 76
im Laufe 356
immatrikulieren (sich) 185
immer 26, 362
immerhin 155
immer noch 361
Immobilie 95
impfen 49
Impfpaß 50

Impfung 50
**Import** 201
importieren 202
imstande sein 133
im voraus 360
**in** 341, 346, 352, 357, 383
**inbegriffen** 338
in bezug auf 155
indem 381
Inder 264
in der Lage sein 133
Indianer 263
Indien 264
indisch 264
individuell 169
**Industrie** 203
Industriegebiet 304
**Industrieland** 275
industriell 204
Inflation 202
**Information** 229
**informieren (sich)** 138
**Infrastruktur** 303
**Ingenieur** 191
**Inhalt** 338
in Kraft treten 269
**innen** 342
Innenminister 268
innere(r, s) 48
**innerhalb** 356
**ins** 346
insbesondere 372
**ins Bett gehen** 27
Insekt 299
**Insel** 286
insgesamt 337
Instinkt 109
**Institut** 186
Institution 269
**Instrument** 250
integrieren 175
intellektuell 119
**intelligent** 117
intensiv 368
Intercity-Expreß 317
Intercity 317
**interessant** 157
**Interesse** 115
**interessieren (sich)** 115
**international** 274
**Internist** 43
Interregio 316
**Interview** 244
**inzwischen** 357
Ire 262
irgendeine(r, s) 377
irgend etwas 377
irgend jemand 377
irgendwann 358
**irgendwie** 366

**irgendwo** 343
irgendwohin 348
irisch 262
Irland 262
**irren (sich)** 115
Irrtum 117
**Islam** 253
Israel 264
Israeli 264
israelisch 264
**ist** 333
**Italien** 259
**Italiener** 260
**italienisch** 260
**Italienisch** 260


**J**

ja 142
**Jacke** 78
Jackett 79
Jagd 219
jagen 219
**Jäger** 205
**Jahr** 355
jahrelang 355
**Jahreszeit** 355
Jahrhundert (Jh.) 355
jährlich 203
Jahrzehnt 355
jammern 142
**Januar** 354
**Japan** 263
**Japaner** 263
**japanisch** 263
**Japanisch** 263
jawohl 150
Jazz 59
je 335
**Jeans** 77
**jede(r, s)** 334
**jedenfalls** 153
jedermann 377
**jedesmal** 363
**je ... desto** 369
jedoch 151
jemals 360
jemand 376
jene(r, s) 375
**jetzt** 359
**je ... um so** 369
jeweils 243
Job 192
**Joghurt** 53
Johannisbeere 57
**Journalist** 242
**Jude** 254
**Jugend** 38

Jugendherberge 233
jugendlich 33
**Jugendliche(r)** 38
**Juli** 355
jung 38
**Junge** 12
**Juni** 355
**Jura** 188


**K**

Kabarett 220
**Kabel** 87
**Kabine** 320
Kabine 83
Käfer 298
**Kaffee** 59, 67
**Käfig** 297
kahl 285
Kai 320
**Kaiser** 251
Kaiserreich 253
Kakao 59
Kalbfleisch 55
Kalender 353
**kalt** 21, 290
kalt 95
**Kälte** 291
**Kamel** 297
**Kamera** 221
Kamerad 168
**Kamm** 34
**kämmen** 34
Kampf 281
**kämpfen** 124, 280
**Kanal** 285
Kanalisation 304
Kandidat 270
Kaninchen 296
Kapelle 251, 256
Kapital 201
**Kapitalismus** 265
**Kapitän** 320
**Kapitel** 247
**kaputt** 325
kaputt 41
**kaputtgehen** 325
**kaputtmachen** 30
kariert 79
**Karotte** 57
**Karriere** 196
Karte 74, 220, 222
Kartoffel 57
Kartoffelsalat 73
**Käse** 53
Kaserne 281

(Käse)theke 66
**Kasse** 64
Kassenzettel 66
**Kassette** 244
**Kassettenrecorder** 244
**Kasten** 64
Katalysator 313
**Katastrophe** 293
Kater 296
Kathedrale 256
Katholik 255
**katholisch** 12, 254
**Katze** 295
Kauf 95
**kaufen** 82
**Käufer** 94
**Kaufhaus** 81
**Kaufmann** 191
Kaufvertrag 96
kaum 361
**Kaution** 94
kegeln 223
kehren 100
**keine(r, s)** 143, 376
**keinesfalls** 143
**Keks** 54
**Keller** 90
**Kellner** 73
**kennen** 167
**kennenlernen** 167
Kenntnis 119
Kern 301
Kernenergie 306
Kerze 69
**Kette** 84
Kette 208
Kiefer 301
**Kilo(gramm)** 334
**Kilometer** 333
**Kind** 11, 38, 163
Kinderarzt 44
Kinderbetreuung 166
**Kindergarten** 179
Kindergeld 215
Kinderkrippe 181
Kindertagheim 181
Kinderwagen 39
Kinderzimmer 93
**Kindheit** 38
Kinn 19
**Kino** 219
Kiosk 242
**Kirche** 254
Kirchensteuer 256
**Kirsche** 56
Kissen 98
Kiste 66, 207
Klage 142, 278
Klage erheben 279
klagen 141, 278

**klappen** 158
**klar** 149
klar 325
Kläranlage 305
klären 141
Klarheit 119
klasse 142
**Klasse** 179, 316
**(Klassen)arbeit** 183
Klassenzimmer 184
**klassisch** 250
**klatschen** 220
Klausur 187
**Klavier** 250
**kleben** 209
Klebstoff 210
**Kleid** 77
**Kleider** 78
Kleidung 80
**klein** 31, 214, 340
**Kleingeld** 214
klettern 225
**Klima** 289
Klingel 92
**klingeln** 171
klingen 154, 250
Klinik 45
Klo 93
**klopfen** 171
**Kloster** 255
Klub 218
klug 117
knapp 339
**Kneipe** 75
Knie 19
**Knochen** 17
**Knödel** 71
**Knopf** 85
Knospe 301
Knoten 80
Koalition 272
**Koch** 74
**kochen** 69
koffeinfrei 60
**Koffer** 229
**Kofferraum** 312
Kognak 61
Kohl 58
**Kohle** 305
Kohlrabi 58
**Kollege** 193
Kombination 83
Komfort 93
komisch 106
**Komma** 380
**kommen** 24, 310
**kommende(r, s)** 364
Kommentar 245
Kommilitone 187
**Kommissar** 276

Kommode 97
Kommunion 255
**Kommunismus** 265
Kommunist 266
kommunistisch 271
**Komödie** 219
Kompaß 320
**Kompliment** 171
kompliziert 161
Komponist 251
Komposthaufen 100
Kompott 73
Kompromiß 144
Kondensmilch 60
**Kondom** 37
Konferenz 198
Konfession 12
Konfirmation 255
Konfitüre 55
Konflikt 272
Kongreß 198
**König** 251
konkret 156
**Konkurrenz** 202
**können** 132, 146
Konsequenz 156
**konservativ** 270
Konserve 66
Konsulat 274
**Konsum** 202
**Kontakt** 167
**Kontinent** 258
**Konto** 211
Kontoauszug 212
**Kontonummer** 211
Kontostand 212
kontra 145
**Kontrolle** 271
**kontrollieren** 230
Konzentrationslager 253
**konzentrieren (sich)** 114
**Konzert** 250
**Kopf** 17
Kopfsalat 58
**Kopfschmerzen** 45
Kopfweh 47
Kopie 209
**kopieren** 209
**Kopierer** 209
Korb 66
Korkenzieher 69
Korn 301
**Körper** 17
korrekt 104
Korrespondent 245
**korrigieren** 183
Kosmetiker 36
Kosmonaut 289
kostbar 84

**kosten** 63
Kosten 201
**kostenlos** 234
Kostüm 79, 257
Kotelett 54
**Krach** 174
Krach 22
Kraft 25
Kraftfahrzeugschein 312
kräftig 33
Kraftwerk 306
Kragen 79
Kran 88
**krank** 41
Kranke(r) 45
Krankengymnastik 51
**Krankenhaus** 43
**Krankenkasse** 43
**Krankenpfleger** 43
**Krankenschein** 42
**Krankenschwester** 43
krankenversichert sein 44
Krankenversicherung 44
**Krankenwagen** 43
**Krankheit** 46
kratzen 25
**Krawatte** 77
**kreativ** 248
**Krebs** 46
**Kredit** 212
Kreditkarte 212
Kreide 184
**Kreis** 322
**Kreislauf** 18
Kreuz 255, 323
**Kreuzung** 307
**Krieg** 280
**kriegen** 173
Kriegsdienstverweigerer 282
Krimi 245
Krise 202
**Kritik** 141
kritisch 42
kritisieren 142
**Krokodil** 297
**Krone** 251
Krone 52
krönen 252
**krumm** 322
**Küche** 92
**Kuchen** 72
Kuchengabel 68
**Kugel** 280
Kugel 322
**Kugelschreiber** 208
**Kuh** 295
**kühl** 290
**Kühlschrank** 97
**Kultur** 256

kulturell 220
Kultusminister 269
**Kummer** 110
**kümmern (sich)** 173
Kumpel 168
**Kunde** 202
Kundendienst 203
**kündigen** 193
künftig 365
**Kunst** 248
Kunstdünger 206
Kunsterziehung 189
Kunstfaser 327
**Künstler** 248
künstlerisch 249
**künstlich** 326
Kunststoff 328
Kunstwerk 248
Kupfer 328
Kupplung 313
Kur 51
**Kurs** 181
Kurs 213
Kursbuch 317
**Kursleiter** 181
**(Kurs)teilnehmer** 181
Kurswagen 317
Kurve 307
**kurz** 32, 340, 356
kurzarbeiten 195
kürzen 86
kurzfristig 358
kürzlich 358
kurzsichtig 48
**Kusine** 164
**Kuß** 108
**küssen** 108
**Küste** 286

# L

**Labor** 186
lächeln 108
**lachen** 107
lackieren 36
**Laden** 80
Lage 88, 123
Lager 203
**Lampe** 96
**Land** 258, 284, 302
**landen** 318
Landes- 274
**Landeshauptstadt** 273
Landesregierung 269
**Landkarte** 230
**Landschaft** 284
**Landstraße** 307
Landung 319

Landwirt 206
**Landwirtschaft** 205
landwirtschaftlich 205
**lang** 32, 340
lange 356
Länge 341
langfristig 359
Langlauf 225
**langsam** 307
längst 358
**langweilig** 112
Lappen 100
**Lärm** 20
**lassen** 121, 148
**Lastwagen** 311
Latein 189
Lauch 57
**laufen** 24, 153
Laune 108
**laut** 20
lauten 15
läuten 172
lauter 339
Lautsprecher 245
lauwarm 22
Lawine 292
**leben** 13, 38
**Leben** 38
Lebensgefahr 40
Leben Sie wohl! 172
lebenslänglich 279
**Lebenslauf** 193
**Lebensmittel** 53
**Lebensmittelgeschäft** 63
Lebensversicherung 203
Leber 19
**lecker** 74
**Leder** 326
**ledig** 12
**leer** 338
leeren 237
legen 25
Leggins 79
Legislaturperiode 272
**Lehre** 190
**lehren** 180
**Lehrer** 179
Lehrling 190
**Lehrstelle** 190
Leiche 40
**leicht** 183, 334
Leichtathletik 225
leichtfallen 133
**leiden** 46, 110
**leiden können** 108
**leider** 142
**leid tun** 141
**leihen** 173
**leise** 20
leisten (sich) 215

leisten 197
**Leistung** 226
**leiten** 199
**Leiter** 87, 199
Leitung 89, 200, 240
**lenken** 311
**lernen** 179
**lesbisch** 37
**lesen** 182, 247
Leser 242
**letzte(r, s)** 345, 364
**Letzte(r)** 227
**leuchten** 288
**Leuchtstift** 209
Leuchtturm 286
leugnen 277
**Leute** 168
Lexikon 243
**liberal** 270
Liberale(r) 271
**Licht** 87
Lichtschutzfaktor 36
**Lidschatten** 35
lieb 103
**Liebe** 238
Liebe 109
**lieben** 107
**lieber** 158
**Lieber** 238
**liebhaben** 108
lieblich 61
Liebling 160
**Lieblings-** 158
**Lied** 250
**liefern** 201
Lieferung 203
Liege 98
**liegen** 23, 283
Liegewagen 317
Likör 61
lila 321
**Limonade** 59
Lineal 209
**Linie** 314
Linie 322
**linke(r, s)** 342
**links** 310
Lippe 19
**Lippenstift** 34
Liste 184
**Liter** 334
Literatur 247
**loben** 141
**Loch** 85
Locke 33
**Löffel** 68
**logisch** 115
**Lohn** 195
**lohnen (sich)** 158
Loipe 226

Lokal 73
**los** 226
**löschen** 303
**Lösegeld** 130
**lösen** 125, 314
losfahren 231
losgehen 218
**loslassen** 29
**los sein** 217
**Lösung** 183
**Lotto** 222
**Löwe** 297
**Lücke** 344
**Luft** 326
Luftpost 237
**Luftverschmutzung** 293
Lüge 129
**lügen** 128
Lunge 19
Lungenentzündung 48
**Lust** 108
**lustig** 168
Luxemburg 261
Luxemburger 261
luxemburgisch 261
Luxus 178

# M

**machen** 64, 120
**machen lassen** 121
Mach's gut! 172
**macht** 333
**Macht** 270
**Mädchen** 12
Magen 19
**mager** 64
Magister 186
mähen 206
Mahlzeit 68
**Mai** 355
Mais 58
Makler 95
**mal** 147, 333
**Mal** 362
**malen** 248
**Maler** 248
Malerei 249
**Mama** 163
man 376
**Manager** 199
manche(r, s) 377
**manchmal** 362
Mandant 278
Mandarine 58
Mandel 55
Mangel 162
**Mann** 11

männlich 12
**Mannschaft** 227, 320
Mantel 78
**Märchen** 247
Margarine 53
Marihuana 62
Marine 281
**Mark** 213
Marke 204
**Markt** 64, 201
Marktplatz 302
Marmelade 54
marschieren 281
**März** 354
**Maschine** 207
Maschine 319
Maschinenbau 189
Maß 334
Massage 51
Masse 338
Masseur 51
**Maßnahme** 270
Maßstab 334
**Material** 326
Mathematik 189
Matjesfilet 72
Matratze 98
Matrose 320
matt 222
**Mauer** 87, 252
Maul 296
Maurer 88
**Maus** 297
Maut 308
maximal 370
Mechaniker 191
**Mecklenburg-Vorpommern** 273
Medaille 227
Medien 242
**Medikament** 49
medium 72
**Medizin** 49, 189
**Meer** 286
Meeresspiegel 287
**Mehl** 54
**mehr** 337
**mehr ... als** 369
**mehrere** 336
**mehreres** 336
mehrfach 363
**Mehrheit** 270
mehrmals 363
Mehrwegflasche 66
Mehrwertsteuer 215
Mehrzahl 339
**mein** 176
meine(r, s) 177
meinen 154
**meinetwegen** 143

**Meinung** 152
meist 363
meiste(r, s) 339
**meistens** 362
**Meister** 190
Meisterprüfung 190
Meisterschaft 228
**melden** 138
**melden (sich)** 170, 240
melken 206
Melodie 250
Melone 58
**Menge** 336
Mensa 76
**Mensch** 11, 168
Menschenrechte 265
menschlich 104
Mentalität 104
Menü 74
**merken (sich)** 118
merken 22
**merkwürdig** 160
**Messe** 202, 255
messen 289
**Messer** 68
**Metall** 326
**Meter** 333
Methode 188
**Metzger** 63
Metzgerei 65
**mich** 377, 379
**Miete** 94
mieten 93
**Mieter** 94
Mietvertrag 94
**Mietwagen** 234
**Milch** 59
mild 22, 291
**Milieu** 168
militant 272
Militär 281
Militärdiktatur 265
**militärisch** 280
**Milliarde** 331
Millimeter 334
**Million** 330
**Minderheit** 270
minderjährig 14
**mindestens** 337
**Mineralwasser** 59
Minimum 370
**Minister** 266
Ministerium 268
**Ministerpräsident** 267
minus 290, 333
**Minute** 351
**mir** 378
**mischen** 222
Mischung 327
Mißerfolg 161

mißhandeln 131
Mission 288
**Mißtrauen** 111
**Mißverständnis** 135
mißverstehen 137
Mist 161
**mit** 383
**Mitarbeiter** 199
**mitbringen** 173
miteinander 169
**Mit freundlichen Grüßen** 238
Mitglied 169
mitkommen 171
Mitleid 113
**mitnehmen** 28
**mittag** 349
**Mittag** 349
**Mittagessen** 67
**mittags** 349
**Mitte** 345, 352
**mitteilen** 138
Mitteilung 139
**Mittel** 49
Mittel 215
**Mittelalter** 252
Mitteleuropa 260
mitten 345, 360
Mitternacht 350
**mittlere Reife** 180
**Mittwoch** 353
mittwochs 354
**Möbel** 96
möbliert 93
**Mode** 81
Modell 82
**modern** 81, 248
**mögen** 108
**möglich** 157
möglicherweise 151
**Möglichkeit** 157
**möglichst** 367
Mohrrübe 58
Moll 251
**Moment** 359
**Monat** 354
monatlich 203
**Monatskarte** 314
Mönch 256
**Mond** 288
**Montag** 353
montags 354
Moor 285
Moos 301
Moped 312
Moral 255
**Mord** 130
Mörder 131
**morgen** 349
**Morgen** 349

morgens 349
**Moschee** 254
**Moslem** 254
Most 61
Motiv 277
**Motor** 311
**Motorrad** 311
**Mücke** 298
**müde** 41
**Mühe** 124
**Müll** 99
**Müllabfuhr** 303
Mülldeponie 305
**Mülltonne** 101
Müllverbrennungsanlage 305
**Mund** 17
**mündlich** 186
**Münze** 211
**Museum** 216
**Musik** 249
musikalisch 133
**Musiker** 250
Musikstück 251
**Muskel** 18
**Müsli** 72
**müssen** 18, 146
Muster 79
Mut 104
**mutig** 103
**Mutter** 163
**Muttersprache** 260
**Mütze** 78


# N

nach 346, 350, 357, 383
**Nachbar** 94
**nachdem** 360
**nachdenken** 114
Nachfolger 200
Nachfrage 203
**nachgeben** 124
nachgehen 351
**nach Hause** 27
**nachher** 364
nachlassen 373
**nachmittag** 350
**Nachmittag** 349
**nachmittags** 350
**Nachname** 11
**Nachricht** 138
**Nachrichten** 244
**nachsehen** 242
**nächste(r, s)** 345, 365
**nacht** 350
**Nacht** 350
**Nachteil** 160

Nachthemd 79
**Nachtisch** 74
**nachts** 350
nackt 78
**Nadel** 85
Nagel 207
Nagel 19
**Nagellack** 35
nah(e) 345
**Nähe** 344
**nähen** 85
Nahe Osten 264
Nähere 139
nähern (sich) 345
Nähmaschine 86
**Nahrung** 296
Nahrungsmittel 55
**Name** 11
Name 241
nämlich 150
**Nase** 17
**naß** 324
**Nation** 258
national 260
Nationalhymne 268
Nationalität 15
**Nationalsozialismus** 252
**Natur** 284
**natürlich** 149, 326
**Naturschutz** 293
**Naturwissenschaft** 189
Nazi 252
**Nebel** 290
**neben** 341
**nebenan** 344
nebenbei 368
nebeneinander 343
**Nebenkosten** 94
Nebensaison 233
neblig 292
**Neffe** 164
**negativ** 161
**nehmen** 28, 313
neidisch 113
**nein** 143
**Nelke** 300
nennen 12
Nerv 18
**Nerven** 111
Nerven 42
**nervös** 112
Nest 298
**nett** 102
**Netz** 205
**neu** 324
neuerdings 358
**neugierig** 105
**Neuigkeit** 138
Neujahr 257
neulich 358

**neun** 329
**neunhundert** 330
**neunte(r, s)** 331
**neunzehn** 329
**neunzig** 330
Neuzeit 252
**nicht** 143
**Nichte** 164
**nicht einmal** 144
**nicht mehr** 144
**nicht nur ... sondern auch** 150
**Nichtraucher** 316
**nichts** 143, 376
**nicht wahr?** 140
nicken 150
**nie** 362
Niederlage 281
**Niederlande** 259
**Niedersachsen** 273
Niederschlag 292
**niedrig** 340
niemals 144
**niemand** 376
nieseln 292
Nikolaus 256
**nirgends** 343
**nirgendwo** 343
Niveau 370
**noch** 361
**noch einmal** 362
**noch mal** 362
**noch nicht** 143
Nordamerika 263
Norddeutsche(r) 274
Norddeutschland 274
**Norden** 283
**nördlich** 283
Nordosten 283
nordöstlich 283
**Nordpol** 284
**Nordrhein-Westfalen** 273
**Nordsee** 286
Nordwesten 283
nordwestlich 283
**normal** 158
**normalerweise** 366
**Not** 281
Not 320
Notar 95
Notarzt 44
Notausgang 91
Notdienst 51
**Note** 180, 250
Notfall 43
**nötig** 154
Notiz 127
**notwendig** 154
**November** 355
**Nudel** 54

**null** 329
Numerus clausus 187
**Nummer** 329
**nun** 359
**nur** 366, 381
Nuß 56
nutzen 154
Nutzen 156
**nützen** 154
nützlich 159

## O

**ob** 140
obdachlos 95
**oben** 342
Oberfläche 325
oberflächlich 105
oberhalb 343
objektiv 104
**Obst** 56
**obwohl** 150
**oder** 149
**Ofen** 97
**offen** 80, 102
offensichtlich 155
**öffentlich** 313
Öffentlichkeit 272
offiziell 271
**öffnen** 29, 80
Öffnungszeit 218
**oft** 362
**öfters** 362
**ohne** 384
ohne ... zu 381
**Ohnmacht** 46
**Ohr** 17
Ohrring 84
**okay** 142
Öko- 294
Ökologie 294
ökologisch 294
**Oktober** 355
ökumenisch 255
**Öl** 54, 305
**Olympischen Spiele** 226
**Oma** 163
**Omelett** 71
**Onkel** 164
**Opa** 163
**Oper** 219
**Operation** 50
Operette 220
**operieren** 50
**Opfer** 276
**Opposition** 270
Optiker 51
orange 321

**Orange** 56
**Orangensaft** 59
**Orchester** 250
**ordentlich** 103
ordnen 210
Ordner 210
**Ordnung** 99
**Organisation** 274
**organisieren** 132
Orgel 250
Original 249
**Ort** 302, 343
Ortsgespräch 240
Ostdeutsche(r) 274
Ostdeutschland 274
**Osten** 283
**Ostern** 256
**Österreich** 260
**Österreicher** 260
**österreichisch** 260
**östlich** 283
**Ostsee** 286
**oval** 322
**Ozean** 286
Ozon 327
**Ozonloch** 293

# P

**Paar** 334
**Päckchen** 236
**packen** 229
**Packung** 63
**Paket** 236
Panik 113
Panne 309
Pantomime 220
Panzer 281
**Papa** 163
**Papier** 208, 327
**Papiere** 15
**Papierkorb** 208
**Pappe** 327
Paprika 58
Papst 255
**Parfüm** 35
**Park** 303
**parken** 312
Parkett 98, 221
**Parkhaus** 312
**Parkplatz** 312
Parkscheinautomat 313
Parkuhr 313
**Parkverbot** 308
**Parlament** 267
parlamentarisch 268
**Partei** 270
Partner 166

Party 218
**Paß** 15
Paß 285
**Passagier** 320
Paßbild 16
**passen** 81, 154
passend 83
**passieren** 307
passiv 106
**Patient** 43
**Pause** 182
**Pech** 160
**peinlich** 174
Pelz(mantel) 79
pendeln 194
Penis 37
**Pension** 194, 232
pensioniert 194
perfekt 159
Perle 328
**Person** 11
Personal 200
**Personalausweis** 15
persönlich 16
Petersilie 58
**Pfand** 64
**Pfanne** 70
Pfannkuchen 73
Pfarrei 256
**Pfarrer** 255
**Pfeffer** 54
**Pfeife** 61
pfeifen 26
Pfeil 323
**Pfennig** 213
**Pferd** 295
**Pfingsten** 256
**Pfirsich** 56
**Pflanze** 301
**pflanzen** 300
**Pflaster** 50
**Pflaume** 56
**Pflege** 44
pflegen 45
**Pflicht** 147
Pfote 296
**Pfund** 334
Phantasie 116
phantastisch 159
Phase 358
Philosophie 188
Physik 189
Picknick 218
**Pille** 37
**Pilot** 318
Pils 60
Pilz 58
pink 321
**Pinsel** 248
**Piste** 225

**Pistole** 131
**Plakat** 249
**Plan** 132
**planen** 229
**Planet** 288
Planung 201
**Plastik** 327
Plastik 249
Platin 328
**Platte** 244
**Plattenspieler** 244
**Platz** 220, 227, 316
Platzkarte 317
**pleite** 215
Plombe 52
**plombieren** 50
**plötzlich** 361
plus 333
Po 19
Pole 261
Polen 261
**Politik** 270
**Politiker** 270
**politisch** 269
**Polizei** 275
**Polizist** 276
polnisch 261
Polnisch 261
**Pommes frites** 71
**Portion** 74
Porto 237
Portugal 262
Portugiese 262
portugiesisch 262
Portugiesisch 262
Porzellan 328
Position 197
**positiv** 158
**Post** 236
Postamt 237
Postanweisung 238
Postbote 237
**Poster** 249
**Postkarte** 236
postlagernd 237
Postleitzahl 237
Praktikant 190
**Praktikum** 190
**praktisch** 190
Praline 56
**Präsident** 266
**Praxis** 43
**Preis** 64
**preiswert** 63
Presse 242
**Priester** 255
**prima** 157
**Prinz** 251
Prinzip 368
**privat** 176

**pro** 334
pro 144
**Probe** 220
**probieren** 74
**Problem** 160
**Produkt** 204
**Produktion** 204
**produzieren** 204
**Professor** 180
**Programm** 219, 243
Programm 210
Programmierer 192
Projekt 198
Promille 313
**Prospekt** 229
**Prost!** 60
Prostituierte(r) 169
Protest 145
Protestant 255
protestantisch 255
**protestieren** 143
Prozent 335
Prozeß 279
prüfen 187, 313
**Prüfung** 185
Psychologie 189
Psychotherapie 52
Pubertät 39
**Publikum** 220
**Pudding** 72
Puder 36
**Pullover** 36
Pulver 328
**Punkt** 183, 380
Punkt 352
**pünktlich** 103
**Puppe** 222
**putzen** 99
Putzmann 100
Putzmittel 100

# Q

Quadrat 322
**quadratisch** 322
**Quadratmeter (m²)** 333
quälen 129
**Qualität** 81
Quantität 339
Quark 55
Quelle 285
quer 344
Quittung 83

# R

**Rad** 308
**radfahren** 308
Radfahrer 308
**Radiergummi** 209
Radieschen 58
**Radio** 244
**radioaktiv** 305
Radioaktivität 306
Radweg 308
Rahmen 89
**Rakete** 280
Rand 341
Rang 221
Rappen 213
rasch 361
rasen 309
**Rasen** 300
Rasierapparat 36
**rasieren** 35
Rasse 296
Rast 231
Raststätte 231
Rat 137
Rate 215
raten 147
**Rathaus** 302
**Rätsel** 222
**Ratte** 297
Raub 131
Rauch 305
**rauchen** 61
Raucher 62
rauf 348
rauh 325
Raum 92
Raumfähre 288
**Raumfahrt** 288
raus 172
Rauschgift 62
**reagieren** 122
Reaktion 127
realisieren 117, 126
realistisch 104
**Realschule** 180
**rechnen** 333
rechnen 116
**Rechnung** 74
**recht** 158
recht 367
**Recht** 278
**rechte(r, s)** 342
Rechteck 322
**rechteckig** 322
**rechts** 310
**(Rechts)anwalt** 277
rechtsextrem 271
**rechtzeitig** 361
Rede 136

reden 134
reduzieren 83
Reform 272
**Regal** 96
**Regel** 183
regelmäßig 363
**regeln** 125
**Regen** 290
Regenmantel 79
**(Regen)schirm** 84
regieren 267
**Regierung** 266
regional 273
Regisseur 220
regnen 290
regnerisch 292
Reh 298
reiben 26
**reich** 176
**reichen** 111, 337
reichlich 76
**reif** 64
reif 39
Reif 292
**Reifen** 311
Reihe 221
Reihenfolge 365
rein 327, 368
**reinigen** 85
**Reinigung** 85
reinkommen 25
**Reis** 54
**Reise** 229
**Reisebüro** 229
Reiseführer 230
**Reiseleiter** 234
**reisen** 229
**(Reise)paß** 15
reißen 327
Reißverschluß 86
**reiten** 224
reizen 109, 113
Reklame 242
Rekord 228
relativ 156
**Religion** 253
Religion 189
religiös 255
**rennen** 24
Rennen 228
**renovieren** 87
**Rente** 194
Rentenversicherung 196
**Rentner** 194
**Reparatur** 312
reparieren 309
Republik 253
**reservieren** 73, 232, 316
Respekt 169
**Rest** 337

437

Restaurant 73
restaurieren 88
**retten** 320
Rettich 58
Rettung 320
**Revolution** 252
**Rezept** 50, 69
**Rezeption** 232
**Rheinland-Pfalz** 273
Rhythmus 251
richten 123
**Richter** 278
**richtig** 157
**Richtung** 310
**riechen** 20
**riesig** 340
Rind 65, 296
Rindfleisch 55
**Ring** 84
**Risiko** 160
riskieren 126
Roboter 208
**Rock** 78
Rockmusik 250
Roggen 301
roh 72
Rohr 88
Rohstoff 328
Rolladen 93
Rolle 89, 156
rollen 25
**Rolltreppe** 81
**Roman** 247
**röntgen** 49
rosa 321
**Rose** 300
Rosé 61
Rosine 56
Rost 328
**rot** 321
Rote Kreuz 275
**Rotwein** 60
rüber 348
**Rücken** 17
Rückfahrkarte 317
Rückfahrt 232
Rückkehr 232
Rucksack 230
**Rücksicht** 124
rückwärts 309
rudern 225
Ruf 156
**rufen** 134
Ruhe 20
**ruhig** 20
ruhig 104
**Rührei** 71
**rühren** 70
Ruine 304
ruinieren 129

Rum 61
**rund** 322
Rundfunk 245
runter 348
**Russe** 263
**russisch** 263
**Russisch** 263
**Rußland** 263
Rüstung 281
rutschen 223

# S

Saal 93
**Saarland** 273
**Sache** 324
**Sachen** 78
**Sachsen** 274
**Sachsen-Anhalt** 274
Sack 66
säen 206
**Saft** 59
**Säge** 207
sagen 134
sägen 208
**Sahne** 53
**Saison** 233
**Salat** 72
**Salbe** 50
**Salz** 54
salzig 22
Samen 301
**sammeln** 222
Sammlung 223
**Samstag** 354
samstags 354
**Sand** 286
Sandale 80
**Sänger** 250
Sanktion 275
**Sarg** 39
Satellit 245
**satt** 67
satt 113
**Satz** 183
**sauber** 99
saubermachen 100
**Sauce** 71
**sauer** 20
Sauerkraut 73
**sauer sein** 111
Sauerstoff 327
saugen 26
saugen 100
**Sauna** 217
**S-Bahn** 314
Schach 223
Schachtel 66

schade 142
**schaden** 293
**Schaden** 293
schädlich 306
Schadstoff 293
Schaf 296
**schaffen** 132, 248
**Schaffner** 316
**Schal** 78
Schale 69
schälen 70
**(Schall)platte** 244
schalten 313
**Schalter** 87
Schaltjahr 355
schämen (sich) 113
**scharf** 20, 325
**Schatten** 289
schätzen 117
schauen 21
Schauer 292
Schaufel 88
Schaufenster 82
**Schauspieler** 219
Scheck 211
**Scheibe** 64
Scheibe 76
**Scheide** 36
**scheiden lassen (sich)** 165
**Scheidung** 12
**Schein** 185, 211
scheinbar 162
**scheinen** 152, 289
Scheinwerfer 313
**schenken** 173
Scherbe 328
**Schere** 35, 85
Scherz 137
**Schi** 225
**Schicht** 195
**schicken** 236
Schicksal 39
schieben 30
Schiedsrichter 228
**schief** 322
Schiene 316
**schießen** 280
**Schiff** 319
Schild 308
Schildkröte 298
**Schilling** 213
schimpfen 141
Schinken 54
**Schirm** 84
Schlaf 28
Schlafanzug 79
**schlafen** 27
**schlafen mit** 36
Schlafsack 234
**Schlafwagen** 316

438

**Schlafzimmer** 91
**schlagen** 128
**Schlange** 220, 297
**schlank** 32
schlau 119
Schlauch 208
**schlecht** 46, 160, 289
**schlechtgehen** 41
**Schleswig-Holstein** 273
Schleuse 305
**schließen** 29, 80
schließen 116
Schließfach 317
**schließlich** 361
**schlimm** 160
Schlittschuhlaufen 226
**Schloß** 303
Schluck 60
Schlüpfer 78
**Schluß** 364
**Schlüssel** 90
Schluß machen 166
**Schlußverkauf** 82
**schmal** 340
**schmecken** 20
**schmelzen** 324
**Schmerz** 46
schmerzhaft 47
Schmetterling 298
**schminken** 34
**Schmuck** 83
schmücken 257
**schmuggeln** 131
Schmutz 100
**schmutzig** 97
Schnabel 298
**Schnaps** 60
Schnauze 296
Schnecke 298
**Schnee** 290
**schneiden** 35, 70
**schneiden (sich)** 46
**Schneider** 85
schneien 291
**schnell** 307
Schnittlauch 59
**Schnitzel** 54
**Schnupfen** 45
Schnur 208
schnurlos 239
Schock 48
Schokolade 54
Schokolade 60
**schon** 361
**schön** 32, 289
Schorle 61
schräg 322
**Schrank** 96
**Schraube** 207
Schraubenzieher 207

**Schreck** 113
**schrecklich** 160
**schreiben** 182, 247
Schreiber 209
**Schreibmaschine** 209
**Schreibtisch** 209
**Schreibwaren** 208
**schreien** 134
Schrift 184
**schriftlich** 185
Schriftsteller 248
**Schritt** 24
Schublade 97
**schüchtern** 103
**Schuh** 78
Schuhcreme 86
Schuhgeschäft 82
Schuhmacher 86
**(Schul)abschluß** 180
**Schuld** 278
schulden 215
**Schulden** 214
**schuldig** 278
**Schule** 179
**Schüler** 179
Schulter 19
Schuß 281
Schüssel 69
**schütteln** 30
Schutz 281
**schützen** 125, 293
**schwach** 42
Schwager 164
Schwägerin 164
Schwamm 35
**schwanger** 37
**Schwangerschaft** 37
Schwangerschaftsabbruch 37
Schwanz 296
**schwarz** 32, 321
schwarzfahren 315
Schwarzweißfilm 221
Schwede 261
Schweden 261
schwedisch 261
Schwedisch 261
schweigen 135
**Schwein** 295
Schwein 65
Schweinefleisch 55
Schweinerei 161
Schweinshachse 72
Schweinshaxe 72
**Schweiz** 260
**Schweizer** 260
**Schweizerdeutsch** 260
**Schweizer Franken** 213
**schweizerisch** 260
**schwer** 334

Schwerbeschädigte(r) 48
schwerfallen 112, 133
**Schwester** 163
**Schwiegereltern** 164
Schwiegermutter 164
Schwiegersohn 165
Schwiegertochter 164
Schwiegervater 164
**schwierig** 183
**Schwierigkeit** 160
**Schwimmbad** 303
**schwimmen** 224
Schwips 61
**schwitzen** 41
schwören 279
**schwul** 37
schwül 291
**sechs** 329
**sechshundert** 330
**sechste(r, s)** 331
**sechzehn** 329
**sechzig** 330
Secondhandshop 82
**See** 285, 286
Seehund 298
seekrank sein 320
Seele 104
**segeln** 224
**sehen** 19
**Sehenswürdigkeit** 234
sehnen (sich) 109
**sehr** 369
**Sehr geehrte Damen und Herren,** 238
**Sehr geehrte Frau** 238
**Sehr geehrter Herr** 238
Seide 327
Seife 34
Seil 208
Seilbahn 235
**sein** 12, 171, 176, 180, 283, 341
seine(r, s) 177
seine Tage haben 37
**sein für/gegen** 152
**seit** 359
**seitdem** 359
**Seite** 183, 342
**seit wann** 359
**Sekretär** 192
**Sekt** 60
**Sekte** 254
**Sekunde** 351
**selber** 375
**selbst** 375
**selbständig** 192
Selbstbedienung 76
selbstbewußt 104
Selbstmord 40
**selbstverständlich** 149

selten 363
seltsam 161
**Semester** 185
Semikolon 380
**Seminar** 185
**senden** 244
senden 237
**Sendung** 244
Senf 56
Senior 39
**senken** 372
senken 25
senkrecht 344
**September** 355
Service 233
**servieren** 74
Serviette 69
**Sessel** 96
Sessellift 235
**setzen** 23
Sexualität 37
Shampoo 36
**sich** 379
sicher 158
**Sicherheit** 271
Sicherheitsgurt 319
Sicherheitsnadel 86
sicherlich 150
Sicherung 89
Sicht 235
sie 377, 377, 378, 378
Sie 377, 378
**sieben** 329
siebenhundert 330
**sieb(en)te(r, s)** 331
siebzehn 329
siebzig 330
Siedlung 304
siegen 228
**Sieger** 227
**siezen (sich)** 167
Silber 326
**Silbermedaille** 227
silbern 321
**Silvester** 257
**singen** 250
Single 13
**sinken** 290, 320
sinken 25
Sinn 21, 127
sinnvoll 159
**Situation** 122
Sitz 268
**sitzen** 23
sitzen 83
sitzenbleiben 184
(Sitz)platz 316
**Sitzung** 197
Skandal 162
**Ski** 225

**Ski fahren** 224
Skizze 249
Smog 293
**so** 366
**sobald** 360
Socke 79
**so daß** 381
**soeben** 359
**Sofa** 96
sofort 359
sogar 143
**Sohn** 163
solange 357
solch 367
**solche(r, s)** 375
**Soldat** 280
**sollen** 146
**Sommer** 355
Sommerzeit 352
**Sonderangebot** 63
sondern 151
Sonderschule 181
**Sonnabend** 354
**Sonne** 288
sonnen (sich) 235
Sonnenbrand 235
Sonnenbrille 84
Sonnencreme 235
sonnig 291
**Sonntag** 354
sonntags 354
sonst 151
Sorbe 261
sorbisch 261
Sorbisch 261
**Sorge** 110
sorgen 126
sorgfältig 198
**Sorte** 64
Sorte 301
Soße 71
**so tun, als ob** 128
**soviel** 338
soviel 381
**so viele** 338
**soviel wie** 369
soweit 381
**so ... wie** 369
sowie 151
sowieso 151
**sowohl ... als auch** 381
**sozial** 270
sozial 175
Sozialdemokrat 271
**Sozialismus** 265
Sozialist 266
sozialistisch 271
Sozialversicherung 196
Sozialwohnung 95
Soziologie 189

sozusagen 137
**Spanien** 260
**Spanier** 260
**spanisch** 260
**Spanisch** 260
**spannend** 219
Spannung 109
**Sparbuch** 211
**sparen** 214
Spargel 58
Sparkasse 212
sparsam 214
**Spaß** 222
**spät** 350, 361
**später** 364
spätestens 353
Spätlese 61
Spätzle 55
**spazierengehen** 216
**Spaziergang** 216
Speck 55
speichern 210
Speise 75
**(Speise)karte** 74
Speisewagen 316
**spenden** 174
sperren 309
Spezialist 197
Spezialität 75
**Spiegel** 97
**Spiegelei** 71
**Spiel** 222
**spielen** 222, 227, 250
Spieler 223, 228
Spielfilm 245
Spielplatz 223
Spielzeug 223
**Spinat** 57
**Spinne** 298
**Spion** 275
**spitz** 322
Spitze 322, 370
**Sport** 189, 224
**Sportler** 226
**sportlich** 226
**Sportplatz** 225
Sportverein 225
**Sprache** 258
**sprechen** 134, 241
Sprecher 245, 268
**Sprechstunde** 43
**springen** 24
**Spritze** 49
Sprudel 60
spucken 47
spülen 100
**Spülmaschine** 97
**Spur** 276
**spüren** 21
**Staat** 266

staatlich 267
Staatsangehörigkeit 14
Staatsanwalt 278
Staatsexamen 186
stabil 325
Stachel 301
Stachelbeere 58
Stadion 227
Stadt 302
städtisch 304
Stadtplan 234
Stadtrundfahrt 234
Stadtteil 302
(Stadt)zentrum 302
Stahl 326
Stall 206
Stamm 301
stammen 15
Stand 64
Stand 139
ständig 363
Standpunkt 153
Star 251
stark 33
stark 368
Start 226
Start 319
starten 318
Station 314
Station 45
Statistik 187
stattfinden 216
statt zu 381
Stau 307
Staub 99
staubig 100
(staub)saugen 100
Staubsauger 99
Steak 71
stechen 46
Steckdose 87
stecken 31
Stecker 89
stehen 22, 81
stehenbleiben 23
stehenbleiben 351
stehlen 130
steigen 290, 372
steigern 226
steil 284
Stein 285
Stelle 343
Stelle 194
stellen 29
Stellenangebot 192
Stellung nehmen 155
Stellvertreter 200
Stempel 210
stempeln 237
Stengel 301

sterben 39
Stereoanlage 245
Stern 288
stets 363
Steuer 312
Steward 318
Stich 48
Stickstoff 327
Stiefel 80
Stiefmutter 165
Stiefvater 165
Stiel 208
Stift 209
Stil 130, 249
still 22
Stimme 250
Stimme 268
stimmen 149, 270
stimmen 109
Stimmung 218
stinken 21
Stipendium 185
Stirn 19
Stock 90, 216
Stockwerk 90
Stoff 327
stolz 103
stopfen 86
stoppen 309
stören 174
stornieren 230
Störung 175
stoßen 25
Strafe 279
Strahlung 306
Strand 286
Strandkorb 235
Straße 303
Straßenbahn 313
Strauch 300
Strauß 300
Strecke 231
streicheln 109
streichen 88
streichen 129
Streichholz 62
Streik 193
streiken 193
Streit 128
streiten 127
streng 105
Streß 112
streuen 304
Strich 322
stricken 222
Strickjacke 79
Stricknadel 223
Stroh 301
Strom 305
Struktur 325

Strumpf 77
Strumpfhose 77
Stück 75, 219, 334
Student 185
Studentenwohnheim 90
Studienabschluß 186
Studienplatz 185
studieren 185
Studium 185
Stufe 91
Stuhl 96
Stuhlgang 42
stumm 47
Stunde 182, 351
Stundenplan 182
Sturm 291
stürmisch 287
stützen 30
Suche 122
suchen 28, 93, 310
süchtig 62
Südamerika 263
Süddeutsche(r) 274
Süddeutschland 274
Süden 283
südlich 283
Südosten 283
südöstlich 283
Südpol 284
Südwesten 283
südwestlich 283
Summe 333
Sumpf 285
super 159
Supermarkt 63
Suppe 71
Surfbrett 225
surfen 224
süß 20
Süßigkeiten 54
Süßstoff 56
sympathisch 102
Synagoge 254
System 265
Szene 169, 220


# T

Tabak 61
Tabelle 188
Tablette 50
Tafel 66, 184
Tag 349
täglich 350
tagsüber 350
Tal 284
Tampon 36
tanken 312

441

**Tankstelle** 312
Tanne 301
**Tante** 164
**Tanz** 217
**tanzen** 217
Tänzer 218
**Tapete** 88
tapfer 104
Tarif 195
**Tasche** 83
Taschenbuch 243
**Taschentuch** 35
**Tasse** 68
Taste 210
tasten 22
**Tat** 276
**Täter** 276
Tätigkeit 197
tätig sein 192
**Tatsache** 153
**tatsächlich** 149
taub 47
**tauchen** 224
tauen 291
**Taufe** 254
taugen 156
**täuschen (sich)** 115
tauschen 123
täuschen 129
**tausend** 330
**tausendste(r, s)** 332
**tausend(und)eins** 330
**tausendzwanzig** 330
**Taxi** 314
Taxifahrer 315
**Team** 196
**Technik** 207
Techniker 192
technisch 198
**Tee** 59
Teelöffel 68
Teich 285
**Teil** 82, 337
Teil 208
**teilen** 126, 333
**teilnehmen** 226
**Teilnehmer** 181
Teilnehmer 228
teilweise 339
Telebrief 238
**(Tele)fax** 239
**Telefon** 238
Telefonauskunft 240
**Telefonbuch** 239
**Telefongespräch** 239
telefonieren 240
**telefonisch** 13
**Telefonkarte** 239
Telefonladen 239
**Telefonnummer** 13, 239

**Telefonzelle** 239
telegrafieren 238
**Telegramm** 236
Telekom 239
Tele(objektiv) 221
**Telex** 239
**Teller** 68
Tempel 253
temperamentvoll 104
**Temperatur** 290
Tempo 309
**Tennis** 224
Tennisschläger 225
**Teppich** 97
Teppichboden 98
**Termin** 197
**Terrasse** 92
Terrorist 272
Test 188
Testament 178
**teuer** 81
**Teufel** 254
**Text** 182
Textverarbeitungssystem 210
**Theater** 219
**(Theater)stück** 219
Theke 66, 76
Thema 137
**Theologie** 188
Theorie 187
**Thermometer** 290
These 188
**Thüringen** 188
**Ticket** 318
**tief** 340
Tief 291
Tiefe 341
tiefgekühlt 66
Tiefkühltruhe 98
**Tier** 295
**Tiger** 297
Tinte 328
Tip 139
**tippen** 209
**Tisch** 96
Tischdecke 68
Tischtennis 225
**Tischtuch** 67
**Titel** 247
Titel 12
**Tochter** 163
**Tod** 39
tödlich 40
**Toilette** 92
**Toilettenpapier** 35
**tolerant** 102
**toll** 157
**Tomate** 57
Ton 251

Tonband 246
Tonbandgerät 246
Tonne 335
**Topf** 70
**Tor** 90, 227
Torte 73
Torwart 226
**tot** 39
total 368
Tote(r) 40
**töten** 130
Tourismus 235
**Tourist** 234
**touristisch** 234
Tournee 251
**Tradition** 256
**tragen** 29, 77
**Trainer** 226
**trainieren** 226
**Traktor** 205
trampen 231
**Träne** 110
Transport 203
**transportieren** 201
**Traube** 56
trauen 109
Trauer 40
Traum 28
**träumen** 27
**traurig** 110
Trauung 166
**treffen** 170, 227
treffen 112
treiben 123
**trennen (sich)** 121, 165
Trennung 166
**Treppe** 90
Tresor 233
treten 25
**treu** 103
**Trick** 129
**trinken** 59
**Trinkgeld** 75
**trocken** 289, 324
trocken 61
**trocknen** 84
Trockner 85
Trompete 251
Tropfen 251
tropfen 85
**Tropfen** 50
Tropfen 292
**trösten** 142
trotz 151
trotzdem 151
trüb 291, 325
Truppe 281
Tscheche 261
tschechisch 261
Tschechisch 261
Tschechische Republik 261

442

Tschüs! 172
T-Shirt 77
Tuch 99
Tuch 79
Tulpe 300
Tumor 48
tun 120
Tunnel 305
Tür 89
Türke 264
Türkei 264
türkisch 264
Türkisch 264
Turm 304
turnen 224
Tüte 66
Typ 103
typisch 121

# U

U-Bahn 314
übel 47, 162
üben 183
über 342, 347, 384
überall 342
Überblick 119
übereinstimmen 144
überfahren 309
überfallen 131
überflüssig 162
übergeben 28
übergeben (sich) 47
überhaupt 367
überholen 307
überlegen (sich) 114
Überlegung 115
übermorgen 349
übernachten 233
Übernachtung 233
übernehmen 199
überqueren 311
überraschen 125
Überraschung 158
überreden 137
überreichen 174
Überschrift 182
Überschwemmung 292
übersetzen 182
Übersetzung 182
Überstunde 195
übertragen 244
übertragen 109
übertreiben 128
überweisen 43, 212
Überweisung 44, 212
überwiegend 339
überzeugen 135

überzeugt sein 116
überziehen 212
üblich 366
übrig 337
übrigens 138
Übung 183
Ufer 284
Uhr 350
um 351, 359, 384
umarmen 172
umbringen 131
umdrehen 23
Umfang 341
Umgebung 302
umgekehrt 365
um Gottes willen! 142
um ... herum 342
um ... herum 360
um Himmels willen! 142
(Umkleide)kabine 83
Umleitung 307
umrühren 70
Umsatz 201
umschalten 245
Umschlag 236
Umschulung 190
um so 381
umsonst 218
Umstand 42
umsteigen 316
umtauschen 82
Umwelt 293
umweltfreundlich 85
Umweltschutz 293
Umweltschützer 294
Umweltverschmutzung 293
umziehen 94
umziehen (sich) 78
um ... zu 374
unabhängig 176
unangenehm 161
unbedingt 146
unbekannt 118
und 333, 381
und so weiter 140
Unfall 307
unfreundlich 105
ungefähr 337
ungewöhnlich 155
Unglück 161
unglücklich 110
Uniform 280
Universität 180
unmöglich 161
Unordnung 100
unregelmäßig 363
Unruhe 271
uns 378, 378, 379
unschuldig 278

unser 177
unsere(r, s) 178
Unsinn 161
unsympathisch 105
unten 342
unter 342, 384
unter anderem 138
unterbrechen 372
Unterdrückung 266
untereinander 196
untergehen 288, 320
unterhalb 343
unterhalten (sich) 134
Unterhaltung 136
Unterhemd 78
Unterhose 78
Unterkunft 233
Untermieter 95
unternehmen 126
Unternehmen 200
Unternehmer 200
Unterricht 179
unterrichten 179
unterscheiden 154
unterscheiden (sich) 33
Unterschied 371
unterschiedlich 370
unterschreiben 16
Unterschrift 15
unterstützen 124
Unterstützung 126
untersuchen 49
untersuchen 277
Untersuchung 49
Untersuchung 277
Untertasse 69
(Unter)wäsche 78
unterwegs 231
unverändert 291
unwichtig 160
unzufrieden 105
unzuverlässig 105
Urkunde 228
Urlaub 229
Ursache 373
Ursprung 372
ursprünglich 372
Urteil 278
Urteil 156
Urwald 284

# V

Vagina 37
Vase 98
Vater 163
vegetarisch 68
verabreden (sich) 169

443

Verabredung 170
**verabschieden** 172
**verändern (sich)** 31
**verändern** 371
**Veränderung** 371
veranstalten 218
**Veranstaltung** 216
verantwortlich 196
**Verantwortung** 125
Verband 50
**verbessern** 371
**verbieten** 148
**verbinden** 49
verbinden 168, 241
Verbindung 317
Verbot 148
**verboten** 148
**verbrauchen** 97
Verbraucher 203
**Verbrechen** 131
**Verbrecher** 131
verbrennen (sich) 47
**verbrennen** 325
**verbringen** 234
**Verdacht** 276
Verdauung 19
**verdienen** 195
verdienen 159
**Verein** 168
vereinbaren 195
**Vereinigten Staaten von Amerika** 262
Vereinten Nationen 275
Verfahren 279, 328
**Verfassung** 265
**verfolgen** 276
**vergangene(r, s)** 364
Vergangenheit 358
vergeblich 368
**vergehen** 349
**vergessen** 118
**Vergleich** 368
**vergleichen** 368
**Vergnügen** 217
**verhaften** 276
**verhalten (sich)** 121
**Verhalten** 121
Verhältnis 370
verhältnismäßig 370
**verhandeln** 197
Verhandlung 279
**verheiratet** 12
**verhindern** 121
Verhütungsmittel 37
verkabeln 91
**verkabelt** 243
Verkauf 95
**verkaufen** 94
**Verkäufer** 81
**Verkehr** 307

Verkehrsamt 230
Verkehrsmittel 314
Verkehrszeichen 308
Verlag 243
verlangen 147
verlängern 16
**verlassen** 129
verlassen (sich) 110
verlaufen (sich) 311
verlaufen 319
verlegen 89
verletzen (sich) 47
verletzen 112
Verletzte(r) 44
**verletzt sein** 46
**Verletzung** 46
**verlieben (sich)** 107
**verliebt** 107
**verlieren** 28, 227
verloben (sich) 166
**Verlust** 200
**vermeiden** 124
**vermieten** 93
Vermieter 95
vermissen 113
vermitteln 95
Vermögen 177
vermuten 114
vermutlich 116
**vernachlässigen** 128
vernichten 129
**Vernunft** 125
**vernünftig** 102
**veröffentlichen** 242
Veröffentlichung 243
verpachten 96
Verpackung 204
**verpassen** 314
Verpflegung 233
verpflichten 198
**verraten** 139
**verreisen** 229
verringern 339
**verrostet** 327
**verrückt** 105
Versammlung 218
Versandhaus 83
versäumen 129
**verschieben** 197
**verschieden** 367
**verschlechtern** 371
verschlossen 105
**verschmutzt** 293
**verschreiben** 49
verschreibungspflichtig 51
**verschwenden** 128
verschwinden 130
**Versehen** 121
**versichern** 135, 202
**Versichertenkarte** 42

**versichert sein** 43
**Versicherung** 202
Versicherungspolice 203
**versorgen** 305
versorgen 175
**verspäten (sich)** 171
**Verspätung** 316
**versprechen** 125
Versprechen 127
Verstand 117
**Verständigung** 137
verständlich 117
Verständnis 127
**verstecken** 276
verstecken 31
**verstehen** 20, 114
**verstehen (sich)** 165
**Versuch** 186
**versuchen** 123
**verteidigen** 277
Verteidiger 278
**verteilen** 271
**Vertrag** 197
**Vertrauen** 108
vertreten 197
**Vertreter** 192
**verursachen** 374
**verurteilen** 278
**Verwaltung** 267
**verwandt** 164
**Verwandte(r)** 163
Verwandtschaft 164
**verwechseln** 117
**verwenden** 324
Verwendung 325
verwirklichen 126
verwitwet 13
verzeihen 146
Verzeihung 146
**verzichten** 124
**verzollen** 231
Verzweiflung 112
**Vetter** 164
**Videokamera** 221
**Videokassette** 244
**Videorecorder** 244
Videothek 245
Vieh 296
**viel** 336
**viele** 336
**vielleicht** 143
**vier** 329
**vierhundert** 330
**vierte(r, s)** 331
**Viertel** 332, 350
Viertele 76
vierteljährlich 203
Viertelstunde 352
**vierzehn** 329
vierzehn Tage 354

**vierzehnte(r, s)** 331
**vierzig** 330
**vierzigste(r, s)** 332
**Vignette** 308
**Visum** 16
Vitamin 57
**Vogel** 297
**Volk** 269
**Volkshochschule** 180
**voll** 338
voll 33
Volleyball 226
**völlig** 367
volljährig 14
vollkommen 368
Vollkornbrot 55
Vollmond 288
**Vollpension** 233
vollständig 368
**von** 176, 337, 346, 384
**von ... an** 360
**von ... aus** 347
**von ... bis** 351, 353
voneinander 169
**von mir aus** 153
**von ... nach** 347
von sich hören lassen 172
**vor** 341, 351, 357, 384
**vor allem** 366
vorankommen 372
**Voraussetzung** 189
voraussichtlich 291
**vorbei** 310
vorbei 358
vorbeifahren 311
vorbeigehen 170
vorbeikommen 170
**vorbereiten** 69
**vorbereiten (sich)** 185
**vorbereiten** 217
Vorbereitung 218
vorbestellen 76
Vorbild 169
vordere(r, s) 344
Vordergrund 344
Vorfahrt 308
vorgehen 351
vorgestern 350
**vorhaben** 120
**vorhanden sein** 371
Vorhang 97
vorher 365
**vorhin** 357
vorige(r, s) 365
vorkommen 356
vor kurzem 358
vorläufig 357
**Vorlesung** 185
**vormittag** 349
**Vormittag** 349

**vormittags** 349
**vorn(e)** 342
**Vorname** 11
vornehmen (sich) 126
**Vorort** 302
Vorsaison 233
Vorschlag 137
**vorschlagen** 135
Vorschrift 269
Vorschule 181
**Vorsicht** 147
**vorsichtig** 103
Vorsitzende(r) 269
**Vorspeise** 74
**vorstellen** 171
vorstellen (sich) 44, 116
**Vorstellung** 220
Vorstellung 116
**Vorteil** 158
Vortrag 187
vorübergehend 358
**Vorurteil** 161
Vorwahl 240
vorwärts 309
**Vorwurf** 141
vorziehen 159
**Vulkan** 284


# W

Waage 334
waagerecht 344
**wach** 26
**wachsen** 38, 300
**Waffe** 280
**wagen** 124
Wagen 312
**Wahl** 270
wahlberechtigt 271
**wählen** 239, 270
wählen 75
Wähler 272
Wahlkampf 271
**wahr** 157
**während** 356
**Wahrheit** 278
**wahrscheinlich** 153
Währung 213
Wal 298
**Wald** 284
Waldsterben 294
**Walkman**® 245
Wand 87
wandern 216
Wange 19
**wann** 140, 353, 359
**Ware** 201
**warm** 21

Wärme 22
**warnen** 147
Warnung 148
**warten** 318
warten 241
Wartezimmer 44
**warum** 140, 373
**was** 140, 380
Waschbecken 93
**Wäsche** 84
Wäsche 78
**waschen** 34, 84
Waschlappen 35
**Waschmaschine** 84
Waschpulver 85
**was für** 102
**Wasser** 326
Wasserhahn 93
Watte 36
**WC** 92
Wechselgeld 214
(Wechsel)kurs 213
**wechseln** 213
**wecken** 26
**Wecker** 26
**weder ... noch** 381
**weg** 343
**Weg** 303, 309
**wegen** 373
**wegfahren** 230
**weggehen** 27, 217
**wegnehmen** 173
**wegwerfen** 99
wehen 291
wehren (sich) 127
**weh tun** 45, 110
weiblich 12
**weich** 324
Weide 206
weigern (sich) 129
**Weihnachten** 256
Weihnachtsbaum 257
**weil** 373
**Weile** 356
**Wein** 60
Weinberg 285
**weinen** 110
Weinglas 69
**(Wein)traube** 56
**Weise** 366
**weiß** 321
Weißbrot 55
**Weißwein** 60
**weit** 81, 344
**weiter** 371
weiterbilden (sich) 190
weitere(r, s) 365
**weiterfahren** 310
weitergehen 311
**weitermachen** 120

445

weitsichtig 48
Weizen 60, 301
welch 367
welche(r, s) 379
welche 336
Welle 286
Welt 288
Weltall 288
Weltkrieg 253
Weltmeister 228
Weltraumstation 289
wem 140, 380
wen 140, 380
Wende 253
wenden (sich) 174
wenig 336
wenige 336
weniger ... als 369
wenigstens 367
wenn 381
wer 140, 380
Werbung 202
werden 289, 364
werden wollen 191
werfen 224
Werk 122, 248
Werkstatt 312
Werktag 354
Werkzeug 207
wert 158
wert 178
Wert 158
Wert 178, 335
wertvoll 84
wesentlich 156, 370
weshalb 141
Wespe 299
wessen 380
Westdeutsche(r) 274
Westdeutschland 274
Westen 283
westlich 283
wetten 223
Wetter 289
Wetterbericht 291
Wettkampf 227
wichtig 157
widersprechen 144
Widerspruch 279
Widerspruch einlegen 279
Widerstand 272
wie 140
Wie bitte? 140
wieder 362
wiederholen 183
Wiederholung 244
wiederkommen 170
Wiedervereinigung 252
wiederverwerten 293
wiegen 32, 333

wie lange 356
Wiese 300
wieso 373
wieviel 335
wie viele 335
wievielte(r, s) 352
wild 296
Wild 72
Wille 126
willkommen 172
Wimperntusche 35
Wind 290
Windel 36
windig 290
winken 173
Winter 355
wir 377
wirken 49
wirklich 149
Wirklichkeit 119
wirksam 51
Wirkung 159
Wirt 76
Wirtschaft 73, 201
wirtschaftlich 202
wischen 99
wissen 117, 310
Wissen 119
Wissenschaft 186
Wissenschaftler 187
wissenschaftlich 186
Witwer 12
Witz 222
wo 140, 341
wobei 382
Woche 353
Wochenende 354
Wochentag 354
wöchentlich 354
wodurch 382
wofür 374
woher 13, 140, 346
wohin 140, 346
wohl 41, 113, 151
Wohlstand 178
wohnen 13, 94
Wohngemeinschaft 95
wohnhaft in 14
Wohnmobil 234
Wohnort 14
Wohnsitz 14
Wohnung 91
Wohnwagen 234
Wohnzimmer 91
Wolf 298
Wolke 290
Wolle 326
wollen 123
womit 141, 382
Wort 134

Wörterbuch 242
worüber 382
wovon 382
wozu 374
Wunde 46
Wunder 160
wunderbar 157
wundern 123
wunderschön 159
Wunsch 146
wünschen 145
würde 154
Würfel 223
Wurst 53
Würstchen 55
Wurzel 301
würzen 70
Wüste 284
Wut 113
wütend 111


# Z

zäh 72
Zahl 329
zahlen 74, 214
zählen 329
Zahlung 96
zahm 295
Zahn 17
Zahnarzt 43
Zahnbürste 34
Zähne putzen 34
Zahnpasta 34
Zahnschmerzen 46
Zäpfchen 51
zart 33, 72
zärtlich 109
Zaun 91
Zehe 18
zehn 329
Zehnerkarte 315
zehnte(r, s) 331
zeichnen 249
Zeichnung 249
zeigen 174
zeigen (sich) 155
zeigen 310
Zeit 351, 356
Zeitpunkt 360
Zeitraum 357
Zeitschrift 242
Zeitung 242
Zelt 233
zelten 233
Zentimeter 333
Zentimetermaß 86
Zentner 335

446

zentral 304
Zentrum 302
zerbrechen 327
zerreißen 31
zerstören 280
Zettel 209
Zeug 324
Zeuge 278
Zeugnis 180
Ziege 296
ziehen 30, 50, 94
Ziel 226
ziemlich 369
Zigarette 61
(Zigaretten)automat 62
Zigarre 62
Zigeuner 261
Zimmer 91, 232
Zimmervermittlung 95
Zinsen 211
Zirkus 216
Zitrone 57
zittern 42
Zivildienst 280
zögern 128
Zoll 231
Zoo 216
zornig 113
zu 80, 227, 346, 353, 384
zu 339
Zubehör 207
zubereiten 70
zubinden 80
züchten 206
Zucker 54
zudecken 98
zuerst 364
Zufall 123
zufällig 121

zufrieden 102
Zug 315
zugeben 135
zugelassen sein 312
zuhaben 65
zu Hause 27
Zuhause 93
zuhören 20
Zukunft 358
zulassen 149
zuletzt 364
zum 384
zumachen 29, 217
zumindest 367
Zum Wohl! 61
zunächst 365
Zuname 12
zunehmen 33
Zunge 19
zur 384
zurück 316, 346
zurückgeben 173
zurückgehen 24
zurückkehren 14
zurückkommen 231
zusammen 167
Zusammenarbeit 198
zusammenarbeiten 196
zusammenbrechen 48
zusammenfassen 154
Zusammenhang 139
zusammenleben 165
zusammenpassen 166
zusätzlich 339
zuschauen 21
Zuschauer 227
Zuschlag 317
zusehen 21
zusein 217

Zustand 41
zustande bringen 133
zuständig 197
Zustimmung 144
Zutat 69
zu tun haben 169
zuverlässig 104
zuviel 336
zuwenig 336
ZVS 187
Zwang 129
zwanzig 329
zwanzigste(r, s) 331
zwar 151
Zweck 374
zwei 329
Zweibettzimmer 233
Zweifel 114
zweifellos 151
zweifeln 117
Zweig 301
zweihundert 330
zweihundertfünfundfünf-
zigste(r, s) 332
zweihundertste(r, s) 332
zweitausend 330
zweite(r, s) 331
zweitens 364
zweiundzwanzig 329
Zweizimmerwohnung 93
Zwetschge 58
Zwiebel 57
Zwilling 164
zwingen 128
zwischen 345, 351, 384
zwölf 329
zwölfte(r, s) 329

447